Le monde francophone

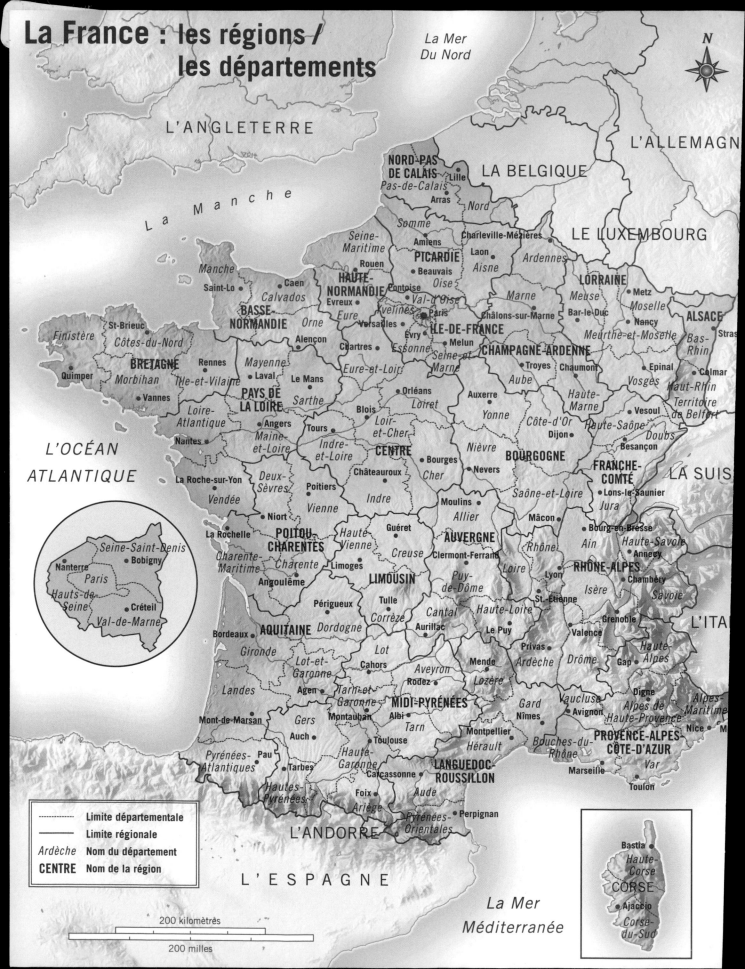

La France : les régions / les départements

La Mer Du Nord

N

L'ANGLETERRE

LA MANCHE

La Manche

L'OCÉAN ATLANTIQUE

L'ESPAGNE

L'ANDORRE

La Mer Méditerranée

LA BELGIQUE

L'ALLEMAGNE

LE LUXEMBOURG

LA SUISSE

L'ITALIE

NORD-PAS DE CALAIS
Lille
Pas-de-Calais
Arras
Nord
Somme
Amiens

PICARDIE
Beauvais
Oise
Laon
Aisne

Charleville-Mézières
Ardennes

LORRAINE
Metz
Moselle
Bar-le-Duc
Meuse
Nancy
Meurthe-et-Moselle

ALSACE
Bas-Rhin
Stras
Colmar
Haut-Rhin
Territoire de Belfort

Seine-Maritime
Rouen
HAUTE-NORMANDIE
Evreux
Eure
Pontoise
Val-d'Oise
Yvelines
Paris
Versailles
ILE-DE-FRANCE
Evry
Essonne
Melun
Seine-et-Marne

Marne
Châlons-sur-Marne
CHAMPAGNE-ARDENNE
Troyes
Aube
Chaumont
Haute-Marne

Epinal
Vosges

Vesoul
Haute-Saône
Doubs
Besançon
FRANCHE-COMTÉ
Lons-le-Saunier
Jura

Manche
Saint-Lo
Caen
Calvados
BASSE-NORMANDIE
Orne
Alençon

St-Brieuc
Finistère
Côtes-du-Nord
BRETAGNE
Rennes
Quimper
Morbihan
Ile-et-Vilaine
Vannes
Mayenne
Laval

Chartres
Eure-et-Loir
Le Mans
Sarthe
Orléans
Loiret
Blois
Loir-et-Cher
CENTRE
Auxerre
Yonne
Nièvre

Côte-d'Or
Dijon
BOURGOGNE

Loire-Atlantique
Nantes
PAYS DE LA LOIRE
Angers
Maine-et-Loire
Tours
Indre-et-Loire

Bourges
Cher
Châteauroux
Indre

Nevers
Moulins
Allier
Saône-et-Loire
Mâcon

Bourg-en-Bresse
Ain
Haute-Savoie
Annecy

La Roche-sur-Yon
Deux-Sèvres
Poitiers
Vienne
Niort
Vendée
POITOU-CHARENTES
La Rochelle
Charente-Maritime
Charente
Angoulême

Haute-Vienne
Limoges
LIMOUSIN
Creuse
Guéret
Tulle
Corrèze

Clermont-Ferrand
Puy-de-Dôme
AUVERGNE
Rhône
Lyon
RHÔNE-ALPES
Chambéry
Savoie

St-Etienne
Loire
Isère
Grenoble

Haute-Loire
Le Puy
Cantal
Aurillac

Valence
Privas
Ardèche
Drôme
Gap
Hautes-Alpes

Bordeaux
AQUITAINE
Gironde
Dordogne
Périgueux
Lot-et-Garonne
Agen
Landes
Mont-de-Marsan

Lot
Cahors
Aveyron
Rodez
Lozère
Mende

Tarn-et-Garonne
Montauban
MIDI-PYRÉNÉES
Albi
Tarn
Gers
Auch
Haute-Garonne
Toulouse
Pyrénées-Atlantiques
Pau
Tarbes
Hautes-Pyrénées

Gard
Nîmes
Hérault
Montpellier
LANGUEDOC-ROUSSILLON
Carcassonne
Aude
Foix
Ariège
Pyrénées-Orientales
Perpignan

Vaucluse
Avignon
Digne
Alpes de Haute-Provence
Alpes-Maritimes
Nice
PROVENCE-ALPES-CÔTE-D'AZUR
Bouches-du-Rhône
Marseille
Var
Toulon

Seine-Saint-Denis
Bobigny
Nanterre
Paris
Hauts-de-Seine
Créteil
Val-de-Marne

Légende
- - - - Limite départementale
——— Limite régionale
Ardèche Nom du département
CENTRE Nom de la région

Bastia
Haute-Corse
CORSE
Ajaccio
Corse-du-Sud

200 kilomètres
200 milles

myfrenchlab *Bonjour!*
Where language learning knows no bounds

Part of the award-winning MyLanguageLabs suite of online learning and assessment systems for basic language courses, MyFrenchLab brings together—in one convenient, easily navigable site— a wide array of language-learning tools and resources, including an interactive version of the *Français-Monde* Student Text, an online Student Activities Manual, and all materials from the audio and video programs. Chapter Practice Tests, tutorials, and English Grammar Readiness Checks personalize instruction to meet the unique needs of individual students. Instructors can use the system to make assignments, set grading parameters, listen to student-created audio recordings, and provide feedback on student work. MyFrenchLab can be packaged with the text at a substantial savings. For more information, visit us online at http://www.mylanguagelabs.com/books.html.

A GUIDE TO *FRANÇAIS-MONDE* ICONS		
ACTIVITY TYPES		
	Text Audio Program	This icon indicates that recorded material to accompany *Français-Monde* is available in MyFrenchLab, on audio CD, or the Companion Website.
	Pair Activity	This icon indicates that the activity is designed to be done by students working in pairs.
	Group Activity	This icon indicates that the activity is designed to be done by students working in small groups or as a whole class.
	Web Activity	This icon indicates that the activity involves use of the Internet.
	Video Program	This icon indicates that a video episode is available on the video program that accompanies the *Français-Monde* text. The video is available on DVD and in MyFrenchLab.
	Student Activities Manual	This icon indicates that there are practice activities available in the *Français-Monde* Student Activities Manual. The activities may be found either in the printed version of the manual or in the interactive version available through MyFrenchLab. Activity numbers are indicated in the text for ease of reference.

Dedication

For the new generation, Hannah, Amalia, Isabella, and Olivia
—Robert Ariew

In memory of my mother, Cécile Dupuy, for sharing with me her
love of languages and cultures, and for my nieces, Héloïse and Lucile
Dupuy, who are showing an interest in languages and cultures at an early age
—Béatrice Dupuy

Français-Monde

Connectez-vous à la francophonie

Robert Ariew
The University of Arizona, Tucson

Béatrice Dupuy
The University of Arizona, Tucson

Prentice Hall

Boston   Columbus   Indianapolis   New York   San Francisco   Upper Saddle River   Amsterdam
Cape Town   Dubai   London   Madrid   Milan   Munich   Paris   Montreal   Toronto   Delhi
Mexico City   São Paulo   Sydney   Hong Kong   Seoul   Singapore   Taipci   Tokyo

Executive Acquisitions Editor: Rachel McCoy
Editorial Assistant: Noha Amer Mahmoud
Executive Marketing Manager: Kris Ellis-Levy
Marketing Coordinator: Bill Bliss
Development Editor: Lynne Lipkind
Development Editor for Assessment: Melissa Marolla Brown
Senior Managing Editor for Product Development: Mary Rottino
Associate Managing Editor (Production): Janice Stangel
Media Editor/Development Editor for Assessment: Meriel Martínez
Senior Media Editor: Samantha Alducin
Executive Editor for MyLanguageLabs: Bob Hemmer
Senior Art Director: Pat Smythe
Art Director: Miguel Ortiz
Senior Manufacturing & Operations Manager, Arts & Sciences: Nick Sklitsis
Operations Specialist: Cathleen Petersen
Audio/Visual Project Manager: Gail Cocker
Illustrator: Julie Johnson
Publisher: Phil Miller
Text Designer: PreMediaGlobal
Cover Designer: Laura Gardner
Manager, Rights & Permissions: Zina Arabia
Manager, Visual Research: Beth Brenzel
Manager, Cover Visual Research & Permissions: Karen Sanatar
Full-Service Project Management: PreMediaGlobal
Composition: PreMediaGlobal
Printer/Binder: RR Donnelly
Cover Printer: Lehigh Phoenix

This book was set in 10/12 ACaslon.

Credits and acknowledgments borrowed from other sources and reproduced, with permission, in this textbook appear on the appropriate page within text (or on page 434).

Library of Congress Cataloging-in-Publication Data
Ariew, Robert.
 Français-Monde : connectez-vous la Francophonie /
Robert Ariew, Beatrice Dupuy.
      p. cm.
 Includes bibliographical references and index.
 ISBN-13: 978-0-13-503184-1 (alk. paper)
 ISBN-10: 0-13-503184-2 (alk. paper)
 ISBN-13: 978-0-205-74139-7 (alk. paper)
 ISBN-10: 0-205-74139-8 (alk. paper)
 1. French language—Textbooks for foreign speakers—English. 2. French
language—Grammar. I. Dupuy, Béatrice. II. Title.
 PC2129.E5A68 2010
 448.2'421—dc22   2010031985

10 9 8 7 6 5 4 3 2 1

Prentice Hall
is an imprint of

www.pearsonhighered.com

Student Edition, ISBN-10: 0135031842
Student Edition, ISBN-13: 9780135031841

Brief Contents

Scope & Sequence

	Themes and Communication	Vocabulary	Structures
CHAPITRE 1 **Rencontres francophones** 2	**Pour commencer** • Saying hello and good-bye • Saying and spelling your name **Pour aller plus loin** • Saying who you are and where you are from • Counting from 0 to 69 • Saying the date	**Pour commencer** • Small talk • Alphabet • Useful classroom expressions **Pour aller plus loin** • Numbers from 0 to 69 • Days of the week • Months of the year • Seasons	**Pour commencer** • The imperative • **Voilà / Il y a** • The verb **être** **Pour aller plus loin** • Questions • **C'est / Il (Elle) est** • Negation with **ne... pas**
CHAPITRE 2 **Moi, ma famille et mes amis** 32	**Pour commencer** • Stating one's preferences, likes, and dislikes • Introducing oneself and others **Pour aller plus loin** • Talking about family and family relations • Counting from 70 to 100	**Pour commencer** • Expressions for stating one's preferences • Expressions for introducing oneself or others **Pour aller plus loin** • Family members • Family relations • Numbers from 70 to 100	**Pour commencer** • Subject pronouns • Regular **-er** verbs • Negation other than **ne... pas** • The definite article **Pour aller plus loin** • Possession and possessive adjectives • The verb **avoir** • Adjectives, gender and number
CHAPITRE 3 **Nouvelle étape** 66	**Pour commencer** • Talking about personal effects • Talking about one's job **Pour aller plus loin** • Talking about relationships and social networking • Talking about computers • Counting from 100	**Pour commencer** • Personal items • Small jobs and skills **Pour aller plus loin** • Computers and Internet • Numbers 100 and above	**Pour commencer** • Indefinite articles • Irregular adjectives and adjective position • Disjunctive pronouns **Pour aller plus loin** • The verbs **savoir** and **connaître** • The verbs **vouloir, pouvoir;** and the infinitive construction • Indefinite adjectives

Strategies for...	Culture	Project

Pour commencer
• *Listening:* Listening for repetition
• *Pronouncing:* The French alphabet
• *Speaking:* Keeping it simple
 	
Pour aller plus loin
• *Reading:* Looking for information you expect to find
• *Writing:* Reviewing before writing
	Pour commencer
	• Politeness
	
	Pour aller plus loin
	• Saying your name and where you are from
	  C'est moi! (Interview)
	• Formality and language
	
	A la découverte
	• The world of **Francophonie**
	• Meeting with French speakers
	  On est francophones, venez-nous rendre visite (Map)
	• Key figures of Francophonie
	  On est francophones, veneznous rendre visite (Map)
	• What does it mean to be francophone?
	  Témoignages (Testimonials)
		A votre tour
		• Writing a short personal ad to find an e-pal

Pour commencer
• *Listening:* Predicting what you will hear
• *Pronouncing:* Final consonants
• *Speaking:* Listening, watching, and imitating
 	
Pour aller plus loin
• *Reading:* Looking for cognates
• *Writing:* Brainstorming
	Pour commencer
	• Using **tu** and **vous**
	
	Pour aller plus loin
	• My family
	  C'est moi Loulou (blog post)
	• The French family
	  Birth announcements
	• The modern family [br]
	  Le jour où je me suis pacsée (blog post)
	
	A la découverte
	• Demographic trends in France
	  Moins de mariages et plus de PACS (Graph)
	  Des mariés plus agés (Data)
	  Une majorité de bébés hors mariage (Data)
	  Des mamans plus vieilles (data)
	• The new fathers
	  Les nouveaux pères: idéals ou pas? (Survey)
	• Parent–child relations
	  Les parents et l'autorité parentale (Survey)
	• Children and parental control—Jordy (Song)
		A votre tour
		• Writing and presenting one's family history

Pour commencer
• *Listening:* Listening for the gist
• *Pronouncing:* Intonation
• *Speaking:* Practicing with a partner
 	
Pour aller plus loin
• *Reading:* Identifying and anticipating information
• *Writing:* Taking notes
	Pour commencer
	• The Y generation
	
	Pour aller plus loin
	• What are social networks?
	  Les réseaux sociaux, c'est quoi? (Article)
	  Le Minitel et Internet Profil (Article)
	
	A la découverte
	• Young people, what they think, what they value
	  Quels critères ... sont les plus motivants? (Graph)
	  Utilisez-vous...Internet? (Graph)
	  @ccros de MSN (Cartoon)
	• Generation Y and company relations
	  La génération Y, le nouveau challenge pour les entreprises (Article)
	• **Cybermania** *Cyber*—Zazie (Song)
		A votre tour
		• Creating a social network page in French

	Themes and Communication	Vocabulary	Structures
CHAPITRE 4 **Aujourd'hui bureau, demain rando** 100	**Pour commencer** • Describing daily routines **Pour aller plus loin** • Telling time • Talking about the weather	**Pour commencer** • Daily routine activities • Leisure activities **Pour aller plus loin** • Expressions used to tell time • Expressions used to talk about the weather • Seasons and weather	**Pour commencer** • Pronominal verbs • The verb **aller** and the immediate future • Information questions and inversion **Pour aller plus loin** • The verb **faire** • Prepositions with geographical nouns • Comparisons
CHAPITRE 5 **Quelles études pour quelle formation professionnelle?** 134	**Pour commencer** • Discussing one's major • Discussing educational plans **Pour aller plus loin** • Describing personal qualities	**Pour commencer** • Expressions to discuss disciplines, courses • Expressions to discuss educational plans **Pour aller plus loin** • Expressions to describe personal qualities	**Pour commencer** • Adverb formation • Regular **-ir** verbs • The verbs **prendre, suivre,** and **devoir** **Pour aller plus loin** • The superlative • The **passé composé** with **avoir** • The interrogative and demonstrative adjectives
CHAPITRE 6 **Etudier à l'étranger** 168	**Pour commencer** • Discussing the items needed for travel abroad • Discussing the steps needed to prepare for study abroad **Pour aller plus loin** • Discussing the advantages of studying overseas	**Pour commencer** • Necessary items for travel abroad **Pour aller plus loin** • Expressions used to discuss one's goals and skills	**Pour commencer** • Regular **-re** verbs and the **passé composé** of regular **-re** verbs • The **passé composé** in the interrogative • The **passé composé** with **être** **Pour aller plus loin** • Irregular past participles • The **passé composé** of pronominal verbs • The verbs **dire, lire,** and **écrire**

Strategies for...	Culture	Project
Pour commencer • *Listening:* Using visual clues to help you understand • *Pronouncing:* The letters **ou** and **u** • *Speaking:* Preparing what you will say **Pour aller plus loin** • *Reading:* Scanning for the main ideas • *Writing:* Organizing the main ideas	**Pour commencer** • Work and legal holidays in France and the DOM-TOM **Pour aller plus loin** • Work and private life **Jean-Charles Baldini, ingénieur** (Testimonial) • The various climates of France Where do French people go on vacation? **A la découverte** • The French and the 35-hour work week **Les 35 heures et la vie des salariés** (Graph) • Impact of the 35-hour work week on personal life **Les 35 heures, la vie quotidienne et les loisirs** (Graph) • The French on vacation *Les vacances au bord de la mer*—Michel Jonasz (Song) **Bons baisers de...** (Postcards)	**A votre tour** • Presenting plans for a vacation package based on survey data
Pour commencer • *Listening:* Understanding who, what, and where • *Pronouncing:* The letter **r** • *Speaking:* Using the expressions you know **Pour aller plus loin** • *Reading:* Using pictures, captions, and graphic elements • *Writing:* Organizing a paragraph	**Pour commencer** • On the road to **Le bac** **Pour aller plus loin** • **Mon job: Thérèse Durand-Chevallier** (Article) **Rencontre avec Yanis Zeroual** (Article) University studies in France the LMD system **A la découverte** • Tunisian students and the subjects they study **Effectifs étudiants y compris cartouchards** (Graph) **Effectifs étudiants par filières** (Graph) • University schedule in Tunisia **Le rhythme universitaire en Tunisie** (Calendar) • Business BA at ULT **Curriculum pour une Licence en Sciences, Economie et Gestion à ULT** (Official document) Three ULT students talk about their experience (Testimonials)	**A votre tour** • Completing an application package to study at a language school
Pour commencer • *Listening:* Focusing on key words in context • *Pronouncing:* The letters **eu** • *Speaking:* Using notes for speaking **Pour aller plus loin** • *Reading:* Looking for discourse markers • *Writing:* Using subject pronouns to avoid repetition	**Pour commencer** • ERASMUS **Pour aller plus loin** • Travel documents **Mes études à l'étranger** (Blog post) **Le rapport de stage** (Article) **A la découverte** • Multilingualism in Belgium and Switzerland • What does it mean to be Belgian or Swiss? **Anne Teresa de Keersmaeker, danseuse et choréographe; Axelle Red, chanteuse; Bernard Crettaz, sociologue, ethnologue, chargé de cours à l'Université de Genève; Hugo Loetscher, écrivain** (Interviews) • Erasmus, students without borders **Mon expérience Erasmus** (Interview) • Studying abroad, an asset for life **D'anciens étudiants Erasmus témoignent** (Testimonials)	**A votre tour** • Applying to an academic exchange program overseas

	Themes and Communication	Vocabulary	Structures
CHAPITRE 7 **Se déplacer mieux pour mieux visiter 202**	**Pour commencer** • Discussing means of transportation • Reporting vacation activities **Pour aller plus loin** • Expressing opinions about vacations	**Pour commencer** • Modes of transportation • Expressions for describing past vacations **Pour aller plus loin** • Expressions for characterizing experiences • Expressions for comparing experiences	**Pour commencer** • Tense use with **pendant, depuis,** and **il y a** • The **imparfait** • The **imparfait** and descriptions **Pour aller plus loin** • The **imparfait** and the **passé composé** • The verb **venir** and verbs like **venir** • The verbs **sortir, partir, dormir,** and **voir**
CHAPITRE 8 **Quoi manger et où rester? 236**	**Pour commencer** • Buying ingredients at the market • Ordering a meal in a restaurant **Pour aller plus loin** • Describing hotel room amenities and deficiencies • Giving compliments and complaining	**Pour commencer** • Meals, food, and beverages **Pour aller plus loin** • Hotel rooms	**Pour commencer** • The partitive • The partitive in the negative • The verb **boire** **Pour aller plus loin** • Expressing the future • Present, past, and future tenses • Relative pronouns **qui** and **que**
CHAPITRE 9 **Cultiver son look, cultiver sa tête 270**	**Pour commencer** • Making decisions about what to wear • Describing clothes and fashion **Pour aller plus loin** • Discussing film • Discussing music	**Pour commencer** • Clothes and what to wear for what occasion **Pour aller plus loin** • Types of films • Opinions about film • Types of music • Opinions about music	**Pour commencer** • The verb **croire** • The verbs **porter** and **mettre** • The present subjunctive of regular verbs **Pour aller plus loin** • The present subjunctive of **avoir** and **être**; some irregular verbs • Other uses of the present subjunctive • Impersonal expressions

Strategies for...	Culture	Project

Pour commencer
• *Listening:* Listening for familiar elements
• *Pronouncing:* Les lettres **e, ê, è**
• *Speaking:* Gestures and mannerisms
 	
Pour aller plus loin
• *Reading:* Continuing to read
• *Writing:* Varying sentence structure
	Pour commencer
	• Means of transportation in France
	
	Pour aller plus loin
	• A wonderful trip
	  Dionwar, un village perdu dans le temps (Blog post)
	  La 2CV (La deux chevaux)
	  Notre voyage de découverte (Blog post)
	
	A la découverte
	• Western Africa, and the Touareg territory
	• Language and writing system of the Touaregs
	  Dassine Oult Yemma – Le Tifinagh (Poem)
	• Sustainable tourism solidarity tourism
	  Etes-vous prêt à partir en voyage solidaire? Cinq questions pour en faire le tour (Questionnaire)
	• Solidarity travel among the Touaregs of Mali
	  Destination Mali (Brochure)
		A votre tour
		• Writing a brochure for a local sustainable tourism opportunity

Pour commencer
• *Listening:* Using pauses and intonation
• *Pronouncing:* the letters **ó, ez,** and **er**
• *Speaking:* Delivery
 	
Pour aller plus loin
• *Reading:* Looking at the Big Picture
• *Writing:* Avoiding the dictionary
	Pour commencer
	• Meals in France
	
	Pour aller plus loin
	• Hotels
	  Hôtel Moorea Plage (Brochure)
	  Hôtel du Lagon – Bora-Bora (Brochure)
	  Hotel ratings – Hotel praise and hotel complaints (Emails)
	
	A la découverte
	• Influences on Caribbean cooking
	• Culinary tour
	  Au Papillon des Antilles (Menu)
	• The culinary apprenticeship of Ina Césaire
	  Maman Flore – Ina Césaire (Essay)
	• Interview with a chef
	  Une vie derrière les fourneaux (Interview)
		A votre tour
		• Organizing the opening event for a new restaurant

Pour commencer
• *Listening:* Asking to repeat
• *Pronouncing:* The letters **au, eau,** and **o**
• *Speaking:* Giving examples
 	
Pour aller plus loin
• *Reading:* Reading actively
• *Writing:* Rereading, reviewing, and rewriting
	Pour commencer
	• Men, women, and fashion
	
	Pour aller plus loin
	• The **Fête de la musique**
	  Qu'est-ce qu'un bon film? (Blog post)
	  La scène, c'est euphorique absolue (Interview)
	
	A la découverte
	• Cultural practices of the French
	• The French and their TV
	  Les Zappeurs (Cartoon)
	• Publicity and clothing: Creating an illusion
	  Les positionnements et les publicitiés reposent sur ... (Article)
	• What to wear?
	  La garde-robe d'Elizabeth — Amélie-Les-Crayons (Song)
		A votre tour
		• Producing a TV ad for a new perfume

	Themes and Communication	Vocabulary	Structures
CHAPITRE 10 **Où et comment se loger?** 306	**Pour commencer** • Describing an apartment • Describing a neighborhood **Pour aller plus loin** • Describing furniture • Giving reasons to move or not to move	**Pour commencer** • Building exteriors • Rooms in a house or apartment • Neighborhood amenities **Pour aller plus loin** • Furniture • Housing preferences	**Pour commencer** • Direct object pronouns • Indirect object pronouns • The pronouns **y** and **en** **Pour aller plus loin** • Object pronouns and the **passé composé** • Object pronouns and the infinitive construction
CHAPITRE 11 **Comment se soigner et maintenir la forme?** 340	**Pour commencer** • Discussing ailments and illnesses • Expressing one's opinions about medical remedies **Pour aller plus loin** • Discussing eating well and exercising	**Pour commencer** • Parts of the body • Illnesses and diseases • Various remedies **Pour aller plus loin** • Diet • Sports and healthy living	**Pour commencer** • The present conditional of regular verbs • The present conditional of irregular verbs **Pour aller plus loin** • If-then clauses (likely situations) • If-then clauses (unlikely situations)
CHAPITRE 12 **Penser vert** 374	**Pour commencer** • Discussing consumption and recycling • Discussing ecological activities **Pour aller plus loin** • Discussing the advantages and disadvantages of *wwoofing*	**Pour commencer** • Recycling, saving, recuperating vocabulary **Pour aller plus loin** • OGM • Organic movement and foods	**Pour commencer** • Review of tenses: Expressing the present and the future • Review of tenses: Expressing the past **Pour aller plus loin** • Review of the subjunctive • Review of the conditional

Strategies for...	Culture	Project

Pour commencer
• *Listening:* Learning to indicate one has understood
• *Pronouncing:* Nasal vowels and the letters **am, an, em, en**
• *Speaking:* Enunciating
 	
Pour aller plus loin
• *Reading:* Using structural clues
• *Writing:* Peer editing
	Pour commencer
	• Quebec's neighborhoods
	
	Pour aller plus loin
	• Personalizing one's house
	  Quel orage! (Article)
	  Mon évasion hors de Compiègne (Article)
	
	A la découverte
	• Houses of Montreal
	• Montreal and its diversified architectural style
	  Une ville à la beauté éclectique—Martine Bouliane (Article)
	• What do the Québécois look for in a home?
	  La maison idéale selon les Québécois? (Article)
	  Notre petit appartement—Chanson Plus *Bifluorée* (Song)
	  Forum d'entraide (Blog)
		A votre tour
		• Writing an ad for a house or apartment to rent

Pour commencer
• *Listening:* Focusing on time references and verb references
• *Pronouncing:* The combinations **in / im; on / om; um**
• *Speaking:* Presenting an argument
 	
Pour aller plus loin
• *Reading:* Using a dictionary
• *Writing:* Polishing your writing
	Pour commencer
	• Natural medicine in France
	
	Pour aller plus loin
	• Eating differently
	  Pourquoi manger bio? (Article)
	• Living well, eating well
	  Le guide alimentaire français
	• The benefits of sports
	  Le sport, c'est bon pour la santé! (Article)
	
	A la découverte
	• The world and the Francophone world
	  SIDA: Les tendances aujourd'hui (Article)
	• A remarkable life
	  Jeanne Gapiya Niyonzima, une figure emblématique de la lutte contre le SIDA au Burundi (Article)
	• A children's story
	  Maman Guépard et ses quatre petits
	• Against all adversity
	  Sa raison d'être—Pascal Obispo (Song)
		A votre tour
		• Writing a children's story and creating a recording of it

Pour commencer
• *Listening:* Improving the listening context
• *Pronouncing:* The letters oi
• *Speaking:* Participating in a group presentation
 	
Pour aller plus loin
• *Reading:* Quick summaries
• *Writing:* Writing a formal letter
	Pour commencer
	• Parisians rediscover the joys of bicycling
	
	Pour aller plus loin
	• GMOs: beneficial or risky?
	  C'est quoi un OGM? (Article)
	• Community gardens in France
	  Les jardins partagés en France
	• Wwoofing
	  Eco-voyage avec le *wwoofing* (Article)
	
	A la découverte
	• Initiatives to protect the planet
	• Green countries and cities
	  Palmarès: Les pays et les villes où il fait bon vivre (Article)
	• Green initiatives in Québec
	  Les Québécois et l'environnement (Survey)
	• An environmentalist and her daily life
	  Journal d'une écolo citoyenne (Article)
	• The earth in distress
	  La terre se meurt—Charles Aznavour (Song)
		A votre tour
		• Preparing a presentation on reducing one's environmental impact

Français-Monde
Connectez-vous à la francophonie

Program Overview

Français-Monde is a new, introductory-level French program informed by:

1. Research findings combined with years of teaching experience and first-year program direction;
2. Learners' desire to be equipped linguistically and culturally to communicate more successfully and participate more fully in the global community and marketplace;
3. Instructors' need for materials that help them meet the needs of a diverse learner population, both in and out of the classroom.

Informed by the National Standards for Foreign Language Learning and their related objectives*, *Français-Monde* is designed to help learners develop cross-cultural competence in a rich and flexible framework by providing a variety of options that allow instructors to meet the goals and objectives of their course, as well as the needs of their learners.

With themes and topics that are relevant and meaningful to traditional and nontraditional learners, and activities and tasks that are varied, engaging, and based in real-world contexts, *Français-Monde* has been designed to appeal to learners at both two- and four-year institutions who may or may not have had previous exposure to French.

Français-Monde responds to learners' needs and wishes for a greater focus on meaningful communication in foreign language learning and teaching by including extensive authentic texts, activities, and tasks with a focus on current life and work in the Francophone world.

Français-Monde takes into consideration a broad range of class formats and teaching and learning styles. Plentiful suggestions in every chapter propose ways to vary, expand, or follow up on activities. The program may be used in single- or multi-section courses. Likewise, by offering activities that take into account the spectrum of intelligences (Personal, Academic, Expressive, and Emerging), *Français-Monde* responds to the diverse learning styles and proficiency levels (true vs. false beginners) common to the first-year classroom.

Français-Monde provides a unique introduction to the Francophone world. Throughout the program, *Français-Monde* introduces students to the cultural diversity within France. Each chapter in the latter two-thirds of the book focuses in depth on a Francophone region or country, including: Europe (France, Belgium, and Switzerland); Africa (Tunisia and West Africa); North America (Quebec); the French Caribbean islands (Guadeloupe, Martinique) and French Polynesia.

Objectives

Français-Monde implements an approach that aims to provide learners with the tools they need to communicate successfully in French in a variety of contexts.

A. *Français-Monde* provides learners with **meaningful and relevant language in real-world contexts** to ensure that they develop communicative competence in French. To this end:

- A functional/task-based syllabus provides learners with authentic language presented in spoken and written texts from a wide range of contexts likely to be encountered in any

---

*Known as the 5Cs of foreign language education: Communication, Cultures, Connections, Comparisons, and Communities.

Francophone country. The materials, which were selected for their thematic meaningfulness and relevance, present an authentic and coherent context for structures that become the focus of more directed and personalized practice. The language structures are connected to targeted communicative language functions so that learners acquire French from natural language use. Throughout *Français-Monde*, task-based communicative activities engage pairs or small groups in using their critical-thinking skills together with their newly developed expressive ability in various learning modalities.

- Language and content are integrated, as this is the foundation of a learner's ability to communicate in French. Learners familiarize themselves with the chapter theme through authentic listening and reading pieces, which seed grammatical, lexical, and phonological structures they will later use in directed and personalized activities and tasks (*Pour commencer* and *Pour aller plus loin*) and selectively apply (in *A la découverte* and *A votre tour*). Some grammatical points are expanded upon throughout the book: For instance, because grammatical elements are best introduced according to their function, the treatment of the object pronouns is scattered across chapters rather than concentrated in one chapter.

- Instruction focuses on cultural learning as a process rather than as an accumulation of facts. By focusing on and analyzing the perspectives that give rise to a culture's practices and products, learners come to understand better why people do what they do. Students can later make use of this new knowledge in communicative tasks that call for appropriate interaction.

- *Français-Monde* fosters the development of effective communication and learning strategies for listening speaking, reading, writing, investigating, and analyzing Francophone cultures and for using technology effectively. In *Pour commencer* and *Pour aller plus loin*, when listening to a passage (listening for repetition, using visual cues to help you understand, etc.) or reading an authentic text (scanning for the main ideas, looking for cognates, etc.), learners are presented with a strategy that will be useful in helping them understand. They are also given tools to assist them with speaking (practicing with a partner, using gestures and mannerisms, etc.) and writing (brainstorming, organizing the main ideas, etc.). *A la découverte* helps students understand cultural perspectives, practices, and products (observing, questioning, analyzing, etc.) and develops their cross-cultural knowledge.

B. *Français-Monde* promotes **a learner-centered approach** to guarantee that all learners' personal and academic needs and interests are met.

Recent research findings show a disparity between what learners need and expect from language study and what they receive through foreign language instructional materials and classroom practices. Learners indicate that they need greater communicative practice in class and exposure to relevant materials so they are prepared for the multilingual and multicultural realities of where they live and work within and across national boundaries.

To respond to ongoing demographic changes and increasing globalization, institutions and schools have used various interdisciplinary means to meet learner needs: language training in professional contexts (Foreign Language Across the Curriculum), international experiences (internships abroad), area studies collaborations, and technology.

C. *Français-Monde* infuses **the use of technology** throughout to support language acquisition as well as their general education and professional preparation.

- *Français-Monde* is technology-aware in two ways: online audio/video support to the textbook and Student Activities Manual (podcasts, student downloads, Internet activities); and use of technology as a tool for research, data collection organization, and presentation of results in the online activities.

- Learners are directed to use MyFrenchLab, a nationally hosted online learning system that brings together powerful language-learning tools and resources, such as a media-enhanced version of the textbook, the online Student Activities Manual, and access to both video and audio materials, including the podcasts, via the Pearson Podcasting Tool.

- The content also explains how learners can use computer software (word processors, email, spreadsheets, databases) to prepare and illustrate documents and to create slide presentations and Web pages to present the final task in each chapter. Alternate ways to present comparable results are provided for learners who have fewer computer resources.

Textbook organization

Français-Monde has **twelve thematically-based chapters**. Each chapter includes **four sections**, as outlined below.

The sections *Pour commencer* and *Pour aller plus loin* present vocabulary and grammar, introducing language functions in context. *Pour commencer* is video- and audio-based and progresses from listening (interpretive) to speaking (interpersonal and presentational). *Pour aller plus loin* is print-based and progresses from reading (interpretive) to writing (interpersonal and presentational). Though the primary focus of *Pour commencer* is listening and speaking and that of *Pour aller plus loin* is reading and writing, all four modes of communication are fully integrated in a theme-related context in both sections.

The sections *A la découverte* and *A votre tour* are more learner-centered and include activities related to the chapter theme and the cultural focus in both the textbook and Student Activities Manual. *A la découverte* promotes communication in a cultural context. It is based on authentic texts and develops learners' knowledge of Francophone cultures, practices, beliefs, and products. *A votre tour* provides activities to set the stage for the chapter's capstone task in the textbook, one that involves autonomous, open-ended language production in the form of extended communication such as a culturally informed oral presentation or written response.

More specifically, each section includes the following:

Pour commencer

Contextes

Two different *Contextes* are presented. The first appears in *Pour commencer*, with video- and audio-based presentations related to the chapter's theme and cultural focus. A short listening strategy section (*Pour bien écouter*) provides learners with tools to help them listen more effectively.

Video and audio presentations begin with a previewing and prelistening activity (*Avant de visionner, Avant d'écouter*) where learners consider what they will view in the video and hear in the audio, and make hypotheses as to what might be said. A viewing/listening activity and then a postviewing/postlistening activity typically follow. Video and audio activities include true/false, matching, listening for information, and personalized response.

Pour bien communiquer lists expressions and vocabulary to extend the material from the video and audio. All of the vocabulary in *Pour bien communiquer* is grouped by topic and listed in the end-of-chapter vocabulary. Each presentation is followed by two practice activities. Students also engage in a topic-related research activity online. A variety of URLs and/or search criteria are provided on the *Français-Monde* companion website to facilitate this research (http://www.pearsonhighered.com/francais-monde).

An extended cultural note, offering clarification of or additional information about cultural issues that emerged in the video or the audio segments is presented in this section. One or two activities engage learners in comprehension and cross-cultural comparisons.

A brief pronunciation strategy section (*Pour bien prononcer*), which includes an explanation and contextualized pronunciation activities, concludes the section. The explanation highlights differences between French and English.

Comment dire? (grammar presentation)

Three grammar points are presented in a functional framework. Before the grammar point is explained, it is illustrated and contextualized in a short dialogue (*De plus près*). A short series of questions directs learners to analyze the dialogue in order to uncover the grammar in context. The grammar explanations are in concise English and are keyed to the materials in the video and audio presentations and the readings.

Two activities set in authentic contexts that are pertinent to the chapter theme follow each grammar point: The first structured activity offers learners individual practice with the material. The second activity is communicative and pair- or group-based.

Many activities offer additional, marginal vocabulary items *(Vocabulaire supplémentaire)* to allow learners to individualize their responses. This vocabulary is not included in the basic vocabulary listed at the end of the chapter.

The grammar activities are designed to be done in class, but the grammar is explained in English and should be assigned as homework for students to prepare before class.

Travail d'ensemble

A short note on speaking strategies (*Pour bien parler*) precedes this section, which offers a capstone activity emphasizing speaking.

Pour aller plus loin

Contextes

The second *Contextes* appears in *Pour aller plus loin*, where written texts develop reading and writing skills related to the chapter's theme and cultural focus.

A brief note *(Pour bien lire)* helps learners develop effective reading strategies (scanning for the main ideas, looking for discourse markers, etc.).

Avant de lire prompts learners to tap their background knowledge. It gives them the opportunity to think about what they already may know about the topic as a way to preview the reading selections that follow.

Two short thematic and cultural readings drawn from a variety of genres and formats (texts, realia, charts, forms) are followed by activities designed to help learners practice reading strategies.

Pour bien communiquer functions as in *Pour commencer*. An extended cultural note offers clarification of or additional information about cultural issues that emerged in the reading. One or two activities engage learners in comprehension and cross-cultural comparisons.

Comment dire? (grammar presentation)

These function as in *Pour commencer*.

Travail d'ensemble

A brief note on writing strategies (*Pour bien écrire*) precedes this section, which offers a capstone activity focusing on writing.

A la découverte

Petit tour d'horizon

This section focuses on a particular theme of the chapter's primary topic in a specific Francophone region or country. It includes maps, charts, and other forms of data and a variety of activities of visual and cultural interest.

Point d'intérêt

Texts and practical task-based activities combine different aspects of the chapter's cultural themes and topics. A series of texts engages learners in furthering their understanding of ideas and issues introduced in *Pour commencer* and *Pour aller plus loin* in the context of a specific topic or Francophone area of the world. Pre- and post-reading activities help orient learners and check their comprehension. Students also engage in topic-related research activities online. A variety of URLs are provided on the *Français-Monde* companion website to facilitate students' research on the Web (http://www.pearsonhighered.com/francais-monde). Chapters 10 to 12 offer an additional (third) text to prepare students for more sustained reading at the intermediate level.

Travail d'ensemble

In this culminating section of the chapter students are given the opportunity to articulate and summarize what they have learned.

A votre tour

This section prepares learners to apply their new knowledge in an extended real-world task. Supportive activities appear in both the textbook and Student Activities Manual (SAM). Selected final tasks include: writing a short personal ad to find a key pal; creating a social network page in French; and completing an application package to study at a language school.

The task is broken into three parts: *Exposition* outlines the capstone task and the intermediary activities that students need to work through to complete it. *Zoom sur...* provides a theme-related setting for the section and leads learners to the task they will perform. Students work individually and in pairs or groups in comprehension activities and personalized communicative activities. In *Intégration*, the task itself is staged using a combination of individual and pair or small-group activities.

Program Components

Instructor Resources

Annotated Instructor's Edition

This version of the textbook is a rich resource for both experienced and novice instructors. The annotations provide detailed suggestions for the presentation of new material and alternative use of the proposed activities, including implementation tips and options for expansion. Answers for activities are also provided where needed. For each grammar topic, the Annotated Instructor's Edition also includes an extra grammar drill that can be used as a warm-up before the communicative activities.

Instructor's Resource Manual (IRM)

This manual includes sample syllabi for courses meeting three or four times a week, over two or three terms, selected thematic units and lesson plans, a variety of teaching tips, and a list of references (films, songs, poems, fairy tales, short stories, etc.). The IRM also provides the video and audio scripts for the listening comprehension activities within the textbook and Student Activities Manual (SAM), additional suggestions for implementing activities in the classroom, and supplementary activities.

Testing Program

By adopting a "modular" approach, the Testing Program allows for maximum flexibility. Each chapter of the Testing Program consists of a bank of customizable quiz activities closely coordinated with the vocabulary and grammar presented in the corresponding chapter of the textbook. These quiz activities primarily elicit discrete answers. Language use in these contexts is more complex than in discrete skills assessments and typically requires the integration of topical, social, and/or pragmatic knowledge with the knowledge of formal linguistic elements. Instructors can either use this assessment as provided, or as a model to be customized for their students' specific needs. Rubrics are provided to evaluate student performance. Instructors can access the online testing program or they can download tests in electronic format for printing.

Video for the Testing Program

Twelve short video segments that correspond to *Visionnez la vidéo* in the *Pour Commencer* section of the textbook, are available to assess listening comprehension and are part of the testing program.

Video, Audio, and Podcast Program for Text and Student Activities Manual

The *Français-Monde* video (*Les copains d'abord*) and audio (*Voix francophones au présent*) programs were specifically created to accompany the textbook and Student Activities Manual. They are intended to bring to the French classroom the voices and cultures of French speakers from around the world, as they talk about their families, educational background, work and leisure activities, home and neighborhood, life experiences, and their perspectives on a number of high-interest topics.

Les copains d'abord: Speaking a language is a global activity that is influenced by context, relationships, behavior, and culture and that involves both verbal and nonverbal communication. Mixing fun with learning, this video allows learners to peek into the daily lives of four young French people.

The video is divided into brief, independent episodes, and catches glimpses of these people's lives in a variety of self-contained situations (meeting at a café, daily routines, studying and going to school, vacationing, shopping for food, etc.) in which learners are exposed to real, contemporary language used in an authentic context.

Each video episode presents the language and culture of the related chapter. Students then encounter related activities that help them develop their language skills and cultural competence.

Voix francophones au présent: This audio program is a radio program in a talk-show format created specifically for *Français Monde*. It includes a cast of people who come from the four corners of the Francophone world. Prompted by the hosts of the show, the participants discuss aspects of their daily lives and issues that are important to them. In the Student Activities Manual (SAM), several of the radio program participants step aside for a few minutes and recount cross-cultural encounters and other personal experiences they had either in France or other parts of the world.

Images on MyFrenchLab

All of the line art images and realia from the textbook are available in labeled and unlabeled versions in MyFrenchLab. Instructors may use these images and photos in presentations, on worksheets, and as transparencies, as well as project them on a screen in the classroom.

Student Resources

Audio for the Text

Recordings corresponding to each chapter's *Pour bien communiquer, Ecoutons! Voix francophones au présent*, and *Pour bien prononcer* sections are available on CD, in MyFrenchLab, and on the companion website (http://www.pearsonhighered.com/francais-monde). Additional recordings, such as the *Vocabulaire supplémentaire* and the end-of-chapter vocabulary are available exclusively on the MyFrenchLab website. Easy-to-access transcripts for the audio and video segments are provided in the Instructor's Resource Manual (IRM).

Video Program for *Français-Monde*

The video to accompany the program is also available on DVD, and in MyFrenchLab, with an easy-to-access transcript in the IRM.

Student Activities Manual (SAM)

The Student Activities Manual has been carefully written to seamlessly match the structure and approach of the *Français-Monde* textbook. It offers a wide array of activities that closely correlate with the themes and topics as well as the vocabulary and grammar components presented in each of the textbook chapters. The activities found in the SAM provide learners with additional opportunities to use the vocabulary and grammar structures introduced in each chapter, as well as to hone their presentational communication skills. The audio activities included in each chapter provide additional opportunities to interpret aural texts. The video activities, also integrated in each chapter, are based on a separate video segment that complements those found in the first *Contextes* section of the textbook. SAM activities are available either in print or in MyFrenchLab.

Audio for the Student Activities Manual

All audio recordings for the listening comprehension activities included in the SAM are available on CD, in MyFrenchLab, and on the companion website (http://www.pearsonhighered.com/francais-monde).

Answer Key for the Student Activities Manual

Answers to all SAM activities can be found in the corresponding Answer Key.

Online Resources

MyFrenchLab

MyFrenchLab™ is a online learning system created specifically for learners in college-level language courses. It combines—in a user-friendly site—a wide array of language learning and assessment tools, including a media-enhanced version of the *Français-Monde* textbook, an interactive version of the *Français-Monde* Student Activities Manual, all materials from the *Français-Monde* video, audio, and podcast programs, language games, and much more! Readiness Checks and English and French grammar tutorials personalize instruction to meet the unique grammar and content needs of individual learners. Instructors can use the system to develop assignments, set grading parameters, listen to learner-created audio recordings, create their own podcasts, and provide written or oral feedback. Instructor access is provided at no charge. Students can purchase access codes online or at their local bookstore.

Companion Website

The companion website, located at http://www.pearsonhighered.com/francais-monde, provides access to the text and SAM audio programs, as described above, as well as search criteria for completing Internet-based activities.

Instructor's Resource Center (IRC)

The IRC, located at http://www.pearsonhighered.com, provides instructors access to a downloadable electronic version of the IRM and Testing Program.

Acknowledgments

The publication of the first edition of *Français-Monde* is the culmination of several years of planning, writing, piloting, and fine-tuning made possible by the feedback of colleagues who carefully reviewed each chapter of the manuscript as it was developed. We thank them for their participation and candid reviews.

Heather Willis Allen - *University of Miami, FL*
Patricia Eileen Black - *California State University, Chico*
Thomas Blair - *City College of San Francisco*
Joanne Burnett - *University of Southern Mississippi*
Barry Chametzky - *Washington & Jefferson College, PA*
Florence Ciret-Strecker - *Simmons College, MA*
Rudy F. de Mattos - *Louisiana Tech University*
Christine Moisset Edelstein - *University of Pennsylvania*
Luc Dominique Henri Guglielmi - *Kennesaw State University, GA*
Kirsten Halling - *Wright State University, OH*
Margaret Harp - *University of Nevada, Las Vegas*
Pamela Marie Hoffer - *Babson College, MA*
Stacey Katz – *Harvard University, MA*
Robert M. Kilpatrick - *University of West Georgia*
Cheryl Krueger - *University of Virginia*
Carole Kruger - *Davidson College, NC*
Marie Léticée - *University of Central Florida*
Cathy R. Luquette - *Louisiana State University*
Stuart McClintock - *Midwestern State University, TX*
Mary Ellen McGoey - *Northeastern Illinois University*
John Moran - *New York University*
Shawn Morrison - *College of Charleston, SC*
Linda W. Nodjimbadem - *University of Texas-El Paso*
Glyn Norton - *Williams College*
Clara Orban - *DePaul University, IL*
Wilbert J. Roget - *Temple University, PA*
Susan F. Spillman - *Xavier University of Louisiana*
Karen Taylor - *Morehead State University, KY*
James D. Wilkins - *Lee University, TN*
Valerie Ann Wust - *North Carolina State University*
Holly U. York - *Emory University, GA*

We want to offer special thanks to our video participants, Emilie, Clémence, Alexis, Sélim, and all the others. Thanks go to John Angell for his help with recruiting our video participants and identifying wonderful places for the shoots. And finally a special thank-you goes to Andrei Campeanu, President and Creative Director at Media Services, Inc., who produced an upbeat and fun video.

At the University of Arizona, many thanks go to Katie Angus, Ph.D. candidate in the Interdisciplinary Ph.D. Second Language Acquisition and Teaching (SLAT), for authoring the Testing Program and Amandine Andrade, Ph.D. candidate in the Department of French and Italian, for creating the *Lexiques*. Special thanks go to Dr. Virginie Askildson, now at the University of Notre Dame, for piloting some of the materials, answering questions, providing feedback, and making suggestions in the early conceptual stages of *Français-Monde*.

We would like to acknowledge the many people at Pearson Prentice Hall who contributed their ideas, time, and publishing experience. Many thanks go to Rachel McCoy, Executive Acquisitions Editor, for her energy, enthusiasm, and readiness to take on this project, embracing new ideas and ways of looking at things. Thanks also to Phil Miller, Publisher for World Languages, for believing in this project and supporting it throughout its development. Our special thanks go to Lynne Lipkind, our Development Editor, who carefully read the manuscript, offered many valuable suggestions, and provided support when we needed it. We also want to thank Melissa Marolla Brown, Development Editor for Assessment, for her careful oversight of the preparation of the Student Activities Manual; Mary Rottino, Senior Managing Editor for Product Development, and Janice Stangel, Associate Managing Editor, who helped us navigate the intricacies of turning the project into a reality; and Meriel Martínez, Media Editor/Development Editor for Assessment, who managed the Testing Program and who made the Audio and Video Programs a reality. Many thanks also go to Kris Ellis-Levy, Executive Marketing Manager, and Bill Bliss, Marketing Coordinator, for putting the materials in the hands of the users. We are grateful to Noha Amer Mahmoud, Editorial Assistant, for carefully evaluating the manuscript, logs, and contracts. And a huge thanks goes to Gail Cocker, Line Art Manager, for her guidance on the wonderful art program in *Français-Monde*.

Finally, we would like to thank our families, whose love, unconditional support, and sacrifices have made all the difference in allowing this project to come to fruition.

Français-Monde

Rencontres francophones

Themes and Communication

Saying hello and good-bye

Using common classroom expressions

Saying and spelling your name

Saying where you are from

Counting from 0 to 69

Saying the date

Structures

The imperative

Voilà / Il y a

The verb **être**

Questions

C'est / Il (Elle) est

Negation with **ne...pas**

Destinations

France and the Francophone world

Project

Writing a short personal ad to find an e-pal

Cafés in France are a great place to meet and get to know people. Where do people commonly meet in your community?

Pour commencer

Contextes

In this section you learn how to greet people and say good-bye in informal and formal situations.

Salut, ça va?

1-1 Avant de visionner. Complete the sentences to describe what you would say and do in the following situations. What words would you use to greet or bid farewell to the other person? Would you and the person shake hands or hug?

	Speech	Gesture
1. If I met my brother or sister I would		
2. If I met an acquaintance I would		
3. If I met an elderly neighbor I would		

to 01-02

Visionnez la vidéo	**J'attends des amis au café**

In this video, Emilie meets her friends at a Paris café. Listen for

« bonjour,» « salut,» and « au revoir »

« Ça va?» and « Ça va très bien »

— Emilie: Bonjour, je suis Emilie et j'attends des amis au café.

— Alexis: Salut, Emilie! Emilie: Salut, Alexis.

— Clémence: Je vous présente Sélim. Sélim, Alexis... et Emilie, Sélim.

1-2 Dire bonjour. How does each person respond?

1. *[To the barman]* Bonjour!   Barman: _____
2. Alexis: Salut, Emilie!   Emilie: _____
3. Alexis: Tu vas bien?   Emilie: _____
4. Sélim: Bonjour!   Alexis: _____

1-3 Bonjour, tout le monde! You want to meet many of the students in the class. First, say hello to the people seated on both sides of you. Then mill around the class and say hello to as many of your classmates as you can.

01-03 to 01-05

Pour bien communiquer — Dire bonjour et au revoir

The following chart lists expressions used to say hello and good-bye. Expressions are listed as **familier** (informal, to a friend) and **formel** (formal, to an older person). Informal greetings use **tu** whereas formal ones use **vous.** More on this in the next chapter.

Dire bonjour

Familier
Salut!
Bonjour!
Bonjour tout le monde! (*everyone*)

Ça va?
Tu vas bien?
Comment tu vas?

Oui, ça va (bien).
Non, ça va mal.
Ça va bien, et toi?
Très bien.
Bien.
Comme ci, comme ça. *ok. so-so*
Pas mal.

Formel
Bonjour, Monsieur.
Bonjour, Madame. *older / married woman*
Bonjour, Mademoiselle. *single lady.*

Comment allez-vous?

Bien, et vous? *sadly. unfortunately*
Malheureusement, je vais mal.
Ça va bien, et vous?
Très bien. *pretty*
Bien, merci. (Assez bien, et vous?)
Comme ci, comme ça.
Pas mal.

Dire au revoir

Familier
Allez, au revoir, Marc!
Allez!
A plus tard.
Allez, bye.
Ciao, Marie!
A bientôt, Marc!
A tout à l'heure, Marie! (*See you later!*)

Formel
Au revoir, Monsieur (Madame, Mademoiselle).
Au revoir, Madame, bonne journée!

Vocabulaire supplémentaire

Saying hello
Bonjour   *Hello.*
Bonsoir   *Good evening.*
Salut, les gars   *Hi, everyone.*

Saying how one feels
Ça va très bien   *I am doing very well.*
Ça va très mal   *I am doing very badly.*

Saying good-bye
Bonne journée   *Have a good day.*
A plus   *Later.*
A la prochaine   *Till next time.*

1-4 Formel ou familier? Are the following greetings and leave-takings formal or informal?

1. Au revoir, Monsieur Dupont.
2. Ciao, Yannick!
3. Salut, Jeanne.
4. Bonjour, tu vas bien?
5. Bonjour, comment allez-vous?
6. Ça va bien, et toi?

1-5 Echanges. Find out about the people around you. With a partner, greet each other, ask how your classmate is, and then say good-bye. Then move to another partner, and greet and say good-bye in a different way.

📖 Voix francophones au présent: Premières rencontres

-06 to 01-09

Dahlila Taieb and Pierre Tayol, the hosts of the talk show *Voix francophones au présent*, and their guests have gathered near the *Radio Bleu* studio.

Pour bien écouter	Listening for repetition

Don't try to figure out what each word means. Instead, listen for words and expressions you already know. Greetings and leave-takings are not hard to hear because they typically involve repetition. For instance, when someone says "Hi," an appropriate response is "Hi."

1-6 **Expressions utiles.** Are the following expressions used to say hello or good-bye?

1. A plus tard.
2. A tout a l'heure!
3. Salut.
4. Bonjour.
5. Ciao.

Ecoutons!	Voix francophones au présent: Premières rencontres

Listen as the interviewees greet each other.

Didier Neyraud

Noah Zébina

Aminata Dembelé

1-7 **Qui parle?** Who is speaking?

Modèle: Comment tu vas?   Sébastien Proulx ou Aminata Dembelé?
C'est Aminata.

1. Comment allez-vous?	Tinh Nguyen ou Didier Neyraud?
2. Au revoir et à tout à l'heure.	Tinh Nguyen ou Didier Neyraud?
3. Salut, ça va?	Chloë Bartolli ou Noah Zébina?
4. A plus tard!	Chloë Bartolli ou Noah Zébina?
5. Ciao, Seb.	Sébastien Proulx ou Aminata Dembelé

01-10 to 01-11

Pour bien prononcer — The French alphabet

Listen carefully to the pronunciation of the French alphabet.

A ah	B bé	C cé	D dé	E eu	F effe	G gé	H ach
I i	J ji	K kah	L elle	M emme	N enne	O oh	P pé
Q kü	R erre	S esse	T té	U ü	V vé	W double vé	X iks
Y i grec	Z zed						

Les accents. French uses five diacritical marks (accents), which are an integral part of a word.

´	accent aigu (occurs only on the letter e)	Répétez encore une fois.
`	accent grave	A tout à l'heure.
^	accent circonflexe	A bientôt!
ç	c cédille (occurs only on the letter c)	Ça va bien, et toi?
¨	tréma	Elle s'appelle Chloë.

Except for the cedilla on the capital c, accents are not typically used on capital letters. You won't see accents on most capital letters in this book, but memorize accents when learning to spell your vocabulary words.

> **CHLOË:** Je m'appelle Chloë Bartolli.
>
> **ETUDIANT:** Comment ça s'écrit?
>
> **CHLOË:** Ça s'écrit C H L O E tréma B A R T O deux L I.
>
> **ETUDIANT:** Merci, Chloë.

[Handwritten margin notes: accent circonflex or aigu → = s in old French; é = e accent aigu; E → ay; e → eh; doesn't not change pronun.; separates two vowels side by side; can add accents to capital letters or not]

1-8 Les noms. Spell the following names.

1. Hélène Haumain **2.** Thérèse Gauthier **3.** Jérôme Barthélémy **4.** Saïd Boukrâ

La politesse

01-12

It is not unusual in the Francophone world to say **Bonjour!** to the driver when you step into a bus. Similarly, when entering a small shop, people often say **Bonjour, Monsieur (Madame)** to greet the shopkeeper. For requests, one routinely hears **s'il vous plaît.** For instance, in a café, when ordering a croissant, you would say **Je voudrais un croissant, s'il vous plaît.** It is also expected for you to thank the waiter upon receiving your order: **Merci** or **Merci, Monsieur (Madame).**

Make sure to respect speaking registers. When speaking to a friend, a small child, or a family member, you can stay on a first-name basis: **Bonjour, Jean!** However, when addressing an older person, a teacher, a neighbor, a shopkeeper or salesperson, or a person you don't know, it is expected that you use **Monsieur** or **Madame (Mademoiselle).** If you know the name of the person, use it when greeting him or her: **Bonjour, Madame Acker.**

— *I am in Paris on a one-year exchange. I was initially surprised at the level of politeness here. They always greet you and say **s'il vous plaît** and **merci**. I became more cautious when my French roommate mentioned that I was "too direct" and "very American." I certainly did not want to seem crass or impolite. You just have to take a little more time for things like that here.*

Vocabulaire supplémentaire

Frédérique
Kasim
Ségolène
Thérèse
Thierry
Xavier
Yasmina

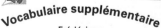

1-9 Je m'appelle... Borrow a French name and introduce yourselves.

Modèle: **E1:** *Je m'appelle Sébastien. Ça s'écrit S E accent aigu B A S T I E N.*
E2: *Tu t'appelles Sébastien?*
E1: *Oui, c'est ça.*
E2: *Salut, Sébastien. Ça va? Et moi...*

1-10 Les salutations. Refer to **Pour bien communiquer: Dire bonjour et au revoir** (page 4). How would you greet the following people?

1. Patrick Nguyen, 12 years old, Tinh's son
2. Pierre Tayol, middle aged, journalist
3. Chloë Bartolli, a university student
4. Tinh Nguyen, owner of a large Asian supermarket
5. your teacher

1-11 Comparaisons. Compare greetings in France and the United States. Are formal greetings the same or similar? Are informal greetings the same or similar? How do the greetings differ? How is the level of politeness different?

01 10

| **Pour bien communiquer** | **Expressions utiles en salle de classe** |

Here are some of the most common classroom expressions with their English equivalents.

Allez au tableau et écrivez votre nom.

L'étudiant dit:

Comment dit-on... en français (en anglais)?
Que veut dire (le mot)...?
Je sais! (Je ne sais pas.)
Oui, je comprends très bien.
Je ne comprends pas.
Comment? Répétez, s'il vous plaît.
Répétez encore une fois.

The student says:

How do you say . . . in French (in English)?
What does (the word) . . . mean?
I know! (I don't know.)
I understand very well.
I don't understand.
Excuse me? Please repeat.
Repeat once more.

Le professeur dit:

Ouvrez (fermez) votre livre.
Prenez une feuille de papier (un crayon, un stylo).
Ecrivez le mot (votre nom).
Allez à la page 5 (cinq).
Allez au tableau.
Merci. Asseyez-vous, s'il vous plaît.
Discutez avec votre partenaire.
Mettez-vous en groupes de trois.
Travaillez en groupes de quatre.
Travaillez avec l'ordinateur (sur Internet).

The teacher says:

Open (close) your book.
Take a sheet of paper (a pencil, a pen).
Write the word (your name).
Go to page 5.
Go to the board.
Thank you. Please sit down.
Discuss with your partner.
Form groups of three.
Work in groups of four.
Work with the computer (on the Internet).

 1-12 Comme dit le prof. Working with a partner, the "professor" gives several commands (from the **Le professeur dit** section above). The "student" does what he or she is told to do. Then switch roles.

The imperative

01-14 To give commands or requests, use the imperative. Read the following dialogue and answer the questions.

De plus près — Fermez votre livre

Amy Guidry is an exchange student taking a French class for foreign students.
She is sitting next to a fellow classmate, Victor.

LE PROFESSEUR: **Fermez** votre livre! Victor et Paulette, <u>allez</u> au tableau.

AMY: Victor, **ferme** le livre et <u>va</u> au tableau!

VICTOR: Quoi?

AMY: **Ferme** le livre et va au tableau!

VICTOR: Ah Bon! Je comprends maintenant°!

maintenant now

A vous de décider

1. What does the teacher want Paulette and Victor to do?
2. What two different forms of the verb do the teacher and ~~Victor~~ *Amy* use?

[handwritten margin notes:]
répè te → e at the end produce "t" sound
en → eh

1. The three forms of the imperative

There are three forms of the imperative. All of them are used to give commands or to make requests.

Informal, to a friend or a child:	**Ferme** le livre!	*Close the book!*
To at least one other person plus yourself:	**Fermons** le livre!	*Let's close the book!*
Formal or to more than one person:	**Fermez** le livre!	*Close the book!*

2. Irregular forms

Some verbs do not follow the pattern exactly and are considered irregular. Note the accent changes in the first example.

Informal, to a friend or a child	To at least one other person plus yourself: (let's...)	To someone you don't know or to more than one person
répète le mot	**répétons** le mot	**répétez** le mot
écris ton nom	**écrivons** notre nom	**écrivez** votre nom
va au tableau	**allons** au tableau	**allez** au tableau — *painting, board*
prends un stylo (*pen*) *take*	**prenons** un stylo	**prenez** un stylo

 1-13 Quoi? Your professor has been a bit cranky today, and your classmate hasn't been listening. Restate what the teacher said to help your classmate, changing the information from the formal to the informal form (and using the name of the student to whom you are speaking). Follow the model.

Modèle: Fermez le livre!
Victor, ferme le livre.

1. Répétez le mot!
2. Allez au tableau!
3. Ecrivez le mot au tableau!
4. Prenez un stylo!
5. Ecoutez le dialogue! *[handwritten: listen to]*
6. Ouvrez le livre!

1-14 Faire semblant (*pretending*). You are the teacher for this activity. Change the items in the left column to give four formal instructions to your "student." Switch roles half way.

Va	au tableau, à la porte, à la page cinq
Ecris, Répète	le mot, l'expression, le nom, le dialogue
Prends	un crayon, un stylo, une feuille
Ouvre, Ferme	le livre, la porte

📖 Voilà / Il y a

01-15

Voilà and **il y a** have similar meanings but are used in different situations. Read the dialogue and then answer the questions.

> **De plus près**   **Au tableau**

Amy Guidry is in her French class with other foreign students.

LE PROFESSEUR: Ecrivez votre nom au tableau, s'il vous plaît.

JÉRÔME: Voilà.

LE PROFESSEUR: Ecrivez votre nom en français, s'il vous plaît.

JÉRÔME: Comment? Je ne comprends pas. Expliquez, s'il vous plaît.

LE PROFESSEUR: En français, **il y a** un accent aigu sur le E et un accent circonflexe sur le O.

JÉRÔME: Voilà.

LE PROFESSEUR: Très bien. Asseyez-vous s'il vous plaît.

> **A vous de décider**
>
> 1. What does the teacher want the student to do?
> 2. What changes does the student need to make?
> 3. How are **voilà** and **il y a** used?

1. Voilà

Voilà is used to point out something or someone. It can be used alone or with a noun or proper noun.

Voilà! C'est fini!	*There! It's done!*
Voilà Jean. Voilà Chloë et Noah.	*There is Jean. There are Chloë and Noah.*

2. Il y a

Il y a, on the other hand, is used to describe or to tell that something exists or to describe a situation.

Il y a un C cédille dans le prénom François.	*There is a cedilla in the name François.*
Il y a trois étudiants dans ce groupe.	*There are three students in this group.*

1-15 **Il y a...** Point out the person and say something about the spelling of his or her name.

Modèle: Agnès   *Voilà Agnès. Il y a un E accent grave dans le prénom Agnès.*

1. Vanneste
2. Chloë
3. Zébina
4. Miwana
5. Françoise
6. Proulx

 1-16 **Les personnages.** Working in groups of three, one person selects one of the names below and describes its spelling. Another person guesses the name. The third person confirms by spelling it. Rotate until three names have been spelled by each member of the group.

Les noms: **Françoise Acker, Chloë Bartolli, Aminata Dembelé, Amy Guidry, Tinh Nguyen, Didier Neyraud, Sébastien Proulx, Annick Vanneste, Noah Zébina**

Modèle: E1: *Il y a un Z et un accent aigu dans le nom.*
E2: *C'est Noah Zébina.*
E3: *Ça s'écrit N O A H Z E accent aigu B I N A.*

📖 The verb être

The verb **être** (*to be*) is used when talking about your city of origin. Read the dialogue, paying particular attention to the forms of the verb in bold type. Then answer the questions.

De plus près   **Je suis de Paris**

Amy Guidry, an American exchange student, is introducing herself in her French class.

> **AMY:** Bonjour, je m'appelle Amy Guidry. Je **suis** de Lafayette. Et je **suis** originaire de Paris.
>
> **LE PROFESSEUR:** Alors, vous **êtes** française.
>
> **AMY:** Non, je **suis** américaine.
>
> **LE PROFESSEUR:** Mais vous **êtes** originaire de Paris.
>
> **AMY:** Oh! Pardon! J'habite à° Lafayette en Louisiane, mais je **suis** originaire de Paris au Texas.

(handwritten: but)

---

j'habite à *I live in*

A vous de décider

1. What is Amy's nationality? Where is she from?

2. What's the nature of the misunderstanding?

3. What are the **je** and **vous** forms of **être?**

---

1. The verb **être** in the present tense.

- The verb **être** *(to be)* is irregular. Note its forms.

(handwritten: C'est it is   On est)

Je **suis** de Paris.	*I am from Paris.*
Tu **es** de Chicago?	*Are you (singular) from Chicago?*
Il/Elle **est** de Paris.	*He/She is from Paris.*
Nous **sommes** originaires de Papeete.	*We are originally from Papeete.*
Vous **êtes** française(s)?	*Are you (plural, formal) French?*
Ils/Elles **sont** de Dakar.	*They are from Dakar.*

(handwritten: Same pronunciation)

- The forms **es** and **est** are pronounced the same.

- The final consonant is silent in all forms. However, the **-s** of **vous** before **êtes** is pronounced with a **z** sound: **Vous êtes** de Papeete? And the **-t** of **est** and **sont** is pronounced before a word beginning with a vowel or a vowel sound.

(handwritten: tu = singulier, familier   vous = pluriel, formel)

> Il **est** américain.
> Ils **sont** américains.

2. The use of the verb **être**

- To say which town you are from, use **être de** followed by the name of the city of origin.

Je **suis de** Paris.	*I am from Paris.*
Elle **est** originaire **de** Papeete.	*She is originally from Papeete.*

- In French, the name of a profession or nationality directly follows the verb **être.** Compare these French and English sentences:

Je suis professeur.	*I am **a** teacher.*
Vous êtes française.	*You are French.*

1-17 **Mon identité.** The French department is organizing a little party for new students in the program. Before meeting the French exchange students who will spend the year at your institution, you practice introductions in class. Create a name tag that includes a name, a profession, and a town. Then form groups of three or four and practice introducing yourself and one of your classmates.

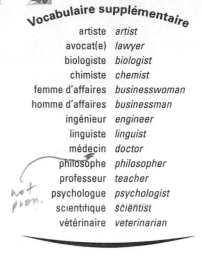

Vocabulaire supplémentaire

artiste	*artist*
avocat(e)	*lawyer*
biologiste	*biologist*
chimiste	*chemist*
femme d'affaires	*businesswoman*
homme d'affaires	*businessman*
ingénieur	*engineer*
linguiste	*linguist*
médecin	*doctor*
philosophe	*philosopher*
professeur	*teacher*
psychologue	*psychologist*
scientifique	*scientist*
vétérinaire	*veterinarian*

not pron.

Edward Jones
psychologue
Atlanta

Modèle: **E1:** *Je m'appelle Edward Jones.*
Je suis psychologue en formation et je suis d'Atlanta.
Voici mon amie…

 1-18 **Je m'appelle Jean!** It is now time for you to introduce yourself. Give your name and a bit of information about yourself. Then greet your new friend.

Modèle: **E1:** *Bonjour, je m'appelle Edward Jones.*
E2: *Bonjour, Edward.*
E1: *Je suis d'Atlanta et je suis psychologue en formation. Et toi?*
E2: *Moi, je…*

 ## Travail d'ensemble

01-18

Pour bien parler	**Keeping it simple**

When you are asked to speak in French, keep it simple. Make use of the structures and expressions you have already encountered in the video, the radio interviews, and the dialogues; and reuse them. At first, don't try to be too original. As you get more comfortable with French, you will be able to start creating with the language or rearranging what you know.

 1-19 **Dire bonjour.** Show off what you know in French. In groups of four, say hello to your classmates in French, ask each person how she or he is, introduce yourself and the person next to you, and then say good-bye. Your partners each answer appropriately. Then pretend you are meeting someone formally and repeat the activity. Limit yourself to the structures and expressions that you have learned so far.

Modèle: **E1:** *Bonjour, ça va bien?*
E2: *Oui, ça va.*
E1: *Je m'appelle… C'est… Il (Elle) est chimiste en formation.*
E2: *Salut,…*
E1: *Au revoir, à bientôt!*
E2: *Au revoir!*

Pour aller plus loin

Contextes In this section you learn how to say what you do, who you are, and where you come from.

D'où je viens

In the following transcriptions people talk about themselves.

> **Pour bien lire** | **Looking for information you expect to find**
>
> Look for information that you expect to find while reading—proper names, the names of places where people live or where they were born, and other personal information.

1-20 Expressions utiles. Here are some expressions that may be useful. Which ones do you recognize? Which ones can you guess the meaning of?

Je m'appelle Miwana.
Je suis de Hanoi.
Je suis originaire du Viêt-Nam.

Je viens de Tahiti.
J'habite à Papeete.
Bonjour!

📖 C'est moi!

01-19 to 01-20

— Bonjour, je m'appelle Chloë. J'ai 19 ans. Je viens de Paris. Dans ma famille il y a quatre personnes et deux chiens°.

— Salut! Je m'appelle Dahlila. Je suis journaliste. J'ai deux frères°. Je suis originaire de Fès°.

— Je m'appelle Aminata et je suis styliste. J'habite dans un appartement avec une amie° qui s'appelle Renée.

— Bonjour. Je m'appelle Sébastien. J'habite à Montréal. Je suis célibataire°. Dans ma famille il y a cinq enfants°.

— Je m'appelle Tinh Nguyen. Je suis vietnamien. Je suis né° à Hanoi, mais j'habite à Paris depuis longtemps. Je suis propriétaire d'un supermarché asiatique.

---

chien *dog;* **J'ai deux frères** *I have two brothers;* **Fès** *a city in Morocco;* **avec une amie** *with a friend (female);* **célibataire** *single;* **enfant** *child;* **Je suis né** *I was born*

depuis since

1-21 Les coordonnées. Use the information from the introductions to tell where each person is from and to give an additional piece of information.

1-22 Qui dit...? Listen to your teacher as he or she says information excerpted from the text. Who originally said each sentence?

Modèle: (You hear) Je suis journaliste. Dahlila ou Aminata?
(You say) *C'est Dahlila.*

1. Chloë ou Aminata?
2. Aminata ou Noah?
3. Aminata ou Dahlila?

4. Sébastien ou Tinh?
5. Tinh ou Aminata?

Pour bien communiquer — Dire son nom et d'où on vient

[handwritten: to say his name]

~21 to 01-22

The following chart lists expressions used to ask and tell one's name and where one is from. Note that different expressions are used in formal and informal contexts.

FORMAL	INFORMAL
Nom: Comment vous appelez-vous?	Comment (est-ce que) tu t'appelles?
	Comment t'appelles-tu?
Je m'appelle (+ nom)	
Je suis (+ nom)	
Je suis célibataire (marié[e]).	
Domicile: Où habitez-vous?	Où (est-ce que) tu habites?
	Où habites-tu?
J'habite à Paris (à San Diego, à Tokyo à…).	
Ville natale: D'où êtes-vous?	Tu es d'où?
D'où venez-vous?	Tu viens d'où?
Je suis (originaire) de Marseille (de Nantes, d'Ottowa, de…)	
Je viens de (+ ville)	

[handwritten annotations: pronoun: as est like Latin; live; verb – pronoun; modern, unmarried]

[handwritten right margin:]
Sujet + être + de + ville d'origine
venir + ville d'origine
Je viens
Tu viens
Il/Elle vient
Nous venons
Vous venez
Ils/Elles viennent

Je viens de Richmond.
D'où viens-tu?

Habiter
J'habite
Tu habites
Il/Elle habite
Nous habitons
Vous habitez
Ils/Elles habitent

1-23 Je me présente. You probably don't know everyone in your French class yet. Sit next to a person you don't know. Ask your partner his or her name, place of residence, and place of origin.

Modèle: E1: *Bonjour, comment est-ce que tu t'appelles?*
E2: *Je m'appelle [Aluin Beaufort].*
E1: *Où est-ce que tu habites?*
E2: *J'habite à…*
E1: *Tu es d'où?*
E2: *Je suis originaire de…*

[handwritten: Mexique / mexico; la Russie / Russia; la Chine / china; l'Angleterre / England]

La formalité et la langue

01-23

There are several indicators of formality in French speech. When speaking informally, the pronoun **tu** is used, whereas in formal situations **vous** is the proper choice. Another indicator of formality is the use of *inversion* when asking questions. In informal conversational situations, questions are typically formed either by raising the voice at the end of a statement or by using **est-ce que: Où est-ce que tu habites?** In more formal situations, the subject pronoun and the verb are often inverted: **Où habitez-vous?**

When dealing with strangers or when speaking to people behind counters in shops, at the post office, or at the train station, it is customary to make requests politely and formally: **S'il vous plaît, pouvez-vous…** or **Excusez-moi, pouvez-vous…**

—*The notion of formality varies from country to country. It is always important to be polite and courteous toward merchants and people you meet on the street. However, it is also true that in Africa people are less formal than in France.*

[handwritten: ill → y sound; elle → l sound]

[handwritten: formal question: inversion, verb – pronoun]

1-24 Comparaisons. Compare the level of formality in France and the United States. What would you say to a merchant in a store in the United States? Would you be as polite or as formal as in France? How might different registers of language lead to misunderstandings?

Pour bien communiquer — Compter de 0 à 69

0	zéro						
1	un	6	six	11	onze	16	seize
2	deux	7	sept	12	douze	17	dix-sept
3	trois	8	huit	13	treize	18	dix-huit
4	quatre	9	neuf	14	quatorze	19	dix-neuf
5	cinq	10	dix	15	quinze	20	vingt

21 vingt-et-un	30 trente	40 quarante	50 cinquante	61 soixante-et-un
22 vingt-deux	31 trente-et-un	41 quarante-et-un	51 cinquante-et-un	62 soixante-deux
23 vingt-trois	32 trente-deux	42 quarante-deux	52 cinquante-deux	63 soixante-trois
24 vingt-quatre	33 trente-trois	43 quarante-trois	59 cinquante-neuf	69 soixante-neuf
29 vingt-neuf	39 trente-neuf	49 quarante-neuf	60 soixante	

[Handwritten margin notes:]
il y a = there is

Ce est ⇒ C'est
Tu es is not contracted

Quel âge a-t-il?
Quel âge a-t-elle?
Quel âge avez-vous?
Quel âge as-tu?

1-25 Des chiffres. In the following sentences, say each person's age.

Modèle: (Tiana/17).
Tiana a dix–sept ans.

1. Chloë / 19

2. Dahlila / 35

3. Aminata / 25

4. Sébastien / 24

5. Tinh / 47

6. Amy / 22

7. Annick / 69

8. Didier / 52

1-26 **Qui est-ce?** Your teacher will hand you a piece of paper with your "identity" (the name of a participant from the radio show). Working in groups of four, assume the identity of the person on the paper and introduce yourself without revealing your name. The other members of the group will guess your identity.

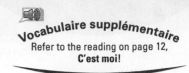
Vocabulaire supplémentaire
Refer to the reading on page 12,
C'est moi!

01-25

Pour bien communiquer	Les jours de la semaine, les mois de l'année

Les jours de la semaine (*the days of the week*)

not pron.

lundi	mardi	mercredi	jeudi	vendredi	samedi	dimanche
Monday	*Tuesday*	*Wednesday*	*Thursday*	*Friday*	*Saturday*	*Sunday*

The days of the week and the months of the year are not capitalized in French.

Les mois de l'année (*the months of the year*)

Les mois d'été (*the months of summer*)	juillet	août	septembre
Les mois d'automne (*fall*)	octobre	novembre	décembre
Les mois d'hiver (*winter*)	janvier	février	mars
Les mois du printemps (*spring*)	avril	mai	juin

pron.

C'est aujourd'hui (*today is*) mardi, le 12 septembre.

The word **printemps** begins with a consonant and uses **du** whereas **été, automne,** and **hiver** begin with a vowel sound and use **d'.**

1st day of month
Le premier octobre

1-27 **Quelques fêtes.** Give the dates for the following special days.

Modèle: Noël
      C'est le 25 décembre.

1. la fête nationale américaine (l'indépendance américaine) *le quatre juillet*
2. votre anniversaire (*your birthday*)
3. la fête nationale française (la prise de la Bastille) *le quatorze juillet*
4. le premier (*first*) jour d'été *(day)*
5. demain (*tomorrow*)
6. aujourd'hui (*today*)

Aujourd'hui = today
Hier = yesterdy

 1-28 **Le bon compte.** Take the quiz about days, months, and seasons in French. Then ask questions for your partner to answer, using the structure of the model.

Modèle: les jours dans la semaine
    E1: *Combien de* (how many) *jours est-ce qu'il y a dans la semaine?* *week*
    E2: *Il y a 7 jours dans la semaine.*

1. les mois dans l'année
2. les saisons dans l'année
3. les heures (*hours*) dans un jour
4. les jours dans un mois

Comment dire?

Questions

01-26 to 01-27 Yes/no and information questions are essential to any conversation. You have already learned several examples of these questions in French. Read the following dialogue and answer the questions.

De plus près **La voyante**

A vous de décider

1. In which question is the speaker trying to verify a guess? How is this question formed?

2. In what three ways can a statement be transformed into a question?

It is the first day of the **Voix francophones au présent** *program and the guests are finding out about each other.*

SÉBASTIEN: Bonjour, je m'appelle Sébastien Proulx.

CHLOË: Bonjour, ça va? Tu habites à Montréal, n'est-ce pas?

SÉBASTIEN: Comment… Est-ce que tu es voyante°?

CHLOË: Mais non, tu t'appelles Proulx. C'est un nom canadien. J'ai deviné° que tu viens de Montréal.

---

tu es voyante? *are you clairvoyant?;* j'ai deviné *I guessed*

inversions in questions — use hyphens if it is subject pronoun.

— Tu habites à Montréal, n'est-ce pas?

— Est-ce que tu es voyante?

1. Intonation questions

The simplest way to form a yes/no question is to raise your voice at the end of a statement.

Il est de Montréal.   Il est de Montréal?

2. Est-ce que… questions

Another way to form a yes/no question is to add the phrase **Est-ce que** to the beginning of a statement. This phrase has no real meaning; it simply indicates that what follows is a question. Notice that **est-ce que** becomes **est-ce qu'** before a noun or pronoun beginning with a vowel or a vowel sound.

Tu es voyante.   **Est-ce que** tu es voyante?
Il est de Paris.   **Est-ce qu'**il est de Paris?

3. Verification questions

A verification question anticipates a yes answer. To verify that something is true, you can raise your voice and add **n'est-ce pas?** to the end of the statement.

Tu habites à Montréal.   Tu habites à Montréal, **n'est-ce pas?**

1-29 Poser des questions. Working with a partner, use the photographs to confirm information about the participants in **Voix francophones au présent.** Ask each question in three different ways, one using intonation, one using **est-ce que,** and one verifying the information with **n'est-ce pas?** Ask three sets of questions, then switch roles with your partner.

Modèle: Chloë, 19 ans, mariée, Paris
> **E1:** *Chloé est originaire de Paris?*
> *Est-ce que Chloë est originaire de Paris?*
> *Chloë est originaire de Paris, n'est-ce pas?*
> **E2:** *Oui, Chloë est originaire de Paris.*

1. Aminata, 25 ans, célibataire, Dakar

2. Amy, 22 ans, célibataire, Lafayette

3. Sébastien, 24 ans, célibataire, Montréal

4. Tinh, 47 ans, marié, Hanoi

 1-30 Quelques questions. Download the chart for this activity. It is similar to the one below but does not include all the information. Ask your partner questions to fill in the blanks. Switch roles halfway.

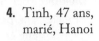
http://www.pearsonhighered.com/francais-monde

Modèle: **E1:** *Est-ce que Chloë a 23 ans?*
> **E2:** *Non.*
> **E1:** *Est-ce qu'elle a 19 ans?*
> **E2:** *Oui, elle a 19 ans.*
> **E1:** *Est-ce qu'elle est étudiante?*
> **E2:** *Oui...*

Nom	Âge	État civil (marital status)	Origine	Occupation
Chloë Bartolli	19	célibataire	Paris	étudiante
Dahlila Taieb	35	mariée	Fès	journaliste
Aminata Dembélé	25	célibataire	Dakar	styliste
Sébastien Proulx	24	célibataire	Montréal	graphiste (graphic designer)
Tinh Nguyen	47	marié	Hanoï	propriétaire de marché asiatique

C'est / Il (Elle) est

01-28

When you want to point someone out and tell who he or she is, use **c'est...** When you wish to say what he or she does, use **il (elle) est...** When you wish to say what city he or she is from, use **il (elle) est de...** Read the dialogue and then answer the questions.

A vous de décider

1. What do Noah and Sébastien do? Where are Chloë and Aminata from?

2. What part of speech follows the expression **c'est?** What comes after **il (elle) est?**

> **De plus près**   **Je me trompe**

Pierre et Dahlila are talking about the people in the studio.

PIERRE: Alors, le jeune homme°, **c'est** Noah Zébina. **Il est** étudiant.

DAHLILA: Mais non, **c'est** Sébastien Proulx. **Il est** graphiste. *(graphic artist)*

PIERRE: Oh, pardon. Je me trompe°. Avec Sébastien, **c'est** Chloë Bartolli, **elle est de** Paris.

DAHLILA: Tu te trompes encore°! **C'est** Aminata Dembelé, **elle est de** Dakar.

PIERRE: Oh! là là!

***

jeune homme *young man;* je me trompe *I am wrong;* tu te trompes encore *you are wrong again*

1. To point someone out

To point someone out, use **c'est** followed by the proper name. The expression is used both for men and women.

C'est Chloë Bartolli.   Non, **c'est** Aminata Dembelé.

C'est Noah.   Non, **c'est** Sébastien.

2. To identify origins, profession, marital status, or religion

To identify someone's origin, profession, marital status, or religion, use **il (elle) est** followed by the occupation, marital status, or religion, or by **de** and the name of the town.

Il est de Montréal.   **Elle est de** Paris. *(student)*

Il est graphiste.   **Elle est** étudiante.

Il est marié. *(married)*   **Elle est** célibataire. *(single, unmarried)*

Il est musulman. *(muslim)*   **Elle est** catholique.

Note that to refer to some occupations and religions in the feminine, you must add a final **-e** to the noun. Doing so creates a change in pronunciation, because the **-e** requires you to pronounce the preceding consonant.

	Il est étudiant.	Elle est étudiant**e**.
	Il est protestant.	Elle est protestant**e**.
But	Il est graphiste.	Elle est graphiste.

1-31 **Descriptions de personnages.** Use the table in Activity **1-30** to describe each character.

Modèle:

Chloë Bartolli	*19*	*célibataire*	*Paris*	*étudiante*

C'est Chloë. Elle a 19 ans. Elle est célibataire. Elle est de Paris. Elle est étudiante.

1-32 **Description de camarades.** Working in groups of three, write your name, age, marital status, origin, and profession to describe yourself, as in the chart in Activity **1-31**. Then exchange your paper with a partner so he or she can introduce you in complete sentences.

Modèle: (You write, for example) *Marissa, 22, célibataire, Denver, étudiante*

　　　　　E1: *C'est Marissa. Elle a 22 ans. Elle est célibataire. Elle est de Denver. Elle est étudiante.*

Handwritten margin notes:

marié groom
mariée bride   } noun
marie adj   married

📖 Negation with **ne…pas**

01-29

In the dialogue, two friends express different preferences. Pay particular attention to the verbs. Then answer the questions.

> **De plus près** **Je me trompe encore**
>
> *Pierre is still figuring out who's who. He is speaking with Dahlila, his co-host.*
>
> **PIERRE:** Bon, alors, le jeune homme, c'est Sébastien Proulx. Il est étudiant. Il est de Québec.
>
> **DAHLILA:** Oui, c'est bien Sébastien Proulx, mais **il n'est pas** étudiant. Il est graphiste. **Il n'est pas** de Québec, il est de Montréal.
>
> **PIERRE:** Avec Sébastien, c'est Aminata Dembelé, elle est de Dakar. Elle a 20 ans.
>
> **DAHLILA:** Aminata est de Dakar, c'est vrai. Mais **elle n'a pas** 20 ans. Elle a 25 ans.
>
> **PIERRE:** Oh! là là! Je me trompe encore°!

Je me trompe encore *I'm wrong again*

> ### A vous de décider
>
> 1. Where are Sébastien and Aminata from?
> 2. What else did you learn about them?
> 3. What two words are used to signal the negative?

1. Negation

To make a negative statement in French, place **ne** before the verb and **pas** after it. Note that **ne** becomes **n'** before a vowel or a vowel sound.

C'est Aminata.	Je suis de Dakar.	Elle a 25 ans.
Ce **n'**est **pas** Aminata.	Je **ne** suis **pas** de Dakar.	Elle **n'**a **pas** 25 ans.

2. Negation in informal situations

In conversational French, especially in informal situations, the **ne (n')** is dropped most of the time. The **pas** is retained, however. Informally, one would hear the following:

C'est **pas** Aminata Dembelé.   Elle habite **pas** à Paris.

1-33 Je me trompe encore. Pierre is mistaken. Help him out: Negate what he says, and then give the correct information.

Modèle: C'est Chloë Bartolli. Elle est de Londres.
   Mais non! Elle n'est pas de Londres. Elle est de Paris.

1. C'est Chloë Bartolli. Elle est mariée.
2. C'est Dahlila Taieb. Elle est de Paris.
3. C'est Sébastien Proulx. Il a 19 ans.
4. C'est Tinh Nguyen. Il est styliste.

📖 Travail d'ensemble

01-30

> **Pour bien écrire** **Reviewing before writing**
>
> Before you write anything for this course, get in the habit of reviewing the new vocabulary (**Pour bien communiquer**) in the chapter. Notice how information is expressed in French and imitate what you read. At first, stay close to the material you are studying. There will be plenty of opportunities later to express yourself more freely in French.

1-34 On se présente. Listen to your instructor as he or she reads an introduction. Use the following list to check off the information that is provided in the introduction. Then review the expressions in **Pour bien communiquer: Dire son nom et d'où on vient** (page 13) and work with a partner to select, modify, and correct the expressions to fit your own introductions. Each student will present his or her paragraph to the class.

Le paragraphe contient (*contains*):

____ le nom   ____ l'âge   ____ le domicile
____ l'état civil   ____ la ville natale   ____ l'occupation

A la découverte

01-31 to 01-34

📖 Petit tour d'horizon

Le monde de la Francophonie

Deux francophones sur trois habitent à l'extérieur de la France. Cette présence francophone à l'extérieur de la France s'explique principalement par la colonisation, mais aussi la géographie et les contacts culturels à travers l'histoire.

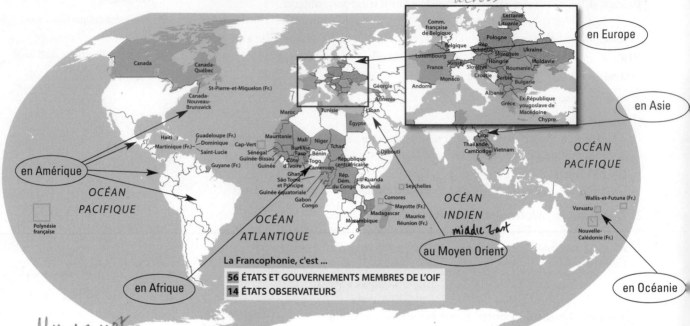

La Francophonie, c'est ...

56 ÉTATS ET GOUVERNEMENTS MEMBRES DE L'OIF

14 ÉTATS OBSERVATEURS

Le nombre d'utilisateurs natifs et non natifs place le français au 10ème rang dans le monde et au 4ème rang aux Etats-Unis après l'anglais, l'espagnol et le chinois. Aux Etats-Unis, on parle le français principalement en Louisiane où le français est une langue officielle et en Nouvelle Angleterre. Dans les pays francophones et non francophones on utilise le français principalement dans les contextes **éducatifs** (88%), **culturels** et **diplomatiques** (65%) et **professionnels** (47%).

1-35 **Le français, qui le parle, où et dans quels contextes?** Are the following statements true or false according to the reading passage? Correct any incorrect sentences.

1. French is spoken on five continents.
2. French is among the top five most spoken languages in the world.
3. French is the fourth most often spoken language in the United States.
4. Outside France, French is primarily used for business.

1-36 **Le bon mot.** Complete the sentences with one of the words or expressions in the following list: **colonisation; au 10ème rang; éducatif; contextes; Afrique sub-saharienne; professionnel.**

1. Le nombre d'utilisateurs dans le monde place le français _____ des langues mondiales.
2. Le français est utilisé principalement dans les trois _____ suivants: _____ culturel et diplomatique et _____.
3. La _____ française en Afrique explique la présence du français sur ce continent.

Les figures clefs de la Francophonie

In 1960, after independence, Bourguiba, Diori, Senghor, and Sihanouk proposed to regroup countries where many people were French speakers or where there was an important connection with the French language or culture. These countries would be collectively referred to as **la Francophonie.**

Le père de la Francophonie

Onésime Reclus, l'inventeur du mot « Francophonie »
Ce géographe° français utilise° pour la première fois en 1880 le mot « francophonie » dans un de ses écrits° pour définir l'ensemble des personnes et des pays utilisant le français dans une variété de contextes.

Habib Bourguiba	**Hamani Diori**	**Léopold Sédar Senghor**	**Norodom Sihanouk**
Tunisie	Niger	Sénégal	Cambodge
Né° en 1903–Mort° en 2000	Né en 1916–Mort en 1989	Né en 1906–Mort en 2001	Né en 1922
En novembre 1957, il devient° le premier° Président de la République de Tunisie indépendante.	En novembre 1960, il devient premier Président de la République du Niger indépendant.	En septembre 1960, il devient le premier Président de la République du Sénégal indépendant.	En 1941, il devient roi° du Cambodge.

géographe *geographer;* utilise *uses;* ses écrits *his writings;* né *born;* mort *died;* devient *becomes;* premier *first;* roi *king*

1-37 Le bon choix. Use the correct initials to complete the sentences below: Onésime Reclus (OR); Léopold Sédar Senghor (LSS); Habib Bourguiba (HB); Norodom Sihanouk (NS); Hamani Diori (HD)

1. _____ vient d'Afrique du Nord. **2.** _____ est le premier président de son pays après l'indépendance. **3.** _____ est originaire d'un pays d'Afrique sub-saharienne. **4.** _OR_ est un géographe français. **5.** _NS_ est un monarque. **6.** _OR_ invente le mot **francophonie. 7.** _NS_ est originaire d'un pays d'Asie.

1-38 Comparaisons. Use the maps to compare the presence of English and French on the five continents. What role does the United States play in the spread of English around the world? Do you and your classmates agree or disagree?

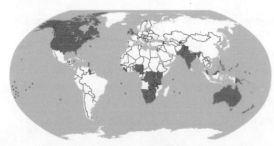

Le monde anglophone

Le monde francophone

📖 Point d'intérêt

A la rencontre de francophones

The guests of the **Voix francophones au présent** on *Radio Bleu* come from various countries where French is spoken. Here, as they greet you, they remind you of where they are from.

1-39 Premier survol

- **Salutations.** Scan the figure on the next page to see which greetings are used by the guests of the *Radio Bleu*. Among the guests, who is more likely to use one type of greeting versus another?

- **Introductions.** What kind of information are the speakers likely to provide as they introduce themselves? Make a list.

Un groupe de jeunes Français sur la place de la Défense

1-40 Essentiel à saisir

- **C'est qui?** Read the questions below and indicate who is being described in the figure at right, on page 23.

1. Elle est jeune (*young*) et française, et elle habite à Paris, c'est qui?
C'est _____.

2. Elle est âgée (*old*) et belge, c'est qui? C'est _____.

3. Elle est jeune, d'origine marocaine, c'est qui? C'est _____.

4. Ils sont tous les deux d'âge moyen (*middle-aged*) et habitent à Paris, c'est qui?
C'est _____ et _____.

- **Ville et pays?** Indicate where these guests of the **Radio Bleu** show are originally from and where they live today. Use the following words to complete the sentences: **est originaire, habite, est né**

1. Tinh _____ de Hanoi au Viêt-Nam.

2. Pierre _____ à Aix-Een-Provence et il _____ à Paris pour son travail.

3. Didier _____ à Genève, mais il _____ de Lausanne.

On est francophones, venez nous rendre visite!

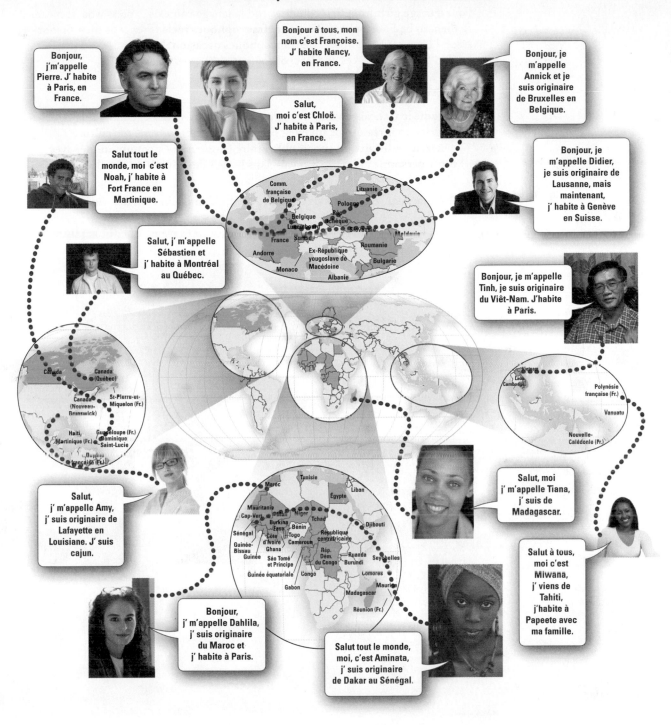

Bonjour, j'm'appelle Pierre. J'habite à Paris, en France.

Bonjour à tous, mon nom c'est Françoise. J'habite Nancy, en France.

Salut, moi c'est Chloë. J'habite à Paris, en France.

Bonjour, je m'appelle Annick et je suis originaire de Bruxelles en Belgique.

Salut tout le monde, moi c'est Noah, j'habite à Fort France en Martinique.

Bonjour, je m'appelle Didier, je suis originaire de Lausanne, mais maintenant, j'habite à Genève en Suisse.

Salut, j'm'appelle Sébastien et j'habite à Montréal au Québec.

Bonjour, je m'appelle Tinh, je suis originaire du Viêt-Nam. J'habite à Paris.

Salut, j'm'appelle Amy, j'suis originaire de Lafayette en Louisiane. J'suis cajun.

Salut, moi j'm'appelle Tiana, j'suis de Madagascar.

Salut à tous, moi c'est Miwana, j'viens de Tahiti, j'habite à Papeete avec ma famille.

Bonjour, j'm'appelle Dahlila, j'suis originaire du Maroc et j'habite à Paris.

Salut tout le monde, moi, c'est Aminata, j'suis originaire de Dakar au Sénégal.

Le français pour moi c'est...

Four teenage girls from four countries and language contexts express what it means to them to be Francophone. Some are **francophones réels** (French is their first or second language) and others are **francophones occasionels** (their use of French is limited by circumstances and level of competence).

1-41 **Premier survol**

- **J'étudie le français pour…** Complete the sentence with the ending that best explains your reason for studying French: **accroître** (*increase*) **ma culture générale, satisfaire un cursus obligatoire** (*requirement*)**, communiquer avec toute personne qui parle français dans le monde, obtenir un meilleur travail plus tard**

- **A remarquer.** Scan the four quotes below to identify and list the cognates you find.

Témoignages

Emilie (Belgique) — Bien plus qu'un° simple langage, le français est un code qui relie° nos différentes cultures. Nos histoires respectives ont beaucoup en commun. […] La francophonie est une communauté ouverte° sur le monde° et sur les peuples et les cultures qui la composent°.

Yasmine (Algérie) — La franco-phonie fait partie de ma vie°. Chez moi°, au lycée° mais aussi dans la rue°. La com-munication en français […] est importante et permet d'être ouvert sur le monde.

Dalia (Gaza) — La francopho-nie pour moi est une fenêtre° vers le monde extérieur, je vois° dans la francophonie un espoir° pour un lendemain meilleur°.

Anca (Roumanie) — C'est un moyen de rapprocher les peuples°. Grâce au° français, les gens peuvent° communi-quer et se connaître°.

© Institut Français de Rabat

---

bien plus qu'un *more than;* qui relie *that connects;* ouverte *open;* monde *world;* qui la composent *that it's made of;* fait partie de ma vie *is a part of my life;* chez moi *at home;* au lycée *at (high) school;* dans la rue *on the street;* fenêtre *window;* je vois *I see;* espoir *hope;* lendemain meilleur *better tomorrow;* rapprocher les peuples *to bring people closer;* grâce au *thanks to;* les gens peuvent *people can;* se connaître *get to know one another*

1-42 **Essentiel à saisir**

- **Qui dit quoi?** Now that you have learned what being a Francophone means to these four young women, attribute one or more speakers to each sentence below. Was it Emilie, Yasmine, Dalia, Anca, or none of them?

1. French opens the door to a new world for me.
2. French can be a bridge to better communication and understanding among people.
3. French gives me hope for a better future.
4. French was the ticket for my family to immigrate to France.
5. French ties us together.

- **Et pour vous?** Using the quotes in the **Témoignages** (page 24) as models, explain in one or two French sentences what the language means to you.

1-43 **Personnalités francophones.** Go to the *Français-Monde* site and use the web links and/or the search criteria provided to locate and research a Francophone celebrity. Print a photo and note your findings in the chart below.

http://www.pearsonhighered.com/francais-monde

Photo: *Affix photo of celebrity here*	Nom:
	Lieu de naissance:
	Pays d'origine/nationalité:
	Profession:
	Un fait intéressant sur cette célébrité:

1-44 **La personnalité choisie.** Present the person you selected in Activity **1-43**, showing the photo and giving some information about his or her place of origin, his profession, and an interesting fact about him or her.

Modèle: *Bonjour. C'est Léopold Sédar Senghor. Il est politicien.*
Il est de Dakar. Il est sénégalais.

A la découverte *vingt-cinq* **25**

📖 Travail d'ensemble

👥 **1-45 Qui est-ce?** Choose one of the personalities presented to the class without revealing him/her to your partner. Use your notes and reveal information slowly, so your partner has to work to figure out the person you are describing. Then switch roles.

Modèle: **E1:** *Elle est chanteuse, qui est-ce?*
E2: *C'est Jocelyne Béroard.*
E1: *Non. Elle a 37 ans, qui est-ce?*
E2: *C'est Zoé Kivits.*
E1: *Bravo!*

👥 **1-46 Faire le bilan.** Think about the information and data presented in **Pour commencer** (pages 3-11), **Pour aller plus loin** (pages 12-19), and **A la découverte** (pages 20-26). Work with a partner to synthesize what you have learned about **la Francophonie** by answering in writing the questions in the table below.

La Francophonie is...	
Key figures in the promotion of **la Francophonie?**	
Contexts in which French is most commonly used throughout **le monde francophone?**	
Francophone figures you now know about?	

Use the notes that you took in the table above to write four statements in French about **la Francophonie.**

A votre tour

Having an e-pal promotes faster language learning and greater understanding of culture. Knowing this, you decide to post a short introductory paragraph about yourself and the kind of e-pal you are looking for on a dedicated pen pal search website. To help you complete this task, you will work through a series of activities in your textbook and student activity manual, which include . . .

- reading e-pal ads
- examining the greetings found in the ads
- considering the content and style of the ads
- selecting the information you want to share

📖 Zoom sur...

42 to 01-44

Correspondants francophones sur le Web

1-47 A la recherche d'un(e) correspondant(e). From which part of the French-speaking world would you want your e-pal to be? Would your ideal e-pal be female or male? How old would he or she be?

1-48 Bonjour, je m'appelle... Think about the personal information a French-speaking person looking for e-pals might provide. Then read the list below, and indicate whether you would expect to find the following information by marking **O (oui)**, **P-E (peut-être)**(*perhaps*), or **N (non)**.

_____ **1.** le nom
_____ **2.** l'âge
_____ **3.** la nationalité
_____ **4.** la ville et pays de résidence
_____ **5.** les enfants (*children*)
_____ **6.** la profession
_____ **7.** la nationalité du correspondant
_____ **8.** les vêtements qu'on porte (*the clothes that someone is wearing*)
_____ **9.** l'adresse pour une réponse
_____ **10.** la description de sa famille
_____ **11.** l'argent qu'on gagne (*how much money someone earns*)
_____ **12.** les activités préférées ou détestées.

Les annonces

Under the **Formes d'adresse** chart are the introductory messages of four Francophone people seeking e-pals.

1-49 **Formes d'adresse.** Scan the introductions and fill in the table with the information requested.

Nom	Expression pour dire bonjour?	Expression pour dire au revoir?

Which greeting and leave-taking form are you likely to use in your own introductory paragraph? Be prepared to explain why.

Bonjour! Je m'appelle Thi Hong Giang Nguyen et j'ai 24 ans. J'habite à Ho Chi Minh Ville au Viêt-Nam. J'étudie le français à Hanoi National University. J'aime les voyages° et la natation°. J'aimerais correspondre avec des personnes du monde entier°. @+°, Merci.

Salut à tous! Moi c'est Ludivine Lemoine, j'ai 18 ans, bientôt 19! J'habite à Rouen en France où je suis lycéenne°! J'aime la musique, le 6né°, correspondre avec mes amis et cyber-amis! Je recherche des correspondantes° de 16 à 20 ans! Je vous dis Ab1to°!

Salut, moi c'est Fatimata Ouedraogo de Ouagadougou au Burkina-Faso. Je suis professeur. J'aime la lecture°, la danse, le 6né. Comme sports, j'aime faire de la natation et de la marche. J'ai 26 ans et j'aimerais correspondre avec des personnes de tout pays parlant français ou anglais. Réponse assurée!!! @+

Salut, je m'appelle Stéphane Vanhentenryck, j'ai 20 ans et j'habite à Bruxelles. Je suis étudiant à l'université libre de Bruxelles. J'aime le 6né, le dessin° et le repos°. Alors, je recherche des correspondants (hommes ou femmes âgés de 15 à 40 ans). Réponse assurée.

J'aime les voyages *I like traveling;* **la natation** *swimming;* **du monde entier** *from the whole world;* **@+ (A plus [tard])** *see you later (CUL8TR);* **lycéenne** *a female high school student;* **le 6né (le ciné[ma])** *the movies;* **correspondantes;** *e-pals;* **Ab1to (à bientôt); lecture** *reading;* **le dessin** *drawing;* **le repos** *rest*

1-50 **Qui… ?** With a partner ask each other the following questions. Starting with **Qui?** provide the name of the person(s) who fit(s) the profile. Take turns asking questions.

Modèle: a moins de (*is less than*) 20 ans
        E1: *Qui a moins de 20 ans?*
        E2: *Ludivine*

1. habite en Europe
2. est étudiant(e)
3. dit (*says*) "bonjour…"
4. dit "je m'appelle"
5. dit "… moi, c'est"
6. pratique un sport
7. n'étudie pas à l'université
8. aime le cinéma
9. ne spécifie pas l'âge, le sexe, la langue ou l'origine du correspondant recherché (*sought*)

 **Intégration**

Données importantes

1-51 Les infos. Select the person you would choose as an e-pal from **Les annonces** and fill out the table below with the information you learned about him or her. Then explain your choice.

Nom du correspondant	Age	Ville, région et pays d'origine	Préfère correspondre avec: Femme / Homme	Nationalité

Modèle: *Je choisis* (name of the e-pal) *parce qu'il/elle...*

1-52 Fiche de renseignements personnels. Fill out an information card providing only the information that you would like to supply. You will use this information later to write a short paragraph about yourself (to respond to an ad or to post your own online ad).

Nom: Prénom: Age: Sexe (femme/homme)

Ville et nationalité: Courriel (*email*):

Université:

Préfère correspondre avec: une femme/un homme + nationalité:

 1-53 Je suis, je choisis, j'explique. Work with a classmate you have not worked with yet.

1. **Je suis…, et toi?** Present yourself in French, and invite your partner to do the same so you can learn about each other. (Refer to Activity **1-52**.)
2. **Qui (*whom*) est-ce que tu choisis?** Ask about the e-pal your partner chose. (**Je choisis…**)
3. **Explique pourquoi!** Explain why. Use **parce que** to mean *because*. (**… parce qu'il / elle est originaire de** + ville; **… parce qu'il /elle est** + nationalité; **… parce qu'il / elle aime** + activités).

1-54 J'écris mon annonce. The email address of your selected e-pal is no longer valid. No worries! Write an ad (of 4–5 sentences) about yourself. Make sure to incorporate some of these French abbreviations and symbols that you have learned. Use information provided for Activity **1-52** and Activity **1-53** to introduce yourself. You may also refer to the e-pal introductions on the previous page as a model. Now, go to the *Français-Monde* site and use the web links and/or the search criteria provided to locate an e-pal website where you can post your ad.

The Internet spans the globe. Some say that the world is now a global village. Do you agree or disagree? What are the pluses and minuses of globalization for people, languages, and cultures?

http://www.pearsonhighered.com/francais-monde

Vocabulaire

Pour commencer

Saying hello

Bonjour!	Hello!
Bonjour, Madame.	Good day, Madam. (formal)
Bonjour, Mademoiselle.	Good day, Miss. (formal)
Bonjour, Monsieur.	Good day, Sir. (formal)
Bonjour tout le monde!	Hello, everyone.
Salut!	Hi!

Asking how someone is

Ça va?	How are you doing?
Comment allez-vous?	How are you? (formal)
Comment tu vas?	How are you?
Tu vas bien?	Are you OK?

Responding about how you are

Bien.	Fine.
Bien, et vous?	Fine, and you? (formal)
Bien, merci, et vous?	Fine, thank you, and you? (formal)
Ça va (très) bien, et toi?	I am (very) good, and you?
Ça va (assez) bien, et vous?	I am doing (fairly) well, and you? (formal)
Comme ci, comme ça.	So, so.
Malheureusement, je vais mal.	Unfortunately, I am not well.
Non, ça va mal.	No, I am not well.
Oui, ça va (bien).	Yes, I am fine.
Pas mal.	Not bad.

Saying good-bye

A bientôt, (+ prénom)!	See you soon, (+ first name)!
Allez!	Bye!
Allez, au revoir, (+ prénom)!	Good-bye, (+ first name)
Allez, bye.	Bye!
A plus tard.	See you later.
Au revoir, Monsieur (Madame, Mademoiselle).	Goodbye, Sir (Madam, Miss) (formal)
A tout à l'heure, (+ prénom)!	See you later, (+ first name)!
Bonne journée!	Have a good day!
Ciao, (+ prénom)!	Ciao (+ first name)!

Accents

accent aigu (é)	acute accent
accent circonflexe (ê)	circumflex accent
accent grave (è)	grave accent
c cédille (ç)	cedilla
tréma (ë)	diaresis (umlaut)

Useful classroom expressions

Student says:

Comment dit-on... en français (en anglais)?	How do you say . . . in French (in English)?
Comment? Répétez, s'il vous plaît.	Excuse me. Please repeat.
Je comprends très bien.	I understand very well.
Je ne comprends pas.	I don't understand.
Je sais! (Je ne sais pas.)	I know! (I don't know.)
Que veut dire (le mot)... ?	What does (the word) . . . mean?
Répétez encore une fois.	Repeat once more.

Teacher says:

Allez à la page...	Go to page . . .
Allez au tableau.	Go to the board.
Discutez avec votre partenaire.	Discuss with your partner.
Ecrivez le mot (votre nom).	Write the word (your name).
Merci. Asseyez-vous, s'il vous plaît.	Thank you. Please sit down.
Mettez-vous en groupes de trois.	Form groups of three.
Ouvrez (fermez) votre livre.	Open (close) your book.
Prenez une feuille de papier (un crayon, un stylo).	Take a sheet of paper (a pencil, a pen).
Travaillez avec l'ordinateur (sur Internet).	Work with the computer (on the Internet).
Travaillez en groupes de quatre.	Work in groups of four.

Pour aller plus loin

Saying who you are and where you are from

Comment (est-ce que) tu t'appelles?	What is your name? (familiar)
Comment t'appelles-tu?	What is your name? (familiar)
Comment vous appelez-vous?	What is your name? (formal)
D'où êtes-vous?	Where are you from? (formal)
D'où venez-vous?	Where do you come from? (formal)
Je m'appelle (+ prénom)	My name is (+ first name)
Je suis (+ prénom)	I am (+ first name)
Je suis célibataire (marié[e])	I am single (married)
Je suis (originaire) de (+ ville)	I am (originally) from (+ city)
Je viens de (+ ville)	I come from (+ city)
J'habite à (+ ville)	I live in (+ city)
Où est-ce que tu habites?	Where do you live? (familiar)
Où habites-tu?	Where do you live? (familiar)
Où habitez-vous?	Where do you live? (formal)
Tu es d'où?	Where are you from? (familiar)
Tu viens d'où?	Where do you come from? (familiar)
ville natale (f.)	town (city) where born

Counting from 0 to 69

Refer to page 14 for numbers.

Combien de (d')... ?	How many . . .?
Il/Elle a... ans.	He/She is . . . years old.

Saying the date

Days of the week

les jours (m.) de la semaine	the days of the week
lundi	Monday
mardi	Tuesday
mercredi	Wednesday
jeudi	Thursday
vendredi	Friday
samedi	Saturday
dimanche	Sunday

Seasons and months of the year

les mois (m.) de l'année	the months of the year
les mois d'été (m.)	the months of summer
juillet	July
août	August
septembre	September
les mois d'automne (m.)	the months of fall
octobre	October
novembre	November
décembre	December
les mois d'hiver (m.)	the months of winter
janvier	January
février	February
mars	March
les mois du printemps	the months of spring
avril	April
mai	May
juin	June

Moi, ma famille et mes amis

Themes and Communication

Stating one's preferences, likes, and dislikes

Introducing oneself and others

Talking about family and family relations

Counting from 70 to 100

Structures

Subject pronouns

Regular **-er** verbs

Negation other than **ne... pas**

The definite article

Possession and possessive adjectives

The verb **avoir**

Adjectives, gender and number

Destination

France

Project

Writing and presenting one's family history

How would you greet someone? What would you say? What would you do?

Pour commencer

Contextes In this section you see people introduce themselves and others and you learn to express your likes and dislikes.

A chacun ses goûts

 2-1 **Avant de visionner.** You don't know your partner well and you are discussing what you like to order in a café. Express your food preferences.

Modèle: E1: *Je n'aime pas le jambon, et toi?* [ham]
E2: *Moi non plus, je n'aime pas le jambon.*

1. le poisson   *fish*
2. les légumes   *vegetables*
3. les œufs (*m*)   *eggs*
4. le fromage   *cheese*

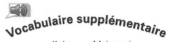

Vocabulaire supplémentaire

J'aime...   Moi aussi,...
Je n'aime pas...   Moi non plus,...
Je déteste...   Moi aussi,...

02 01 to
02-02

| **Visionnez la vidéo** | **Au restaurant «Sur un petit vélo»** |

In this video, Alexis, Clémence, Emilie and Sélim express their preferences about food.

— Je suis au restaurant «Sur un petit vélo» avec mes amis.

— Une entrée, pour commencer.

— Moi, j'aime pas. J'aime pas le chèvre.

2-2 **Qui dit... ?** Indicate who says the following in the video: Alexis **(A)**, Clémence **(C)**, Emilie **(E)**, or Sélim **(S)**.

_____ **1.** On commence par une entrée (*appetizer*).

_____ **2.** Je vais prendre juste des pâtes (*pasta*). [just, exact]

_____ **3.** Ah! La salade au chèvre (*goat cheese*).

_____ **4.** Ben, essaie la soupe. essayer to try, test

_____ **5.** Dans ce cas-là, prends du thon (*tuna*).

2-3 **La salade au chèvre.** Among the four friends, who says they like (**aime [A]**) or do not like (**n'aime pas [NAP]**) salad with goat cheese. If one of them does not express a preference, use NUL.

_____ **1.** Alexis;

_____ **2.** Clémence;

_____ **3.** Emilie;

_____ **4.** Sélim.

Pour bien communiquer — Préférences

When people meet, they generally exchange information about likes and dislikes. Here are some ways to talk about your preferences:

J'aime bien…   Je préfère…
J'aime…   Je n'aime pas…
J'adore…   Je déteste…

Le spectacle: le cinéma, le théâtre, le ballet, l'opéra

J'aime le cinéma et j'aime bien le ballet.

La musique: le hip-hop, le jazz, la musique classique

Je n'aime pas le hip-hop. J'aime le jazz.

Les sports: le basket, le volley, le foot, le ski

J'adore le basket et le foot.

La nourriture: les frites, la glace, le brocoli, le coca, le café, la pizza   *not pron.*

Je déteste le brocoli et j'aime la pizza.

Vocabulaire supplémentaire

Musique

le country	*country*
le R&B	*R&B*
le reggae	*reggae*
le rock	*rock*

Nourriture

la bière	*beer*
l'eau (f.)	*water*
le fromage	*cheese*
les œufs	*eggs*
les olives (f.)	*olives*
le thon	*tuna*
la viande	*meat*
le vin	*wine*
le yaourt	*yogurt*

Sports

le cyclisme	*bicycle racing*
le golf	*golf*
le jogging	*jogging*
la musculation	*weight-lifting*
le yoga	*yoga*

2-4 J'aime, je n'aime pas. To find out more about your partner, choose three items that you like (**j'aime**) and three items that you do not like (**je n'aime pas**). Take turns asking and telling your partner about likes and dislikes.

Modèle: **E1:** *Qu'est-ce que tu aimes?*
E2: *J'aime le jazz, le volley et la glace mais (but) je n'aime pas le hip-hop, le tennis ou le brocoli. Et toi?*
E1: *Moi…*

Voix francophones au présent: Les introductions

02-06 to 02-07 Several guests introduce themselves and people they know before the show starts.

2-5 **Je vous présente.** Read aloud the following personal introductions and answer the questions that follow.

(Sébastien présente Aminata:)   *Noah, je te présente ma super-copine Aminata.*

(Didier présente Tinh Nguyen:)   *Françoise Acker, je vous présente Monsieur Nguyen.*

1. What informs you about the relationships between these people? How will their gestures differ?
2. What might be the meaning of **ma super-copine?**
3. Have you heard of **la Belgique, le Sénégal, Madagascar, Tahiti, la Martinique, le Canada, la Suisse?** Where are they?

Pour bien écouter   **Predicting what you will hear**

The more context you have about a particular conversation, the more you can understand. For example, when you hear a sentence that begins **Bonjour, Pierre...** you should realize that the context is greetings and should anticipate the end of the sentence: **Ça va?** Similarly, when you hear: **J'habite...** you should predict that **à** will be followed by the name of a town.

Écoutons!

Voix francophones au présent: Les introductions

The future interviewees are introducing themselves and each other in the studios of **Voix francophones au présent.**

Sébastien Proulx présente Aminata Dembelé à Noah Zébina.

Annick Vanneste se présente à Chloë Bartolli et Tiana Rajanaivoson.

Dahlila Taieb et Pierre Tayol se présentent aux invités.

to the

2-6 **Vérifications.** To which person or people do the following statements refer?

1. Ils sont les hôtes de **Voix francophones au présent.**   *hosts*

2. Elle vient de Belgique.   *Annick*

3. Il habite en Martinique.   *Noah*

4. Elle adore le cinéma et le théâtre.   *Aminata*

5. Elle est de Paris.   *Chloë*

6. C'est la super-copine de Sébastien.   *Aminata*

2-7 **Recherche en ligne.** Go to the *Français-Monde* site and use the web links and/or the search criteria provided to listen to or see others greeting and introducing themselves. What differences do you hear between the introductions online and the dialogues in **Voix francophones au présent?** Did you learn new ways to introduce someone?

http://www.pearsonhighered.com/francais-monde

02-08

The following expressions are used in introductions.

Familiar situations
Je te présente (+ prénom)

Je te présente mon ami/mon amie (+ prénom)
Je te présente mon copain/ma copine (+ prénom)

Formal situations
Je vous présente Monsieur (+ nom)
Je vous présente Madame (+ nom)
Je vous présente Mademoiselle (+ nom)
Je vous présente mon ami/mon amie (+ nom)

Responses
Enchanté(e). *i e. je suis enchanté(e)*
Salut.

Enchanté(e).

Ravi(e). *happy to meet you* *pronouned*
Je suis ravi(e) de faire votre connaissance. *make*
Je suis heureux (heureuse) de vous connaître.

happy *to know*
Heureux (heureuse) de te connaître.

Heureux (heureuse) de vous connaître.

2-8 **Présenter les camarades.** Your instructor will introduce two students and model the way the French shake hands. Then, approach a classmate you have already met and introduce him or her to someone else, using the following sequence: **salutation, présentation, poignée de main** (*handshake*), **adieux** (*good-byes*), **poignée de main.**

er - pronounced "ay" if it is a verb
er - pronounced as "ehr" if not a verb

02-09 to 02-10

"w" if German origin, pronouned as germans "w"

d, t generally not prounced at the end

x not prounced (plural)

In French, some letters are not pronounced, especially those at the end of words.

- The final **-s** is usually silent: **cours, Charles, tu t'appelles, vous.** Note: You can tell if a noun is singular or plural by listening carefully to the context and to the article: **les villes** vs. **la ville.**

- Generally, the final letters **-c, -r, -f, -l** are pronounced: **le parc, Victor, le chef, Paul.** Note, however, that final **-r** is not pronounced in the infinitive ending -**er: parler, aimer.**

- The final **-e** (when unaccented) is silent. However, the consonant that precedes it is pronounced: **étudiante, heureuse.**

- The letter **h** is not pronounced: **Henri.** The letters **th** are pronounced "t": **la théologie.** However, **ph** is pronounced "f," as in English: **la philosophie.**

Read the following dialogue, paying attention to which final consontants you pronounce.

Sébastien is introducing his friend Aminata Dembelé to Pierre Tayol.

SÉBASTIEN: Je vous présente mon amie Aminata. Elle vient du Sénégal. Comme vous, elle adore le cinéma et le théâtre.

PIERRE: Je suis très heureux de vous connaître, Aminata. Vous êtes du Sénégal?

AMINATA: Oui, je viens de Dakar, mais j'habite à Paris. Je suis styliste.

PIERRE: Alors, vous aimez le cinéma?

AMINATA: Oh, oui J'adore le cinéma. J'aime le théâtre aussi.

📖 Tutoyer et vouvoyer

In Francophone countries, people address each other differently, depending on whether they are friends (informal situation) or acquaintances (formal situation).

Informal situation. Young people use the informal pronoun **tu**, as do close friends and family members. Male and female close friends or family members kiss on both cheeks two, three, or more times (depending on local traditions). This is known as **faire la bise**. Female acquaintances also greet each other by kissing, but male acquaintances generally do not. Everyone addresses small children with **tu**.

Formal situation. Acquaintances address each other as **Monsieur, Madame,** or **Mademoiselle**. They use the formal pronoun **vous**. Males and females shake hands when meeting and when leaving each other. Notice that **Monsieur** and **Madame** usually follow the greeting **bonjour**: "Bonjour, Monsieur." Customs vary, but the continental French are generally more formal than other Francophones. French speakers in Africa, the Caribbean, or Louisiana, for example, may address acquaintances with **tu**, something that would normally occur only among friends or family members in France.

— *Au Sénégal, les saluations suivent un rituel strict, tout particulièrement chez les adultes. Bien sûr, on° commence par une poignée de main. Dans mon pays on ne fait pas la bise comme en France. Pour une première rencontre°, on demande° le nom de famille pour apprendre l'origine régionale et l'éthnicité de la personne. On répète souvent le nom de famille deux fois (par exemple «Dembelé, Dembelé») par respect pour les ancêtres°.*

on *we;* première rencontre *first encounter;* demande *ask;* ancêtres *ancestors*

2-9 **Tu ou vous?** You are traveling in continental France. Decide how to greet the following people. Would you: shake hands or kiss on the cheeks?; use **tu** or **vous**?; use a first name or **Monsieur, Madame,** or **Mademoiselle?** Working with a partner, check off the appropriate greeting(s) for each individual. Would the greetings be different if you were in Africa or Louisiana?

Individu	Serrer la main	Faire la bise	Tu	Vous	Prénom	M.	Mme	Mlle
1. Jean Dupont, the school director								
2. Mahmoud, the 12-year-old son of a friend								
3. Frank Lambert (about your age)								
4. your host mother Christine								
5. Madame Coombes, an elderly widow								
6. Marcel Dupré, the local butcher, at his butcher shop								

2-10 **Bonjour! Salut! Au revoir! Ciao!** With a partner, role-play introductions to at least two of the individuals from Activity **2-9.** Remember to shake hands or kiss cheeks, as appropriate, when you meet and say good-bye. Use the expressions in **Pour bien communiquer: Présentations** (page 36).

Subject pronouns

📖 Read the dialogue, paying particular attention to the subject pronouns in bold.
02-14 Then answer the questions.

A vous de décider

1. What pronouns are used to designate one person?

2. Does **il** refer to a man or a woman? And **elle?**

| De plus près | **Des présentations** |

Pierre is talking with Henri Legrand, a potential interviewee, about several people in his group.

PIERRE: Alors, **vous** êtes de Paris?

HENRI: C'est ça, **je** suis de Paris.

PIERRE: Et Mademoiselle?

HENRI: C'est Aïsha Malouf. **Elle** est de Marseille.

PIERRE: Et Monsieur?

HENRI: C'est Pierre Touchet. **Il** est de Lyon.

The following subject pronouns are used to designate people, animals, and things in French.

	Referring to one person or thing			**Referring to more than one person or thing**
I*	**Je** suis de Paris.		we	**Nous** aimons bien le jazz.
you	**Tu** es de Chicago?		you	**Vous** êtes Anne et Marc Durand?
	Vous aimez Paris?			
he	**Il** déteste le broccoli.		they	**Ils** s'appellent Marc et Paul Gros.
she	**Elle** aime le hip-hop.			**Elles** n'aiment pas la musique pop.
we**	**On** aime bien le ballet. *One likes ballet.*			

* The pronoun **je** becomes **j'** before a vowel or a vowel sound: **j'**aime les sports; **j'**habite à Chicago.

** The pronoun **on** can mean *someone, people,* or *we.*
   On aime bien le ballet.   *We like (someone likes, people like) ballet.*

Ils jouent du jazz sur les quais de la Seine.

2-11 Ils sont d'où? Everyone is from somewhere. Can you express this information correctly? Use the world map, along with your knowledge and your classmates' answers, to complete the table with names, verbs, and cities. The first person who completes the table with correct answers is the winner and will present his/her answers.

Modèle: E1: *Tu es d'où?*
E2: *Je suis de Chicago, et toi?*
E1: *Je suis d'Atlanta.*
E2: *Et Dahlila?*

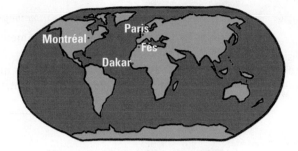

	Ville d'origine
Moi, je	
..., tu	
Sébastien, il	
Dahlila, elle	
..., nous	
..., vous	
Aminata et ses parents, ils	

2-12 Tu aimes le chocolat? Circulate in class and poll five of your classmates about their likes and dislikes. Write **O (oui)** or **N (non)** for each person next to each corresponding item on the list. Be ready to provide a summary at the end.

Modèle: aimer le chocolat?
E1: *Tu aimes le chocolat?*
E2: *Oui, j'aime le chocolat.*
ou: Non, je n'aime pas le chocolat.
Après,
Sommaire: *[Margo] aime le chocolat et le tennis. [Frédéric] déteste le brocoli.*

Préférences	Prénom 1:	Prénom 2:	Prénom 3:	Prénom 4:	Prénom 5:
1. aimer le chocolat?					
2. détester le brocoli?					
3. aimer bien le tennis?					
4. aimer les sports à la télé?					
5. aimer la danse moderne?					
6. aimer bien le basket?					
7. détester la musique techno?					
8. adorer le ballet?					

📖 Regular -er verbs

Read the passage, paying particular attention to the subject of each sentence and the verbs. Then answer the questions.

A vous de décider

1. What do Noah and Aminata like?

2. How does the verb form that refers to only one of them differ from the one that refers to both of them?

jouer   to play

De plus près   **Des préférences**

Pierre is writing some notes about his interviewees, Noah and Aminata.

Noah et Aminata habitent à Paris. Ils aiment beaucoup Paris, mais ils aiment aussi Nice et Lyon. Les deux aiment la musique. Noah est amateur de jazz; il adore Miles Davis. Aminata aime le rock. Elle adore la musique aux influences africaines. Noah joue souvent au basket avec ses amis. Aminata étudie la mode. Elle aime le style et les couleurs d'inspiration africaine.

1. Examples of regular -er verbs

Most French verbs are regular (formed in regular and predictable ways). Regular French verbs are grouped according to the last two letters of the infinitive. In the De plus près passage, all the verbs are regular and end in -er in the infinitive.

adorer	*to adore*	Noah **adore** Miles Davis.	*Noah loves Miles Davis.*
aimer	*to like*	Il **aime** la trompette de jazz.	*He loves the jazz trumpet.*
chanter	*to sing*	Aminata **chante** mal.	*Aminata sings badly.*
cuisiner	*to cook*	Tu **cuisines** bien?	*Do you cook well?*
danser	*to dance*	Noah **danse** souvent avec Aminata.	*Noah often dances with Aminata.*
détester	*to hate*	Nous **détestons** la musique techno.	*We hate techno music.*
dîner	*to eat dinner*	Tu **dînes** souvent chez tes parents?	*Do you eat dinner often with your parents?*
étudier	*to study*	Elles **étudient** les sciences naturelles.	*They study natural sciences.*
habiter	*to live*	Ils **habitent** à Chicago.	*They live in Chicago.*
jouer*	*to play*	Vous **jouez** rarement au basket?	*You rarely play basketball?*
manger**	*to eat*	Vous **mangez** des spaghettis.	*Do you eat spaghetti?*
regarder	*to watch*	Ils **regardent** souvent des films à la télé.	*They often watch movies on TV.*
travailler	*to work*	Elle **travaille** avec Noah.	*She works with Noah.*
voyager**	*to travel*	Nous **voyageons** souvent en France.	*We travel to France often.*

*When referring to some sports (**basket, foot, golf, tennis, volleyball**), use **au** with the verb **jouer.**

Il (Elle) joue souvent **au** basket.   *He (She) plays basketball often.*

In Chapter 7 you will learn to talk about playing other games and playing music.
In the present tense, **voyager and **manger** are regular, except in the **nous** form (**voyageons** and **mangeons**).

2. The formation of the present tense of -er verbs

Regular -er verbs follow the same pattern in the present tense:

• Drop the -er from the infinitive to find the verb stem.

déteste~~r~~ → detest–

- Add the personal endings to the verb stem.

Je détest- + **e**	→ Je déteste	Nous détest- + **ons** → Nous détestons
Tu détest- + **es**	→ Tu détestes	Vous détest- + **ez** → Vous détestez
Il/Elle/On détest- + **e**	→ Il/Elle/On déteste	Ils/Elles détest- + **ent** → Ils/Elles détestent

Note that:

- The forms for **je, tu, il/elle/on,** and **ils/elles** are all pronounced the same.
- The final -**s** of the plural pronouns (**nous, vous, ils, elles**) creates a **liaison** with (is linked to) a verb beginning with a vowel or vowel sound:

nous aimons ils aiment

vous aimez elles aiment

3. Negation other than **ne... pas**

- In Chapter 1 you learned how to make a sentence negative with **ne (n')... pas** before and after the verb.

  Je **n'**aime **pas** la techno.   *I don't like techno music.*

  Note that in informal or conversational speech, the **ne (n')** is often omitted.

  J'aime **pas** la techno.   J'aime **plus** la techno.

- You also need to learn these negations: **ne (n')... personne** (*nobody, no one*), **ne (n')... plus** (*no longer*), **ne (n')... jamais** (*never*), **ne (n')... rien** (*nothing*), and **ne (n')... ni... ni** (*neither... nor*).

Je **ne** déteste **personne**.	*I don't hate anyone.*
Je **n'**aime **plus** la techno.	*I don't like techno music anymore.*
Il **ne** cuisine **jamais**.	*He never cooks.*
Elle **ne** mange **rien**.	*She eats nothing.*
Il **n'**aime **ni** la techno **ni** le reggae.	*He likes neither techno music nor reggae.*

2-13 Questions et réponses. What activities does your partner do best or least well? Ask questions to find out four activities that your partner does well or often, and four others that he or she does badly or rarely.

Modèle: E1: *Tu cuisines souvent?*
E2: *Oui, je cuisine souvent.*
 ou: Non, je ne cuisine pas souvent, je cuisine rarement.
E1: *Tu danses bien?*
E2: *Oui...*

Vocabulaire supplémentaire
Review question formation on
p. 16.
bien / mal *well / badly*
souvent / rarement *often / rarely*

2-14 Est-ce que tu...? Greet your partner. Then interview him/her to find out about things that he or she never does or no longer does. Switch roles after three questions.

E1: *Est-ce que tu joues au basket?*
E2: *Moi, je ne joue plus au basket. Et toi?*
E1: *Je joue souvent au basket.*

The definite article

02-17 to 02-19

Read the dialogue, paying particular attention to the definite articles. Then answer the questions.

A vous de décider

1. In general, what do both friends enjoy?

2. How do their preferences differ?

3. What word or words precede the names of music styles?

> **De plus près**   **J'aime la musique!**
>
> *Noah and Sébastien are discussing their musical preferences.*
>
> **NOAH:** J'aime beaucoup **le** jazz—et surtout° **la** trompette comme instrument.
>
> **SÉBASTIEN:** Moi aussi, j'adore **la** musique, mais je n'aime pas trop le bruit°.
>
> **NOAH:** Alors, tu n'aimes pas **le** rock?
>
> **SÉBASTIEN:** Mais si°! Je n'aime pas trop le bruit, c'est tout. Je préfère **le** rock lent°.
>
> **NOAH:** Alors, tu aimes **la** valse et **le** menuet?

surtout *especially;* trop le bruit *too much noise;* si *yes (in response to a negative statement that isn't true);* lent *slow*

1. Forms of the definite article

Whether referring to a person, a place, or a thing, every noun in French is considered either masculine or feminine.

- The definite articles (**le, la, l'**, and **les**) correspond to the word *the* and must agree in gender (masculine or feminine) and number (singular or plural) with the noun. Note that in English the definite article is often omitted.

Masculine singular	le	J'aime **le** marketing.
		I like marketing.
	l'	Je préfère **l'**art moderne.
		I prefer modern art.
Feminine singular	la	J'aime mieux **la** télé.
		I like TV better.
	l'	J'aime beaucoup **l'**improvisation.
		I really like improvisation.
Masculine and feminine plural	les	J'aime **les** spaghettis et **les** bananes.
		I like spaghetti and bananas.

Note that **l'** is used when a masculine or feminine noun begins with a vowel or a vowel sound.

- Most French nouns add **-s** to form the plural:
  l'art → **les** arts; **le** concert → **les** concerts.

2. Use of the definite article

The definite articles **le, la, l'**, and **les** are used when referring to a noun that is:

- specifically identified

Le cours de danse moderne est à une heure.	*The modern dance class is at one o'clock.* (*specific*)

- a general category or concept

La danse moderne est fascinante.	*Modern dance is fascinating.* (general)

- a like, dislike, or preference

Noah apprécie **le** jazz.	*Noah enjoys jazz.* (preference)

2-15 **Ce qu'ils disent.** Read about several people's preferred activities, food, and music. How does each person feel about le sport (*sports*), cuisine (*food*), musique, and boisson (*drinks*)?

Alexandra
— *Moi, j'aime le cinéma, les sports aussi et la musique moderne.*

René
— *Les frites* (fries), *j'aime bien. Le poisson* (fish), *j'aime bien aussi.*

Manu
— *J'aime les filles! J'aime la techno avant tout. J'aime le basket, le roller* (rollerblading). *Je n'aime pas trop le vin* (wine).

Mélina
— *Je m'appelle Mélina. J'aime beaucoup aller au cinéma. J'aime le jazz et j'adore la cuisine mexicaine.*

Modèle: *Alexandra et Mélina aiment le cinéma*

2-16 **Opinions personnelles.** What college activities does or doesn't your partner enjoy? While listening, note his or her opinions so you can report to the class what you learn. Did your partner use the appropriate definite article (**le, la, l'**, or **les**) before each item? Then switch roles.

Modèle: étudier / sciences / je n'aime pas
(You say to your partner)
E1: *J'étudie les sciences. J'aime... mais je n'aime pas...*
(You report to the class)
E1: *Elle (Il) aime... mais elle (il) n'aime pas...*

Activité	Sujet	Opinions
étudier	sciences, maths, littérature (f.), anglais (m.), français (m.), histoire (f.)	J'aime (beaucoup) J'apprécie Je n'aime pas (beaucoup) Je n'apprécie pas (beaucoup) Je déteste Je ne... plus Je ne... jamais Je ne... ni... ni
jouer au	basket, volleyball, tennis, foot	
regarder	télé (f.), films à la télé	
manger	frites, poisson (m.), spaghettis (m. pl.), bananes (f.)	

📖 Travail d'ensemble
02 20

Pour bien parler	**Listening, watching, and imitating**

French is a "tense" language; that is, when pronouncing French words, your tongue and lip muscles should be contracted rather than relaxed. With practice, you will develop the muscles you need to pronounce French correctly. As you listen to your instructor and native French speakers, watch their mouths to help you develop your lip-reading skills and recognize the correct positions of the mouth. Imitate what you hear and see.

2-17 **Je me présente.** Fill in the information below before introducing yourself to two classmates. When someone introduces himself or herself to you, listen and watch so you can imitate what you hear.

Je m'appelle _____. _____, c'est mon prénom, mais on m'appelle (*people call me*) _____.
_____, c'est mon nom de famille.
J'habite (ici) à (*city*) _____ ☐ chez mes parents.
                                    ☐ en résidence universitaire.
                                    ☐ dans un appartement.
                                    ☐ _____
Je suis de (*city*) _____. J'aime _____, _____ et _____.
Je n'aime ni _____ ni _____. Je ne (n') _____ jamais, et je ne _____ plus.

Pour aller plus loin

Contextes In this section you learn to talk about family relationships and family events.

📖 C'est moi Loulou

02-21 to 02-22

In this passage blog entry, 8-year-old Loulou introduces herself and her family.

Pour bien lire | **Looking for cognates**

Using cognates helps you understand texts in French without learning new words. Cognates are words that are identical or very similar in spelling and meaning in more than one language.

- Some cognates (**mots apparentés**) are identical: **la science, l'agriculture,** and **l'éducation.**
- Others, called close cognates (**mots apparentés avec différences d'orthographe**), are nearly identical: **la médecine, la politique,** and **la géographie.**

Close cognate endings

-aire → -ary (extraordinaire → extraordinary)   -isme → -ism (le libéralisme → liberalism)
-eur → -or (le directeur → director)   -iste → -ist (l'artiste → artist)
-eux → -ous (sérieux → serious)   -sion → -sion (la télévision → television)
-ie → -y (la biologie → biology)   -té → -ty (l'identité → identity)
-ique → -ic or -ical (la musique   -tion → -tion (l'administration →
    classique → classical music)   administration)

- Some words look like cognates, but have different meanings. These are false cognates (**faux amis**). For example, the French word **sensible** means *sensitive*, not *sensible*. Using the context will allow you to distinguish true cognates from false ones.

2-18 Les mots apparentés. Based on what you've learned about cognates, answer the following questions.

1. Guess the meaning of the following words from the reading passage: **intolérante, le lactose, handicapée, le yaourt, les produits, diabolique.**
2. Locate in the text the French equivalents of the following English words: *sister, small, brother, dad, mom, fish, cats, Christmas, to celebrate.*
3. These false cognates appear in the reading: **magasin** (line 10), **collège** (line 11), **maternelle** (line 11). Can you guess their meaning in French from the context?

---

1 Moi c'est Loulou. En vrai, je m'appelle Louise, mais tout le monde m'appelle Loulou. J'ai 8 ans et demi. Ma grande sœur s'appelle Martine. Elle a 13 ans. Mon autre sœur s'appelle Zoé. Elle a 11 ans. Mon petit frère s'appelle Hervé le diabolique (je blague!°). Il a 4 ans. Gabriel a 34 ans. C'est papa. Madeleine a 36 ans. C'est
5 maman. Et on a deux chats et un poisson rouge°.
   Je suis petite parce que je suis intolérante au lactose, le lactose il y en a dans le lait et aussi dans les produits laitiers. Donc pas de yaourt, pas de fromage°, pas de glace°!! :o(
   Ma mère est handicapée et elle travaille à la maison. Pour moi, c'est bien parce qu'elle est toujours à la maison quand je rentre°. Mon père travaille tous les jours.
10 Il est brocanteur°. Il achète des vieux meubles° qu'il revend° dans son magasin. Martine et Zoé sont au collège, moi je suis en CM1° et Hervé est à la maternelle.
   Ah! Oui! Noël arrive bientôt. D'habitude on fait Noël chez mamie et papi° mais comme tatie° a une nouvelle maison°, on fête Noël chez elle cette année. J'adore ma tatie; elle est vraiment trop cooooll!!!

---

je blague *I'm joking*; poisson rouge *goldfish*; fromage *cheese*; glace *ice cream*; rentre *come home*; brocanteur *second-hand dealer*; meubles *furniture*; revend *resells*; CM1 (Cours Moyen, première année) *equivalent to 4th grade*; mamie et papi *grandma and grandpa*; tatie *auntie*; a une nouvelle maison *has a new house*

2-19 La famille de Loulou. Are the following statements true or false, according to the reading passage? Correct any incorrect sentences.

1. Loulou a deux frères et une sœur.
2. Le père de Loulou s'appelle Gabriel; la mère s'appelle Madeleine.
3. Gabriel est handicapé.
4. Loulou déteste la glace.
5. Loulou n'aime pas sa tante parce qu'elle est trop cool. [too]

2-20 Imiter le passage. Imitate the blog entry by substituting your information for Loulou's in three sentences.

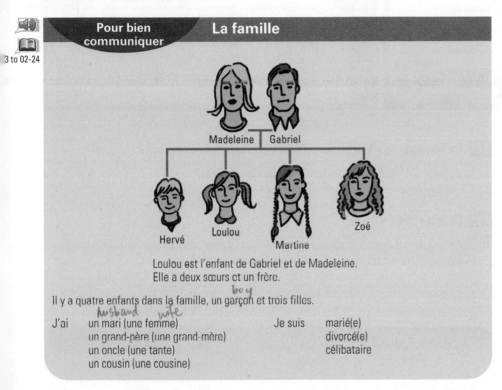

Pour bien communiquer

La famille

Madeleine   Gabriel

Hervé   Loulou   Martine   Zoé

Loulou est l'enfant de Gabriel et de Madeleine.
Elle a deux sœurs et un frère.

Il y a quatre enfants dans la famille, un garçon et trois filles. [boy]

J'ai   un mari (une femme) [husband / wife]
un grand-père (une grand-mère)
un oncle (une tante)
un cousin (une cousine)

Je suis   marié(e)
divorcé(e)
célibataire

3 to 02-24

Indefinite articles		
	Singulier	**Pluriel**
Masculin	**un** (*a, one*) mari	**des** (*some*) enfants
Féminin	**une** (*a, one*) femme	

You will learn more about indefinite articles in Chapter 3.

[handwritten notes:
père father
mère mother — pronounce
le fils son
la fille daughter
Il n'y a pas de fils ou filles]

Vocabulaire supplémentaire

un demi-frère	*half brother*
une demi-sœur	*half sister*
un frère adoptif	*adopted brother*
une sœur adoptive	*adopted sister*
un beau-frère	*brother-in-law*
une belle-sœur	*sister-in-law*
des beaux-parents	*in-laws*
un neveu, une nièce	*nephew, niece*
un arrière grand-père	*great-grandfather*
une arrière grand-mère	*great-grandmother*
des arrière grands-parents	*great-grandparents*

2-21 La famille. Practice family vocabulary by switching the reference from male to female and vice versa.

Modèle: J'ai deux frères.
J'ai deux sœurs.

1. Il y a deux filles dans la famille.
2. J'ai un frère qui a dix-huit ans.
3. J'ai une grand-mère qui est en retraite. [retirement] (f)
4. J'ai un oncle et deux cousins.
5. J'ai une tante.

2-22 Ma famille. Working with a partner, find out how many members there are in his or her family. Formulate the question and take notes about the answers. Then ask someone else the same questions. Finally, compare your family to your two partners' families. Be ready to present your findings to the class.

Modèle: E1: *Combien de frères et de sœurs est-ce que tu as?*
E2: *J'ai un frère et une sœur.*
E1: (nom du partenaire) *a un frère et une sœur, mais moi je n'ai ni frère et ni sœur.*

[handwritten notes:
ex-marié(e)
ex-wife / ex-husband
le petit-fils grandson
la petite-fille granddaughter]

La famille française

Read the invitation and the announcement below.

Deux faire-part

Rémy et Liliane Arlen   Henri et Anna Dutertre

ont la grande joie°de vous annoncer le mariage de leurs enfants

Laetitia et Patrice

La célébration aura lieu° le 31 mai 2010 à 15h00

à la Mairie° de Port-Louis (Ile Maurice).

Vous êtes les bienvenus à l'apéritif qui suivra°.

Merci de confirmer votre présence d'ici au 10 mars 2010.

J'ai longtemps hésité, mais je me suis finalement décidée à pointer° le bout de mon petit nez°. Je m'appelle

Maïté

et je fais la joie de mes parents depuis le 22 juillet 2010.

48cm et 3Kg400

joie *joy;* aura lieu *will take place;* mairie *city hall;* suivra *will follow;* pointer *to show;* nez *nose*

2-23 **La langue des faire-part.** Notice the language used above.

1. Vocabulary: What family-related words can you find?
2. Close cognates: Are there close cognates in the reading?

2-24 **Comparaisons**

1. Wedding invitation: Compare American and French wedding traditions. (Consider the ceremony and the hors-d'œuvre party.)
2. Birth announcement: Convert Maïté's length and weight to inches and pounds (1 centimeter = 0.4 inches; 1 kilogram = 2.2 pounds). Is she big or small? Would a birth announcement be written the same way in the United States?

02-25 to 02-26

Pour bien communiquer	Compter de 70 à 100	
70 soixante-dix	80 quatre-vingts	90 quatre-vingt-dix
71 soixante-et-onze	81 quatre-vingt-un	91 quatre-vingt-onze
72 soixante-douze	82 quatre-vingt-deux	92 quatre-vingt-douze
73 soixante-treize	83 quatre-vingt-trois	93 quatre-vingt-treize
74 soixante-quatorze	84 quatre-vingt-quatre	94 quatre-vingt-quatorze
75 soixante-quinze	85 quatre-vingt-cinq	95 quatre-vingt-quinze
76 soixante-seize	86 quatre-vingt-six	96 quatre-vingt-seize
77 soixante-dix-sept	87 quatre-vingt-sept	97 quatre-vingt-dix-sept
78 soixante-dix-huit	88 quatre-vingt-huit	98 quatre-vingt-dix-huit
79 soixante-dix-neuf	89 quatre-vingt-neuf	99 quatre-vingt-dix-neuf
		100 cent

- Rank or order: Add **-ième:** deux → deuxième *(second);* treize → treizième *(thirteenth).* Note spelling changes with *cinq* and *neuf:* vingt-cinq → vingt-cinquième *(twenty-fifth);* trente-neuf → trente-neuvième *(thirty-ninth).* Exception: un → premier (première) *(first).*
- Years: 1805 = dix-huit-cent-cinq; 2000 = deux-mille; 2010 = deux-mille-dix
- Percentages: 30% = trente pour cent
- Fractions: 1/2 = un demi; 1/3 = un tiers; 1/4 = un quart

 2-25 **Parlons de la francophonie.** Your teacher will read several sentences about francophone history. Listen for the dates and write them down.

La famille moderne

2-26 **Tendances.** You are about to read about a couple living together. In your opinion, which sentences describe changes in the modern family?

1. _____ an increase in the number of couples cohabitating
2. _____ an increase in divorces
3. _____ an increase in mortality
4. _____ a reduction in the number of children
5. _____ an increase in the number of extended families

📖 Le jour où je me suis pacsée°

02-27 to 02-28

Mon chouchou° et moi on est un couple depuis deux ans. On s'aime à la folie°, mais on se dispute souvent. On a des hauts et des bas°. Je l'adore un jour et le lendemain° je le déteste. Notre grand appart c'est notre nid d'amour°. C'est très différent de mon ancien° studio. Je l'admets, j'ai encore des difficultés à m'adapter à notre vie à deux. Les habitudes de célibataire sont difficiles à changer.

Tout de suite après notre emménagement°, les commentaires de la famille et des amis sur la formalisation de notre union commencent. C'est d'abord ma mère qui propose de financer le mariage. Ensuite c'est Tatie Geneviève qui me parle de noms populaires pour les bébés et mes amies qui font des allusions au mariage et à la famille. Bref, l'idée de passer de la cohabitation à autre chose me travaille. Alors, après un repas au restau (ambiance intime) je dis à mon chouchou « Tu veux bien te pacser avec moi? » et il répond tout naturellement « Ben oui! » Voilà c'était fait°, il acceptait de° se pacser avec moi.

---

je me suis pacsée *to live as a couple;* chouchou *term of endearment;* s'aime à la folie *are madly in love;* des hauts et des bas *ups and downs;* lendemain *the next day;* nid d'amour *love nest;* ancien *former;* emménagement *moving in;* c'était fait *it was done;* acceptait de *was agreeing to*

2-27 **Passage à compléter.** Complete the following paragraph with information from the reading.

Mon chouchou et moi nous sommes (mariés / en couple). Une chose est sûre, nous (sommes français / sommes amoureux). Nous avons un appartement. Nos amis commencent à (faire des commentaires / emménager). Ma mère dit (*says*): Je vais (*am going to*) (formaliser l'union / financer le mariage). Tatie Geneviève dit: Il faut (*You have to*) (faire un bébé / aller en vacances). Je demande à mon chouchou: Tu veux (*Do you want*) (te marier / te pacser)?

2-28 **Les détails.** For each topic listed below, use language from the reading to provide a context.

Modèle: la relation
Nous avons une relation normale. Il y a des hauts et des bas.

1. la mère
2. les collègues
3. tatie Geneviève
4. la nouvelle idée
5. le repas au restaurant

Comment dire?

Possession and possessive adjectives

02-29 to 02-30 Read the dialogue, paying particular attention to the nouns and the possessive adjectives that precede them. Then answer the questions.

De plus près **C'est à moi!**

Noah notices someone taking his backpack after the radio interview. He confronts the person.

NOAH: C'est **mon** sac à dos°!

JEUNE HOMME: Mais non! C'est **mon** sac à dos!

NOAH: Pas du tout°! Ce n'est pas **votre** sac à dos. Regardez, voici° **mes** initiales: N.Z.

JEUNE HOMME: Ce sont **mes** initiales. Je m'appelle Norbert Zidoux.

NOAH: Est-ce que vous habitez 132 rue du Parc? Voici **mon** adresse, ici, avec **mes** initiales.

JEUNE HOMME: Ah, bon. Excusez-moi. C'est bien **votre** sac à dos, alors.

sac à dos *backpack;* pas du tout *not at all;* voici *here are*

A vous de décider

1. What are the speakers disagreeing about?
2. How is the disagreement resolved?
3. What words correspond to *my* and *your*?

1. Possession with **de** + noun

You can indicate possession by using the construction **de (d')** followed by a proper name.

C'est le frère **de** Daniel.   *He is Daniel's brother.*
Ce sont les parents **d'**Anne-Marie.   *They are Anne-Marie's parents.*

2. Possessive adjectives

• You can also indicate possession by using a possessive adjective. A possessive adjective agrees in number and in gender with the noun it modifies.

Adjective	Singular		Plural	Adjective	Singular		Plural
	Masc.	Fem.			Masc.	Fem.	
my	mon	ma	mes	*our*	notre	notre	nos
your	ton	ta	tes	*your*	votre	votre	vos
his/her	son	sa	ses	*their*	leur	leur	leurs

Voici **mon** frère, **ma** sœur et **mes** parents.
Here are my brother, my sister, and my parents.

Votre nom et **votre** adresse, s'il vous plaît.
Your name and address, please.

• The forms **mon, ton,** and **son** are used before masculine nouns and before feminine nouns beginning with a vowel or vowel sound.

masculine noun:
Mon cousin s'appelle Georges.

feminine nouns beginning with a vowel:
Voici **mon** amie Christine et **mon** associée Elise.

2-29 **Les renseignements exacts.** There was a mixup as you were leaving class. One of your classmates has taken one of your possessions. Use the scene from **De plus près** between Noah and the young man as a guide. Point out your name, initials, and address, and insist that the item is yours. Your partner will also insist the item belongs to him/her.

1. le sac à dos

2. le livre

3. l'iPod

4. le portable

5. la casquette

Modèle: E1: *C'est mon sac à dos!*

E2: *Mais non, c'est mon sac à dos. Voici mon nom, mes initiales et mon adresse.*

2-30 **Ta famille et tes amis.** Ask your partner five questions to find out about the name of his or her family members, friends, and pets. Then answer his or her questions about the people and pets in your life. Be prepared to report information to the class.

Modèle: (You say to your partner)

E1: *Comment s'appelle ton père?*

E2: *Mon père s'appelle... et toi, comment...?*

(You report to the class)

E1: *Son père...*

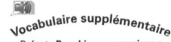
Vocabulaire supplémentaire

Refer to **Pour bien communiquer: La famille** (p. 45)

le (la) camarade de chambre	*roommate*
le chat	*cat*
le chien	*dog*
le meilleur ami (la meilleure amie)	*best friend*
le voisin (la voisine)	*neighbor*

📖 The verb **avoir**

02-31 to 02-32

Read the dialogue, paying particular attention to the verbs. Then answer the questions.

A vous de décider

A vous de décider

1. How many weeks of vacation does Aminata have?

2. Does Sébastien think this is a good thing?

3. Based on what you already know about French verbs, does **avoir** follow a regular pattern?

De plus près   **Une semaine de 35 heures**

Sébastien Proulx is from Canada. He asks Aminata Dembelé about her vacation time.

SÉBASTIEN: Tu **as** cinq semaines de vacances?

AMINATA: Bien sûr! Je travaille en France et tout le monde **a** cinq semaines de vacances.

SÉBASTIEN: Tous les Français **ont** cinq semaines de vacances?

AMINATA: Et en plus, j'**ai** une semaine de 35 heures.

SÉBASTIEN: Tu **as** de la chance°!

tu as de la chance *you are lucky*

1. The present tense of **avoir**

- The verb **avoir** (*to have*) is irregular: It does not follow a common conjugation pattern.

J'ai trois frères et une sœur.	**Nous avons** des vacances à Noël.
Tu as cinq semaines de vacances?	**Vous avez** un mariage difficile.
Il a deux chats.	**Ils ont** trois cousins.
Elle a un petit frère.	**Elles ont** une tata (*aunt*) très cool.
On a le temps de dîner ensemble.	

- There are five different spoken forms for this verb: **ai, as/a, avons, avez,** and **ont**. The forms for **tu** and **il (elle, on)** are pronounced the same. Liaison is required with **nous, vous, ils,** and **elles**.

     nous‿avons, vous‿avez, ils‿ont, elles‿ont

2. Expressions with **avoir**

avoir... ans	J'**ai** vingt ans.	*I am 20 years old.*
avoir besoin de (d')	J'**ai** besoin d'un sac à dos.	*I need a backpack.*
avoir de la chance	Tu **as** de la chance!	*You are lucky.*
avoir congé	On **a** congé le 15 septembre.	*We are off (on vacation) on September 15.*
avoir envie de (d')	J'**ai** envie de voyager.	*I feel like traveling.*
avoir faim	Tu **as** faim?	*Are you hungry?*
avoir peur	Elle **a** peur des fantômes.	*She's afraid of ghosts.*
avoir soif	Nous **avons** soif.	*We are thirsty.*
avoir du stress	J'**ai** du stress dans ma vie.	*I am under pressure in my life.*

2-31 **Nos familles.** Learn more about your partner's family. Refer to **Pour bien communiquer: La famille** (p. 45) to ask about three more people. (How old are they? What are their names?) Create a family tree with the name, relationship, and age for each family member.

Modèle: E1: *Comment s'appelle ton père?*
E2: *Il s'appelle…*
E1: *Est-ce que tu as un frère? une sœur? un oncle? une tante?*
E2: *Oui…*
E1: *Quel âge il (elle) a?*

2-32 **Il (Elle) a peur?** With a partner look at the images and tell what's going on.

Modèle: E1: *Il a peur?*
E2: *Non, il n'a pas peur. Il a faim.*

1.

3.

2.

4.

📖 Adjectives, gender and number

Read the dialogue, paying particular attention to the nouns and the adjectives. Then answer the questions.

De plus près **J'ai une grande sœur**

Noah and Chloë are discussing their families.

CHLOË: On m'a dit° que tu as une **grande** sœur et deux **petits** frères. C'est vrai?

NOAH: Oui.

CHLOË: Moi aussi. Quelle coïncidence! Ma sœur est plus **grande** que° moi et j'ai deux **petits** frères.

NOAH: Attention! Ma sœur est plus **grande** que moi, mais je suis plus **âgé**. C'est vrai que mes frères sont plus **petits.**

CHLOË: Ah, bon. Ce n'est pas la même chose°. Ma sœur est plus **âgée**, mais je suis plus **grande** qu'elle.

---

on m'a dit *someone told me;* **plus grande que** *taller than;* **ce n'est pas la même chose** *it's not the same thing*

A vous de décider

1. What are the speakers talking about?

2. What is the basis of the misunderstanding?

3. How do French adjectives change when they refer to different nouns?

1. Adjective agreement

• Adjectives in French agree in gender (masculine or feminine) and number (singular or plural) with the nouns they modify. This often affects the adjective's spelling, and sometimes its pronunciation (the final consonant is pronounced). Most adjectives are placed after the noun they modify.

• To make a masculine adjective feminine, add a final **-e** (unless there is one already). To make a singular adjective plural, add a final **-s**. In the following chart, the nouns and adjectives agree in gender and number.

	MASCULINE	FEMININE
SINGULAR	J'ai un petit frère.	Elle a une grande sœur.
PLURAL	Il a deux cousins américains.	Nous sommes françaises.

2. Several useful adjectives

• **NATIONALITIES**

allemand, allemande *German*
américain, américaine *American*
anglais, anglaise *English*
espagnol, espagnole *Spanish*
français, française *French*
mexicain, mexicaine *Mexican*
sénégalais, sénégalaise *Senegalese*
suédois, suédoise *Swedish*
suisse, suisse *Swiss*

Ma tante est **allemande** et mon oncle est **américain.**

• **SIZE AND AGE**

âgé, âgée *older*
grand, grande *tall, big*
jeune, jeune *young*
petit, petite *small, short*

J'ai une cousine **âgée.**

• **COLOR**

bleu, bleue *blue*
gris, grise *gray*
jaune, jaune *yellow*
marron, marron *brown*
noir, noire *black*
orange, orange *orange*
rose, rose *pink*
rouge, rouge *red*
vert, verte *green*

J'ai les yeux (*eyes*) **bleus** mais ma sœur a les yeux **noisette** (*hazel*).

• **TEMPERAMENT**

amical, amicale *friendly*
content, contente *content, happy*
honnête, honnête *honest*
intelligent, intelligente *intelligent*
méchant, méchante *mean*
patient, patiente *patient*
timide, timide *shy*
tolérant, tolérante *tolerant*

Mon père est **content** de son travail.

(handwritten margin notes:)

toujours — always

indien (ne)
chinois (e)
irlandais (e)
américain natif / américaine native
japonais (e)
isréélien (ne)

le œil — eye
les yeux — eyes
les cheveux

plus âgé — older
plus jeune — younger

J'ai une cousin plus âgé.

bleu, bleue blue — same pron.
noir, noire black — same pron.

noisette is exception. don't add "s" for pl.

2-33 **Les interviewés.** The organizers of **Voix francophones au présent** introduced the future interviewees as follows: «**Chez les femmes, nous avons Annick de Belgique, Chloë de France et là-bas Aminata du Sénégal. Et chez les hommes, nous avons Noah de Martinique, Sébastien du Canada et Didier de Suisse.**» Reintroduce these people with an adjective rather than the name of the country.

Annick   Chloë   Aminata   Noah   Sébastien   Didier

Vocabulaire supplémentaire

la Belgique; belge *Belgian*
lo Canada; *Canadian*
canadien(ne)
la Martinique; *Martinican*
martiniquais(e)

Modèle: *Annick est...*

2-34 **Parlons de ma famille.** Find out more about your partner's family. First ask questions to fill out the table with your partner's information about three of his or her relatives. Then answer your partner's questions about your family. Be ready to present your partner's family.

Nom: Comment s'appelle...?	Age: Quel âge a...?	Description: physique Comment est...?	Origine: D'où est...?	Tempérament: Quel est le tempérament de...?

Modèle:
E1: *Comment s'appelle ton père?*
E2: *Il s'appelle...*
E1: *Quel âge a ton père?*
E2: *Il a... ans*
E1: *Comment est ton père?*
E2: *Il est... Il a les yeux...*

E1: *D'où est ton père?*
E2: *Il est de...*
E1: *Quel est le tempérament de ton père?*
E2: *Il est... (+ adjectif)*
After, Le père de... s'appelle... Il a... Il est...

📖 Travail d'ensemble

02-35

Pour bien écrire	**Brainstorming**

Once you know the purpose of a writing task, and before you start to write, take some time to think about the topic. Allow yourself a set number of minutes to jot down ideas, but don't try to organize or limit them yet. This process, called brainstorming, gives you an opportunity to collect your thoughts so that you can later decide which ones to use and how to present them. Brainstorming is an especially helpful first step when you are just starting to write in a new language.

2-35 **Dans ma famille...** Write an email to your classmates in which you describe your family. Before beginning to write, brainstorm the vocabulary and structures that you have learned this semester in French. Then collect email addresses from three students sitting near you and send them a three- or four-sentence email. When you receive an email from classmate, present him or her to the class.

Modèle: *Je vous présente... Dans sa famille, il y a... Ses frères s'appellent...*
Ils sont... mais ils ne... jamais...

A la découverte

📖 Petit tour d'horizon

Les grandes tendances démographiques de la France

Moins de mariages et plus de PACs: La popularité du mariage est en déclin depuis° 2002. La faute° au Pacs°?

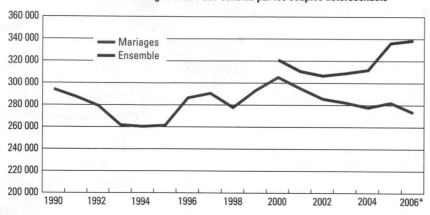

Nombre de mariages et de Pacs conclus par les couples hétérosexuels

— Mariages
— Ensemble

*Données provisoires. Champ : France métropolitaine et départements d'outre-mer.

Le Pacs séduit largement°. De 25% en 2002, la part° des couples homosexuels pacsés est aujourd'hui de 7%. En 2007, 90 000 Pacs sont conclus par des couples hétérosexuels, soit l'équivalent d'un mariage sur trois.

Des mariés plus âgés: En 1996, l'âge moyen° au premier mariage est de de 27,5 pour les femmes et de 29 pour les hommes. En 2008, il passe respectivement à 29,5 ans et 31,5 ans.

© Insee, statistiques de l'état civil et ministère de la Justice - SDSED, fichiers détails Pacs.

Une majorité de bébés hors° mariage: En 2008, 52% des bébés naissent hors mariage contre 48,4% en 2006. En 1970, ils ne sont que 6% dans ce cas.

Des mamans plus vieilles: L'âge moyen de la maternité continue de s'élever° et se rapproche des 30 ans. Aujourd'hui 21% des bébés ont une mère de 35 ans et plus.

depuis *since;* faute *fault;* Pacs (pactes civils de solidarité) *civil union (created in 1999);* largement *broadly;* la part *the share;* moyen *average;* hors *outside;* s'élever *rise*

2-36 Tendances démographiques françaises. Are the following statements true or false according to the reading passage? Correct any incorrect sentences.

1. The number of marriages has increased in France since 2002.
2. One couple in three chooses a civil union (PACs) over a marriage.
3. Same-sex couples are a majority among pacsés.
4. One out of every two children is born to unwed parents.
5. The number of babies born to mothers who are under 30 is increasing.
6. French men and women are getting married at a younger age today than in the past.

2-37 Vous avez dit? Find the French word(s) in the text that mean the following:

1. being together without being married
2. an increase
3. another option
4. birth age

Les nouveaux pères, idéals ou pas?

1. Dans une semaine normale, pensez-vous que vous vous occupez de° vos enfants autant que° votre femme?

	Total (%)
Oui	63
Non	37

2. Il vous arrive très souvent, souvent ou rarement…?

	Souvent (%)	Rarement (%)
De donner à manger° à vos enfants	81	15
D'accompagner vos enfants à l'école	74	19
D'emmener vos enfants au square, au parc, en balade	73	25
D'aider° vos enfants à faire leurs devoirs°	68	22
De changer les couches°	63	28
D'accompagner vos enfants chez le docteur, chez le dentiste	61	36
De conduire° vos enfants à des activités sportives	58	31

3. Vous faites ces (*these*) tâches (*chores*) rarement ou jamais, et pourquoi?

	Total (%)
Vous n'avez pas le temps	52
Votre femme préfère faire ces tâches	9
Votre enfant préfère quand sa mère fait ces tâches	7
Vous ne savez pas faire (*don't know how to do*) ces tâches	5
Ça ne vous intéresse pas (*doesn't interest you*)	4
Autre raison	23

©Ifop

vous vous occupez de *you take care of*; autant que *as much as*; donner à manger *feed*; aider *help*; faire leurs devoirs *do homework*; couches *diapers*; conduire *drive*

2-38 Statistiques. Complete the statements below by using one of the following expressions: a. ont trop de choses à faire; b. participent à l'éducation de leurs enfants; c. donnent souvent à manger.

1. Presque deux-tiers (2/3) des pères français _____ autant que (*as much as*) leur femme.
2. Plus de trois-quart (3/4) des pères français _____ à leurs enfants.
3. Plus de la moitié (1/2) des pères français disent qu'ils _____ pour faire certaines tâches souvent.

2-39 Comparaisons. In French write three trends in the left column. Do these same trends exist in the United States? And in your personal experience?

Tendances	France	Etats-Unis	Mon expérience
	✓		
	✓		
	✓		

📖 Point d'intérêt

Parents-enfants, l'état des relations

Are French parents strict? Do they tell their children what to do? Or do they offer advice and let their children decide? The survey below tells you all about how French parents deal with their children.

2-40 **Premier survol**

- **Sous-titres.** Look at the subtitles provided and predict the content of each table. In one sentence, summarize in English the main idea of each section. (Refer to **Pour bien lire,** p. 44.)

1. Tableau 1: Loi ou dialogue? _____

2. Tableau 2: Domaine de conflit ou pas? _____

3. Tableau 3: Etes-vous sévère ou souple? _____

- **Votre profil.** You may already be a parent, or you may become one in the future. Complete the following sentences with the ending that corresponds to what you do or would do as a parent. Remember to conjugate **-er** verbs and adjust possessive adjectives as needed.

1. Je (discuter avec son enfant et imposer sa décision *ou* ne pas discuter avec son enfant et imposer sa décision à son enfant sans discuter)

2. J'ai un grave conflit d'autorité parentale, je (trouver seul(e) une solution au problème avec son enfant *ou* contacter un professionnel / un parent / un ami pour trouver une solution au problème avec son enfant)

3. Je (désirer être sévère avec son enfant *ou* ne pas désirer être sévère avec son enfant)

Les parents et l'autorité parentale

1. Pour expliquer comment les choses se passent généralement dans la vie quotidienne de votre enfant,...?

	Total (%)
Vous indiquez à votre enfant ce qu'il doit faire° mais seulement après une discussion avec lui	58
Vous conseillez votre enfant mais votre enfant décide	35
Vous annoncez à votre enfant ce qu'il doit faire, sans discuter	5
Vous laissez votre enfant presque toujours décider sans conseil parental	1
Ne se prononce pas	1
	100

— Ecoute-moi!

2. Est-ce que les domaines suivants sont une source de conflit entre vous et votre enfant?

	Fréquemment / Parfois	Rarement / Jamais	Total (%)
Le temps qu'il passe devant la télévision	58	42	100
Ses résultats scolaires	58	42	100
Le temps qu'il consacre° à ses devoirs	57	43	100
Sa participation aux tâches ménagères°	52	48	100
L'heure du coucher°	48	52	100
Le menu de ses repas	45	55	100
Les films qu'il regarde	44	56	100
Ses vêtements°	30	70	100
Le choix de ses amis	28	72	100
Ses sorties avec ses amis	25	74	100
L'organisation de ses vacances°	23	77	100
Son argent de poche°	21	78	100

3. Avec votre enfant, pensez-vous que vous êtes...?

	Total (%)
Sévère	39
Pas sévère	61
	100

«Les parents et l'autorité parentale» ©Ipsos

---

ce qu'il doit faire *what he must do;* consacre *devotes;* tâches ménagères *household chores;* l'heure du coucher *bedtime;* vêtements *clothes;* vacances *vacations;* argent de poche *allowance, pocket money*

2-41 Essentiel à saisir

- **Les grandes tendances.** What can you say about French parents? Select all that apply and be prepared to explain your choice(s). How do your parents compare to French parents? How similar or different are they?

1. Avec leurs enfants, les parents français sont: conseilleurs , autoritaires , négociateurs .
2. La majorité des conflits parents enfants ont pour cause: les amis, les loisirs, l'école .
3. La majorité des parents français pensent qu'avec leurs enfants, ils sont: rigides, flexibles , faciles , durs.

- **Pourcentages.** Complete the following statements by using the appropriate percentage: 30%, 50%, 60%, 93%

1. _____ des parents français discutent avec/conseillent leurs enfants avant de faire quelque chose (*before doing something*).
2. L'école est un sujet de conflit pour plus de (*more than*) _____ des parents.
3. Les amis et les loisirs sont une source de conflit pour moins de (*less than*) _____ des parents.
4. Environ _____ des parents français pensent qu'ils ne sont pas sévères.

Les enfants et l'autorité parentale

In this song, Jordy, a four-year-old boy, complains about being told what to do by his parents.

Jordy is the youngest singer ever to have a #1 charted single. He was only four and a half when he started singing *Dur Dur d'être bébé*. *Dur Dur d'être bébé* was #1 for fifteen weeks in France and was a dance hit in 1992 in clubs throughout Europe and Latin America. In 1994, the French government feared that Jordy was being exploited by his parents and banned him to appear on television and radio shows. Jordy returned to the spotlight in 2005 and released a new single album in 2006.

Go to the *Français Monde* site and use the web link and/or the search criteria provided to locate the lyrics. Print the lyrics of *Dur Dur d'être bébé*.

Jordy en concert

Read the lyrics of
Dur dur d'être bébé

Suggestion: Listen to the song or watch the music video.

http://www.pearsonhighered.com/
francais-monde

2-42 **Premier survol**

- **Pas facile la vie de bébé.** What could be so hard about being little? Put yourself in the shoes of a four-year-old child and make a list of things that would make your life hard.

- **Et Maman, qu'est-ce que tu dis?** Identify the form (present? imperative?) in which most verbs in this song appear and explain why this form is used?

- **Fais comme ci, fais comme ça.** List what Jordy is told to do or not to do. What can you conclude about French parents?

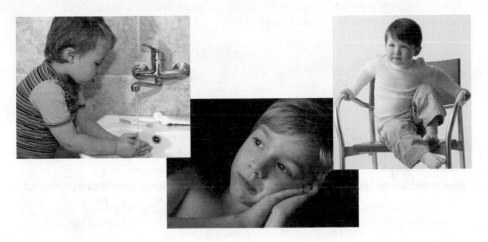

- **Ligne à ligne.** What does Jordy say when he wonders why he should or shouldn't do something?
- **Rebelle en herbe.** How does Jordy stand up to his mother? How does she react?

Enlève tes doigts du nez!

2-44 **Jordy.** Go to the *Français–Monde* site and use the web link and/or the search criteria provided to locate information about the singer. Identify three things you find interesting about Jordy, his family, and his singing career.

http://www.pearsonhighered.com/francais-monde

2-45 **Moi et mes parents.** Luis wrote a short poem about his family and himself. Follow the pattern of his poem, and write about yourself and your family (10–13 lines total). Be prepared to read it to the class.

Je suis un garçon.
Un être humain.
Un Africain.
Un noir.
Un étudiant.
Un lycéen°.
Un créole.
Le troisième d'une famille de cinq
  enfants.

Le petit-fils de mon grand-père et
  de ma grand-mère.
L'arrière petit-fils de mon arrière
  grand-père° et de mon arrière
  grand-mère°.
Le neveu° de mon oncle et de ma tante.
Un insulaire°.
Le fils de mes parents.
Luis

© Luis, lycéen de Meaux, texte recueilli par Bernard Defrance, professeur de philosophie in... Boyer, R. et Coridian C. (eds) (1994) Un horizon chargé: Jeunesses d'en France, Revue PANORAMIQUES, N° 16 publisher Arléa-Corlet

lycéen *high school student;* arrière grand-père *great-grand-father;* arrière grand-mère *great-grand-mother;* neveu *nephew;* insulaire *loner*

2-46 **Faire le bilan.** Think about the information presented in **Pour commencer, Pour aller plus loin,** and **A la découverte** and work with a partner to synthesize what you have learned about family trends in France.

Les faire-part	
Le Pacs	
Le mariage en France: tendances, âge de l'homme et de la femme au premier mariage	
Les naissances en France, l'âge des mères	
Le rôle du père avec les enfants	
L'autorité parentale	

Using the notes that you took above, write in French a short but detailed paragraph of five sentences about couples, children, and family life in France.

A votre tour

Exposition

You will be visiting your French-speaking e-pal and his/her family and anticipate being asked to talk a bit about your family. In order to prepare yourself, you decide to create a short family history that you will present to the class for questions and feedback. To help you complete this task, you will complete a series of activities in your textbook and student activity manual, which include . . .

- studying the family tree of a French family
- reading a short account of this family's history
- comparing families orally
- gathering family data

📖 Zoom sur...

47 to 02-51

Histoire de famille

2-47 Générations. Look at the photo. How many generations are included? Identify which family members are in this picture? **(Il y a le... et la... et les...)** When your family gets together, how many generations gather?

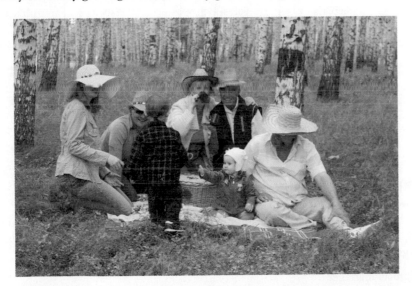

2-48 L'arbre généalogique. Check the items you think will always be included in a French family tree.

_____ nom; _____ prénom; _____ date de naissance (*birth*); _____ lieu de naissance; _____ département de naissance; _____ numéro du département de naissance; _____ date de mariage; _____ date de decès (*death*)

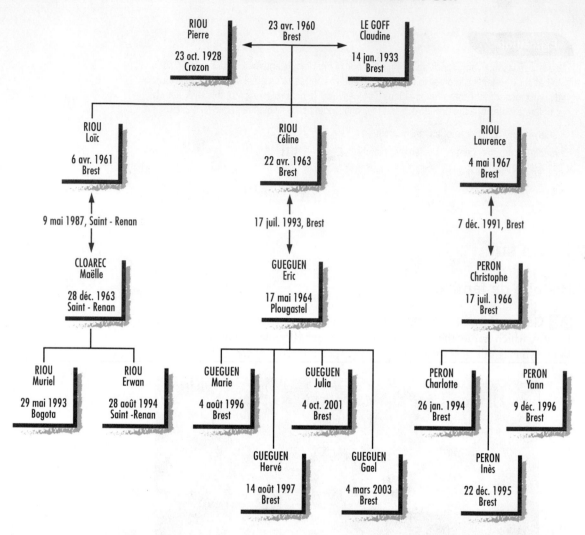

L'Arbre de la famille Riou–Le Goff

RIOU Pierre — 23 oct. 1928, Crozon
23 avr. 1960 Brest
LE GOFF Claudine — 14 jan. 1933, Brest

RIOU Loïc — 6 avr. 1961, Brest
RIOU Céline — 22 avr. 1963, Brest
RIOU Laurence — 4 mai 1967, Brest

9 mai 1987, Saint - Renan
17 juil. 1993, Brest
7 déc. 1991, Brest

CLOAREC Maëlle — 28 déc. 1963, Saint - Renan
GUEGUEN Eric — 17 mai 1964, Plougastel
PERON Christophe — 17 juil. 1966, Brest

RIOU Muriel — 29 mai 1993, Bogota
RIOU Erwan — 28 août 1994, Saint -Renan
GUEGUEN Marie — 4 août 1996, Brest
GUEGUEN Julia — 4 oct. 2001, Brest
PERON Charlotte — 26 jan. 1994, Brest
PERON Yann — 9 déc. 1996, Brest

GUEGUEN Hervé — 14 août 1997, Brest
GUEGUEN Gael — 4 mars 2003, Brest
PERON Inès — 22 déc. 1995, Brest

2-49 **Enfants.** In **Les grandes tendances démographiques de la France** (page. 54), you learned the average ages of women when they marry and have children. And for the women of each generation in the Riou–Le Goff family? First, answer the questions below, then indicate how similar or different they are from the data in **Les grandes tendances démographiques de la France.**

1. Age au mariage?
2. Age au premier enfant?
3. Combien d'enfants par femme? Grande ou petite famille?
4. Mariage dans la région de Brest ou à l'extérieur?

2-50 **Familles similaires ou différentes?** With a partner, discuss your families in French and make a list for each of you. Consider: parent(s) (married, re-married, divorced, single), number and gender of siblings, grandparents. Identify three commonalities and three differences. Finally, prepare how you will report the information to the class.

Modèle: *Nos familles ont trois aspects communs: elles sont reconstituées, nous avons beaucoup de frères et sœurs, etc. Nos familles ont trois aspects différents: la famille de... est petite, ma famille est grande,... a seulement des frères, moi, j'ai seulement des sœurs, etc.*

📖 Intégration

Sur les traces de ma famille

2-51 **Info de famille.** In order to create your family tree, you need to gather data. Refer to the information you shared (from Activity **2-50**). What do you need to add/confirm about your history?

2-52 **Expressions utiles.** Review this chapter to gather the words and expressions that will help you write your family history. Share orally with the class for feedback, and note additional words and expressions your classmates found.

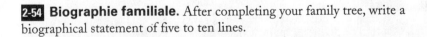

Mots et expressions

Ma famille

2-53 **Mon réseau familial.** After gathering family data and useful expressions to describe one's family in French, you are ready to create your family tree. Go back as far as you can, insert photos, and include as many details as possible in French (nom, prénom, date et lieu de naissance, date et lieu de mariage, date et lieu de décès, enfants, etc.). To build your family tree, you can either use a free online application (go to the *Français-Monde* site and use the web links and/or the search criteria provided to locate such an application) or create a PowerPoint presentation.

http://www.pearsonhighered.com/francais-monde

2-54 **Biographie familiale.** After completing your family tree, write a biographical statement of five to ten lines.

2-55 **Privé / public.** Project your family tree (from Activity **2-53**), and give a two-minute presentation to your classmates on your family history. Prepare to answer your e-pal's questions by fielding your classmates' and professor's questions.

Vocabulaire

Pour commencer

Preferences

J'adore...	I really like . . .
J'aime (bien)...	I like . . .
Je déteste...	I dislike . . .
Je n'aime pas...	I don't like . . .
Je préfère...	I prefer . . .

Entertainment

le ballet	ballet
le cinéma	movies
l'opéra (m.)	opera
le spectacle	show
le théâtre	theater

Music

le hip-hop	hip-hop
le jazz	jazz
la musique classique	classical music

Sports

le basket	basketball
le foot	soccer
le ski	skiing
le tennis	tennis
le volley	volleyball

Food

le brocoli	broccoli
le café	coffee
le coca	cola
les frites (f.)	fries
la glace	ice cream
la nourriture	food
la pizza	pizza

Adverbs

bien/mal	well/badly
rarement/souvent	rarely/often

Negations

ne (n')... jamais	never
ne... ni... ni	neither . . . nor
ne (n')... personne	nobody, no one
ne (n')... plus	no longer
ne (n')... rien	nothing

Introductions

Je te présente (+ prénom) (familier)	Let me introduce you to (+ first name)
Je vous présente mon copain (ma copine) (+ prénom)	Let me introduce you to my pal (+ first name)
Je (te) vous présente mon ami(e) (+ nom)	Let me introduce you to my frined (+ name)
Je vous présente Madame (+ nom)	Let me introduce you to Mrs (+ name)
Je (te) vous présente Mademoiselle (+ nom)	Let me introduce you to Miss (+ name)
Je vous présente Monsieur (+ nom)	Let me introduce you to Mr. (+ name)

Answers

Enchanté(e)	Delighted
(Je suis) heureux (heureuse) de te connaître. (familier)	(I am) happy to know you.
(Je suis) heureux (heureuse) de vous connaître. (formel)	(I am) happy to know you.
Je suis ravi(e) de faire votre connaissance. (formel)	I am happy to make your acquaintance.
Ravi(e) (formel)	Delighted
Salut! (familier)	Hello

Regular -er verbs

adorer	to adore
aimer	to like
chanter	to sing
cuisiner	to cook
danser	to dance
détester	to hate
dîner	to eat dinner
étudier	to study
habiter	to live
jouer...	to play
au basket	to play basketball
au foot	to play soccer
au golf	to play golf
au tennis	to play tennis
au volleyball	to play volleyball
manger	to eat
préférer	to prefer
regarder	to watch
travailler	to work
voyager	to travel

Pour aller plus loin 🔊

Family

être divorcé(e)	to be divorced
J'ai...	I have
un(e) cousin(e)	cousin
un enfant	child
une femme	wife, woman
une fille	daughter, girl
un fils	son
un frère	brother
un garçon	boy
une grand-mère	grandmother
un grand-père	grandfather
des grands-parents	grandparents
un mari	husband
une mère	mother
un oncle	uncle
un père	father
une sœur	sister
une tante	aunt

[handwritten: pl spelled the same → un fils]
[handwritten: un fils unique / une fille unique = only child]

Counting from 70 to 100

Refer to page 46 for numbers

un demi-(+ nom)	a half (+ noun)
un demi	a half
deuxième	second
la moitié	half ✳
pour cent	percent
le pourcentage	percentage
premier (première)	first
un quart	a quarter
un tiers	a third

Expressions with *avoir*

avoir... ans	to be . . . years old
avoir besoin de (d')	to need
avoir congé	to be off
avoir de la chance	to be lucky
avoir du stress	to be under pressure, stress
avoir envie de (d')	to feel like
avoir faim	to be hungry
avoir peur de (d')	to be afraid (of)
avoir soif	to be thirsty

Adjectives

Nationalities

allemand(e)	German
américain(e)	American
anglais(e)	English
espagnol(e)	Spanish
français(e)	French
mexicain(e)	Mexican
sénégalais(e)	Senegalese
suédois(e)	Swedish
suisse	Swiss

Size and age

âgé(e)	old
grand(e)	tall, big
jeune	young
petit(e)	small, short

Color

bleu(e)	blue
gris(e)	grey
jaune	yellow
marron	brown
noir(e)	black
noisette	hazel
orange	orange
rose	pink
rouge	red
vert(e)	green

Temperament

amical(e)	friendly
content(e)	content, happy
honnête	honest
intelligent(e)	intelligent
méchant(e)	mean
patient(e)	patient
timide	shy
tolérant(e)	tolerant

Nouvelle étape

Themes and Communication

Talking about personal effects

Talking about one's job and skills

Talking about relationships and social networking

Talking about computers

Counting from 100

Structures

Indefinite articles

Irregular adjectives and adjective position

Disjunctive pronouns

The verbs **savoir** and **connaître**

The verbs **vouloir** and **pouvoir**; and the infinitive contruction

Indefinite adjectives

Destination

France

Project

Creating a social network page in French

When you want to contact your family or friends, do you call? Send a text message? Email? Does it depend?

Pour commencer

Contextes In this section, young people talk about the things they own, their lodging situation, and the furniture they have in their rooms. You will learn to talk about your own possessions.

Mes affaires

3-1 **Avant de visionner.** In the video, Emilie is giving a tour of her small apartment. What things would you expect to find in student quarters? Decide whether the sentences are likely or unlikely to occur in the video by writing **P** (for **probable**) or **PP** (for **peu probable**).

_____ **1.** Ma chambre (*bedroom*) est de ce côté-là.
_____ **2.** Ça c'est ma petite cuisine (*kitchen*).
_____ **3.** Mon frère et ma sœur habitent avec moi.
_____ **4.** J'ai trois plantes que j'aime beaucoup.
_____ **5.** Et par ici, il y a deux chambres et un salon (*living room*).

une chambre

here

Visionnez la vidéo **Bienvenue chez moi**

01 to 03-02

Today, Emilie shows you around her apartment. She is proud of her possessions.

— Bonjour, c'est Emilie. Bienvenue chez moi. Entrez.

— Ça c'est ma petite cuisine qui est très pratique parce qu'il y a tout ce qu'il faut.

— Et toujours un panier rempli de fruits. Ça j'aime bien.

3-2 **Mes affaires en détail.** Indicate what Emilie says about her things by circling the correct expression from the video.

1. L'appartement: grand ou petit
2. La chambre: en bazar ou en ordre   *chaos*
3. La cuisine: énorme ou pratique   *enormous*
4. Les plantes: deux ou trois
5. Le panier rempli (*filled with*): CD ou fruits

3-3 **Les affaires d'Emilie.** Imagine you are showing your apartment or your room to a new friend. Take a cue from Emilie and describe the features of your living quarters. Use expressions that Emilie uses in the video.

03-03
to 03-04

Mes effets personnels

Ma chambre *(bedroom)*

un poster
une étagère
un bureau
fauteuil de bureau
sofa bed
un canapé-lit
un iPod
un lecteur CD/DVD   *DVD player*
une table avec deux chaises

une table   table
la chaise

Dans ma chambre (mon studio), il y a une petite table avec deux chaises, un bureau, une étagère avec des livres, une télé avec lecteur CD/DVD, un fauteuil, un lit (un canapé-lit) et des posters. Pour circuler en ville, j'ai une bicyclette. J'utilise (*I use*) aussi une voiture (*car*), le métro ou l'autobus.

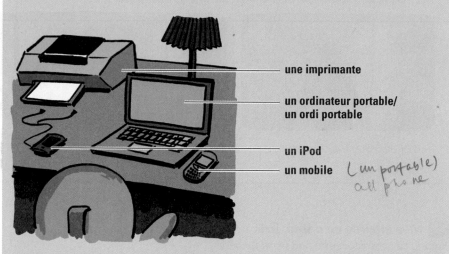

une imprimante

un ordinateur portable/
un ordi portable

un iPod

un mobile   (*un portable*)
cell phone

J'utilise mon portable pour parler avec mes ami(e)s.

J'envoie un texto (un message SMS) à mon copain (ma copine).

J'utilise un réseau social (*social network*) pour rester en contact.

J'écoute des chansons (*songs*) sur mon iPod (mon lecteur MP3).

Mon ordinateur (ordi) portable est essentiel pour communiquer avec mes amis.

Vocabulaire supplémentaire

Dans ma chambre

l'aquarium (m.)	*aquarium*
la commode	*dresser*
les photos (f.) de ma famille	*family photos*
le placard	*closet*
le tapis	*rug*
les stores (m.)	*(Venetian) blinds*
le ventilateur	*fan*

Pour circuler

la mobylette (la mob)	*moped*
les patins à roulettes (le roller)	*roller skates*
la planche (le skateboard)	*skateboard*
la trottinette	*RAZOR® scooter*

Pour être en contact

le Blackberry	*BLACKBERRY®*
le mobile (le portable)	*cell phone*

3-4 Mes affaires. Working with a partner, complete the sentences below to describe the furniture, technology, and means of transportation that you both use.

1. Dans ma chambre il y a...
2. Pour circuler...
3. Pour rester en contact avec mes ami(e)s, je...
4. Sur mon iPod il y a,...

📖 Voix francophones au présent: Les Millenials: Sébastien et Chloë

Today, Dahlila and Pierre interview Sébastien Proulx and Chloë Bartolli about moving and keeping in touch with family and friends when living far away.

Pour bien écouter	**Listening for the gist**

You will not understand everything you hear in French at this stage. This is both natural and acceptable. What will you understand? That depends on what you already know about the situation or the topic. Any background knowledge will help you identify clues about what is being said and focus on the gist.

3-5 **Les Millenials.** In the interviews you are about to hear, two students talk about their move and how they keep in touch. Can you guess which of these expressions you will hear?

1. Mon studio est petit mais il est bien aménagé (*furnished*).
2. J'ai 3 chambres (*bedrooms*) pour moi.
3. Mon iPod Touch me permet de consulter mes emails.
4. J'ai aussi un ordi (ordinateur) portable.
5. Je n'ai ni portable, ni ordinateur.
6. J'ai un compte sur Facebook.

🔊 | Ecoutons! | **Voix francophones au présent: Les Millenials: Sébastien et Chloë**

— J'ai un portable, un ordi portable à la maison et un autre au bureau.

— J'ai un compte sur Facebook.

3-6 **Qui dit quoi?** As you listen to the interview for the first time, identify what each person says.

Sébastien Proulx:	Oui	Non	Chloë Bartolli:	Oui	Non
1. mon studio est petit			**5.** j'ai un compte sur Facebook		
2. c'est bien pour le moment			**6.** je fais du jogging		
3. je n'ai pas de portable			**7.** dans mon profil, il y a mon CV		
4. j'ai un iPod Touch			**8.** rester en contact		

03-07
to 03-08

Pour bien prononcer — Intonation

French intonation patterns vary. Most utterances have falling intonation: The pitch of the voice begins relatively high and falls to its lowest point at the end.

Declarative statements	Je m'appelle Henri.
Information questions	Où habitez-vous?
Commands	Répétez la phrase.

Yes-no questions have rising intonation. The voice begins at a relatively low pitch and rises to its highest pitch at the end.

Yes-no questions	Vous êtes étudiante?

Longer utterances are broken into segments. In declarative statements, information questions, or commands, the last segment has falling intonation. In yes/no questions, the last segment has rising intonation.

PIERRE: Alors, vous êtes de la Martinique?

NOAH: C'est ça. Mais maintenant j'habite ici à Paris.

PIERRE: Et quel est votre métier?

NOAH: Pour le moment je suis étudiant.

PIERRE: Vous êtes ici depuis combien de temps?

NOAH: Depuis un mois (*for a month*). Je suis bien installé dans un studio.

PIERRE: Appelez-moi si vous avez besoin.

Génération Y

03-09

Les Millenials ou la Génération Y. These are the names given to a generation born in France between 1978 and 1994. Here's an English translation of what Roger Laval said.

Question: **Tell me about your work.**

RL: I work for a Web design company. The work is interesting, but I am always looking to increase my salary. I am willing to work more and to have more responsibilities, but I want flexible hours. I like working whenever I feel inspired. Next year I am going to take an advanced course on graphics so I can do my job better . . . and earn more money, of course.

Q: **Tell me about the technology you use.**

RL: I can't possibly do without my BLACKBERRY® and my laptop. They allow me to work and play as I go. I use them to communicate with my friends, to connect to Facebook, and to play WoW.

Q: **How do you communicate with your friends?**

RL: We text a lot. We also send messages through Facebook. And there's email of course. I prefer texting. It's shorter and more to the point.

— *Je suis québécois, mais j'habite temporairement à Paris. Je fais un stage°
pour avoir des expériences pratiques. Je considère que c'est très important
d'avoir des expériences concrètes pour trouver un poste° permanent.
Je vais faire des stages plusieurs fois° dans ma carrière.*

stage *internship;* poste *job;* plusieurs fois *many times*

3-7 **Comparaisons.** Working with a partner, compare your interests in technology, job conditions, and training with those of Generation Y. Make a list of the attributes of Generation Y, based on the accounts you read, and see how many of your interests are the same. Do you consider yourself a member of Generation Y? Is your partner?

Pour bien communiquer

Postes et compétences

— Je veux un poste dans l'audiovisuel.

— Je voudrais un poste dans un bureau.

— J'aime enseigner.

— Je préfère travailler dans un laboratoire.

Use the following expressions to discuss part-time jobs and skills.

Qu'est-ce que tu veux (voudrais) faire (*want to do*)?

Je veux (je voudrais)	un poste dans l'audiovisuel (l'enseignement, la recherche).
	un petit boulot (*job*) à la librairie (*bookstore*).
	travailler dans un magasin (*store*) (un bureau, un laboratoire, un hôpital).

Qu'est-ce que tu aimes faire (*like to do*)?

J'aime	aider les gens.
	enseigner (*to teach*) l'art (les langues, les maths, la musique).
	travailler en plein air (*outside*) (dans un bureau, un laboratoire).
	travailler avec des enfants.

Qu'est-ce que tu sais (*know how to do*) faire?

Qu'est-ce que tu peux (*are able to do*) faire?

Je sais	parler français et anglais.
Je peux	travailler avec un ordinateur (surfer sur Internet).

3-8 Et toi? You and your partner are going to be looking for part-time jobs and are having trouble deciding where to look. Refer to the photographs and the new vocabulary to describe your skills. Then decide which part-time job each of you would like best.

Modèle: E1: *J'aime travailler avec... Et toi?*
          E2: *Moi, je préfère... J'aime...*
          E1: *Moi non, je veux (voudrais)...*

3-9 Mes compétences. You are interviewing for a part-time job at school, where there are several open positions. Work with a partner: One person plays the role of the interviewer and the other the interviewee. Find out whether the applicant knows how (**je sais**), likes (**j'aime**), is able (**je peux**), or wants (**je veux, je voudrais**) to do the tasks indicated.

Modèle: *travailler avec un ordinateur*
        E1: *Est-ce que vous savez (aimez, pouvez, voulez) travailler*
           avec un ordinateur?
        E2: *Oui, je sais (j'aime, je peux, je voudrais) travailler avec un ordinateur.*
        ou *Je ne sais pas (n'aime pas, ne peux pas, ne veux pas) travailler*
            avec un ordinateur.

1. aider les gens
2. travailler dans un bureau
3. enseigner les maths
4. travailler dans un hôpital
5. parler espagnol
6. travailler avec des enfants

Comment dire?

Indefinite articles

📖 Read the dialogue, paying particular attention to **un**, **une**, and **des**.
03-12 Then answer the questions.

> **De plus près** **Tu as un portable?**
>
> *Chloë is speaking to Yasmina, a school friend.*
>
> **CHLOË:** Tu as **un** portable?
>
> **YASMINA:** Oh, oui. C'est **une** chose essentielle aujourd'hui.
>
> **CHLOË:** Moi, j'utilise le portable pour consulter mon compte sur Facebook.
>
> **YASMINA:** Moi j'utilise **un** portable pour parler avec mes amies.
>
> **CHLOË:** C'est drôle! Je parle d'ordinateur portable et toi tu parles de téléphone portable.
>
> **YASMINA:** Les deux sont **des** choses nécessaires aujourd'hui. Et toi, Noah?
>
> **NOAH:** J'ai **un** portable, **un** ordinateur portable, mais je n'ai pas **de** téléphone portable. Je préfère communiquer par email.

A vous de décider

1. What is the cause of the confusion?

2. How do you explain the difference in use between **un** and **une**?

- You learned in Chapter 1 that the definite articles **le**, **la**, **l'**, and **les** often correspond to the English word *the* and are used to identify a particular item.
- The indefinite articles **un**, **une**, and **des** are used when the noun is not specifically identified (*a, an, some, any*). **Des** often, but not always, translates to "some."
- In the negative, **un**, **une**, and **des** become **de** (**d'**).

	Questions	Réponses affirmatives	Réponses négatives
Singulier			
Masculin	Tu as **un** portable?	Oui, j'ai **un** portable.	Non, je n'ai pas **de** portable.
	Do you have a cell phone?	*Yes, I have a cell phone.*	*No, I don't have a cell phone.*
Féminin	Tu as **une** télé?	Oui, j'ai **une** télé.	Non, je n'ai pas **de** télé.
	Do you have a TV?	*Yes, I have a TV.*	*No, I don't have a TV.*
Pluriel	Vous avez **des** livres?	Oui, j'ai **des** livres.	Non, je n'ai pas **de** livres.
	Do you have (any) books?	*Yes, I have (some) books.*	*No, I don't have (any) books.*

 3-10 **Comment est ta chambre?** You and your partner have recently moved into a new room or apartment. Ask each other about the furniture in the other person's room and jot down the answers. Then compare your answers with those of another pair. Finally present the information about the other pair to the class.

Modèle: étagère (f.)

> **E1:** *Moi, j'ai une étagère. Et toi, tu as une étagère?*
> **E2:** *Oui, moi aussi, j'ai une étagère. (Moi, je n'ai pas d'étagère.)...*
> *(Next)* **E1:** *Nous, nous avons... Et toi, tu as une étagère?*
> **E3:** *Non, moi je n'ai pas d'étagère, mais il (elle)...*
> *(Later)* **E1:** *Lui, il a une étagère aussi, mais elle, elle n'a pas d'étagère...*

3-11 **L'échange.** You organized a swap of personal items in your dorm room. List the objects you want in the first column, and the items you can offer in the second column. Talk to as many students as possible to help them find what they want while getting what you need. Fill in the two right columns as you gather information.

vouloir to want

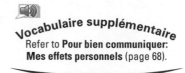

Vocabulaire supplémentaire
Refer to **Pour bien communiquer:
Mes effets personnels** (page 68).

Je voudrais... Je veux trouver... Je cherche... (Est-ce que tu as...?)	Je propose... Moi, j'ai... Je peux proposer... (Toi, est-ce que tu veux...?)	Il/Elle a... _____ aime les... mais a un (une)... _____ n'aime pas les...	Il/Elle n'a pas de... _____ aime les... mais n'a pas de (d')... mais n'a pas de (d')...
Modèle: *des posters*	*un fauteuil vert*		

 Irregular adjectives and adjective position

03-13
03-14 Read the dialogue, paying particular attention to the adjectives. Then, answer the questions.

> **De plus près**   **Sébastien Proulx, Millenial**
>
> *Sébastien is a member of Generation Y. Here's what he wants from a job.*
>
> Sébastien Proulx est graphiste. En ce moment, il fait un stage° à Paris. Il veut avoir des expériences **pratiques**. Dans le futur, il veut trouver un emploi **stable** à temps plein, avec un **gros** salaire, des responsabilités **importantes**, de **bonnes** opportunités de promotion, et de **bons** avantages sociaux°. Il aime les horaires **flexibles** et les congés **supplémentaires**.

stage *internship;* avantages sociaux *benefits*

A vous de décider

1. How would you describe Sébastien Proulx?
2. What is he looking for in a job?
3. Which adjectives are placed before the noun?

1. **Adjectives ending in -en -er, -et, -al, -el, -eux, and -if**
   • Remember that an adjective agrees in number (singular / plural) and gender (masculine / feminine) with the noun it modifies. The plural affects an adjective's spelling but not its pronunciation.

	Singulier (sound change):	**Pluriel** (no sound change):
Masculin	Il a un poste **important**.	Il y a des postes **importants**.
Féminin	Il a une situation **importante**.	Il y a des situations **importantes**.

- The following adjectives are somewhat irregular. Note the differences between the masculine and feminine forms of adjectives ending in **-en**, **-er**, **-et**, **-al**, and **-el**.

MASCULIN		FÉMININ	
Singulier	**Pluriel**	**Singulier**	**Pluriel**
ancien	anciens	ancienne	anciennes
premier	premiers	première	premières
complet	complets	complète	complètes
médical	médicaux	médicale	médicales
intellectuel	intellectuels	intellectuelle	intellectuelles
ambitieux	ambitieux	ambitieuse	ambitieuses
actif	actifs	active	actives

Chloë est **ambitieuse** et elle est **active** dans sa profession.

2. **Five irregular adjectives** *change prononciation in fem*

MASCULIN		FÉMININ	
Singulier	**Pluriel**	**Singulier**	**Pluriel**
bon	bons	bonne	bonnes
long	longs	longue	longues
gros	gros	grosse	grosses
gentil	gentils	gentille	gentilles
blanc	blancs	blanche	blanches

Sébastien cherche une **bonne** situation avec un **gros** salaire.

3. **Adjective placement**

beauty, age, goodness, size

- Several adjectives precede the noun:

petit	un petit problème
grand	un grand homme
mauvais	une mauvaise situation
bon	une bonne technicienne
long	une longue journée
jeune	une jeune fille
joli	une jolie (*pretty*) photo
premier	un premier (*first*) poste

- **Vieux, nouveau,** and **beau** are also placed before the noun they describe. These adjectives have two masculine singular forms, one for words beginning with a consonant (**un vieux monsieur**) and one for nouns beginning with a vowel or a vowel sound (**un vieil acteur, un vieil homme**).

Ma belle amie
mon ami est beau

MASCULIN			FÉMININ	
Singulier (before a consonant)	**Singulier** (before a vowel)	**Pluriel**	**Singulier**	**Pluriel**
vieux	vieil	vieux	vieille	vieilles
nouveau	nouvel	nouveaux	nouvelle	nouvelles
beau	bel	beaux	belle	belles

Ici on n'accepte pas de **vieilles** solutions aux **nouveaux** problèmes.

- The meaning of the adjective **ancien(ne)** changes depending on its placement.

l'ancienne école	*the former school*
l'école ancienne	*the ancient/old school*

3-12 A chacun son goût. Learn a bit more about the guests of **Voix francophones au présent** and what they do or want to do. Use the context to complete the sentences with the correct adjective.

1. Miwana Perrin veut faire des études (f.) (médicales / médicaux / médical).
2. Tiana Rajanoraison aime le sport et veut devenir professeur d'éducation physique. Elle est très (active / actif / actives).
3. Noah a un examen important en informatique à la fin de l'année. Il est très (anxieux / anxieuse / anxieuses).
4. Tinh Nguyen et sa famille travaillent tout le temps dans le supermarché. Ils ne prennent pas de (long / longs / longues) vacances (f.).
5. Françoise Acker est professeur de chimie à l'université. Elle porte une blouse (blanc / blanche / blanches) quand elle enseigne.
6. Monsieur Neyraud, le père (*father*) de Didier, un (vieux / vieil / vieille) homme de 75 ans, continue de travailler avec son fils à la concession Audi.

3-13 Mon boulot idéal. You are looking for a part-time job and go to the career center to discuss your preferences with a career counselor (your partner). Ask and answer questions about types of jobs, workplaces, qualifications, and schedule preferences. Pay attention to the agreement (gender and number) and placement (before or after the noun) of your adjectives. Then switch roles.

Modèle: **E1:** *Alors, vous cherchez un poste dans un grand magasin?*
E2: *Non, je voudrais un poste dans un laboratoire.*
Et je voudrais avoir un horaire flexible.
E1: *Vous ne voulez pas un horaire régulier?*
E2: *Non, je voudrais un horaire flexible. Et j'aime...*

Finally, report and compare your experiences with those of other pairs.

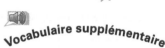

Vocabulaire supplémentaire

Au travail

un boulot	*work, job (slang)*
un bureau	*office*
des collègues (m./f.)	*coworkers*
un emploi, un travail	*work, job*
un horaire	*schedule*
des tâches (f.)	*tasks*

Préférences d'horaire

un horaire flexible	*flexible hours*
un horaire régulier	*regular (fixed) schedule*

Adjectifs

analytique	*analytical*
certain	*certain*
créatif/original	*creative, original*
confortable	*comfortable*
flexible	*flexible*
gentil	*nice*
intellectuel	*intellectual*
intéressant	*interesting*
long/court	*long/short*
motivant	*motivating*
régulier	*regular*
spacieux	*spacious*

Disjunctive pronouns

03-15

Read the dialogue, paying particular attention to the subject and disjunctive pronouns (in bold). Then answer the questions.

A vous de décider

1. What are these people discussing?

2. What choices have they made?

3. What words are used to express emphasis?

> **De plus près**   **Mon lecteur MP3**
>
> *Chloë is telling a fellow student, Tariq, about her favorite new gadget.*
>
> **Chloë:** **Moi,** j'adore mon lecteur MP3. J'ai ma musique toujours avec **moi**!
>
> **Tariq:** **Moi,** je n'ai pas de lecteur MP3.
>
> **Chloë:** Comment? Est-ce possible? Alors, comment tu fais pour écouter de la musique, **toi**?
>
> **Tariq:** J'ai ces fonctions sur mon portable. Tu vois, je suis branché°, **moi**.

branché *hip, trendy*

1. The forms of disjunctive pronouns

The following pronouns, called disjunctive pronouns, are often used with subject pronouns for emphasis.

je	**Moi,** je suis branché.	nous	**Nous,** nous travaillons ensemble.
tu	**Toi,** tu as un lecteur MP3?	vous	**Vous,** vous êtes d'où?
il	**Lui,** il a un poste à temps partiel.	ils	**Eux,** ils veulent enseigner.
elle	**Elle,** elle travaille dans un bureau.	elles	**Elles,** elles habitent dans un studio.
on	**Nous,** on travaille en groupe.		

✴Note that the disjunctive pronoun **nous** can be used with either **nous** or **on**.

2. Uses of disjunctive pronouns

In addition to indicating emphasis, disjunctive pronouns are also used:

• To point people out.

   C'est **lui!**   C'est **elle!**

• With short questions and answers expressed without verbs.

   —Répondez à la question, s'il vous plaît.

   —**Moi**?

   —Oui, **vous.**

• In compound subjects.

   Jean et **lui,** ils travaillent ensemble.

   Nadine et **moi,** nous allons faire un voyage.

• After prepositions.

   Il discute avec **elle.**   Pour **moi,** ce studio est parfait.

3-14 **Sans aucun doute!** Based on what you have learned about the characters in **Voix francophones au présent,** react to the statements that your partner makes. When your partner makes a statement that you know is not true, set the record straight emphatically.

Modèle:

E1: *Noah veut travailler avec des enfants.*

E2: *Mais non, Noah, lui, il veut travailler avec des ordinateurs mais Tiana, elle, ...*

ou *Il veut travailler avec des ordinateurs, lui.*

1. Françoise fait des études médicales.

2. Didier travaille dans un hôpital.

3. Miwana veut travailler dans un magasin.

Noah: travaille avec des ordinateurs

Miwana: études médicales

Françoise: professeur de chimie

Didier: concessionnaire Audi

3-15 **Vos projets?** You are trying to find out about your classmates. Gather as much information as you can about their abilities, likes, dislikes, and plans, and jot down what they say.

Modèle: Je voudrais (*would like*) un poste dans...
  E1: *Moi, je voudrais un poste dans un magasin. Et toi?*
  E2: *Moi, je voudrais un poste dans un bureau.*
  E3: ...

Nom(s)	... sait (ils savent)...	... aime (ils aiment)...	... voudrait (ils voudraient) travailler dans...

Be ready to report your findings to the class.

Modèle: *Lui, il voudrait un poste dans un bureau, mais eux...*

Vocabulaire supplémentaire

Refer to **Pour bien communiquer: Postes et compétences** (page 71).

aider un professeur	*to help a teacher*
aider les pauvres	*to help poor people*
améliorer l'environnement	*to improve the environment*
faire des expériences dans un laboratoire	*to do experiments in a lab*
servir les clients dans un café	*to serve patrons in a café*
travailler à la réception d'une compagnie	*to work as a receptionist in a company*
travailler avec des immigrants	*to work with immigrants*
travailler dans un hôpital	*to work in a hospital*

Travail d'ensemble

03-16

Pour bien parler	**Practicing with a partner**

When doing a presentation you may feel anxious about speaking in front of the class. And you might feel even more uncomfortable speaking in French. One way to prepare yourself is to practice with a partner. The key is to practice, as you would when playing sports or music or when trying to master any discipline.

3-16 **Mes projets.** In order to do a presentation to your classmates about yourself, use the following suggestions.

1. Refer to the expressions you used in Activity **3-15** to summarize and explain:
   • how you use technology to stay in touch with people
   • what you would like to do in the future
   • what kinds of jobs you like
   • what you know how to do
   • where you would like to live
 2. Share and discuss your answers and help each other refine your French.
3. Practice your presentation with your classmate.

Modèle: **E1:** *Moi, j'aime travailler avec des enfants. Je voudrais un poste dans...*
        Et toi?
        E2: ...

Pour aller plus loin

Contextes In this section, you will read about social networks, how people use them, and what they put in their profiles. You will also write about yourself, your possessions, and your interests.

Qu'est-ce que c'est que les réseaux sociaux?

What are social networks? How do people use them and what are the dangers of using them?

Pour bien lire | **Identifying and anticipating information**

How do you choose which magazine or newspaper to read in your native language? You identify whether the text is an ad, a poem, or a news or general-interest article. You may also glance at the title, any photos or illustrations, and captions. Adapting and using this technique as you learn to read French will help you become a more proficient reader.

3-17 Identifier et anticiper. Look at the titles and the heads in the article. What could it be about? How did you conclude this? Is it an interview or a news article?

Qu'est-ce qu'elle fait?

📖 Les réseaux sociaux, c'est quoi?
03-17 to 03-18

Internet aide à former des cercles d'amis et permet de trouver des partenaires dans le commerce. On utilise les réseaux sociaux pour communiquer avec ses amis, rencontrer° de nouvelles personnes ou créer un réseau professionnel.

Tous les réseaux sociaux fonctionnent de la même façon: On crée un profil (infos personnelles, photos, intérêts) et on invite ses «amis» à rejoindre le réseau. Chaque personne qui accepte l'invitation aggrandit° son réseau de contacts. Le cercle d'amis grandit quand de nouveaux membres ajoutent° leurs contacts. Il y a des réseaux personnels avec des milliers de contacts.

Pourquoi s'inscrire?

Par curiosité. On cherche d'anciennes connaissances et on veut faire de nouveaux contacts. En plus, les réseaux sociaux permettent de créer une réputation virtuelle.

Le danger des réseaux sociaux

Les réseaux sociaux sont excellents pour les rencontres virtuelles mais il y a un danger aussi: on peut y rencontrer des voleurs° d'identités. Quand on utilise les réseaux sociaux, on pense nécessairement à certaines questions: Est-ce que notre profil représente bien qui nous sommes? Qui va protéger les profils que nous ajoutons sur les réseaux?

---

rencontrer *meet;* aggrandit *increase;* ajoutent *add;* voleurs *thieves*

3-18 Réseaux sociaux. Are the following statements true or false? Correct any incorrect sentences.

1. Les réseaux sociaux sont des sites de rencontre.
2. Les réseaux sociaux permettent de trouver un emploi.
3. On invite des amis à se joindre au réseau.
4. On s'inscrit à un réseau social pour gagner (*to earn*) de l'argent (*money*).
5. Il n'y a pas de risque dans les réseaux sociaux.

Pour bien communiquer

Pour parler d'ordinateur

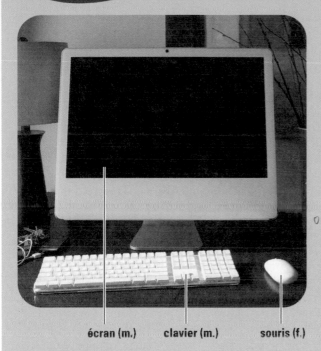

écran (m.)   clavier (m.)   souris (f.)

Pour travailler avec un ordinateur, il faut

- un clavier pour taper mes messages
- une souris pour sélectionner une icône
- un écran pour afficher (*display*) mes pages
- une imprimante pour imprimer mes pages et mes images
- un disque dur (une clef USB) pour stocker (*store*) mes fichiers (*files*)
- un graveur CD (DVD) (*burner*) pour sauvegarder (*save*) ma musique et mes vidéos
- un réseau d'accès (*network access*) (à haut débit [*broadband*]) et un navigateur Web (*browser*) pour avoir accès à Internet, se connecter à Internet et être en ligne

Quand je travaille avec un ordinateur, je peux (*can*)

- imprimer une page
- envoyer un mail (un mèl) (un email) (un courriel)
- cliquer sur le lien (*link*)
- employer un logiciel de traitement de texte (*word processor*)
- employer un tableur (*spreadsheet*) pour faire des calculs (*calculations*)
- télécharger (*download*) une chanson (un film)

3-19 **Le travail sur l'ordinateur.** Your are staying with a French family this summer. Your host mother (your partner) bought a computer and has a lot of questions. Explain to him or her how to use it. Then switch roles.

Modèle: *se connecter à Internet*
> **E1:** *Comment est-ce qu'on se connecte à Internet?*
> **E2:** *Pour se connecter à Internet, on utilise un navigateur Web. On clique sur l'icône et on est en ligne.*

1. écrire une lettre de demande d'emploi
2. envoyer un mail
3. imprimer une page
4. faire un budget
5. faire des recherches en ligne

3-20 **Recherche en ligne.** Go to the *Français-Monde* site and use the web links and/or the search criteria provided to locate French social networks. How do the sites differ from those that people use routinely in the United States, such as Facebook and MySpace? Notice the information provided, the number of photos, and the number of ads. Be prepared to share your impressions in English in class.

http://www.pearsonhighered.com/francais-monde

Handwritten notes (left margin top):
1972 = dix-neuf-cents-soixante-deux
= mille-neuf-cents-soixante-douze

Pour bien communiquer — Les nombres de plus de 100

100 cent	101 cent-un	102 cent-deux
200 deux-cents	201 deux-**cent**-un	202 deux-**cent**-deux
300 trois-cents	301 trois-**cent**-un	302 trois-**cent**-deux
1 000 mille	1 342 mille-trois-**cent**-quarante-deux	
1 000 000 un million	1 000 000 000 un milliard	

(handwritten: "should be deux-cents-un")
(handwritten: 1342)

- The word **mille** does not vary: 2 000 deux **mille**. *(handwritten: no, add s when pl. deux — milles)*
- In French a period (**un point**) or a space is used to divide groups of digits (1.000 or 1 000 for **mille**; 1.000.000 or 1 000 000 for **un million**). A comma (**une virgule**) is used to indicate a decimal point (3,14 for **trois virgule quatorze**). *(handwritten: you actually pronounce this when saying the number)*

3-21 C'est combien? Complete the missing information. Then read the sentences aloud.

(handwritten margin: coûter to cost)

1. 38,3 % des femmes sont d'accord avec votre déclaration. _____ *(61.7 %)* ne sont pas d'accord.
2. La voiture coûte 15 735 euros, plus 8,2 % de frais de livraison (*delivery*). Les frais de livraison sont de _____ euros.
3. Il y a 365 jours dans l'année, ce qui fait 8 760 heures ou 525 600 minutes. Il y a _*460 425 6000*_ secondes dans l'année.

3-22 C'est quoi? It's time for a French math quiz. Working in groups of three, think of a few numbers that represent something that most people would know. Then form new groups to test each other on describing the other members' numbers.

(handwritten margin: frais m. pl. costs)

Modèle: 365
Il y a 365 jours dans l'année.

Le Minitel et Internet

The French **Poste, Téléphone et Télécommunications** (today divided between **France Télécom** and **La Poste**) introduced the Minitel in 1981. A small terminal with a keyboard connected to the phone line allowed the user to type in requests for information. The original intent of the Minitel was to replace the paper telephone directory. It quickly grew to be a means of advertising. It has eliminated millions of yellow pages (**les pages jaunes**) and telephone directories (**les pages blanches**). Minitel was also successful as a meeting site (**la messagerie rose**).

The Minitel has no graphics, screen displays are in block capital letters, and it is slow, but people continue to subscribe to it for telephone numbers, train tickets, and store hours. Because of the Minitel, France's initial adoption of the Internet lagged behind other European countries. This changed quickly, however. **Agence France Press** reported that in 2007 France occupied the leading spot among European countries, with people between the ages of 12 and 24 consulting and commenting on blogs at least monthly.

Would you use the Minitel for looking up store hours, movie times, or phone numbers?

Another 2007 poll (Comscore, April 2007) demonstrated the popularity of social networks in France. The leading site, Skyrock Networks, had 11.5 million visitors that year; Facebook, 3.2 million visitors; and MySpace, 3 million. Young people in France have become "well connected."

la messagerie *messaging;* l'affichage *display;* on n'a pas besoin d'ordinateur *one doesn't need a computer*

3-23 Comparaisons. What technologies do you use to communicate? What service(s) do you use for messages, reservations, telephone numbers, social networks?

📖 Un profil personnel

03-22
to 03-23   Claude Pignon has special talents and wants to tell people about them.

3-24 Avant de lire. If you have looked at social networks, you have an idea of how a profile might look. Indicate if each item is likely or unlikely to appear, by writing **P** (for **probable**) or **PP** (for **peu probable**).

_____ **1.** des photos
_____ **2.** un forum ou une messagerie instantanée
_____ **3.** des informations personnelles
_____ **4.** un CV
_____ **5.** les liens à des ami(e)s

Profil

Claude Pignon: Manager, coach, développement personnel

Bienvenue sur mon profil. J'aime la communication. J'aime lire et répondre à tous mes messages. Laissez-moi° beaucoup de messages s.v.p.

J'aime aussi aider les gens. J'ai des talents et des connaissances que je voudrais partager. Si vous voulez bénéficier de mes talents, contactez-moi.

Etudes: J'ai une formation d'informaticienne°, mais je travaille aujourd'hui dans le domaine de la santé°. Je suis maintenant maître reiki°.

Manager, secteur pharmacie et santé: Je voudrais commercialiser des élixirs pour soigner une grande variété de maladies°. Je cherche des distributeurs en Europe.

Consultant, secteur conseils et services: Coach, channel°, développement personnel.

Enseignante° en informatique, secteur associations: J'explique l'emploi des ordinateurs aux personnes âgées. J'enseigne comment surfer sur le Web.

Commentaire:

Claude est très professionnelle et consciencieuse. Ses stages° sont très intéressants, c'est un excellent coach dans le développement personnel. Je recommande vivement ses services.

Loïc Beaudoux

laissez-moi *leave me;* informaticienne *computer scientist (female);* santé *health;* reiki *a meditative healing proces;* maladies *illnesses;* channel *receiver of messages from spirits;* enseignante *teacher (female);* stages *internships*

3-25 Le réseau social. Answer the following questions about the structure and purpose of the profile.

1. Components of the profile: List the titles and subtitles in the profile so you can explain its organization.
2. Adjectives: List the adjectives used and note their forms (masculine or feminine; singular or plural).

3-26 Profil de Claude Pignon. Based on Claude's profile, select the expressions that best fit the sentences.

1. Claude aime (la chanson / l'enseignement).
2. Elle voudrait (faire de la musique / soigner les maladies).
3. Elle a une formation dans (l'informatique / la médecine).
4. Claude pratique (la médecine douce / les recherches médicales).
5. Elle offre des cours (aux enfants / aux adultes).

Now compare yourself to Claude.

Modèle: *Moi j'aime... comme elle, mais je ne sais pas...*

The verbs **savoir** and **connaître**

03-24 to 03-25 📖 Certain verbs are used in similar contexts but have different meanings. Read the dialogue, paying particular attention to the use of the verbs in bold. Then answer the questions.

De plus près **Qui est-ce?**

Noah and Chloë are trying to identify an acquaintance.

NOAH: Tu **connais** le grand blond là-bas? *over there*

CHLOË: Qui?

NOAH: Le grand blond là-bas, le type° de l'interview l'autre jour.

CHLOË: Non, je ne **connais** pas ce grand blond.

NOAH: Mais si, tu **sais** bien qui c'est, le Canadien.

CHLOË: Oh, oui, mais je ne **connais** pas son nom.

---

type *guy*

A vous de décider

1. What are Noah and Chloë trying to remember?
2. What can follow the verb **savoir**? What must follow **connaître**?

savoir know, be aware

connaître know, be acquainted w/

1. The forms of **savoir** and **connaître**

The verbs **savoir** and **connaître** are irregular.

savoir *to teach*

Je **sais** enseigner l'informatique.	Nous **savons** que tu parles anglais.
Tu **sais** qui il est?	Vous **savez** travailler avec des ordinateurs?
Il/Elle/On **sait** travailler avec des animaux.	Ils/Elles **savent** quand un ordinateur est utile. *not pron.*

connaître

Je **connais** cette jeune femme.	Nous **connaissons** Paris.
Tu **connais** son nom?	Vous **connaissez** son ami?
Il/Elle/On **connaît** ce livre.	Ils/Elles **connaissent** la chanson.

pron.

2. The meaning and usage of **savoir** and **connaître**

Although the two verbs are used in a similar context, there are differences in meaning and usage.

savoir

- means to know a fact or something learned by rote memorization.
  Je **sais** ma leçon.   *I know my lesson.*
- means to know how to do something when followed by an infinitive.
  Elle **sait** enseigner les maths.   *She knows how to teach math.*
- may also be followed by a clause (beginning with **qui**, **que**, **où**, etc.).
  Il **sait** qui c'est.   *He knows who it is.*

connaître

- means to know someone, to be acquainted with, or to be familiar with someone or something. This verb is always followed by a direct object.
  Vous **connaissez** cette personne? *Do you know this person?*
  ✳ Je ne **connais** pas son nom.   *I don't know his name.*

3. Avoiding repetition with direct object pronouns

When answering a question you may want to use a pronoun to avoid repetition of the person or thing. Use **le** (**l'**) for masculine singular nouns (to mean *him* or *it*), **la** (**l'**) for feminine singular nouns (to mean *her* or *it*), or **les** for plural nouns (to mean *them*). These object pronouns go before the verb.

Tu connais Jean?	Oui, je **le** connais. *before verb*	*Yes, I know him.*
Vous connaissez la chanson?	Oui, nous **la** connaissons.	*Yes, we know it.*
Tu connais ses amies?	Non, je ne **les** connais pas.	*No, I don't know them.*

note word order

3-27 **Savoir ou connaître?** Chloë and Noah do not know Sébastien well, but do you? Alternate with your partner and ask each other the following questions using savoir or connaître. Say whether you know the answer, and provide it if you do.

son nom?

sa profession?

son pays de naissance?

le nom de sa petite amie?

Sébastien

Modèle: Tu _____ le nom de famille de Sébastien?
       E1: *Tu connais le nom de famille de Sébastien?*
      E2: *Oui, c'est Proulx.*
      ou *Non, je ne connais pas le nom de famille de Sébastien.*

1. Tu _____ dans quel pays Sébastien est né?
2. Tu _____ où Sébastien habite?
3. Tu _____ la profession de Sébastien?
4. Tu _____ le nom de la petite amie de Sébastien?
5. Tu _____ pourquoi Sébastien est à Paris cette année?

3-28 **Interview.** You are the director of a computer camp and need to hire someone to work with teenagers. Work with a partner to formulate five questions you will ask the applicants for this summer job. Then interview the candidates (your classmates). Write the name of the person who answers each question affirmatively. Who is the best applicant?

Trouvez une personne qui sait ou qui peut...

Modèle: travailler sur Internet
      E1: *Est-ce que tu sais travailler sur Internet?*
      E2: *Oui, je connais bien les navigateurs Web et je sais surfer sur Internet.*
      ou *Non, je ne sais pas utiliser les ordinateurs, mais je peux...*

1. graver de la musique sur un CD
2. imprimer des images
3. utiliser un tableur
4. télécharger des chansons
5. communiquer avec le mail

The verbs **vouloir** and **pouvoir**; and the infinitive construction

03-26 to 03-27

Certain verbs are useful when describing hopes and intentions. Read the dialogue, paying particular attention to the forms of the verbs in bold. Then answer the questions.

De plus près   **Tu n'as pas d'ambition, toi.**

Noah and Chloë are discussing part-time jobs.

CHLOË: Alors, tu **veux** vraiment travailler dans un laboratoire de recherches génétiques?

NOAH: Oui, pourquoi pas! Je **veux** trouver des solutions aux problèmes du monde. Et toi, ça t'intéresse la génétique?

CHLOË: Non! Mais, on ne **peut** pas trouver des solutions aux problèmes du monde avec un petit boulot à temps partiel. Moi, je suis plus réaliste, je **veux** un job comme serveuse dans un café.

NOAH: Tu n'as pas d'ambition, toi.

A vous de décider

1. One person is skeptical about the other's job choice. Why?

2. How do the speakers express their intentions?

3. What typically follows the verbs **vouloir** and **pouvoir**?

1. The verbs **vouloir** and **pouvoir**

The verbs **vouloir** (*to want*) and **pouvoir** (*to be able*) are irregular in French.

vouloir

Je **veux** un poste à temps partiel.
Tu **veux** travailler dans un magasin?
Il/Elle/On **veut** être serveur.

Nous **voulons** enseigner les maths.
Vous **voulez** travailler en plein air?
Ils/Elles **veulent** un compte sur Facebook.

pouvoir

Je **peux** travailler avec un ordinateur.
Tu **peux** travailler dans un bureau?
Il/Elle/On **peut** travailler avec des enfants.

Nous **pouvons** enseigner la musique.
Vous **pouvez** aider les malades?
Ils/Elles **peuvent** chercher un boulot.

2. The infinitive construction

Like the verbs **aimer, préférer, détester**, and **savoir**, the verbs **vouloir** and **pouvoir** are often followed by an infinitive:

Vous **voulez** être informaticien?   *Do you want to be a computer scientist?*
Qu'est-ce que tu **peux** enseigner?   *What can you teach?*

3-29 Quel poste? Chloë recounts to Aminata her discussion about part-time jobs with Noah. Complete her monologue with the correct form of the verbs **vouloir** or **pouvoir**.

Chloë: Noah, lui il **1.** _____ travailler dans un laboratoire génétique. C'est là qu'on **2.** _____ utiliser des ordinateurs et qu'on **3.** _____ travailler avec des animaux. Par contre, moi, je **4.** _____ un poste intéressant, mais je ne **5.** _____ pas trouver des solutions aux problèmes du monde! Je **6.** _____ seulement un boulot à temps partiel.

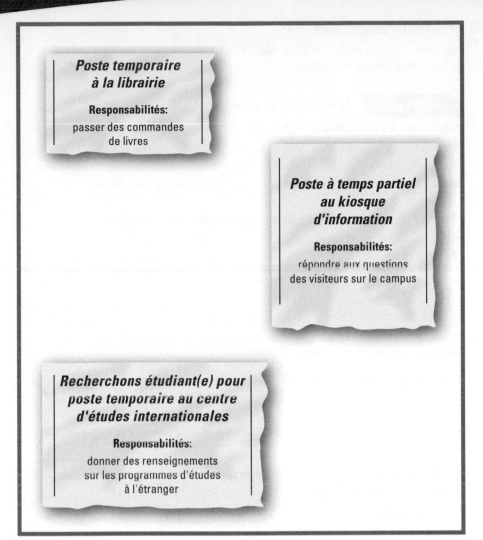

**Poste temporaire
à la librairie**

Responsabilités:
passer des commandes
de livres

**Poste à temps partiel
au kiosque
d'information**

Responsabilités:
répondre aux questions
des visiteurs sur le campus

**Recherchons étudiant(e) pour
poste temporaire au centre
d'études internationales**

Responsabilités:
donner des renseignements
sur les programmes d'études
à l'étranger

Vocabulaire supplémentaire
le centre d'études internationales
the center for international studies
le kiosque d'information
information kiosk

3-30 Trois postes à temps partiel. You had success filling the computer camp
leader position and have been hired on campus to locate the best candidates for
three on-campus part-time jobs.

Formulate questions to ask which job the student applicants would like (What do
you want to do?) and what skills they bring to the job (What can you/do you know
how to do?). Take notes during your interviews about what each interviewee says,
and be ready to report your findings.

Modèle: *Je ne choisis pas... pour le poste parce qu'il/elle ne... Je choisis... pour le poste...
parce qu'il/elle veut... et il/elle peut...*

Indefinite adjectives

03-28 to 03-29

Sometimes a good answer to a question is an indefinite one. Read the following dialogue and answer the questions.

> **De plus près**   **Je ne suis pas sûre.**
>
> *Amy Guidry, an American exchange student, is talking with Noah in a café.*
>
> **NOAH:** Alors, Amy, combien de cours° est-ce que tu as ce semestre?
>
> **AMY:** Oh, **plusieurs**... j'ai **plusieurs** cours.
>
> **NOAH:** Mais combien? Combien de cours sont en français et combien sont en anglais?
>
> **AMY:** J'ai **quelques** cours en français et **quelques** cours en anglais.
>
> **NOAH:** Mais pourquoi est-ce que tu ne veux pas être plus précise?
>
> **AMY:** Je ne suis pas sûre. Je vais° probablement changer deux de mes cours.

combien de cours *how many classes;* je vais *I am going to*

A vous de décider

1. Why doesn't Amy provide a concrete answer to Noah's questions?

2. What words are used in her indefinite answers?

Indefinite adjectives, like all adjectives, are used to modify a noun. They are used to give an imprecise (indefinite) answer. Two indefinite adjectives are used commonly, **plusieurs** (*several*) and **quelque(s)** (*some*).

- Because of its meaning, **plusieurs** always takes a plural noun and the third-personal plural verb form.

  Plusieurs cours sont en français.   *Several courses are in French.*

- Most of the time **quelques** is used in the plural.

  Quelques postes sont bien payés.   *Some jobs are well paid.*

- Quelque is used in the singular in some expressions.

  Il cherche **quelque** chose?   *Is he looking for something?*

  Tu vas **quelque** part?   *Are you going somewhere?*

3-31 Je ne suis pas sûr(e). You have begun a new part-time job. Your coworker (your partner) is very curious about the details of your life, but you don't want to share them. Answer his or her questions vaguely. When he or she insists, offer an excuse. Exchange roles.

Modèle: combien d'heures de travail...

> **E1:** *Combien d'heures de travail est-ce que tu as cette semaine?*
> **E2:** *Plusieurs heures. (J'ai plusieurs heures.)*
> **E1:** *Mais combien?*
> **E2:** *Je ne sais pas, je vais changer mes heures.*

1. où est-ce que tu vas déjeuner... *have lunch*
2. combien d'emails... par jour
3. combien de frères et de sœurs...
4. combien d'ami(e)s... sur ton réseau social
5. combien de chansons... sur ton iPod

Vocabulaire supplémentaire

Des excuses

Je ne sais pas compter.	*I don't know how to count.*
Je ne sais pas où je vais.	*I don't know where I am going.*
J'ai une amnésie totale.	*I have total amnesia.*
Mon ordinateur (iPod) ne fonctionne plus.	*My computer (iPod) no longer works.*
J'ai divorcé ma famille.	*I divorced my family.*

3-32 J'ai et je voudrais. You are trying not to give a lot of information to an inquisitive person. Ask and answer the following questions imprecisely with a partner. Be imprecise about what you have, then precise about what you wish you had.

Modèle: chansons?
> **E1:** *Combien de chansons est-ce que tu as sur ton iPod?*
> **E2:** *J'ai plusieurs chansons sur mon iPod. (J'ai quelques chansons. Je n'ai pas de chansons.) Mais je voudrais plus de chansons. Et toi... ?*
> **E1:** *Moi aussi, j'ai plusieurs chansons sur mon iPod et je voudrais aussi...*

1. vidéos?
2. heures par semaine (*week*)?
3. amis sur ton réseau social?
4. chansons?
5. nouveaux emails par jour?

 ## Travail d'ensemble
03-30

| **Pour bien écrire** | **Taking notes** |

People take notes to brainstorm for a presentation or a writing assignment; to report something that has happened or to record a telephone message; to write directions to someone's house or to make a shopping list; or to remember something from class. You may be tempted to write down every word, but notes are rarely complete sentences, and single words or phrases may do the trick.

3-33 Avoir et vouloir. Jot down and then describe to a partner several aspects of your living space and technology, and then explain what additional items you would like to have. Then listen to your partner, taking notes and asking clarifying questions as he or she speaks. Finally, work together to write one correct description (in three to five sentences) comparing the actual and desired furniture and technology in both of your living spaces.

Modèle: **E1:** *Dans mon appartement, j'ai un lit, un grand bureau et plusieurs posters...*
> **E2:** (takes notes and then says): *Tu as des posters?*
> **E1:** *J'ai plusieurs posters. Je voudrais un nouveau poster.*
> **E2:** *Moi, aussi j'ai plusieurs posters. Je voudrais...*

A la découverte

Petit tour d'horizon

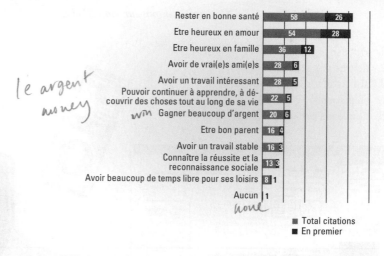 Jeunes attitudes et habitudes

03-31 to 03-34

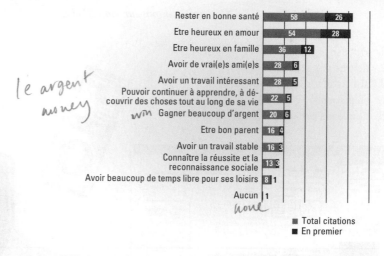

Quels critères sont par ordre d'importance, les plus motivants?

	Total citations	En premier
Rester en bonne santé	58	26
Etre heureux en amour	54	28
Etre heureux en famille	36	12
Avoir de vrai(e)s ami(e)s	28	6
Avoir un travail intéressant	28	5
Pouvoir continuer à apprendre, à découvrir des choses tout au long de sa vie	22	5
Gagner beaucoup d'argent	20	6
Etre bon parent	16	4
Avoir un travail stable	16	3
Connaître la réussite et la reconnaissance sociale	13	3
Avoir beaucoup de temps libre pour ses loisirs	8	1
Aucun	1	

le argent money
win
none

■ Total citations
■ En premier

Vous vous connectez à Internet . . .?

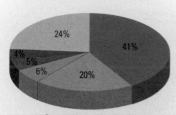

- 41%
- 24%
- 20%
- 6%
- 5%
- 4%

■ Presque tous les jours
■ Environ 1 fois par semaine
■ Environ 1 fois par mois
■ Moins d'une fois par mois
■ Jamais mais a accès à Internet
■ Jamais et n'a pas accès à Internet

Utilisez-vous régulièrement, de temps en temps, jamais Internet pour . . .?

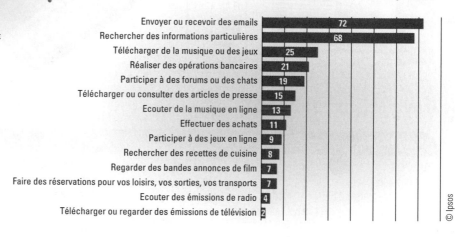

Envoyer ou recevoir des emails	72
Rechercher des informations particulières	68
Télécharger de la musique ou des jeux	25
Réaliser des opérations bancaires	21
Participer à des forums ou des chats	19
Télécharger ou consulter des articles de presse	15
Ecouter de la musique en ligne	13
Effectuer des achats	11
Participer à des jeux en ligne	9
Rechercher des recettes de cuisine	8
Regarder des bandes annonces de film	7
Faire des réservations pour vos loisirs, vos sorties, vos transports	7
Ecouter des émissions de radio	4
Télécharger ou regarder des émissions de télévision	2

© Ipsos

3-34 **Mes relations, mes opinions et mes valeurs.** Are the following statements true or false? Correct any incorrect sentences.

1. Dans l'ensemble, la famille et les amis sont les deux choses les plus importantes dans leur vie.
2. L'argent, la réussite sociale et le temps libre ne sont pas des valeurs essentielles.
3. Presque 2/3 des 15–30 ans utilisent Internet rarement.
4. Seulement 1/10ème des 15–30 ans n'a pas d'adresse email personnelle.
5. Ils utilisent principalement Internet pour échanger des emails ou faire des recherches.
6. Ils écoutent ou regardent souvent des émissions "live" en ligne.

@ccros de MSN

3-35 **Ludo à son ordi.**
Answer the following questions using the vocabulary that you have learned about computers in this chapter.

1. Que fait Ludo (*is he doing*)?
2. Pourquoi est-il frustré?
3. Pourquoi est-ce que ses amis l'appellent «bouffon»?
4. Sur la base des trois graphes au début de la section, comment est-ce que Ludo est un Gen Y typique?

3-36 **Un titre @ccrocheur.**
Which title fits best with this cartoon? Why?

a. Ludo et son ordi
b. T'es en quoi?
c. Je télécharge, tu télécharges, il télécharge... zzzzzzzzzzz
d. Ludo et son gang MSN

 3-37 **Comparaisons.** In groups of four, choose one of the questions in the Jeunes Attitudes et Habitudes survey. Reformulate the question you chose with **tu**. Group members poll one-quarter of the remaining classmates each. Then reconvene to tally your results. Finally, present your findings to the class as statistics (in percentages) and, based on your findings, indicate whether Generation Y youth in France and in the United States share the same attitudes and habits.

Modèle: *41% des jeunes Français se connectent à Internet presque tous les jours contre 25% dans notre classe.*

@ccros (accros) *addicted;* on va pas tarder à passer à table *we're just about ready to sit down (for a meal);* Marcel Pagnol *famous French author;* ça rame *it's slow;* t'es en quoi? *what are you in?;* slip *underwear briefs;* bouffon *clown;* here *jerk;* la puissance de ta connexion *the speed of your connection*

© MC PRODUCTIONS/LOL/MDR/HUM

Point d'intérêt

La Génération Y au travail

03-35 to 03-40

In this article, François de Wazières, international director of recruitment at L'Oréal, talks about the challenges that millennials bring to the workplace.

3-38 Premier survol

- **Titres.** Look at the title. How might Generation Y be a challenge for employers?
- **Sous-titres.** Look at the subtitles. What codes might Generation Y be breaking, and what might **Génération zapping** mean?
- **Portrait robot.** François de Wazières uses many adjectives to describe people under 30.

1. Scan the article and underline all the adjectives that precede a noun.
2. Draw two columns, listing adjectives in the text that are always placed before the noun and adjectives that appear before the noun (for emphasis).

La Génération Y, le nouveau challenge pour les entreprises

speaks multiple languages

Dynamique, créative, polyglotte, la Génération Y est sur le point de° faire sa «petite» révolution dans les entreprises°. François de Wazières, directeur international du recrutement chez L'Oréal, dresse le portrait robot° de ces jeunes de moins 30 ans.

Le travail, ça va? Vous avez besoin d'autre chose? *Do you need other things to do?*

@Newzy.fr

Les moins de 30 ans révolutionnent doucement° l'entreprise. On les appelle les Why-ers, Gen Why, Génération Y ou Génération Millennium. Ils sont nés° après 1978, ont été élevés° avec l'informatique puis dopés° à l'Internet. «Ils sont en 'chat' avec des amis aux quatre coins du monde, peuvent faire 5 choses en même temps, et ont fait des échanges universitaires° dans de nombreux pays». Voilà, en bref, comment on les reconnaît dans l'entreprise, explique François de Wazières, pour qui la «G why» est devenue° un véritable enjeu°.

---

est sur le point de *is about to;* entreprises *companies;* dresse le portrait robot *draws the profile;* doucement *slowly;* sont nés *were born;* élevés *raised;* dopés *doped on;* échanges universitaires *semester abroad;* est devenue *has become;* enjeu *the stakes*

Ils cassent° les codes

Ces jeunes à la tête bien faite° sont de vrais révolutionnaires. Jeans et baskets, iPod vissé sur les oreilles° toute la journée, ils cassent les codes vestimentaires. Vestimentaires° mais pas uniquement°. Ils se moquent des horaires de l'entreprise qu'ils adaptent plus ou moins à leur convenance°. Mais derrière cette apparente nonchalance, ils font le job. François de Wazières retrouve dans cette génération l'énergie, la créativité, l'envie d'entreprendre, l'ouverture sur le monde.

Génération zapping?

C'est là, la difficulté. Comment attirer° les meilleurs, les hauts potentiels, la crème de cette jeunesse et savoir la retenir° dans l'entreprise, elle qui n'hésite pas à zapper de job si le job n'est plus intéressant. «Il va falloir proposer° non pas un travail qui passionne mais des missions passionnantes, de réelles perspectives d'évolution de carrière, un environnement agréable, plus de flexibilité et surtout du bien-être°. Il faut plaire à cette nouvelle génération,» conclut François de Wazières.

© Antoine Chazal (Rédaction de Newzy.fr)

cassent *broak;* à la tête bien faite *capable;* vissé sur les oreilles *tight on the head;* codes vestimentaires *dress codes;* pas uniquement *not only that;* plus ou moins à leur convenance *more or less to their needs;* attirer *attract;* retenir *retain;* il va falloir proposer *one will have to offer;* bien être *comfort.*

3-39 Essentiel à saisir

- **Définir la Génération Y.** Find and underline synonyms for the following adjectives: 1. plaisant; 2. inventive; 3. excitantes; 4. plurilingue; 5. vraies; 6. ostensible; 7. académiques.

- **Qu'est-ce que la Génération Y veut faire, peut faire, sait et connaît?** What does the text say that this generation can (*pouvoir*) and wants (*vouloir*) to do? What does the author suggest that this group does or doesn't know how to do (*savoir*) or know about (*connaître*)? Answer in French.

- **La perspective de François de Wazières.** Complete the summary below with the words and expressions provided. Pay attention to meaning and form: **tâches; horaires; moquent; peuvent; zappent; positive; challenge; motivants; ordinateurs; plaisant**

J'ai une opinion **1.** _____ de la Génération Y. Ils ont participé à de nombreux programmes à l'étranger, ils savent bien utiliser les **2.** _____ et **3.** _____ faire plusieurs **4.** _____ à la fois (*at the same time*) et jongler avec une quantité d'information incroyable. Bien sûr, ils se **5.** _____ des conventions de l'entreprise, ils modifient leurs **6.** _____ selon leurs besoins (*needs*) et ils **7.** _____ de job quand il ne sont plus intéressés. C'est un **8.** _____ pour l'entreprise. Pour attirer et retenir les membres de la Génération Y, les conditions essentielles sont d'offrir des projets **9.** _____ des possibilités d'avancement, et un contexte de travail **10.** _____ .

Cybermania

In *Cyber*, French female singer and songwriter Zazie addresses social problems and computer use among young people.

Read the lyrics of *Cyber*.
Suggestion: Listen to the song or watch the music video

http://www.pearsonhighered.com/
francais-monde

Zazie, born Isabelle Marie Anne de Truchis de Varennes, is a French female singer and songwriter. She started as a model but soon grew tired of the fashion world and began a musical career in 1990. The French pop diva is known for her playful use of language, which has led to the coining of the French word zazisme, or "Zazie-ism." The song *Cyber* is from her third album *Made in Love*.

Go to the *Français-Monde* site and use the web links and/or the search criteria provided to locate the lyrics. Print the lyrics of *Cyber*.

Zazie en concert

3-40 Premier survol

- **Cyber-mots.** List words in the lyrics that are related to technology.
- **Maux sociaux.** Note the words Zazie uses to address:
  (a) busy parents (b) money and worries (c) diseases.

3-41 Essentiel à saisir

- **Cyber, on est cyber.** How do young people respond to parents feeling busy and overwhelmed? And to diseases?
- **Point de vue.** Does Zazie consider becoming **cyber** to be positive or negative? Cite lines from the song to support your position.

http://www.pearsonhighered.com/
francais-monde

3-42 Blog et profil. Skyblog is one of France's most popular social networks and blogging platforms among 13- to 24-year olds. It is promoted by Skyrock, a popular French radio station that plays mostly R&B and hip-hop.

1. Go to the *Français–Monde* site and use the web link and/or the search criteria provided to locate Skyblog. Take a tour of a blog listed under **Blog et Profil de la semaine** and find:
   a. le nom du blog
   b. le profil du propriétaire du blog (nom, age, sexe, ville, département et pays, profession, etc.)
   c. la musique préférée
   d. les choses aimées et détestées sur ce blog
2. Be prepared to present in French the blog you chose and what you found for items in question 1.

Modèle: *Mon blog s'appelle... Le nom de son propriétaire est...* etc.

3-43 **Blogs Music**

1. Go to the *Français-Monde* site and use the web link and/or the search criteria provided to locate Skyblog. Take a tour of a blog listed under **Blogs Music** and find:
   a. le nom du blog
   b. le profil du propriétaire du blog (nom, age, sexe, ville, département et pays, profession etc.)
   c. le genre de sa musique
   d. les musiques qui l'influencent
2. Listen to the songs posted on the blog you selected and choose one that you like.
3. Be prepared to present in French the blog you chose, by reporting what you found for items in question 1. Also indicate the song that you chose and what you like about it.

   Modèle: *Je préfère... parce que j'aime...*

http://www.pearsonhighered.com/ francais-monde

Travail d'ensemble

03-41

3-44 **Les jeunes et les réseaux sociaux.** Do you have a personal page on Facebook, MySpace, etc.? Why or why not? If so, complete the questions below about your own page. If not, reply about the page of someone you know. Be prepared to give an oral account to the class.

1. J'ai (Mon ami[e] a) un compte sur les réseaux sociaux suivants (faites une liste):
2. Je (Mon ami[e]) visite les réseaux sociaux (choisissez): tous les jours; toutes les semaines; tous les mois.
3. J'ai (Mon ami[e] a) une page perso (choisissez): pour bavarder avec des amis; pour rencontrer des personnes nouvelles; parce que tous les amis ont une page perso; pour rencontrer des gens qui ont les mêmes intérêts; autre.
4. Sur ma page perso (Sur sa page perso), j'ai (mon ami[e] a) (choisissez): des photos; un blog; de la musique; des vidéos; des flux de syndication (*RSS feeds*) sur des choses intéressantes; autre.

3-45 **Faire le bilan.** Thinking about the information and data presented in **Pour commencer**, **Pour aller plus loin**, and **A la découverte**, work with a partner to synthesize in the table below what you have learned about Generation Y in France.

Les dangers des réseaux sociaux	
La génération Y et ses valeurs	
La génération Y et ses attitudes au travail	
La génération Y et les nouvelles technologies:	
• les technologies qu'elle a	
• les technologies qu'elle veut	
• les technologies qu'elle utilise tout le temps et dans quel but	

Using the notes you took above, write a detailed paragraph in French of four or five sentences about Generation Y in France. Make sure to use words and structures you learned in Chapter 3, and make specific references to work you did during the chapter (video, audio, readings, and Web research).

A votre tour

03-42 to 03-43

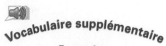

Vocabulaire supplémentaire

Expressions

demander des donations
to ask for donations

faire de la publicité pour un évènement
to advertise an event

informer les gens à propos d'une crise dans le monde
to inform people about a world crisis

Noms (*nouns*)

une **cause** *cause, issue*

un **présentateur** *spokesperson*

une **ville de résidence** *city of residence*

Zoom sur...

Les jeunes et les médias

3-46 **Les Internautes, les réseaux sociaux et leurs usages.** How can these people make use of social networks? List two possible uses for each person or group.

Modèle: un chanteur

Avec un réseau social, un chanteur peut... et peut...

1. les politiciens
2. une organisation humanitaire
3. les citoyens d'une communauté

3-47 **Le réseau social de chacun.** The popularity of social networks is prompting some people to poke fun at how many new "friends" one can make. Which problems are highlighted in the graphic on the following page?

1. Write the letter(s) of the problem mentioned next to the bubble(s) that correspond(s).
  a. les personnes qu'on ne connaît pas mais qu'on ajoute pour ne pas offenser (*offend*)
  b. les personnes qu'on connaît, qu'on n'aime pas mais qu'on ajoute
  c. les personnes qu'on connaît mais qui ne sont pas/plus sur le même réseau ou utilisent un alias
  d. les personnes qu'on ne rencontre jamais parce qu'on passe trop de temps (*too much time*) sur les réseaux sociaux
  e. les personnes qui collectionnent les amis parce que c'est cool

 2. Discuss with a partner if you belong to a social network, and if so, which of these or other problems you have experienced.

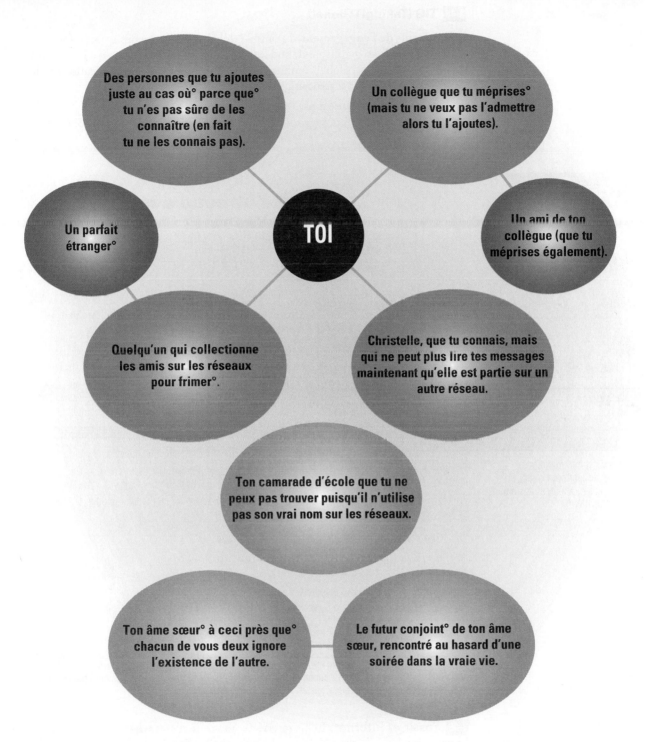

Des personnes que tu ajoutes juste au cas où° parce que° tu n'es pas sûre de les connaître (en fait tu ne les connais pas).

Un collègue que tu méprises° (mais tu ne veux pas l'admettre alors tu l'ajoutes).

Un parfait étranger°

TOI

Un ami de ton collègue (que tu méprises également).

Quelqu'un qui collectionne les amis sur les réseaux pour frimer°.

Christelle, que tu connais, mais qui ne peut plus lire tes messages maintenant qu'elle est partie sur un autre réseau.

Ton camarade d'école que tu ne peux pas trouver puisqu'il n'utilise pas son vrai nom sur les réseaux.

Ton âme sœur° à ceci près que° chacun de vous deux ignore l'existence de l'autre.

Le futur conjoint° de ton âme sœur, rencontré au hasard d'une soirée dans la vraie vie.

© Philip Lensen

---

juste au cas où *just in case;* parce que *because;* tu méprises *despise;* parfait étranger *perfect stranger;* frimer *show off;* âme sœur *soulmate;* à ceci près que *except that;* conjoint *spouse*

Les nouvelles technologies et l'action sociale

3-48 **TIG (TakingITGlobal)**

- **Les outils de l'engagement.** TakingITGlobal (TIG) provides a portal for young people to get inspired, find information, and become involved in improving their local and global communities. How might new communication medias be important for this association?

- **Une question de questions.** What do you consider the most useful communication technology tools? How would you justify your position?

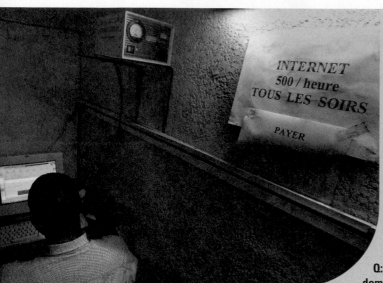

Quel moyen de communication préférez-vous utiliser pour rester en contact avec votre famille et vos amis? Pour rester informé(e)?

📖 **Entrevue avec Yassir El Ouarzadi**

03-44 to 03-45

Yassir El Ouarzadi is a 17-year-old member of the social action website TakingITGlobal (TIG). In this interview, he talks about his work with TIG and the importance of new media for young people.

Question: Qu'est-ce que cela t'apporte° d'être un membre actif de TIG?

Yassir El Ouarzadi: TIG est une communauté formidable, qui met en contact des jeunes du monde entier°. J'essaie de sensibiliser les jeunes° à des thèmes comme l'éducation, la lutte° contre la pauvreté° et les changements climatiques° et de motiver des changements positifs dans leur communauté.

Q: Que penses-tu du rôle des nouveaux médias dans le domaine des changements sociaux?

YEO: Je crois que les médias sont un outil° pédagogique et doivent être utilisés de cette façon. Ils peuvent aider les jeunes à faire passer° leurs messages et leurs idées en créant une communauté mondiale où ils peuvent s'exprimer et travailler pour un monde meilleur. TIG reflète cet esprit°.

Q: Quels sont les outils qui te semblent les plus utiles?

YEO: Je crois que les outils les plus importants sont Internet et la télé. La technologie se développe à une vitesse extraordinaire. Il faut s'en servir° pour éduquer les gens et les sensibiliser aux problèmes mondiaux.

Entrevue avec Yassir El Ouarzadi , Voix des Jeunes / Voices of the Youth, Mars 2008 - Numéro 4, ©UNICEF (http://www.unicef.org/)

---

apporte *bring;* monde entier *entire world;* essaie *I try to make young people aware;* sensibiliser *bring awareness;* lutte *fight;* pauvreté *poverty;* changements climatiques *climate changes;* outil *tool;* faire passer *convey;* esprit *spirit;* s'en servir *to use it*

3-49 **Yassir et Internet.** In his interview, Yassir discusses what a powerful tool the Internet can be. List three things in French that Yassir says the Internet can help him achieve.

Intégration

Ma page perso

3-50 **Je m'inscris.** Go to the *Français-Monde* site and use the web link and/or the search criteria provided to locate Facebook France and create an account. Provide all the required information.

http://www.pearsonhighered.com/
francais-monde

3-51 **Mes photos, ma musique, mes films.** Upload content as follows:

1. Select four digital photos of people and things you cannot do without, two English songs and movies you like, and two French songs and movies you discovered recently and enjoyed a lot.
2. Post them on your personal page on Facebook France.
3. Provide a French caption for each of your photos, and indicate the title and artist/director of the songs/films you selected.

3-52 **@ propos de moi.** Ask a partner the following questions and take good notes: **Qui es-tu? Quel âge as-tu? As-tu des frères et sœurs? Combien? Où habites-tu? Où travailles-tu? Quelles technologies peux-tu utiliser? Quelles technologies veux-tu apprendre à** (*learn to*) **utiliser?** At the end, exchange your notes. Then, using a webcam, video-record your answers (one to two minutes in length total) in French. Embed the video in your personal page on Facebook.

3-53 **Mon appart.** Walk through your room or apartment with a video camera. Direct the camera at the things you have, name them, and describe them in French. Use the video from **Pour commencer** as a model. Your video should be between one and two minutes in length. Embed the video in your personal page on Facebook.

3-54 **Mon boulot et mes collègues.** Record a video (of one to two minutes) in French on the job you have (or want to have), the colleagues you know (**connaître**) and like (or would like to have) at work, and the tasks you know how (**savoir**) to do as a result of this job (or the skills you would like to learn and the tasks you would like to do). Embed the video in your personal page on Facebook.

Vocabulaire

Pour commencer 🔊

My personal effects

le bureau	desk
la chaise	chair
la chambre	bedroom
la chanson	song
l'étagère (f.)	shelf
le fauteuil (de bureau)	(office) armchair
l'imprimante (f.)	printer
l'iPod (m.)	iPod
le lecteur CD/DVD/MP3	CD/DVD/MP3 player
le lit (canapé-lit)	bed (sofabed)
le livre	book
l'ordinateur (l'ordi) (m.) (portable)	(portable) computer
le portable	cell phone
le poster	poster
le réseau (social)	(social) network
le studio	studio
la table	table
la télévision (la télé)	television
le texto (message SMS)	text message (SMS message)
la voiture	car

Other words

l'autobus (m.)	bus
le métro	subway

Verbs

circuler	to get around
communiquer	to communicate
utiliser	to use
envoyer	to send
écouter	to listen

Talking about small jobs and skills

Nouns

l'audiovisuel	audiovisual material
le boulot	work
le bureau	office
l'enseignement	teaching
l'hôpital (hôpitaux)	hospital(s)
le laboratoire	lab
la langue	language
la librairie	bookstore ✳
le magasin	store
les maths (f.)	mathematics
le poste	job
la recherche	research

Verbs

aider les gens	to help people
connaître	to know
enseigner	to teach
pouvoir	to be able
savoir	to know (how)
travailler en plein air	to work outdoors
vouloir	to want

Expressions

Qu'est-ce que tu veux (aimes, sais, peux) faire?	What do you want (do you like, do you know how, are you able) to do?
Je peux surfer sur Internet.	I can surf the Internet.
Je sais parler français.	I know how to speak French.

la lampe   lamp
le réveil   alarm clock
le(s) drap(s) sheet (bed)
la couverture cover (bed)
la armoire   closet
le matelas   mattress
le oreiller   pillow

Pour aller plus loin

Adjectives

Adjectives that follow the noun

actif (active)	active
ambitieux (ambitieuse)	ambitious
ancien(ne)	old
blanc(he)	white
complet (complète)	complete
gentil(le)	kind
gros(se)	fat, big
intellectuel(le)	intellectual
médical(e)	medical
premier (première)	first

Adjectives that precede the noun

ancien(nne)	former
beau (bel) (belle)	beautiful, handsome
bon(ne)	good
grand(e)	big, tall
jeune	young
joli(e)	pretty
long(ue)	long
mauvais(e)	bad
nouveau (nouvel) (nouvelle)	new
petit(e)	small
vieux (vieil) (vieille)	old

Disjunctive pronouns

elle (elles)	her (them)
eux	them (m. pl.)
lui	him
moi	me
nous	us
toi (vous)	you

Talking about computers

Nouns

le navigateur Web	web browser
le clavier	keyboard
la clef USB	flashdrive
le courriel (l'email, le mail, le mèl)	email
le disque dur	hard drive
l'écran (m.)	screen
le fichier	file
le graveur CD/DVD	CD/DVD burner
l'icône (f.)	icon
l'image (f.)	image
l'imprimante (f.)	printer
le lien	link
le logiciel	software
le réseau d'accès (à haut débit)	(broadband) network
la souris	mouse
le tableur	spreadsheet
le traitement de texte	word processor

Verbs

afficher	to display
avoir accès à	to have access to
cliquer sur	to click on
emmagasiner	to store
être en ligne	to be online
envoyer	to send
employer	to use
faire des calculs	to calculate
imprimer	to print
sauvegarder	to save
se connecter à	to connect to
sélectionner	to select
taper	to type
télécharger	to download

Numbers over 100

See page 80 for other numbers.

mille	a thousand
un million	a million
un milliard	a billion

Indefinite adjectives

plusieurs	several, many
quelques	some

Aujourd'hui bureau, demain rando

Themes and Communication

Describing one's daily routines

Telling time

Talking about the weather and the climate

Structures

Pronominal verbs

The verb **aller** and the immediate future

Information questions and inversion

The verb **faire**

Prepositions with geographical nouns

Comparisons

Destination

France

Project

Presenting plans for a vacation package based on survey data

Where are these subway riders going? What expressions do they have on their faces? What might they be thinking?

Pour commencer

[handwritten: au ~~De~~ hiphop ou le rock]
[handwritten: qui est ..., qui va ...]

Contextes In this section, you learn how to describe your daily
routines; you also learn how to talk about your daily schedule at work.
[handwritten: need to repeat qui for each clause]
[handwritten: Tu peux me laisser]

[handwritten right margin:]
de + les → des
de + la → de la
de + le → du
à + les → aux
à + le → au
à + la → à la
à + l' → à l'
pendant le week-end
or just le week-end →
both work.

Ma routine

4-1 Avant de visionner. Describe your daily routine. What do you do every
day? and only on certain days? Brainstorm as a class.

04-01
to 04-02

| Visionnez la vidéo | **Ma routine** |

Alexis wakes up and begins his daily routine. He shaves, brushes his teeth, and showers.

— Je déteste me lever le matin.

— D'abord, je vais me raser.
[handwritten: firstly]

— Je vais me brosser les dents avec
ma brosse à dents.

4-2 La routine quotidienne. Read the following statements about what occurs
in the video. Correct any incorrect information.

1. Alexis aime se lever le matin.
2. D'abord il se brosse les dents.
3. Pour se raser, il utilise son rasoir et sa mousse à raser.
4. Pour se brosser les dents, il utilise sa brosse à dents et son gel douche.
5. Pour se doucher, il utilise son dentifrice.

 4-3 Ma journée. Working with a partner, say that you do or don't do the same
things as Leïla on a daily basis, following the model.

Modèle: Alexis déteste se réveiller le matin. [Je...]
    E1: *Moi aussi, je déteste me réveiller le matin. Et toi?*
    E2: *Moi, j'aime me réveiller le matin.*

1. Alexis se rase d'abord. [Je me...]
2. Alexis se rase avec son rasoir. [Je me...]
3. Alexis se brosse les dents avec sa brosse à dents et son dentifrice. [Je me...] *[handwritten: toothpaste]*
4. Alexis se douche avec son gel douche. [Je me...]

Vocabulaire supplémentaire

je me baigne	*I'm taking a bath*
je me douche	*I'm showering*
la brosse à dents électrique	*electric toothbrush*
le rasoir électrique	*electric razor*
le savon	*soap*

Pour bien communiquer   La routine

Patrick est toujours très fatigué le matin. Il se réveille à six heures.

Il se frotte les yeux.

Patrick s'étire.

se réveiller	D'habitude, je **me réveille** à 6h. *wake up*
se frotter les yeux	J'ai sommeil, alors je **me frotte** les yeux.
s'étirer *to stretch*	Je **m'étire.**
se lever	Je **me lève** à 6h10. *get up*
se laver (la figure, les mains)	Ensuite je **me lave** la figure (*face*) et les mains (*hands*).
se raser	Je **me rase** tous les jours.
se doucher	Je **me douche** (*shower*).
se brosser (les dents, les cheveux)	Je **me brosse** les dents matin et soir.
s'habiller	Je **m'habille** rapidement avant de sortir (*to go out*).
s'occuper de	Après le travail, je rentre et je **m'occupe** de ma famille.
se coucher	Je **me couche** à 10h.

Sophie se lève à 7h.

Ensuite, Sophie s'habille.

Elle se coiffe.

se réveiller	Je **me réveille** à 7h.
se baigner	Je **me baigne** (*bathe*) le matin.
se préparer	Je **me prépare** pour la journée.
s'habiller	Je **m'habille** avant le petit déjeuner. *(have breakfast/lunch)*
se coiffer	Je **me coiffe** avant de partir (*leave*) à 8h30.
se maquiller	Je **me maquille** (*put on makeup*) juste avant de partir au travail.
s'intéresser à	Je **m'intéresse** à mon travail.
se coucher	D'habitude je **me couche** à 11h.

avant de + inf
before

4-4 **Patrick et Sophie La routine.** Answer the questions about Patrick and Sophie's daily routines in complete sentences.

1. A quelle heure (*At what time*) est-ce que Sophie se réveille?
2. Est-ce que Patrick se douche le matin?
3. A quelle heure est-ce que Sophie se coiffe?
4. Est-ce que Sophie se maquille au travail?
5. A quelle heure est-ce que Patrick se couche?

🔊
Vocabulaire supplémentaire 👥
J'emploie...

la crème	*cream*
le déodorant	*deodorant*
la mousse à raser	*shaving cream*
la mousse pour les cheveux	*hair mousse*
le parfum	*perfume*
un rasoir électrique	*electric razor*
un rasoir jetable	*disposable razor*
le shampooing	*shampoo*

4-5 **La journée commence.** Working with a partner, use verbs from the list to describe the most likely morning routine of Jean Duprès, a film technician.

| se lève | se rase | se réveille | se brosse | se lave | s'habille |

Jean est toujours très fatigué le matin. Alors, il **1.** _____ à six heures et il **2.** _____ *finally* enfin à 6h30. Ensuite, il fait la toilette: il **3.** _____ il **4.** _____ et il **5.** _____ les dents. Ensuite, il **6.** _____
Il ne prend pas le petit déjeuner—il n'a pas le temps!

Now describe your own routine and compare it to your partner's. (**Moi... Et toi?**)

Voix francophones au présent: Travail et routine

04-06
to 04-07 Dahlila and Pierre invited Sébastien to talk about his internship and his daily routine.

> | Pour bien écouter | **Using visual cues to help you understand** |
>
> You can gather a lot of information by looking at images accompanying recorded materials. Images often provide clues about the general topic and can help you understand the French you hear.

le petit déjeuner = breakfa[st]

le déjeuner = lunch

4-6 **Mon poste.** In the following interview on **Voix francophones au présent**, Sébastien, who is from Montreal, is in Paris for advanced training in computer graphics. He is asked about his training and his routine. Can you predict what he will say?

1. Je suis à Paris pour faire un stage de perfectionnement.
2. Mon emploi du temps est très chargé. Je travaille beaucoup
3. Pendant le week-end, je fais du sport ou je vais au cinéma.

4-7 **Le stage et la routine de Sébastien.** While listening to the interview with Sébastien Proulx, first, look at the images and imagine who is speaking; then, make mental notes of what he says (where he comes from, what he does, and what he thinks of his routine); and finally, circle the sentence or expression he uses.

1. **a.** Je suis graphiste.   **b.** Je suis styliste.
2. **a.** Je suis à Paris pour faire mon métier.   **b.** Je suis à Paris pour faire un stage.
3. **a.** J'ai la routine d'un étudiant.   **b.** Je suis étudiant.
4. **a.** Ma journée se termine à trois heures.   **b.** Ma journée est très mal équilibrée.
5. **a.** Je suis en vacances.   **b.** Je fais du sport ou je vais au cinéma.

 | Ecoutons! | **Voix francophones au présent: Travail et routine** |

Dahlila   Pierre   Sébastien

4-8 **Qu'est-ce qu'il dit?** In pairs, take turns playing the roles of the interviewer and Sébastien. Answer the questions as Sébastien would.

Modèle: **E1:** *Vous êtes canadien, n'est–ce pas?*
           E2: *Oui, je suis originaire de Montréal.*

1. Quel est votre métier?
2. Comment est votre emploi du temps?
3. Vous avez une journée assez calme?
4. Ce séjour en France, c'est des vacances, alors?
      séjourn

📖 Le travail en France

04-08

Working conditions in France and the United States differ in two important ways. The workweek in France is shorter and the French get more time off. Since January 2000 the legal workweek in France, the DOM (**Départements d'outre-mer**), and the TOM (**Territoires d'outre-mer**) is 35 hours, the European community norm. The number of weeks of annual paid vacation is five weeks in France versus an average of two weeks in the United States.

The number of paid holidays also differs. As the **Code du travail** dictates, France and the DOM-TOM have 11 official paid holidays, whereas United States workers have 7.5. In the DOM-TOM the day commemorating the abolition of slavery is an additional holiday.

French holidays

le jour de l'An, le 1er janvier

le lundi de Pâques, lundi après Pâques

la fête du Travail, le 1er mai

la fête de la Victoire, le 8 mai

l'Ascension, en mai

la Pentecôte, en mai ou juin

la fête nationale, le 14 juillet

l'Assomption, le 15 août

la Toussaint, le 1er novembre

l'Armistice, le 11 novembre

Noël, le 25 décembre

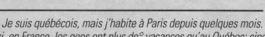

🔊 *Je suis québécois, mais j'habite à Paris depuis quelques mois. Ici, en France, les gens ont plus de° vacances qu'au Québec: cinq semaines contre deux semaines. C'est une grande différence.*

plus de *more*

4-9 **Comparaisons.** List four American national holidays that you consider important. Compare your list with a classmate's. Do you agree? How do the holidays you included compare with those in France? Does the fact that the majority of French people are Catholic explain any of the differences?

Des feux d'artifice pour célébrer le 14 juillet.

Pour bien prononcer — The letters **ou** and **u**

- The letters **ou** in French are pronounced a bit like the vowel sound in the English word *soup*. In order to make the French **ou** more tense, keep your lips rounded.

- The pronunciation of the letter **u** in French has no equivalent in English. To pronounce **u,** start with the mouth positioned for **ou** then bring your tongue forward so that it touches the lower teeth.

Practice the dialogue that follows with a classmate.

> **SÉBASTIEN:** **Tu** travailles **toujours pour** la même compagnie?
>
> **ROBERT:** Oui. J'aime bien mon travail. Je **m'occupe du** marketing, j'organise des **réunions pour** la **publicité.**
>
> **SÉBASTIEN:** C'est merveilleux!

4-10 Allô! Qui est à l'appareil? While volunteering for a Franco-American organization, you are expected to take phone messages. Take turns with a partner pronouncing and spelling out one of the two names listed.

Modèle: **E1:** *Allô! Qui est à l'appareil?*
E2: *C'est M. Roupin.*
E1: *Répétez, s'il vous plaît.*
E2: *C'est M. Roupin. R–O–U–P–I–N.*

1. **a.** M. Larouche   **b.** M. Larue
2. **a.** Mme Dupont   **b.** Mme Doucette
3. **a.** Mlle Pruneau   **b.** Mlle Proulx
4. **a.** M. Brousseau   **b.** M. Bruneau
5. **a.** Mlle Moulin   **b.** Mlle Mulot
6. **a.** Mme Lussignant   **b.** Mme Loubert

Allô! Qui est à l'appareil?

Pronominal verbs

Pronominal verbs are useful when discussing daily habits. Read the dialogue,
paying particular attention to the verbs. Then answer the questions.

04-11 to 04-12

A vous de décider

1. What daily activities do the speakers describe?

2. Which are typical of your daily routine?

3. What is noticeable about the verbs used to describe these routines?

De plus près **La routine quotidienne**

Noah is discussing his routine with Aminata.

AMINATA: Quelle est ta routine quotidienne?

NOAH: Bon, alors… Le matin, je **me lève,** je **m'habille** et je **me prépare** pour aller au travail. Au travail, je ne **m'arrête** pas une seconde. A six heures, je rentre chez moi. Je **me repose** un peu et puis je **me couche** pour recommencer la même chose le lendemain°.

AMINATA: Tu as besoin de vacances!

le lendemain *the next day*

1. Examples of pronominal verbs

- Verbs like **se lever** (*to get up*), **se préparer** (*to get ready*), and **s'habiller** (*to get dressed*) are often used to describe daily routines. These verbs, called pronominal verbs, take a reflexive pronoun in addition to the subject.

- Pronominal verbs are identified by the reflexive pronoun **se** in the infinitive (**se lever** meaning *to get oneself up*) and by the reflexive pronouns **me (m'), te (t'), se (s'), nous,** and **vous** in the conjugated forms (**Je *me* prépare.** [literally, *I prepare myself*] **Tu *te* lèves.** [literally, *I get myself up*]). The object pronoun is retained in all forms and tenses of the verb and agrees with the subject.

- Pronominal **-er** verbs are conjugated like **se préparer.**

  Je *me* **prépare** pour aller à la fac.   Nous *nous* **préparons** pour les vacances.
  Tu *te* **prépares** pour les congés?   Vous *vous* **préparez** pour votre carrière?

  Il/Elle/On *se* **prépare** pour aller   Ils/Elles *se* **préparent** pour
  au travail.   le lendemain. *the next day*

- These common pronominal verbs are all regular **-er** verbs.

s'amuser	*to have fun*	Je **m'amuse** avec ma famille.
s'appeler*	*to be named*	Tu **t'appelles** Noah?
s'arrêter	*to stop*	Je **m'arrête** quand je suis fatigué.
se brosser les cheveux	*to brush one's hair*	Chloë **se brosse** les cheveux avant de se maquiller.
se brosser les dents	*to brush one's teeth*	Noah **se brosse** les dents matin et soir.
se coiffer	*to do one's hair*	Il **se coiffe** tout le temps.
se coucher	*to go to bed*	Chloë **se couche** tard tous les soirs.
se dépêcher	*to hurry (up)*	Chloë **se dépêche** toujours le matin.
s'énerver	*to get annoyed*	Il **s'énerve** quand il est en retard *(late)*.
s'entraîner	*to train, to exercise*	Aminata **s'entraîne** trois fois par semaine.
s'habiller	*to get dressed*	Je **m'habille** bien le dimanche.
se laver	*to wash*	Il **se lave** tous les matins!
se lever**	*to get oneself up*	Elle **se lève** à 6 heures.
s'occuper de	*to take care of*	Didier **s'occupe** de ses enfants.
se peigner	*to comb one's hair*	Noah **se peigne** souvent.
se reposer	*to rest*	Nous **nous reposons** le week-end.

*S'appeler is regular except for a spelling change: a double **l** in all forms except for **nous** and **vous**: je m'appelle, tu t'appelles, il/elle/on s'appelle, nous nous appelons, vous vous appelez, ils/elles s'appellent.

Se lever is regular except for an accent change: an **accent grave in all forms except **nous** and **vous**: je me lève, tu te lèves, il/elle/on se lève, nous nous levons, vous vous levez, ils/elles se lèvent.

2. Pronominal verbs as idiomatic expressions

Some pronominal verbs have lost the reflexive sense and are considered idiomatic expressions.

se débrouiller	*to manage*	Nous **nous débrouillons** bien.
se fâcher	*to become angry*	Sébastien **se fâche** quand il a trop de travail.
s'habituer à	*to become used to*	Chloë **s'habitue** à sa nouvelle routine.
s'impatienter	*to be impatient*	Tu **t'impatientes** trop facilement.
s'intéresser à	*to be interested in*	Sébastien **s'intéresse** au yoga.

3. Imperatives of pronominal verbs

When giving commands with pronominal verbs, a reflexive pronoun must be added at the end. For the **tu** form, the reflexive pronoun is different in the imperative.

Lave-**toi**. *Wash.*	Lavons-**nous**. *Let's wash.*	Lavez-**vous**. *Wash.*
Lève-**toi**. *Get up.*	Levons-**nous**. *Let's get up.*	Levez-**vous**. *Get up.*

Brosse-**toi** les dents. *Brush your teeth.* Brossons-**nous** les dents. *Let's brush our teeth.* Brossez-**vous** les dents. *Brush your teeth.*

4-11 C'est ta routine quotidienne? You are still getting to know your classmates. Learn as many facts as you can about your partner's daily routine. Use the illustrations to guide your questions. You instructor will set a time limit.

Modèle: **E1:** *Est-ce que tu te lèves avant huit heures?*
E2: *Oui, je me lève avant huit heures. (Moi? Non, je me lève à neuf heures.)*

4-12 Un sondage. You have been hired to interview students about their schedules and typical routines. You have divided the task with some friends so you only need to poll three classmates. Ask three of your classmates questions about their routines and prepare to report your findings in complete sentences with percentages (33%, 67%, 100%) to the class.

Modèle: se doucher ou se baigner
E1: *Est-ce que tu te douches ou est-ce que tu te baignes?*
E2: *Moi, je me douche.*
ou *Moi, je me baigne.*

		Prénom	Prénom	Prénom
1.	se réveiller à 6h, 7h ou 8h			
2.	se doucher ou se baigner			
3.	se coucher à 10h, 11h ou minuit			
4.	se brosser ou se peigner les cheveux			
5.	se reposer ou s'amuser le week-end			

📖 The verb **aller** and the immediate future

The verb **aller** (*to go*) is useful in speaking about the future and extending invitations. Read and role-play the dialogue, paying particular attention to the verb **aller.** Then answer the questions.

De plus près   **Le yoga et l'univers**

Sébastien is discussing future plans with Aminata.

SÉBASTIEN: Qu'est-ce que tu **vas** faire cet après-midi?

AMINATA: Moi, je **vais** faire un peu de yoga.
Et toi, tu **vas** faire quelque chose?

SÉBASTIEN: Euh, oui…, je **vais** discuter d'un problème d'astronomie avec mon ami Eduardo. Je veux comprendre l'univers.

AMINATA: Rien que ça°? On **va** au café du coin°?

SÉBASTIEN: D'accord.

AMINATA: On **va** sans doute° parler de nos intérêts communs… le yoga et l'univers!

Rien que ça? *Is that all?;* du coin *on the corner;* sans doute *probably*

A vous de décider

1. What are the two friends discussing?

2. Where will they get together to talk about it?

3. What forms of the verb **aller** are used with **je, tu,** and **on?**

1. The verb **aller**

Here are the forms of the verb **aller** in the present tense.

Je **vais** au café.   Nous ‿ **allons** au cours d'astronomie.

Tu **vas** au cours de yoga?   Vous ‿ **allez** chez vous à cette heure-ci?

Il/Elle/On **va** au café du coin?   Ils/Elles **vont** en Espagne cet été.

The final consonants in the **je, tu,** and **ils/elles** forms of **aller** are silent. Note the liaison in the **nous** and **vous** forms: **nous ‿ allons; vous ‿ allez.**

2. Expressing the near future

The verb **aller** is used to express the **futur immédiat.** It is used just like the English construction "going to." It is formed by using the present-tense form of **aller** followed by the infinitive of any verb.

Je *vais* **faire** du yoga.	*I am going to do yoga.*
Nous *allons* **discuter** d'un problème d'astronomie.	*We are going to discuss an astronomy problem.*
On *va* **parler** de nos intérêts.	*We are going to talk about our interests.*

3. Negations and questions in the immediate future

• In the negative, **ne (n')** and **pas** are placed around the conjugated verb.

Je **ne** vais **pas** travailler cet après-midi.	*I am not going to work this afternoon.*
Nous **n'**allons **pas** faire du yoga.	*We are not going to do yoga.*

• Questions may be formed as usual: with intonation, with **est-ce que,** or with **n'est-ce pas.**

Tu vas discuter de ce problème avec un ami?	*Are you going to discuss this problem with a friend?*
Est-ce que tu vas partir pour le travail?	*Are you going to leave for work?*
Ce soir, tu vas faire du yoga, **n'est-ce pas?**	*You are going to do yoga tonight, aren't you?*

4-13 **Les relations de cause et d'effet.** What is likely or unlikely to happen in the following situations?

Modèle: C'est lundi soir, et mardi matin Chloë a un examen important en philosophie.
aller au cinéma avec ses amis / étudier à la bibliothèque
Chloë ne va pas aller au cinéma avec ses amis.
Elle va étudier à la bibliothèque.

1. C'est dimanche, et malheureusement pour Aminata, il pleut et il fait froid.
   regarder la télévision / se préparer pour faire du tennis

2. Noah préfère le travail artistique.
   travailler dans un bureau / chercher un travail dans un studio

3. Aminata n'a pas de voiture. Elle commence bientôt un nouveau travail.
   aller au travail en bus / aller au travail en taxi

4. Mes amis vont arriver ce soir. Ils vont passer le week-end avec moi.
   passer le week-end à la bibliothèque / s'amuser pendant deux jours

Vocabulaire supplémentaire

aller au cinéma	to go to the movies
assister à un concert	to attend a concert
chercher un poste	to look for a job
faire un voyage	to take a trip
faire du yoga	to do yoga
obtenir mon diplôme	to get my degree
regarder la télé	to watch TV
voir mes parents	to see my parents
voir un film	to see a movie,
voir une pièce de théâtre	to see a play

4-14 **A l'avenir.** What are your plans for the future? your partner's plans? Ask a classmate what he or she is planning to do in the near future. Take notes so you can report interesting activities to the class.

Modèle: étudier ce week-end
E1: *Est-ce que tu vas étudier ce week-end?*
E2: *Non, je ne vais pas étudier ce week-end. Je vais... et...*

Questions	Notes
1. obtenir (to get) ton diplôme ce semestre	
2. préparer un examen cette semaine	
3. passer le week-end avec des amis	
4. aller au match de football samedi après-midi	

📖 Information questions and inversion

You have already learned how to ask yes/no questions. Information questions are even more important. Read and role-play the following dialogue with your partner, paying particular attention to the question words in bold. Then answer the questions.

De plus près **Le poste**

Georges is interested in Aminata's workplace.

GEORGES: **Combien de** temps est-ce qu'il faut pour arriver à ton travail?

AMINATA: Il faut 20 minutes en métro.

GEORGES: **Avec qui** est-ce que tu travailles?

AMINATA: Avec des gens sympa. On s'entend° très bien chez nous.

GEORGES: **Où** est-ce que tu vas après le travail?

AMINATA: Il y a un café au coin. Nous allons souvent prendre un verre° en fin de journée. Mais **pourquoi** est-ce que tu poses toutes ces questions?

GEORGES: Il y a un poste de libre dans ta compagnie. Je vais proposer ma candidature.

On s'entend *we get along;* prendre un verre *have a drink*

A vous de décider

1. What is Georges asking Aminata?

2. Why is Georges so persistent?

3. How are information questions formed?

1. Interrogative expressions

To ask questions that request specific information, use one of the following interrogative expressions.

à quelle heure	*at what time*	**pour (avec) qui**	*for (with) whom*
combien de (d')	*how much, how many*	**pourquoi**	*why*
comment	*how*	**quand**	*when*
où	*where*	**que (qu')**	*what*
quel(le) which		**qui**	*who*

2. The formation of information questions

• Questions with interrogative expressions may be formed using **est-ce que,** as follows:

interrogative expression + **est-ce que** + subject + verb

> **A quelle heure est-ce que** tu vas au travail?
> **Comment est-ce que** tu vas en ville?
> **Avec qui est-ce que** vous travaillez?
> **Pourquoi est-ce que** tu poses toutes ces questions?

• In more formal situations, inversion (when the order of subject and verb is reversed) may be used to ask information questions, as follows:

interrogative expression + verb + subject pronoun

> Où **habitez-vous?**
> Combien d'heures par jour **travaillez-vous?**
> Comment **allez-vous** en ville?
> Quand **commencez-vous** à travailler?

• A **-t-** is used whenever a verb ends in a vowel and the following subject pronoun begins with a vowel **(il, elle,** or **on).**

> Où **va-*t*-on?**   Quand **arrive-*t*-elle?**

• When a **noun** subject is present (rather than a subject pronoun), the inversion requires an added pronoun.

> **pronoun:** Il travaille à 9h.   Quand travaille-t-il?
> **noun:** George travaille à 9h.   Quand George travaille-t-il?

4-15 L'interrogatoire. Your partner is going to see Mme Bourciez, the academic counsellor. Naturally, you are curious and ask questions about the circumstances to get to the bottom of the story. Your partner will use the illustration to guide his or her replies.

Modèle: avec qui

> **E1:** *Avec qui est-ce que tu vas parler?*
> **E2:** *Je vais parler avec Mme Bourciez.*

1. à quelle heure
2. combien de temps
3. où
4. pourquoi
5. quand

 4-16 Le reporter. As a reporter for the school paper, you have to write a story about a new student. How will you ask about his or her daily habits and personal information? Use the prompts below and the interrogative expressions you just learned to gather information about your partner. Take notes as you listen. Then exchange roles.

Modèle: téléphoner à tes parents

> **E1:** *Quand est-ce que tu téléphones à tes parents?*
> **E2:** *Je téléphone à mes parents le week-end.*

1. pays ou état d'origine
2. ville de naissance (*birth*)
3. nombre de frères et de sœurs
4. heure du premier (*first*) cours
5. nombre de cours ce semestre

 **Vocabulaire supplémentaire**

à trois heures	*at 3'clock*
pour une demi-heure (trente minutes)	*for a half hour*
de mauvaises notes	*bad grades*

Travail d'ensemble

04-17

 4-17 Faire connaissance. Find someone you don't know in the room, and get acquainted by asking each other the following questions and comparing your responses.

1. A quelle heure est-ce que tu te lèves en semaine?
2. Qu'est-ce que tu manges au petit-déjeuner?
3. Quand est-ce que tu vas à l'université?
4. Avec qui tu étudies généralement?
5. Qu'est-ce que tu fais le week-end?

4-18 Présenter votre camarade. Organize the information you gathered so you can introduce your partner to the class. Practice your introduction ahead of time.

Modèle: *Mon (ma) partenaire... Il (Elle)... mais moi...*

Pour aller plus loin

Contextes In this section you learn about work routines and vacation time.

Travail et vie privée

In the reading passage that follows, an engineer talks about his schedule and how he can do his job effectively and enjoy a fulfilling personal life.

[handwritten note in margin: only use moins w/ 5 min increments e.g. deux heures quarante-deux = 2:42]

Pour bien communiquer	Dire l'heure

Minutes before the hour

2h55	trois heures moins cinq
2h50	trois heures moins dix
2h45	trois heures moins le quart
2h40	trois heures moins vingt
2h35	trois heures moins vingt-cinq

[handwritten: deux heures trente-cinq also fine.]

Minutes after the hour

3h05	trois heures cinq
3h10	trois heures dix
3h15	trois heures et quart
3h20	trois heures vingt
3h25	trois heures vingt-cinq

[handwritten: or trois heures quinze]

- à trois heures = at three o'clock
- Il est trois heures. = It's three o'clock.
- Il est midi (minuit). = It's noon (midnight).
- de neuf heures à onze heures = from 9 to 11 o'clock

Conversational time, based on a 12-hour clock, is used most commonly when making informal appointments and describing daily events. Official time, based on a 24-hour clock, is commonly used for transportation schedules, store hours, and other written information.

Heure conversationnelle

J'ai un rendez-vous **à huit heures du matin** avec un client.
Je fais du yoga **à huit heures du soir.**
Allons au cinéma **à sept heures et quart,** d'accord ?
Nous avons une réunion (*meeting*) **à trois heures de l'après-midi.**
Mon cours est **à 10 heures et demie du soir.**

Heure officielle

Départ TGV - Bruxelles: **08h02** (huit heures deux)
Pièce de théâtre aux Capucins: **20h** (vingt heures)
Prochaine séance: **19h15** (dix-neuf heures quinze)
Réunion: **15h00** (quinze heures)
Cours d'art: **22h30** (vingt-deux heures trente)

 4-19 Quelle heure est-il? With your partner, take turns asking and answering questions about the times included the table. First, ask a friend (using conversational time); then call the train station to inquire about train departures (using official time.)

Modèle: 10:15 p.m.

> **E1:** *Quelle heure est-il?*
> **E2:** *Il est dix heures et quart.*
> **E1:** *A quelle heure est-ce que le TGV part pour Paris?*
> **E3:** *Il part à vingt-deux heures quinze.*

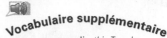
Pour bien lire — Scanning for the main ideas

Stopping to look up words slows down your reading. Instead, scan a reading to discover the main ideas and guess meaning from context.

Step 1: Look over the text. What is the writer trying to do? (Tell a story Describe a product State an opinion? etc.).

Step 2: Skim the passage. What are the main ideas? (Ask who, what, where, when, how, and why.)

4-20 Avant de lire. What do you do usually, often, or rarely? Do you do different things on different days? How do you spend your time off?

Modèle: *Le lundi, j'ai un cours de maths à dix heures et je fais du yoga de trois heures à quatre heures…*

Jean-Charles Baldini, Ingénieur

04-20 to
04-21

Jean-Charles Baldini is interviewed by a coworker about his work and daily routine.

De quoi es-tu le plus fier° dans ton travail, et dans ta vie privée?

Je suis heureux de concilier ma vie professionnelle avec ma vie de famille, qui est très importante pour mon équilibre. J'investis beaucoup d'énergie dans ma vie de famille pour élever nos trois enfants. Ce n'est pas facile, mais c'est important.

Quel est l'emploi du temps° d'une de tes journées typiques?

Je me lève à 6h00 et je prépare le petit déjeuner pour la famille. Ensuite je fais un peu de sport. Je quitte la maison vers 7h30. Après une demi-heure en voiture, j'arrive au chantier°. Je prends° 30 minutes pour le déjeuner. Je travaille sur les projets de construction en cours° ou sur la formalisation° de nouveaux projets. Je quitte le travail vers 18h00, 18h30 maximum, pour dîner avec ma famille et baigner les enfants, qui se couchent vers 20h00. Et puis c'est la soirée de détente°: je lis ou bien je regarde un peu de télé. Je me couche vers 23h30. Voilà, c'est ça ma journée typique.

---

fier *proud;* l'emploi du temps *schedule;* chantier *work site;* prends *take;* en cours *in process;* formalisation *development;* détente *relaxation*

4-21 Questions et réponses. Answer the following questions about Jean-Charles.

1. Jean-Charles Baldini a combien d'enfants?
2. Il prend (*takes*) en combien de temps est-ce qu'il arrive au travail?
3. Combien de temps est-ce qu'il prend pour le déjeuner?
4. Qu'est-ce qu'il fait pour se détendre?

4-22 L'horaire de l'interviewé. Working with a partner, tell what Jean-Charles does at the times provided.

Modèle: 7h30
    E1: *Que fait–il à 7h30?*
    E2: *Jean-Charles Baldini quitte la maison.*

1. 6h00
2. 18h00
3. 18h ou 18h30
4. 23h30

Les Climats en France

📖 04-22

Où vont les Français en vacances?

In summer, French people prefer to vacation at the beach, especially the Atlantic and Mediterranean coasts. In winter, ski resorts in the Alps, the Pyrenees, and the Savoy region are popular destinations. This illustration shows the results of a a recent poll on how the French spend their vacation.

Quelle forme de séjour avez-vous choisi?

- 19%
- 38%
- 18%
- 4%
- 6%
- 7%
- 8%

Legend:
- ☐ Dans la famille ou chez des amis
- ■ En camping
- ☐ En location°, hors° club de vacances
- ■ En résidence secondaire
- ■ A l'hôtel
- ☐ Autre
- ■ En club de vacances

www.surveystore.info © Soft Concept–France

en location at a rental; hors other than

[handwritten: le temps est the weather is / Il pleut la pluie pleuvieux / moche : gross, awful (weather) / frais : between cold + hot / Pluvieux : rainy]

4-23 Les Français en vacances. Are the following statements true or false, according to the reading passage? Correct any incorrect sentences.

1. Les Français préfèrent les vacances en famille ou chez des amis.
2. La majorité des Français passent leurs vacances en club de vacances.
3. Beaucoup de Français font du camping.
4. La majorité des Français ne vont pas à l'hôtel quand ils vont en vacances.

4-24 Comparaisons. Based on what you know about American vacations and what you learned about French vacations, compare American and French travel preferences. Consider popular destinations, visits with family or friends, and camping.

04-23 to 04-25

Pour bien communiquer	Le temps qu'il fait

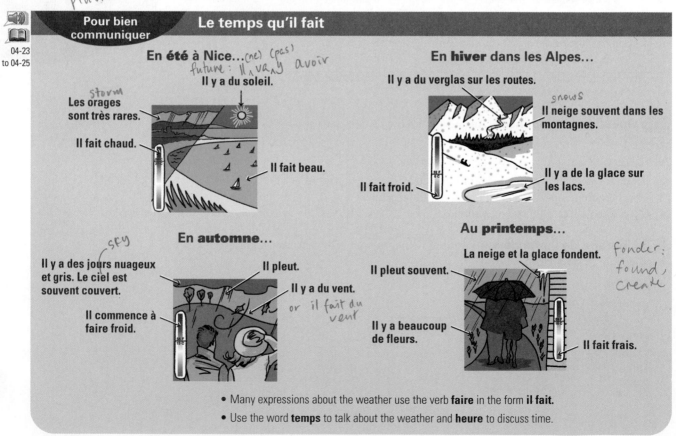

En été à Nice... *[handwritten: (ne) (pas) future : Il, va, y avoir]*

Il y a du soleil.

Les orages sont très rares. *[handwritten: storm]*

Il fait chaud.

Il fait beau.

En hiver dans les Alpes...

Il y a du verglas sur les routes.

Il neige souvent dans les montagnes. *[handwritten: snows]*

Il fait froid.

Il y a de la glace sur les lacs.

En automne...

Il y a des jours nuageux et gris. Le ciel est souvent couvert. *[handwritten: sky]*

Il commence à faire froid.

Il pleut.

Il y a du vent. *[handwritten: or il fait du vent]*

Au printemps...

La neige et la glace fondent. *[handwritten: fonder: found, create]*

Il pleut souvent.

Il y a beaucoup de fleurs.

Il fait frais.

- Many expressions about the weather use the verb **faire** in the form **il fait.**
- Use the word **temps** to talk about the weather and **heure** to discuss time.

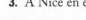

4-25 **Quel temps fait-il?** Complete the sentences about weather conditions.

1. Dans les Alpes en hiver…
2. En automne…
3. A Nice en été…

4. Au printemps…
5. Souvent quand il neige…

Vocabulaire supplémentaire

il fait humide	*humid*
il fait plus (moins) chaud (froid) qu'en (+ pays)	*it's hotter/colder (less hot/cold) than in (country)*
il fait plus (moins) chaud (froid) qu'à (+ ville)	*it's hotter/colder (less hot/cold) than in (city)*
il y a un blizzard	*blizzard* snow storm
il y a une canicule	*heat wave*
il y a de la grêle	*hail*
il y a la mousson	*monsoon rain*
il y a un ouragan	*hurricane*
il y a une tornade	*tornado*

4-26 **Le climat dans le monde.** Your partner considers him or herself knowledgeable about geography. How much can you add to what he or she says about the weather in the following cities?

Modèle: à Miami, en été

> **E1:** *A Miami, en été, il fait chaud.*
> **E2:** *Oui, mais il pleut aussi.*
> **E1:** *C'est vrai, et il fait aussi très humide.*

1. à Port-au-Prince, à Haïti, en hiver
2. à Lausanne, en Suisse, au printemps
3. à Madrid, en Espagne en été
4. à Alger, en Algérie, en été

5. à Papeete, à Tahiti, en hiver
6. à Québec, en hiver
7. à Paris, au printemps
8. à Montréal, en automne

4-27 **Recherche en ligne.** Use the information provided on the *Français-Monde* site in order to locate a weather map for France and Paris. Interpret the symbols and write a short weather forecast (with temperatures in Celsius).

http://www.pearsonhighered.com/francais-monde

Le Climat en France

France generally has mild seasons. The map below presents the country's subclimates.

Climat océanique Hivers assez doux et des étés relativement frais°. Pluies fréquentes toute l'année. Vers le sud°, le climat océanique devient plus agréable, près des Pyrénées il ressemble au climat d'abri.

Climat océanique dégradé Climat du centre. Influence océanique perceptible. Pluies plus faibles°.

Climat d'abri° Climat avec une légère influence océanique. Hivers plus rudes et étés chauds.

Climat méditerranéen Pluies irrégulières et peu nombreuses. Sécheresse° en été. La végétation a un aspect aride.

Climat de montagne Pluies plus nombreuses. Températures variables en fonction de l'altitude.

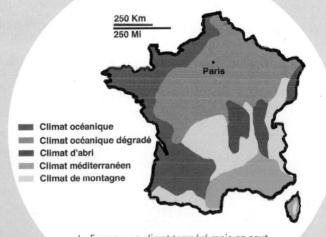

250 Km
250 Mi

Paris

▪ Climat océanique
▪ Climat océanique dégradé
▪ Climat d'abri
▪ Climat méditerranéen
▪ Climat de montagne

La France a un climat tempéré mais on peut distinguer différents types de climats.

---

frais *cool;* le sud *south;* plus faibles *lighter;* d'abri *sheltered;* sécheresse *drought*

4-28 **Quel climat?** Name the climate according to the description.

Modèle: C'est le climat du centre.
> *C'est le climat océanique dégradé.*

1. Il n'y a pas beaucoup de pluie et il fait sec en été.
2. Il y a des hivers doux et des pluies toute l'année.
3. Les températures varient selon l'altitude.
4. Les hivers sont rudes et les étés chauds.

Comment dire?

The verb **faire**

04-26 to 04-28

De plus près   **Nos vacances**

Chloë and Noah are discussing vacation plans.

CHLOË: Noah, qu'est-ce que tu **fais?**

NOAH: Je **fais** des plans pour nos vacances. Je vais à Biarritz avec ma copine Jocelyne.

CHLOË: Quoi? Tu ne veux plus **faire** de promenades en Provence?

NOAH: Non, on **fait** des réparations à notre hôtel. Je vais **faire** une autre réservation.

CHLOË: Ah, bon! Moi, je vais à Porto Vecchio avec des copains de la fac. On va **faire** des promenades en bateau.

A vous de décider

1. What are Chloë and Noah discussing?

2. What made Noah change his vacation plans?

3. What are the different meanings of **faire** in their discussion?

---

1. **The forms of faire**

   • The verb **faire** is a common verb and is irregular. Note the following forms.

Je **fais** des promenades en Provence.	Nous **faisons** un voyage en France.
Tu **fais** des études en maths?	Vous **faites** des économies *(save money)?*
Il/Elle/On **fait** du sport le mercredi.	Ils/Elles **font** un voyage en Belgique.

   • Note the four different spoken forms for this verb. Only the forms for **je, tu,** and **il (elle, on)** are pronounced the same. The letters **ai** of the form **faisons** are pronounced like the vowel in the word **le.**

2. **Expressions with faire**

   The verb **faire** is used in several different contexts, including:

   • **The weather**

Il fait beau.	*The weather is nice.*
Il fait froid.	*It's cold.*

   When used to describe the weather, only the form **il fait** is used.

   • **Sports**

faire un match de…	*to play a . . . match*
faire de la natation	*to swim*
faire du sport	*to play sports*
faire du tennis	*to play tennis*

   • **Studies, business, and careers**

faire des affaires	*to do business*
faire des devoirs	*to do homework*
faire des études (en)…	*to study . . .*
faire des fautes	*to make errors*

   • **Everyday life**

faire des corvées	*to do chores*
faire des économies	*to save money*
faire le ménage	*to do housework*
faire une promenade	*to take a walk, to take a ride*

4-29 Le sens de la phrase. Quiz your partner about what the **Voix franco-phones au présent** characters are doing. Ask the questions out of order to see how quickly he or she can make connections. Each answer should contain an expression with **faire.**

Modèle: Chloë et Noah jouent au tennis le mercredi.
> **E1:** *Est-ce que Chloë et Noah jouent au tennis le mercredi?*
> **E2:** *Oui, ils font du tennis le mercredi.*

1. Chloë étudie les relations internationales.
2. Tiana travaille dans son cahier d'exercices.
3. Sébastien joue au squash avec Aminata.
4. Noah nage à la piscine du Sporting Club.
5. Amy Guidry nettoie (*is cleaning*) son appartement cet après-midi.

 4-30 Mes suggestions. Work with a partner to plan a vacation together. Use the illustrations to make suggestions. Your partner will explain why he or she doesn't like your suggestion, but you should counter with positive aspects of the destination.

Modèle: **E1:** *Je suggère des vacances à Nice.*
> *Il fait beau à Nice.*
>
> **E2:** *Mais non! Il fait trop chaud à Nice.*
> *Et il y a beaucoup de monde. Moi, je*
> *préfère les vacances tranquilles.*
> *J'aime…*
>
> **E1:** *Mais tu aimes…, n'est-ce pas?*
> *Moi, j'adore… et à Nice on peut…*

1.

2.

3.

4.

 **Vocabulaire supplémentaire**

Il fait trop…	*It's too . . .*
Il ne fait pas assez…	*It's not . . . enough*
les randonnées (f.)	*hikes*
le repos	*rest*
les sports de mer	*water sports*
les sports d'hiver	*winter sports*
les vacances actives (f.)	*active vacations*
les vacances tranquilles (f.)	*quiet vacations*

Prepositions with geographical nouns

04-29

When you discuss where you come from, you undoubtedly use names of places. Notice the prepositions used before names of cities and countries in the dialogue. Then answer the questions that follow.

De plus près **Angers et Alger**

Chloë meets Nadia for the first time.

CHLOË: Tu es **d'**où?

NADIA: Je suis **d'**Alger.

CHLOË: Ah! C'est beau la Loire° La verdure°, les fleurs!

NADIA: La Loire? Je suis **d'**Alger. Il n'y a pas de rivière qui s'appelle la Loire!

CHLOË: Ah! Alger, pas Angers, **en** France!

NADIA: Mais non! Alger, **en** Algérie.

la Loire *a French river;* la verdure *greenery*

A vous de décider

1. What is the nature of the misunderstanding?

2. What preposition is used before names of cities?

3. What preposition is used before the countries that the characters are discussing?

1. Naming a country or a continent

Like all French nouns, country and continent names are either masculine or feminine. Countries ending with a silent **e** are feminine (except **le Mexique** and **le Cambodge**). You should associate the names of the countries with definite articles, masculine (**le** or **l'**), feminine (**la** or **l'**), or plural (**les**).

Some continents and countries:

l'Afrique (f.): l'Algérie (f.), le Cameroun, la Côte-d'Ivoire, le Maroc, le Niger, le Sénégal, la Tunisie

l'Amérique (f.) **du Nord:** le Canada, les Etats-Unis (m. pl.), le Mexique

l'Amérique (f.) **du Sud:** le Brésil, la Colombie, l'Argentine (f.)

l'Asie (f.): la Chine, l'Inde (f.), le Japon, le Viêt-Nam

l'Europe (f.): l'Allemagne (f.), la Belgique, le Danemark, l'Espagne (f.), la France, la Grande-Bretagne, la Grèce, l'Irlande (f.), l'Italie (f.), les Pays-Bas (m. pl.), le Portugal, la Russie, la Suède, la Suisse

2. Describing one's itinerary

à + le → au	Elle voyage **au** Sénégal.
à + la → à la	Nous allons **à la** plage.
à + l' → à l'	Tu vas **à l'** université?
à + les → aux	Il va souvent **aux** Etats-Unis.

- Traveling to or in a country or continent*

en + *feminine name*	Je voyage **en France, en Grande-Bretagne** et **en Asie.**
au + *masculine name*	Ils voyagent **au Portugal.**
aux + *plural name*	Nous allons **aux Etats-Unis.**

- Returning from a country or continent, or telling what city you are from

de + le → du	Il vient **du** Maroc.
de + la → de la	Nous rentrons **de la** plage.
de + l' → de l'	On rentre **de l'** université.
de + les → des	Je viens **des** Etats-Unis.

de (d') + *feminine name*	Je rentre **de Belgique.**	*I am returning from Belgium.*
	Je rentre **d'Afrique.**	*I am returning from Africa.*
du + *masculine name*	Il vient **du Portugal.**	*He comes from Portugal.*
des + *plural name*	Ils reviennent **des Pays-Bas.**	*They are coming back from the Netherlands.*

*Some islands are treated differently. You will learn about prepositions with other geographical locations in Chapter 8.

- Traveling to a city

à + *name of city or town*   Je vais d'abord **à Paris** et ensuite **à Montréal**.

- Returning from a city or telling what city you are from

de (d') + *name of city*   Je rentre **de Paris** dans deux semaines.
or town   Je suis **de Nice**.

3. The pronoun y

You can avoid repetition by replacing a prepositional phrase that begins with **à, en,** or **chez** with the pronoun **y**. Notice that **y** is placed before the conjugated verb.

Je vais à Paris.	J'**y** vais.	*I am going there.*
Nous allons aux Etats-Unis.	Nous **y** allons.	*We are going there.*

4-31 **Pays d'origine et destinations.** Where are the **Voix francophones au present** characters from? Where are they likely to visit? Do you and your partner agree?

Modèle: Sébastien Proulx: le Canada, Montréal
    E1: *Sébastien est originaire du Canada.*
    E2: *Est-ce qu'il voyage souvent au Canada?*
    E1: *Oui, il va souvent à Montréal pour passer ses vacances*
        chez ses parents.

1. Didier Neyraud: la Suisse, Genève
2. Dahlila Taieb: le Maroc, Fès
3. Aminata Dembelé: le Sénégal, Dakar
4. Françoise Acker: la France, Nancy
5. Tinh Nguyen: le Viêt-Nam, Hanoï

Vocabulaire supplémentaire

... est (originaire) de	*is from*
... rentre de	*is returning from*
... vient de	*comes from*
... fait (veut faire) un voyage à	*is traveling (wants to travel) to*
... va (aller) à	*is going to (go to)*
... habite à (+ ville)	*lives in*
... habite en/au/aux (+ pays)	*lives in*

4-32 **Recommandations.** It's a busy day for travel arrangements at the agency in Paris where you are interning this semester. You speak to a lot of challenging clients. Recommend a destination (a country) that matches the interests of your client (your partner).

Modèle: **E1:** *J'aime les climats froids.*
    E2: *Je vous recommande des vacances en Russie.*
    E1: *Je ne veux pas aller en Asie. Je préfère les vacances...*

1. J'aime le ski.
2. J'aime l'océan et les sports nautiques.
3. J'aime les villes anciennes et l'histoire.
4. J'aime beaucoup les civilisations asiatiques.
5. Je voudrais parler français dans un pays francophone africain.
6. J'étudie l'arabe et je voudrais parler l'arabe pendant les vacances.
7. Je suis fasciné(e) par les pays tropicaux.
8. J'aimerais visiter un pays hispanophone.

Vocabulaire supplémentaire

C'est trop cher.	*It's too expensive.*
C'est trop loin.	*It's too far.*
moins cher (chère)	*less expensive*
plus loin	*farther*
plus près	*closer*

📖 Comparisons

04-30 to 04-31

It is important to be able to compare destinations, climates, and jobs in order to engage in authentic conversations. Read the dialogue, paying particular attention to the words in bold. Then answer the questions.

De plus près **Deux disquaires**

Noah and Sébastien are discussing their impressions of two CD salespeople at Fnac°.

NOAH: J'aime bien Patrick, le disquaire° à la Fnac. Il sait beaucoup de choses, il est **plus** patient avec les clients, mais bon, il n'est pas **aussi** au courant° **que** Jamel.

SÉBASTIEN: Je suis d'accord, Patrick sait beaucoup de choses et il a aussi **plus** d'intuition **que** Jamel.

NOAH: Ouais°, tu as peut-être raison, mais Jamel...

SÉBASTIEN: Ouais, ouais, je sais, Jamel est **plus** au courant **que** Patrick, c'est un fait. Il connaît les tendances récentes, mais il est aussi **moins** âgé **que** Patrick et il a des goûts différents. Patrick a une connaissance **plus** sérieuse de la musique et il a le sens des différentes périodes et genres. Il ne faut pas mélanger° les choses!

A vous de décider

1. What is the basis of comparison between Patrick and Jamel?
2. How do the speakers make comparisons?
3. What key words often appear in their comparisons?

la Fnac *a French book store chain;* disquaire *CD salesperson;* au courant *knowledgeable;* ouais *informal* oui; il ne faut pas mélanger *you shouldn't mix up*

1. The comparison of adjectives

adj agrees with subj / *disjunctive pron. after que*

- Comparisons of adjectives follows the pattern below. The comparison includes **plus... que** (*more . . . than*), **aussi... que** (*as . . . as*),or **moins... que** (*less . . . than*). The adjective agrees in number (singular or plural) and gender (masculine or feminine) with the first object of comparison (the preceding noun).

plus + adjectif + **que (qu')**	Ce climat est **plus froid que** l'autre.
aussi + adjectif + **que (qu')**	Sébastien est **aussi observateur que** Noah.
moins + adjectif + **que (qu')**	Ce CD est **moins cher que** les autres.

- The comparative forms of **bon(ne)(s)** and **mauvais(e)(s)** are irregular.

plus + bon = meilleur (e)(s)	Notre climat est **meilleur que** le climat de Montréal.
plus + mauvais = pire (s)	Ma patronne est **pire que** la patronne de Sébastien.

2. The comparison of adverbs

- Adverbs often describe how an action is done. There is never agreement between an adverb and the word it modifies.

or just moins que = less than *from meilleur →*

plus + adverbe + **que (qu')**	Elle termine **plus rapidement que** moi.
aussi + adverbe + **que (qu')**	Chloë travaille **aussi sérieusement que** sa collègue.
moins + adverbe + **que (qu')**	Ici il pleut **moins souvent qu'**en Bretagne.
mieux + adverbe + **que (qu')**	Patrick travaille **mieux que** l'autre disquaire.
pire (*worse*) **que (qu')**	Je parle français **pire qu'**Amy.

3. The comparison of nouns

- Comparisons of nouns can include **plus de... que** (*more . . . than*), **autant de... que** (*as . . . as*), or **moins de... que** (*fewer . . . than*).

no need for le, la, les

plus de (d') + nom + **que (qu')**	Tu as **plus de sœurs que** Chantal.
autant de (d') + nom + **que (qu')**	Jamel gagne **autant d'argent que** son collègue.
moins de (d') + nom + **que (qu')**	Moi, j'ai **moins de temps que** mon mari!

120 *cent-vingt* Chapitre 4 • Aujourd'hui bureau, demain rando

4-33 Comparaisons de postes. How many correct comparisons can you formulate for each pair?

Modèle: Patrick est patient avec les clients et il a plus d'intuition. Jamel est au courant des tendances récentes. [plus... moins...]

Patrick est plus patient avec les clients que Jamel.
Jamel est plus au courant des tendances récentes.
Jamel a moins d'intuition que Jamel.

1. Le jeune disquaire demande 20 euros par heure. Le vieux disquaire demande 18 euros par heure. [plus..., moins...]
2. Jean-Charles Baldini a quatre rendez-vous avec des clients et il va rentrer chez lui à 5 heures du soir. Son collègue Henri Lacroix a trois rendez-vous et il va rentrer chez lui à 6 heures du soir. [plus de..., plus...]
3. Tinh Nguyen travaille 9 heures par jour au supermarché asiatique. Dans sa concession Audi, Didier Neyraud travaille 9 heures par jour. [autant...]
4. Amy Guidry va en Louisiane cet été. Il y a beaucoup de soleil et pas de pluie à Baton Rouge. Sébastien va au Canada. Il y a des nuages et de la pluie à Montréal. [plus... moins...]

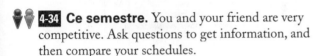

4-34 Ce semestre. You and your friend are very competitive. Ask questions to get information, and then compare your schedules.

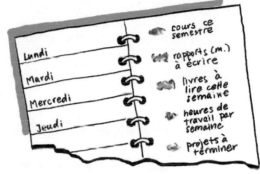

Modèle: cours ce semestre
E1: *J'ai trois cours ce semestre, et toi, combien de cours est-ce que tu as?*
E2: *Moi, j'ai quatre cours.*
E1: *J'ai moins de cours que toi.*
E2: *Et moi, j'ai plus de cours que toi.*

Travail d'ensemble
04-32

> **Pour bien écrire** | **Organizing the main ideas**
>
> After brainstorming a list of ideas on a writing topic, you need to decide which ideas are important, which ones are secondary, and which ones are not relevant. Then you can create a new list of main ideas, starting with the most significant one and followed by the others, in descending order of importance.

4-35 Ma routine. Set up your calendar for this week and next. List every activity with date and time (daily routines, special events, and places to go).

4-36 Ma routine par écrit. You are writing to a friend about your new routine at the university. Tell him or her about what you do during the week. First, organize the calendar items as very important, important, or something you might put off. Then write 1–2 sentences to describe your most significant tasks for these two weeks (to finish a project, to attend classes, to prepare for a test, recital, or game. . .). Be sure to describe the other things in your schedule. Finally, ask your partner for feedback, then revise and turn in your completed assignment.

A la découverte

📖 Petit tour d'horizon

04-33 to 04-36

Les 35 heures: Qu'en disent les Français?

In June 1998, France's Aubry Law initiated the move from a 40-hour to a 35-hour workweek, a change that became mandatory in January 2000 for all private companies with more than 20 employees. How do French workers assess the initiative a decade later?

Les Français et les 35 heures. Ifop pour *Le Figaro Magazine* – le 19 mai 2008, © Ifop

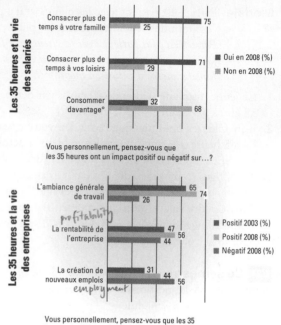

Les 35 heures et la vie des salariés

Consacrer plus de temps à votre famille — 75 / 25
Consacrer plus de temps à vos loisirs — 71 / 29
Consommer davantage° — 32 / 68

■ Oui en 2008 (%)
■ Non en 2008 (%)

Vous personnellement, pensez-vous que les 35 heures ont un impact positif ou négatif sur…?

Les 35 heures et la vie des entreprises

L'ambiance générale de travail — 65 / 74 / 26
La rentabilité de l'entreprise — 47 / 56 / 44
La création de nouveaux emplois — 31 / 44 / 56

■ Positif 2003 (%)
■ Positif 2008 (%)
■ Négatif 2008 (%)

Vous personnellement, pensez-vous que les 35 heures vous permettent de…?

---

consacrer *devote;* consommer davantage *spend more;* entreprise *company;* rentabilité *profitability*

4-37 **Bilan des 35 heures.** Complete the sentences with the appropriate word: **loisirs; création d'emplois; 50%; négatif; majorité; meilleure; famille; rentabilité**

1. Soixante-quinze pourcent des répondants pensent que leur vie familiale est _____ après le passage aux 35h.
2. En général, les sondés indiquent que le passage aux 35h leur donne plus de temps pour leur _____ et leurs _____.
3. Une _____ des sondés indiquent que le passage aux 35h a eu un impact _____ sur la _____.
4. Plus de _____ des sondés indiquent qu'une des conséquences positives du passage aux 35 heures est une plus grande _____ des compagnies.

4-38 **A leur avis.** Workers in France reacted to the 35-hour workweek. Match the opinions at left to the positive outcomes at right. An outcome may be used more than once.

___ 1. "Je m'occupe plus de ma famille."
___ 2. "J'offre un meilleur service aux clients."
___ 3. "J'ai plus de temps pour pratiquer mes loisirs."
___ 4. "Les relations au travail sont meilleures."
___ 5. "J'ai pu (*I was able*) trouver un emploi rapidement."

a. Plus de temps pour soi (*oneself*)
b. Plus d'opportunité pour créer de nouveaux emplois
c. Plus d'attention personalisée pour la clientèle
d. Plus de contacts positifs entre patrons et employés

L'impact des 35 heures

Since this change in the French workweek, employees report having more choices in how they spend their free time. Here's what they choose to do.

© INSEE

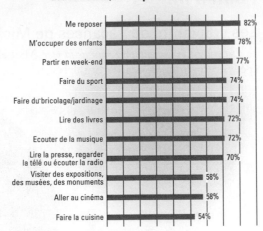

Les 35 heures, la vie quotidienne et les loisirs

Activité	%
Me reposer	82%
M'occuper des enfants	78%
Partir en week-end	77%
Faire du sport	74%
Faire du bricolage/jardinage	74%
Lire des livres	72%
Ecouter de la musique	72%
Lire la presse, regarder la télé ou écouter la radio	70%
Visiter des expositions, des musées, des monuments	58%
Aller au cinéma	58%
Faire la cuisine	54%

4-39 Avec plus de temps libre... Complete the sentence with one of the following choices: **autant de; la majorité des; plus de; moins de.**

1. _____ Français préfèrent aller au cinéma que de faire du sport.
2. _____ Français choisissent de lire des livres que d'écouter de la musique.
3. _____ Français préfèrent aller au musée que de cuisiner.
4. _____ Français préfèrent le repos.

4-40 Temps libre et activités. First, match each activity in Activity **4-38** with one of these categories: **loisirs intérieurs, loisirs extérieurs, travaux domestiques, relaxation.** Then, based on this information, decide which statement is more accurate.

> Plus de Français passent leur temps libre... —à l'intérieur qu'à l'extérieur
> à l'extérieur qu'à l'intérieur

4-41 Comparaisons. Compare the number of vacation days that individuals get in different countries. Explain the information with: **plus de jours de vacances que, moins de jours de vacances que,** or **autant de jours de vacances que.**

Modèle: *Les... ont plus / moins / autant de jours de vacances que les...*

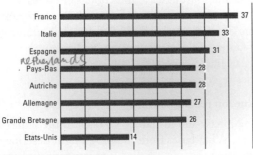

Nombre de jours de congés accordés en 2008

Pays	Jours
France	37
Italie	33
Espagne	31
Pays-Bas	28
Autriche	28
Allemagne	27
Grande Bretagne	26
Etats-Unis	14

© Expedia-Harris Interactive

1. Les Italiens / les Espagnols
2. Les Français / les Allemands
3. Les Autrichiens / les Hollandais
4. Les Allemands / les Britaniques
5. Les Américains / les Britaniques, les Espagnols et les Français

📖 Point d'intérêt

04-37 to 04-42

Les souvenirs de vacances de Michel Jonasz

In the song *Les vacances au bord de la mer*, Michel Jonasz recalls how his family spent every summer vacation at the beach.

> Read the lyrics of *Les vacances au bord de la mer*.
>
> **Suggestion:** Listen to the song or watch the music video.

http://www.pearsonhighered.com/francais-monde

Michel Jonasz, known as the king of swing, is a French composer, songwriter, singer, and actor. In his music, he mixes elements of soul, jazz, rhythm and blues, swing, and bossa nova. The song *Les vacances au bord de la mer* is from his second album, *Changez Tout*.

Go to the *Français-Monde* site and use the web links and/or the search criteria provided to locate the lyrics. Print the lyrics of *Les vacances au bord de la mer*.

Michel Jonasz en concert

4-42 Premier survol

- **Vacances en famille à la mer.** The Jonasz family loves vacationing at the beach in the summer. Scan the lyrics and make a list of favorite activities that Michel Jonasz and his family enjoy at the beach.

- **Plage et mer.** Scan the lyrics and underline the beach-related words and expressions that you recognize.

Les vacances au bord de la mer

4-43 Essentiel à saisir

- **Activités et achats en vacances.** Are the following statements true or false according to the reading passage? Correct any incorrect sentences.

1. Cette famille fréquente souvent les grands hôtels et les restaurants luxueux.
2. En vacances, les activités principales de cette famille consistent à regarder les bateaux, à prendre des bains de soleil et à manger de la crème glacée.
3. Cette famille ne fait jamais de petits voyages en bateau.
4. Cette famille a beaucoup d'argent.
5. Cette famille a des regrets.

- **L'année prochaine, on recommence.**

1. Every year Michel Jonasz and his family go back to the same place where they do the same things. What lyrics from the song might describe this idea?
2. Rewrite the lyrics using the immediate future, reporting what you know the family will do again next year.

Bons baisers de... (*Kisses from. . .*)

Noah and Chloë sent these postcards to friends while on vacation.

Vocabulaire supplémentaire

faire de la bronzette	to sunbathe
faire de la lecture	to read
faire de la natation	to swim
faire une fête entre copains	to have a party with friends
faire des sorties	to go out

4-44 Premier survol

- **La carte de Chloë.** Circle and label: place of vacation, travel companions, lodging, daily activities, activities for the next day.
- **La carte de Noah.** Circle the verbs that describe daily activities and tomorrow's activities. Which tense does he use for daily activities? And for tomorrow?

Salut Maïté,

Quelques lignes pour te dire que je passe de superbes vacances à Porto Vecchio avec des copains. Il fait un temps magnifique et la mer est vraiment chaude. On vit° en location sur un bateau, on nage, on alterne bronzette et plongée, et on mange des produits de la mer. Le soir on sort en boîte°, c'est sympa. Demain, nous allons faire une promenade en mer. Autant te dire° que je n'ai pas hâte de reprendre les cours à la fac! On va se faire une petite soirée avant la rentrée. Je t'appelle à mon retour.

Ciao,

Chloë

Maïté Desjardins

56, rue de Sèze

69006 Lyon

Plage Palombaggia - Porto Vecchio - Corse du Sud

Porto Vecchio

vit *live;* **sort en boîte** *go to nightclubs;* **autant te dire** *needless to say*

Salut Anne-Laure,

Je suis en vacances à Biarritz avec ma copine Jocelyne. On loue une maison au bord de la mer. Moi, je fais du surf bien sûr. Les vagues sont hautes et je suis au paradis. Jocelyne, elle, elle passe son temps à lézarder° sur une chaise longue. Le soir, nous faisons la fête, c'est sympa. Demain, on va faire des courses au marché, acheter des produits locaux et faire une bonne bouffe° avec des amis. Ecoute, si tu en as envie, viens nous rendre visite! On a de la place pour coucher.

Allez A+ et bisous,

Noah

Plage Miramar - Biarritz - Pyrénées Atlantiques

Anne-Laure Pacquet

42 rue de Strasbourg

44000 Nantes

Biarritz

lézarder *lounging;* **bouffe** *meal*

4-45 Essentiel à saisir

- **En vacances... pense bien à toi.** Who (Noah? Chloë? tous les deux? aucun [*neither*]?) writes the following in his/her postcard?

1. est en location: _____; 2. est en vacances avec des amis: _____;
3. invite à faire une visite: _____; 4. fait des randonnées dans la campagne: _____.

- **Loisirs.** Indicate in writing the activities preferred by these people using expressions with **faire.**

1. Noah   2. Jocelyne   3. Chloë et ses amis de la fac

Dis-moi qui tu es, et je te dis où tu pars en vacances

4-46 Profils vacanciers. Working people needing a break think about their next vacation. Read the profiles listed below. Then decide with a partner which vacation package option corresponds to whom.

On a la quarantaine°, 3 jeunes enfants, on recherche le plein air et le soleil, on a un budget limité (1200€) et on veut préparer ses repas°. Le tout confort n'est pas essentiel. Notre destination: la France. On part deux semaines...

Patrice et Sylvie Boiron

On a la vingtaine, un enfant de 2 ans, on aime le plein air, les randonnées°, les beaux paysages et les bons moments entre amis. On veut pouvoir préparer nos repas. Nous avons un budget moyen. Notre destination: la France. On part quatre semaines...

Medhi et Sophie Benguigui

J'ai la trentaine, pas d'enfant, j'aime le ski nautique, le fitness, la plage et le soleil, sortir et m'amuser. Je ne veux pas préparer mes repas. Je cherche le confort. J'ai un budget moyen. Ma destination: la France. Je pars deux semaines...

Marc Jolivet

On a la cinquantaine, on déteste la nature et le silence, on aime découvrir des mondes nouveaux, visiter des monuments et des musées et aller au concert. On apprécie le grand confort, la gastronomie et les bons vins. On a un budget flexible. Notre destination: l'étranger°. On part une semaine tous les deux...

Chantal Letourneau et Sylvain Grandjean

---

la quarantaine *forty years old;* repas *meals;* les randonnés *hikes;* l'étranger *abroad*

Profil 1: Luxe, volupté et culture: _____

Vous avez un budget sans limite, et vous recherchez un environnement exceptionnel: une grande chambre avec terrasse, jacuzzi et salle de gym sur place... Après une longue journée de visites culturelles, vous allez au spa de l'hôtel, puis vous dînez dans des restaurants classés.

Profil 2: Tout terrain et actif: _____

Hyper dynamique, vous aimez être actif pendant les vacances. Vous ne dépensez pas de l'argent pour ne rien faire! Sur place, vous n'arrêtez pas: visites, promenades pittoresques, rencontres.

Profil 3: Mer, soleil et fun: _____

Vous aimez: mer + soleil. Vous recherchez le confort dans un coin de paradis. Ce que vous aimez: lézarder (*lounging*) sur une chaise longue en sirotant (*sipping*) un cocktail, faire du ski nautique ou du tennis. Le soir, sortir en club avec des amis est un must.

http://www.pearsonhighered.com/francais-monde

4-47 Le voyage choisi. Go to the *Français-Monde* site and use the web links and/or the search criteria provided to locate French travel agencies. Locate a vacation package that corresponds to each of the people/couples above. Print the package you select for each person or couple, and be prepared to explain your choices.

Modèle: *Patrice et Sylvie Boiron vont à... parce que pendant les vacances ils recherchent... Ils aiment séjourner (stay) en... et ils ont un...*

📖 Travail d'ensemble

04-43

🍦🍦 **4-48 Et vous?** If you had the time and money, which of the packages you printed would you choose, and why? Complete the following paragraph and compare your response with your partner's.

> **Modèle:** *Je vais pour... semaines en... au... en... parce que pendant les vacances je recherche... et j'aime... je préfère séjourner en... et j'ai un budget...*

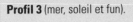

What is your partner's profile?
Profil 1 (luxe, volupté et culture),
Profil 2 (tout terrain et actif), or
Profil 3 (mer, soleil et fun).

How will high fuel prices, concern about environmental impact, and unemployment affect how, when, and where people in France and across the world choose to vacation in the future, if at all?

🍦🍦 **4-49 Faire le bilan.** Thinking about all the data presented in **Pour commencer, Pour aller plus loin,** and **À la découverte,** work with a partner to synthesize what you have learned about work and vacation time in France in the table below.

Les jours fériés en France	
L'opinion de la semaine de 35 heures	
Nombre de jours de vacances par an	

Les Français en vacances:
     Destinations préférées
     Logement préféré
     Activités préférées	

Using the information you reported in the table, write a summary (of 5 to 10 sentences) about the French workweek, and where and how the French spend their free time.

A votre tour

Exposition

Every year the vacation and tourism industry polls people on their favorite vacation destinations and their preferred vacation activities in order to come up with the most attractive packages. A lot is known about the tastes of people between 25 and 65, but not so much about people between 18 and 25. What do young Americans look for in a vacation? You want to find out and with that in mind, you decide to poll your peers. Using the data collected, you will create a France vacation package that would appeal to them. To help you complete this task, you will work through a series of activities in your textbook and student activity manual that include. . .

- examining a sample survey related to the topic of vacation
- selecting questions to create a survey
- collecting and summarizing data to create an appropriate package

📖 Zoom sur...

04-44 to 04-47

Les jeunes Français et les vacances

4-50 **Un sondage.** A recent poll by UNAT (Union Nationale des Associations de Tourisme et de Plein Air) surveyed French people between the ages of 18 and 25 about their vacation preferences. Match each question below with one of the following options and also choose the answer that works for you.

_____ 1. Vos vacances sont l'occasion de (*an opportunity to*)...?

_____ 2. Les vacances d'été que vous préférez, durent...?

_____ 3. En vacances, vous préférez séjourner...?

_____ 4. Pour vos vacances, vous partez...?

_____ 5. Pour partir en vacances, votre mode de transport préféré est...?

a. en maison de location ou secondaire / à l'hôtel / en auberge de jeunesse

b. la voiture / le train / l'avion;

c. une semaine / deux semaines / un mois

d. en France / à l'étranger

e. découvrir (*discover*) des choses nouvelles / faire du sport / vous reposer

4-51 **Que disent les jeunes Français?** How do you think French young people would answer the survey questions? Read the sentence aloud, indicating your best guess for that topic. Do you agree or disagree with your classamtes?

Modèle: *Plus de 25% des... ou Moins de 25% des...*

1. 25% des jeunes Français considèrent que les vacances sont l'occasion de pratiquer un sport. (+/−)
2. 20% des jeunes Français préfèrent les vacances d'été qui durent au moins deux semaines. (+/−)
3. 50% des jeunes Français préfèrent séjourner dans un hôtel pendant leurs vacances. (+/−)
4. 25% des jeunes Français passent les vacances d'été en France. (+/−)
5. 50% des jeunes Français partent en vacances d'été en train. (+/−)

Les vacances des jeunes Français

4-52 **Titres et contenu.** Under which of these titles are you likely to find the following content? a. Les vacances pour faire quoi?; b. La durée des séjours; c. Les destinations; d. Comment les jeunes voyagent-ils? Indicate the letter of the title here:

1. _____ en voiture; **2.** _____ la mer; **3.** _____ en résidence secondaire; **4.** _____ Europe; **5.** _____ 29 jours; **6.** _____ avec parents; **7.** _____ la pratique d'un sport

Les vacances des jeunes Français

Le type de séjour que vous choisissez pour vos vacances est motivé par...?

61%	le dépaysement, la découverte	27%	le désir de se cultiver
53%	le repos/farniente^o	24%	les prix attractifs
51%	la beauté exceptionnelle d'un site	21%	la réputation d'un site
49%	le fait de partir à plusieurs	15%	une motivation linguistique
45%	la pratique d'un sport	14%	les qualités matérielles
41%	la visite à famille ou amis	12%	autres
36%	le désir de rencontres	2%	un but religieux ou philosophique

Pour les vacances, vous partez...?

65%	en France
35%	à l'étranger

Pour les vacances d'été, votre destination en France ou à l'étranger est...?

46%	la mer	13%	la ville
16%	la campagne	10,5%	séjour itinérant
14,5%	la montagne		

Pendant les vacances d'été, vous préférez séjourner...?

25%	en résidence secondaire (parents/amis)	7%	autres
		6%	à l'hôtel
21,5%	en camping (tente, caravane)	3%	en village de vacances
20,5%	en résidence principale (parents/amis)	3%	en auberge de jeunesse
14%	en maison de location	2%	en centre de vacances

L'été, pour vous rendre à votre destination de vacances, vous...?

45,5	prenez la voiture	5%	prenez le bateau
20%	prenez le train	2%	faites du stop
19,5%	prenez l'avion	1,5%	prenez la moto
6%	prenez le car	0,5%	autre

Pour vos vacances d'été, vous partez...?

32%	groupe
29,5%	ami/conjoint (spouse)
25%	parents
13,5%	seul

© UNAT

---

farniente *idleness*

4-53 **En bref.** Based on the survey, complete the paragraph with the following words or expressions: **la voiture, la découverte, maison de location ou secondaire, le développement personnel, quatre semaines, la mer**

En vacances d'été, les jeunes Français recherchent avant tout **1.** _____. Ils voyagent pour **2.** _____ en moyenne et préfèrent généralement séjourner en **3.** _____. Ils prennent (*take*) **4.** _____ pour se rendre à leur destination de vacances. **5.** _____ est la destination préférée des jeunes Français.

📖 Intégration

Les vacances qu'on recherche

Imagine staying at Hôtel Sube in Saint-Tropez. What can you see and hear from the terrace? What would your vacation be like?

4-54 **Qu'est-ce que vous privilégiez en vacances?** Read the statements made by guests at the Hôtel Sube in Saint-Tropez and indicate what they value during their vacation:

_____ **1.** «Nous restons toujours à l'hôtel pour le confort.»

_____ **2.** «J'aime avoir une vue magnifique.»

_____ **3.** «Nous voulons manger dans de bons petits restaurants.»

_____ **4.** «Nous voulons faire des connaissances intéressantes.»

_____ **5.** «J'aime me reposer.»

_____ **6.** «J'aime passer du temps avec mes enfants.»

_____ **7.** «J'aime visiter des sites historiques.»

a. la famille/les amis
b. la détente (_relaxation_)
c. le mode d'hébergement
d. la culture
e. les rencontres
f. la gastronomie
g. le paysage

4-55 **Comment répondez-vous au sondage?** Take the survey on the previous page. How do your responses compare to those of young French people? List your first, second, and third choice for each question. Highlight the similarities and differences between you and French young people.

Sondage Jeunes et Vacances

 4-56 Préparer un sondage. What criteria do you consider when planning a vacation?

1. Using the UNAT survey as a model, work as a class to create a questionnaire (10 questions).
2. Your professor will pair you with another student to conduct your survey. Once you have gathered the data, the class reconvenes to tally numbers and calculate percentages.
3. The class discusses in French the similarities and differences between young French people and the young American people you surveyed.

 4-57 Séjour/circuit vacances pour jeunes. Using the vacation package descriptions you found in your Web research (Activity **4-47**) or those presented in the *Student Activities Manual* as models, you and two other classmates will come up with a vacation package in France that would be most appealing to the Americans polled by the class. Base your decisions on the survey about French preferences and the data the class collected. Jot down your preliminary notes in French for the following items

1. destination
2. situation géographique
3. hébergement
4. détails sur la visite
5. activités
6. prix de la visite/du voyage.

 4-58 Notre offre. Prepare to present the vacation package that your group has come up with.

Modèle: *Voici les statistiques:*

> *... % des sondés disent qu'ils aiment faire des activités.*
> *... % disent qu'ils préfèrent la mer et...*
> *Par conséquent nous proposons un séjour/circuit de... jours*
> *a/en/aux... pour des jeunes Américains.*
> *Les voyageurs sont logés...*
> *Le séjour/circuit coûte... dollars.*
> *Les activités suivantes sont proposées...*

Vocabulaire

Pour commencer

Describing daily routines

aller	to go
avoir sommeil	to be sleepy
se baigner	to take a bath
se brosser (les dents, les cheveux)	to brush one's (teeth, hair)
se coiffer	to do one's hair
se coucher	to go to bed
se dépêcher	to hurry up
d'habitude	usually
se doucher	to shower
s'étirer	to stretch
se frotter les yeux	to rub one's eyes
s'habiller	to get dressed
se laver (la figure, les mains)	to wash (face, hands)
se lever	to get up
se maquiller le matin	to put on makeup (in) the morning
se peigner	to comb one's hair
se préparer	to get ready
se raser	to shave
rentrer (de)	to come home (to return from)
se reposer	to rest
se réveiller	to wake up
toujours	always

Pronominal verbs

s'amuser	to have fun
s'appeler	to be named
s'arrêter	to stop
se débrouiller	to manage
se dépêcher	to hurry (up)
s'énerver	to get annoyed
s'entraîner	to train, to exercise
se fâcher	to become angry
s'habituer à	to become used to
s'impatienter	to be impatient
s'intéresser à	to be interested in
s'occuper de	to take care of

Asking questions

à quelle heure	at what time
combien de (d')	how much, how many
comment	how
où	where
pour (avec) qui	for (with) whom
pourquoi	why
quand	when
que (qu')	what
qui	who

Pour aller plus loin

Telling time

à... heures	at . . . o'clock
de... à... heures	from . . . to . . . o'clock
de l'après-midi	in the afternoon
du matin	in the morning
du soir	in the evening
et quart	quarter after
et demie	thirty (minutes)
il est... heure(s)	it is . . . o'clock
j'ai un rendez-vous	I have a date (a meeting)
midi	noon
minuit	midnight
moins	to (before the hour)
moins le quart	quarter to

Talking about the weather

Seasons

au printemps	*in the spring*
en automne	*in the fall*
en été	*in the summer*
en hiver	*in the winter*

Locations

le lac	*lake*
la montagne	*mountain*
la route	*road*

Weather phenomena

la glace	*ice*
la neige	*snow*
le nuage	*cloud*
l'orage (m.)	*storm*
la pluie	*rain*

Weather expressions

il commence à (+ l'infinitif)	*it's beginning to (+ infinitive)*
il fait beau	*it's nice out*
il fait chaud	*it's hot out*
il fait frais	*it's cool out*
il fait froid	*it's cold out*
il fait gris	*it's gray out*
il y a de la glace	*it's icy*
il y a des fleurs (f.)	*there are flowers*
il y a des jours gris	*there are gray days*
il y a des jours nuageux	*there are cloudy days*
il y a des nuages	*it is cloudy*
il y a du soleil	*it is sunny*
il y a du vent	*it is windy*
il y a du verglas	*there is black ice*
le ciel est couvert	*the sky is overcast*
il pleut	*it's raining*
il neige	*it's snowing*

Expressions with *faire*

Talking about sports

faire de la natation	*to swim*
faire du sport	*to play sports*
faire du tennis	*to play tennis*
faire un match de...	*to play a... match*

Talking about studies, business, and careers

faire des affaires	*to do business*
faire des devoirs	*to do homework*
faire des études en...	*to study...*
faire des fautes	*to make mistakes*

Expressions with *faire* (continued)

Talking about daily life

faire des corvées	*to do chores*
des économies	*to save money*
le ménage	*to do housework*
une promenade	*to take a walk, to take a ride*
un voyage	*to take a trip*

Talking about countries

l'Afrique (f.)	*Africa*
l'Algérie (f.)	*Algeria*
le Cameroun	*Cameroun*
la Côte d'Ivoire	*Ivory Coast*
le Maroc	*Morocco*
le Niger	*Niger*
le Sénégal	*Senegal*
la Tunisie	*Tunisia*
l'Amérique (f.) du Nord	*North America*
le Canada	*Canada*
les Etats-Unis (m.pl.)	*United States*
le Mexique	*Mexico*
l'Amérique (f.) du Sud	*South America*
le Brésil	*Brazil*
la Colombie	*Columbia*
l'Argentine (f.)	*Argentina*
l'Asie (f.)	*Asia*
la Chine	*China*
l'Inde (f.)	*India*
le Japon	*Japan*
le Viêt-Nam	*Vietnam*
l'Europe (f.)	*Europe*
l'Allemagne (f.)	*Germany*
la Belgique	*Belgium*
le Danemark	*Denmark*
l'Espagne (f.)	*Spain*
la France	*France*
la Grande-Bretagne	*Great Britain*
la Grèce	*Greece*
l'Irlande (f.)	*Ireland*
l'Italie (f.)	*Italy*
les Pays-Bas (m.pl.)	*Netherlands*
le Portugal	*Portugal*
la Russie	*Russia*
la Suède	*Sweden*
la Suisse	*Switzerland*

Making comparisons

See p. 120 for comparisons in context

Quelles études pour quelle formation professionnelle?

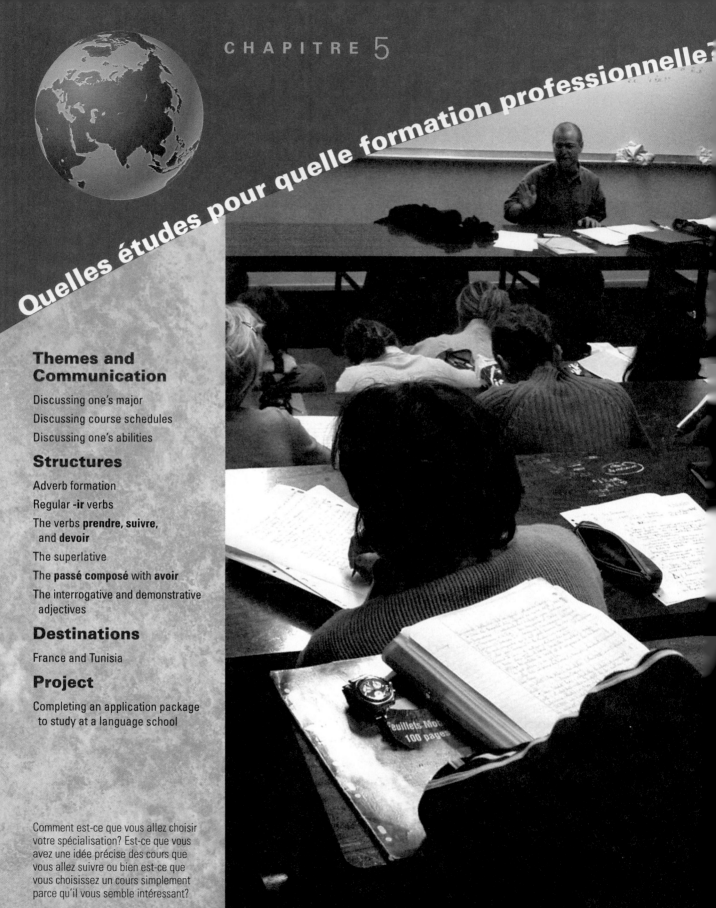

Themes and Communication

Discussing one's major
Discussing course schedules
Discussing one's abilities

Structures

Adverb formation

Regular **-ir** verbs

The verbs **prendre, suivre,** and **devoir**

The superlative

The **passé composé** with **avoir**

The interrogative and demonstrative adjectives

Destinations

France and Tunisia

Project

Completing an application package to study at a language school

Comment est-ce que vous allez choisir votre spécialisation? Est-ce que vous avez une idée précise des cours que vous allez suivre ou bien est-ce que vous choisissez un cours simplement parce qu'il vous semble intéressant?

Pour commencer

Contextes Dans cette section vous allez apprendre à parler de vos études et de vos projets de carrière.

Mes études et ma carrière

5-1 **Avant de visionner.** Quand on discute des examens, on parle de plans de travail et de révision. Est-ce qu'il est **probable (P)** ou **peu probable (PP)** que les phrases suivantes apparaissent dans la vidéo?

1. ____ Cet examen-là, c'est dans quinze jours. **2.** ____ Au fait, tu habites où?
3. ____ Il faut faire des fiches (*note cards*). **4.** ____ Tu prends un café?
5. ____ D'accord… mercredi à la bibliothèque.

05-01
to 05-02

Visionnez la vidéo   **Les examens, ça me fait un peu peur**

Dans cette vidéo, Alexis et Clémence parlent de la préparation des examens pour leurs cours.

CLÉMENCE: A quinze jours des examens, ça me fait un peu peur.

CLÉMENCE: Tu n'as pas commencé à réviser?
ALEXIS: Non.

ALEXIS: Moi j'ai des bouquins, je vais faire des fiches.

5-2 **L'examen d'Alexis et de Clémence.** Choisissez les mots ou les expressions qui complètent le résumé de la vidéo.

> la bibliothèque   des fiches   en ligne   en retard
> stressée   réviser   travailler

Alexis et Clémence sont dans le même cours et l'examen est bientôt. Clémence est _____ parce qu'elle n'a pas commencé à _____. Alexis propose de _____ ensemble. Clémence accepte parce qu'elle est _____ sur le programme. Clémence a récupéré les cours _____ et Alexis propose de faire _____. Ils vont travailler ensemble mercredi à _____.

5-3 **Je suis stressé(e) pour ce cours.** Vous avez un examen de français la semaine prochaine. Vous discutez avec un(e) partenaire pour organiser un plan de travail et de révision.

Modèle: commencer à réviser
> **E1:** *Tu vas commencer à réviser?*
> **E2:** *Oui, je suis stressé(e) pour ce cours.*
> **E1:** *Il faut faire des plans de travail…*

1. acheter des livres
2. réviser la grammaire
3. faire des fiches pour étudier le vocabulaire
4. aller en ligne pour écouter les dialogues

05-03 to 05-04

Pour bien communiquer	Spécialisations académiques et professions	
Les domaines	**Les spécialisations**	**Les professions***
les lettres et les beaux-arts	les langues, la littérature	professeur (prof), linguiste
	la philosophie	philosophe
	l'art	artiste
	la musique	musicien(ne)
	l'architecture (f.)	architecte
les sciences humaines et sociales	les sciences politiques (les sciences po), l'économie	économiste
	la sociologie	sociologue
	l'histoire	historien(ne)
	la psychologie	psychologue
les sciences	les mathématiques (les maths)	mathématicien(ne)
	la biologie	biologiste
	la chimie	chimiste
	la physique	physicien(ne)
les études professionnelles	la médecine	médecin
	la pharmacie	pharmacien(ne)
	le droit (*law*)	avocat(e)
	l'enseignement	instituteur(-trice) (*elementary school teacher*), professeur (prof) (*high school/college teacher*)
les études d'ingénieur	l'informatique (f.)	informaticien(ne)
	l'ingénierie (f.)	ingénieur
les études commerciales	la gestion (*management*), le marketing	administrateur(-trice), homme/femme d'affaires

Vocabulaire supplémentaire

assistant(e) social(e(m./f.))	social worker
astronome(m.)	astronomer
danseur / la danseuse	dancer
dentiste	dentist
géologue	geologist
homme / femme politique	politician
infirmier / infirmière	nurse
peintre	painter
pilote de l'air	airplane pilot
sculpteur	sculptor
vétérinaire	veterinarian

5-4 Pour devenir... Vous êtes conseiller (conseillère) (*advisor*) dans un centre universitaire. Répondez aux questions de votre partenaire, un(e) étudiant(e) très curieux(-euse). Echangez les rôles après trois questions.

Modèle: E1: *Pour devenir* (to become)... *qu'est-ce qu'il faut étudier* (what do you need to study)?

E2: *Il faut étudier... pour... Il faut se spécialiser en...*

---

*Note that in French you say **C'est un professeur.** But **Il est professeur.**

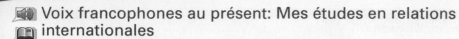

Voix francophones au présent: Mes études en relations internationales

5 to 05-06 Dahlila et Pierre ont invité (*invited*) Chloë Bartolli à discuter de ses études et de ses projets de carrière.

| Pour bien écouter | Understanding who, what, and where |

Before listening to the interview, anticipate what you will hear: **Who** are the speakers? Do you recognize their voices? Do you know what they do? **What** are they discussing? **Where** are they? How might knowing the location provide clues about the topic of conversation?

5-5 J'étudie... Chloë discuter de sa spécialité académique (les relations internationales) et de ses projets. Quelles expressions vont apparaître dans l'interview, à votre avis?

1. Je commence des études en relations internationales à l'Institut d'Etudes Politiques de Paris.
2. Nous nous spécialisons en affaires étrangères et globales.
3. On prend des cours en sociologie, géographie, anthropologie, études culturelles.
4. Je veux travailler dans une entreprise de technologie militaire.

Ecoutons!

Voix francophones au présent
J'étudie les relations internationales

— Pouvez-vous vous présenter à nos auditeurs?

— Les études internationales sont une des branches d'études en sciences politiques.

5-6 Vérifications. Identifiez les expressions employées dans l'interview.

1. **a.** Je suis parisienne de naissance.　　**b.** Je suis originaire de Nice.
2. **a.** Pouvez-vous nous décrire ces études?　　**b.** Savez-vous parler anglais?
3. **a.** Nous nous spécialisons en affaires étrangères et globales.　　**b.** Nous nous spécialisons en affaires.
4. **a.** Les études commencent avec des cours de musique.　　**b.** Les études commencent avec un apprentissage de deux langues étrangères.
5. **a.** Je veux travailler dans une organisation internationale.　　**b.** Je veux travailler dans une organisation non gouvernementale bénévole.

5-7 Recherche en ligne. Quels cours est-ce qu'on suit pour des études en relations internationales? Quelles sont les possibilités de carrière? Consultez le site de *Français-Monde* et utilisez les liens et/ou les critères de recherche donnés. Faites une liste de trois cours requis (*required*) et trois débouchés (*outcomes*).

http://www.pearsonhighered.com/francais-monde

The pronunciation of the French **r** has no equivalent in English. Make the sound by arching the tongue toward the roof of the mouth, keeping the tip of the tongue behind the bottom front teeth, and exhaling through the open mouth. A vibration is produced as the air passes between the tongue and the back of the mouth. Practice with the following dialogue between Dahlila and Chloë.

DAHLILA: Quelle ca**rr**iè**r**e est-ce que vous p**r**éfé**r**ez?

CHLOË: Les études inte**r**nationales sont ce**r**tainement inté**r**essantes, mais je p**r**éfè**r**e les a**r**ts.

DAHLILA: Mais alo**r**s, pou**r**quoi choisi**r** les **r**elations inte**r**nationales?

CHLOË: Je suis **r**éaliste. Je veux une ca**rr**iè**r**e et je veux **r**éussi**r**.

📖 Le bac

05-08

On passe son bac (le baccalauréat) à la fin des études secondaires (le lycée). L'examen donne accès aux études universitaires (les études tertiaires). Les candidats choisissent une spécialisation au lycée et préparent un des trois types de bac: le bac général, le bac technologique ou le bac professionnel.

En 1808 quand le premier bac est offert, il y avait° 30 candidats. Le pourcentage des étudiants qui passent le bac augmente° chaque année. Le bac comprend° neuf ou dix examens écrits et oraux dans des sujets variés. Chaque examen dure entre deux et quatre heures. Le bac est stressant parce que les étudiants savent° que 20–25% ne réussissent pas chaque année. Les étudiants qui échouent° redoublent la classe de terminale, dernière année de lycée, avant de repasser le bac. Les candidats qui réussissent portent le titre de bachelier ou de bachelière.

Qui sont ces jeunes filles?
Qu'est-ce qu'elles font?
Où sont-elles?

 — *Je viens de faire° mon bac Sciences. Ce n'est pas facile et je suis heureuse d'avoir réussi°. Maintenant je suis prête à commencer mes études à l'Université de la Polynésie Française à Tahiti. Un nouveau chapitre de ma vie commence!*

il y avait *there were;* augmente *grows;* comprend *includes;* savent *know;* échouent *fail;* je viens de faire *I just took;* d'avoir réussi *to have passed*

Vocabulaire supplémentaire

plus / moins / aussi... que	more / less / as ...
court(e)	short
difficile	difficult
facile	easy
important(e)	important
intéressant(e)	interesting
long (longue)	long
sérieux (sérieuse)	serious
plus / moins / autant... que	more / less ... than / as many ... as
de connaissances	knowledge
d'examens	exams
de parties	parts

Refer to Pour bien communiquer: Spécialisations académiques et professions (page 136)

 5-8 Avez-vous compris? Complétez les phrases avec la bonne réponse d'après le passage.

1. On passe le bac après...
2. Quand on réussit au bac, on peut s'inscrire pour... *write, enroll*
3. Quand on fait un bac, on suit (*take*)...
4. A peu près (*nearly*)... des candidats ne réussissent pas au bac.
5. Quand on réussit au bac...

5-9 Comparaisons. Travaillez avec un(e) partenaire. Comparez le SAT américain avec le bac français. Considérez la difficulté des examens et la longueur de chaque examen. Est-ce qu'on peut échouer au (*fail*) SAT? Est-ce qu'on redouble un niveau si on échoue au SAT? Le bac et le SAT donnent accès à quelles études?

09 to 05-10

Pour bien communiquer — Formations

Les études

Je fais des études en...	*I am studying . . .*
J'étudie à (+ le nom de l'université).	*I am studying at . . .*

Les spécialisations

Je me spécialise en (+ spécialisation).	*I am majoring in . . .*
Je voudrais faire des études en...	*I would like to study . . .*
Je voudrais me spécialiser en (+ spécialisation).	*I would like to major in . . .*
Je voudrais poursuivre des études en...	*I would like to pursue studies in . . .*
Je suis des cours en...	*I am taking courses in . . .*
Je prends des cours en...	*I am taking courses in . . . (colloquial)*
J'étudie...	*I'm studying . . .*
J'ai l'intention d'étudier...	*I intend to study . . .*

Les diplômes

J'ai un diplôme en...	*I have a degree in . . .*
Je prépare un diplôme en...	*I am doing a degree in . . .*
Je suis diplômé(e) en...	*I have a degree in . . .*
J'ai une formation en...	*I have training in . . .*
Mon programme dure... ans.	*My program takes . . . years.*

Le travail

Je fais un stage.	*I am doing an internship.*
Je voudrais devenir (+ profession).	*I would like to become a . . .*

5-10 Quelle est sa formation? Imaginez la formation académique des personnages de **Voix francophones au présent.**

Modèle: Noah Zébina, informaticien

> *Noah fait des études d'ingénieur pour devenir informaticien. Il suit des cours de mathématiques et des cours de programmation.*

1. Sébastien Proulx, graphiste (*graphic designer*)
2. Pierre Tayol, journaliste
3. Chloë Bartolli, relations internationales
4. Aminata Dembelé, styliste
5. Françoise Acker, chimiste

5-11 Et vous? Quels sont vos intérêts académiques? Remplissez le tableau avec vos renseignements. Ensuite interviewez deux ou trois camarades de classe au sujet de leurs études, de leur spécialisation et de leurs projets de carrière. Ecrivez leurs réponses et présentez-les devant la classe.

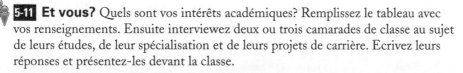

Prénom	Quelles études est-ce que tu fais?	Quelle est ta spécialisation?	Quels sont tes projets de carrière?
Moi			
1.			
2.			
3.			

Adverb formation

Adverbs are used to describe verbs, adjectives, and other adverbs. Read and role-play the dialogue, paying particular attention to the use of adverbs. Then answer the questions.

05-11 to 05-12

A vous de décider

1. How does Chantal feel about the new major?

2. What adverbs are used? What do they describe?

3. What ending often appears on an adverb? What is the equivalent English adverb ending?

> **De plus près**   **Mon poste**
>
> *Noah parle avec son amie Chantal à propos de sa nouvelle spécialisation.*
>
> **NOAH:** Comment est-elle, ta nouvelle spécialisation en sciences nucléaires?
>
> **CHANTAL:** C'est **vraiment bien.** Tout le monde travaille **sérieusement.**
> Les étudiants veulent **bien** réussir°, et aussi, les profs sont **très** sympas. Bref, c'est un bon choix.
>
> **NOAH:** Alors, tu vas **certainement** rester.
>
> **CHANTAL:** **Malheureusement°,** je ne suis pas assez forte en maths et il faut suivre beaucoup de cours de maths, alors je vais changer de spécialisation.

réussir *to succeed;* malheureusement *unfortunately*

1. **The role of adverbs**

   An adverb modifies a verb, an adjective, or another adverb. Adverbs modify a verb to tell how something occurs or occurred, or how much an adjective or adverb is true.

   • Modifying a verb (how):

   On travaille **bien** ensemble.   *We work well together.*

   • Modifying an adjective (how much):

   Elle fait des études **très** difficiles.   *She is studying a very difficult subject.*

   • Modifying an adverb (how much):

   Tout le monde travaille **très** sérieusement.   *Everyone works very seriously.*

2. **The formation of adverbs**

   There are two types of adverbs—those that are formed from an adjective and those that are not.

   • Adverbs formed from an adjective

   a. For adjectives ending in **-e** or **-é**, add **-ment** to the adjective.

   | **admirable** | Chantal choisit sa spécialité **admirablement** bien. | *Chantal chooses her major admirably well.* |

   b. If the adjective ends in another vowel, the adverb is based on the masculine form.

   | **vrai** | C'est un cours **vraiment** intéressant. | *It's a really interesting course.* |

   c. When an adjective ends in **-ant,** replace the ending with **-amment;** when the adjective ends in **-ent,** replace the ending with **-emment.**

   | **constant** | Il travaille **constamment.** | *He works constantly.* |
   | **patient** | Elle fait son travail **patiemment** et bien. | *He does his work patiently and well.* |

d. For adjectives that do not end in **-e,** another vowel, **-ant,** or **-ent,** the adverb is based on the feminine form of the adjective.

lent	Elle parle **lentement** (*slowly*).
sérieux	Tout le monde travaille **sérieusement** (*seriously*).
attentif	Elle écoute **attentivement** (*attentively*).

• Adverbs that were introduced in Chapter 2

bien	*well*	**mal**	*badly*
rarement	*rarely*	**souvent**	*often*

• Other frequently used adverbs that do not correspond to adjectives

assez	*enough*	Vous travaillez **assez** sur ce projet.
beaucoup	*a lot*	Nous pensons **beaucoup** à nos qualifications.
peu	*little*	Tu fais **peu** pour réussir.
presque	*almost*	Elle a **presque** l'expérience nécessaire pour ce poste.
très	*very*	Les profs sont **très** sympas.
trop	*too* (*much*)	Ils pensent **trop** à ce nouveau poste.
vite	*fast*	Quand on travaille **vite** on fait des erreurs.

3. The placement of adverbs

• In the present tense, an adverb usually follows the verb it modifies.

Elle travaille **bien.** Elle fait **rapidement** les choses.

• In the negative, an adverb follows **pas** (or **plus, jamais,** etc.).

Il ne travaille pas **bien.**
Elle ne travaille plus **souvent** pour cette compagnie.

• In the immediate future (with **aller**), an adverb generally follows the infinitive.

Je vais travailler **rapidement.**

Some frequently used adverbs, however, may come between **aller** and the infinitive.

Nous allons **bien** travailler demain.
Je vais **vraiment** prendre mes études au sérieux.

5-12 **Un jour pas comme un autre.** Travaillez avec un(e) partenaire pour imaginer comment les personnages suivants font leur travail. D'habitude, le travail va bien, mais ce jour-ci n'est pas un jour comme un autre.

Modèle: E1: *D'habitude, le/la prof fait son travail rapidement.*
E2: *Oui, d'habitude il (elle)…, mais aujourd'hui…*

1.

Renée Lagarde est prof de chimie.

2.

Isabelle Morelli est journaliste.

3.

Samuel Rosensweig est graphiste.

4.

Mai Phan est styliste.

Vocabulaire supplémentaire

Verbs

dessiner	*to draw, design*
enseigner	*to teach*
étudier	*to study*
interviewer	*to interview*
parler	*to speak*
poser des questions	*to ask questions*

5-13 La vie des étudiants. Vous désirez connaître les habitudes de vos camarades de classe. Interviewez deux étudiants au sujet du travail et de la et de leur emploi du temps. Ecrivez les réponses avec des adverbes qui correspondent aux adjectifs de la liste. Ensuite, présentez les étudiants interviewés (*interviewed*) à tout le monde.

Modèle: E1: *Comment est-ce que tu fais ton travail?*
E2: *Je fais mon travail rapidement / lentement.*

> calme/nerveux   rapide/lent   rare/fréquent
> premier/dernier   spontané/délibéré

Questions Comment est-ce que tu fais...	Prénom: Réponses	Prénom: Réponses
1. ton travail?		
2. ton choix de spécialisation?		
3. tes devoirs dans les cours?		
4. les choses de ta vie quotidienne?		

Regular -ir verbs

05-13 to 05-14

You learned about **-er** verbs in Chapter 2. A second set of commonly used verbs in French all end in **-ir.** Read the dialogue, paying particular attention to the forms of the verbs. Then answer the questions.

> **De plus près**   **Opinions**
>
> *Sébastien parle avec son ami Tariq à propos de l'avenir.*
>
> **TARIQ:** **Je réfléchis** beaucoup **à** ma carrière. Le sujet me préoccupe°.
>
> **SÉBASTIEN:** Il ne faut pas trop penser à ces choses.
>
> **TARIQ:** Mais si! D'abord **on réussit au** bac, et ensuite **on choisit** logiquement une carrière. C'est comme ça qu'il faut faire.
>
> **SÉBASTIEN:** Mais non! **On choisit** simplement ce qu'on aime faire. Et le choix d'une carrière, ça vient tout seul°.

me préoccupe *is worrying me;* vient tout seul *comes naturally*

A vous de décider

1. What do these two young men say about worrying?

2. What do you notice about the forms of the verbs **choisir, réussir,** and **réfléchir?**

Some verbs whose infinitives end in **-ir** follow a regular pattern of conjugation. To conjugate them, do the following:

• Find the verb stem by dropping **-ir** from the infinitive.

  choisir → **chois**

• Add the endings **-is, -is, -it, -issons, -issez, -issent** to the stem.

Je **choisis** une carrière en médecine.   Nous **choisissons** la biologie.
Tu **choisis** un poste à temps partiel.   Vous **choisissez** une spécialité.
Il/Elle/On **choisit** un domaine de travail.   Ils/Elles **choisissent** un
                                                    cours intéressant.

Other verbs are also conjugated like **choisir.**

agir *to act*   **Elle agit** avec des buts précis.   *She acts with precise goals in mind.*
finir *to finish*   **Nous finissons** notre travail   *We finish our work and then*
                        et ensuite nous dînons.   *we eat.*

réagir *to react*	**Il réagit** différemment <u>selon les circonstances</u>.	*He reacts differently according to the circumstances.*
réfléchir à *to think about*	**Tu** ne **réfléchis** pas **aux** conséquences de tes décisions.	*You are not thinking about the consequences of your decisions.*
réussir *to succeed, be successful*	**Je réussis** bien <u>dans</u> mes études! Mes parents sont très contents.	*I am successful in my studies! My parents are very happy.*
réussir à *to pass, to succeed*	**On réussit au** bac, et puis on continue à l'université.	*You pass the baccalaureate exam, and then you move on to college.*

5-14 Ma spécialité. Imaginez la suite de la discussion entre Sébastien et Tariq. Complétez le dialogue selon les idées des deux personnages, en choisissant les verbes dans la liste suivante: agir, choisir, finir, réagir, réfléchir. Conjuguez les verbes selon le contexte.

Tariq: Je **1.** _____ à ma carrière. Je veux bien choisir.

Sébastien: Moi, je **2.** _____ simplement une spécialité intéressante.

Tariq: Mais non, il faut faire autrement. On **3.** _____ d'abord une spécialité avantageuse. Et ensuite, on **4.** _____ selon la situation.

Sébastien: Mais non, on **5.** _____ ce qu'on aime faire d'abord. Et on **6.** _____ toujours avec une bonne carrière.

Tariq: Il est clair que nous **7.** _____ différemment. Moi, je **8.** _____ davantage au choix de ma carrière.

Sébastien: Nous **9.** _____ beaucoup tous les deux. Mais moi, je **10.** _____ davantage au choix de ma spécialisation.

5-15 Les choix et les résultats. Choisissez une carrière et discutez avec un(e) partenaire des résultats de votre choix. Quelles études est-ce que vous allez faire? Quels résultats est-ce que vous envisagez (*foresee*)?

Modèle: **E1:** *Je choisis de faire une carrière en sciences. Je vais faire des études en biologie. Je pense que je vais réussir aux examens et que je vais trouver un bon poste. Et toi?*

E2: *Moi, je...*

1.

les sciences

2.

les arts

3.

les affaires

agir d'une façon responsable (positive, acceptable...)

aimer une discipline (les sciences, les arts, les affaires...)

choisir de faire des études en... (une spécialité en..., une carrière en...)

réfléchir aux conséquences du choix

réussir à trouver un bon poste

réussir aux examens (aux études)

📖 The verbs **prendre**, **suivre**, and **devoir**

05-15 to 05-16

The verbs **prendre** (*to take, to have*), **suivre** (*to follow, to take* [*a course*]), and **devoir** (*to have to*) are useful in many contexts. Read the following dialogue, paying particular attention to the forms of these verbs. Then answer the questions.

> **De plus près** — **Le stage**
>
> *Noah parle avec Sébastien à propos de son stage.*
>
> **NOAH:** Alors, le stage, ça va?
>
> **SÉBASTIEN:** Oh, oui, c'est un très bon stage. **Je suis** deux cours et j'ai une formation pratique en entreprise trois jours par semaine.
>
> **NOAH:** Et les profs, tu peux **prendre** rendez-vous avec eux?
>
> **SÉBASTIEN:** Non, tu sais, ils sont très occupés.
>
> **NOAH:** Et c'est loin l'institut?
>
> **SÉBASTIEN:** Oui, assez loin. **Je prends** le train et puis le bus.
>
> **NOAH:** Tu as des jours de congé?
>
> **SÉBASTIEN:** Non, **je dois** travailler tous les jours.
>
> **NOAH:** A mon avis, ton stage n'est pas fantastique.

A vous de décider

1. What are the negative aspects of the internship?
2. Which verb is used to talk about courses? Meeting with professors? Transportation? Necessity?

1. The forms of **prendre**

- The verb **prendre** (*to take, to have*) is irregular. The root of the plural form (**nous, vous, ils/elles**) is not pronounced with a nasal vowel, whereas the singular form (**je, tu, il/elle/on**) is.

Je prends le train tous les jours.	**Nous prenons** des congés en juin.
Tu prends un café avec moi?	**Vous prenez** ce projet en charge.
Il/Elle/On prend de l'eau minérale.	**Ils/Elles prennent** rendez-vous avec eux.

- The verb **prendre** is a common verb that means *to have* when referring to food and drink.

  Vous prenez une salade avec ça?   **Elle prend** un café à midi.

- **Prendre** may also mean *to take* when referring to transportation and objects, as well as courses (colloquially).

  Pour aller au travail, **il prend** le métro.
  Quand elle va au café, **elle prend** un bon livre.
  Je prends des cours pour améliorer mes chances à l'emploi.

- Verbs conjugated like **prendre**
  The verbs **comprendre** (*to understand, to include*) and **apprendre** (*to learn*) follow the same model as **prendre.**

  Est-ce que **tu comprends** cette explication?
  La documentation **comprend** un grand nombre de détails.
  Ah très bien! **Ils apprennent** la leçon.

2. The verb **suivre**

The verbs **suivre** (*to follow, to take* [*a course*]) and **poursuivre** (*to pursue*) are also irregular. Note the different stem in the plural.

Je suis des cours de biologie.	**Nous suivons** deux cours.
Tu suis la conférence?	**Vous suivez** bien ce film?
Il/Elle/On suit bien l'explication.	**Ils/Elles suivent** un programme difficile.

ppp=suivi

3. The verb **devoir**

The verb **devoir** (*must, to have to, to owe*) is also irregular. Note the different stem in the plural. This verb is often used with an infinitive.

Je dois travailler demain.   **Nous devons** faire un rapport pour le cours.
Tu dois un dollar à ton copain?   **Vous devez** terminer le travail.
Il/Elle/On doit aller en cours.   **Ils/Elles doivent** suivre ce cours.

> Est-ce que tu prends le train tous les jours?

> Oui, je prends le train et puis le bus.

5-16 Noah et Sébastien. Noah et Sébastien continuent leur discussion. Quelles questions est-ce que Noah va poser à Sébastien? Comment est-ce que Sébastien va répondre? Basez vos réponses sur **De plus près: Le stage.**

Modèle: prendre le train tous les jours
          NOAH: *Est-ce que tu prends le train tous les jours?*
       SÉBASTIEN: *Oui, je prends le train et puis le bus.*

1. prendre rendez-vous avec le prof
2. suivre six cours par semestre
3. devoir travailler tous les jours

4. suivre des cours ennuyeux
5. devoir voyager longtemps chaque jour

Noah   Sébastien

5-17 Et toi? Vous ne connaissez pas bien votre partenaire. Posez des questions sur ses intérêts et sa spécialisation. Ensuite expliquez les intentions et les habitudes de votre partenaire devant tout le monde.

Modèle: cours obligatoires ce semestre
        E1: *Quels cours obligatoires* (required) *est-ce que tu dois suivre ce semestre?*
        E2: *Je dois suivre…*
        E1: *Il/Elle doit suivre… ce semestre.*

1. cours obligatoires ce semestre
2. cours facultatifs (*electives*) ce semestre
3. cours le semestre prochain (*next*)

4. un stage
5. le train ou le bus
6. la bicyclette pour venir en cours

📖 Travail d'ensemble
05-17

5-18 Quelles études pour quelle profession? Certains étudiants ont déjà choisi une profession (ou bien ils ont déjà une bonne idée). Employez des expressions que vous connaissez et posez des questions à vos camarades pour connaître leurs intérêts. Interviewez deux personnes et écrivez leur réponses.

Modèle: **E1:** *Quelle profession est-ce que tu veux faire?*
        E2: *Je veux devenir médecin.*
        E1: *Quel domaine est-ce que tu dois choisir?*
        E2: *Je dois choisir…*
        E1: *Et quels cours est-ce que tu dois suivre?*
        E2: *Je dois me spécialiser en… Je dois suivre des cours de… et de…*

Le Prénom	La profession choisie	Le domaine	La spécialisation
1.			
2.			

Pour aller plus loin

Contextes Dans cette section vous allez choisir un poste en fonction de vos qualifications.

Mon job: Thérèse Durand-Chevallier

Dans ce passage vous allez rencontrer Thérèse Durand-Chevallier, aide éducatrice dans une école élémentaire, qui anime un cours de théâtre.

| Pour bien lire | **Using pictures, captions, and graphic elements** |

When you read, look for nontextual features, such as pictures, captions, and graphic elements, to help you guess the topic and understand the content. Notice how the illustrations and the graphic elements in the passages in **Pour aller plus loin** contribute to readability. In the reading about Thérèse Durand-Chevallier that follows, what does the picture tell you about her workplace and her students? What does the format of the reading about Yanis Zeroual (page 149) tell you?

5-19 **Avant de lire.** Lisez le titre et regardez la photo.

1. Est-ce que le texte est une interview, un article descriptif ou bien un article sur les opinions de Thérèse?
2. Faites une liste des activités que Thérèse va peut-être proposer pour ses jeunes élèves.

📖 Mon job: Thérèse Durand-Chevallier
05-18 to 05-19

Je suis emploi-jeune° dans une école primaire. Je fais partie de plus de 50 000 aides-éducateurs qui sont employés chaque année en France. Nous animons° les cours et aidons les instituteurs. Mon job à moi, c'est de donner des cours de théâtre aux enfants. Il y a cinq classes d'enfants de 8 à 10 ans. Ils s'intéressent beaucoup à l'art et au théâtre et ils participent avec enthousiasme.

Je travaille à l'école Jean Moulin à Champigneulles, près de Nancy depuis à peu près un an. Chaque mardi, je m'occupe d'un atelier° théâtre. La troupe de notre atelier s'appelle Polichinelle°. Cette année nous montons des petites pièces° comiques. La représentation est prévue pour le 15 mars. Les enfants travaillent bien pour faire une grande entrée sur scène.

---

un emploi-jeune *young trainee for teacher's assistant;* animons *enliven;* atelier *workshop;* Polichinelle *Pulcinella, a comic theatrical character;* montons des petites pièces *put on short plays*

5-20 **Je suis emploi-jeune.** Indiquez les affirmations qui sont vraies. Corrigez celles qui sont fausses.

1. Mlle Durand-Chevallier travaille à son école depuis deux mois.
2. Les enfants sont enthousiastes.
3. Mlle Durand-Chevallier travaille avec les enfants une fois par semaine.
4. Le spectacle du 15 mars est basé sur un programme de radio populaire.
5. Les enfants jouent des pièces comiques.

5-21 **Mon job.** Pour mieux apprécier le poste de Mlle Durand-Chevallier, jouez son rôle. Votre partenaire va jouer le rôle d'un reporter. Répondez aux questions de l'interview. Ensuite, faites un résumé ensemble pour présenter Mlle Durand-Chevallier à tout le monde. Cherchez les réponses dans le passage.

1. Quel est votre emploi?
2. Combien de cours enseignez-vous?
3. Comment s'appelle votre troupe?
4. Pouvez-vous décrire les activités de vos étudiants?
5. Sur quel projet travaillez-vous aujourd'hui?

5-22 *Recherche en ligne.* Visitez le site de *Français-Monde* et utilisez les liens et/ou les critères de recherche donnés pour trouver des sites qui offrent des emplois-jeunes. Quels genres (*types*) d'emploi trouvez-vous? Ecrivez les titres de trois ou quatre offres d'emploi et prenez des notes sur les détails. Faites une description orale (en français) de ces offres de travail en classe.

http://www.pearsonhighered.com/francais-monde

05-20

Pour bien communiquer	Qualités personnelles
J'ai le sens de (+ nom)	*I am good at . . .*
J'ai le goût de (+ nom)	*I like . . .*
l'autodiscipline (f.)	*self-discipline*
l'autonomie (f.)	*autonomy, working alone*
l'écoute (f.)	*listening*
l'observation (f.)	*observing, watching*
l'organisation (f.)	*organization*
la solitude	*solitude, being alone*
le travail bien fait	*work well done*
le travail en équipe	*team work*
J'ai la capacité de (d') (+ infinitif)	*I am able . . .*
m'adapter à des situations variées	*to adapt to various situations*
équilibrer mon emploi du temps	*to balance my schedule*
faire une interview (un entretien)	*to conduct an interview*
motiver les gens	*to motivate people*
négocier un consensus	*to bring to an agreement*
participer à une conférence	*to participate in a presentation*
résister au stress	*to avoid stress*

5-23 **Les qualités de Chloë.** Chloë parle de ses qualités. Elle emploie ses propres (*her own*) mots. Réécrivez ou refaites oralement la présentation de Chloë avec des expressions équivalentes.

— J'aime travailler avec des collègues. Mais pour certains projets, je préfère travailler seule. Dans mon travail, je recherche la perfection. Aussi, je n'aime pas faire la même chose. C'est la variété qui m'intéresse. Avant de commencer un travail, je regarde, j'observe et j'adopte une stratégie. Le stress ne m'affecte pas beaucoup. Je préfère écouter avant de parler. Je commence toujours par les problèmes les plus importants.

Modèle: *J'aime travailler avec des collègues.*
Elle a le goût du travail en équipe.

Rencontre avec Yanis Zeroual

5-24 Avant de lire. Lisez les phrases suivantes pour comprendre qui est Yanis Zeroual. Une phrase ci-dessous n'est pas factuellement correcte. Laquelle?

1. Mes parents sont venus en France pour avoir une meilleure vie.
2. Je suis né en France et en plus j'ai des racines (*roots*) maghrébines.
3. Je travaille avec des présidents de compagnies.

📖 Rencontre avec Yanis Zeroual
05-21 to 05-22

Pouvez-vous vous présenter?

Je m'appelle Yanis Zeroual. Ma famille est d'origine algérienne. Mes parents sont arrivés° en France en 1952. Comme beaucoup d'Algériens de cette époque, mon père est venu° en France pour trouver du travail et offrir une meilleure vie à sa famille.

Et vous êtes écrivain°?

Je suis responsable de la promotion des ventes pour un grand magasin. Mais je désire fortement devenir un écrivain célèbre un jour. En ce moment, j'écris un roman et à travers les personnages, je raconte l'histoire de ma famille. C'est l'histoire des Maghrébins et de leur implantation en France.

Vous êtes fier de vos racines°?

C'est ça. Au début, j'ai refusé mes racines maghrébines. J'ai changé mon prénom à Yannick pour être plus français. J'ai refusé l'Islam. Je me suis révolté contre mon côté arabe.

Et maintenant?

Ma perspective a changé. J'ai décidé d'accepter mon double héritage, français et algérien. Je suis né en France et en plus j'ai des racines maghrébines. Dans mon roman je veux expliquer ce que ça veut dire.

Est-ce que vous avez fait l'expérience du racisme?

Bien sûr. Il fait partie de ma vie. Et c'est une partie importante de mon histoire. Mais ce n'est pas toute l'histoire.

sont arrivés *arrived;* est venu *came;* écrivain *writer;* racines *roots*

L'immigration maghrébine: Un grand nombre de Français d'origine algérienne, marocaine ou tunisienne (les Maghrébins) ont immigré vers la France à partir des années 40. Pauvres et souvent sans travail, ils viennent en France pour avoir une meilleure vie.

5-25 Vérifications. Choisissez la fin des phrases selon l'interview.

1. Les parents de Yanis Zeroual immigrent en France en 1952 pour (échapper à la répression politique / chercher du travail).
2. Yanis Zeroual veut devenir (un écrivain célèbre / un écrivain amateur).
3. Au début, Yanis Zeroual a rejeté (son héritage arabe / son héritage français).
4. Yanis Zeroual est d'origine algérienne (mais il n'a jamais fait l'expérience du racisme / et il fait l'expérience du racisme tous les jours).

5-26 **Les qualités de Yanis Zeroual.** Comparez-vous à Yanis Zeroual. Utilisez les renseignements suivants pour décrire Yanis Zeroual et ensuite vos qualités personnelles.

Modèle: ambitieux, veut écrire un roman

Yanis Zeroual est ambitieux. Il veut écrire pour raconter son histoire.
Moi, je suis moins/aussi/plus... que Yanis, mais je suis moins/aussi/plus...
Moi aussi, j'aime... mais je n'aime pas... Je préfère...

1. observateur (observatrice), s'inspire de tout
2. intéressé (intéressée) par son héritage, raconte l'histoire de sa famille
3. ouvert (ouverte) au monde, s'intéresse à la vie de tous les jours
4. conscient (consciente), sait que le racisme n'est pas toute l'histoire

Vocabulaire supplémentaire

Adjectifs

actif(-ve)	*active*
ambitieux(-euse)	*ambitious*
artistique	*artistic, artsy*
conscientieux(-euse)	*conscientious*
impulsif(-ve)	*impulsive*
rigide	*rigid, inflexible*
sociable	*friendly*
spontané(e)	*spontaneous*

Verbes

j'écris	*I write*
j'explique	*I explain*
je lis	*I read*

Le Système LMD

Dans cette section, vous allez apprendre comment s'organisent les études en France.

📖 La réforme de l'université

05-23

En 2006 toutes les universités françaises adoptent le système LMD. Les diplômes s'organisent désormais° en trois grades: **la Licence, le Master** et **le Doctorat**. Ce changement permet un système commun dans les pays européens et remplace un grand nombre de diplômes et de certificats.

Il faut trois ans ou six semestres d'études après le baccalauréat pour arriver à **la License (bac+3)**. La Licence est structurée en **unités d'enseignement fondamentales** (enseignements théoriques et méthodologiques), **unités d'enseignements transversaux** (informatique, langues, recherche documentaire) et en **unités d'enseignement libres** (culture, sports, autre langue, projets).

Organisé en quatre semestres, **le Master (bac+5)** mène à° la recherche ou à l'emploi professionnel. Pour obtenir un Master il faut maîtriser au moins une langue étrangère.

Le Doctorat (bac+8) se déroule en° trois ou quatre ans selon le sujet de recherche. Le candidat suit un ensemble de cours, conférences et séminaires et écrit une thèse°.

— *Le passage récent au LMD est une excellente idée. L'ancien système français était° très complexe. Le LMD simplifie les choses et se conforme aux autres diplômes en Europe. Les crédits ECTS (European Credit Transfer System) sont transférables dans toutes les universités européennes.*

désormais *from now on;* mène à *leads to;* se déroule en *takes;* thèse *thesis;* était *was*

5-27 **Comparaisons.** L'organisation des études universitaires dans le système LMD est similaire à l'organisation des études universitaires aux Etats-Unis. Comparez: les diplômes, le nombre d'années d'études pour le bac, le master et pour le doctorat. Quelles sont les différences? Et les similarités?

Comment dire?

The superlative

05-24 to 05-25

The superlative is used to compare more than two things or people, and to state that one is the most or least of all. Read the dialogue, paying particular attention to the way the speaker contrasts his new internship with his previous ones. Then answer the questions.

De plus près   **Un bon choix**

Serge décrit son stage à Noah.

NOAH: Alors, Serge, comment est ton nouveau stage?

SERGE: Il est formidable! C'est **le meilleur stage** de ma carrière, et aussi **le plus intéressant.**

NOAH: Et les cours?

SERGE: Ils sont excellents! Et je m'entends° **le mieux** du monde avec le prof. Il est très sympa. C'est certainement **le plus intéressant de** tous mes profs.

NOAH: Félicitations! Tu as bien choisi ton stage.

m'entends *get along*

A vous de décider

1. How does Serge compare his internship with his previous ones?

2. What words are used to express the superlative?

1. The superlative of adjectives

• The superlative construction of an adjective follows the pattern below. The definite article (**le, la, l',** les) and the adjective agree with the noun being described.

le plus/moins de + noun

> **le (la/les) plus...**   + adjective
> **le (la/les) moins...**   + adjective

C'est le cours **le plus intéressant.**   — *after noun*
Le prof a les responsabilités **les plus importantes.**

• Note the use of the preposition **de** is used in a superlative construction.

> **Le moins aimable** *de* tous les administrateurs, c'est le directeur.
> *The least likeable of all the administrators is the director.*

• The superlative forms of **bon** and **mauvais** are irregular.

before noun

Positive	Comparative	Superlative
bon	meilleur(e)	le (la, les) meilleur(e)(s)
good	*better*	*best*
		C'est **la meilleure** étudiante.
		She's the best student.
mauvais	plus mauvais(e)	le (la, les) plus mauvais
bad	pire	le (la, les) pire(s)
	worse	*worst*
		C'est **la pire** solution.
		It's the worst solution.

2. The superlative of adverbs

The superlative construction with adverbs follows the pattern below.

> **le plus...**   + adverb
> **le moins...**   + adverb

Je discute **le plus souvent** avec le prof.   *I talk most often with the teacher.*
Il travaille **le moins vite** de tous.   *He is the least fast (slowest) of everyone.*

- Note that the preposition **de** is used in a superlative construction.

C'est le meilleur stage **de ma carrière.**   *It's the best internship of my career.*
C'est le plus intéressant   *He's (she's) the most interesting*
   de tous mes profs.   *professor of all.*

- The superlative form of **bien** is irregular.

Positive	Comparative	Superlative
bien	mieux	le mieux
well	*better*	*best*

C'est le poste qui paie **le mieux.**
It's the job that pays the best.

[handwritten: mal   pire   le pire]

5-28 Le nouveau stage. Vous et votre partenaire, vous avez beaucoup d'expérience avec les stages, mais cette fois (*this time*), votre stage est vraiment horrible et le stage de votre partenaire est idéal. Comparez les deux stages. Echangez les rôles après deux comparaisons.

Modèle: les profs

> Comment sont les profs de ton stage?

> Pour moi, les profs sont formidables, les meilleurs de tous.

> Les profs ne sont pas du tout intéressants, les pires que j'ai eus. Et toi?

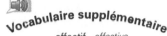
Vocabulaire supplémentaire

effectif	*effective*
ennuyeux	*boring*
excellent	*excellent*
formidable	*great*
imbattable	*unbeatable*
intelligent	*intelligent*
intensif	*intensive*
intéressant	*interesting*
lent	*slow*
merveilleux	*wonderful*
moderne	*modern*
original	*original*
rapide	*fast*

1. les horaires (m.)
2. le nombre de jours de congé
3. les heures de travail
4. les ordinateurs

5-29 C'est le meilleur stage. Comme les autres participants du stage que vous suivez, vous êtes très enthousiaste. Votre camarade de classe a des questions sur votre expérience. Echangez les rôles. Voici quelques adverbes utiles.

> effectivement   idéalement   intensivement   intelligemment
> merveilleusement   originalement   rapidement

Modèle: vous travaillez
     E1: *Comment est-ce que vous travaillez?*
     E2: *Nous travaillons le plus consciencieusement possible.*

1. vous travaillez
2. vous discutez
3. vous participez
4. vous collaborez

The **passé composé** with **avoir**

05-26 to 05-27

A vous de décider

1. What are the two people discussing?

2. What auxiliary verb is used to conjugate the verbs in the exchange?

3. What are the subject pronouns of the following verbs?
_____ as fait; _____ ai travaillé; _____ avez fait; _____ ont travaillé?

De plus près   **Dans une coopérative vinicole°**

Aminata discute du stage que son amie Sophie a terminé.

AMINATA: Qu'est-ce que **tu as fait** pendant ton stage en Provence?

SOPHIE: **J'ai travaillé** pour une coopérative vinicole.

AMINATA: Mais qu'est-ce que **tu as fait?**

SOPHIE: Beaucoup de choses, mais rien de très compliqué. **J'ai nettoyé°** des caisses, **j'ai vidé** et **étiquetté°** des bouteilles°, des choses comme ça.

AMINATA: Oh, là! Que c'est ennuyeux!

SOPHIE: Pas du tout. **J'ai participé** à de nouvelles expériences et **j'ai habité** avec une famille sympathique. **Le stage a été** un grand succès.

---

une coopérative vinicole *a wine-making co-op;* j'ai nettoyé *I cleaned;* j'ai vidé et étiquetté *I emptied and labelled;* des bouteilles *bottles*

1. The formation of the **passé composé**

The **passé composé** is used to report an **action that was completed** in the past. It is formed with two parts: the present tense of the auxiliary verb and a past participle.

- The auxiliary verb **avoir** is used to form the **passé composé** of most verbs. (Chapter 6 explains the verbs that use **être**.)

subject + auxiliary verb (**avoir** or **être**) *+ past participle*

Nous + avons   **+ travaillé** (p. p. of **travailler**)
We worked, we have worked, we did work.

- The past participle of regular **-er** and **-ir** verbs is formed by dropping the infinitive ending and adding the appropriate participle ending.

| **-er** verbs | étudier + é | → | **étudié** |

J'ai étudié les sciences po.   Nous **avons étudié** la chimie.
Tu **as étudié** la biochimie.   Vous **avez étudié** l'histoire.
Il/Elle/On **a étudié** les maths.   Ils/Elles **ont étudié** le théâtre.

| **-ir** verbs | choisir + i | → | **choisi** |

J'ai choisi un programme d'études.   Nous **avons choisi** un stage utile.
Tu **as choisi** un stage?   Vous **avez choisi** votre programme?
Il/Elle/On **a choisi** un prof intéressant.   Ils/Elles **ont choisi** un cours sérieux.

2. Negation with the **passé composé**

To make a sentence negative, place **ne… pas (n'… pas)** or other negation before and after the verb **avoir**.

Je **n'ai pas** étudié les maths.   *I have not studied (did not study) math.*
Tu **n'as jamais** travaillé pour une coopérative vinicole?   *You (have) never worked for a wine-making coop?*

3. The position of the adverb with the **passé composé**

- In the **passé composé,** most adverbs are placed after the past participle or after the direct object.

  Tout le monde a travaillé **sérieusement.**
  J'ai attendu les résultats **patiemment.**   *attendre: to wait*

- Certain high-frequency adverbs, such as **bien, mal, peu, beaucoup, vraiment, presque, assez, trop, souvent,** and **vite** precede the past participle.

  Elle a **bien** travaillé.
  Nous avons **beaucoup** aimé le programme d'études.

- Adverbs of time, such as **hier** and **aujourd'hui,** appear either at the beginning or the end of the sentence.

  Aujourd'hui, j'ai fait des recherches pour mon projet de biologie.

5-30 Qu'est-ce qu'elle a fait pendant le stage? Avec un(e) partenaire, continuez la discussion entre Aminata et Sophie. Prenez les rôles d'Aminata et de Sophie. Aminata pose des questions à Sophie à propos de son stage. Sophie répond au passé composé.

Modèle: choisir un stage à l'étranger
      E1: *Est-ce que tu as choisi un stage à l'étranger?*
      E2: *Non, j'ai fait un stage en Provence.*

1. travailler dans un magasin
2. habiter avec une famille sympathique
3. choisir un stage académique
4. participer à de nouvelles expériences
5. aimer ton stage

5-31 Mes dernières vacances. Qu'est-ce que vous avez fait pendant les vacances? Qui a eu les meilleures vacances? Circulez pour trouver une personne qui dit oui aux questions que vous posez. Ensuite, faites un résumé des réponses pour la classe.

Modèle: travailler
      E1: *Est-ce que tu as beaucoup travaillé pendant les vacances?*
      E2: *Oui, j'ai assez travaillé.*
      ou *Non, je n'ai pas beaucoup travaillé.*
    Résumé: *Marie et Sandrine n'ont pas travaillé pendant les vacances, mais Paul a travaillé. Sandrine a passé des meilleures vacances parce qu'elle a…*

1. voyager fréquemment
2. participer à beaucoup d'événements culturels
3. regarder souvent la télévision
4. bien travailler
5. terminer un projet intéressant

The interrogative and demonstrative adjectives

05-28 to 05-29

Interrogative adjectives (*what* and *which*) are used when seeking specific information about people and things. When identifying one or more people or things, it is helpful to use demonstrative adjectives (*this* and *that, these* and *those*). Read the dialogue below, paying particular attention to the words in bold. Then answer the questions.

De plus près **Les qualités essentielles**

Pierre Tayol parle avec un candidat pour un poste temporaire à la station de radio.

PIERRE: **Quel** poste vous intéresse?

CANDIDAT: Je voudrais travailler comme technicien°. **Ce** poste est le plus attrayant°.

PIERRE: **Quelles** qualités est-ce que vous apportez à **ce** poste?

CANDIDAT: Je suis ponctuel et très précis. **Ces** qualités sont nécessaires pour être technicien.

---

technicien *technician*; attrayant *attractive*

A vous de décider

1. What are the two people discussing?

2. Which words are used to ask specific questions? To specify or emphasize nouns?

apporter: to bring, bear

1. The interrogative adjective

The interrogative adjective **quel** (*which, what*) is used to ask specific questions about the nature of people or things. Like all French adjectives, it agrees in number and gender with the noun it modifies. There are four forms.

	Masculine	**Feminine**
Singular	**Quel** poste vous intéresse?	**Quelle** spécialité préférez-vous?
Plural	**Quels** diplômes avez-vous?	**Quelles** sont les qualités que vous apportez?

• Questions can be formed with **est-ce que** or inversion.

Quelles qualités est-ce que vous apportez à **ce** poste?
Quelles qualités apportez-vous au poste?

• Prepositions may precede **quel.**

A quelle heure est-ce que tu as rendez-vous?

2. The demonstrative adjective

The demonstrative adjective **ce** (*this, that*) is used to point out a specific concept or object. Like all French adjectives, it agrees in number and gender with the noun it modifies. There are four forms.

Singular			**Plural**
Masculine before a consonant	Masculine before a vowel	Feminine	Masc. or Fem.
ce poste	**cet** avantage social	**cette** spécialité	**ces** qualités

5-32 **Qu'est-ce que vous en pensez?** Vous discutez d'un project avec Mme Pelletier. Complétez le dialogue suivant avec les adjectifs interrogatifs **(quel, quelle, quels** ou **quelles)** ou démonstratifs **(ce, cet, cette** ou **ces).**

Vous: Excusez-moi, Mme. Pelletier. Je voudrais vous parler du devoir.

Mme Pelletier: De _____ devoir parlez-vous?

Vous: De l'essai culturel. Je trouve _____ projet difficile. Je voudrais vous montrer mon travail.

Mme Pelletier:	Bien sûr!
Vous:	_____ documents sont une première ébauche (*draft*). Voici la première section. _____ section (f.) donne des exemples, et _____ paragraphe (m.), c'est la conclusion.
Mme Pelletier:	_____ est votre conclusion?
Vous:	Je trouve qu'il y a beaucoup de différences entre la France et les Etats-Unis.
Mme Pelletier:	C'est du bon travail. Félicitations.
Vous:	Merci, Mme Pelletier.

 5-33 Qu'est-ce que vous préférez? Vous êtes conseiller (conseillère) et vous parlez avec un(e) étudiant(e). Posez des questions à propos de ses études et de son choix de carrière. L'étudiant(e) (votre partenaire) va répondre et va justifier son choix.

Modèle: le projet culturel / artistique / scientifique
> **F1:** *Quel projet est-ce que vous préférez?*
> **E2:** *Je préfère le projet culturel. Ce projet est le plus intéressant.*

1. les disciplines (f.): l'art et la musique / les sciences et les maths / les études professionnelles
2. le domaine: les affaires / l'architecture / la musique
3. le poste: de technicien / de graphiste / de professeur
4. la carrière: d'instituteur(-trice) / de vendeur(-euse) (*salesperson*) / d'écrivain (*writer*)

Vocabulaire supplémentaire

abstrait(e)	*abstract*
artistique	*artistic*
expressif(-ve)	*expressive*
intellectuel(le)	*intellectual*
intéressant(e)	*interesting*
motivant(e)	*motivating*
passionnant(e)	*passionate*
satisfaisant(e)	*satisfying*
stressant(e)	*stressful*

Travail d'ensemble

05-30

| **Pour bien écrire** | **Organizing a paragraph** |

Generally, a paragraph includes a statement of the subject or main theme, at least two sentences that provide examples or illustrations of the subject, and a concluding sentence.

Once you have written a paragraph, verify that it is organized to convey what you want to express. Ask yourself the following questions when editing your writing or when asked to give someone else feedback:

1. Are the most important ideas communicated first?
2. Are the sentences clear and free of error (spelling, grammar)?
3. Are there sentences that could be eliminated?
4. Are there enough examples and details?
5. Is the conclusion interesting and strong enough?

5-34 Mon paragraphe. Ecrivez un paragraphe sur vos qualités personnelles et votre expérience. Organisez les phrases selon **Pour bien écrire**. N'oubliez pas aussi:

1. une introduction (Dans ce paragraphe, je veux me présenter...)
2. un superlatif (Ma qualité la plus importante, c'est...)
3. plusieurs adjectifs (Je suis...)
4. une description de vos activités dans le passé (J'ai étudié...)
5. une conclusion avec un adjectif démonstratif (Cette description explique...)

 5-35 Révision. Echangez votre paragraphe avec celui d'un(e) partenaire. Considérez les suggestions dans **Pour bien écrire** et faites des recommandations à votre partenaire.

A la découverte

05-31 to 05-34

📖 Petit tour d'horizon

Les étudiants tunisiens et les filières suivies

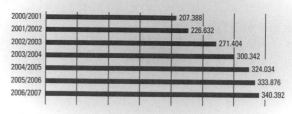

Effectifs° étudiants y compris cartouchards°

Année	Effectifs
2000/2001	207.388
2001/2002	226.632
2002/2003	271.404
2003/2004	300.342
2004/2005	324.034
2005/2006	333.876
2006/2007	340.392

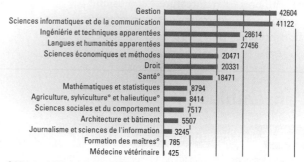

Effectifs étudiants par filières°

Filière	Effectifs
Gestion	42604
Sciences informatiques et de la communication	41122
Ingéniérie et techniques apparentées	28614
Langues et humanités apparentées	27456
Sciences économiques et méthodes	20471
Droit	20331
Santé°	18471
Mathématiques et statistiques	8794
Agriculture, sylviculture° et halieutique°	8414
Sciences sociales et du comportement	7517
Architecture et bâtiment	5507
Journalisme et sciences de l'information	3245
Formation des maîtres°	785
Médecine vétérinaire	425

© Ministère de l'Enseignement Supérieur, de la Recherche Scientifique et de la Technologie-Tunisie

effectifs *enrollments;* cartouchards *students repeating a university year for the last time before being expelled* (*mostly used in Africa*)*;* filières *tracks;* santé *health;* sylviculture *forestry;* halieutique *fishery;* formation des maîtres *teacher education*

5-36 Les étudiants tunisiens, les effectifs. Encerclez la bonne réponse.

1. Les effectifs étudiants ont augmenté d'environ (54% / 64% / 74%) entre 2000 et 2007).

2. La plus grosse augmentation d'effectifs a eu lieu en (2001 / 2002 / 2002–2003 / 2003–2004).

5-37 Les filières suivies. Complétez le paragraphe en employant les mots et les expressions suivantes: l'informatique; vétérinaires; le monde des affaires; enseignants; filières

Les étudiants tunisiens préfèrent les **1.** _____ appliquées plutôt que théoriques. Beaucoup d'étudiants veulent travailler dans **2.** _____ ou de **3.** _____ En revanche, très peu de ces étudiants veulent devenir **4.** _____ ou **5.** _____

Le rythme universitaire en Tunisie

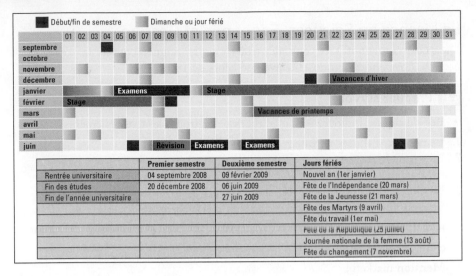

5-38 Le calendrier universitaire. Consultez le calendrier pour finir les phrases.

1. A l'Université Libre de Tunis, la rentrée des cours commence en…
2. Le semestre d'automne finit en…
3. Avant de passer leurs examens de fin de semestre, les étudiants révisent pendant…
4. Les examens de fin de premier semestre durent du… au…

5-39 Un rythme similaire ou différent? Selon le calendrier de l'Université Libre de Tunis et les calendriers académiques aux Etats-Unis, quelles affirmations sont applicables à quel pays?

1. Les étudiants retournent à l'université avant la fin de l'été.
2. Les étudiants ont des examens le samedi.
3. Les étudiants ont une semaine de révision avant de passer les examens.
4. Les étudiants ont une semaine d'examen plus courte.
5. Les étudiants ont des vacances plus longues pendant le semestre de printemps.

5-40 Comparaisons. Cherchez les similarités et les différences entre les emplois du temps universitaires aux Etats-Unis et en Tunisie. Considérez: l'horaire des cours, la durée des cours, la variété des cours, le choix des cours.

Université Libre de Tunis

Semestre: II

1er Cycle

EMPLOI DU TEMPS

Classe: 1ère année Sciences Eco. et de Gestion (Groupe 1)

	8	9	10	11	12	13	14	15	16
LUNDI		INFORMATIQUE A 3	STATISTIQUES II A 1	INFORMATIQUE TP 3-105					
MARDI		DROIT II A 1							
MERCREDI	MATHEMATIQUES II A 1		ANGLAIS 2-204						
JEUDI	COMPTABILITE II A 1		COMPTABILITE II TD 2-204						
VENDREDI	GESTION II A 1		MATHS II TD	MACRO-ECONOMIE A 1					
SAMEDI									

©Université Libre de Tunis

La Licence en Sciences, Economie et Gestion

Dans ce document officiel, vous allez trouver des renseignements sur la *Licence en Sciences, Economie et Gestion* à l'Université Libre de Tunis.

5-41 **Premier survol**

• **Les rubriques.** Indiquez sous quel rubrique on trouve les renseignements suivants.

1. Le nombre d'années nécessaires pour obtenir le diplôme: _____.
2. Les emplois ouverts (*accessible*) à la formation en économie et gestion: _____.
3. Le diplôme nécessaire pour s'inscrire: _____.
4. Le nombre de crédits pour compléter ce diplôme: _____.

• **Une question de terminologie.** Quelle est la signification des mots en **caractères gras?**

1. **Mention** marketing
2. **Etre titulaire** soit du baccalauréat
3. Un titre ou diplôme étranger permettant l'accès à l'enseignement supérieur dans les **pays de délivrance**
4. **Tronc commun:** 2 ans

Licence Economie et Gestion

Université Libre de Tunis: Ecole Internationale de Management

Diplôme: Licence Fondamentale
Domaine: Economie et Gestion
Mention: Marketing

• **Caractéristiques générales**
Crédit: 180 ECTS° (environ 60 crédits chaque année pendant trois ans)
Durée normale: 6 semestres
Langue d'enseignement: français

• **Durée des études**
Tronc commun°: 2 ans
Enseignement spécialisé: 1 an
Stage facultatif: 3 mois

• **Conditions d'accès**
Etre titulaire:
  • Soit du baccalauréat
  • Soit d'un titre ou diplôme admis en dispense du° baccalauréat
  • Soit d'un titre ou diplôme étranger permettant l'accès à l'enseignement supérieur dans le pays de délivrance et jugé équivalent par les autorités compétentes

Plan des études: Première année de Licence Economie et Gestion (Tronc commun)

Code	Matière	Code	Matière
	UV° obligatoires		UV au choix
FRA 1101	Français I	ECN 1102	Histoire économique
ANG 1101	Anglais I	ECN 1103	Comptabilité nationale
CTB 1101	Comptabilité financière I	FRA 1202	Français: techniques d'expression
GES 1101	Introduction à la gestion I	ANG 1202	Anglais: techniques d'expression
ECN 1101	Micro-économie I	DRT 1200	Les sources du droit du travail
DRT 1101	Droit I		
MAT 1101	Mathématiques I		
STT 1101	Statistiques I		
FRA 1201	Français II		
ANG 1201	Anglais II		
CTB 1201	Comptabilité financière II		
GES 1201	Introduction à la gestion II		
ECN 1201	Macro-économie I		
DRT 1201	Droit II		
MAT 1201	Mathématiques II		
STT 1201	Statistiques II		
IFT 1201	Informatique I		

©Université Libre de Tunis

ECTS *European credit transfer system;* Tronc commun *common core curriculum;* en dispense du *in exemption from;* UV = unité de valeur *credit*

- **Pour obtenir une Licence Economie et Gestion…** Consultez le document pour choisir la bonne réponse.

1. Les étudiants de Licence en Economie et Gestion doivent obtenir chaque année: 60 / 20 / 180 crédits.
2. Les cours sont donnés: en français / en anglais / en français et anglais.
3. En général, pour obtenir la Licence en Economie et Gestion il faut: 2 ans / 3 ans / 4 ans d'études.
4. Les étudiants de Licence en Economie et Gestion se spécialisent en: première / deuxième / troisième année.

- **Quel est le nombre de cours obligatoires?** Choisissez la bonne réponse.

1. En première année de Licence en Economie et Gestion? 15 / 16 / 17
2. En économie en première année de Licence en Economie et Gestion? 1 / 2 / 3
3. De langues en première année de Licence en Economie et Gestion? 2 / 3 / 4

- **Vie académique.** Sur la base des renseignements donnés dans l'activité précédente, écrivez un rapport en français de 5 à 7 phrases sur la vie académique des étudiants de première année de Licence en Sciences Ecomonie et Gestion à l'ULT. Employez les verbes **devoir, choisir, pouvoir** et **suivre** dans votre rapport.

Modèle: *Typiquement, un(e) étudiant(e) en première année de Licence en Sciences Economie et Gestion suit…*

De quel type de cours s'agit-il? Comment le savez-vous? Imaginez la future profession de ces étudiants.

Témoignages d'étudiants à l'Université Libre de Tunis

Dans les témoignages ci-dessous, des étudiants parlent de leur expérience à l'ULT.

5-43 **Premier survol**

- **Infos données.** A votre avis quels renseignements allez-vous trouver?

1. _____ les enfants de ces étudiants; **2.** _____ la filière (*track*) choisie; **3.** _____ la profession actuelle (*current*); **4.** _____ le nom des cours; **5.** _____ la date du diplôme; **6.** _____ la motivation pour étudier à l'ULT; **7.** _____ les avantages/désavantages de l'ULT; **8.** _____ la qualité des professeurs.

- **La chasse aux temps.** Lisez rapidement les phrases suivantes. Indiquez qui:
  (a) étudie à l'ULT ou (b) a terminé ses études.

1. _____ Ariane Monde Nsangou: ... Je poursuis un Master en marketing.

2. _____ Ahmed Mellouli: En 1995, j'ai obtenu un Master professionel en génie civil.

3. _____ Inès Hammani: J'ai reçu mon Master en 1995.

A votre avis, de quels pays viennent les étudiants à l'Université de Tunis?

Je m'appelle **Ariane Monde Nsangou**, je viens du Cameroun. Je poursuis un Master en marketing à l'ULT. Après mon baccalauréat, j'ai choisi d'intégrer l'ULT pour suivre une formation en Economie et Gestion. Je ne regrette vraiment pas ce choix car je pense que les formations à l'ULT sont de bonne qualité. Les cours donnent un bon aperçu des domaines de la gestion (finance, marketing...) avant de choisir une spécialité. J'apprécie particulièrement les travaux en groupe et les présentations à l'oral qui me permettent de développer mon assurance.

Je m'appelle **Ahmed Mellouli**, je suis tunisien. En 1995, j'ai obtenu un Master professionel en génie civil. Un des avantages majeurs de l'ULT est la possibilité d'étudier à l'étranger°: durant ma 3ème année; je suis parti faire un semestre d'études à l'université Laval à Québec. Cette expérience a été un atout incontestable° pour ma vie active. De plus l'ULT a de nombreuses installations (salles informatiques, accès Internet et riche bibliothèque) qui aident le travail des étudiants.

Je m'appelle **Inès Hammani**; je suis tunisienne. J'ai reçu mon Master en 1995, et ensuite j'ai fait un DEA° en Sciences de gestion et informatique à l'université Sophia Antipolis de Nice. Puis j'ai préparé et soutenu ma thèse de Doctorat en informatique; j'enseigne maintenant à l'IUT° de Nice. Ma formation à l'ULT a été une bonne préparation pour mes études de recherche et d'enseignement universitaire.

©Université Libre de Tunis

à l'étranger *abroad*; a été un atout incontestable *has been a tremendous asset*; DEA *Diplôme d'Etudes Approfondies*; IUT = Institut Universitaire de Technologie.

5-44 **Essentiel à saisir**

- **En résumé.** Remplissez (*fill in*) le tableau selon les témoignages. Si les renseignements n'apparaissent pas dans les témoignages, laissez en blanc (*leave the cell empty*).

	Ariane Monde Nsangou	Ahmed Mellouli	Inès Hamman
Originaire de la / du...			
Filière (*track*)			
Diplôme: Préparé ou date reçue			
Profession			
Deux aspects appréciés à l'ULT			

- **Quelles portes ouvre ce diplôme?** Des étudiants de l'ULT parlent de leur spécialisation et décrivent leur choix de carrière. Sélectionnez la profession qu'ils vont choisir.

   a. météorologue   **c.** bio-informaticien   **e.** ingénieur télécom
   b. juge   **d.** géologue

Modèle: Fatima: Je prépare un Doctorat en électro-informatique. La technologie change constamment et la télécommunication continue à se développer. Je voudrais devenir…
   — Fatima: Je voudrais devenir ingénieur télécom.

_____ **1.** Saïd: Je prépare un Doctorat en sciences de la terre. J'aime beaucoup observer et interpréter les phénomènes complexes de la planète. En plus, j'apprécie les explorations en nature. Je voudrais être…

_____ **2.** Ahmed: Je me spécialise en sciences atmosphériques parce que j'aime beaucoup les climats. En plus, j'aime beaucoup les cartes et la géographie. Je voudrais devenir…

_____ **3.** Nabil: Je me spécialise en sciences juridiques. Je prépare un Master en droit public. Je voudrais devenir…

_____ **4.** Leïla: J'aime la recherche dans les laboratoires high-tech. Je me spécialise en informatique et en génétique. J'apprécie les expériences de manipulations de génomes. Je voudrais devenir…

Les universités publiques tunisiennes

5-45 Profils. Visitez le site de _Français–Monde_ et utilisez le lien et/ou les critères de recherche donnés pour trouver une université publique en Tunisie pour choisir une université. Puis prenez des notes sur différents aspects de «votre» université: nom de l'université; ville; date de sa création; nombre d'étudiants; les trois spécialisations les plus populaires.

5-46 Remarques. Travaillez avec un(e) partenaire qui a exploré une université différente de la vôtre. Comparez vos universités. Enfin, faites un rapport devant la classe basé sur votre conversation.

📖 Travail d'ensemble
06-41

5-47 Dis-moi… Posez les questions suivantes à votre partenaire: Quelle spécialisation est-ce que tu veux choisir Qu'est-ce que tu veux devenir à la fin de tes études? Notez vos réponses et rapportez vos résultats à la classe.

5-48 Faire le bilan. Pensez aux informations et données dans **Pour commencer, Pour aller plus loin** et **A la découverte** et travaillez avec un(e) partenaire pour synthétiser ce que vous avez appris des universités, diplômes et carrières en France et en Tunisie dans le tableau ci-dessous.

http://www.pearsonhighered.com/francais-monde

Vocabulaire supplémentaire

Nom: Mon université s'appelle… Elle est située à… Et quelle université as-tu recherchée?

Date: Cette université a été créée en… Et ton université?

Etudiants: Il y a… d'étudiants. Combien…?

Spécialisations: Les spécialisations les plus populaires sont… Et à ton université, quelles…?

France: Le Bac	
France, Tunisie: Le Système LMD	
Tunisie: Vie universitaire et étudiants (effectifs, filières populaires, calendrier universitaire, etc.)	

Avec les renseignements du tableau, écrivez un résumé (entre 8 et 10 phrases) sur la vie universitaire en France et en Tunisie.

A votre tour

Exposition

Vous et votre partenaire avez décidé d'aller étudier à l'Université Libre de Tunis (l'ULT) où les cours sont en français. Vous avez besoin d'améliorer (*to improve*) votre français avant d'arriver en Tunisie et vous décidez de suivre un cours intensif de langue à l'Ecole ACCORD à Paris pendant l'été. Vous devez remplir le bulletin d'inscription (*application*), procurer tous les documents requis et faire à un entretien. Pour vous aider à faire ce travail, vous allez compléter une série d'activités dans votre manuel et votre cahier d'exercices qui comprennent. . .

• examiner la brochure des cours d'une école de langue

• auto-évaluer vos compétences en français

• considérer les cours appropriés pour vos objectifs

• produire des échantillons (*samples*) oraux et écrits de votre français

• vous préparer à l'entretien

📖 Zoom sur...

05-42 to 05-45

Cours FLE (Français Langue Etrangère) à ACCORD

5-49 **La brochure.** Quels renseignements est-ce que vous allez trouver dans la brochure du programme de langue et culture? Répondez **oui (O), peut-être (P)** ou **non (N)** pour chaque mention (*item*).

_____ le type de programme; _____ les cours offerts; _____ le prix du programme; _____ les jours de fermeture (*closing days*) de l'école; _____ l'âge minimum pour s'inscrire; _____ les effectifs des cours; _____ l'approche pédagogique des cours; _____ la durée des leçons; _____ le jour où commencent les cours; _____ la possibilité d'obtenir un diplôme reconnu par l'Etat (*recognized by the French government*)

5-50 **Les cours offerts.** Quel type de cours ces personnes vont-elles choisir: **général (G)** ou **objectif professionnel (OP)?**

_____ 1. Une étudiante américaine qui veut mieux communiquer avec les gens pendant ses vacances en France.

_____ 2. Un professeur de français américain qui veut améliorer ses techniques d'enseignement du français.

_____ 3. Une femme d'affaires américaine qui veut mieux négocier avec ses partenaires francophones.

_____ 4. Un directeur de chaîne d'hôtel internationale qui veut mieux communiquer avec ses collègues francophones.

La brochure d'ACCORD

5-51 **Termes à déterminer.** Utilisez le contexte pour comprendre les mots en caractères gras.

> A ACCORD, vous avez accès à (1) 20 salles spacieuses et **lumineuses;** Internet (2) **gratuit;** une cyber-cafétéria ouverte pendant les (3) **pauses;** un centre de ressources pour (4) **travailler en autonomie;** une (5) **médiathèque.**

Ensuite vérifiez avec un(e) partenaire si vous êtes d'accord.

ACCORD – Ecole de Langues – Paris

14 boulevard Poissonnière, 75009 Paris – France
Tél: +33(0) 1 55 33 52 33; Fax: +33(0) 1 55 33 52 34
Email: info@accord-langues.com
Toile: http://www.french-paris.com

14 étudiants maximum par cours

Nos cours intensifs de groupe   **Tous les cours débutent le lundi**

Cours intensif de français général 'A' **20 heures / 26 leçons / semaine**
> 5 matinées (9h à 13h) consacrées à l'écrit et l'oral

Ateliers spécialisés Ajoutez 3, 6 ou 9 heures de français spécifique l'après-midi
> mardi: Travail sur l'écrit et la grammaire
> mercredi: Compréhension et expression orale
> jeudi au choix: Préparation aux examens TCF / TEF / DELF / DALF; Français des affaires; Sortie pédagogique "Culture et civilisation parisiennes"

Nos cours sur objectifs professionnels

Français et Droit **29 heures / semaine, pendant 2 semaines** (Niveau B1 requis)
> Découvrez la langue du droit français et rencontrez des spécialistes: avocats, etc.

Français et Entreprise **29 heures / semaine, pendant 2 ou 5 semaines**
(Niveau B1 requis)
> 20 heures / semaine en français général, 9 heures d'ateliers de français économique et commercial la première semaine
> Un stage en entreprise à partir de la deuxième semaine.

A l'école Accord, vous avez accès à:
> 20 salles spacieuses et lumineuses, équipement audio-visuel
> une cyber-cafétéria avec ordinateurs et accès Internet gratuit
> un centre de ressources / laboratoire pour travailler en autonomie et une médiathèque

Hébergement disponible pendant votre séjour
> En famille d'accueil: à partir de 225€ / semaine
> Résidence Hôtelière «Le 300» (La Bastille): 550€ / semaine
> En résidence, appartements ou hotel: prix variables
> En résidence universitaire (été uniquement): 210€ / semaine

©ACCORD-Paris

---

ateliers *workshops*

5-52 **Infos cours.** Encerclez la réponse correcte selon les renseignements de la brochure.

1. Il y a (dix / douze / quatorze) étudiants maximum par cours.
2. Les cours commencent toujours (le lundi matin / le lundi après-midi / le lundi soir).
3. Les étudiants sont en cours le matin pour (deux / trois / quatre) heures.
4. Les étudiants ont (vingt / trente / quarante) heures de cours de français langue générale par semaine.
5. Il y a (cinq / six / sept) ateliers de spécialité offerts à ACCORD.
6. Des professionnels (du droit / des affaires / du droit et des affaires) offrent certains cours.

Intégration

05-46
to 05-47

Inscription aux cours

 5-53 **Je m'auto-évalue.** Visitez le site de *Français-Monde* et utilisez le lien et/où les critères de recherche donnés pour accéder au tableau d'auto-évaluation (*self-assessment*). Choisissez la meilleure description de votre niveau (*level*) et écrivez A1, A2, B1, B2, C1 ou C2 pour chaque catégorie ci-dessous.

Ecouter	Niveau:
Lire	Niveau:
Participer à une conversation	Niveau:
Parler à une audience	Niveau:
Ecrire	Niveau:

Sur la base de vos réponses, quel est votre niveau général en français? Vrai débutant? Débutant? Intermédiaire 1? Intermédiaire 2? Avancé 1? Avancé 2? Avec un(e) partenaire comparez vos réponses.

5-54 **Je m'inscris.** Remplissez le bulletin d'inscription sur la page de droite.

 5-55 **Je parle de mes choix.** Avec un(e) partenaire partagez vos réponses: Quels cours as-tu choisis? Pourquoi? Quel est ton choix d'hébergement? Pourquoi, quels sont ses avantages? Tu vas louer une voiture? Pourquoi ou pourquoi pas?

5-56 **J'enregistre mon introduction.** ACCORD vous demande de faire un enregistrement vidéo d'une minute maximum sur votre apprentissage (*experience*) en français. Basez votre introduction sur l'auto-évaluation et le bulletin d'inscription. Donnez les renseignements suivants: nom, âge et université; spécialisation et cours ce semestre; objectifs professionels après vos études; apprentissage du français (nombre d'années, titre de manuels, évaluation de votre français)

5-57 **J'écris mon paragraphe.** ACCORD vous demande d'écrire un paragraphe de 5 à 7 phrases en français pour expliquer pourquoi les cours d'été vous intéressent. Organisez votre paragraphe dans l'ordre suivant: (1) les avantages d'ACCORD et de son emplacement (*location*); (2) comment les études à ACCORD sont importantes (pour vos études et votre carrière).

 5-58 **Je fais mon entretien.** Finalement, avec un(e) partenaire, jouez le role de l'étudiant(e) et du conseiller pédagogique d'ACCORD qui évalue votre demande et vérifie que votre choix de cours est adapté.

ACCORD — Ecole de Langues

14 boulevard Poissonnière, 75009 Paris – France
Tél: +33(0) 1 55 33 52 33; Fax: +33(0)1 55 33 52 34
Email: info@accord-langues.com; Toile: http://www.french-paris.com

Bulletin d'Inscription

☐ Monsieur
☐ Madame
☐ Mademoiselle

Nom: _____
Prénom: _____
Adresse: _____
Ville: _____
Code Postal: _____
E-mail: _____
Téléphone privé: _____
Pays: _____

Date de naissance (jj/mm/aaaa): _____
Nationalité: _____
Profession: _____
Langue maternelle: _____
Autres langues: _____

Cours choisi(s):

☐ Cours intensif de Francais général
    ☐ (20 heures / semaine)
    ☐ (23 heures / semaine) _____ Ateliers Spécialisés
                                         Indiquez vos choix: _____
    ☐ (26 heures / semaine) _____ Ateliers Spécialisés
                                         Indiquez vos choix: _____
    ☐ (29 heures / semaine) _____ Ateliers Spécialisés
                                         Indiquez vos choix: _____

☐ Cours particulier, nombre de leçons: _____
☐ Français des Affaires
☐ Français et Droit
☐ Français et Entreprise

Date de début souhaitée (jj/mm/aaaa): _____

Niveau de langue estimé:
☐ A1 Vrai débutant   ☐ A2 Débutant
☐ B1 Intermediaire 1   ☐ B2 Intermediaire 2
☐ C1 Avancé 1   ☐ C2 Avancé 2

Merci de nous indiquer le type d'hébergement que vous souhaitez:
☐ En famille d'accueil (des chambres individuelles, avec petit déjeuner seulement ou en demi-pension
    (petit déjeuner et dîner).
    Allergie éventuelle (préciser): _____
    Fumez-vous ? ☐ Oui ☐ Non
    Si «non», acceptez-vous de loger chez des fumeurs? ☐ Oui ☐ Non
☐ En résidence hôtelière
☐ En résidence (CISP, Pierre et vacances, Hôtel Appart'City), appartement ou hôtel
☐ En résidence universitaire
Dates de votre hébergement: du _____ au _____
    Date prévue de votre arrivée à Paris: _____
    Date prévue de votre départ de Paris: _____
Disposerez-vous d'une voiture en France ? ☐ Oui ☐ Non
Vous voulez ajouter un commentaire, écrivez-nous ici.

Vocabulaire

Pour commencer 🔊

Discussing one's major

General terms

le domaine (académique)	(academic) area
la spécialisation (académique)	(academic) major

Liberal arts and arts

l'architecture (f.)	architecture
l'art (m.)	art
les beaux-arts	fine arts
les langues (f.)	languages
les lettres (f.)	letters
la littérature	literature
la musique	music
la philosophie	philosophy

Life and social sciences

l'économie (f.)	economics
l'histoire (f.)	history
la psychologie	psychology
les sciences humaines et sociales	life and social sciences
les sciences politiques (les sciences po) (f.)	political science
la sociologie	sociology

Sciences

la biologie	biology
la chimie	chemistry
les mathématiques (les maths) (f.)	math
la physique	physics
les sciences (f.)	science

Professional studies

le droit	law
l'enseignement (m.)	teaching
les études commerciales	commercial studies
les études d'ingénieur	engineering studies
les études professionnelles	professional studies
la gestion	management
l'informatique (f.)	computer engineering
l'ingénierie (f.)	engineering
le marketing	marketing
la médecine	medecine
la pharmacie	pharmacy

Discussing one's major (continued)

Professions

administrateur(-trice)	manager
architecte	architect
artiste	artist
avocat(e)	lawyer
biologiste	biologist
chimiste	chemist
économiste	economist
historien(ne)	historian
homme / femme d'affaires	businessman/businesswoman
informaticien(ne)	computer scientist
ingénieur	engineer
instituteur(-trice)	elementary school teacher
linguiste	linguist
mathématicien(ne)	mathematician
médecin	doctor
musicien(ne)	musician
pharmacien(ne)	pharmacist
philosophe	philosopher
physicien(ne)	physicist
professeur (prof)	high school (or college) teacher
la profession	profession
psychologue	psychologist
sociologue	sociologist

Discussing educational plans

J'ai l'intention d'étudier...	I intend to study . . .
J'ai un diplôme en...	I have a degree in . . .
J'ai une formation en...	I have training in . . .
J'étudie à (+ le nom de l'université)	I am studying at . . .
Je fais des études (f.) en...	I am studying . . .
Je fais un stage.	I am doing an internship.
Je me spécialise en (+ spécialisation)	I am majoring in . . .
Je prends des cours en...	I am taking courses in . . . (colloquial)
Je prépare un diplôme en...	I am doing a degree in . . .
Je suis des cours en...	I am taking courses in . . .
Je suis diplômé(e) en...	I have a degree in . . .
Je voudrais devenir (+ profession)	I would like to become a . . .
Je voudrais faire des études en...	I would like to study . . .

Pour aller plus loin 🔊

Discussing one's major *(continued)*

Je voudrais me spécialiser en (+ spécialisation)	*I would like to major in . . .*
Je voudrais poursuivre des études en...	*I would like to pursue studies in . . .*
Mon programme dure... ans	*My program takes . . . years*

Adverbs

assez	*enough*
attentivement.	*attentively*
beaucoup	*much, a lot*
constamment.	*constantly*
lentement.	*slowly*
patiemment	*patiently*
peu	*little*
presque	*almost*
sérieusement	*seriously*
très	*very*
trop	*too (much)*
vraiment	*really*
vite	*fast*

Regular *-ir* verbs

agir	*to act*
choisir	*to choose*
finir	*to finish*
réagir	*to react*
réfléchir à	*to think about*
réussir	*to succeed, to be successful*
réussir à	*to pass (a test)*

Other verbs

apprendre	*to learn*
comprendre	*to understand, to include*
devoir	*must, to have to, to owe*
poursuivre	*to pursue*
prendre	*to take (a course [colloquial]), to have (food)*
suivre	*to follow, to take [a course]*

Describing personal qualities

J'ai le sens de (+ nom)	*I am good at . . .*
J'ai le goût de (+ nom)	*I like . . .*
l'autodiscipline (f.)	*self-discipline*
l'autonomie (f.)	*autonomy*
l'écoute (f.)	*listening*
l'observation (f.)	*observation*
l'organisation (f.)	*organization*
la solitude	*solitude*
le travail bien fait	*work well done*
le travail en équipe	*teamwork*
J'ai la capacité de (d') (+ infinitif)	*I am able . . .*
m'adapter à des situations variées	*to adapt to various situations*
communiquer avec...	*to communicate with . . .*
équilibrer mon emploi du temps	*to balance my schedule*
faire une interview (un entretien)	*to conduct an interview*
motiver les gens	*to motivate people*
négocier un consensus	*to negotiate a consensus*
participer à une conference	*to participate in a presentation*
résister au stress	*to avoid stress*

Etudier à l'étranger

Themes and Communication

Discussing the items needed for travel abroad

Discussing the steps needed to prepare for study abroad

Discussing the advantages of studying overseas

Structures

Regular **-re** verbs and the **passé composé** of regular **-re** verbs

Asking questions in the **passé composé**

The **passé composé** with **être**

Irregular past participles

The **passé composé** of pronominal verbs

The verbs **dire, lire,** and **écrire**

Destinations

France, Belgium, and Switzerland

Project

Applying to an academic exchange program overseas

Voici la Commission européenne à Bruxelles. Pour vous, en quelques mots, l'Europe, c'est quoi?

Pour commencer

Contextes Dans cette section vous apprenez à discuter des avantages d'un programme d'échange à l'étranger et des qualités nécessaires pour un séjour réussi.

Mes études à l'étranger

6-1 **Avant de visionner.** Qu'est-ce que Simon va dire de son séjour à Paris? Lisez les phrases suivantes. Décidez s'il est **probable (P)** ou **peu probable (PP)** que les phrases suivantes apparaissent dans la vidéo.

_____ **1.** Je suis à Paris pour affaires.
_____ **2.** Je suis très content de mon séjour en France.
_____ **3.** Je fais ma licence.
_____ **4.** Mon séjour à Paris va durer trois semaines.
_____ **5.** Je fais des études en littérature anglaise.

to 06-02

> **Visionnez la vidéo** **Simon parle de son programme d'échange en France**
>
> Simon, un étudiant allemand, fait un échange en France. Il parle de son programme avec Emilie et Clémence.
>
>
>
> — Salut, je m'appelle Simon, je suis étudi-ant Erasmus.
>
> — Clémence, c'est Simon, un ami allemand.
>
> — Je fais des études de littérature française.

6-2 **Mon programme d'échange à Paris.** Complétez les phrases suivantes d'après les renseignements donnés par Simon dans la vidéo.

1. Salut, je m'appelle Simon. Je suis étudiant _____.
2. Je viens d' _____.
3. Oui, ça se passe _____. Je suis très content.
4. Je fais des études de _____.
5. Je vais faire mon _____ en Allemagne.

6-3 **Les réponses de Simon.** Simon aime son programme Erasmus en France. Comment répond-il aux questions des jeunes filles? Répondez comme lui.

1. Alors, ça se passe bien?
2. Tu es content de l'université en France?
3. Tu es en quoi?
4. Tu fais ta licence ou ton master?

06-03 to 06-04

Quels sont les préparatifs pour séjour à l'étranger?

1. demande
2. financement
3. logement
4. documents de voyage
5. billet aller/retour

1. découvrir les atouts (*assets*) du programme

faire sa demande (*to apply*)

remplir des formulaires

écrire une lettre de motivation

demander une lettre de recommandation

assurer le transfert de crédits

2. assurer le financement

frais de scolarité (*tuition*), de logement (*housing*), de voyage

une bourse (*scholarship*)

3. trouver un logement

dans une résidence universitaire (*student housing*)

dans une famille

4. se procurer (*get*) ou renouveller (*renew*) les documents de voyage

un passeport

un visa (si nécessaire)

un certificat de vaccination

5. acheter les billets d'avion

un (billet) aller/retour

un aller simple

6-4 **Quelques détails.** Choisissez la bonne réponse à propos des études à l'étranger.

Questions

____ **1.** Combien de temps durent les études?

____ **2.** Tu as demandé une lettre de recommandation?

____ **3.** Comment est-ce que tu vas financer tes études?

____ **4.** Où est-ce que tu vas habiter?

____ **5.** Est-ce que tu as besoin (*need*) d'un visa?

Réponses

a. Oui, à mon prof de français.

b. Un semestre.

c. Non, juste d'un passeport.

d. Dans une famille.

e. Je fais une demande de bourse.

6-5 **Les préparatifs.** Vous et votre camarade allez à l'étranger. Ecrivez trois détails que vous pouvez biffer (*cross off*) de votre liste de préparatifs. Quels préparatifs est-ce qu'il (elle) peut biffer de sa liste?

Modèle: **E1:** *Est-ce que tu as fait ta demande?*

E2: *Non, je n'ai pas fini, mais j'ai déjà rempli... Et toi...?*

Après: Il n'a pas fini... Mais moi, j'ai déjà... Nous avons...

Voix francophones au présent: Mon séjour à l'étranger

Dans cette interview, Dahlila et Pierre parlent avec Amy Guidry. Amy, une étudiante de Louisiane, est en échange à Paris pour perfectionner son français.

6-6 **Avant d'écouter.** Qu'est-ce que vous savez à propos des séjours à l'étranger? Lisez les expressions suivantes et choisissez celle qui complète les phrases.

1. Pour perfectionner ses connaissances en langue étrangère, il est utile: de faire un séjour à l'étranger / d'acheter un manuel.
2. Un séjour dure généralement: quelques jours / quelques semaines ou quelques mois.
3. L'expérience du séjour à l'étranger aide à: acheter des choses merveilleuses / trouver un bon poste après.

Pour bien écouter **Focusing on key words in context**

Focus on key words to help you understand spoken French. For instance, in the interview you are about to hear, Dahlila, Pierre, and Amy are discussing their **formation** (*academic training*) and **études à l'étranger** (*study abroad*). Listening for key expressions and phrases pertaining to academic and professional background will help you understand the interview.

Ecoutons! **Voix francophones au présent:** Mon séjour à l'étranger

DAHLILA: Vous êtes ici à Paris en échange. Pouvez-vous nous parler de cet échange?

AMY: J'aime beaucoup mes collègues et les cours.

6-7 **Qu'est-ce qu'elle dit?** Indiquez les affirmations qui sont vraies. Corrigez celles qui sont fausses.

1. Amy est à Paris en échange.
2. Elle fait des études prémédicales.
3. Elle a l'intention de devenir professeur de français.
4. D'après Amy, les cours en France sont faciles.
5. Amy va terminer ses études en France.
6. Elle veut travailler pour une organisation comme Médecins sans Frontières.

6-8 **Elle dit que...** Travaillez avec un(e) partenaire pour compléter les phrases d'Amy.

1. Je fais un BS à...
2. J'ai l'intention de faire des études...
3. J'ai décidé de voyager en France pour...
4. Mon échange dure...
5. Je sens que mon expérience va...

📖 Erasmus

Erasmus (*European Community Action Scheme for the Mobility of University Students*) c'est le nom du programme d'échange d'étudiants et d'enseignants entre les universités et les grandes écoles européennes. Au commencement, en 1987, 3 000 étudiants aventureux partent un semestre ou deux à l'étranger. Aujourd'hui, ils sont environ 150 000 à partir chaque année. Dans l'espace de 20 ans, un million et demi de participants ont étudié dans des universités européennes.

En 2004 la version internationale d'Erasmus, Erasmus Mundus, fait son début. Le principe est de faire partir des étudiants européens à l'international et de faire venir des étudiants en Europe. Le but° est de faire reconnaître mondialement la qualité des universités de l'Union européenne.

L'expérience Erasmus est un atout pour la vie professionnelle. Une grande majorité des anciens étudiants Erasmus considèrent leur séjour comme un avantage quand ils postule pour leur premier poste. Ils apprécient surtout l'amélioration° de leurs compétences linguistiques et l'élargissement° de leur horizon culturel. L'expérience Erasmus est tellement positive que pour certains le séjour à l'étranger est maintenant un 'must'.

Qu'est-ce que ces étudiants ont fait pendant leur participation au programme Erasmus?

🔊 ─────────────────────

— Je suis venue à Paris en échange avec l'aide de mon université. Le bureau des échanges académiques de mon université a facilité mon séjour en Europe. C'est la meilleure façon de faire un échange.

─────────────────────

but *goal;* amélioration *improvement;* élargissement *broadening*

6-9 **Erasmus: Qu'est-ce que c'est?** Cherchez une autre façon d'exprimer les phrases suivantes d'après l'article.

1. Erasmus est un programme d'échange de professeurs aussi bien que d'étudiants.
2. En 20 ans, il y a eu (*there were*) 1,5 millions d'échanges d'étudiants.
3. Erasmus Mundus, la version internationale, a été fondée en 2004.
4. On considère qu'Erasmus est un grand avantage quand on cherche un emploi.
5. Les participants d'Erasmus trouvent qu'ils s'expriment mieux dans la langue étrangère.

6-10 **J'ai des questions.** Vous allez faire un échange à l'étranger. Travaillez avec un(e) partenaire. Une personne va jouer le rôle de l'étudiant(e) et l'autre va jouer le rôle du directeur du bureau d'échanges académiques. Formulez trois questions à poser au directeur. Il/Elle va répondre aux questions selon la lecture.

Modèle: **E1:** *Est-ce qu'on peut faire un échange en Espagne?*
E2: *Oui, bien sûr, les échanges en Espagne sont très populaires.*

6-11 **Recherche en ligne.** Allez sur le site de *Français–Monde* et utilisez les liens et/ou les critères de recherche donnés pour accéder à des programmes d'études à l'étranger. Est-ce qu'il existe en France des programmes d'échange pour les arts? Et pour les sciences? Ecrivez le nom et le lieu (*place*) de deux programmes pour les arts et deux pour les sciences.

http://www.pearsonhighered.com/
francais-monde

to 06-09

Pour bien prononcer — **The letters eu**

The pronunciation of the letters **eu**, as in the French word **deux**, has no equivalent in English. To pronounce **eu**, start with the vowel sound in **les** then round the lips. Be sure to keep your lips rounded and the tip of the tongue against the lower teeth while pronouncing the sound. As with most French sounds, this sound requires the speaker to keep the lips and tongue tense while pronouncing it.

The vowel sound **eu** occurs mostly at the end of words or at the end of syllables, as in v**eu**x and d**eu**x. It also occurs frequently before the sound **z,** as in merveill**eu**se and séri**eu**se.

When it is followed by any other sound in the same syllable, it is pronounced a bit differently, in a more relaxed variant with the lips less rounded, as in the word l**eu**r. This variant occurs most often before the sound **r**, as in vend**eu**r and h**eu**re.

Read aloud the following paragraphs.

Les échanges académiques **eu**ropéens sont très utiles, surtout pour les cours supéri**eu**rs. Les étudiants ambiti**eu**x et c**eu**x qui v**eu**lent réussir p**eu**vent suivre un cursus intéressant et apprendre une langue étrangère en même temps. Quelle idée merveill**eu**se!

Et plus tard, à la fin des études, on p**eu**t obtenir (*get*) un meill**eu**r poste parce qu'on connaît une langue étrangère et on a vécu en **Eu**rope.

Regular -re verbs and the **passé composé** of regular -re verbs

06-10 to 06-11

You have already learned the conjugation of regular **-er** and **-ir** verbs. A third group of regular verbs has infinitives that end in **-re.** Read the dialogue, paying particular attention to the verb endings. Then answer the questions.

A vous de décider

1. What is Jorge waiting for? Why is he impatient?
2. What two verbs are in the **passé composé?**
3. What two pronouns go with the verb form **attends**? _____

De plus près **L'appel de Jorge**

Amy répond au téléphone. C'est son ami Jorge.

AMY: Salut Jorge, alors, tu as des nouvelles° à propos de ton échange académique ou est-ce que **tu attends**° toujours?

JORGE: Pas de nouvelles. **J'attends** toujours la réponse.

AMY: **Ils vont répondre** bientôt, ne t'inquiète pas.

JORGE: Je suis inquiet. **J'ai attendu** deux semaines déja! **J'ai perdu**° un peu espoir...

---

nouvelles *news;* tu attends *are wating;* j'ai perdu *lost*

1. The present of regular **-re** verbs

To conjugate regular verbs whose infinitives end in **-re,** such as **attendre** (*to wait for*) and **répondre** (*to answer*)...

- Find the verb stem by dropping the letters **-re** from the infinitive form:

    attend~~re~~ → attend

- Add the endings **-s , -s, —, -ons, -ez, -ent** to the stem.

J'attends toujours la réponse.	Nous **attendons** les nouvelles.
Tu **attends** ton collègue Jorge?	Vous **attendez** quelqu'un?
Il/Elle/On **attend** les résultats de l'examen.	Ils/Elles **attendent** la fin de la conférence.

Note: The letter **d** is silent in the **je, tu,** and **il/elle/on** forms, but it is pronounced in the plural forms: **elle répond / elles répondent; il attend / ils attendent.**

2. The present tense of other **-re** verbs

Other regular **-re** verbs include:

entendre *to hear*
perdre *to lose*
rendre *to give back, to return (something)*
rendre visite à *to visit (someone)*
vendre *to sell*

3. The **passé composé** of regular **-re** verbs

The past participle of regular **-re** verbs is formed by dropping the infinitive ending and adding the appropriate participle ending, **-u.**

attend~~re~~ + u → attendu

J'ai attendu la réponse à ma demande.	Nous **avons attendu** la lettre.
Tu **as attendu** le professeur.	Vous **avez attendu** la réponse?
Il/Elle/On **a attendu** les résultats de l'examen.	Ils/Elles **ont attendu** deux semaines.

6-12 J'ai fait une demande. Amy et Jorge continuent leur discussion sur les échanges académiques. Jorge est inquiet mais Amy est optimiste. Comme eux, vous êtes impatient(e) et votre partenaire est optimiste. Discutez du problème.

Modèle: faire une demande

> **E1:** *Tu as fait une demande pour un échange académique?*
> **E2:** *Oui, j'ai fait une demande mais l'université ne répond pas. Je perds espoir.*
> **E1:** *Mais non, ne perds pas espoir. Il faut être patient(e)!*

1. faire la demande
2. attendre la réponse
3. répondre à toutes les questions
4. perdre des documents
5. rendre visite au directeur

6-13 Le week-end dernier. Qu'est-ce que vos camarades ont fait pendant la semaine? Posez des questions et prenez des notes pour faire un rapport. Écrivez le nom et l'activité ci-dessous. Attention à l'utilisation de l'adjectif possessif.

Modèle: rendre le projet

> **E1:** *Est-ce que tu as rendu le projet la semaine dernière?*
> **E2:** *Oui, j'ai rendu mon projet mardi.*
> **ou** *Non, je n'ai pas rendu mon projet la semaine dernière.*

lundi	
mardi	*Tim a rendu son projet.*
mercredi	
jeudi	
vendredi	
samedi	
dimanche	

1. rendre visite à la famille
2. attendre les amis après le cours
3. rendre les devoirs la semaine dernière
4. vendre les livres du semestre dernier
5. rendre les livres à la bibliothèque

Asking questions in the **passé composé**

06-12 to 06-13

Questions and answers play an important role when reporting past actions. Read the dialogue, paying particular attention to the sentence structure. Then answer the questions.

> **De plus près**   **La demande**
>
> *Chloë parle à son amie Nora à propos de sa demande pour un programme d'études à l'étranger.*
>
> **CHLOË:** **Est-ce que tu as envoyé** ta demande pour le programme d'études?
>
> **NORA:** Non, malheureusement… trop de travail. Et toi, **tu as envoyé** ta demande?
>
> **CHLOË:** Oui, mais je n'ai pas ajouté la lettre de motivation. Toi, **tu as ajouté** ta lettre, **n'est-ce pas?**
>
> **NORA:** Pas de lettre, pas de demande. Je n'ai rien fait. Je suis débordée°.

débordée *swamped*

A vous de décider

1. What are Chloë and Nora discussing?
2. What three types of questions in the **passé composé** appear in the dialogue?

1. The formation of the interrogative of the passé composé

Like the interrogative of the present tense, the interrogative of the **passé composé** can be formed in four ways:

- Using rising intonation

  Tu as envoyé ta demande?

- Using **est-ce que**

  Est-ce que tu as envoyé ta demande?

- Adding **n'est-ce pas** to confirm information

  Tu as envoyé ta demande, **n'est-ce pas?**

- Using inversion (in more formal situations)

2. With inversion, the pronoun and the auxiliary verb are inverted. A hyphen is used between the auxiliary verb and the subject pronoun, and a **-t-** is inserted between **a** and **il, elle,** or **on** when the verb form ends in a vowel.

Avez-vous ajouté la lettre?

A-t-il envoyé sa demande?

When the subject is a noun, a pronoun is added.

Nora a-t-elle ajouté la lettre?

Vocabulaire supplémentaire

C'est trop difficile pour moi.	*It's too hard for me.*
Impossible!	*Impossible!*
Je n'ai pas le temps.	*I don't have time.*
Je n'ai rien fait.	*I haven't done anything.*
Je suis débordée.	*I'm swamped.*

6-14 **Des choses à faire.** Chloë continue de poser des questions à Nora à propos de sa demande d'études à l'étranger. Nora répond au négatif parce qu'elle n'a pas le temps. Jouez les rôles de Chloë et de Nora.

Modèle: chercher des renseignements sur Internet
   E1: *Est-ce que tu as cherché des renseignements sur Internet?*
   E2: *Non, je n'ai pas cherché de renseignements sur Internet. Je n'ai rien fait!*

---

1. *envoyer la demande*

2. *ajouter une lettre de motivation*

3. *choisir un programme d'études*

4. *acheter un billet d'avion*

5. *parler au directeur du programme*

6-15 Qu'est-ce que tu as fait? Vous avez fait un séjour idéal à l'étranger. D'abord, cochez (*check off*) deux activités qui représentent votre expérience. Puis, circulez en classe et posez des questions à vos camarades à propos de leur expérience. Trouvez une personne qui répond **oui** à chaque question. Finalement, faites un rapport devant tout le monde à propos de vos expériences et des expériences de vos camarades.

Modèle: choisir le cours d'informatique

    E1: *Est-ce que tu as choisi le cours d'informatique?*
    E2: *Non, je n'ai pas choisi le cours d'informatique.*
    E3: *Oui,…*
    RÉSUMÉ: *Moi, j'ai… [Prénom], il (elle) a…*

	Moi	Prénom (d'une personne qui dit «oui»)
1. travailler dans une entreprise vinicole		
2. passer un an à l'étranger		
3. étudier l'histoire		
4. choisir de faire un stage		
5. habiter dans une famille		

The **passé composé** with **être**

to 06-15

Most verbs use **avoir** as an auxiliary verb in the **passé composé**, but some use **être**. Read the paragraph, paying particular attention to the verbs. Then answer the questions.

De plus près   **En échange à Miami**

Chloë Bartolli a participé à un programme d'échange académique à Miami.

Chloë **est allée** aux Etats-Unis pour faire un séjour d'échange. Elle **est arrivée** à Miami vers midi après un long voyage en avion. Elle a pris un taxi pour l'hôtel et elle **est montée** dans sa chambre. Puis, elle **est descendue** pour rencontrer son amie. Elles ont dîné ensemble. Le lendemain, elle **est sortie°** visiter la ville avec son amie. Elles **sont restées** en ville toute la journée. Elles **sont allées** dans les quartiers Art Déco de la ville. Ce soir-là, elles **sont retournées** à l'hôtel très fatiguées.

elle est sortie *she went out*

A vous de décider

1. What did Chloë do during her first day in Miami?
2. Identify the infinitive of the verbs in **bold**.
3. What is the difference between the past participles **arrivée** and **dîné**?

1. The **passé composé** with **être**

The **passé composé** of certain verbs of motion or state of being is formed with the auxiliary verb **être** rather than **avoir**, following this pattern:

subject + *auxiliary verb* (**être**) + *past participle*
               (agreeing in number and gender with subject)

Chloë **est arrivée** à Miami vers midi.
Amy et son amie **sont sorties** tout de suite après.

2. Verbs conjugated with **être** in the **passé composé**

The following verbs that describe movement are conjugated with **être** in the **passé composé**.

aller	**allé**	Chloë **est allée** aux Etats-Unis pour faire un échange.
arriver	**arrivé**	Elle **est arrivée** à Miami vers midi.
partir	**parti**	Elle **est partie** tout de suite pour l'hôtel.
monter	**monté**	Elle **est montée** dans sa chambre.
descendre	**descendu**	Puis, elle **est** vite **descendue** pour rencontrer son amie.
rentrer	**rentré**	Elle **est rentrée** tard à l'hôtel ce soir-là.
sortir	**sorti**	Le lendemain, elle **est sortie** visiter la ville avec son amie.
rester	**resté**	Elles **sont restées** en ville toute la journée.
entrer	**entré**	Les amies **sont entrées** dans l'hôtel Park Central.
venir	**venu***	Chloë **est venue** à Miami pour visiter les bâtiments Art Déco.
devenir	**devenu***	Elle **est devenue** amateur d'architecture Art Déco.
retourner	**retourné**	Ce soir-là, elles **sont retournées** à l'hôtel très fatiguées.
tomber	**tombé**	Chloë **est** presque **tombée** avant d'arriver dans sa chambre.

The following verbs that describe a state of being are also conjugated with **être** in the **passé composé**.

naître	**né***	**Chloë est née** à Paris, mais son père **est né** à Ajaccio.
mourir	**mort***	Sa grand-mère **est morte** en 1954.

3. Agreement of the past participle with verbs conjugated with **être.**

• The past participle of a verb conjugated with **être** agrees in number and gender with the subject of the sentence.

Je **suis allé(e)** en France.	Nous **sommes allé(e)s** à la cathédrale.
Tu **es allé(e)** à Paris?	Vous **êtes allé(e)(s)** au musée.
Sébastien **est allé** faire un échange.	Didier et sa femme **sont allés** en Suisse.
Amy **est allée** à l'hôtel.	Aminata et Amy **sont allées** en Europe.

• Remember that **vous** may refer to one person (formal **vous**) or to more than one person (familiar or formal, males, females or a mixed gender group).

Robert, **êtes-vous arrivé** seul ou avec Chantal? (one male person)
Chantal, **vous êtes arrivée** avec Robert? (one female person)
Messieurs, **vous êtes arrivés** en retard. (several male people)
Mesdames, **vous êtes arrivées** juste à l'heure. (several female people)

• The pronoun **on** can also refer to one or more people.

On est arrivé à l'hôtel à midi. (singular)
On est arrivés tard le soir. (plural)

---

*You've learned the regular endings for past participles, but some verbs in this group have irregular past participles.

6-16 **Le voyage de Chloë.** Qu'est-ce que Chloë a fait pendant son voyage? Posez des questions à votre partenaire avec les indications ci-dessous (*below*). Votre partenaire va répondre en employant les éléments entre parenthèses.

Modèle: aller à Miami (pour faire un échange)
   E1: *Pourquoi est-ce que Chloë est allée à Miami?*
   E2: *Elle est allée à Miami pour faire un échange.*

1. arriver à Miami (vers midi)
2. descendre dans le lobby de l'hôtel (pour rencontrer son amie)
3. rentrer à l'hôtel (tard ce soir-là)
4. entrer dans la cathédrale (avec son amie)
5. venir à Miami (pour visiter les bâtiments Art Déco)
6. retourner à l'hôtel (très fatiguée)

Vocabulaire supplémentaire

Consultez *Information questions* (page 110).

6-17 **Le rapport du voyage.** Vous êtes un reporter et vous écrivez un article sur les échanges à l'étranger. Interviewez votre partenaire qui prend le rôle de Chloë. Posez des questions à propos de son voyage à l'étranger. A la fin de l'interview, faites un rapport oral du voyage de Chloë.

Modèle: pourquoi: partir pour les Etats-Unis
   E1: *Pourquoi est-ce que vous êtes partie pour les Etats Unis?*
   E2: *Je suis partie pour les Etats-Unis pour faire un échange académique.*
   RÉSUMÉ: *Chloë est allée… Elle a…*

1. où: aller en voyage
2. comment: aller à Miami
3. quand: venir aux Etats-Unis
4. pourquoi: faire le voyage
5. avec qui: voyager
6. combien de temps: rester aux Etats-Unis

Pourquoi?
Quand?
Pour combien de temps?
Avec qui?

Travail d'ensemble
06-16

| Pour bien parler | Using notes for speaking |

To prepare a short presentation in French, take notes to help you remember your talk. Writing every word turns a speaking opportunity into a reading experience. Instead, write down the main ideas and some key phrases. These notes will remind you of what to say and help you speak confidently in front of a group.

6-18 **Mes intentions.** Votre partenaire se prépare pour aller en France en séjour d'échange. Est-ce qu'il (elle) est déjà allé(e) à l'étranger? Pourquoi est-ce qu'il (elle) veut faire des études à l'étranger? Prenez des notes sur ses réponses. Présentez trois de ses raisons pour faire des études à l'étranger.

Modèle: **E1:** *Pourquoi est-ce que tu as décidé d'étudier à l'étranger?*
      E2: *J'ai décidé d'étudier à l'étranger pour améliorer mon français.*
PRÉSENTATION E1: *Voici mon (ma) partenaire,… J'ai demandé à… et il (elle) a répondu qu'il (elle)… En plus, il (elle) a dit qu'il (elle) va en France pour…*

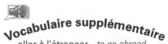

Vocabulaire supplémentaire

aller à l'étranger	*to go abroad*
améliorer son français	*to improve one's French*
s'amuser	*to have fun*
étudier une nouvelle culture	*to study a new culture*
habiter dans un pays étranger	*to live in a foreign country*
rencontrer des gens	*to meet people*
voyager dans un autre pays	*to travel in another country*

Pour aller plus loin

Contextes Dans cette section vous allez lire des témoignages d'étudiants qui ont fait des études à l'étranger et apprendre quels documents de voyage sont nécessaires.

📖 Mes études à l'étranger

06-17 to 06-18

Dans le passage suivant vous allez lire le témoignage de Serge, un étudiant qui a participé à un séjour à l'étranger.

> **Pour bien lire** **Looking for discourse markers**
>
> Most texts have discourse markers—words the writer uses to indicate the text's order. In French, adverbs (**d'abord** or **premièrement, ensuite** or **deuxièmement** or **puis,** and **finalement** or **enfin**) and conjunctions (**d'une part/d'autre part** [*on the one hand/on the other hand*], **aussi,** and **surtout** [*especially*]) tell you the order of and relationship among the parts of a paragraph. Just as identifying key words can help you understand oral discourse, identifying discourse markers helps you understand written discourse.

6-19 **Avant de lire.** Parcourez (*scan*) le passage et répondez aux questions suivantes.

1. Les mots **par la suite, aussi, à présent:** Quel rôle ces mots jouent-ils dans le passage?
2. Les verbes au **passé composé:** Quels verbes utilisent **avoir?** Et **être?**
3. Les raisons pour étudier à l'étranger: Pourquoi est-ce que Serge est allé en Allemagne?

Mes études à l'étranger

Un bâtiment à Trèves

J'ai choisi d'étudier les mathématiques combinées avec des études en économie en Allemagne. J'ai appris° quelque chose de très important: les mathématiques et l'économie se marient facilement. Je comprends maintenant comment les mathématiques influencent l'économie et vice versa. Ces études ont révolutionné mon système de réflexion. Par la suite, je me suis lancé dans° des études de maîtrise.

J'ai suivi° des cours pendant deux ans à l'université de Trèves° en Allemagne. Les trois premiers mois de mon séjour ont vraiment été difficiles. Le milieu éducatif et culturel est bien différent de celui en France. Mon allemand était° encore débutant et j'avais du mal à° comprendre les professeurs. Mais vers Noël, j'ai commencé à me sentir plus à l'aise°. A présent, je considère le reste de mon temps en Allemagne comme le plus mémorable de ma vie.

Je dois au programme Erasmus une grande reconnaissance°. Je dois dire que les enseignants m'ont beaucoup aidé à m'adapter. En plus j'ai bien progressé en allemand, et je parle à présent cette langue couramment°.

---

j'ai appris *I learned;* je me suis lancé dans *I began;* j'ai suivi *I took;* Trèves *Trier* (Germany); était *was;* j'avais du mal à *I had difficulty;* à l'aise *at ease;* reconnaissance *appreciation;* couramment *fluently*

6-20 **A propos de mes études.** Indiquez les affirmations qui sont vraies. Corrigez celles qui sont fausses.

1. Serge a participé à un programme en droit et en économie.
2. Il a appris quelque chose de nouveau: l'influence de la culture sur l'économie.
3. Malheureusement, ces révélations ne sont pas très utiles pour ses études.
4. Il a passé ses études en Suisse.
5. Serge a eu des difficultés à s'adapter.

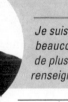

6-21 Serge à l'étranger. Pour mieux comprendre le texte, travaillez avec un(e) partenaire et discutez des expériences de Serge.

Modèle: aller à l'étranger
> **E1:** *A ton avis, pourquoi est-ce que Serge est allé à l'étranger?*
> **E2:** *Il a participé à un programme d'échange Erasmus à Trèves.*
> **E1:** *Oui, et il a choisi d'étudier…*

> étudier des sujets intéressants   choisir d'étudier
> le milieu éducatif   nouvelle langue   un séjour facile

Documents de voyage

06 10

Le passeport Les voyageurs américains à destination de la France, de la Belgique, du Luxembourg, de la Suisse et d'autre pays européens ont besoin d'un passeport mais pas de visa, si la raison du voyage est le tourisme ou les affaires et si le séjour est pour moins de 90 jours.

Le visa Vous avez besoin d'un visa si vous étudiez en France, en Belgique, au Luxembourg ou en Suisse et si votre séjour est de plus de 90 jours. On obtient le visa au consulat étranger avant de partir. On trouve les consulats dans les villes principales. Attention, les demandes de visas peuvent prendre du temps, particulièrement par courrier°. Les citoyens américains n'ont pas besoin de visa pour un séjour dans les territoires américains.

Le permis de résidence temporaire (permis de séjour) Si vous voyagez pour le travail ou les études, vous avez aussi besoin d'un permis de résidence temporaire. Vous pouvez obtenir ce permis au consulat étranger avant de partir.

Quels documents de voyage sont nécessaires pour voyager à l'étranger?

Je suis concessionnaire° de voitures Audi à Genève et je voyage beaucoup. Ces jours-ci les gouvernements étrangers demandent de plus en plus de° documents de voyage. Par conséquent, je me renseigne° toujours avant de partir pour éviter° les problèmes.

par courrier *by mail;* concessionnaire *dealer;* de plus en plus de *more and more;* je me renseigne *I get information;* éviter *to avoid*

6-22 Les documents nécessaires. Vous allez faire un voyage à l'étranger. De quel(s) documents avez-vous besoin dans les circonstances suivantes: pas de documents (0), passeport (P), visa (V), et/ou permis de résidence temporaire (PRT) (permis de séjour)? Qu'est-ce qu'on fait pour avoir ce document?

_____ 1. Vous allez en France en vacances. Vous allez rester deux semaines à voyager dans le pays.

_____ 2. Vous allez en Suisse pour rendre visite à un(e) ami(e). Vous voulez rester plus de trois mois.

_____ 3. Vous allez en Belgique pour faire des études. Vous allez passer l'année académique à Bruxelles.

_____ 4. Vous cherchez un stage en France. Vous comptez résider en France pendant six mois.

_____ 5. Vous êtes citoyen des Etats-Unis et vous allez en vacances à Porto Rico ou bien aux Iles Vierges (*U.S. Virgin Islands*)?

Vocabulaire supplémentaire

on doit demander (obtenir, se procurer, envoyer)	*one should request (obtain, send)*
il faut faire la demande de	*it is necessary to apply for*
il est nécessaire d'avoir (de se procurer, de faire la demande de, d'aller)	*it is necessary to have (get, apply for, go)*

Le rapport de stage

Un stage est semblable à un voyage d'études à l'étranger, mais le contexte est non académique et les participants ne suivent pas de cours.

6-23 **Avant de lire.** Quand on travaille dans une coopérative du vin (*wine-making cooperative*), est-ce que ces activités sont **probables (P)** ou **peu probables (PP)**?

1. _____ travailler dans un vignoble (*vineyard*); **2.** _____ organiser des dossiers;
3. _____ assister à des conférences; **4.** _____ acheter des barriques (*barrels*);
5. _____ planter des vignes.

📖 Le stage en Suisse romande

06-20 to 06-21

Je m'appelle Hans Gunder. J'ai fait un stage à Cormondrèche, un petit village dans le canton de Neuchâtel. Cormondrèche a environ 2 000 habitants. Le village n'est pas loin du lac de Neuchâtel. Le centre ressemble à une vieille ville. Là où il n'y a pas de maison, il y a des vignes°.

J'ai habité dans une famille. J'ai travaillé dans une petite entreprise qui s'appelle L'Arche de Noé°. Dans l'Arche de Noé travaillent le chef Yves Dothaux, sa femme et un employé. Le premier jour du stage, je me suis levé° à 7 heures et demie et j'ai commencé à travailler à huit heures et quart. A midi, j'ai pris° le déjeuner chez les Dothaux. L'après-midi, j'ai nettoyé° des caisses°. Ce n'était° pas très intéressant. A cinq heures, j'ai terminé ma journée de travail.

Pendant mon stage, j'ai travaillé principalement dans la cave° des Dothaux. Les trois premières semaines j'ai nettoyé des caisses et j'ai aidé à faire le vin. La quatrième semaine, j'ai travaillé à Vaumarcus. J'ai aidé à planter des arbres°. C'était très dur parce qu'il a neigé et il a plu°.

Les personnes étaient très gentilles et très ouvertes. Au début c'était difficile de parler français tout le temps, mais avec le temps, la situation s'est améliorée.

©Johannes Schlapfer, Ecole cantonale, Trogen Secretariat

les vignes *vineyards*; l'Arche de Noé *Noah's Ark*; je me suis levé *I got up*; j'ai pris *I had* (*ate*); nettoyé *cleaned*; les caisses *wood boxes*; était *was*; la cave *cellar*; arbres *trees*; il a plu *it rained*

6-24 **Avez-vous compris?** Comment est-ce que Hans exprime les idées suivantes?

Modèle: Il a travaillé dans un petit village en Suisse.
      J'ai fait un stage à Cormondrèche.

1. Il a habité dans une famille.
2. Il a commencé à travailler très tôt le premier jour.
3. A Vaumarcus il a travaillé dans la campagne.
4. Au début, il a trouvé le stage difficile, mais plus tard, il s'est habitué.

6-25 **Un stage en Suisse romande.** Vous avez besoin de renseignements pour faire un stage en Suisse romande. Travaillez avec un(e) partenaire pour formuler des questions avec les indications suivantes. Ensuite, cherchez les réponses dans le texte.

Modèle: Cormondrèche
      E1: *Où se trouve Cormondrèche?*
      E2: *Cormondrèche est dans le canton de Neuchâtel.*

1. le nombre d'habitants
2. le nom de l'entreprise
3. l'emploi du temps le premier jour
4. le travail de Hans le premier jour
5. le travail à Vaumarcus
6. les impressions (f.) de Hans

22 to 06-23

Pour bien communiquer

Pourquoi faire un séjour à l'étranger

On fait un séjour à l'étranger pour

- s'adapter à (découvrir) la culture locale

- améliorer son français (son anglais)

- apprendre beaucoup sur la culture et le mode de vie des gens

- améliorer son CV

- faire quelque chose d'intéressant

- habiter à l'étranger

Il fait un séjour à l'étranger pour étudier.

- pratiquer une nouvelle langue

- rencontrer des gens sympathiques

- travailler avec des gens intéressants

- voyager, faire du tourisme

On fait un séjour à l'étranger pour travailler dans un vignoble.

G-26 Mon séjour idéal. Pour vous, est-ce qu'un séjour idéal à l'étranger est pour étudier, pour travailler ou pour faire un stage? Notez trois raisons pour voyager à l'étranger. Comparez votre séjour idéal avec le séjour idéal de votre camarade.

Modèle: *J'aimerais habiter en France pour... et pour...*
Je veux surtout (above all)...

G-27 Le séjour que j'ai fait. A présent, vous et votre partenaire avez fait vos séjours idéaux. Demandez à votre partenaire de décrire trois activités de voyage et deux raisons pour voyager.

Modèle: E1: *Est-ce que tu est allée en Suisse pour étudier?*
E2: *Oui, je suis allée en Suisse pour faire des études.*
ou Non, je suis allée en Suisse pour travailler.

Comment dire?

Irregular past participles

06-24 to 06-25 You learned that some verbs conjugated with **être** in the **passé composé** do not follow the regular pattern for past participles. Some past participles of verbs that use **avoir** are also irregular. Read the paragraph, paying particular attention to the verbs. Then answer the questions.

A vous de décider

1. What did Hans Gunder do?
2. Do you think it was an interesting internship?
3. What are the past participles of **apprendre, avoir, devoir, être,** and **faire?**

De plus près **L'expérience de Hans Gunder**

Hans Gunder discute de son séjour dans une coopérative vinicole.

J'ai appris beaucoup de choses pendant mon séjour dans la coopérative vinicole. **J'ai eu** l'occasion de planter des vignes et **j'ai fait** du vin. Bien sûr, **j'ai dû** faire des choses moins intéressantes. Par exemple, j'ai vidé et j'ai étiqueté les bouteilles et j'ai mis le vin en bouteille. **J'ai été** membre d'une entreprise très intéressante.

A few verbs with irregular past participles

Some of the verbs that are conjugated with **avoir** in the **passé composé,** have irregular past participles.

apprendre	appris	Hans **a appris** à faire du vin.
avoir	eu	Vous **avez eu** l'occasion de visiter la région?
comprendre	compris	Tu **as compris** pourquoi il fait ce stage?
devoir	dû	**J'ai dû** travailler dans un vignoble.
être	été	Ils **ont été** employés dans une entreprise.
faire	fait	Amy **a fait** du tourisme pendant son séjour.
prendre	pris	Elle **a pris** rendez-vous avec le directeur du programme.
suivre	suivi	**J'ai suivi** des cours pendant mon séjour à l'étranger.

Vocabulaire supplémentaire

Consultez:

Pour bien communiquer: Comment faire un séjour à l'étranger (page 170)

Pour bien communiquer: Pourquoi faire un séjour à l'étranger (page 183)

Le rapport de stage (page 182-183)

apprendre le français, l'espagnol	to learn French, Spanish
faire du tourisme	to travel around
faire du vin	to make wine
préparer une demande	to prepare a request
rencontrer des gens intéressants	to meet up with interesting people
suivre des cours	to take courses
travailler dans une entreprise	to work in a big company

6-28 **Leurs séjours.** Plusieurs camarades de l'université ont fait des séjours à l'étranger. Travaillez avec un(e) partenaire pour décrire les différents séjours à l'étranger et la motivation des étudiants.

Modèle: Ségolène veut apprendre une langue étrangère.
> **E1:** *Elle a fait un séjour en Suisse et elle a appris le français?*
> **E2:** *Mais non, elle n'est pas allée en Suisse, elle est allée en Espagne et elle a appris l'espagnol.*

1. Martine aime les séjours touristiques.
2. Zeneb aime faire des séjours culturels; elle adore la langue française.
3. Jean-Charles a travaillé pendant son séjour.
4. Ahmed est très studieux; il aime étudier.
5. Christine n'aime pas étudier; elle préfère le travail en plein air.

6-29 **C'est qui?** Décrivez les stages des personnes mentionnées ci-dessous. Votre partenaire va poser des questions pour deviner la personne.

Modèle: **E1:** *Cette personne a fait un stage dans une entreprise vinicole.*
E2: *Est-ce qu'il (elle) a fait le stage en France?*
E1: *Non, il (elle) n'a pas fait le stage en France.*
E2: *Alors, il (elle) a fait le stage en Italie et c'est…!*

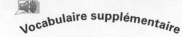
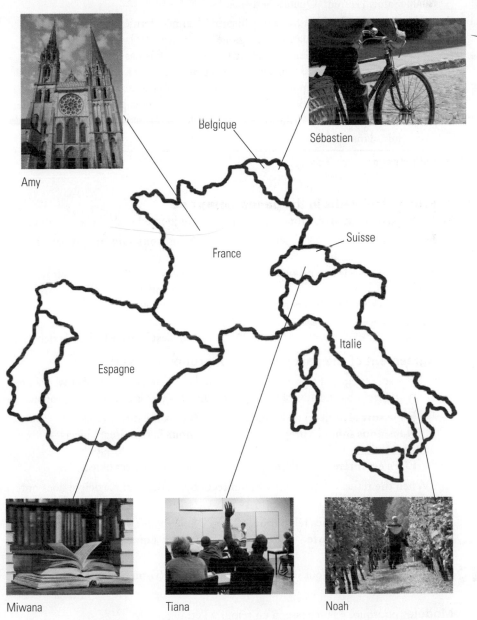

Amy

Belgique

Sébastien

Suisse

France

Italie

Espagne

Miwana

Tiana

Noah

📖 The **passé composé** of pronominal verbs

Read the following dialogue, paying particular attention to the verbs and the spelling of the past participle. Then answer the questions.

A vous de décider

1. What is Laurent's new interest? What does Noah think of Laurent's enthusiasm?

2. What verb is used as the auxiliary with pronominal verbs in the **passé composé?**

3. What differences do you see in the spelling of the past participles?

> **De plus près** **Relaxe-toi un peu**
>
> *Noah rencontre Laurent, un ami.*
>
> **NOAH:** Salut, Laurent. Quelles nouvelles?
>
> **LAURENT:** Salut, Noah. C'est toute une histoire! L'année dernière j'ai participé à un colloque sur la situation écologique en France. Par la suite, **je me suis intéressé** au problème. Comme tu sais, je ne fais pas les choses à moitié° et avec quelques copains, **nous nous sommes lancés** dans le débat. **Nous nous sommes préparés** pour un combat. Par la suite, j'ai lu beaucoup et **je me suis promis** de faire mon possible contre la pollution industrielle.
>
> **NOAH:** Oh! Là! Mais c'est comme à la guerre! Mon vieux°, tu vas toujours trop loin dans tes idées. Relaxe un peu.

à moitié *half way;* mon vieux *buddy*

1. Pronominal verbs in the **passé composé**

In the **passé composé,** pronominal verbs are conjugated with the auxiliary **être.**

Je **me suis lancé(e)** dans le débat.

Tu **t'es intéressé(e)** au problème.

Il/Elle/On **s'est fâché(e)** pendant le débat.

Nous **nous sommes préparé(e)s** pour un combat.

Vous **vous êtes spécialisé(e)(s)** en écologie.

Ils/Elles **se sont calmé(e)s** après le débat.

On **s'est lancé(e)s** dans le débat.

2. Agreement of the past participle of pronominal verbs

• The past participle of a pronominal verb agrees in gender and number with a preceding direct object. Most of the time, the direct object is the reflexive pronoun.

Je me suis réveillé(e) de bonne heure.   (**me** is the direct object)

Nous nous sommes préparé(e)s avant de sortir.   (**nous** is the direct object)

Elle s'est intéressée à l'écologie.   (**se** is the direct object)

• When the reflexive pronoun is an indirect object, the past participle does not change.

Nous **nous sommes téléphoné.**   (téléphoner **à** quelqu'un)

Vous **vous êtes parlé.**   (parler **à** quelqu'un)

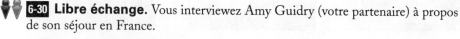 **6-30 Libre échange.** Vous interviewez Amy Guidry (votre partenaire) à propos de son séjour en France.

Modèle: pourquoi / s'intéresser à un séjour à l'étranger

> **E1:** *Pourquoi est-ce que tu t'es intéressée à un séjour à l'étranger?*
> **E2:** *Je me suis intéressée à un séjour pour rencontrer des gens sympathiques.*

1. pourquoi / s'intéresser à un stage
2. comment / se familiariser avec le nouveau pays
3. comment / s'amuser à l'étranger
4. comment / se préparer pour le voyage

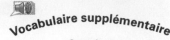

6-31 **Les préparatifs.** Qu'est-ce que qu'ils ont fait pour se préparer? Travaillez avec un(e) partenaire pour décrire les préparatifs de Patrick et de Sophie. Ensuite comparez vos habitudes avec celles de Patrick et de Sophie.

Modèle: E1: *Patrick s'est levé à 6 heures. Et Sophie?*
E2: *Sophie s'est levée à 7 heures, mais moi, je me suis levé(e) à… Et toi?*
E1: *Moi je me suis levé(e) à… Et toi?*
E2: *Moi… Nous…*

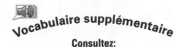

Vocabulaire supplémentaire

Consultez:
Pour bien communiquer: La routine
(page 102)

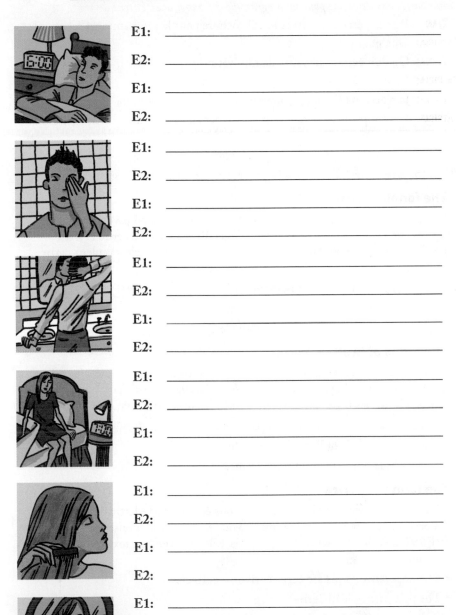

E1: _____
E2: _____
E1: _____
E2: _____
E1: _____
E2: _____
E1: _____
E2: _____
E1: _____
E2: _____
E1: _____
E2: _____
E1: _____
E2: _____
E1: _____
E2: _____
E1: _____
E2: _____
E1: _____
E2: _____
E1: _____
E2: _____
E1: _____
E2: _____

Vocabulaire supplémentaire

Consultez:
Pour bien communiquer: Comment faire un séjour à l'étranger (page 170)
Pour bien communiquer: Pourquoi faire un séjour à l'étranger (page 183)

acheter les billets d'avion	*to buy plane tickets*
aller en randonnée	*to go hiking*
apprendre une nouvelle langue	*to learn a new language*
assurer le financement	*to ensure funding*
faire du tourisme	*to travel about*
faire quelque chose de nouveau	*to do something new*
faire une demande	*to apply*
rencontrer des gens	*to meet people*
se procurer les documents de voyage	*to obtain travel documents*
travailler dans une entreprise étrangère	*to work in a foreign company*
trouver un logement	*to find housing*
visiter les sites touristiques	*to visit historic sites*
voyager dans la région	*to travel in the region*

📖 The verbs **dire**, **lire**, and **écrire**

The verbs **dire**, **lire**, and **écrire** are useful to describe academic abilities and to discuss communication. Read the dialogue, paying attention to the verbs. Then answer the questions.

De plus près   **Faire sa demande**

Tiana parle de sa demande pour un programme d'échange avec Patricia.

TIANA: Patricia, est-ce que **tu as lu** la brochure pour le programme d'échange?

PATRICIA: Oui, pourquoi?

TIANA: On doit **écrire** une lettre de motivation pour le dossier.

PATRICIA: Et alors?

TIANA: **Je n'écris pas** bien ce genre de lettre. Je ne sais pas quoi° **dire.**

PATRICIA: **Dis** simplement que tu veux participer au programme d'échange!

---

quoi *what*

A vous de décider

1. What is Tiana worried about?
2. What is Patricia's simple solution to the problem?
3. What forms of the verbs **dire, lire,** and **écrire** appear?

The verbs **dire** (*to say*), **lire** (*to read*), and **écrire** (*to write*) are irregular.

1. The forms of **dire**

Je **dis** que je veux participer.
Tu **dis** que tu veux aller à l'étranger.
Il/Elle/On **dit** quelque chose à Tiana.

Nous **disons** que nous voulons partir.
Vous **dites** à Tiana d'écrire la lettre.
Ils/Elles **disent** qu'elles veulent partir en échange.

- The imperative forms are **dis, disons, dites.**
- The past participle of **dire** is irregular: **dit.**

  Nous **avons dit** que le stage est difficile.

2. The forms of **lire**

Je **lis** le journal tous les jours.
Tu **lis** la brochure du programme?
Il/Elle/On **lit** des textes en français.

Nous **lisons** les compositions des collègues.
Vous **lisez** la lettre à Tiana?
Ils/Elles **lisent** des pages sur Internet.

- The imperative forms are **lis, lisons, lisez.**
- The past participle of **lire** is irregular: **lu.**

  Tu **as lu** la description du programme?

3. The forms of **écrire**

J'**écris** mon blog tous les jours.
Tu **écris** ta demande au programme?
Il/Elle/On **écrit** vite pendant l'examen.

Nous **écrivons** une lettre de motivation.
Vous **écrivez** des réponses aux questions.
Ils/Elles **écrivent** un texte en français.

- The imperative forms are **écris, écrivons, écrivez.**
- The past participle of **écrire** is irregular: **écrit.**

  Est-ce qu'**elles ont écrit** des emails?

4. The use of **dire, lire,** and **écrire**

The verbs **dire, lire,** and **écrire** may take direct and/or indirect objects. The following sentences all have one of each.

J'ai dit quelque chose à Tiana.   *I said something to Tiana.*
Vous avez lu les textes aux étudiants?   *Did you read the texts to the students?*
J'ai écrit une lettre à Patricia.   *I wrote a letter to Patricia.*

6-32 **Vous donnez des conseils.** Vous avez fait un échange à l'étranger. Votre partenaire envisage un séjour en France. Répondez à ses questions et donnez-lui (*give him or her*) des conseils.

Modèle: la brochure du programme sur Internet

> **E1:** *Tu as lu la brochure du programme sur Internet?*
> **E2:** *Oui, mais j'ai encore des questions. (Non, pas encore.)*
> **E1:** *Tu dois prendre rendez-vous avec le directeur. (Alors tu dois aller sur Internet et lire la brochure!)*

1. *lire la brochure du programme sur Internet*
2. *écrire un email pour avoir des renseignements*
● 3. *dire au directeur que tu veux participer*
4. *lire les règlements du programme*
5. *écrire une lettre de motivation*
6. *écrire un email au directeur*

 Vocabulaire supplémentaire

chercher le nom du directeur	*to look for the director's name*
donner des raisons dans la lettre	*to give reasons in the letter*
écrire un email au directeur	*to write the director an email*
faire la demande	*to apply*
parler avec des anciens étudiants du programme	*to speak with former participants*
prendre un rendez-vous avec le directeur du programme	*to make an appointment with the program director*

 6-33 **Fais le nécessaire.** Votre partenaire veut faire une demande d'études à l'étranger mais il (elle) a une longue liste de choses à faire (voir ci-dessus, l'Activité **6-32**). Donnez des conseils avec vigueur.

Modèle: lire la brochure du programme sur Internet.

> **E1:** *Tu n'as pas encore lu la brochure du programme sur Internet? Va sur le site!*
> **E2:** *Mais bien sûr, j'ai déjà lu cette brochure. (Je n'ai pas encore lu cette brochure.)*
> **E1:** *Alors lis cette brochure encore une fois! (Alors, il faut absolument lire cette brochure!)*

Travail d'ensemble

06-31

Pour bien écrire	Using subject pronouns to avoid repetition

You can often improve a paragraph by eliminating repetition of nouns referring to the same person (people), place(s), or thing(s). For example, if the subject of the first two sentences is **mon séjour à l'étranger,** change the subject in the second sentence to the pronoun **il.**

 6-34 **Deux stages à l'étranger.** Vous et un(e) partenaire prenez les rôles de deux des personnages nommés à droite. Vous avez tous (toutes) les deux fait un stage. Comparez une journée typique de vos stages de trois ou quatre phrases. N'oubliez pas d'employer des pronoms pour éviter la répétition.

Modèle: **E1:** *Qu'est-ce que tu as fait pendant ton stage?*
> **E2:** *J'ai enseigné l'anglais à des étudiants suisses. Et toi?*
> **E1:** *J'ai visité des cathédrales en France.*
> **PAR ÉCRIT:** *L'été dernier mon ami(e) et moi, nous avons fait chacun(e) un stage. Mon/Ma camarade a voyagé en... et il (elle) a... Moi, j'ai... et j'ai...*

A la découverte

06-32 to 06-35
📖 Petit tour d'horizon

Le multilinguisme en Belgique et en Suisse

La Belgique / Die België° / Die Belgien°

La Suisse / Die Schweiz° / La Svizzera° / La Svizra°

La Belgique compte **trois communautés linguistiques:** **néerlandaise** au nord, en Flandre; **française** au sud, en Wallonie; et **allemande** à l'est, le long de la frontière° allemande. Bruxelles-Capitale est **bilingue** (français / néerlandais), mais majoritairement francophone.

Comme la Belgique, **la Suisse** comprend **plusieurs communautés linguistiques, quatre** au total: la Suisse **alémanique** (de langue allemande), la Suisse **romande** (de langue française), la Suisse **italienne** (de langue italienne) et la Suisse **romanche** (de langue romanche, une langue d'origine latine) dans le canton des Grisons.

frontière *border* Die België *Belgium in Dutch;* Die Belgien *Belgium in German;* Die Schweiz *Switzerland in German;* La Svizzera *Switzerland in Italian;* La Svizra *Switzerland in Romanish*

6-35 **La Belgique et la Suisse multilingues.** Indiquez les affirmations qui sont vraies. Corrigez celles qui sont fausses.

1. Ces deux pays ont chacun (*each*) au moins trois langues officielles.
2. Dans ces deux pays, on parle néerlandais, allemand et français.
3. Bruxelles et sa région sont officiellement bilingues, mais les autres régions de Belgique sont unilingues.
4. On parle français en Flandre et néerlandais en Wallonie.

6-36 **La Tour de Babel.** Indiquez la langue maternelle des personnes ci-dessous (*below*): allemand (**A**), français (**F**), italien (**I**), néerlandais (**N**), romanche (**R**)

_____ 1. Mme Bourtembourg est née à Liège en Belgique.
_____ 2. Mlle Bontognoli est originaire de Lugano en Suisse.
_____ 3. Mlle Bacloz est originaire de Davos en Suisse.
_____ 4. Mme Chaponnière est de Genève en Suisse.
_____ 5. M Scheuermeier vient de Zurich en Suisse.

Qu'est-ce que ça veut dire, être belge ou suisse?

— La Belgique, c'est une partie de ma personne, de mon identité. Je suis une femme, je suis flamande°, je suis belge, je suis européenne et je suis citoyenne du monde. La Belgique est profondément ancrée° dans ma façon de penser. En Belgique, nous sommes «entre», c'est typique, nous sommes «entre» les autres pays, avec tout ce que cela comporte de modestie, de bonnes choses mais aussi de mauvaises choses.

Anne Teresa
De Keersmaeker,
danseuse et chorégraphe
©Hugues Henry/Frites.be

— Une marque de l'identité suisse c'est son incertitude. On ne sait pas si elle existe. Mais si c'est le cas, [...] elle est fragile. [...] Certaines personnes réfutent son existence, d'autres au contraire la défendent. [...] Au fond, l'identité suisse est un gigantesque bricolage° [...] entre des langues, des cultures et des ethnies différentes.

Bernard Crettaz,
sociologue-ethnologue,
chargé de cours à
l'Université de Genève
©Le Courrier.ch

— On m'a toujours présentée comme belge, parce que je l'ai toujours revendiqué°. Mais je suis née en Flandre et cela fait partie de ma culture. Un trait de caractère typiquement belge, c'est l'excès de modestie. C'est une qualité mais aussi un défaut.

Axelle Red, chanteuse
©Hugues Henry/Frites.be

— Je suis citoyen d'un pays plurilingue. Je viens de la partie alémanique de la Suisse. Je suis conscient que ma langue coexiste avec les trois autres langues nationales [...]. Cela est même constitutif de mon identité nationale. [...] Le «moi» est le point de croisement de plusieurs identités.

Hugo Loetscher, écrivain
©Le Temps.ch

---

flamande *flemish;* ancrée *anchored;* revendiqué *insisted;* bricolage *tinkering about*

6-37 **Question d'identité.** Qui a dit les choses suivantes? Anne Teresa De Keersmaeker **(ATK)**; Axelle Red **(AR)**; Hugo Loetscher **(HL)**; Bernard Cretaz **(BC)**

_____ **1.** Je suis belge, mais mon identité n'est pas uniquement cela.

_____ **2.** La Flandre fait partie de mon bagage culturel, mais je suis belge.

_____ **3.** Les Belges sont modestes, une bonne chose et une mauvaise chose aussi.

_____ **4.** L'identité suisse est incertaine.

_____ **5.** L'identité suisse est comme un collage linguistique, culturel et «tribal».

6-38 **Tous multilingues?** Quelles langues parlent Anne Teresa de Keersmaeker Axelle Red, Hugo Loetscher et Bernard Crettaz?

6-39 **Comparaisons.** Les Etats-Unis sont aussi une société multilingue. Comment est la situation linguistique: semblable et/ou différente aux Etats-Unis, en Belgique et en Suisse?

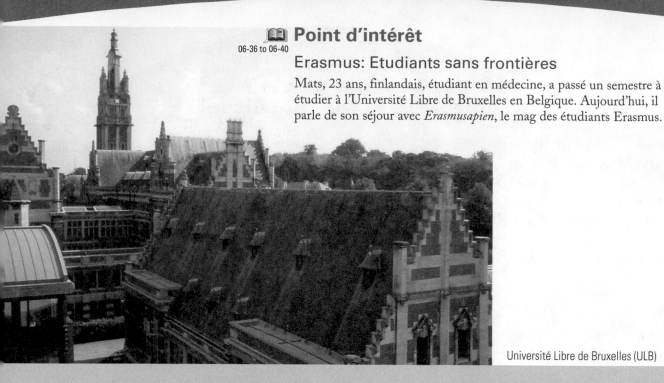

Point d'intérêt

06-36 to 06-40

Erasmus: Etudiants sans frontières

Mats, 23 ans, finlandais, étudiant en médecine, a passé un semestre à étudier à l'Université Libre de Bruxelles en Belgique. Aujourd'hui, il parle de son séjour avec *Erasmusapien*, le mag des étudiants Erasmus.

Université Libre de Bruxelles (ULB)

Mon expérience Erasmus

1. Erasmusapien: Mats, merci d'avoir accepté notre invitation à participer à cette interview. Pouvez-vous me dire pourquoi vous avez décidé de partir avec Erasmus?

Mats: Faire des échanges internationaux, c'est très enrichissant. J'ai trouvé avec Erasmus une opportunité de découvrir un nouveau pays, une nouvelle culture mais surtout une opportunité d'améliorer mon français.

2. E: Quelles difficultés avez-vous rencontrées?

Mats: M'adapter à un autre système universitaire, m'ajuster à un style d'enseignement différent, n'a pas été évident°; ça m'a pris un certain temps. Suivre des cours tout en français était° intimidant et j'ai eu quelques problèmes de communication au départ, mais mes professeurs étaient très compréhensifs° et m'ont beaucoup aidé.

3. E: Comment se sont passées vos études?

Mats: Sans trop de problèmes, à part le français au début du séjour. Le cursus en médecine à l'ULB est très intéressant. Il associe théorie et pratique et j'ai eu l'opportunité de faire plusieurs stages en milieu hospitalier.

4. E: Qu'est-ce que vous avez retiré de ce séjour?

Mats: Mes études ont été vraiment intéressantes, j'ai obtenu mes 30 ECTS° et mon séjour a été validé, mais les points forts de ce séjour, ce sont les rencontres que j'ai faites. Je me suis fait° des amis des quatre coins de l'Europe et surtout, j'ai rencontré ma femme, une étudiante Erasmus venue d'Italie. L'Europe est devenue ma patrie° et cette expérience m'a persuadé que je peux vivre et travailler partout en Europe aux côtés de gens de langues et cultures différentes.

5. E: Quels sont les avantages de vivre à Bruxelles et d'étudier à l'ULB?

Mats: Bruxelles est une ville vivante, cosmopolite, mais qui garde une dimension humaine. L'intégration de l'ULB à Bruxelles c'est génial°. D'un côté, on est dans un quartier animé de la ville. De l'autre, on est en pleine nature avec le Bois de la Cambre à proximité.

évident *obvious;* était *was;* compréhensifs *understanding;* ECTS *European Credit Transfer and Accumulation System;* je me suis fait *I made;* patrie *motherland;* génial *super*

- **Questions et contenus.** Dans quelle(s) question(s) est-ce que Mats discute des sujets suivants?

_____ **a.** les cours et l'instruction
_____ **b.** les raisons pour partir en échange Erasmus
_____ **c.** les moments importants du séjour
_____ **d.** les problèmes rencontrés
_____ **e.** les bénéfices d'étudier à l'ULB

- **Question de temps verbaux.** Identifiez les verbes au présent et au passé composé. Pourquoi ces temps?

6-41 Essentiel à saisir

- **Bilan Erasmus.** Indiquez les affirmations qui sont vraies. Corrigez celles qui sont fausses.

1. Mats est parti en Belgique avec le but essentiel d'améliorer (_improve_) son français.
2. Pendant son séjour en Belgique, Mats a fréquenté seulement d'autres Finlandais.
3. Mats est devenu plus nationaliste après son séjour Erasmus.
4. Mats pense que Bruxelles n'est pas une ville intéressante.

- **Les difficultés rencontrées.** Quelles difficultés est-ce que Mats a rencontrées au début de son séjour en Belgique? Complétez les phrases avec un infinitif et ces expressions: un autre système universitaire, un style d'enseignement différent; des cours enseignés tout en français.

1. Mats a trouvé difficile de…
2. Mats a trouvé intimidant de…
3. Mats a trouvé dur de…

- **Les bénéfices du séjour.** Indiquez quatre bénéfices du séjour Erasmus pour Mats. Faites des phrases.

Erasme (Desiderius Erasmus Roterodamus), humaniste et théologien néerlandais

Etudier à l'étranger, un atout emploi?

De nombreux anciens étudiants Erasmus, environ 54%, estiment que participer au programme Erasmus a facilité leur accès au premier emploi. Trois étudiants de l'ULB témoignent.

6-42 Premier survol

- **Les thèmes abordés.** A votre avis, quels thèmes vont être discutés dans ces témoignages? Faites des hypothèses et indiquez: **oui (O), peut-être (P-E)** ou **non (N).**

_____ mobilité; _____ expérience culinaire; _____ capacité d'adaptation; _____ amitié; _____ ouverture d'esprit; _____ système d'enseignement; _____ expérience culturelle; maturité; _____ flexibilité; _____ apprentissage linguistique

- **Ça veut dire quoi?** Associez chaque mot en caractères gras avec son équivalent dans la liste suivante: a. déterminante; b. multiples; c. sécuriser; d. développer; e. essentiel

_____ **1. Acquérir** des connaissances
_____ **2.** Un rôle **clé**
_____ **3.** Les bénéfices d'Erasmus pour mon CV sont **innombrables**
_____ **4.** Cette année a été **révélatrice**
_____ **5.** Je peux... les **rassurer**

D'anciens étudiants Erasmus témoignent

— J'ai pu acquérir des connaissances en «common law» qui me sont très utiles dans ma profession. Je travaille à la cour de justice des communautés européennes dans le cabinet d'un juge où je prépare des dossiers. En plus de la langue, puisque l'anglais était° la langue d'enseignement, j'ai fait l'expérience d'un système d'enseignement différent qui a favorisé ma réflexion et m'a ouvert l'esprit.

Matthieu, étudiant, est parti étudier le droit en Finlande pendant sa dernière année de licence.

— Vivre à l'étranger, dans un nouvel environnement, une nouvelle culture, loin de ma famille et de mes amis, m'a fait mûrir très vite. Mon expérience Erasmus a joué un rôle clé dans ma maturité, dans mon passage à l'âge adulte. Par ailleurs, les bénéfices d'Erasmus pour mon CV sont innombrables: deux langues (suédois et anglais) en plus du néerlandais et français, mes langues natales, mobilité, capacité d'adaptation rapide, ouverture d'esprit, flexibilité. J'ai créé° ma propre compagnie informatique, après avoir travaillé quelques années en entreprise. Nous développons des logiciels d'apprentissage de langue.

Inneke, étudiante en informatique est partie en première année de master en Suède.

était _was;_ **créé** _started_

— J'ai passé ma deuxième année de master à Londres. Cette année a été révélatrice pour moi: j'ai appris à mieux me connaître et j'ai réalisé très vite que je voulais travailler à l'international. Aujourd'hui, je suis Directrice des relations internationales dans une université en Belgique et j'aide les étudiants Erasmus à préparer leur départ vers l'étranger. Dans la mesure où j'ai moi-même vécu cette expérience, je peux les conseiller et les rassurer. J'essaie de faire le maximum pour garantir que leur séjour Erasmus est une réussite, tant sur le plan professionnel, que sur le plan personnel.

Karine, étudiante en littérature anglaise est partie en Grande Bretagne.

6-43 **Essentiel à saisir**

- **Les bénéfices professionnels et personnels d'Erasmus.** Qui dit quoi? Matthieu **(M)**, Inneke **(I)**, Karine **(K)**:

1. _____ apprendre des langues; **2.** _____ être plus ouvert; **3.** _____ être adulte plus vite; **4.** _____ apprendre qui on est vraiment; **5.** _____ s'adapter rapidement

- **Que font-ils aujourd'hui?** Avec un(e) partenaire, résumez les parcours académique et professionnel de Matthieu, Inneke et Karine et indiquez leurs responsabilités au travail.

Modèle: **E1:** *Où est il/elle allé(e) avec Erasmus? Qu'a-t-il/elle étudié?*
 E2: *Il/Elle est… Il/Elle a… Et qu'est-ce qu'il/elle fait maintenant?*
 E1: *Il/Elle…*

Ils en parlent

6-44 **Leurs expériences.** Allez sur le site de *Français–Monde* et utilisez les liens et/ou les critères de recherche donnés pour accéder à des sites de témoignages d'étudiants d'échange. Sélectionnez un(e) étudiant(e) et remplissez le tableau ci-dessous (*below*).

http://www.pearsonhighered.com/francais-monde

Nom de l'étudiant(e)
Pays d'origine
Nom de l'université / type de cours suivis
Impressions de l'étudiant(e) sur les cours
Impressions de l'étudiant(e) sur la ville où l'université est située
Les avantages personnels et professionnels décrits par l'étudiant(e)

6-45 **Rapport d'études.** Avec un(e) partenaire, parlez du témoignage (que vous avez lu pour l'Activité **6-44)**. Comparez les expériences de deux étudiant(e)s d'échange: l'université où ils/elles ont suivi des cours, le type de cours qu'ils/elles ont suivi, leurs impressions sur les cours, etc.

📖 Travail d'ensemble
06-41

6-46 **Programme d'échange?** Imaginez que votre université a un programme d'échange comme Erasmus. Est-ce que ça vous intéresse ou non? Donnez deux ou trois raisons spécifiques.

Modèle: *Je suis beaucoup / un peu / pas du tout intéressé (e) par un programme d'échange comme Erasmus parce que (qu')…*

6-47 **Faire le bilan.** Pensez aux informations et données dans **Pour commencer, Pour aller plus loin** et **A la découverte** et travaillez avec un(e) partenaire pour synthétiser ce que vous avez appris sur les études à l'étranger, la Belgique et la Suisse.

Les caractéristiques principales du programme Erasmus		
Les difficultés et les bénéfices d'un séjour à l'étranger		
La situation linguistique	en Belgique	
	en Suisse	
La question identitaire	en Belgique	
	en Suisse	

Utilisez vos notes et écrivez en français deux paragraphes détaillés de cinq ou six phrases chacun:
• un paragraphe sur la question linguistique et identitaire en Belgique et en Suisse
• l'autre paragraphe sur les programmes d'études à l'étranger—les difficultés et les bénéfices de cette expérience par les étudiants.

A votre tour

Inspiré(e) par l'expérience des étudiants Erasmus à l'ULB, vous avez décidé de poser votre candidature à un programme d'échange universitaire. Pour vous aider à poser votre candidature vous allez complétez une série d'activités dans votre manuel et votre cahier d'exercices qui comprennent:...

- répondre à un questionnaire d'auto-évaluation
- évaluer un programme d'échange et la ville où il se trouve
- remplir un formulaire d'admission
- faire un enregistrement audio ou vidéo en français sur vous
- faire un autre enregistrement audio ou vidéo sur le programme que vous avez choisi
- écrire une lettre de motivation

Zoom sur...

 Etudier à l'étranger

to 06-44

6-48 **Quelles raisons, et pour qui?** Pour quelles raisons veut-on participer à un programme d'échange universitaire à l'étranger? Faites une liste. Comparez votre liste de raisons à celle d'un(e) camarade de classe. Soyez prêt(e) à faire un compte rendu à la classe.

Accueil des étudiants Erasmus à l'Université de Liège. Et vous, êtes-vous prêt(e) à partir en programme d'échange à l'étranger? (Vous allez répondre à un questionnaire pour savoir.)

6-49 **Qualifications et compétences.** A votre avis, quelles qualifications ou compétences sont nécessaires? Quelles qualifications ou compétences avez-vous? Faites deux listes et comparez les éléments.

Etes-vous prêt(e) à étudier à l'étranger?

Vous allez répondre à un questionnaire d'auto-évaluation pour mesurer votre adaptabilité à l'international. Quel scénario correspond le plus à votre situation ou à votre personnalité?

6-50 **Test.** Quels sujets sont inclus dans le test que vous avez téléchargé? Cochez (✔) les sujets présents et indiquez le numéro de la question qui correspond:

_____ **1.** mon sens de l'organisation;

_____ **2.** les voyages que j'ai faits;

_____ **3.** ma gestion du temps;

_____ **4.** mes amis;

_____ **5.** mon niveau de langue;

_____ **6.** ma capacité à m'adapter à des situations nouvelles;

_____ **7.** ma personnalité;

_____ **8.** mes études;

_____ **9.** ma capacité à m'adapter à des conditions alimentaires différentes;

_____ **10.** mes relations personnelles.

6-51 **Mes réponses.** Maintenant faites le test que vous avez téléchargé pour l'Activité **6-50**.

6-52 **Mon profil.** Regardez vos résultats. Etes-vous un profil A, B ou C? Regardez l'échelle d'évaluation. Faites deux listes: (1) les aspects positifs de votre personnalité et expérience et (2) les conseils pour votre profil.

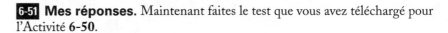

Echelle d'adaptabilité

Si vous avez répondu...

A à la plupart des questions:
Vous êtes ouvert d'esprit, vous avez déjà beaucoup voyagé. Faire l'expérience de nouvelles cultures et langues est une passion. Vous êtes prêt(e) à commencer une nouvelle aventure. Vous êtes réaliste, vous savez ce que vous pouvez accomplir à l'étranger.

B à la plupart des questions:
Vous n'avez pas énormément voyagé mais les voyages à l'étranger vous intéressent. Vous savez qu'il est important d'être ouvert(e) d'esprit. Vivre dans un nouvel environnement ne va pas être facile. Vous êtes réaliste, vous savez ce que vous êtes capable et pas capable de faire. Vos amis et votre famille ne vont pas vous accompagner; comment cela va-t-il vous affecter?

C à la plupart des questions:
Vous avez très peu voyagé mais vous êtes curieux(se). Vous hésitez cependant. Pourquoi voulez-vous partir à l'étranger? Avant de prendre une décision finale, considérez les défis° que vous pouvez affronter et les sacrifices que vous êtes prêt(e) à faire.

les défis *challenges*

Intégration

5 to 06-47 Un séjour à l'étranger pour moi

6-53 Les programmes d'échange avec la Belgique et la Suisse.
Sélectionnez sur le site de *Français–Monde* un programme d'échange en Belgique ou en Suisse, explorez les liens pour l'université choisie et indiquez les aspects suivants:

http://www.pearsonhighered.com/
francais-monde

1. Description de l'université (date de création, nombre d'étudiants)
2. Description de la ville où se trouve l'université
3. Formations possibles
4. Niveau de langue nécessaire
5. Calendrier académique
6. Budget (le coût des études et de la vie)
7. Logement
8. Vie étudiante (activités sportives, culturelles, etc.)

6-54 Les avantages du programme et de la ville d'accueil. Quels sont trois avantages du programme que vous avez sélectionné et trois avantages de la ville où se trouve ce programme? Comparez avec un(e) partenaire «votre» programme, «votre» ville et les avantages. Recherchez-vous la même chose? En deux minutes, présentez oralement à la classe une comparaison de vos programmes.

Info et documents

6-55 Le formulaire d'admission. Avec un(e) partenaire, remplissez le formulaire que vous avez téléchargé. Comparez les informations que vous avez données dans la section II et III du formulaire. Comment sont vos expériences et compétences: similaires ou différentes? Faites deux listes: nos similarités, nos différences et rapportez à la classe.

6-56 Ma candidature. Faites un enregistrement audio ou vidéo en français d'une ou deux minutes dans lequel vous...

1. parlez de votre personnalité
2. discutez de vos expériences à l'étranger ou dans une communauté linguistique ou culturelle différente de la vôtre aux Etats-Unis
3. indiquez ce que vous avez appris sur vous (capacité d'adaptation, ouverture d'esprit, etc.) pendant ces expériences

6-57 Mon choix. Faites un enregistrement audio ou vidéo d'une ou deux minutes dans lequel vous expliquez pourquoi vous avez choisi ce programme d'études (faites référence à l'Activité **6-54**).

6-58 Mes motivations. Ecrivez une lettre de motivation de dix à douze phrases dans laquelle vous...

1. dites pourquoi vous êtes un(e) bon(ne) candidat(e) pour ce programme (faites référence à **«Echelle d'adaptabilité»** page 198) et donnez quelques exemples concrets de choses que vous avez faites dans le passé
2. parlez des aspects intéressants de la ville et du programme (référez-vous à l'Activité **6-54**)
3. expliquez l'impact personnel et professionnel que vous attendez en retour

Vocabulaire

Pour commencer

How to study abroad

Nouns

l'aller simple	one-way ticket
l'atout (m.)	asset
le (billet) aller/retour (m.)	round-trip ticket
les billets (m.) d'avion	airplane tickets
la bourse	scholarship
les documents (m.) de voyage	travel documents
les exigences (f.) d'immunisation	immunization requirements
les frais (m.) de logement	housing fees
les frais (m.) de scolarité	tuition
les frais (m.) de voyage	travel costs
l'immunisation (f.)	immunization
le logement	housing
le passeport	passport
les préparatifs (m.)	preparations
la résidence universitaire	student housing
le séjour à l'étranger	stay abroad
le visa	visa

Expressions

assurer le financement	to set up funding
assurer le transfert de crédits	to insure transfer of credit
découvrir	to discover
demander une lettre de recommandation	to ask for a letter of recommendation
écrire un paragraphe de motivation	to write a paragraph of interest
faire une demande	to apply
faire une demande de bourse	to apply for a scholarship
faire un séjour à l'étranger	to study abroad
remplir les formulaires (m.)	to fill out the forms
renouveller un passeport	to renew a passport
se procurer les documents de voyage	to get travel documents
trouver un logement	to find housing

How to study abroad *(continued)*

Regular -re verbs

attendre	to wait for
entendre	to hear
perdre	to lose
rendre	to give back, to return (something)
rendre visite à	to visit (someone)
répondre	to answer
vendre	to sell

Verbs conjugated with être in the passé composé

aller	to go
arriver	to arrive
descendre	to go down
devenir	to become
entrer	to enter, to go in
monter	to climb
mourir	to die
naître	to be born
partir	to leave
rentrer	to come back
rester	to stay
retourner	to return
sortir	to go out
tomber	to fall
venir	to come

Pour aller plus loin

Why study abroad?	
s'adapter à la culture locale	to adapt oneself to the local culture
améliorer son français (son anglais)	to improve one's French (one's English)
apprendre beaucoup sur la culture (la société régionale)	to learn a lot about culture (regional society)
améliorer son CV	to enhance one's CV
faire du tourisme	to travel as a tourist
faire quelque chose d'intéressant	to do something interesting
faire un séjour à l'étranger	to spend time abroad
habiter à l'étranger	to live abroad
pratiquer une nouvelle langue	to practice a new language
rencontrer des gens sympathiques	to meet nice people
travailler avec des gens intéressants	to work with interesting people
travailler dans un vignoble	to work in a vineyard
voyager	to travel

Other verbs	
dire	to say
écrire	to write
lire	to read

Se déplacer mieux pour mieux visiter

Themes and Communication

Discussing means of transportation

Reporting vacation activities

Expressing opinions about vacations

Structures

Tense use with **depuis, pendant,** and **il y a**

The **imparfait**

The **imparfait** and descriptions

The **imparfait** and the **passé composé**

The verb **venir** and verbs like **venir**

The verbs **sortir, partir, dormir,** and **voir**

Destinations

France and West Africa

Project

Writing a brochure for a local sustainable tourism opportunity

Le train est un moyen de transport populaire pour voyager sur de grandes distances. Que remarquez-vous? Comment l'expliquez-vous?

Pour commencer

Contextes Dans cette section vous parlez de vos vacances passées, des modes de transport utilisés et des choses que vous avez vues et faites.

Un peu de soleil

7-1 **Partir en voyage.** Pour partir dans le sud de la France, Sélim et Emilie prennent le métro et ensuite le train. Lisez les phrases suivantes et choisissez la réponse la plus cohérente.

1. On achète des tickets de métro? Oui, on a besoin de deux tickets. / Non, ce n'est pas nécessaire.
2. Il fait chaud dans le métro? Non, il fait beau aujourd'hui. / Oui, et il y a beaucoup de monde.
3. On va dans le sud de la France? On y va en voyage d'affaires. / On y va pour se reposer.

Visionnez la vidéo **Un peu de soleil**

Sélim et Emilie prennent le train pour trouver un peu de soleil dans le sud de la France.

— On est au métro Oberkampf. On va aller Gare de Lyon.

[Au distributeur de billets]
— On en prend deux.

[A la gare de Lyon]
— Et partir au soleil dans le sud de la France.

7-2 **Sur le départ.** Indiquez les affirmations qui sont vraies. Corrigez celles qui sont fausses.

1. Sélim et Emilie prennent le métro pour aller à la Gare de Lyon.
2. Il faut changer à Oberkampf.
3. Ils achètent des billets d'avion.
4. Il fait chaud dans le métro. Il y a beaucoup de monde.
5. Ils vont dans le sud de la France pour se décontracter (*to relax*).

7-3 **Jouons les rôles.** Pour mieux comprendre la vidéo, jouez les rôles de Sélim et d'Emilie dans les situations suivantes. Emilie connaît les transports parisiens mieux que Sélim.

Modèle: on va à la Gare de Lyon

    EMILIE: *Nous sommes à la station Oberkampf.*
      SÉLIM: *Et puis nous allons à la station Bastille?*
    EMILIE: *Oui, et finalement nous arrivons à la Gare de Lyon.*

1. on est à Oberkampf
2. nous prenons le train
3. on va dans le sud de la France

Vocabulaire supplémentaire

il fait chaud	*it's hot (weather)*
il y a plein de monde	*it's crowded*
maintenant on prend le train	*now we take the train*
nous allons dans le sud de la France, au soleil	*we're going to the south of France, to the sun*
nous avons pris le métro	*we took the subway*
nous sommes fatigués de Paris	*we're tired of Paris*
on va à la Gare de Lyon	*we're going to the Gare de Lyon*
on va se reposer	*we're going to relax*

Pour bien communiquer | Les transports publics

Les transports urbains

Moi, pour aller à la fac, je prends **le métro.**

J'habite près du bureau, alors, j'y vais **à pied.**

Je prends **le bus (l'autobus).** Je préfère être en plein air.

Quand je dois me déplacer rapidement en ville, je prends **un taxi.**

Les transports interurbains

Moi, je prends **le train** pour aller en banlieue lointaine (*far*).

Pour se déplacer entre les grands centres urbains, c'est **le TGV** (Train à Grande Vitesse) qui est le plus commode (*convenient*).

De temps en temps, pour aller dans les petits villages, on doit prendre **l'autocar.**

Mais quand je vais en Angleterre ou bien en Allemagne, je prends **l'avion.**

Autres transports

Moi, j'ai **une motocyclette (une moto).**
Je la prends pour aller à la fac.

Mon petit frère, lui, a **une mob (une mobylette).**

Quand nous voyageons en famille, on prend **la voiture (l'auto).**

En Afrique on voyage souvent **en pirogue.**

7-4 Le meilleur moyen. Choisissez le moyen de transport le plus approprié dans les situations suivantes.

1. Je prends le train / le TGV / la mob pour aller en banlieue.
2. Je préfère être en plein air, donc je prends le métro / l'avion / le bus.
3. Pour les longues distances, je prends le métro / l'avion / la moto.
4. Pour aller de Paris à Lyon, le TGV / le métro / la moto est commode.
5. J'habite près du bureau, donc j'y vais en voiture / à pied / en avion.
6. Mon ami habite en Bretagne dans un petit village où il n'y a pas de train. Pour aller chez lui, je prends l'autocar / le TGV / le métro.

7-5 Comment est-ce que tu te déplaces? Choisissez un mode de transport adapté pour les conditions suivantes. Plusieurs choix sont possibles.

Modèle: Vous habitez à Paris. Vous n'avez pas de voiture et vous allez à la fac tous les jours.

> **E1:** *D'habitude, je prends le métro. Et toi, comment est-ce que tu te déplaces?*
> **E2:** *Moi je préfère prendre ma moto.*

1. Vous habitez à Montréal où il y a un métro. Vous trouvez le métro déprimant. Vous préférez être en plein air.
2. Vous habitez en banlieue de Paris. Vous devez aller au travail tous les jours.
3. De temps en temps vous devez aller de Lyon à Paris. Vous voyagez pour affaires.
4. Vous habitez à Lyon. Votre compagnie vous envoie deux fois par an à Londres.
5. Quand vous allez en vacances, votre famille voyage ensemble.

📖 **Voix francophones au présent**: On parle de transports

Dans cette interview Pierre et Dahlila demandent à Sébastien et à Didier les transports publics qu'ils préfèrent.

7-6 **Avant d'écouter.** Indiquez s'il est **probable (P)** ou **peu probable (PP)** que Sébastien (un étudiant) et Didier (un homme d'affaires) disent les choses suivantes dans leurs interviews.

Sébastien: _____ **1.** Les transports en commun marchent bien.
_____ **2.** J'aime bien le bus.
Didier: _____ **3.** Je conduis une belle A8, très confortable pour toute la famille.
_____ **4.** Nous aimons beaucoup la cuisine des compagnies aériennes.

Pour bien écouter	**Listening for familiar elements**

Your knowledge about a topic paired with your life experience can help you predict what people will say. For example, one would expect a discussion about travel plans to focus on transportation, destinations, and accommodations. In the interviews you are about to hear, listen for familiar elements **(la voiture, le métro, le bus, le TGV,** and **l'avion).**

Ecoutons!	**Voix francophones au présent**: On parle de transports

— Sébastien, comment est-ce que vous vous déplacez pour aller à votre travail?

— Moi, c'est les pieds ou le métro. Je n'ai pas de voiture.

— Didier, comment est-ce que vous vous déplacez quand vous partez en vacances avec la famille?

— Quand on va en vacances, on prend la voiture.

7-7 **Quels moyens de transport?** Complétez les phrases avec les mots de cette liste: **à pied, au travail, marche, le métro, par avion, prend, regarde, le TGV, va en vacances, la voiture, en voyage**

Sébastien: Moi, c'est les pieds ou **1.** _____ L'été, je vais au travail **2.** _____ pour garder la forme. J'aime bien le bus, je **3.** _____ les gens.
Didier: Quand on va **4.** _____, on prend la voiture. Parfois on prend **5.** _____, mais en famille, c'est cher. Si on part plus loin, c'est **6.** _____

7-8 **Quelques détails.** Un(e) étudiant(e) fait des erreurs à propos de Sébastien et de Didier. Travaillez avec un(e) partenaire pour corriger votre camarade selon les détails de l'interview.

Modèle: Sébastien prend le métro parce qu'il aime regarder les gens.
E1: *Mais non, Sébastien prend l'autobus parce qu'il…*
E2: *Et il… En été…*

1. Sébastien a une grande voiture pour toute la famille.
2. Didier prend le bus pour aller en vacances.
3. Didier aime le TGV pour les plus longues distances.

📖 Les moyens de transport en France

07-06

Quels sont les choix de transports si vous voyagez en France? Il y a beaucoup de choix en France où les transports en commun sont une réelle alternative à la voiture.

Dans les villes, prenez **le métro, l'autobus** ou **le taxi**. A Paris, il y a aussi **le batobus**, un moyen de transport unique sur la Seine, idéal pour les Parisiens qui veulent éviter le métro et pour les touristes qui veulent visiter les quartiers de la capitale.

Pour se déplacer entre les villes, il y a **le train, l'autocar, la voiture** et **l'avion**. En France et ailleurs en Europe, on peut prendre **le TGV** qui file à 300 km/h (environ 190 mi/h) en grand confort. Le TGV est le moyen de transport le plus efficace pour des trajets de quelques centaines de kilomètres. Au delà de 1000 km (environ 625 mi), il est préférable de prendre l'avion.

une péniche sur le Canal du Midi

— Dans ma jeunesse on faisait des voyages en péniche° sur les canaux de France. C'était très agréable de voyager si lentement. J'ai appris récemment que ce mode de transport est de nouveau populaire. Quelle surprise!

faisait des voyages en péniche *took trips on river barges*

Vocabulaire supplémentaire

aller...	*to go...*
...en batobus	*...by waterbus*
...en bus	*...by bus*
...en péniche	*...by river barge*
...à pied	*...on foot*
...en TGV	*...by high-speed train*
...en voiture	*...by car*
prendre le / la / les...	*to take the...*

Conversion de kilomètres à miles

En France les distances se mesurent en kilomètres.

1,6 kilomètres = 1 mile

Voici une conversion rapide de kilomètres par heure en miles par heure et vice-versa.

Km/h	Mi/h	Km/h	Mi/h
30	19	80	50
50	31	100	62
60	37	120	75

http://www.pearsonhighered.com/francais-monde

7-9 Moyens de transport. Quel est le meilleur moyen de transport à utiliser d'après les conditions suivantes? Discutez des choix avec un(e) partenaire.

Modèle: E1: *Je vais de... à...*
E2: *Tu peux prendre... ou tu peux aller...*

1. Je vais de New York à Paris.
2. Je suis en voyage en France. Je voudrais aller à Lyon rapidement.
3. Je suis en visite touristique à Paris et je voudrais éviter le métro et l'autobus.
4. Je suis à Paris et je voudrais aller à a gare de Lyon.
5. Je suis en vacances en France. Je voudrais faire un voyage très lent sur un canal.

7-10 Comparaisons. Comparez les frais des voyages en Europe et aux Etats-Unis.

1. Une famille aux Etats-Unis voyage 400 miles (environ 600 km). La voiture consomme 1 gallon tous les 20 miles (*20 miles per gallon*). Le carburant coûte $2.50 le gallon. Combien coûte le voyage en dollars?

2. Une famille en Europe voyage 600 km (environ 400 miles). La voiture consomme 6 litres tous les 100 km. Le carburant coûte 1€50 par litre. Combien coûte le voyage en euros?

3. Faites la conversion d'euros en dollars: 1€ = environ $1,50.

7-11 Recherche en ligne. Le métro, le RER et le TGV sont des modes de transport en France. Allez sur le site de *Français-Monde* et utilisez les liens et/ou les critères de recherche donnés pour accéder à des sites Web et répondre aux questions suivantes.

1. En quelle année est-ce que le métro est inauguré à Paris?
2. Quelles banlieues sont desservies (*served*) par le RER?
3. Quelle est la vitesse du TGV?

07-07

— Qu'est-ce que vous avez fait en vacances?
— Nous sommes allés à la plage, à la montagne, à la campagne...

— Quel mode de vacances est-ce que vous avez choisi?
— Nous avons fait du camping, un séjour en club, un séjour en village de vacances... Et vous?
— Nous sommes restés chez des amis, en famille...

— A quels sports est-ce que tu as participé pendant les vacances?
— J'ai joué...   au volley (ball)   au basket (au basketball)   au tennis

— Moi, j'ai...

lu un roman (*novel*).   bronzé sur la plage.   discuté avec des amis.   joué aux cartes.   fait une randonnée à vélo.

7-12 Leurs voyages. Plusieurs étudiants ont voyagé pendant les vacances. Vous devez écrire des phrases pour un article d'après les renseignements suivants. Précisez la destination du voyage, le moyen de transport et les activités du voyageur.

Modèle: Jean Dupuy / Sénégal / avion / bronzer
Jean Dupuy est allé au Sénégal. Il a voyagé en avion et a bronzé sur la plage.

	Nom	Destination	Moyen de transport	Activité
1.	Robert Maupin	plage	autobus	lire un roman
2.	Karen Jones	Sénégal	avion	faire une randonnée à vélo
3.	Scott Lemond	Belgique	train	jouer au tennis
4.	Yasmina Gamal	montagne	autocar	jouer aux cartes
5.	Hugo Gutierrez	Nice	train	bronzer sur la plage

7-13 Des vacances idéales. Vous avez pris des vacances récemment. Travaillez avec un(e) partenaire pour comparer vos vacances. Où est-ce que vous êtes allé(e), quel moyen de transport est-ce que vous avez pris, et quelles activités est-ce que vous avez faites?

Modèle: **E1:** *J'ai fait un voyage en/à... et j'ai visité... J'ai pris l'avion. J'ai...*
E2: *Et moi, je suis allé(e) en/à avec... On a pris... et on a fait...*

7-08 to 07-09

The letters **ê** and **è** in French are generally pronounced like the **e** in the English word *wet*, with the lips and tongue tensed. The letters occur most often before one or more pronounced consonants (**bête, mère**). The letter combinations **ai (j'aime)** and **ei (treize)** are pronounced the same way when followed by a pronounced consonant. At the end of a word, the letter **e** is generally not pronounced. In one-syllable words, **e** is pronounced like the **e** in the English word *angel* (**le, ce, me, te**).

PIERRE: Tu **ai**m**e**s voyager en premi**è**r**e** class**e**?

DIDIER: C'est ch**er**, oui, mais c'est mieux qu'en deuxi**è**m**e**.

PIERRE: Et en avion?

DIDIER: J**e** préf**è**r**e** les compagni**e**s aéri**e**nn**e**s moins ch**è**r**e**s.

Comment dire?

Tense use with **depuis, pendant,** and **il y a**

07-10 to 07-11 Certain expressions can describe ongoing or elapsed time. Read the dialogue below, paying particular attention to the uses of **depuis, pendant,** and **il y a.** Then answer the questions.

07-10 to 07-11

A vous de décider

1. What are the friends talking about? What has Martine been doing?

2. What tense is used with **depuis** and **pendant?** What comes after **il y a?**

3. Can you figure out what each expression might mean in English?

De plus près **Depuis quand?**

Amy Guidry rencontre son amie Martine dans la rue.

AMY: Salut, Martine. Ça fait longtemps que je ne t'ai pas vue!

MARTINE: Salut, Amy. J'ai voyagé en Afrique **pendant** six mois avec mon ami, Hervé.

AMY: **Depuis** combien de temps est-ce que tu es de retour à Paris?

MARTINE: Je suis de retour **depuis** un mois, mais nous partons pour l'Australie mardi prochain.

AMY: Tu es rentrée **il y a** un mois et tu repars° dans une semaine? Quelle chance°!

---

repars *leave again;* **Quelle chance** *What luck*

1. The use of **depuis**

To describe an action or a situation that has been going on for a period of time or since a particular time in the past, use **depuis** along with the present tense in French. Note the English translation of **depuis** clauses.

• For a condition or action that is still taking place, **depuis** is translated *for.*

$$\text{present tense} + \textbf{depuis} + \text{period of time}$$

Depuis combien de temps est-il à Dakar?	*For how long has he been in Dakar?*
Il est à Dakar **depuis** un mois.	*He has been in Dakar for a month.*

• For a condition or action that has started at a particular moment in time, **depuis** is translated *since.*

$$\text{present tense} + \textbf{depuis} + \text{specific time}$$

Depuis quand est-ce que vous voyagez?	*Since when have you been traveling?*
Nous voyageons **depuis** septembre.	*We have been traveling since September.*

2. The use of **pendant**

To describe a completed past action, use **pendant** along with the **passé composé** to mean *for.*

$$\text{passé composé} + \textbf{pendant} + \text{time elapsed}$$

Pendant combien de temps est-ce que vous avez voyagé?	*How long did you travel?*
Nous avons voyagé **pendant** 6 mois.	*We traveled for 6 months.*

3. The use of **il y a**

To tell how long ago you did something, use **il y a** along with the **passé composé** to mean *ago.*

$$\text{passé composé} + \textbf{il y a} + \text{time elapsed}$$

Quand est-ce que tu as voyagé au Sénégal?	*When did you travel to Senegal?*
J'ai voyagé au Sénégal **il y a** deux ans.	*I traveled to Senegal two years ago.*

Both **depuis** and **pendant** can mean *for* in English. However, **depuis** describes a continuing event whereas **pendant** describes a completed event in the past.

to 07-13

 7-14 Ce que je fais. Vous êtes en voyage en Afrique. Votre partenaire, un(e) ami(e), a beaucoup de questions à vous poser au téléphone. Basez vos réponses (avec **depuis, pendant** et **il y a**) sur le calendrier et consultez la liste de vocabulaire supplémentaire ci-dessous.

Modèle: **E1:** *Depuis quand est-ce que tu voyages en Afrique?*
E2: *Je voyage en Afrique depuis dix jours.*

1. Pendant combien de temps est-ce que tu as voyagé en Afrique?
2. Quand est-ce que tu as visité Dakar?
3. Depuis quand es-tu dans le Saloum?
4. Pendant combien de temps est-ce que tu as voyagé dans le Saloum?
5. Il y a combien de jours que tu es arrivé(e) à Dakar?

 7-15 Chronologies. Votre partenaire a fait un rapport sur les voyages de ses amis. Vous ne comprenez pas la chronologie des évènements. Posez des questions à votre partenaire pour clarifier. Employez **depuis, pendant** ou **il y a** dans votre question.

Modèle: Yassir a voyagé en Afrique de 2001 à 2004.
E1: *Pendant combien de temps est-ce que Yassir a voyagé en Afrique?*
E2: *Yassir a voyagé en Afrique pendant trois ans.*

1. Martine et Georges ont habité en Suisse. Ils sont rentrés la semaine dernière.
2. Yan a habité à Dakar de janvier jusqu'en (*until*) mars.
3. Georges est allé à Chicago pour faire ses études. Il a obtenu son diplôme et il est revenu la semaine dernière.
4. Amy a travaillé à Los Angeles en 2004.
5. Ali a travaillé à Marseille. Mais c'est une vieille histoire; dix ans ont passé.

Vocabulaire supplémentaire

avant hier	*the day before yesterday*
demain	*tomorrow*
hier	*yesterday*
il y a deux jours	*two days ago*
la semaine dernière	*last week*

The **imparfait**

To report completed actions in the past, French uses the **passé composé**. To talk about repeated past actions, French uses another past tense, called the imperfect **(l'imparfait).** Read the dialogue below, paying particular attention to the verb forms in bold. Then answer the questions.

De plus près **En Afrique**

Aminata parle avec Françoise à propos de son voyage au Sénégal.

FRANÇOISE: C'est ça, **j'ai passé** un an au Sénégal.

AMINATA: Qu'est-ce que **tu faisais** au Sénégal pendant tout ce temps?

FRANÇOISE: **C'était** une année de découverte. **J'habitais** à Dakar, la capitale. **Je participais** à la vie comme tout le monde: **j'allais** au café pour parler avec des amis, **j'allais** au cinéma pour m'amuser, **j'écoutais** la radio, **je travaillais.** Voilà, comme tout le monde.

AMINATA: Qu'est-ce que **tu faisais** comme travail?

FRANÇOISE: **J'enseignais** à l'AEFE, l'agence pour l'enseignement français à l'étranger. **J'avais** beaucoup d'étudiants. **C'était** super bien!

A vous de décider

1. What did Françoise do for fun in Africa? For work?
2. Identify the verb in the **passé composé**.
3. What are the singular endings of the new tense?

1. Formation of the **imparfait**

Unlike the **passé composé**, the **imparfait** is a simple tense (consisting of only one word). To form the **imparfait,** find the stem and add the ending. Follow these steps:

• To find the stem, drop the **-ons** ending from the present-tense **nous** form.

> nous racontons → nous racont~~ons~~ → **racont-**
> nous réfléchissons → nous réfléchiss~~ons~~ → **réfléchiss-**
> nous attendons → nous attend~~ons~~ → **attend-**

• Then add the **imparfait** endings: **-ais, -ais, -ait, -ions, -iez, -aient.**

> **racont-**   **Je racontais** mon voyage.
> **réfléchiss-**   **Elle réfléchissait** à son prochain voyage.
> **attend-**   **Elles attendaient** l'autobus.

---

raconter

Je racont**ais** mon voyage à Aminata.	Nous racont**ions** notre voyage en France.
Tu racont**ais** l'histoire de ta vie.	Vous racont**iez** une histoire drôle.
Il/Elle/On racont**ait** son beau voyage.	Ils/Elles racont**aient** leur aventure à Dakar.

réfléchir

Je réfléchiss**ais** à mon itinéraire.	Nous réfléchiss**ions** au choix de vacances.
Tu réfléchiss**ais** à ton voyage.	Vous réfléchiss**iez** au prix du voyage.
Il/Elle/On réfléchiss**ait** au voyage d'affaires.	Ils/Elles réfléchiss**aient** à l'aventure.

attendre

J'attend**ais** un taxi pour aller à l'aéroport.	Nous attend**ions** la fin de son histoire.
Tu attend**ais** ton ami?	Vous attend**iez** l'autobus.
Il/Elle/On attend**ait** une grande occasion.	Ils/Elles attend**aient** le train.

---

2. The negative of the **imparfait**

The negative of the **imparfait** is formed regularly, with **ne (n')** preceding the verb and **pas** following it. As usual in informal conversations, the **ne (n')** is often omitted.

Nous **n'**attendions **pas** l'autobus tous les jours.

3. Spelling changes in the **imparfait**

• Many verbs that are irregular or have spelling changes in other tenses are regular in the **imparfait.** If you know the stem from the **nous** form in the present tense, you need simply to drop the **-ons** and add the appropriate endings.

avoir	nous **av~~ons~~**	Tu **avais** des amis à Dakar.
aller	nous **all~~ons~~**	J'**allais** au café.
prendre	nous **pren~~ons~~**	Nous **prenions** des vacances.

• **Etre** is the only verb that has an irregular imperfect stem: **ét-**

> **J'étais** écrivain en ce temps-là.   **Nous étions** en Afrique.
> **Tu étais** en vacances?   **Vous** n'**étiez** pas en voyage?
> **C'était** une année de découverte.   **Ils/Elles étaient** au Sénégal.

• **Pleuvoir** and **neiger** are conjugated with **il.** The imperfect forms are:

> **Il pleuvait** souvent à Dakar.
> **Il neigeait** au Colorado en hiver.

4. Uses of the **imparfait**

The **imparfait** is used to describe events that happened habitually, regularly, or continuously in the past. It typically corresponds to the English *used to . . .* You will learn about other uses of the **imparfait** later.

FRANÇOISE: Est-ce que **tu regardais** la télé tous les soirs pendant ton voyage?
Did you used to watch television every night during your trip?

AMINATA: Mais non, **nous regardions** la télé de temps en temps.
No, we used to watch television from time to time.

FRANÇOISE: Qu'est-ce que **vous faisiez** alors?
What did you used to do then?

AMINATA: D'habitude **nous allions** danser. **Il** y **avait** beaucoup de boîtes de nuit.
Usually we went dancing. There were many nightclubs.

5. Expressions that cue the **imparfait**

The **imparfait** is often accompanied by expressions that indicate a repeated action. Look over this list of expressions that usually cue the **imparfait**.

autrefois	*in the past*
chaque jour (soir, matin, année)	*every day (evening, morning, year)*
d'habitude	*usually*
fréquemment	*frequently*
souvent	*often*
toujours	*always*
tous les jours (soirs, matins, ans)	*every day (evening, morning, year)*

7-16 Comme tout le monde? Toute la classe a voyagé au Sénégal. Est-ce que tout le monde a eu un séjour similaire? Comparez vos habitudes à celles de votre partenaire. Qu'est-ce que vous avez fait pendant le séjour?

Modèle: participer à la vie comme tout le monde
E1: *Je participais à la vie comme tout le monde. Et toi?*
E2: *Non, moi je restais souvent dans ma chambre. Je ne participais pas à la vie comme tout le monde.*

1. habiter dans un appartement
2. avoir des amis africains
3. chercher des spécialités locales
4. aller au café
5. participer à la vie comme tout le monde
6. vivre (*to live*) ensemble en ce temps-là

Vocabulaire supplémentaire

aller dans des restaurants	*to go to restaurants*
avoir des amis européen(ne)s	*to have European friends*
être enseignant(e)	*to be a teacher*
habiter dans une maison d'étudiants	*to live in a student house*
habiter seul(e)	*to live alone*
rester dans ma chambre	*to stay in my room*

7-17 A Dakar. Vous avez passé des vacances superbes en Afrique le mois dernier. Vous écrivez une lettre à votre amie. Présentez votre lettre devant tout le monde.

acheter aimer aller avoir
déjeuner être faire (du)…
fréquenter jouer (au)… manger
regarder vendre

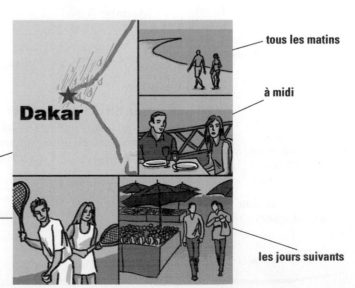

au Sénégal, Jour 1

l'après-midi

tous les matins

à midi

les jours suivants

Modèle: *Chère Claudine,*
Nous avons passé trois semaines au Sénégal…

📖 The **imparfait** and descriptions

07-14 to 07-15

The **imparfait** is used to describe settings, physical characteristics, or emotions in the past. Read the paragraph below paying particular attention to the use of the **imparfait**, then answer the questions.

A vous de décider

1. How would you rate Aminata's trip?

2. What was the weather like?

3. For what kinds of information is the **imparfait** used in this passage?

De plus près   **Description**

Aminata décrit son voyage au Cap-Skirring au Sénégal.

Il **faisait** beau tous les jours. La mer **était** calme et très bleue. La température **était** idéale et **il y avait** un beau soleil. Nous **passions** la journée à la plage ou à jouer au tennis. Le soir, on **allait** danser et quelquefois, on **allait** au cinéma. Pendant le voyage, j'ai fait la connaissance d'un jeune homme extraordinaire. Il **avait** les yeux bleus et les cheveux bruns, et il **portait** une petite moustache à l'ancienne mode. Il **avait** la trentaine. Il **disait** qu'il **était** de la famille royale autrichienne.

Other uses of the **imparfait**

The **imparfait** is used to describe:

* a setting or scene that existed in the past

  Il **faisait** très beau. Le ciel **était** bleu et le paysage **était** magnifique.
  The weather was very nice. The sky was blue and the scenery was magnificent.

* a physical characteristic, age, state, or emotion

  Il **était** blond et mince. Il **portait** une petite moustache. Il **avait** la trentaine. Il **aimait** bronzer sur la plage.

* settings and characteristics that are repeated in the past

  Il **faisait** toujours très chaud à la plage.
  D'habitude, elle **s'habillait** avec élégance.

🔊 Vocabulaire supplémentaire

Noms

le château de sable	*sand castle*
les gens (m. pl.)	*people*
le maillot de bain	*bathing suit*
la mer	*the sea*
le sable	*sand*
le soleil	*sun*

Verbes

s'amuser	*to have fun, a good time*
briller	*to shine*
bronzer	*to tan, get a tan*
construire	*to build*
jouer à la balle	*to play ball*
nager	*to swim*

Adjectifs

(bien, mal) habillé(e)	*(well, poorly) dressed*
bleu(e)	*blue*
calme	*calm*

7-18 Descriptions. Vous avez rencontré des amis pendant vos vacances à la mer. Faites une description de la scène de plage et de vos amis.

Modèle: *Il faisait beau ce jour-là. Les enfants... mais la jeune femme... et le jeune homme...*

7-19 Hier et aujourd'hui. Vous avez fait un très beau voyage récemment. Mais maintenant vous êtes rentré(e) et vous trouvez la vie ordinaire moins agréable. Travaillez avec un(e) partenaire qui va redire (*restate*) et comparer ce que vous avez dit avec la situation après votre retour de voyage.

Modèle: le ciel bleu
  E1: *Le ciel était souvent bleu en vacances.*
  E2: *Oui, le ciel était presque toujours bleu en vacances, mail il n'est plus bleu aujourd'hui.*

1. faire beau
2. la mer calme
3. bronzer souvent sur la plage
4. être heureux(-euse)
5. avoir envie de se lever le matin

📖 Travail d'ensemble
07-16

Pour bien parler | **Gestures and mannerisms**

When you are making an oral presentation, emphasizing your points with gestures can add a helpful dimension to your talk. However, repetitive or annoying mannerisms may also detract from a presentation. Make sure to rehearse your talk in front of a mirror to identify any annoying mannerisms. You might also rehearse with a partner and ask him or her to offer honest feedback about the effectiveness of your gestures and mannerisms.

7-20 Nos vacances. Vous (Virginie Macé) et votre partenaire (Richard Macé) êtes allés en vacances au Sénégal. Vous avez passé un mois à voyager. Pendant votre voyage, vous avez fait du sport et avez visité des sites intéressants. Qu'est-ce que vous avez fait en couple? Faites un petit rapport oral devant tout le monde. Attention à vos gestes!

Modèle: *Voici nos vacances au Sénégal: Nous sommes allés au Cap-Skirring…*
Nous ne sommes pas allés au restaurant de luxe…

Vacances au Sénégal

1. Il faut visiter le Cap-Skirring. Il est très pittoresque.

2. Nous recommandons une excursion en pirogue le long des bolons *(inlets)* du Saloum.

3. Une journée de pêche en haute mer est réservée aux aventureux.

4. Nous vous proposons plusieurs promenades en vélo.

5. Nous vous proposons une journée entière sur un voilier. Le déjeuner est compris.

6. L'hôtel n'est pas loin d'une plage splendide où vous pouvez lire tranquillement et bronzer sous le beau soleil africain.

7. Profitez des matchs de volley que nous organisons sur la plage.

8. Nous vous proposons des repas gastronomiques préparés par notre grand chef de cuisine, Laurent Fabrice.

9. Nous vous proposons des buffets et des pique-niques sur la plage. Nos spécialités locales vont certainement vous intéresser.

10. Votre visite de la capitale, Dakar, comprend le palais présidentiel, le marché aux fruits et aux légumes et l'immense marché artisanal de Soumbédioune.

Pour aller plus loin

Contextes Dans cette section vous allez lire l'histoire d'un voyage en pirogue et exprimer des opinions sur les voyages.

Un beau voyage

Dans le passage suivant, vous allez lire l'histoire du voyage de Martin et Nicole à Dionwar, un petit village au Sénégal. Ce passage est un extrait du site que Nicole a créé à son retour de voyage.

Pour bien lire | **Continuing to read**

New readers of a foreign language often stop reading as soon as they encounter a word they don't know, pause to look up the word, and make a marginal notation. In fact, continuing to read enables you to understand words in context. After reading a passage in entirety, reread it, this time pausing to look at the glosses, look up words, and focus on the details.

7-21 Avant de lire. Où est le Sénégal? Et les endroits mentionnés dans ce passage: Dakar, le Saloum, Dionwar? Dans le texte, trouvez trois ou quatre mots que vous ne connaissez pas. Soulignez-les et ensuite continuez à lire le texte. Après votre lecture, décidez si le contexte vous a aidé à mieux comprendre.

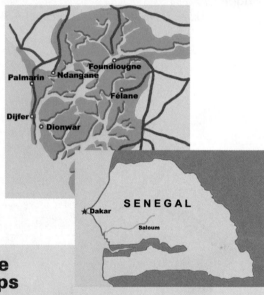

Dionwar, un village perdu dans le temps

07-17 to 07-18

Nous avons passé deux semaines à Dakar. La grande ville a beaucoup d'attractions, de cinémas, de restaurants, de boîtes de nuit, mais nous recherchions une expérience plus intéressante et plus paisible. Henri Lebrun, un voyageur français que nous avons rencontré pendant notre séjour, nous a dit: «Vous voulez visiter un village au bout du monde? Un village accessible uniquement par pirogue où il n'y a ni routes ni voitures? Allez à Dionwar. C'est un village perdu dans le temps.» Emballés°, nous avons décidé de faire le voyage.

Les préparatifs pour le voyage ont été assez faciles: Nous sommes allés à Ndangane en autobus et ensuite nous avons réservé une pirogue avec guide pour la journée du lendemain. Le voyage jusqu'à Dionwar a pris des heures car la pirogue ne pouvait pas aller vite dans la mangrove. Le Saloum est l'écosystème le plus riche d'Afrique. La diversité de la faune y est remarquable.

Arrivés à Dionwar, nous avons été enchantés par ce village de pêcheurs°. Ni routes, ni voitures, juste quelques bâtiments anciens, Henri Lebrun avait raison. Un petit marché et quelques baobabs° pour compléter cette scène idyllique. Mais c'est la gentillesse des villageois et leur accueil chaleureux qui nous ont impressionnés le plus. Dionwar est vraiment un village perdu dans le temps.

Pirogue et mosquée à Dionwar.

---

emballés *excited;* pêcheurs *fishermen;* baobabs *African trees*

7-22 Le Saloum. Indiquez les affirmations qui sont vraies. Corrigez celles qui sont fausses.

1. Plusieurs voyageurs recommandent Dionwar à Nicole et Martin.
2. Il y a peu d'animaux dans le Saloum.
3. Le voyage en pirogue est rapide et confortable.
4. Les villageois sont très sympathiques.

 7-23 Rapport de voyage. Vous et un compagnon/une compagne de voyage (votre partenaire) avez fait un voyage au Saloum. Décrivez votre voyage à tout le monde. Cherchez des mots et des expressions dans le texte.

Modèle: le Saloum
> **E1:** *La diversité de la faune y était remarquable.*
> **E2:** *Il y avait beaucoup d'animaux… L'ambiance était…*

1. le Saloum   2. Dionwar   3. impressions du voyage

La 2CV (La deux chevaux)

07-19 A l'origine, le programme TPV (toute petite voiture) avait pour mission de fabriquer une voiture quatre places pour le milieu rural. Elle devait atteindre° une vitesse maximale de 60 km/h. Elle devait être aussi facile à réparer, à faible consommation d'essence et relativement confortable. Le résultat: la 2CV. On emploie des expressions telles que quatre roues° sous un parapluie, la tortue° et l'escargot à roulettes pour la décrire. Mais la voiture enchante le public et devient vite un succès populaire.

Toujours pratique et universelle, elle était aussi capable d'aller partout, en ville et à la campagne: une voiture de rêve°. Pour les week-end en famille, elle était idéale. Les vacances ou le week-end en **deuche (en Citroën deux chevaux)** font dorénavant° partie des souvenirs collectifs.

La production de la 2CV s'arrête en 1988. Mais la petite voiture continue de rouler° dans l'imagination des propriétaires. On voit encore des **deuches** avec des peintures originales et des carrosseries° personnalisées sur les routes de l'Europe entière.

Je me souviens de ma première voiture—une deux chevaux d'occasion. Ma deuche était grise et avait l'aile° gauche un peu enfoncée°. Elle n'était pas belle, elle n'était pas très confortable, mais pour moi, elle représentait la liberté.

atteindre *reach;* **roues** *wheels;* **la tortue** *turtle;* **une voiture de rêve** *dream car;* **dorénavant** *from this time forward;* **rouler** *to operate;* **carrosseries** *body work;* **l'aile** *fender;* **enfoncée** *dented*

7-24 C'est quoi, la 2CV? Complétez les phrases suivantes selon le passage.

Modèle: Une expression pour décrire la 2CV…
> *Une expression pour décrire la 2CV: Quatre roues sous un parapluie.*

1. C'était une voiture pour…
2. La 2CV accommodait…
3. Elle ne pouvait pas aller plus vite que…
4. Une image descriptive de la 2CV:
5. On aime encore la 2CV, certains propriétaires…

7-25 Comparaisons. Dans les années 60 et 70, plusieurs voitures ont capté l'imagination des jeunes. En France, c'était la 2CV. Aux Etats-Unis c'était la Coccinelle Volkswagen et la Ford Mustang. Comparez la Coccinelle et la Mustang avec la 2CV. Considérez la vitesse, le luxe, la fiabilité (*reliability*).

07-20 to 07-21

📖 De Nouakchott à Dakar

Dans le passage suivant, deux Français, Nicole et Sébastien, voyagent en Afrique. Ils parlent de leur voyage de Nouakchott en Mauritanie à Dakar au Sénégal.

7-26 **Avant de lire.** Imaginez que vous faites un voyage à travers le désert nord-africain. Comment allez-vous voyager? Quel temps est-ce que vous imaginez avoir pendant le voyage?

Notre voyage de découverte

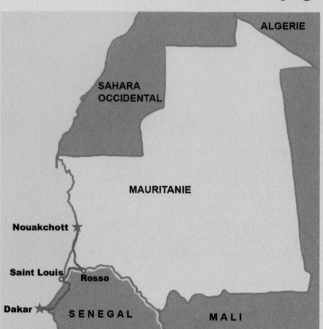

C'était en été, il y a six ans. Nous faisions un voyage de découverte, Séb et moi. Nous étions en Mauritanie, à Nouakchott. Notre destination finale était Dakar, la capitale du Sénégal. Nouakchott est une grande ville, la plus grande ville de la Mauritanie et aussi sa capitale. Il y a, bien sûr des vols° entre Nouakchott et Dakar. Mais nous, on voulait faire autrement. C'était après tout, un voyage de découverte. On voulait voyager en voiture et voir du pays.

Le voyage a duré une journée et avait plusieurs étapes. La première, de Nouakchott à Rosso, on l'a faite en taxi-brousse°. Nous étions serrés comme des sardines° dans la Toyota pendant les trois heures de la traversée du désert. Arrivés à Rosso, voilà le fleuve Sénégal, frontière naturelle qui divise deux pays, deux ethnies et deux climats. Le taxi-brousse n'allait pas plus loin. Notre deuxième étape, la traversée du fleuve, était en pirogue. La troisième étape qui a duré le reste de la journée était en autobus. Nous sommes arrivés finalement à Dakar tard le soir.

Le lendemain, après une bonne nuit à l'hôtel, nous nous sommes levés pour aller louer° une voiture pour le reste de notre séjour, une deuche.

C'est comme ça que nous avons voyagé de Nouakchott à Dakar, en taxi-brousse, en pirogue, en autobus et en deuche. Quel voyage!

---

vols *flights;* taxi-brousse *bush taxi;* serrés comme des sardines *packed like sardines;* louer *to rent*

7-27 **Un long voyage.** Encerclez la bonne réponse pour compléter le paragraphe selon le texte.

Nicole et Sébastien (sont arrivés / ont pris un taxi-brousse) à Nouakchott pour faire un voyage de découverte. Il y avait des vols entre Nouakchott et Dakar mais ils voulaient (faire le voyage en voiture / aller en pirogue). Pendant la première étape, (de Nouakchott à Dakar / de Nouakchott à Rosso) ils ont voyagé en taxi-brousse. Le voyage en Toyota a été (très inconfortable / assez confortable). Quand ils sont arrivés à Rosso, ils ont dû traverser le fleuve Sénégal (en pirogue / en voiture). Ils ont ensuite pris (une deuche / un autobus) pour aller à Dakar.

7-28 **Notre voyage.** Vous (Nicole) et votre partenaire (Sébastien) avez fait un voyage très intéressant de Nouakchott à Dakar. Vous êtes très enthousiastes et vous voulez raconter votre voyage à vos camarades. Cherchez des expressions dans le passage pour préparer une présentation orale sur l'itinéraire, les modes de transport et le climat.

Pour bien communiquer

Opinions de voyage

Expériences positives

Nous nous sommes beaucoup amusés pendant les vacances.
Je suis épaté(e) (*amazed*) et enchantée (*delighted*) par notre expérience.
J'ai appris beaucoup au niveau humain (*about people*).
Nous avons beaucoup appris pendant notre séjour.
Nous avons rencontré des habitants (*the locals*).
Nous sommes repartis plus riches de cette rencontre.

Expériences neutres et négatives

Il y a eu des hauts et des bas, mais globalement c'était bien comme expérience.
De temps en temps je me demandais ce que je faisais là.
Je ne sais pas quoi penser du voyage.

Le logement, la nourriture, les transports, tout laissait à désirer
(*it all left something to be desired*).
Le tourisme commercial a gâché (*spoiled*) le séjour.
Nous avons eu des expériences négatives.
Quel voyage infect (*repugnant*)! Il n'avait rien d'intéressant.

7-29 **Comment était ton voyage?** Répondez à la question de votre partenaire, en imaginant que vous avez fait les voyages suivants. Suivez le modèle.

Modèle: ton voyage à Dakar
    E1: *Comment était ton voyage à Dakar?*
    E2: *Mon voyage à Dakar était magnifique. Nous avons rencontré des habitants.*

1. le voyage à Chicago
2. ton séjour à Tahiti
3. la traversée du désert
4. ton voyage d'affaires à Lyon en TGV
5. le camping dans le Far Ouest

7-30 **Quel voyage!** Vous avez pris des notes sur **Notre voyage de découverte**. Travaillez avec un(e) partenaire pour faire des commentaires sur le voyage de Nicole et Sébastien.

> 1. Ils voulaient voyager en voiture et voir du pays.
>
> 2. Le voyage a duré une journée et avait plusieurs étapes.
>
> 3. Le fleuve Sénégal divise deux pays, deux ethnies et deux climats.
>
> 4. Ils sont arrivés finalement à Dakar tard le soir.
>
> 5. Quel voyage!

Modèle: Ils étaient serrés comme des sardines.
    E1: *Ils étaient serrés comme des sardines.*
    E2: *Il n'y avait pas beaucoup de place dans le taxi-brousse.*
    E1: *Mais ils ont beaucoup appris pendant leur séjour.*

The **imparfait** and the **passé composé**

07-24 to 07-25

When telling a story, French speakers use both the **passé composé** and the **imparfait.** Read the paragraph below, paying particular attention to the use of each tense. Then answer the questions.

A vous de décider

1. What was the setting? And what happened?

2. How was the problem solved?

3. How is the **imparfait** used in this story? And the **passé composé?**

De plus près   **Au café"**

Didier raconte un incident de voyage.

J'**étais** en voyage et ce jour-là, j'**étais** assis dans un café. Je **lisais** le journal tranquillement, quand une jeune femme **est venue** près de moi. Elle **était** grande et bien habillée. Elle **avait** l'air calme mais je **sentais** qu'elle **était** agitée. Avec une voix tremblante, elle m'**a demandé** de l'aide. Elle **a raconté** une histoire effrayante, elle **a dit** qu'on la **poursuivait** et qu'elle **avait** peur. Je ne **savais** pas quoi faire. Nous **avons décidé** d'aller au commissariat de police.

1. **Uses of the passé composé**

   The **passé composé** is used to express past events that happened only once and actions that advance the plot or storyline. The **passé composé** answers the question "What happened?"

   Je **suis allé(e)** en vacances. J'**ai visité** Rome et Athènes et ensuite, je **suis rentré(e)** en France et je **suis retourné(e)** au travail.
   I went on vacation. I visited Rome and Athens and then I came back to France and returned to work.

2. **Uses of the imparfait**

   The **imparfait** refers to something that continued over a period of time, as opposed to something that happened at a specific point in time. The **imparfait** is used to describe:

   • the scene, circumstances, and conditions (including the weather) when an event occurred

   Il **faisait** très beau et les montagnes **étaient** magnifiques.
   The weather was beautiful and the mountains were magnificent.

   • the participants (appearances, character, emotions, and beliefs) in a past event

   En ce temps-là, elle **avait** la vingtaine et elle **portait** toujours des jeans.
   At that time, she was about 20 years old and she always wore jeans.
   Il **était** assez timide, mais tout le monde le **trouvait** très aimable.
   He was somewhat shy, but everyone found him likeable.

   • habitual, repeated, or ongoing actions in the past

   Chaque année à Noël, nous **rendions** visite aux grands-parents.
   Every year at Christmas, we visited our grandparents. or Every year at Christmas we would visit our grandparents. or We used to visit our grandparents every year at Christmas.

3. **Use of the passé composé and the imparfait together**

   Both tenses may be used when one action interrupts another. The interrupting action is in the **passé composé.**

   Il **réfléchissait** à son voyage quand elle **a posé** une question sur l'itinéraire.
   He was thinking about his trip when she asked a question about the itinerary.
   Quand tu **as téléphoné,** je **me préparais** pour mon voyage.
   When you called, I was getting ready for my trip.

7-31 **Une étrange rencontre.** Votre ami(e) apprend le français et demande votre aide. Complétez son paragraphe avec le passé composé et l'imparfait.

> Je/J' _____ (être) en voyage et ce jour-là, je/j' _____ (être)
> à la plage. Je _____ (lire) un roman et je _____
> (se bronzer), quand un jeune homme _____ (s'approcher).
> Il _____ (être) en jean. Il _____ (avoir) environ
> 25 ans. Il _____ (s'excuser) de me déranger. Il _____
> (dire) qu'il me _____ (connaître), mais ne _____
> (savoir) ni quand, ni comment. Il _____ (vouloir) mon aide.
> Mais nous _____ (ne pas trouver) de points en commun.
> Quelle étrange rencontre!

 7-32 **Quel voyage merveilleux!** Vous êtes allé(e) à Paris avec un(e) ami(e) (votre partenaire). Qu'est-ce que vous avez fait ensemble? Choisissez parmi (*among*) les expressions ci-dessous pour raconter votre séjour en trois phrases. Ensuite présentez votre aventure à tout le monde.

Modèle: *Nous sommes allés à Paris en octobre...*

> aller à Paris en octobre, avril, juin
> arriver un jour (un chien, une fille, un cadeau)
> avoir une étrange rencontre, une idée
> chaque jour, faire beau, mauvais, chaud, froid
> écrire un livre, un article
> entendre de la musique étrange
> ensuite prendre un café, manger un sandwich, aller au cinéma
> faire un tour en batobus, métro, deuche quand...
> le matin, promener sur les boulevards, visiter un musée
> ne pas savoir quoi faire
> s'intéresser aux opinions des touristes
> visiter la Tour Eiffel, Montmartre, le Quartier latin

The verb **venir** and verbs like **venir**

5 to 07-27 The verb **venir** (*to come*) is irregular. Read the dialogue below, paying particular attention to the forms of the verb in bold. Then answer the questions.

> **De plus près** **Les nouvelles**
>
> *Noah rencontre son amie Zeneb près de l'université.*
>
> **NOAH:** Hé, Zeneb! Qu'est-ce que **tu deviens?**
>
> **ZENEB:** Salut, Noah. J'ai fait un voyage au Sénégal. **Je suis revenue** la semaine dernière. Et toi?
>
> **NOAH:** Bof! Pas grande chose! J'ai trouvé un nouveau poste. **Je viens de** commencer. C'est dans une compagnie de publicité.
>
> **ZENEB:** Comme tu as de la chance! Moi je n'ai que du temporaire.
>
> **NOAH:** **Tu viens** prendre un café? Tu vas me raconter ton voyage.
>
> **ZENEB:** D'accord! Et toi, tu vas me raconter comment tu as trouvé ton poste.

A vous de décider

1. What news does each of the friends have to share?

2. What are the infinitives of other verbs conjugated like **venir?** And the meanings?

3. In what tenses do **venir** and the verbs like **venir** appear?

1. Forms of the verb **venir**

The verb **venir** (*to come*) is irregular in the present tense.

Je viens de commencer mon travail.	**Nous venons** avec vous.
Tu viens prendre un café?	**Vous venez** de terminer votre voyage.
Il/Elle/On vient du Sénégal?	Est-ce qu'**ils/elles viennent** demain?

The verb **venir** uses the auxiliary verb **être** in the **passé composé**. The past participle agrees in gender and number with the subject.

Zeneb, **elle est venue** au café juste après son cours.

2. The two meanings of **venir de**

The expression **venir de** can mean two very different things.

- When followed by a noun, it indicates where a person is from or the place he or she is coming from.

Aminata **vient de** Dakar.	*Aminata comes from Dakar.*
Tu **viens de** la bibliothèque?	*Are you coming from the library?*

- When followed by an infinitive, the expression **venir de** indicates a recently completed action (the immediate past).

Noah **vient de** commencer son travail.	*He (has) just started his work.*

3. Verbs conjugated like **venir**

devenir	présent: Qu'est-ce que **tu deviens?** *What's become of you?*
(*to become*)	passé composé (with **être**): **Elle est devenue** pharmacienne.
revenir	présent: **Tu reviens** du Sénégal?
(*to come back*)	passé composé (with **être**): **Je suis revenue** la semaine **dernière**.
tenir	présent: **Elle tient** la valise (*suitcase*).
(*to hold, to keep*)	passé composé (with **avoir**): Elle a tenu un poste temporaire.
tenir à	présent: **Nous tenons à** ce rendez-vous.
(*to insist on*)	passé composé (with **avoir**): **J'ai tenu à** travailler dans **la compagnie.**

7-33 **Activités récentes.** Posez des questions à votre partenaire à propos des voyages d'Amy, d'Antonio et de Charles. Utilisez les renseignements de l'Activité **7-34**, à la page 221 comme guide.

Modèle: **E1:** *Amy a fait un voyage en Angleterre?*
        E2: *Mais non, Amy vient de faire un voyage en Louisiane.*

1. Antonio rentre d'un voyage en Angleterre?
2. Charles vient de rentrer de France?
3. Amy a passé une semaine à Rome?
4. Amy vient de commencer un voyage en Louisiane?
5. Antonio revient de Baton Rouge?

7-34 **Un voyage récent.** En groupe de trois, prenez le rôle d'un des personnages suivants. Répondez aux questions de vos camarades. Comparez vos voyages et rapportez les différences devant tout le monde.

1. Qu'est-ce que tu deviens?
2. Tu viens d'où?
3. Tu as fait un voyage où?
4. Quand est-ce que tu es rentré(e)?
5. Tu reviens de Rome? (de Baton Rouge? de Paris?)
6. Comment est-ce que tu as voyagé?

Après, comparez et présentez vos expériences.

Modèle: *Moi, je viens de…*
mais lui, il vient de…
Je suis revenu(e) de…
il y a… mais moi…

Prénom	Nationalité	Résidence	A fait un voyage de…	Moyen de transport	Rentré(e)
Amy	américaine	Baton Rouge	8 jours en Louisiane	voiture	hier
Antonio	italien	Rome	2 semaines en Italie	avion et train	la semaine dernière
Charles	sénégalais	Dakar	1 mois à Paris	avion, train et métro	le mois dernier

The verbs **sortir, partir, dormir,** and **voir**

8 to 07-29

The verbs **sortir** (*to go out*), **partir** (*to leave*), **dormir** (*to sleep*), and **voir** (*to see, to understand*) are irregular verbs that are often used to discuss travel and vacations. Read the dialogue below, paying particular attention to the forms of the verbs. Then answer the questions.

De plus près **Au Sénégal**

Noah parle avec Zeneb de son voyage au Sénégal.

NOAH: Alors, raconte-moi ton voyage.

ZENEB: C'était très bien. Nous **sommes partis** pour le Sénégal. Nous **avons** d'abord **vu** l'île de Gorée. A Dakar nous avons profité de la ville. Nous **sommes sortis** pour aller danser.

NOAH: Où ça?

ZENEB: Dans une boîte de nuit° locale. La musique était fantastique. Nous **n'avons pas dormi** de la nuit tant nous étions surexcités.

NOAH: Je **vois** que vous avez passé de bonnes vacances.

boîte de nuit *night club*

A vous de décider

1. How would you describe the vacation?

2. In what tense do the verbs **sortir, partir, dormir,** and **voir** appear?

3. Are they conjugated in the **passé composé** with **être** or **avoir?** What is the past participle of each verb?

1. **The forms of sortir** (*to go out*), **partir** (*to leave*), **and dormir** (*to sleep*)

Sortir is the opposite of **entrer** (*to enter*). **Partir** means *to leave* in a more general sense than **sortir.**

• The present tense

The verbs **sortir, partir,** and **dormir** are all conjugated the same way in the present tense. The final consonant of the stem is dropped in the singular.

sortir
Je sors ce soir.
Tu sors avec Zeneb?
Il/Elle/On sort dans une boîte de nuit.

Nous sortons pour aller danser.
Vous sortez avec des amis aujourd'hui?
Ils/Elles sortent souvent ensemble.

partir

Je pars pour le Sénégal.	**Nous partons** en voyage en Afrique.
Tu pars avec tes copains?	**Vous partez** en voyage ensemble?
Il/Elle/On part pour la Mauritanie.	**Ils/Elles partent** demain.

dormir

Je ne **dors** pas bien en plein air.	**Nous dormons** chez des amis.
Zeneb, **tu dors?**	**Vous dormez** à l'hôtel ce soir?
Il/Elle/On ne **dort** pas *ce soir!*	**Ils/Elles** ne **dorment** pas bien en voyage.

• The **passé composé**

The verbs **sortir** and **partir** are conjugated with **être.** The verb **dormir** is conjugated with **avoir.**

sortir:	**Nous sommes sortis** pour danser.	*We went out to go dancing.*
partir:	**Elle est partie** pour le Sénégal.	*She left for Senegal.*
dormir:	**Il** n'a pas *dormi* de la nuit.	*He did not sleep all night.*

• The **imparfait**

The three verbs are regular in the **imparfait.** The stem is formed by dropping the ending from the **nous** form of the present tense. The endings are **-ais, -ais, -ait, -ions, -iez, -aient.**

sortir:	**Nous sortions** tous les soirs.	*We used to go out every night.*
partir:	**Je partais** pour Dakar au matin.	*I was leaving for Dakar in the morning.*
dormir:	**Elle** ne **dormait** pas bien.	*She wasn't sleeping well.*

2. The forms of **voir** (*to see, to understand*)

Use the verb **regarder** (*to watch*) when referring to television and **voir** (*to see*) for films. Verbs conjugated like **voir** include **revoir** (*to see again, to review*) and **prévoir** (*to foresee, to forecast*).

• The present tense

Je vois que tu aimes le voyage.	**Nous voyons** des amis ce soir.
Tu vois que j'ai raison.	**Vous voyez** ce magnifique panorama?
Il/Elle/On voit bien d'ici.	**Ils/Elles voient** le Sénégal ce mois-ci.

• The **passé composé**

The verb **voir** is conjugated with the auxiliary **avoir.** The past participle is irregular **(vu).**

Elles ont vu le désert dans la pluie.	*They saw the desert in the rain.*

• The **imparfait**

The verb **voir** behaves like a regular verb in the **imparfait.**

Elle voyait ses amis souvent.	*She saw her friends often.*

7-35 **Clarifications.** Vous êtes en voyage au Sénégal. Votre ami(e) (votre partenaire) vous envoie des messages SMS, il (elle) a des questions pour vous. Répondez à ses questions.

Modèle: E1: *Tu pars quand de Dakar?*
E2: *Je pars dans deux jours.*

1. Tu dors à l'hôtel ou est-ce que tu fais du camping?
2. Tu restes tout le temps à Dakar ou est-ce que tu sors de Dakar de temps en temps?
3. Tu pars dans le Saloum pour combien de temps? Avec qui?
4. Tu pars visiter l'île de Gorée quand?

7-36 **Un voyage au Sénégal.** Votre partenaire vient de faire un voyage au Sénégal. Vous êtes reporter et vous avez beaucoup de questions pour lui (elle). Demandez-lui ce qu'il (elle) a fait, ce qu'il (elle) a vu, et où il (elle) est allé(e).

Modèle: E1: *Qu'est-ce que vous avez fait au Sénégal?*
E2: *Je suis sorti(e) de Dakar et j'ai visité le Saloum.*

Oui
• voir l'île de Gorée
• dormir sur la plage
• sortir de Dakar
• visiter le Saloum

Non
• sortir pour danser
• voir les sites touristiques
• dîner au café «Chez Henri»
• dormir dans un hôtel très luxueux

Travail d'ensemble
07-30

Pour bien écrire	**Varying sentence structure**

Beginning writers tend to produce very simple sentences in an effort to be clear and correct. The result, however, can be uninteresting and repetitive prose. Scan your writing to see if you can avoid repetition by joining two sentences with **mais** (*but*), **ou** (*or*), **et** (*and*), **car** (*because*), or **donc** (*therefore*).

7-37 **Mon voyage à l'étranger.** Vous venez de faire un voyage au Sénégal et vous écrivez un email (quatre ou cinq phrases) à votre professeur de français pour décrire votre séjour.

1. **Les détails à inclure:** le voyage (où, combien de temps, transports), le temps (le climat), les gens et les activités.
2. **Les verbes:** Distinguez bien l'emploi du passé composé et de l'imparfait.

7-38 **Echange de travail.** Envoyez le message à votre partenaire. Il (Elle) va faire des suggestions pour varier la structure des phrases et éviter la répétition. Finalement, envoyez le message au professeur.

A la découverte

📖 Petit tour d'horizon
07-31 to 07-34

L'Afrique de l'Ouest et le pays touarègue

Les Arabes ont donné à nos tribus° le nom de *Touareg*. Pour nous, on est *Imûhagh, Imocharh* ou *Imâjirhen* en fonction de notre région d'origine. Notre organisation familiale et politique, notre mode de vie, notre système de valeurs, notre langue et écriture nous définissent.

Bourani

On est musulman°, mais on est monogame et la tente° c'est le symbole de cette union. Dans notre langue, se marier se dit «dresser la tente». En cas de divorce, la femme prend la tente et le mari est sans toit°.

Arahmat

Le commerce caravanier° est en voie d'extinction à cause des camions. Autrefois, l'élevage° était notre principale activité, mais les sécheresses° ont tué beaucoup de nos animaux. Pour survivre, on s'est adapté. Aujourd'hui, on pratique l'agriculture, l'artisanat° et le tourisme. On est semi-nomadiques.

Sidi

L'organisation socio-politique est en train de changer. L'organisation traditionnelle en castes est en train d'être remplacée par une structure sociale moins rigide, définie par l'identité touarègue, qu'on appelle *temoust*.

Yeghia

---

tribus *tribes;* musulman *Muslim;* tente *tent;* sans toit *without a roof;* commerce caravanier *trade using camels to transport goods;* élevage *cattle raising;* sécheresses *droughts;* artisanat *crafts*

7-39 Origines, organisation familiale et politique des Touaregs. Indiquez les affirmations qui sont vraies. Corrigez celles qui sont fausses.

1. Les tribus ont adopté le nom Touareg il y a très longtemps pour s'identifier.
2. Le nom que les Touaregs se donnent dépend de la région d'origine.
3. Les Touaregs ont souvent plusieurs épouses.
4. En cas de divorce, le mari chasse sa femme de la tente et elle se retrouve sans abri.
5. La structure socio-politique touarègue n'a pas changé depuis des siècles (*centuries*).

7-40 Mode de vie. Complétez les phrases avec le mot qui convient dans la liste suivante: **sécheresse; semi-nomadique; modernisation; artisanat; activités économiques**

La _____ des transports et les périodes de _____ ont affecté l'économie touarègue. L'agriculture, l' _____ et le tourisme sont aujourd'hui les _____ principales des Touaregs. Les Touaregs mènent aujourd'hui une vie _____ .

Langue et écriture

Traduit du *tifinagh* en français, ce poème de Dassine Oult Yemma célèbre *le tifinagh*.

Le tifinagh

Tu écris ce que tu vois et ce que tu écoutes avec de toutes petites lettres serrées°, serrées, serrées comme des fourmis°, et qui vont de ton cœur° à ta droite d'honneur. [...] Notre écriture à nous est une écriture de nomades parce qu'elle est toute en bâtons° qui sont les jambes de tous les troupeaux°: jambes d'hommes, jambes de méhara°, de zébus°, de gazelles: tout ce qui parcourt le désert.

Et puis les croix° disent que tu vas à droite ou à gauche, et les points—tu vois, il y a beaucoup de points—ce sont les étoiles° pour nous conduire la nuit, parce que nous les Sahariens, on ne connaît que la route qui a pour guides le soleil et puis les étoiles. Et nous partons de notre cœur et nous tournons autour de lui en cercles de plus en plus grands, pour enlacer° les autres cœurs dans un cercle de vie, comme l'horizon autour de ton troupeau et de toi-même.

©La Femme Bleue - Maguy Vautier, © Editions Alternatives, 1998.

---

serrées *close together;* **fourmis** *ants;* **cœur** *heart;* **bâtons** *sticks;* **troupeaux** *herds;* **méhara** *fast dromedaries;* **zébus** *zebus (cattle with hump between shoulders);* **croix** *crosses;* **étoiles** *stars;* **enlacer** *weave around*

7-41 **Le tifinagh.** Complétez les phrases avec le mot qui convient: **un point; unifient; de gauche à droite; prédate**

1. La langue et l'écriture _____ les différentes tribus touarègues.
2. Le tifinagh _____ la naissance du Christ.
3. C'est _____ à la fin d'un mot qui représente les voyelles.
4. L'écriture se fait _____.

7-42 **Nous les Touaregs.** Identifiez dans le poème les éléments suivants: les aspects de la culture touarègue (nomadisme, économie, désert, communauté, nature, femme); et les sentiments (tristesse, fierté, joie). Puis choisissez un titre possible.

7-43 **Comparaisons.** Peut-on **faire des parallèles** entre les tribus touarègues et les Nord-Amérindiens?

	Tribus touarègues	Tribu nord-américaine? _____
Structure sociale	Castes	
Territoire	Couvre plusieurs pays	
Mode de vie	Semi-nomade	
Langue/écriture	Tifinagh	

📖 Point d'intérêt

07-35 to 07-40

Tourisme durable, tourisme solidaire

Vous voulez mieux connaître un peuple? Essayez le tourisme durable! Quel type de touriste êtes-vous?

7-44 Premier survol

- **Le tourisme durable, c'est quoi?** Quelles actions et attitudes vont à l'encontre (*go against*) du tourisme durable?

1. _____ jeter ses déchets (*garbage*) par terre; **2.** _____ participer aux activités du village; **3.** _____ prendre trois douches par jour; **4.** _____ faire des cadeaux individuels; **5.** _____ utiliser les services présents dans la communauté d'accueil; **6.** _____ donner de gros pourboires (*tips*)

- **Quelles choses vont dans le sac?** Ecrivez sur le sac à dos le numéro des choses que le voyageur solidaire va emporter. Pouvez-vous justifier vos choix?

1. des vêtements (*clothes*) en nylon
2. des huiles (*oils*) essentielles antiseptiques, antibactériennes, anti-infectieuses
3. une lampe avec piles (*batteries*)
4. du shampoing et du savon (*soap*) naturel
5. des noix de lavage (*soap nuts*)
6. une gourde filtre (*filter*)
7. une radio à manivelle (*crank handle*)
8. des médicaments chimiques
9. des vêtements en coton bio (*organic*)

7-45 Essentiel à saisir

- **Cinq questions pour savoir.** Etes-vous super prêt(e), un peu prêt(e), pas prêt(e) du tout pour le voyage solidaire? Pourquoi? Complétez le test à la page 227 pour organiser vos idées.

- **A faire et ne pas faire en voyage solidaire.** Votre partenaire et vous partez en voyage solidaire. Avant votre départ, vous récapitulez les choses que vous devez et ne devez pas faire pendant votre séjour.

Modèle: E1: *A ton avis, est-ce qu'on doit... ?*

E2: *Oui, on doit... / Non, on ne doit pas... mais on peut...*

E1: *Oui, je suis d'accord. / Non, je ne suis pas d'accord.*

Êtes-vous prêt à partir en voyage solidaire?

1. **Pour mes vacances, je pars en voyage solidaire en Afrique de l'Ouest.**
   - _____ A. J'ai toujours rêvé de voir les tribus qui dansent aux sons des tams-tams, etc.
   - _____ B. J'ai envie de vivre au cœur d'un village africain et de partager la vie des habitants.
   - _____ C. Je veux secourir° les pauvres.

2. **Arrivé au village, on vous propose une calebasse° d'eau.**
   - _____ A. Je bois avec plaisir.
   - _____ B. Je m'informe de la provenance° de l'eau et me réserve le droit de la refuser poliment.
   - _____ C. Je ne bois pas.

3. **Le programme aujourd'hui:**
   - _____ A. Lever à 5h30 pour voir le lever du soleil°. Puis confection de paniers° chez la vannière° le matin; causerie° sous un arbre l'après-midi; fête en soirée.
   - _____ B. Je me laisse mener par les guides du village qui m'ont préparé un programme.
   - _____ C. La sieste et la causerie entre 14h et 16h sont superflus°, je n'y participe pas.

4. **J'ai envie de continuer mon action solidaire pour le village qui m'a accueilli(e).**
   - _____ A. A mon retour, je rassemble des habits° et des jouets°, et j'envoie des paquets à quelques personnes du village.
   - _____ B. Pendant mon séjour, j'ai fait des petits cadeaux. En partant, j'ai laissé tous mes T-shirts et shorts.
   - _____ C. Faire des cadeaux individuels n'est pas une bonne idée. Je préfère inciter d'autres personnes à participer à ce type de voyage.

5. **Pour faire ma toilette, j'ai un seau° dans la salle d'eau.**
   - _____ A. Je mets mes deux pieds dans le seau, les savonne° bien et demande qu'on m'apporte un autre seau pour me rincer°.
   - _____ B. Je me sers de la louche° dans le seau pour me mouiller, je me savonne, puis, je reprends de l'eau propre pour me rincer.
   - _____ C. J'évite la salle de bains, ce n'est pas sanitaire.

Points reçus par réponse:

Q1 A = 1, B = 5, C = 0	**Q4** A = 0, B = 0, C = 5
Q2 A = 0, B = 4, C = 1	**Q5** A = 0, B = 4, C = 0
Q3 A = 4, B = 4, C = 0	

Mon score: _____

Entre 18 et 22 points, vous êtes un vrai voyageur solidaire.

Entre 13 et 17 points, allez, un petit effort. Votre séjour va vous bouleverser.

Entre 8 et 12 points, êtes-vous sûr(e) de choisir le bon type de voyage? L'objet du tourisme solidaire est d'allier° le plaisir du voyage au plaisir de l'accueil.

©Test conçu par l'association française de tourisme équitable "Tourisme et Développement Solidaire" (www.tourisme-dev-solidaires.org)

Vocabulaire supplémentaire

aider dans les champs	to help in the fields
danser et jouer de la musique avec les gens du village	to dance and play music with the locals
donner de gros pourboires	to give big tips
faire des cadeaux individuels	to give individual gifts
parler avec les habitants	to speak with the locals
partager les repas avec les habitants	to share meals with the locals
prendre deux douches par jour	to take two showers a day
visiter une école	to visit a school

secourir *help;* calebasse *calebash, gourd;* provenance *origin;* lever de soleil *sunrise;* paniers *baskets;* vannière *basket maker;* causerie *chat;* superflus *superfluous;* habits *clothes;* jouets *toys;* seau *bucket;* savonne *lather;* rincer *rinse off;* louche *ladle;* allier *combine*

Voyage solidaire chez les Touaregs du Mali

Cette brochure décrit un circuit de neuf jours au Mali avec la tribu touarègue des Cherifans.

7-46 **Premier survol**

- **Modes de transport.** Parcourez la brochure. Quelles sont les modes de transport utilisés pendant le voyage?
- **Voyage solidaire.** Quelles activités de ce circuit sont typiques d'un voyage solidaire?

DESTINATION MALI

Caravane avec la tribu touarègue des Cherifans

9 jours de voyage dont 5 jours et demi de randonnée chamelière° à travers le site des nomades d'Echag à l'est de Gao dans le nord du pays

Caractéristiques

Facile – 4/5h de marche par jour – enfant à partir de 10 ans – 50% rencontre et 50% paysage

A noter: les bagages sont portés par des dromadaires.

Jour 1: vol France – Gao

Jour 2: Gao: accueil à l'aéroport et transfert en 4x4. Thé et petit déjeuner. Départ après le déjeuner et bivouac° à Bilakalo.

Jour 3: Bilakalo/In Taharwin: votre caravane rejoint le campement d'In Taharwin pour le bivouac du soir.

Jour 4: In Taharwin/Takalafat: au campement d'Echag, faites vos réserves d'eau au puits où sont rassemblés les Touaregs et leurs animaux. Visite de l'école du campement. L'après-midi, découverte des termitières° géantes de Tin Toukouna et bivouac à Takalafat.

Jour 5: Takalafat/In Taliwin: découverte de plusieurs sites préhistoriques de taille du silex°.

Jour 6: In Taliwin/Echawakawelen: visite avec la famille de Mohamed Ahmed sous la case traditionnelle. Soirée de rencontre avec les responsables du site et les femmes du campement.

Jour 7: Echawakawelen/Erachar: arrivée au grand fleuve Niger et rencontre avec les pêcheurs° bozos. Baignade, grillades de poissons et bivouac.

Jour 8: Erachar/Gao: au revoir à l'équipe et retour en pinasse° vers Gao (observation des hippopotames). Visite de la ville. Déjeuner, dîner et nuit à l'auberge d'Awa.

Jour 9: transfert en 4x4 de très bonne heure à l'aéroport et vol retour vers la France.

Transport aérien: les départs et retours ont lieu à partir de Lyon ou Paris.
Dates des départs (du dimanche au lundi): Tarif (1): 04/01/09**, 11/01/09*, 18/01/09, 25/01/09**, 01/02/09*, 08/03/09**;
Tarif (2): 08/02/09, 01/03/09; **Tarif (3):** 21/12/08, 28/12/09, 15/02/09, 22/02/09
**aller Lyon-Gao et retour Mopti-Paris; *aller Paris-Mopti et retour Gao-Lyon
Prix tout compris/pers, au départ de Lyon hors taxe aéroport: (1) 1030 €; (2) 1130 €; (3) 1180 €.
A noter: 50 € sont reversés pour les projets de développement
© Voyages équitables, Association Croq'Nature

bivouac *temporary camp;* chamelière *camel (adj.);* termitières géantes *giant ant hills;* taille de silex *flint cutting;* pêcheurs *fishermen;* pinasse *a kind of pirogue*

7-47 Essentiel à saisir

- **Aperçu du circuit.** Encerclez la bonne réponse.

1. Les voyageurs passent (sept / huit / neuf) jours au Mali.
2. Ils visitent (sept / huit / neuf) villes, campements et sites différents.
3. Le départ du voyage se fait toujours depuis Lyon ou (Paris / Gao / Mopti).
4. (Le tiers / Le quart / La moitié) du voyage est consacré(e) à rencontrer des gens.
5. Vous payez (moins cher / la même chose / plus cher) par personne quand votre groupe a trois personnes ou plus.

- **Courrier de voyageur.** Reconstituez le fax envoyé par un voyageur à Croq'Nature à l'aide des mots compris dans cette liste: avoir; donner la possibilité; Mali; rentrer; Touaregs; faire; inviter; partager; être; pouvoir. Conjuguez les verbes au passé.

Destinataire: Croq'Nature
Numéro de fax: 05 62 97 95 83

Date: 7/17/10
De: Benard Grandbois
Nombre de pages y compris page de garde: 1
Objectif: Merci

Chers organisateurs,

Je _____ en France le week-end dernier après un voyage magnifique au _____ en compagnie des _____ du site d'Echag. Ma famille et moi _____ vous remercier pour une organisation impeccable. Que de beaux souvenirs. Pendant ce séjour nous _____ de très belles rencontres, l'enseignant et ses élèves qui _____ notre famille si gentiment dans leur école, Mohamed Ahmed qui _____ avec nous son repas, et nous a initiés au rituel des trois thés, et finalement les pêcheurs bozos. En voyageant à pied et à dos de chameaux, nous _____ découvrir des paysages fantastiques et nous _____ l'occasion d'éprouver des sensations extraordinaires en dormant en bivouac. Nous avons des souvenirs inoubliables. Nous _____ si tristes au départ de Gao. Merci pour tout Croq'Nature, nous pensons déjà à repartir.

Bernard Grandbois

Agences de voyages en solidaire

http://www.pearsonhighered.com/
francais-monde

7-48 **Circuit.** Allez sur le site de *Français–Monde* et utilisez les liens et/ou les critères de recherche donnés pour accéder à des sites Web d'agences de voyage solidaire.

1. Choisissez un circuit au Burkina-Faso, Mali ou Niger.

2. Avec un(e) partenaire, discutez et comparez les circuits (prix, durée, modes de transport, mode d'hébergement, activités) que vous avez sélectionnés.
3. Choisissez ensemble le circuit qui semble le plus intéressant.

7-49 **Les détails du circuit.** Avec votre partenaire, préparez un rapport sur le circuit que vous allez présenter à la classe. Incluez les détails suivants: prix, durée, modes de transport, modes d'hébergement, activités.

📖 Travail d'ensemble
07-41

7-50 **Un si beau voyage.** Vous et votre partenaire venez de faire le circuit. Avant de rentrer dans votre pays, écrivez une carte postale de cinq à sept phrases à un(e) ami(e). Inspirez-vous des sites Web, mais racontez vos plus beaux souvenirs avec vos propres mots.

7-51 **Faire le bilan.** Pensez aux informations et données dans **Pour commencer, Pour aller plus loin** et **A la découverte** et travaillez avec un(e) partenaire pour synthétiser ce que vous avez appris sur les modes de transport, l'Afrique de l'Ouest, les Touaregs et le tourisme solidaire.

La 2CV: ses avantages, ses inconvénients; autres modes de transport utilisés en Afrique de l'Ouest	
Les pays et régions d'Afrique de l'Ouest présentés	
L'origine du nom Touareg	
Le statut et rôle de la femme touarègue	
Les principales activités économiques des Touaregs aujourd'hui	
Les modes de transport utilisés par les Touaregs	
L'écriture touarègue	
Les caractéristiques du tourisme solidaire	

Maintenant, écrivez une petite présentation détaillée d'environ huit à dix phrases sur l'Afrique de l'Ouest, les modes de transport utilisés, les Touaregs et les activités possibles pendant voyage solidaire en pays touarègue.

A votre tour

Vous êtes inspiré(e) par les principes du tourisme solidaire et vous pensez qu'une communauté dans votre ville ou région pourrait (*could*) bénéficier de ce type de tourisme. Vous allez créer une brochure en français pour présenter votre proposition de tourisme solidaire.

Pour vous aider à faire ce travail, vous allez compléter une série d'activités dans votre manuel et votre cahier d'exercices qui comprennent…

- examiner une brochure de tourisme solidaire
- participer à un jeu de rôle
- sélectionner un lieu de tourisme solidaire dans votre ville ou région et les projets de développement à financer
- concevoir un circuit de 7 jours
- recueillir deux commentaires positifs de personnes qui ont «fait» votre circuit que vous allez intégrer dans votre brochure

Zoom sur…

2 to 07-45

Pourquoi partir en voyage solidaire?

Que fait cette touriste? Qu'est-ce qu'elle apprend à faire? Quel est l'intérêt de participer?

7-52 **La popularité du tourisme solidaire.** Pourquoi est-ce qu'un plus grand nombre de gens s'intéressent au tourisme solidaire aujourd'hui? Et pour vous, pourquoi ce type de tourisme est intéressant? Faites une liste de vos raisons. Quelles informations voulez-vous pour choisir votre destination et programme? Référez-vous à l'Activité **7-48.**

7-53 **A votre avis.** Quel type d'information se trouve généralement dans une brochure de voyage? Consultez la liste que vous avez faite dans l'Activité **7-52,** et indiquez **oui (O), peut-être (P-E)** ou **non (N)** pour chaque sujet:

____ Numéros de téléphone et adresses; ____ Menus des repas; ____ Description des séjours; ____ Les objectifs; ____ Accès Internet; ____ Types de séjours et prix; ____ Activités proposées pendant les séjours; Code vestimentaire (*dress code*); ____ Hébergement; ____ Modes de réservation; ____ Modes de transport utilisés

A la rencontre du Burkina-Faso

On peut apprendre à jouer des instruments de musique. Quelles activités voudriez-vous faire pendant un voyage solidaire?

http://www.pearsonhighered.com/francais-monde

7-54 **Tourisme solidaire au Burkina-Faso.** Allez sur le site de *Français–Monde* et utilisez les liens et/ou les critères de recherche donnés pour accéder aux sites Web d'associations de tourisme solidaire au Burkina-Faso. Choisissez une association, téléchargez sa brochure ou plaquette et imprimez-la. Parcourez rapidement la brochure/plaquette et cochez (✓) le tableau ci-dessous pour indiquer si elle donne les informations suivantes.

Les informations données dans la brochure/plaquette	
☐ **1.** L'endroit où se trouve le village	
☐ **2.** Les raisons pour faire du tourisme solidaire	
☐ **3.** Le pourcentage du prix du voyage qui va aux projets dans la communauté	
☐ **4.** Le prix du voyage	
☐ **5.** Ce qui est compris / non-compris dans le prix du voyage	
☐ **6.** Les aménités	
☐ **7.** Les numéros de téléphone et email	
☐ **8.** Les activités proposées aux touristes	

7-55 **Les infos et contacts utiles.** Avec un(e) partenaire, jouez les roles d'un touriste solidaire et un agent de l'association de tourisme solidaire que vous avez choisie pour faire l'Activité **7-54**. Posez trois questions chacun et donnez les réponses appropriées.

Combien... ? Comment... ? Quel(s) / Quelle(s)... ?

Sujets possibles:
- activités dans la journée / la soirée
- aménités (cuisine, salle de bains, etc.)
- budget; coût par personne
- réservation
- numéro de téléphone / fax / adresse email
- transports
- nombre de personnes

📖 Intégration

La logistique

7-56 **Au programme.** Choisissez un lieu dans votre ville ou région qui pourrait bénéficier du tourisme solidaire. D'abord, faites une liste de trois ou quatre raisons pour justifier votre choix. Ensuite, faites une liste de trois ou quatre projets que le tourisme solidaire pourrait financer. Finalement, construisez un programme d'activités quotidiennes pour sept jours (y compris jour d'arrivée et de départ). En une ou deux phrases donnez le détail de chaque activité. Sélectionnez vos dates et décidez du coût.

7-57 **Hébergement et transport.** Choisissez le(s) mode(s) d'hébergement (hôtel, chambre chez l'habitant, bivouac, etc.) et de transport (transport de l'aéroport au lieu choisi et du lieu choisi à l'aéroport, transport pour visiter une école, etc.) que les participants vont utiliser pendant le circuit.

Le circuit

7-58 **Tourisme solidaire.** De nombreuses associations de tourisme solidaire indiquent sur leur brochure qu'un petit pourcentage du prix du séjour finance des projets de développement local. Et vous, quels projets locaux d'investissement social votre projet va-t-il financer (une école, un jardin communautaire, une fabrique d'objets d'art, un puits)? Faites une liste.

 7-59 **Courrier des voyageurs.** Consultez le brouillon (*draft*) de la brochure de deux camarades de classe. Imaginez que vous avez participé à leur circuit et envoyez-leur par email un «témoignage» de vos impressions (60–80 mots). Inspirez-vous du témoignage de l'Activité **7-47** ou des témoignages trouvés sur les sites Web que vous avez consultés pour l'Activité **7-48.**

7-60 **La brochure.** Avec tous les éléments nécessaires (programme, modes de transport, projets de financements, et «témoignages»), c'est le moment de créer votre brochure triptyque de façon attrayante (*attractive*). Dans votre brochure, vous devez inclure:

☐ un titre
☐ une carte de la région choisie et du circuit
☐ une description du lieu sélectionné
☐ trois photos représentatives
☐ le programme de sept jours
☐ et les deux «témoignages» que vous avez recueillis

Vocabulaire

Pour commencer

Means of transportation

Nouns

l'auto (f.)	car
l'autocar (m.)	bus (intercity)
l'avion (m.)	airplane
le bateau	boat
le batobus	boat taxi
le bus (l'autobus)	bus
le métro	subway
la moto (la motocyclette)	motorcycle
la pirogue	canoe
le taxi	taxi
le TGV (le Train à Grande Vitesse)	bullet train
le train	train
les transports (interurbains, publics, urbains)	(intercity, public, city) transit
la voiture	car

Expressions

aller à pied	to go on foot
aller dans les petits villages	to go to small villages
aller en banlieue (parisienne, lointaine)	to go to the (Parisian, faraway) suburbs
se déplacer (en ville, entre les grands centres urbains)	to move around (town, the big urban centers)
être convenable	to be convenient
voyager en famille	to travel as a family

Reporting vacation activities

Destinations

aller à la campagne	to go to the country
aller à la montagne	to go to the mountains
aller à la plage	to go to the beach
aller en vacances	to go on vacation
faire du camping	to go camping
faire un séjour en club	to stay at a vacation club
faire un séjour en village de vacances	to stay at a vacation village

Sports

faire une randonnée à vélo	to take a bike ride
jouer au basket (au basketball)	to play basketball
jouer au tennis	to play tennis
jouer au volleyball	to play volleyball
participer aux sports	to play sports

Activities

bronzer (sur la plage)	to tan (on the beach)
discuter (avec des amis)	to discuss (with friends)
jouer aux cartes	to play cards
lire un roman	to read a novel
rester chez des amis (en famille)	to stay with friends (with family)

Expressions that cue ongoing or elapsed time

depuis	for (period of time), since (past time)
il y a	(period of time) ago
pendant	for (past event)

Expressions that cue the imperfect (imparfait)

autrefois	in the past
chaque année	every year
chaque jour	every day
chaque matin	every morning
chaque soir	every evening
d'habitude	usually
fréquemment	frequently
souvent	often
toujours	always
tous les ans	every year
tous les jours	every day
tous les matins	every morning
tous les soirs	every evening

Pour aller plus loin

Expressing opinions about vacations

Positive experiences

c'était bien comme expérience	*it was a good experience*
nous avons beaucoup appris (au niveau humain)	*we learned a lot (about people)*
nous avons eu des expériences positives	*we had positive experiences*
nous avons rencontré des habitants	*we met some locals*
nous étions enchanté(e)s (par)	*we were delighted (by)*
nous étions épaté(e)s (par)	*we were amazed (by)*
nous nous sommes amusé(e)s	*we had fun*
nous sommes repartis plus riches (de)	*we left richer (from)*

Neutral and negative experiences

Il n'y avait rien d'intéressant.	*There was nothing interesting.*
Il y avait des hauts et des bas.	*There were highs and lows.*
Je me demandais ce que je faisais là.	*I was wondering what I was doing there.*
Je ne sais pas quoi penser.	*I don't know what to think.*
Nous avons eu des expériences négatives.	*We had negative experiences.*
Quel voyage infect!	*What a repugnant trip!*
Le tourisme commercial a gâché le séjour.	*Commercial tourism spoiled the trip.*
Tout laissait à désirer.	*It all left something to be desired.*

Other events

devenir	*to become*
dormir	*to sleep*
partir	*to leave*
prévoir	*to foresee*
revenir	*to come back*
revoir	*to see again*
sortir	*to go out*
tenir	*to hold, to keep*
tenir à	*to insist on*
venir	*to come*
venir de + infinitif	*to have just*
venir de + endroit	*to come from*
voir	*to see, to understand*

Coordinating conjunctions

car	*because*
donc	*therefore*
et	*and*
mais	*but*
ou	*or*

Quoi manger et où rester?

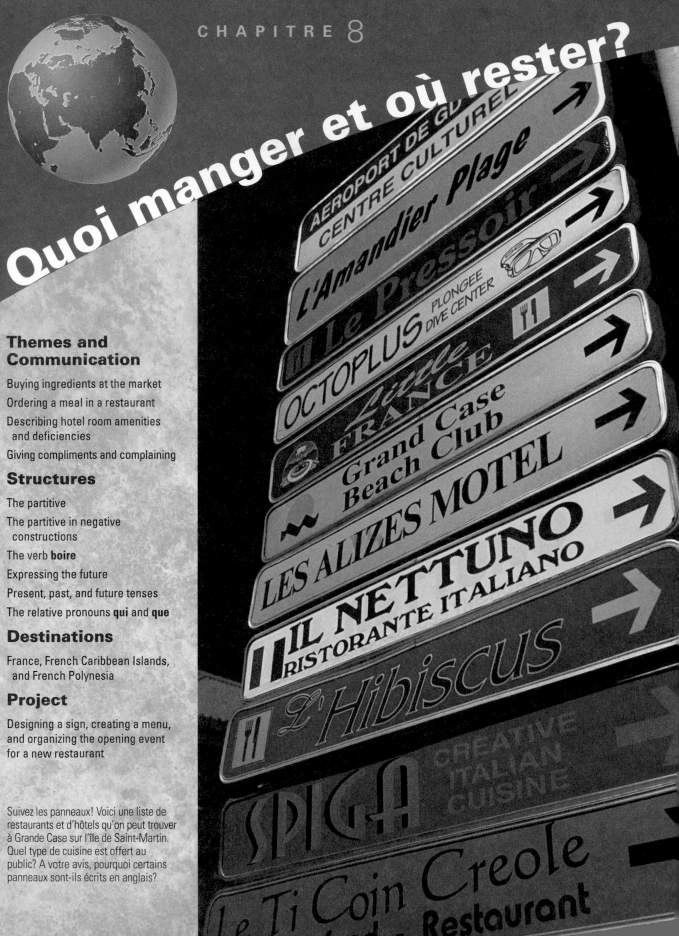

Themes and Communication

Buying ingredients at the market

Ordering a meal in a restaurant

Describing hotel room amenities and deficiencies

Giving compliments and complaining

Structures

The partitive

The partitive in negative constructions

The verb **boire**

Expressing the future

Present, past, and future tenses

The relative pronouns **qui** and **que**

Destinations

France, French Caribbean Islands, and French Polynesia

Project

Designing a sign, creating a menu, and organizing the opening event for a new restaurant

Suivez les panneaux! Voici une liste de restaurants et d'hôtels qu'on peut trouver à Grande Case sur l'île de Saint-Martin. Quel type de cuisine est offert au public? A votre avis, pourquoi certains panneaux sont-ils écrits en anglais?

Pour commencer

Contextes Dans cette section vous apprenez à faire des achats pour un repas, commander un repas et parler de cuisine.

Au marché de la Villette

8-1 **Avant de visionner.** Alexis et Emilie sont au marché. Lisez les phrases suivantes. Décidez s'il est **probable (P)** ou **peu probable (PP)** qu'elles apparaissent dans la vidéo.

_____ **1.** De quoi on a besoin pour la ratatouille (*vegetable stew*)?

_____ **2.** Donnez-moi six filet-mignons, s'il vous plaît.

_____ **3.** Une douzaine de tomates… et des poivrons?

_____ **4.** On va avoir besoin d'aubergines (*eggplant*) pour une ratatouille.

_____ **5.** Je voudrais une pizza aux anchois (*anchovies*).

Visionnez la vidéo **Au marché de la Villette**

to 08-02

Alexis et Emilie achètent des fruits et des légumes pour faire un repas avec des amis. Ils sont au marché.

—On va acheter des fruits et légumes pour faire un repas avec des amis ce soir.

—On va vous prendre une douzaine de tomates.

—Alors, des tomates, deux poivrons et on va avoir besoin d'aubergines pour une ratatouille.

8-2 **Ils ont acheté le nécessaire.** Indiquez les affirmations qui sont vraies. Corrigez celles qui sont fausses.

1. Alexis et Emilie achètent les ingrédients pour faire une ratatouille.
2. Ils achètent des tomates, des courgettes, de l'ail (*garlic*) et des aubergines.
3. Le repas est pour trois personnes.
4. Alexis préfère les poivrons rouges et Emilie aime les poivrons jaunes.
5. Le marchand recommande six aubergines.

8-3 **Qui est-ce?** Répondez à la question selon les renseignements donnés.

1. Qui aime les poivrons jaunes?
2. Qui recommande trois aubergines?
3. Qui ne veut pas de courgettes?
4. Qui demande une gousse d'ail?

Pour bien communiquer   **Au marché**

Demander au marchand

J'aimerais bien (voudrais bien)...   *I would like . . .*
Donnez-moi...   *Give me . . .*
Je prends...   *I'll have . . .*

Je vais prendre...   *I will have . . .*
Je vais avoir besoin de...   *I'm going to need . . .*

Pour une ratatouille

des tomates   des poivrons

une aubergine   des courgettes

de l'ail   des oignons

Pour un sandwich

du jambon   du beurre

une laitue   une baguette   du saucisson

du thon   du brie

Vocabulaire supplémentaire

des épices	*spices*
des fines herbes	*assortment of herbs*
du persil	*parsley*
du thym	*thyme*
de la lavande	*lavender*
de l'huile d'olive	*olive oil*
du vinaigre	*oil vinegar*
une vinaigrette	*a vinaigrette*
du sel et du poivre	*salt and pepper*

8-4 Pour faire une ratatouille. Vous voulez faire une ratatouille pour des amis. Vous devez acheter les légumes nécessaires. Avec un(e) partenaire jouez les rôles du marchand (de la marchande) et du client (de la cliente).

Modèle: **E1:** *Bonjour, Monsieur/Madame je peux vous servir?*
         E2: *Je voudrais six tomates.*
         E1: *C'est tout?*
         E2: *Non, donnez-moi aussi...*

8-5 Pour faire un sandwich. Vous voulez aussi faire des sandwichs. Avec un(e) partenaire jouez les rôles du marchand (de la marchande) et du client (de la cliente)

Modèle: **E1:** *Bonjour, Monsieur/Madame vous désirez... ?*
         E2: *Je voudrais une laitue.*
         E1: *Et avec ça?*
         E2: *Je vais prendre...*

📖 Voix francophones au présent: Parler cuisine

Dans cette interview, Pierre et Dahlila discutent de la cuisine polynésienne avec
Miwana Perrin. Miwana est une jeune fille franco-polynésienne qui habite à
Papeete et rend visite à ses grands-parents à Paris.

8-6 Vocabulaire spécialisé. La cuisine polynésienne emploie des ingrédients
spécialisés. Devinez le sens de ces mots et mettez-les en categories: les fruits **(F)**, les
fruits de mer (*seafood*) **(FM)**, les légumes **(L)**, le poisson (*fish*) **(P)**.

1. _____ les ananas	**6.** _____ les chevrettes (ou crevettes)	**11.** _____ le mahi mahi
2. _____ les bananes	**7.** _____ le fafa (une sorte d'épinard)	**12.** _____ les papayes
3. _____ les citrons verts	**8.** _____ le fruit de l'arbre à pain	**13.** _____ la patate douce
4. _____ la bonite	**9.** _____ les haricots rouges	**14.** _____ le taro
5. _____ le crabe	**10.** _____ la langouste	**15.** _____ le thon

Pour bien écouter — Using pauses and intonation

People typically use pauses and intonation while speaking to make themselves understood. The
pause gives the listener time to process the information or to anticipate other information. Similarly,
rises and falls in intonation give clues about the sentence type: Falling intonation indicates a statement or an information question, whereas rising intonation indicates a yes/no question.

Ecoutons! — Voix francophones au présent: Parler cuisine

— Qu'est-ce qui
caractérise la cui-
sine polynésienne?

— Est-ce qu'il y a un
ingrédient toujours
présent dans la cuisine
polynésienne?

— Le poisson
(*fish*). Il n'y a
pas de déjeuner
ou dîner sans
poisson.

8-7 Vérifications. Pendant son interview, Miwana mentionne plusieurs plats et ingrédients polynésiens. Ecoutez le dialogue et cochez (*check off*) les ingrédients et les plats men
tionnés.

Ingrédients: _____ 1. la bonite;   _____ 2. l'huile d'olive;   _____ 3. la langouste;
_____ 4. le lait de coco;   _____ 5. les oranges

Plats: _____ 6. le ma'a tinito;   _____ 7. le poulet fafa;   _____ 8. le porc grillé;
_____ 9. le poe;   _____ 10. la salade de fruits.

8-8 Qu'est-ce qu'elle a dit? Complétez les phrases selon l'interview.

1. Il n'y a pas de déjeuner ou dîner sans _____.
2. Tous les poissons locaux sont populaires: le thon, le mahi mahi, _____.
3. Le ma'a tinito est un mélange de _____, de haricots rouges et de macaroni.
4. Comme légumes, les Polynésiens mangent principalement _____.
5. Le poe est _____ traditionnel polynésien.

8-9 Recherche en ligne. Allez sur Internet pour chercher des photos et des
recettes des trois plats traditionnels polynésiens mentionnés: le ma'a tinito, le poulet
fafa et le poe banane. Est-ce que ces plats ont l'air bons? Pourquoi ou pourquoi pas?

📖 Les repas en France

08-06

Les repas en France sont en état d'évolution. On doit compter sur l'influence du fast-food (surtout chez les jeunes), du peu de temps dont les gens disposent pour les repas et des préoccupations diététiques (manger mieux, réduire le nombre de calories, etc.). Mais il y a des choses qui ne changent pas: on mange du pain à tous les repas.

En général, on prend un petit déjeuner simple à 7h30, typiquement un bol de café au lait et une tartine° avec du beurre et de la confiture°, et de temps et temps des croissants.

Le repas le plus important est le repas du midi. Traditionnellement, on se met à table vers 12h30 pour déjeuner. Au repas du midi on boit généralement du vin. Le repas se termine souvent avec une salade et du fromage. Les jeunes prennent souvent une part de pizza ou bien un sandwich rapide.

Souvent, on prend quelque chose vers 16h30. Pour les enfants, c'est le goûter: une pâtisserie, un biscuit, ou du pain et du chocolat. Pour les adultes, c'est souvent un thé ou un café.

Le soir vers 19h30 ou 20h00 on prend un repas léger. Pour le dîner on mange de la charcuterie°, une salade ou les restes réchauffés du repas du midi.

Un plateau de fromages.

🔊 ────────────────────────────────

— Il n'y a pas longtemps les repas de fêtes étaient plus copieux. Il y avait plusieurs plats, chacun avec son verre de vin. Il y avait plus de sauces compliquées, des sauces au beurre et au vin. Et les desserts! Ils étaient merveilleux: des gâteaux au chocolat, des tartes aux fruits... Plus maintenant. Quel dommage! Aujourd'hui on doit faire attention à sa santé.

────────────────────────────────

tartine *piece of bread;* confiture *jam;* charcuterie *cold cuts*

8-10 **On mange quoi?** Indiquez à quel(s) repas on prend les plats et les boissons suivantes. Employez les abbréviations: **PD** (petit déjeuner), **Déj** (déjeuner), **Dîn** (dîner), **Goût** (goûter) ou **ATR** (à tous repas)

_____ **1.** du fromage   _____ **5.** du pain et du chocolat

_____ **2.** du pain   _____ **6.** une part de pizza

_____ **3.** un café au lait   _____ **7.** des tartines avec du beurre

_____ **4.** de la charcuterie   _____ **8.** une salade

8-11 **Comparaisons.** Qu'est-ce que vous mangez? Employez les expressions introduites ci-dessus. Ensuite interviewez trois camarades. Ecrivez leur prénom et les choses qu'ils mangent dans le tableau ci-dessous.

	Petit déjeuner	Déjeuner	Dîner
Moi			
1.			
2.			
3.			

Modèle: **E1:** *Est-ce que tu prends souvent une salade au dîner?*

            E2: *Non, je prends une salade au déjeuner.*

A la fin, faites un rapport: Quels sont les plats mangés au petit déjeuner, au déjeuner et au dîner? Quelles sont les similarités dans le groupe? Quelles sont les différences?

Pour bien communiquer — Commander un repas

DANS UN RESTAURANT

LE SERVEUR/LA SERVEUSE:	Qu'est-ce que je vous sers comme **apéritif?**
LE CLIENT/LA CLIENTE:	Je voudrais un whisky, s'il vous plaît.
LE SERVEUR/LA SERVEUSE:	Et comme **entrée?**
LE CLIENT/LA CLIENTE:	Du pâté pour moi.
LE SERVEUR/LA SERVEUSE:	En **plat principal**, nous avons aujourd'hui de la viande, du poisson et du poulet...
LE SERVEUR/LA SERVEUSE:	Vous désirez?
LE CLIENT/LA CLIENTE:	Je voudrais bien...
LE SERVEUR/LA SERVEUSE:	Vous prenez une salade verte après votre plat principal?
LE CLIENT/LA CLIENTE:	Moi, avec plaisir.
LE SERVEUR/LA SERVEUSE:	Et avec ça?
LE SERVEUR/LA SERVEUSE:	Et pour finir, qu'est-ce que je vous apporte? **Fromage** ou **dessert?**
LE CLIENT/LA CLIENTE:	Apportez-moi le plateau de fromage.

DANS UN FAST-FOOD

L'EMPLOYÉ(E):	Je peux vous servir?
LE CLIENT/LA CLIENTE:	Je voudrais un Big Tasty avec des frites.
L'EMPLOYÉ(E):	Et pour vous?
LE CLIENT/LA CLIENTE:	Donnez-moi une part de pizza à la grecque.
L'EMPLOYÉ(E):	Et comme boisson?
ou:	Qu'est-ce que vous voulez boire?
LE CLIENT/LA CLIENTE:	Une bouteille d'Evian, s'il vous plaît.

8-12 Un repas à l'Auberge La Demoiselle. Vous êtes invité(e) à un bon restaurant pour le déjeuner. C'est votre anniversaire et vous allez commander un repas complet: une entrée, un plat principal, du fromage et un dessert. Votre hôte commande les vins. Vous jouez le rôle du client (de la cliente) et votre partenaire va jouer le rôle du serveur (de la serveuse). Puis, échangez les rôles.

http://www.pearsonhighered.com/francais-monde

Modèle: LE SERVEUR (LA SERVEUSE): *Qu'est-ce que vous voulez comme entrée?*
VOUS: *Comme entrée, je voudrais des médaillons de foie gras maison.*
VOTRE HÔTE: *Et comme vin, on va prendre un bon Vin de Pays... rouge, s'il vous plaît.*

Pour bien prononcer — The letters é, ez, and er

The letter **é** and the combinations **ez** and **er** have a sound similar to the letters **ay** in the English word **say.** While pronouncing the sound, keep the lips and tongue tense to avoid any gliding to another vowel. The letter combinations **ez** and **er** are often found at the end of words, as in **mangez** and **déjeuner.**

Pour commencer, je vais prendre un **apéritif.** Vous **avez** des boissons **alcoolisées?**

Vous **avez** des amuse-bouche pour **accompagner?** Des **canapés** de saumon **fumé norvégien?**

Ce midi, je vais **manger léger.** Je voudrais le poisson **grillé** et des **légumes.** Comme boisson, de l'eau **minérale** et pour finir un **café serré** (*espresso*).

The partitive

08-11 to 08-12

The partitive article is often used when discussing food. Read the dialogue, paying particular attention to the partitive articles. Then answer the questions.

De plus près **La salade niçoise**

Pierre et Dahlila sont à la caféteria de la station de radio. Dahlila demande à Pierre ce qu'il aimerait manger.

DAHLILA: Pierre, tu veux **de la** salade niçoise°?

PIERRE: Est-ce qu'il y a **de l'**oignon dedans°?

DAHLILA: Oui. Pourquoi?

PIERRE: Je déteste les oignons.

DAHLILA: Bon, alors tu veux un sandwich avec **du** thon?

PIERRE: Oh, oui, j'adore ça!

---

niçoise *with olives, potatoes, and tuna;* dedans *inside (in it)*

A vous de décider

1. Why doesn't Pierre like **salade niçoise?**

2. What articles are used to indicate part or a bit of something?

1. Forms of the partitive

- The partitive article is used to refer to some of, a part of, or a portion of something.

MASCULINE	**du**	Il y a **du** thon dans la salade niçoise?
	de l'	Il y a **de l'**oignon dans la pizza?
FEMININE	**de la**	Je voudrais **de la** limonade.
	de l'	Il boit **de l'**eau minérale.

2. Uses of the partitive

- Note an important difference between French and English.

| Je voudrais **du** jambon. | *I would like (some) ham.* |
| (The partitive is never left out.) | *(The partitive some may be omitted.)* |

- The partitive is most often used with the following verbs and expressions:

Il y a du salami dans la pizza.	**Nous voulons** de la tarte.
Je prends de la sole.	**Je mange** du jambon.
Il commande de la viande.	**Il boit** du vin blanc.
Je voudrais de la salade.	**J'achète** souvent du chocolat.
Il me faut du salami pour le sandwich.	

3. Uses of the definite article

- In contrast, the definite article **(le, la, l', les)** is used:

  - to talk about food in general*
    | **Les** carottes rapées sont mauvaises. | *Grated carrots are bad.* |
    | **Le** jambon est bon. | *Ham is good.* |

  - to express likes, dislikes, and preferences, most commonly with the verbs **aimer, aimer bien, aimer mieux, adorer, détester, préférer**
    | Je déteste **les** carottes râpées. | *I hate grated carrots.* |
    | J'aime bien **le** jambon. | *I like ham.* |

  - Compare with the partitive articles in:
    | Il y a **de l'**oignon dedans? | *Is there some (any) onion in it?* |
    | Je voudrais **du** jambon. | *I would like some ham.* |

---

*The definite article is also used to talk about a specific thing. A waiter might ask a customer about a menu item: **Voulez-vous les carottes rapées?** (*Would you like the grated carrots?*)

4. Expressions of quantity

- Count nouns
  - For count nouns, use

quelques	**plusieurs**
un(e), deux, trois,	**une (demi-)douzaine.**

    Il met toujours **quelques huitres** (*oysters*) dans ce plat.

  - For weight, use

250 grammes de	**un kilo de**	**une livre de**

    On met **250 grammes de** beurre dans cette recette (*recipe*).

- Noncount nouns
  - For noncount nouns, use

une tranche de	**assez de**
beaucoup de	**un peu de**

    Il voudrait **un peu de** lait dans son café.

  - For liquid, use

une bouteille de	**une carafe de**
un pichet de	**une tasse de**
un verre de	**un (demi-) litre de**

    Je voudrais **une carafe de** vin blanc et **une bouteille d'**eau minérale, s'il vous plaît.

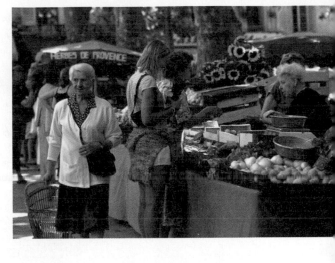

5. The pronoun *en*

- Use the pronoun **en** to substitute for a partitive article and a noun.

  Tu veux **de la salade niçoise.**

  Tu **en** veux?   *I would like some* (*of it*).

- Use the pronoun **en** to substitute for a noun preceded by an expression of quantity.

  Nous voulons **une dizaine de tomates.**

  Nous **en** voulons **une dizaine.**   *We would like about ten* (*of them*).

  Emilie achète **trois aubergines.**

  Emilie **en** achète **trois.**   *Emilie buys three* (*of them*).

 **8-13** **Un bon repas.** Quels plats aimez-vous? Et votre partenaire? Et Chloë, Miwana et Sébastien? Travaillez avec un(e) partenaire pour expliquer vos préférences et pour choisir les plats que ces personnes vont prendre pour leurs repas. Faites cinq phrases avec un sujet, un verbe et un complément.

Modèle:

Sujet	**Verbe**	**Complément**
Pierre (le poulet)	commander	poulet fafa

E1: *Pierre aime le poulet. Qu'est-ce qu'il va commander?*
E2: *Il va commander du poulet fafa.*

Sujet	**Verbe**	**Complément**
Chloë (la pizza)	vouloir bien	pizza à la grecque
Miwana (le poisson)	prendre	eau minérale
Sébastien (le jambon)	manger souvent	salade verte
Nous	commander	salade niçoise
Vous	vouloir	fromage
Eux, ils		sole (f.)
Je		ratatouille

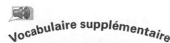

Vocabulaire supplémentaire

un Big Mac (m.)	*a Big Mac*
du chow mein (m.) aux légumes	*chow mein with vegetables*
des frites	*fries*
des macaronis (m.) au four	*baked macaroni*
du poulet (m.) frit	*fried chicken*
du sushi (m.)	*sushi*

8-14 Poulet fafa. Après son interview sur **Voix francophones au présent,** Miwana a partagé sa recette polynésienne préférée avec Pierre et Dahlila. Vous avez invité un(e) camarade de classe pour préparer cette recette ce soir, et vous faites les courses ensemble. Qu'est-ce que vous allez acheter?

Modèle: **E1:** *Pour faire le poulet fafa, on a besoin d'un poulet.*
E2: *Et d'un kilo d'épinards.*

Poulet fafa au lait de coco

Ingrédients
1 poulet, coupé en gros morceaux
1 kg° d'épinards°
3 oignons blancs
1 gousse d'ail
du gingembre°
25 cl° de lait de coco°
10 cl d'huile d'arachide°
1 tablette de bouillon de volaille°
du sel et du poivre

kg = kilogramme *(2.2 pounds—metric measurement)* épinards *spinach;* gingembre *ginger;* cl = centilitre *about a third of a fluid ounce* 25 cl de lait de coco *coconut milk;* huile d'arachide *peanut oil;* volaille *chicken*

The partitive in negative constructions

08-13 to 08-14

In the preceding section, you learned about the partitive in affirmative sentences. Read the dialogue, paying particular attention to the partitive in negative sentences. Then answer the questions.

De plus près   **Les goûts alimentaires de Pierre**

Dahlila veut savoir ce que Pierre aime et n'aime pas manger.

DAHLILA: Alors tu n'aimes pas **la** salade niçoise parce qu'il y a des oignons dedans°?

PIERRE: C'est ça. Et je déteste **les** fruits de mer°. L'odeur est désagréable.

DAHLILA: Moi, j'adore **les** fruits de mer. J'**en** mange régulièrement.

PIERRE: Je ne mange pas **de** charcuterie non plus. Je déteste **le** pâté en particulier.

DAHLILA: Mais tu manges **du** pâté de foie gras?

PIERRE: Non, pas **de** pâté pour moi.

DAHLILA: Alors qu'est-ce que tu manges?

PIERRE: Je mange **des** pâtisseries. J'adore **la** tarte aux fraises. Oh, je vois que la cafétéria a **de la** tarte aux fraises aujourd'hui. C'est décidé donc, pour ce midi, c'est un sandwich au thon et une tarte aux fraises.

dedans *in it;* fruits de mer *seafood*

A vous de décider

1. What does Pierre like and dislike?

2. What are the forms of the partitive article in the negative?

- All forms of the partitive article (**du, de la, de l', des**) become **de (d')** in the negative.

AFFIRMATIVE	NEGATIVE
Vous voulez **du** vin aujourd'hui?	Non, merci. Je ne veux **pas de** vin.
Prenez-vous **de la** salade?	Non, je ne prends **pas de** salade.
Tu veux **de l'**eau?	Merci, **pas d'**eau pour moi.
Tu veux encore **des** carottes?	Je ne veux **pas de** carottes.

- Note an important difference between French and English.

Je ne veux pas **de** jambon.	*I don't want (any) ham.*
The partitive is never left out.	The partitive *any* may be omitted.

- Recall that in the negative, the definite article (**le, la, l', les**) does not change.

AFFIRMATIVE	NEGATIVE
J'aime **les** fruits de mer.	Je n'aime pas **les** fruits de mer.

8-15 **Un mangeur difficile.** Pierre et Dahlila ne sont pas des mangeurs faciles. Ils ont des goûts particuliers. Répondez aux questions suivantes selon les indications.

Modèle: Pierre, tu veux de la salade niçoise? (Non, je…)
> *Non, je ne veux pas de salade niçoise. Je n'aime pas les oignons.*

1. Pierre, tu veux des fruits de mer avec tes pâtes? (Non, je…)
2. Dahlila, est-ce que Pierre veut un peu de pâté? (Non, il…)
3. Dahlila, tu veux du camembert? (Non, je…)
4. Pierre, tu veux du foie gras? (Non, je…)
5. Pierre, est-ce que Dahlila veut du chocolat? (Non, elle…)

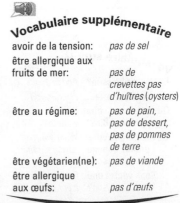

8-16 **Une grande fête.** Vous cuisinez très bien et vous avez accepté d'organiser une grande fête chez Pierre. Il a envoyé un email avec les particularités diététiques des invités. Travaillez avec un(e) partenaire (votre collègue) pour déterminer les besoins de chaque invité(e). Quel menu est-ce que vous allez préparer pour vos invités?

Modèle: **E1:** *Qu'est-ce que Madame Laporte va manger? Elle est au régime.*
> **E2:** *C'est vrai, elle ne peut pas manger de pommes de terre.*
> **E1:** *Elle doit manger des légumes alors.*

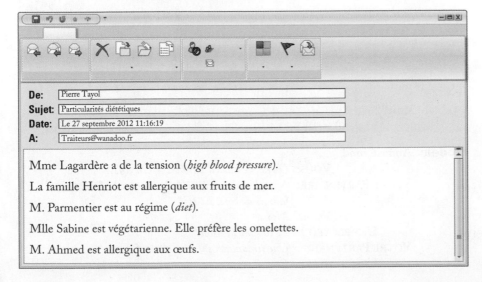

De: Pierre Tayol
Sujet: Particularités diététiques
Date: Le 27 septembre 2012 11:16:19
A: Traiteurs@wanadoo.fr

Mme Lagardère a de la tension (*high blood pressure*).

La famille Henriot est allergique aux fruits de mer.

M. Parmentier est au régime (*diet*).

Mlle Sabine est végétarienne. Elle préfère les omelettes.

M. Ahmed est allergique aux œufs.

Vocabulaire supplémentaire

avoir de la tension:	*pas de sel*
être allergique aux fruits de mer:	*pas de crevettes pas d'huîtres (oysters)*
être au régime:	*pas de pain, pas de dessert, pas de pommes de terre*
être végétarien(ne):	*pas de viande*
être allergique aux œufs:	*pas d'œufs*

The verb **boire**

08-15 The verbs **prendre** and **boire** (*to drink*) are often used when ordering a meal or drinks. Read the dialogue, paying particular attention to the verbs. Then answer the questions.

De plus près   **Une carafe et trois verres**

Pierre et Dahlila choisissent leur boisson au déjeuner.

DAHLILA: Alors, Pierre, tu veux **boire** quelque chose?

PIERRE: Oui, qu'est-ce qu'on prend? Une carafe de vin blanc?

DAHLILA: Oh, non, c'est trop pour nous deux. Je ne **bois** jamais tant°. Prenons deux verres de vin.

PIERRE: Mais Aminata vient nous rejoindre tout de suite. Elle **va** sûrement **boire** un verre. Il nous faut° une carafe et trois verres.

DAHLILA: Non, non, Aminata est au régime°. Elle ne **boit** pas de vin ces jours-ci. Elle va sûrement prendre de l'eau minérale.

---

tant *so much;* il nous faut *we need;* au régime *on a diet*

A vous de décider

1. What are Pierre and Dahlila thinking about ordering to drink?
2. Is the verb **boire** regular?

Forms of **boire**

- The verb **boire** is a common irregular verb that means *to drink*.

  Je **bois** souvent du café.   Nous **buvons** à votre santé (*health*).
  Tu **bois** de la bière?   Vous **buvez** du vin blanc avec la viande?
  D'habitude, on **boit** du café   Ils **boivent** du champagne pour célébrer
  au lait le matin.   sa promotion.

- The verb **boire** has an irregular past participle: **bu**.

  Il **a bu** un grand verre d'eau et il est parti.

8-17 **Le déjeuner.** Vous commandez une boisson au fast-food. Vous discutez avec votre partenaire avant de commander. Puis, vous passez vos commandes au serveur (à la serveuse). Répétez l'activité et commandez une boisson au restaurant.

AU FAST-FOOD	**AU RESTAURANT**
un Orangina	une carafe de vin rouge
un café	un verre de champagne
une limonade	un apéritif
un Coca	un thé à la menthe (*mint tea*)
un Perrier	une bouteille d'eau minérale

Modèle: Au fast-food

VOUS: *Qu'est-ce que tu vas boire? Un cafe?*
VOTRE PARTENAIRE: *Non, Je bois souvent de la limonade. Je ne bois jamais de café. Et toi?*
VOUS: *Moi...*
L'EMPLOYÉ(E): *Et comme boisson?*
VOTRE PARTENAIRE: *Une limonade, s'il vous plaît.*
L'EMPLOYÉ(E): *Et... ?*

Vocabulaire supplémentaire

Et comme boisson?	*And to drink?*
Je vous apporte...	*I'll bring you . . .*
Qu'est-ce que vous voulez boire?	*What do you want to drink?*
Qu'est-ce que vous prenez comme boisson?	*What are you having to drink?*
Vous voulez une boisson?	*Do you want a drink?*

8-18 Et comme boisson? Vous attendez vos invités au restaurant: Sébastien, Dahlila, Didier, Chloë, Noah et Mme Nguyen. Lisez leurs préférences. Quelles boissons vont-ils commander? Travaillez avec un(e) partenaire qui va jouer le rôle du serveur (de la serveuse). Référez-vous à la carte de l'Auberge La Demoiselle que vous avez téléchargée dans l'Activité **8-12** pour choisir les boissons.

Modèle: Sébastien ne boit jamais de vin.
SERVEUR (SERVEUSE): *Et qu'est-ce qu'il veut comme boisson?*
      VOUS: *Sébastien ne boit pas de vin. Alors, il va prendre une boisson sans alcool.*
SERVEUR (SERVEUSE): *Et une bouteille d'eau minérale pour monsieur.*

1. Dahlila boit d'habitude de l'eau minérale, mais de temps en temps elle commande du vin.
2. Didier est au régime. Il limite les boissons alcoolisées.
3. Chloe aime le vin. Elle préfère le vin rouge.

4. Noah boit toujours du vin blanc avec le poisson. Il aime le vin rouge avec la viande.
5. Mme Nguyen n'aime ni vin, ni alcool. Elle préfère l'eau minérale pétillante (*sparkling*).

Travail d'ensemble

08-16

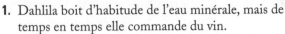
| **Pour bien parler** | **Delivery** |

When doing an oral presentation you may feel uneasy about speaking in front of the class. Strategies from previous chapters will help you deliver a more effective presentation.

1. Speak clearly and loudly. You can only communicate your ideas if you can be heard.
2. Avoid speaking in a monotone voice. Just as listening for intonation can help you understand, using intonation can help you be understood.
3. Always face your audience and establish eye contact when you speak. If you avoid eye contact, you will seem distracted and your voice will not project well.
4. Limit your range of motion. Hand gestures can show emphasis, but they can also be distracting.

 8-19 Recommandations pour un repas. Vous et votre ami(e) (votre partenaire) organisez un dîner spécial pour six personnes. Le dîner doit plaire (*to please*) à vos invités (quatre de vos camarades de classe). Interviewez quatre camarades de classe pour savoir ce qu'ils aiment manger et ce qu'ils n'aiment pas manger. N'oubliez pas de demander à vos camarades s'ils sont au régime ou s'ils sont allergiques à certaines nourritures. Mettez les renseignements que vous avez obtenus ensemble.

Modèle: *Quelles sont tes préférences en entrée, en plat principal… ?*
    Est-ce que tu aimes… ? Est-ce que tu es allergique à… ?
    Est-ce que tu es végétarien(ne)?…

8-20 Présentation du menu. Maintenant que vous connaissez les préférences de vos invités, travaillez avec un(e) partenaire pour présenter le menu du repas avec l'entrée, le plat principal et le dessert ou le fromage et les boissons. N'oubliez pas de tenir compte des régimes et des allergies de vos camarades. Avant de présenter votre menu devant la classe, lisez la section **Pour bien parler,** ci-dessus (*above*).

Modèle: **E1:** *(prénom d'un camarade) est végétarien; (prénom) n'aime pas le poisson…*
    E2: *Et (prénom) est au régime…*
PRÉSENTATION: *Voici un menu spécial, pour (prénoms de vos camarades). Comme entrée, il y a… Comme plat principal,… et…*

Pour aller plus loin

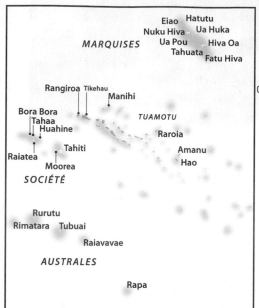

Contextes Dans cette section vous allez lire au sujet des services hôteliers en Polynésie et en France et vous allez faire des compliments et exprimer des plaintes.

📖 Les hôtels

08-17 to
08-18

Dans le passage suivant vous allez lire des descriptions de deux hôtels en Polynésie qui offrent deux différents niveaux (*levels*) de confort et d'équipement.

Pour bien lire   **Looking at the "Big Picture"**

Before you begin to read a passage, stop and look at the Big Picture—the reading as a whole. This reveals much about the passage and the intent of the writer.

1. Look at the titles and their relative sizes, the images that accompany the text, and how the different sections of the text are set on the page.

2. Skim the passage once from beginning to end to see its overall organization.

3. Read the passage again, this time trying to identify the gist.

8-21 **Avant de lire.** Cherchez les deux îles mentionnées sur la carte. Ensuite regardez les images et les sections concernant la description des services d'hôtel. Quelle est l'organisation générale des descriptions?

DEUX HOTELS EN POLYNESIE

HOTEL MOOREA PLAGE

SITUATION
Sur la côte de Moorea

HÉBERGEMENT
- 45 bungalows jardin et 10 bungalows plage
- Tous équipés de: salle de bain avec douche, ventilateur, réfrigérateur

RESTAURATION 1 restaurant, 1 bar

LOISIRS & ÉQUIPEMENTS

  À VOTRE DISPOSITION piscine, plage, canoë, tennis

  AVEC PARTICIPATION plongée, parasailing, jetski, pique-nique, jeep safari. Boutique

  HÉBERGEMENT HOTEL 2 **

  TARIFS À PARTIR DE 172.00€

  CE PRIX COMPREND Hébergement 3 nuits base chambre double avec petit déjeuner

CE PRIX NE COMPREND PAS Transfert aller simple 32€ par personne

HOTEL DU LAGON-BORA BORA

SITUATION
Sur la pointe du Motu Piti Aau

HÉBERGEMENT
- 110 bungalows sur pilotis° (plancher de verre°) et 5 bungalows plage avec jardin privé
- Tous équipés de: climatisation°, salle de bains avec baignoire et douche séparées, téléphone, télévision cablée, mini-bar, dressing room

RESTAURATION 2 restaurants, 1 snack-bar, 1 bar, des boutiques

LOISIRS & ÉQUIPEMENTS

  À VOTRE DISPOSITION piscine, plage, kayaks, pirogues, palmes°, masques, planches à voile, pédalos°, volley-ball, pétanque°, ping-pong

  AVEC PARTICIPATION plongée, catamaran, jetski, ski nautique, parasailing

  HÉBERGEMENT HOTEL 4 ****

  TARIFS À PARTIR DE 698.00€

  CE PRIX COMPREND Hébergement 3 nuits base chambre double avec petit déjeuner

CE PRIX NE COMPREND PAS Transfert aller simple 36€ par personne Demi pension supplément 63€ par personne

---

sur pilotis *on stilts;* plancher de verre *glass floor;* climatisation *air conditioning;* palmes *diving fins;* pédalo *pedal boat;* pétanque *lawn bowling game*

8-22 **Mon séjour en Polynésie.** Après un séjour en Polynésie, deux couples racontent leur voyage. Indiquez les affirmations qui sont vraies. Corrigez celles qui sont fausses.

1. L'Hôtel Moorea Plage est un hôtel 4 étoiles splendide sur la plage.
2. Nous avons pris une chambre merveilleuse avec climatisation au Moorea Plage.
3. A l'Hôtel du Lagon-Bora Bora, on pouvait regarder les poissons nager sous nos pieds.
4. Les chambres au Lagon ont des salles de bains avec douche et baignoire.

 8-23 **L'agent de voyages.** Avec un(e) partenaire, jouez le rôle du client et de l'agent de voyages pour les hôtels Moorea Plage et du Lagon-Bora Bora. Le client fait une liste de ses préférences de chambre et de services. L'agent de voyage va faire des recommandations et va proposer une chambre.

> **Modèle:** **CLIENT:** *Je voudrais faire un séjour à Tahiti. Je préfère une chambre avec climatisation. Je voudrais faire des sports nautiques pendant mon séjour.*
>
> **AGENT:** *Je vous propose l'Hôtel…*

Vocabulaire supplémentaire

accès à une piscine, une plage	*access to a pool, a beach*
une chambre avec vue sur...	*a room with a view overlooking . . .*
des excursions	*side trips*
un restaurant avec des repas polynésiens	*a restaurant with Polynesian cuisine*
des sports nautiques	*water sports*
des sports de plage	*beach sports*

📖 Les normes d'hôtels

08-19 to 08-21

En France, une loi° établit un système de classification au moyen d'étoiles° qui correspondent à des normes de confort:

0 étoile	confort limité
1 étoile	confort moyen
2 étoiles	bon confort
3 étoiles	grand confort
4 étoiles	très grand confort
4 étoiles luxe	haut de gamme°

— Je n'ai pas les moyens° d'aller à l'hôtel. Alors, généralement, quand je suis en voyage, je cherche une auberge de jeunesse. C'est moins cher et c'est sympa. Comparé à l'hôtel le confort est minime. On partage d'habitude une salle de bains. Mais c'est bien de se trouver avec des gens de son âge.

la loi *law;* étoiles *stars;* haut de gamme *high end;* les moyens *the means*

8-24 **Mon hôtel à moi.** Tout le monde voyage différemment. Quel hôtel convient le mieux aux voyageurs suivants? Cherchez dans Les Normes d'hôtels pour trouver une classification.

Modèle: voyageur d'affaires; besoin d'un grand confort et accès à Internet
> *Il (Elle) a besoin d'un hôtel quatre étoiles ou bien quatre étoiles luxe.*

1. voyageurs en famille; luxe pas nécessaire mais besoin d'une ambiance sympathique et beaucoup d'activités sportives
2. étudiante voyage seule; aime faire des randonnées à pied et découvrir de nouveaux endroits; service d'hôtel pas important
3. mère et fille en voyage; personne âgée a besoin d'un certain niveau de confort et de service
4. couple en voyage; luxe, service impeccable, dîners de gourmet

8-25 **Comparaisons.** Comment est-ce qu'on classifie les hôtels aux Etats-Unis? Est-ce qu'il y a des normes de confort officielles? Comment est-ce que les voyageurs choisissent le niveau de confort?

📖 Compliments et plaintes

08-22 to 08-23

Dans cette section vous allez lire deux emails de voyageurs: un qui fait un compliment et l'autre qui exprime une plainte (*complaint*).

8-26 **Avant de lire.** Lisez les deux emails rapidement et cherchez trois compliments et trois plaintes.

On envoie souvent un email à un hôtel pour faire un compliment ou exprimer une plainte.

Un compliment

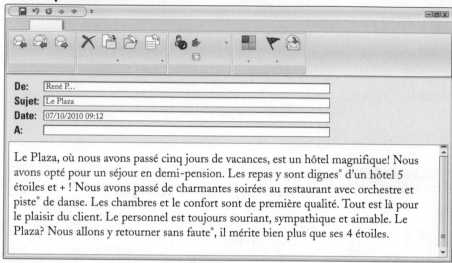

De: René P...
Sujet: Le Plaza
Date: 07/10/2010 09:12
A:

Le Plaza, où nous avons passé cinq jours de vacances, est un hôtel magnifique! Nous avons opté pour un séjour en demi-pension. Les repas y sont dignes° d'un hôtel 5 étoiles et + ! Nous avons passé de charmantes soirées au restaurant avec orchestre et piste° de danse. Les chambres et le confort sont de première qualité. Tout est là pour le plaisir du client. Le personnel est toujours souriant, sympathique et aimable. Le Plaza? Nous allons y retourner sans faute°, il mérite bien plus que ses 4 étoiles.

dignes *worthy;* piste *floor;* sans faute *without a doubt*

Une plainte

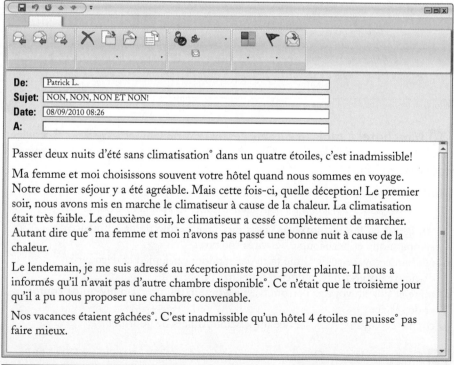

De: Patrick L.
Sujet: NON, NON, NON ET NON!
Date: 08/09/2010 08:26
A:

Passer deux nuits d'été sans climatisation° dans un quatre étoiles, c'est inadmissible!

Ma femme et moi choisissons souvent votre hôtel quand nous sommes en voyage. Notre dernier séjour y a été agréable. Mais cette fois-ci, quelle déception! Le premier soir, nous avons mis en marche le climatiseur à cause de la chaleur. La climatisation était très faible. Le deuxième soir, le climatiseur a cessé complètement de marcher. Autant dire que° ma femme et moi n'avons pas passé une bonne nuit à cause de la chaleur.

Le lendemain, je me suis adressé au réceptionniste pour porter plainte. Il nous a informés qu'il n'avait pas d'autre chambre disponible°. Ce n'était que le troisième jour qu'il a pu nous proposer une chambre convenable.

Nos vacances étaient gâchées°. C'est inadmissible qu'un hôtel 4 étoiles ne puisse° pas faire mieux.

climatisation *air conditioning;* autant dire que *needless to say;* disponible *available;* gâchées *spoiled;* ne puisse pas *cannot*

8-27 **Mon séjour à l'hôtel.** Complétez le paragraphe suivant avec les mots tirés des emails à la page 250.

René et son épouse ont passé une semaine au Plaza. (Les clients / Les repas / Les chambres) étaient délicieux. Il y avait (de la musique / une piscine / des sports nautiques). Leur chambre était (confortable / sympathique / aimable).

    Patrick L., par contre, n'a pas apprécié son séjour. (La piscine / Le logement / La plainte) n'était pas convenable. Il (a prévenu le / a répondu au / s'est adressé au) réceptionniste. Le troisième jour on lui a enfin proposé (une chambre / un repas / une plainte) convenable. Malgré cela, son séjour n'était pas (acceptable / inadmissible / gâché).

8-28 **Satisfait ou pas?** Complétez les phrases selon les textes ci-dessus.

1. René P. est très satisfait de son séjour au Plaza parce que (qu')…
2. Il compte retourner au Plaza parce que (qu')…
3. Patrick L. et sa femme avaient un problème grave:…
4. Le réceptionniste dit que (qu')…

08-24 to 08-25

Pour bien communiquer	**Faire des compliments ou exprimer une plainte**

Voici des raisons pour faire des compliments ou exprimer une plainte.

Compliment
une belle chambre avec vue splendide
le service très attentif
les animations (*activities*) géniales
les repas bien préparés
les sports de mer bien organisés
le restaurant merveilleux

Plainte
une chaleur intolérable
la climatisation défectueuse
un problème technique
pas d'autre chambre disponible
nos vacances gâchées
une literie (*bedding*) inacceptable

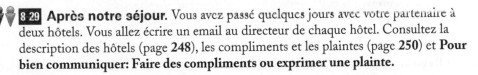

8-29 **Après notre séjour.** Vous avez passé quelques jours avec votre partenaire à deux hôtels. Vous allez écrire un email au directeur de chaque hôtel. Consultez la description des hôtels (page **248**), les compliments et les plaintes (page **250**) et **Pour bien communiquer: Faire des compliments ou exprimer une plainte.**

1. **l'Hôtel Moorea Plage en Polynésie:** Vous avez beaucoup aimé votre séjour. Incorporez trois compliments.
2. **l'Hôtel du Lagon-Bora Bora:** Incorporez trois plaintes.

8-30 **Par téléphone.** Avec votre évaluation d'un hôtel, appelez le gérant (*manager*) pour exprimer deux compliments et deux plaintes. Jouez le rôle du voyageur (de la voyageuse). Votre partenaire va jouer le rôle du gérant (de la gérante).

Modèle: VOYAGEUR/VOYAGEUSE: *Allô, oui. Je m'appelle… J'ai séjourné dans votre hôtel…*
    GÉRANT (E): *Oui, madame/monsieur, je vous écoute.*
    VOYAGEUR/VOYAGEUSE: *Je veux vous dire que…*
    GÉRANT/VOYAGEUSE: *Ah, bon. Je suis surpris(e), parce que…*

Comment dire?

Expressing the future

Use the future tense to discuss future projects. Read the following dialogue, paying particular attention to the different ways to express the future. Then answer the questions.

08-26 to 08-27

De plus près **Ma plainte**

Tinh et sa femme sont en vacances. Le service n'est pas acceptable.

TINH NGUYEN: Je **vais voir** le réceptionniste pour me plaindre de la climatisation.

MME NGUYEN: Comment? Il t'a déjà dit qu'il n'y a pas d'autre chambre. Tu **causeras** des problèmes et tu n'**auras** pas de résultat.

TINH NGUYEN: Je sais bien mais je **ne dormirai pas** une nuit de plus dans cette chambre.

MME NGUYEN: Oui, mais si tu fais trop d'histoires, on te **mettra** à la porte° et tu **coucheras** à la belle étoile°!

TINH NGUYEN: Ça m'est égal.° Je **vais me plaindre.**

MME NGUYEN: Sois patient! Je suis certaine que demain on nous **trouvera** une autre chambre.

***

mettre à la porte *kick out;* coucher à la belle étoile *sleep outside;* ça m'est égal *I don't care*

A vous de décider

1. What does Tinh want to do?

2. Does Tinh's wife think this is a good idea?

3. What are two ways that are used to express the future? How is the verb **aller** used?

1. Different ways of expressing future time

In most conversational situations the French use the present or the immediate future to describe future actions. In more formal contexts and after certain expressions, they use the future tense.

- **Present**

Tu viens avec moi voir le responsable?	*Are you coming with me to see the manager?*
Je porte une plainte dans une heure.	*I am lodging a complaint in an hour.*

- **Immediate Future**

Je vais me plaindre.	*I am going to complain.*
Tu vas voir le réceptionniste?	*Are you going to see the desk clerk?*

- **Future**

Tu dormiras à la belle étoile!	*You will sleep outside!*
On trouvera une autre chambre.	*We'll find another room.*

2. Formation of the future tense

- **Regular Verbs**

To form the future tense of a regular verb, follow these steps.

Use the infinitive as a stem. If the infinitive ends in **-e,** drop the final **e.**

parler → **parler-**   choisir → **choisir-**   attendre → **attendr-**

Add the endings **-ai, -as, -a, -ons, -ez, -ont.**

parler

Je **parlerai** au réceptionniste à propos de la literie.	Nous **parlerons** du mauvais service.
Tu **parleras** avec le réceptionniste?	**Parlerez**-vous au vice-président de la société?
Il/Elle/On **parlera** au responsable.	Ils/Elles **parleront** calmement au responsable.

choisir

Je **choisirai** une autre chambre.

Est-ce que tu **choisiras** un autre 4 étoiles?

Il/Elle/On **choisira** l'hôtel la prochaine fois.

Nous **choisirons** la chambre plus attentivement.

Vous **choisirez** cet hôtel?

Ils/Elles **choisiront** une autre chambre.

attendre

J'**attendrai** la réponse du superviseur.

Est-ce que tu **attendras** avant de te plaindre?

Il/Elle/On **attendra** les résultats de notre plainte.

D'accord, nous **attendrons** la fin de la journée.

J'espère que vous n'**attendrez** pas longtemps.

Ils/Elles **attendront** demain.

• **Stem-changing verbs**

Some verbs require some changes to the spelling of the stem in the future.

For the verbs **acheter, lever, mener (amener, emmener)** change **e** to **è**:

acheter → **achèter-**   lever → **lèver-**   mener → **mèner-**

Où est-ce que tu **achèteras** les billets d'avion?

Some verbs with **l** or **t** in the stem **(appeler, jeter)**, change **l** to **ll** and **t** to **tt**:

appeler → **appeller-**   jeter → **jetter-**

D'abord, j'**appellerai** un agent de voyages.

For verbs with **y** in the stem **(payer, essayer)**, change **y** to **i**:

payer → **paier-**   essayer → **essaier-**

Et comment **paierez**-vous?

• **Irregular verbs**

A few verbs have irregular stems in the future. The most common ones are listed below.

Verb	Future Stem	Verb	Future Stem	Verb	Future Stem
aller	**ir-**	faire	**fer-**	venir	**viendr-**
avoir	**aur-**	pouvoir	**pourr-**	voir	**verr-**
être	**ser-**	savoir	**saur-**	vouloir	**voudr-**

J'irai chez le réceptionniste avec toi.   *I will go to the receptionist with you.*

3. **Expressions that cue the future**

Certain expressions in French are followed by the future, making them different from English.

après que	*after*
aussitôt que	*as soon as*
dès que	*as soon as*
quand	*when*
une fois que	*once*

Nous irons au restaurant **aussitôt que** tu seras prêt(e).   *We will go to the restaurant as soon as you are ready.*

8-31 **Je ne suis pas satisfait(e).** Le service à l'hôtel est très mauvais. Les personnages suivants ne sont pas satisfaits de leur séjour. Employez le futur immédiat ou le temps futur pour exprimer leur dissatisfaction.

Modèle: Tinh, se plaindre au réceptionniste
Tinh va se plaindre au réceptionniste.
ou *Il se plaindra au réceptionniste.*

1. René, exprimer une plainte
2. Mme Nguyen, demander une chambre climatisée
3. Nous, voir le responsable
4. On, trouver une autre chambre
5. Patrick, choisir une chambre plus convenable
6. Tinh, chercher un meilleur service

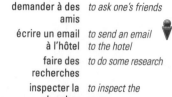

Vocabulaire supplémentaire

aller voir le réceptionniste	*to go see the desk clerk*
demander à des amis	*to ask one's friends*
écrire un email à l'hôtel	*to send an email to the hotel*
faire des recherches	*to do some research*
inspecter la chambre	*to inspect the room*
avant d'accepter	*before accepting*
parler au directeur	*to speak to the manager*
s'informer sur Internet	*to search the Internet*
se plaindre immédiatement	*to complain immediately*

8-32 **La prochaine fois.** Travaillez avec un(e) partenaire. Discutez un voyage que vous avez fait. Quand vous êtes arrivé(e), les choses ne se sont pas bien passées et vous avez exprimé une plainte. Dites ce que vous ferez la prochaine fois pour éviter (*avoid*) les problèmes. A qui est-ce que vous allez vous plaindre?

Present, past, and future tenses

08-28 to 08-29 There are many ways to express time in French. Read the dialogue, paying attention to the tenses of the verbs in bold. Then answer the questions.

De plus près **De retour**

Chantal et son amie Chloë se rencontrent par hasard dans la rue.

CHANTAL: Salut, Chloë, qu'est-ce que tu **deviens?**

CHLOË: Mon copain et moi, nous **venons de rentrer** d'un voyage splendide.

CHANTAL: Où est-ce que vous **êtes allés?**

CHLOË: Nous **avons voyagé** en Polynésie. Nous **avons fait** le tour de plusieurs îles en bateau.

CHANTAL: C'**était** comment?

CHLOË: Splendide. Il **faisait** très beau et les hôtels **étaient** merveilleux, même les petits hôtels. Nous **allons** certainement **revisiter** ces îles magnifiques.

A vous de décider

1. Where did Chloë go on her trip?
2. What did Chloë and her friend do during their stay?
3. How are the present, past, and future expressed in the dialogue?

---

1. **To express the present**

   To express an action that is happening now, use the **present tense.** The present tense is also used to describe emotional states, preferences, and opinions.

   Je voyage avec ma famille. **Nous aimons** beaucoup la Polynésie.

2. **To express the past**

   • Recall that when expressing an action or an event that has just happened, use the construction **venir de + infinitive.**

   Nous venons de rentrer d'un voyage magnifique.

   • To report past events that happened only once and actions that advance the plot or storyline, **use the passé composé.**

   L'année dernière mon amie et moi **nous avons voyagé** à Moorea.

   • To describe an action that continued over a period of time use the **imparfait.** Use the **imparfait** also to describe the scene, the weather, the participants (appearance, age, character, emotion), and habitual or ongoing actions in the past.

   C'**était** un voyage magnifique. Il **faisait** très beau pendant tout le séjour.

3. To express the future

- In a conversational context, to express an action or event that will happen soon, use the **present tense.**

  Nous **faisons** un voyage en Polynésie cet été.

- In a conversational context, to express an action or event that is about to happen, use the construction **aller** + infinitive.

  Chloë et moi, nous **allons repartir** en voyage à Tahiti.

- In more formal contexts, use the future tense.

  Est-ce que vous **voyagerez** en France bientôt?

8-33 Mes vacances. Amy Guidry a fait un voyage en Polynésie. Elle écrit une carte postale à ses amis. Aidez-la à compléter la carte postale suivante avec les verbes dans la liste. Employez le présent, le passé composé ou le futur selon le contexte.

adorer arriver avoir être faire prendre quitter visiter

Nous _____ à Moorea, en Polynésie. Nous _____ les Etats-Unis hier.

Nous _____ un vol (*flight*) Air France et après plusieurs heures de vol,

nous _____. Notre chambre d'hôtel est splendide. Il y _____ une vue

sur la plage et sur une montagne. Quel paradis! Demain nous _____

un tour des îles avoisinantes (*neighboring*). Et plus tard cette semaine nous

_____ un petit village. Je/J' _____ le voyage!

8-34 Rapport de voyage. Vous êtes reporter pour votre station de radio universitaire. Vous interviewez deux étudiants qui ont fait un voyage en Polynésie. Posez des questions pour savoir quand, pourquoi, pour combien de temps et avec qui ils ont fait le voyage. Ensuite faites un reportage pour vos auditeurs à la station de radio.

Modèle: E1: *Quand avez-vous voyagé en Polynésie?*
E2: *Nous avons voyagé en Polynésie…*
REPORTAGE: *Deux étudiants ont fait un voyage en Polynésie…*

Pourquoi?
Quand?
Pour combien de temps?
Avec qui?

apprendre beaucoup sur la culture polynésienne

assister à des conférences sur l'histoire

être un voyage de découverte

être un voyage splendide

faire de la pêche sous-marine

faire un voyage culturel

manger des repas locaux

refaire le même voyage

revenir l'année prochaine

visiter les musées

📖 The relative pronouns **qui** and **que**

Relative pronouns are used to vary sentence structure by joining two clauses in a more complex sentence. Read the following dialogue, paying particular attention to the relative pronouns **qui** and **que.** Then answer the questions.

> **De plus près**   **Les remerciements**
>
> *Chloë et son copain sont de retour de leur voyage en Polynésie.*
>
> **CHLOË:** Est-ce que tu as écrit la lettre de remerciements?
>
> **COPAIN:** Quelle lettre de remerciements?
>
> **CHLOË:** La lettre de remerciements **que** tu voulais envoyer à l'hôtel, pour remercier le personnel.
>
> **COPAIN:** Quel personnel?
>
> **CHLOË:** Le personnel **qui** est responsable de ton beau voyage.
>
> **COPAIN:** C'est le genre de lettre **que** je n'aime pas écrire, tu le sais bien!

1. The relative pronoun **qui**

The relative pronoun **qui** serves as the subject of the second clause. It replaces the subject in the relative clause. Note that **qui** may refer to people or to things.

Je pense au voyage. Le voyage était désastreux.

Le voyage is the subject of the second clause.

Je pense au voyage **qui** était désastreux.

I am thinking about the trip that was disastrous.

2. The relative pronoun **que**

The relative pronoun **que** is also used to join two sentences. It serves as the direct object of the second clause, also known as the relative clause. Note that **que** may refer to people or to things.

Je parle de la lettre. Tu voulais envoyer une lettre au personnel.

La lettre is the direct object of the second clause.

Je parle de la lettre **que** tu voulais envoyer au personnel.

I am talking about the letter that you wanted to send to the staff.

• In the **passé composé**, the past participle agrees with the preceding direct object when the verb is conjugated with **avoir.**

J'aime beaucoup **les voyages** que   *I like the trips we took a lot.*
nous avons fai**ts**.

Here the verb is conjugated with **avoir.** Note that the past participle **(faits)** agrees with the preceding direct object **(les voyages).**

• Remember that the past participle of verbs conjugated with **être** in the **passé composé** agrees with the subject.

J'ai une amie qui est allé**e** à Tahiti.   *I have a friend who went to Tahiti.*

8-35 **Le voyage que nous avons fait.** Le professeur a demandé à Amy de mettre ensemble les fragments de phrases suivants. Elle comprend le principe de l'accord des mots, mais vous demande de l'aider. Mettez les phrases suivantes ensemble.

_____ 1. C'est le genre de lettre
_____ 2. Il a contacté les gens
_____ 3. Le voyage
_____ 4. Elle a vu les endroits
_____ 5. La chambre
_____ 6. J'ai une amie

a. qui ont inspiré un grand artiste.
b. qui est allée à Moorea en décembre.
c. que vous avez réservée était confortable?
d. que je n'aime pas écrire.
e. que vous avez fait était splendide, n'est-ce pas?
f. qui voyageaient avec lui.

8-36 **Nos plans de voyage.** Vous êtes prêt(e) à faire un autre voyage. Travaillez avec un(e) partenaire pour préciser les conditions du voyage et les choses que vous allez faire. Incorporez les renseignements pour faire une phrase chacun.

Modèle: C'est un voyage…
(Le voyage sera merveilleux. Nous voulons faire ce voyage.)
E1: _C'est un voyage qui sera merveilleux._
E2: _C'est un voyage que nous voulons faire._

1. Nous voulons visiter les endroits…
(Cet endroit est sur l'itinéraire du voyage. Nous connaissons ces endroits.)
2. Je vais voyager avec un(e) ami(e)…
(Cet[te] ami[e] est dans mon programme d'études. Je connais bien cet[te] ami[e].)
3. Voici les billets d'avion…
(Les billets d'avion ont coûté cher. Nous avons acheté les billets d'avion.)
4. J'aime les gens…
(Ces gens ont voyagé avec nous. Nous avons rencontré des gens pendant le voyage.)
5. Nous allons visiter un endroit…
(Nous connaissons bien cet endroit. L'endroit est recommandé.)

Tahiti est un paradis que nous voulons connaître.

📖 Travail d'ensemble
08-32

Pour bien écrire	Avoiding the dictionary

As you write in French, use the expressions that you know rather than thinking in English and using a dictionary to translate. Recycling French expressions from class discussions is easier and more likely to be accurate than translating from English, and it will also lead to more natural and more fluent writing.

8-37 **La critique.** Vous êtes critique pour un magazine qui se spécialise en voyages de luxe. Travaillez avec un(e) partenaire pour évaluer un restaurant dans un hôtel 4 étoiles. Prenez comme exemple la carte du restaurant L'Auberge La Demoiselle (téléchargée à l'Activité **8-12**). Discutez du menu, des plats, de la présentation, du service et de l'ambiance du restaurant. N'employez pas le dictionnaire. Limitez-vous aux expressions du chapitre ou que vous connaissez.

http://www.pearsonhighered.com/francais-monde

8-38 **Rédaction de la critique.** Ecrivez l'évaluation du restaurant. Donnez une évaluation équilibrée (_balanced_) avec des compliments et des plaintes. Ecrivez au moins cinq phrases.

A la découverte

📖 Petit tour d'horizon

Les influences sur la cuisine antillaise

La cuisine antillaise est le résultat de la cohabitation de différentes cultures aux Antilles.

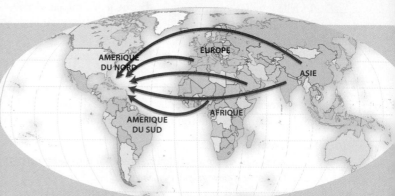

Les Indiens caraïbes. Les Indiens caraïbes avaient une cuisine limitée au rôtissage° et boucanage° de viandes et poissons.

Début du XVIIe siècle. Les colons français, se sont appropriés le savoir-faire des Indiens caraïbes et ont modifié les préparations à leur goût avec des farces° et sauces.

Les esclaves africains, milieu du XVIIe siècle. Les esclaves d'Afrique avaient à la base de leur alimentation, le manioc, les ignames°, la patate douce° et la morue salée qui est utilisée dans les accras°, le féroce° et le rougail°.

Du XVIIe au XIXe siècle. Les servantes des grandes plantations avaient accès à des produits variés et ont créé des recettes créoles riches comme le crabe farci° et la daube de chatrou°.

Milieu du XIXe siècle. Les Indiens tamouls ont introduit beaucoup d'épices° comme le curry qu'on retrouve dans la confection du colombo.

Aujourd'hui la cuisine antillaise continue d'évoluer. Avec l'arrivée de populations originaires de Chine et du Moyen-Orient, la cuisine antillaise intégrera éventuellement les saveurs, les couleurs et les odeurs nouvelles des cuisines de ces pays.

---

rôtissage *roasting;* boucanage *the art of cooking certain foods in wood smoke;* farce *stuffing;* igname *yam;* patates douces *sweet potatoes;* accras *crab fritters;* féroce *mashed avocado mixed with hot peppers, flour, and salted cod;* rougail *highly spiced seasoning made of tomatoes and peppers;* farci *stuffed;* daube de chatrou *octopus stew;* épices *spices*

8-39 **La cuisine antillaise et ses origines.** Comment est-ce que ces différentes populations ont contribué à cette cuisine?

POPULATIONS: **a. les Indiens Caraïbes** **b. les esclaves** **c. les serveuses des**
d. les Indiens tamouls **e. les colons français** **grands domaines**

Cuisine: **1.** _____ accras de morue; **2.** _____ poisson grillé; **3.** _____ plats qui utilisent le curry comme épice; **4.** _____ farces et sauces; **5.** _____ plats très élaborés

8-40 **Notions à préciser.** Sélectionnez le mot qui convient dans cette liste:

les servantes   au goût du jour   pays arabes   le rôtissage   le colombo
cultures   Chine   morue salée   la cuisine antillaise   la daube de chatrou

_____ a été influencée par différentes _____. Les Indiens Caraïbes ont introduit _____. Elle doit aux esclaves des plats à base de _____. _____ des plantations ont apporté des plats riches comme _____. _____, un plat d'origine tamoule, est le plat le plus connu des Antilles. Les populations originaires de _____ et du _____ ont commencé à influencer cette cuisine.

Tour culinaire

Voici la carte du restaurant Au Papillon des Antilles.

Au Papillon des Antilles ▪ Spécialités antillaises ▪ La Carte

Nos Punchs Maison

- Punch Planteur
- Punch Coco
- Punch Goyave
- Ti-Punch

Pour Accompagner Nos Punchs

- Accras de Poisson
- Boudin Antillais

Nos Entrées

- Salade à l'Omelette Créole
- Féroce d'Avocats
- Salade de Saumon Crû
- Mariné au Lait de Coco
- Salade de Travers de Porc° Sauce Chien°
- Salade de Poulet et Patates Douces au Poivre Vert

Nos Poissons et Crustacés

- Daube de Poisson aux Cacahuètes°
- Colombo de Poisson
- Escalope de Saumon Poêlée°
- Sauce Ti-Punch et Poivre Vert
- Thon à l'Etouffée, Tomate, Oignon et Piment
- Filet de Sole Poêlé au Lait de Coco et à l'Orange

Nos Viandes et Volailles

- Fricassée de Poulet de la Plantation
- Bœuf à l'Antillaise et au Gingembre°
- Rougail de Saucisse aux
- Haricots Rouges
- Colombo de Porc
- Filet Mignon aux Z'habitants°

Nos Desserts

- Blanc-Manger Coco
- Mont-Blanc
- Banane Flambée au Rhum
- Sorbet

8-41 Dîner mystère. Noah invite quelques amis à dîner ce week-end. Quels plats typiquement antillais va-t-il préparer?

_____ **1.** du crabe mélangé avec du riz

_____ **2.** des beignets de poisson et de la saucisse de sang épicée

_____ **3.** un flan à la noix de coco

a. Blanc-Manger
b. Matoutou crabe
c. Accras et boudin antillais

8-42 Spécialités antillaises. Ces clients ont besoin de votre conseil. Avec un(e) partenaire écrivez vos recommandations pour chacun d'entre eux. Puis, jouez ensemble le rôle d'un serveur (d'une serveuse) et d'un(e) client(e).

> travers de porc *pork ribs;* sauce chien *spicy sauce;* cacahuètes *peanuts;* poêlée *fried/sautéed;* gingembre *ginger;* Z'habitants *local name for freshwater shrimp*

Je vous propose...
Je vous suggère...
Il faut absolument essayer...

Modèle: E1: *J'adore le… mais je suis allergique à… Qu'est-ce que vous me proposez en entrée et en plat?*
E2: *En entrée je vous propose… et en plat,…*

1. «Je suis végétarienne et j'adore la noix de coco (*coconut*).» / une entrée et un dessert

2. «Je ne mange pas de poisson, je préfère la viande. J'adore la banane.» / une entrée, un plat et un dessert

3. «J'aime bien le poisson, mais pas en friture. Je veux un dessert léger.» / une entrée, un plat et un dessert

4. «Je ne peux pas manger épicé et je suis allergique à la noix de coco.» / une entrée, un plat et un dessert

8-43 Comparaisons. Quelles sont les similarités et les différences entre la cuisine aux Antilles et la cuisine de chez nous? Complétez les phrases suivantes.

Aux Antilles...	Chez nous...
1. on mange beaucoup de poissons et de crustacés.	
2. les sauces sont souvent très épicées.	
3. il y a des légumes frais et secs et des fruits dans les plats.	
4. on boit des jus de fruits frais et du rhum.	
5. la cuisine évolue avec l'arrivée d'immigrants chinois et arabes.	

📖 Point d'intérêt

L'apprentissage culinaire d'Ina Césaire

Ethnologue, auteur, cinéaste, Ina Césaire, fille du poète et homme politique martiniquais Aimé Césaire, parle de l'influence de sa grand-mère, Flore, sur son apprentissage et son appréciation de la cuisine.

8-44 Premier survol

- **Apparence, texture et préparation.** Que signifient ces adjectifs? Aidez-vous du contexte, considérez des mots que vous connaissez déjà et pensez à des mots en anglais.

1. des côtelettes **grillées**
2. une brioche **dorée** et **croustillante**
3. des chadèques **glacées**
4. au coco **haché**

- **Au fil des temps.** Dans le texte *Maman Flore* qui suit, quel est le temps principal des verbes? Pouvez-vous expliquer pourquoi? Encerclez tous les verbes qui utilisent ce temps.

Maman Flore
—Ina Césaire

Le marché à Saint-Pierre en Martinique

Maman Flore et mon apprentissage de la cuisine

Le monde de la cuisine, de ses techniques et de ses parfums est pour les Antillais intimement lié° à celui des grands-mères, personnages centraux du cercle familial, reines incontestées° du foyer. C'est d'abord avec la grand-mère [...] que se développe l'art culinaire.

Je ne sais pas si ma grand-mère Flore était bien consciente du processus qu'elle avait mis en branle°, mais je me souviens parfaitement avoir aimé « faire la cuisine » bien avant d'apprendre à discerner les saveurs°.

Et plus que la cuisine, le rituel culinaire et saison nier m'entraînait° vers le lieu magique où officiait ma grand-mère: sa cuisine.

---

lié *linked;* reines incontestées *unchallenged queens;* mis en branle *started, prompted;* saveurs *tastes;* m'entraînait *led me*

Fêtes, Saisons, Cuisine

Les festins traditionnels rythment le temps de la même manière que les saisons. A chaque grande fête est attachée une préparation culinaire qui lui est propre°.

A Noël, toute famille antillaise va manger du boudin°, des «pâtés-cochons°», du ragoût de porc et des côtelettes° grillées accompagnées de pois d'Angole°. Le cochon de Noël est aux Antilles ce que la dinde est à la France.

Pâques, en revanche, était réservé à la dégustation du matoutou-crabe, un délicieux mélange de riz doré et de crabes non-décortiqués°.

Le Vendredi saint, jour «maigre»° par excellence, ma grand-mère et sa sœur nous préparaient des accras° aux «légumes-pays», à la place des habituels beignets croustillants à la morue salée, dont tout enfant antillais est si friand.°

Les jours de communion solennelle, aucune table antillaise ne saurait se passer du chocolat dit précisément «de première communion» et du «pain au beurre» torsadé, sorte de brioche dorée et croustillante qui est l'obligatoire accompagnement du chocolat dit «de première communion».

Les souvenirs gastronomiques de l'enfance, liés, en ce qui me concerne, à ma grand-mère seraient incomplets sans la moindre allusion à la confiserie° spécifiquement antillaise: chadèques° glacées, «lotchios» au coco haché, «doucelettes» aromatisées que les enfants dénomment «filibos».

© Nourritures d'Enfance. Souvenirs aigres-doux. Autrement, Paris, Coll. Mutations/Mangeurs (Claudie Danziger, editrice) No 129, 198, 208 pages (pp. 48–56)

---

qui lui est propre *particular to it;* boudin *blood sausage;* pâtés-cochons *ground pork meat wrapped in dough and baked;* côtelettes *chops;* pois d'Angole *type of bean;* crabes non-décortiqués *soft shell crabs;* jour «maigre» *fasting day;* accras *fish fritters;* est si friand *loves so much* confiserie *candy making;* chadèques *type of local grapefruit*

8-45 **Essentiel à saisir**

- **Références.** A quoi Ina Césaire fait-elle référence? A la cuisine de sa grand-mère, à sa grand-mère ou à des beignets végétariens?

  Quand elle parle…

  1. de la reine incontestée du foyer, elle fait référence…
  2. des accras aux «légumes pays», elle fait référence…
  3. du lieu magique, elle fait référence…

- **Cuisine et Fêtes.** Quels plats sont associés à ces fêtes?

Fête	Plat	Ingrédient principal	Pourquoi cet ingrédient domine
Noël			
Pâques			
Vendredi saint			
Communion solennelle			

Entretien avec un chef

Maya Cassin, guadeloupéenne, est chef de cuisine à la tête d'un grand restaurant au Gosier en Guadeloupe.

8-46 **Premier survol**

- **Information.** Encerclez ces informations bons et mauvais côtés du travail, les souvenirs d'enfance, la famille.

- **Le temps des verbes.** Notez les verbes au présent, au passé et au futur. Soulignez chaque temps d'une couleur différente. Pourquoi ces temps sont-ils utilisés?

Maya Cassin

Une vie derrière les fourneaux

Maya Cassin, comment êtes-vous entrée dans le monde de la cuisine?

MC: Les fourneaux°, je connais ça depuis toute petite. Ma grand-mère pater- nelle était une excellente cuisinière. J'ai encore des souvenirs très vifs des odeurs culinaires qui parfumaient la maison, le café-chicoré que les adultes consom- —maient le matin au petit déjeuner, le chocolat-pays qu'elle préparait pour nous, les enfants, et les plats qu'elle mijotait° et que nous dégustions en famille le midi et le soir. Ma grand-mère était dans sa cuisine très tôt le matin. J'y ai passé beau- coup de temps et c'est en la regardant faire que j'ai appris à cuisiner et surtout à aimer cuisiner.

Vous parlez des plats que mijotait votre grand-mère, parmi ces plats, quels sont ceux qui vous ont marquée?

MC: Les plats typiquement antillais, le crabe farci, le colombo de poulet, le matoutou-crabe, les fricassées de lambis ou de chatrou, les tartelettes à la banane. Quel bonheur, tout était délicieux.

Comment vous est venue l'idée de devenir chef de cuisine?

MC: J'ai toujours voulu cuisiner, donc devenir chef de cuisine était de toute évidence le chemin à suivre. Mais pour mes parents, la restauration n'était pas un métier. D'après eux c'était un métier trop dur pour une fille et les horaires astreignants° ne pouvaient qu'être une barrière à la vie de famille. Ils voulaient des petits-enfants. Comme je n'étais pas majeure et je voulais leur faire plaisir, j'ai donc fait des études de langue à l'Université des Antilles et de la Guyane, me disant que ça pouvait toujours être utile. Après la licence, j'ai travaillé comme prof d'anglais dans un lycée et 5 ans plus tard, j'ai démissioné de l'Education Nationale. La cuisine était ma vocation, pas le professorat, et je me suis lancée. J'ai ouvert un tout petit restaurant au Gosier aujourd'hui fermé.

Pour vous la cuisine, ça représente quoi?

MC: C'est un art. C'est une façon de s'exprimer, de ressentir les choses dans les tripes°. Dans la cuisine, la routine n'existe pas, on est sans arrêt en train de créer. Une recette, c'est un peu comme une partition musicale et le cuisinier, enfin la cuisinière, c'est la musicienne en charge de lui donner vie.

---

fourneaux *stoves;* mijotait *simmered;* astreignants *demanding;* tripes *guts*

8-47 **Essentiel à saisir.**

- **Renseignements biographiques.** Indiquez les affirmations qui sont vraies. Corrigez celles qui sont fausses.

  1. Maya doit sa passion pour la cuisine à sa grand-mère.
  2. Les parents de Maya ont encouragé la décision de Maya de devenir chef de cuisine.
  3. Maya a fait des études universitaires en allemand.
  4. Maya a abandonné le professorat il y a 5 ans.
  5. Pour Maya, une cuisinière est comme une musicienne.

- **Synonymes recherchés.** Trouvez dans l'interview avec Maya Cassin des expressions synonymes aux expressions **en caractères gras** ci-dessous.

  1. [La cuisine] c'est une façon de ressentir les choses **viscéralement**.
  2. ... **quand j'étais petite fille**.
  3. **Comme je n'avais pas dix-huit ans**...
  4. Une recette de cuisine, c'est comme **une composition symphonique**.

Guide restaurant en ligne

8-48 **L'opinion des internautes, unanime ou pas?** Allez sur le site Web du *Français-Monde* et utilisez les liens et/ou les critères de recherche donnés pour accéder à des sites d'opinions de consommateurs.

http://www.pearsonhighered.com/francais-monde

1. Choisissez deux restaurants antillais intéressants. Imprimez une page d'opinions pour chacun.
2. Encerclez les expressions utilisées qui concernent: la réception et le service; le décor et l'ambiance; la cuisine; le rapport qualité / prix.

8-49 **Le resto parfait pour moi.** Combinez les opinions que vous et votre partenaire avez imprimées. Quel restaurant correspond le mieux à ce que chacun de ces internautes (Mado, Julie, Simon et Jean-Paul) recherche? Suivez le modèle.

Modèle: **E1:** *Je pense que... doit aller à...*
        Ce restaurant sert de la cuisine
     E2: *Oui, je suis d'accord.*
     ou *Non, je ne suis pas d'accord, parce que ce restaurant...*

Est-ce que vous voulez manger dans ce restaurant? Pourquoi?

> **MADO:** Je recherche un resto antillais sympa au service chaleureux.
>
> **JULIE:** Quel est le nom d'un resto antillais qui offre un menu à moins de 15 euros?
>
> **SIMON:** Pourriez-vous me diriger vers un resto antillais avec une très bonne carte et un excellent service? Je veux impressionner les parents de ma p'tite amie.
>
> **JEAN-PAUL:** Je viens de rentrer de la Martinique et ses punchs me manquent. Quel est un bon restaurant des îles où les punchs sont excellents?

Le marché couvert de Papeete
à Tahiti

📖 Travail d'ensemble

08-43

8-50 👥👥 **Restaurants qu'on aime ou n'aime pas.** Avec votre partenaire, choisissez un restaurant bien connu dans votre communauté. Ensuite, échangez avec votre partenaire vos opinions sur les sujets suivants: la cuisine, l'ambiance, le décor, le service et le prix des plats. Finalement, partagez vos opinions avec la classe. Prenez comme modèle les opinions des internautes (Activité **8-48**).

Modèle: **E1:** *Je vous recommande / Je ne vous recommande pas (restaurant 1 location) parce que…*

E2: *Moi aussi, je vous recommande ce restaurant / Moi je ne vous recommande pas ce restaurant parce que…*

8-51 👥👥 **Faire le bilan.** Pensez aux informations et données dans **Pour aller plus loin** et **A la découverte** et travaillez avec un(e) partenaire pour synthétiser ce que vous avez appris sur les cuisines de la Polynésie française et des Antilles françaises dans le tableau ci-dessous.

	Polynésie française	**Antilles françaises**
Origines des influences culinaires		
Les ingrédients essentiels		
Types de légumes et fruits traditionnels		
Cuisine épicée (oui ou non)		
Types de boissons		

Maintenant, écrivez une présentation comparative d'une dizaine de lignes de ces deux cuisines.

A votre tour

Exposition

La scène gastronomique dans votre ville n'est pas très diverse et vous décidez d'ouvrir un petit restaurant francophone et d'organiser son ouverture. Pour vous aider à faire ce travail, vous allez compléter une série d'activités dans votre manuel et votre cahier d'exercices qui comprennent…

- examiner des enseignes et noms de restaurant et leurs significations
- considérer les éléments de plusieurs menus
- comprendre la construction des noms de plats
- créer un nom et une enseigne pour votre restaurant
- composer un menu

Zoom sur…

to 08-47

L'identité d'un restaurant

8-52 A l'enseigne de… Une enseigne renseigne immédiatement sur la nature d'un commerce. Regardez les photos sur le site de *Français-Monde*. Devinez où certaines spécialités sont servies et remplissez le tableau ci-dessous.

http://www.pearsonhighered.com/francais-monde

Spécialité	Le nom du restaurant pour l'enseigne sélectionnée
1. Des plats de poisson et de crustacés	
2. Des crêpes	
3. Des plats français traditionnels	
4. Des plats asiatiques	

8-53 Qu'est-ce qu'un nom? Les noms de certains restaurants font référence à quelque chose de spécifique. Examinez les noms de restaurants proposés et cochez (✓) les cases dans le tableau pour indiquer la ou les références possibles.

	A. Nature des plats ou ingrédients servis	B. Origine régionale	C. Personnage / lieu / géographie	D. Nom du propriétaire	E. Type de restaurant
1. La Table de Babette					
2. La Taverne Saint-Germain					
3. Le Bonaparte					
4. La Patacrêpe					
5. Charlot, Roi du Coquillage					
6. Ma Bourgogne					

La Table de Babette
Gastronomie Antillaise

Quand la world cuisine rencontre le talent

32 RUE DE LONGCHAMP 75116 PARIS
MÉTRO TROCADÉRO
TÉL. 01 45 53 00 07

OUVERT TOUS LES JOURS SAUF
SAMEDI MIDI ET DIMANCHE

Le Menu
MENU DU DEJEUNER

Au choix

Une entrée ou un plat un dessert	28 €
Une entrée un plat et un dessert	38 €
Apéritifs et prélude gourmand le punch Babette	9 €

Entrées

Risotto créole aux fruits de mer et jus de lambi safranés

Velouté de cristophines et petits pois à la feuille de menthe et épices douces

Petite assiette de boudin créole et accras de morue sur chiffonnade de laitue

Salade d'avocats aux cribiches et sa sauce aigre-douce

Petite friture de calamar citronnée sur lit de crudités de saison

Plats

Touffé de requin à l'étuvée de cive et parfum de citron vert

Duo de vivaneau et requin en colombo à la tomate verte

Souris d'agneau en cocotte au miel légèrement pimenté aux cinq épices cajun

Cuisses de poulet boucanées et ses trois sauces créoles de Babette

Duo de brochette de bœuf et d'agneau et sauce créole épicée servie séparément

Légumes

Riz créole haricots rouges et purée d'igname

Desserts

Duo de chocolats: petite mousse de chocolat blanc et chocolat noir en robe anglaise et vanille bourbon

Moelleux de fruit de la passion aux fruits rouges

Mousse de patate douce et son coulis de mangue

Carpaccio d'ananas à la muscade

Coupe de sorbets du moment et coulis de fruits exotiques

©Babette de Rozières, La Table de Babette

8-54 Menu, mode d'emploi. Vous et un(e) partenaire consultez le menu La Table de Babette et vous trouvez des mots que vous ne comprenez pas. En alternance, posez-vous (*ask each other*) des questions et choisissez une explication.

Modèle: E1: *Touffé de requin à l'étuvée. Tu sais ce que ça veut dire, «à l'étuvée»?*
E2: *Oui, je crois que ça veut dire à la vapeur*
E1: *Ah oui, je crois que tu as raison* **ou** *Non, je ne pense pas. Est-ce que ça veut dire… ?*

QUESTIONS POSSIBLES
• C'est quoi… ?
• Tu sais ce que c'est… ?
• Tu sais ce que ça veut dire… ?

RÉPONSES POSSIBLES
• beignet de poisson cuit dans de l'huile
• n'est pas mélangé(e)
• curry, cuit(e) dans de l'huile
• rubans de salade
• légumes crus en vinaigrette
• saucisse de sang épicée

1. Petite assiette de boudin créole et accras de morue sur chiffonade de laitue
2. Petite *friture* de calamar citronnée sur lit de *crudités* de saison
3. Duo de vivaneau et requin en *colombo* à la tomate verte
4. Duo de brochette de bœuf et d'agneau et sauce créole épicée servie *séparément*

Se faire un nom

8-55 **Un nom, un logo, une enseigne.** Vous créez un restaurant. Travaillez ensemble avec un(e) partenaire.

1. Choisissez le type de cuisine (antillaise, française, lyonnaise, africaine…) que vous allez servir; un nom intéressant pour votre restaurant; un logo représentatif.

2. Dessinez une enseigne appropriée qui intègre le nom et le logo de votre restaurant.

Soyez prêt(e)s à expliquer le nom du restaurant, le logo et le «design» de l'enseigne.

8-56 **Au menu.** Avec votre partenaire construisez votre menu déjeuner/dîner. Avec chaque plat proposé, indiquez un prix en dollars et suggérez une boisson. Inspirez-vous des menus dans votre manuel (page **266**) où allez sur le site de *Français-Monde* et utilisez les liens et/ou les critères de recherche donnés pour accéder à des menus.

http://www.pearsonhighered.com/
francais-monde

Soirée inaugurale

8-57 **Invitation.** Pour l'ouverture de votre restaurant, vous et votre partenaire allez créer un carton d'invitation que vous allez envoyer aux élus (*elected officials*) et aux commerçants (*business owners*) de votre communauté, aux journalistes du journal local, à votre famille et à vos amis. Référez-vous au modèle de carton d'invitation téléchargé.

http://www.pearsonhighered.com/
francais-monde

8-58 **Message de bienvenue.** Préparez un petit discours de bienvenue et d'introduction avec votre partenaire: Saluez et remerciez vos invités d'être venus, expliquez votre choix de type de cuisine et le menu que vous avez créé.

8-59 **Prêts à commander?** Vous et votre partenaire êtes invité(e)s à l'inauguration du restaurant d'un concurrent (*competitor*) (deux autres étudiant[e]s). A table, consultez le menu. Puis le serveur (la serveuse) vient prendre votre commande. Posez une question au serveur (à la serveuse) (cuisson d'un plat, ingrédients utilisés, etc.), commandez et demandez conseil pour une boisson. Echangez les rôles.

8-60 **Bloguer.** Vous donnez régulièrement votre opinion sur les sites de consommateurs. Après l'inauguration, écrivez un blogue pour donner votre avis sur le restaurant du concurrent où vous avez dîné (l'ambiance, le service, la qualité de la nourriture, les prix). Référez-vous au travail fait pour l'Activité **8-48** pour vous inspirer.

Vocabulaire

Pour commencer 🔊

At the market

Donnez-moi...	*Give me . . .*
Je prends...	*I'll have . . .*
Je vais avoir besoin de...	*I'm going to need . . .*
Je vais prendre...	*I'll have . . .*
Moi, j'aimerais bien (voudrais bien)...	*I would like . . .*

For a ratatouille

de l'ail (m.)	*garlic*
une aubergine (f.)	*eggplant*
des courgettes (f.)	*zucchini*
des poivrons (m.)	*peppers*
des tomates (f.)	*tomatoes*

For a sandwich

une baguette	*baguette (bread)*
du beurre	*butter*
du brie	*Brie cheese*
du jambon	*ham*
une laitue	*lettuce*
un sandwich au jambon	*ham sandwich*
un sandwich au saucisson	*sausage sandwich*
un sandwich au thon	*tuna sandwich*
du saucisson	*French sausage*
du thon	*tuna*

Expressions of quantity

Count nouns

une (demi-) douzaine	*a (half) dozen*
plusieurs	*many*
quelques	*several*
un(e), deux, trois...	*one (a), two, three . . .*

Weight

un gramme	*a gram*
un kilo	*a kilo*
une livre	*a pound*

Noncount nouns

assez (de)	*enough*
beaucoup (de)	*a lot (of)*
un peu (de)	*a little*
une tranche (de)	*a slice (of)*

Liquid

une bouteille (de)	*a bottle (of)*
une carafe (de)	*a carafe (of)*
un (demi-) litre (de)	*a (half) liter (of)*
un pichet (de)	*a small pitcher (of)*
une tasse (de)	*a cup (of)*
un verre (de)	*a glass (of)*

In a restaurant

l'apéritif (m.)	*drink*
la boisson	*beverage*
le dessert	*dessert*
l'entrée (f.)	*starter course*
le fromage	*cheese*
le pâté	*paté*
le plat principal	*main course*
le poisson	*fish*
le poulet	*chicken*
la salade (verte)	*(green) salad*
le serveur (la serveuse)	*waiter (waitress)*
la viande	*meat*
le whisky	*whiskey*

The waiter says:

En plat principal, nous avons...	*As a main dish, we have . . .*
Et avec ça?	*And with that?*
Et comme entrée?	*And as an entrée?*
Et pour finir?	*And to finish (the meal)?*
Fromage ou dessert?	*Cheese or dessert?*
Qu'est-ce que je vous apporte?	*What can I bring you?*
Qu'est-ce que je vous sers comme...	*What would you like as . . .*
Vous désirez?	*What would you like?*
Vous prenez...	*You (will) have . . .*

The customer responds:

Apportez-moi...	*Bring me . . .*
Je voudrais (bien)...	*I would like . . .*
Merci, avec plaisir.	*Thanks, I would like that.*

In a fast-food restaurant

le Big Tasty	*hamburger*
l'employé(e)	*employee*
le fast-food	*fast-food restaurant*
la part de pizza à la grecque	*slice of Greek-style pizza*

The employee says:

Et comme boisson?	*And as a drink?*
Et pour vous?	*And for you?*
Je peux vous servir?	*What can I get you?*
Qu'est-ce que voulez boire?	*What would you like to drink?*

The customer responds:

Donnez-moi...	*Give me . . .*

Pour aller plus loin 🔊

Francophone islands

aux Antilles (françaises) (f.)	to (in) the (French) Caribbean Islands
à Bora Bora	to (in) Bora Bora
à la Guadeloupe	to (in) Guadeloupe
aux îles Marquises	to (in) the Marquesas Islands
à la Martinique	to (in) Martinique
à Moorea	to (in) Moorea
à Papeete	to (in) Papeete
en Polynésie (française)	to (in) (French) Polynesia
à Tahiti	to (in) Tahiti

Complimenting

Merci pour...	Thank you for . . .
les animations géniales	the great activities
la belle chambre avec vue splendide	the beautiful room with great view
le restaurant merveilleux	the wonderful restaurant
les repas bien préparés	the well-prepared meals
le service très attentif	very good service
les sports de mer bien organisés	the well-organized water sports

Complaining

Je regrette...	I'm sorry about . . .
la chaleur intolérable	uncomfortable heat
la climatisation défectueuse	defective air conditioning
la literie inacceptable	unacceptable bedding
les problèmes techniques	technical problems
mais il n'y a pas d'autre chambre disponible	there is no other room available
les vacances gâchées	a spoiled vacation

Expressions that cue the future

après que	after
aussitôt que	as soon as
dès que	as soon as
quand	when
une fois que	once

Cultiver son look, cultiver sa tête

Themes and Communication

Making decisions about what to wear

Describing clothes and fashion

Discussing film

Discussing music

Structures

The verb **croire**

The verbs **porter** and **mettre**

The present subjunctive of regular verbs

The present subjunctive of **avoir**, **être**, and some other irregular verbs

Other uses of the present subjunctive

Impersonal expressions

Destination

France

Project

Producing a TV ad for a new perfume

Voici une création de Guy Laroche. Est-ce que vous aimez la mode sport? décontractée? classique? Pourquoi?

Pour commencer

Contextes Dans cette section vous allez décrire des vêtements et dire ce qu'on porte pour quelles occasions.

Je n'ai rien à me mettre!

9-1 **Avant de visionner.** Lisez les phrases suivantes. Est-ce qu'il est **probable (P)** ou **peu probable (PP)** qu'elles existent dans la vidéo?

_____ **1.** Je sors avec un garçon ce soir.

_____ **2.** Je suggère une robe (*dress*) longue avec des paillettes (*sequins*).

_____ **3.** Il faut qu'on trouve une tenue bien simple.

_____ **4.** Tu peux porter les habits que tu as maintenant.

_____ **5.** C'est trop classique, ça ne va pas du tout.

| **Visionnez la vidéo** | **Une tenue pour tout à l'heure** |

Clémence et Emilie discutent des vêtements que Clémence va porter pour sortir avec Matthieu ce soir.

— J'ai rendez-vous avec un garçon d'ici une heure.

— Regarde un jean... gris tout simple et en même temps assez moulant.

— C'est un peu trop tous les jours quand même...

9-2 **Quelles questions!** Répondez aux questions suivantes d'après la vidéo.

1. T'as rendez-vous avec... C'est qui ce mec (*guy*)?

2. Regarde, un jean gris tout simple... c'est pas mal, non?

3. Tu as quoi comme chaussures (*shoes*)?

4. Tu trouves que c'est trop classique?

9-3 **Pour sortir avec des amis.** Vous allez sortir ce soir. Travaillez avec un(e) partenaire et commentez sur les vêtements comme dans la vidéo.

Modèle: un jean et un t-shirt

    E1: *Qu'est-ce que tu penses d'un jean et un t-shirt?*

    E2: *Ça va, c'est classique...*

    E1: *Un peu trop simple, à ton avis?*

1. un short et des tongs (*shorts and flip flops*)

2. un pantalon et un haut (*pants and a top*)

3. un jogging et des baskets (*a jogging suit and sneakers*)

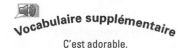

Vocabulaire supplémentaire

C'est adorable.
C'est bien.
C'est classique.
C'est parfait.
C'est très élégant.
Non, pas ce vêtement.
Oui, pourquoi pas?

Pour bien communiquer — Quoi porter?

les vêtements de tous les jours

le chemisier
l'écharpe (f.)
le manteau
la jupe
les chaussures (f.) plates

la chemise
la serviette
l'anorak (m.)
le pantalon
les bottes (f.)

les vêtements pour une occasion chic

le chapeau
le costume, le complet
la cravate

le tailleur (m.)
le sac à main

le porte-documents

les chaussures
(f.) à talon

les chaussures (f.)

une tenue décontractée

la casquette
le t-shirt

le jean

les derbies (f.)

le bonnet
les lunettes (f.) de soleil
le blouson
le sweat à capuche
le pantalon de jogging

les chaussures (f.) de sport, les baskets (m.)

Vocabulaire supplémentaire

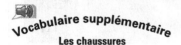

Les chaussures
les tongs (m.) — *flip flops*

Les sous-vêtements
le caleçon — *boxers*
le maillot de corps — *undershirt*
le slip — *underwear*
le soutien gorge — *bra*

Les accessoires
les bijoux — *jewelry*
les boucles (f.) d'oreille — *earrings*
le bracelet — *bracelet*
la ceinture — *belt*
le collier — *necklace*
le sac à dos — *backpack*

Autres vêtements
les jambières (f.) — *leg warmers*
le pull (à col roulé) — *(turtleneck) sweater*
la robe (longue) — *(long) dress*
le tailleur — *woman's suit*

9-4 Catégories de vêtements. Indiquez quel vêtement n'appartient pas à la catégorie.

1. Vêtements pour femmes: un chemisier / une jupe / un costume
2. Chaussures: des baskets / une casquette / des derbies
3. Accessoires: une écharpe / des lunettes de soleil / une chemise
4. Pantalons: un anorak / un jean / un jogging
5. Chemises: un t-shirt / un chemisier / un porte-documents

9-5 L'invitation. Travaillez avec un(e) partenaire pour choisir vos vêtements pour les invitations suivantes.

Modèle: un match de football. C'est une occasion de s'amuser et d'être à l'aise (*comfortable*).

> **E1:** *Je vais porter un jean, un t-shirt, un blouson et un manteau. Il va faire froid pendant le match. Et toi?*
> **E2:** *Moi, je vais porter...*

1. un concert de musique classique en hiver. C'est une occasion assez chic.
2. une conférence à la fac sur la culture indienne. Je veux m'habiller décontracté.
3. un film classique avec des amis. Je vais m'habiller comme tous les jours.
4. l'inauguration d'une nouvelle galerie d'art. Il y aura la presse et des artistes.

📖 Voix francophones au présent: La mode masculine

Dans l'émission suivante, Pierre et Dahlila discutent de la mode avec plusieurs hommes.

9-6 Avant d'écouter. D'après les descriptions des personnages, devinez ce qu'ils vont dire.

1. Tinh ne s'occupe pas de la mode. Il va dire:
   Je porte des costumes sur mesure (*tailor-made*). *ou*: Je ne suis pas ce qu'on appelle une fashion-victime .
2. Didier est directeur d'un garage Audi. Il va dire:
   Mon style de vêtement c'est le confort. *ou*: J'aime bien être tiré à quatre épingles (*dressed well*) .
3. Noah aime la mode et il dépense beaucoup en vêtements. Il va dire:
   En semaine comme le week-end, je porte un jean et un polo. *ou*: Mon style est classe mais décontracté.

Pour bien écouter	**Asking to repeat**

When people speak, there is often an interruption or a noise that makes comprehension difficult. How do you ask someone to repeat? The formality of the exchange determines which expression you should use.

Pardon! Je n'ai pas compris. Pouvez-vous répéter?	soigné
Excusez-moi. Je n'ai pas bien entendu (compris).	
Répétez, s'il vous plaît.	
Comment? Qu'est-ce que vous dites?	↓
Qu'est-ce que tu dis?	
Quoi? Répète!	
Hein?	familier

🔊 Ecoutons! Voix francophones au présent: La mode masculine

— J'ai pas le temps de m'occuper des nouvelles tendances, j'ai trop à faire.

— Je porte des costumes et chemises faites sur mesure.

— En général, je porte des jeans bien coupés.

— C'est vraiment sympa de bien s'habiller.

9-7 Qui dit quoi? A votre avis, qui parle: Tinh, Didier, Sébastien ou Noah?

1. Je suis toujours très bien habillé. J'aime porter des costumes et chemises tous les jours.
2. Je crois que c'est important de dépenser de l'argent pour bien s'habiller.
3. Moi, j'aime le confort. Je n'ai pas le temps de m'occuper de la mode.
4. J'aime les jeans classiques avec un t-shirt, une veste et des Adidas.

 **9-8 Ce qu'ils aiment porter.** Travaillez avec un(e) partenaire pour décrire les vêtements d'un autre personnage. N'oubliez pas de demander de répéter.

Modèle: **SÉBASTIEN:** *Moi, j'aime votre style, Noah. C'est classe mais décontracté.*
NOAH: *Pardon, je n'ai pas bien entendu.*
SÉBASTIEN: *J'aime le style classe… Et vous?*

1. **PRENEZ UN RÔLE:** Noah décrit les vêtements de Sébastien. Sébastien décrit les vêtements de Noah.
2. **PRENEZ UN RÔLE:** Didier décrit les vêtements de Tinh. Tinh décrit les vêtements de Didier.

http://www.pearsonhighered.com/
francais-monde

9-9 **Recherche en ligne.** Dans la mode (*fashion*), on fait la distinction entre la haute couture qu'on trouve dans des boutiques spécialisées et le prêt-à-porter qu'on trouve dans les grands magasins. Allez sur le site de *Français-Monde* et utilisez les liens et/ou les critères de recherche donnés pour accéder à des sites Web et répondre aux questions suivantes: Quels vêtements est-ce que vous avez vus? Qu'est-ce que vous avez aimé? Comment trouvez-vous la haute couture dans des boutiques spécialisées? Et le prêt-à-porter dans les grands magasins? Qu'est-ce que vous avez aimé?

Les hommes, les femmes et la mode

09-08

— Je suis assez représentatif des hommes en ce qui concerne la mode. Je m'habille différemment en fonction des occasions. Je suis assez difficile à satisfaire et c'est pourquoi j'essaie toujours plusieurs tenues avant d'en choisir une pour la journée. Je veux porter des vêtements qui me plaisent et qui plaisent aux femmes que je rencontre. J'aime porter un jean et un t-shirt simple, mais je me trouve aussi très sexy en costume.

— J'adore la mode et je trouve que c'est très important. J'adore m'habiller et faire du shopping d'habits. Les habits c'est très personnel alors quand je fais du shopping d'habits, j'y vais toute seule. D'habitude je ne dépense pas beaucoup, moins de 100 euros, et j'aime surtout acheter pendant les périodes de soldes. Mais quand je trouve un vêtement unique, différent, je n'hésite pas à dépenser ce qu'il faut pour l'avoir.

9-10 **Vérifications.** Indiquez les affirmations qui sont vraies. Corrigez celles qui sont fausses.

1. Les femmes n'influencent pas les hommes en ce qui concerne leurs vêtements.
2. Noah choisit ses vêtements rapidement.
3. Noah porte toujours les habits les plus simples.
4. Quand Dahlila fait du shopping, elle est accompagnée d'une amie.
5. Quand Dahlila trouve un habit intéressant, elle l'achète, même s'il est cher.

9-11 **Comparaisons.** Est-ce que vos camarades ont les mêmes opinions que Noah et Dahlila en ce qui concerne la mode? En groupes de trois ou quatre, posez les questions suivantes à chaque membre du groupe. Indiquez le nombre de camarades qui répondent par oui ou par non. Ensuite faites un résumé de votre sondage pour présenter les opinions de vos camarades.

Questions pour les hommes	Oui	Non
1. Est-ce que vous êtes influencé par les femmes dans le choix de vos vêtements?		
2. Est-ce que vous êtes sexy en costume?		
3. Et en jean et t-shirt?		
4. Est-ce que vous essayez plusieurs vêtements avant de choisir une tenue pour la journée?		
5. Est-ce que vous préparez vos habits le soir d'avant?		
Questions pour les femmes		
1. Est-ce que la mode est importante?		
2. Combien dépensez-vous quand vous achetez des habits?		
3. Est-ce que vous faites du shopping avec une autre personne ou seule?		
4. Est-ce que vous achetez des habits quand il y a des soldes?		
5. Quand vous faites du shopping, qu'est-ce que vous achetez le plus souvent?		

9 to 09-10

Les vêtements et la mode
Pour bien communiquer

Les tissus

en coton	en lin (*linen*)
en denim	en soie (*silk*)
en laine (*wool*)	en viscose

Le style

un costume ou un t-shirt moulant
  (*tight-fitting*)/près du corps
un pantalon baggy,
pattes d'éléphant (*bell-bottom*)
taille basse (*low-rise*)
de taille (*size*) S à XXL

Les couleurs

à pois (*polka-dotted*)	à rayures (rayé[e])	imprimé(e)
beige, blanc(he)	ciel	écru(e)
gris(e)	rose	rouge
turquoise	bleu clair	bleu délavé
bleu foncé	rouge sombre	(*faded*)
	(*dark*)	rouge vif
		(*bright*)

Descriptions

Pour aller à la fac Chloë porte un jean bleu moulant à taille basse avec un t-shirt moulant.
  Elle porte aussi des Adidas.
Quand Noah va au travail, il porte un pantalon baggy beige, une chemise en coton et une veste
  en denim gris. Il porte aussi des bottes et une casquette.

9-12 **Ce qu'ils portent aujourd'hui.** Qu'est-ce que ces personnes portent?

1.

2.

3.

4.

9-13 **Qui est-ce?** En groupe de trois ou quatre, choisissez un des membres du groupe. Les autres vont poser des questions pour deviner qui vous avez choisi. Devinez plusieurs fois.

Modèle: *Est-ce que cette personne porte… ?*

to 09-12

The letters au, eau, and o
Pour bien prononcer

The letters **au** and **eau** in French are pronounced like the vowel in the English word *show*, but the French sound is shorter and more tense. Round the lips fully and do not move them as you pronounce the sound. The letter **o** is also pronounced the same way when it occurs at the end of the word or is followed by a silent consonant. In other words, pronounce m**o**t, tr**o**p, and radi**o** just like **au** and chap**eau**. When the letter **o** occurs before a pronounced consonant (as in r**o**be or p**o**rte), pronounce it with the mouth slightly more open.

AMINATA: Qu'est-ce que tu p**o**rtes ce soir?

CHLOË: Une r**o**be j**au**ne et des ch**au**ssures m**au**ves.

AMINATA: **O**h! Là! Tu vas te faire remarquer!

CHLOË: Mais non, c'est b**eau** la couleur. J'ai aussi un nouv**eau** mant**eau**.

AMINATA: Je crois que tu vas tr**o**p loin avec tes couleurs.

The verb **croire**

The verb **croire** means *to believe* or *to think*. Read the dialogue, paying particular
09-13 attention to the use of the verb **croire.** Then answer the questions.

> **De plus près** **Qu'est-ce que tu penses de ça?**
>
> *Aminata et Chloë sont dans la rue. Elles font du lèche-vitrines°.*
>
> **CHLOË:** Comment tu trouves cet ensemble?
>
> **AMINATA:** **Je crois** qu'il est trop classique. C'est un ensemble pour une femme âgée.
>
> **CHLOË:** Comment? Regarde la jupe. C'est presque une mini. **Tu crois** que c'est pour une femme âgée, ça?
>
> **AMINATA:** Je pensais à la couleur. Moi **je crois** que les couleurs sombres sont pour les femmes âgées et les couleurs vives sont pour les jeunes.
>
> **CHLOË:** Tu exprimes sûrement une esthétique africaine. **Je crois** que tu as peut-être raison.

du lèche-vitrines *window shopping*

A vous de décider

1. What are Aminata and Chloë discussing?
2. Who is right in the end?
3. What follows the verb **croire** in these examples?

1. Forms of the verb **croire**

The verb **croire** means *to believe* someone or something. It can also mean
to believe in someone or something **(croire à).** To say *to believe (that) something
is true (or not)* use **croire que.**

Je crois Aminata.   **Nous croyons** à cette esthétique.
Tu crois qu'elle a raison?   **Vous croyez** que c'est vrai?
Il/Elle/On croit à l'importance de la couleur.   **Ils/Elles croient** que oui (*think so*).

- In the **passé composé, croire** is conjugated with **avoir.**
- The past participle is irregular.

    Tu **as cru** qu'elle avait raison.

- Note the forms of **croire** in the imperative.

    Crois-moi! **Croyons** à la justice! **Croyez**-nous!

Vocabulaire supplémentaire

amusant(e)	*fun*
cher (chère)	*expensive*
compliqué(e)	*complicated*
confortable	*comfortable*
élégant(e)	*elegant*
expressif(ve)	*expressive*
intéressant(e)	*interesting*
jeune	*young*
nostalgique	*nostalgic*
sympa	*nice*

9-14 Opinions contraires. Vous et votre partenaire n'êtes pas d'accord.
Pour chaque déclaration, vous avez une opinion contraire.

Modèle: les couleurs vives / sombres
     E1: *Je crois que les couleurs vives sont plus jeunes.*
     E2: *Je ne suis pas d'accord. Je crois que les couleurs sombres sont plus élégantes.*

1. les jeans / les costumes
2. des chaussures à talon / des baskets
3. style moderne / style rétro
4. être à la mode / avoir un style personnel
5. les vêtements de Gucci, Dior / les vêtements d'Adidas, Puma
6. s'habiller classe / s'habiller décontracté(e)

9-15 Tu crois que c'est joli? Travaillez avec un(e) partenaire. Regardez les photos et donnez vos opinions.

Modèle: **E1:** *Tu crois que ce costume est joli?*
E2: *Oui, je crois que c'est joli. Mais ce n'est pas confortable.*
E1: *Moi, je crois que c'est élégant.*

1.

2.

3.

4.

The verbs **porter** and **mettre**

to 09-15 Two verbs in French can mean *to wear.* Read the dialogue, paying particular attention to the use of the verbs **porter** and **mettre.** Then answer the questions.

De plus près **Le rendez-vous**

Aminata et Chloë discutent ce qu'elles vont porter à un événement.

CHLOË: Je n'ai rien à **mettre!**

AMINATA: Tu exagères. Tu as beaucoup de jolies choses. Par exemple, j'aime beaucoup le tailleur que tu **as mis** hier.

CHLOË: Mais je ne peux pas **porter** cet ensemble à la soirée. Il n'est pas assez chic.

AMINATA: **Mets** une écharpe en soie avec.

CHLOË: Non, non, je veux être chic et sexy. Je veux faire une belle impression.

A vous de décider

1. What are they discussing?
2. What is the past participle of the verb **mettre?**
3. Are the verbs **porter** and **mettre** synonymous?

1. The verbs **porter** and **mettre**

Both verbs can be used to describe what a person is wearing in general. Use **porter** (*to carry, to wear*) to say what someone is wearing at a certain moment. Note that **porter** is a regular verb.

Elle **porte** un bel ensemble aujourd'hui.

Mettre (*to put, to put on, to wear*) is more commonly used to describe what one is wearing in general. It is often used in the **passé composé.**

J'aime beaucoup le tailleur que **tu as mis** hier.

2. The forms of **mettre**

The verb **mettre** is irregular in the present tense.

Je **mets** mes vêtements dans
le placard.

Noah, tu **mets** un costume
au travail?

(Il/Elle/On) **met**
un ensemble sexy.

Nous **mettons** des habits confortables
aujourd'hui.

Vous **mettez** une écharpe avec
cet ensemble?

Ils/Elles **mettent** souvent des lunettes
de soleil.

In the **passé composé, mettre** is conjugated with **avoir.** The past participle is
irregular.

Tu **as mis** un tailleur hier.

Note the forms of **mettre** in the
imperative:

Mets (mettons, mettez)
une écharpe avec.

9-16 Chaussures et accessoires. Les chaussures et les accessoires sont importants pour définir un look. Consultez un(e) partenaire et sélectionnez ensemble des chaussures et des accessoires possibles pour les tenues suivantes.

Modèle: un jean et un t-shirt

> **E1:** *Avec un jean et un t-shirt, je mets souvent une casquette et des sandales.*
> **E2:** *Et moi je mets souvent des derbies, un bonnet et des lunettes de soleil.*

1. un complet (un costume)
2. un jean et un t-shirt
3. un pantalon de jogging
4. un blouson en denim
5. un ensemble de soirée

9-17 Plusieurs occasions. Qu'est-ce que vous avez porté pour les occasions suivantes? Qu'est-ce que vous allez porter la prochaine fois? Est-ce que vous êtes d'accord avec les choix de votre partenaire? Ou est-ce que vous avez deux styles différents?

au match de foot

en boîte de nuit

au cinéma

Modèle: **E1:** *Quand je suis allé(e) au match de football la semaine dernière, moi j'ai mis...*
> **E2:** *Et moi l'année dernière, j'ai mis... Mais quand j'étais petit(e) je mettais habituellement...*
> **E1:** *Mais la prochaine fois, je vais mettre...*
> **E2:** *Et moi, je vais mettre...*

📖 The present subjective of regular verbs

6 to 09-17 To express feelings, beliefs, or opinions in French, one typically uses a complex sentence that includes an expression followed by **que (qu')** and then a subject and a verb. Read the dialogue, paying particular attention to the verb endings. Then answer the questions.

De plus près   **Je veux m'habiller chic**

Aminata parle de son invitation chez Carine et des habits qu'elle va porter.

AMINATA: **Il faut que je trouve** une robe° mauve.

CHLOË: Quoi?

AMINATA: Une robe mauve. C'est pour l'invitation chez Carine. Je veux m'habiller chic.

CHLOË: Ah, bon. Et quoi encore? Tu as besoin d'autre chose?

AMINATA: Oui, **il est** absolument **nécessaire que je trouve** des chaussures à bout pointu°.

CHLOË: C'est tout?

AMINATA: Non, **il faut que je choisisse** des accessoires chic. Et toi, qu'est-ce que tu vas mettre?

CHLOË: Tu sais, moi, je ne suis pas victime de la mode. Je vais probablement porter un jean et un polo.

robe *dress*; à bout pointu *pointed-toe*

A vous de décider

1. What kind of clothes does Aminata need?

2. What is Chloë going to wear?

3. How do they express need?

---

1. Tenses and moods

In French, verbs vary in two different ways: *tense* (past, present, future) and *mood* (the point of view conveyed by the verb). Each of the four moods in French conveys a different perspective.

- The *indicative mood* is used to express facts about the past, present, or future.

   J'achète un jean bleu délavé.

- The *imperative mood* is used to give commands, directions, and suggestions.

   Bon alors, **achète** aussi une cravate.

- The *subjunctive mood* is used to express feelings, beliefs, or opinions.

   Il est important que vous **choisissiez** des accessoires assortis.

- The *conditional mood* is used to make hypotheses.

   A ta place, j'**achèterais** (*I would buy*) des chaussures de sport.

So far, you have learned to use the indicative and the imperative moods. You are about to learn the subjunctive. You will learn the conditional in Chapitre 11.

Pour femmes   Pour hommes

2. The present subjunctive

The present subjunctive (the present tense in the subjunctive mood) is used following an expression of necessity.

Il faut que **je trouve** une robe mauve.
It is necessary that I (I must) buy a purple dress.

Il est nécessaire que **tu choisisses** des chaussures à talon.
It is necessary that you (for you to) choose high-heeled shoes.

Il est important que **tu trouves** un anorak confortable.
It is important that you (for you to) find a comfortable parka.

Note that these sentences reflect perceived needs rather than absolute facts. Absolute fact is expressed with the indicative, whereas personal opinion is communicated with the subjunctive.

3. Formation of the present subjunctive

To conjugate regular verbs in the present subjunctive:

• Find the stem of a regular **-er, -ir,** or **-re** verb by dropping the letters **-ent** from the third-person plural form **(ils/elles)** of the present indicative conjugation.

ils cherchent ils choisissent ils vendent

• Add the endings **-e, -es, -e, -ions, -iez, -ent** to the stem.

Il faut…
> que je cherch**e** une robe.
> que tu cherch**es** un anorak.
> qu'elle cherch**e** un jogging.
> que nous cherch**ions** un polo.
> que vous cherch**iez** un t-shirt.
> qu'elles cherch**ent** une robe.

Il est important…
> que je choisiss**e** un anorak.
> que tu choisiss**es** un beau sac.
> qu'il choisiss**e** un chapeau.
> que nous choisiss**ions** une jupe.
> que vous choisiss**iez** un pull.
> qu'elles choisiss**ent** des tongs.

Il est nécessaire…
> que je vend**e** mon auto.
> que tu vend**es** ton stéréo.
> qu'elle vend**e** sa moto.
> que nous vend**ions** nos livres.
> que vous vend**iez** vos CD.
> qu'elles vend**ent** leurs vélos.

9-18 **Un goût particulier.** Vous avez vu une publicité de vêtements que vous voulez acheter. Travaillez avec un(e) partenaire pour exprimer vos besoins. Votre partenaire va réagir à vos choix.

Modèle: Il faut que...

E1: *Il faut que je trouve un jean pattes d'éléphant.*
E2: *Mais non, c'est démodé! Il est nécessaire que tu choisisses...*
E1: *Pas du tout! J'adore les jeans pattes d'éléphant.*

 9-19 **Choix de vêtements.** Vous avez accepté une invitation. Vous ne savez pas quoi mettre, mais votre partenaire a beaucoup d'idées.

Modèle: accepter une invitation à une soirée chic

E1: *J'ai accepté une invitation à une soirée chic, et je ne sais pas quoi mettre.*
E2: *Il faut que tu portes un ensemble élégant (un costume).*
E1: *Moi, je voudrais porter un jean.*
E2: *Tu vas avoir l'air ridicule. Il est nécessaire que tu choisisses...*

1. accepter d'aller à un concert à la fac
2. accepter une invitation à un mariage
3. accepter d'assister à une conférence en ville
4. accepter un rendez-vous pour une entrevue pour un poste
5. accepter de faire une sortie en ville

 Travail d'ensemble

09-18

Pour bien parler	**Giving examples**

When you are doing a presentation, provide examples for your main ideas, beginning with **par exemple** or **pour illustrer** and follow up with a description (of a place, an event, or a person). If you are using presentation software, provide an image or Internet site as an example.

 9-20 **La mode, expression personnelle?** Travaillez avec un(e) partenaire pour décider si la mode est une expression personnelle ou bien une perte de temps. Quels sont les arguments pour et contre? Faites une liste de ces arguments.

9-21 **Une interview.** En groupe de trois, posez des questions concernant la mode pour connaître les opinions de vos camarades. Est-ce qu'ils (elles) aiment ou n'aiment pas suivre la mode? Pourquoi? (Est-ce que la mode est une expression personnelle, une occupation frivole [*frivolous*], une expression artistique, une perte de temps et d'argent, une exploitation des femmes?) Cherchez des positions personnelles, des illustrations et des exemples. Soyez prêt(e) à faire un rapport des résultats de votre investigation devant tout le monde.

 Vocabulaire supplémentaire

Vêtements

des bottes à bouts pointus	*pointed-toe boots*
un complet	*(man's) suit*
un grand chapeau	*big hat*
un jean pattes d'éléphant	*bell-bottom jeans*
un manteau à col en fourrure	*coat with fur collar*
une robe élégante (du soir)	*elegant (evening) dress*
une robe rouge et un manteau jaune	*red dress and a yellow coat*
un smoking	*tuxedo*
un tailleur chic	*stylish (woman's) suit*

Réactions

C'est un faux pas.	*That's a bad (social) mistake.*
Ces habits ne sont pas appropriés.	*These outfits are not appropriate.*
C'est démodé (laid, ridicule)!	*It's out of style (ugly, ridiculous)!*
Tu vas avoir l'air ridicule.	*You will look ridiculous.*
Tu vas être trop bien habillé(e) (mal habillé(e)).	*You'll be over- (under-) dressed.*

Pour aller plus loin

Contextes

Les rhythmes de la musique

Dans cette section vous allez parler de films et de musique.

Pour bien lire | **Reading actively**

Improve your comprehension by reading actively. The following techniques can help you comprehend, interpret, and remember what you read.

- **Write in the margins.** Scribble questions, write down words to look up, and note key words to trigger your memory.
- **Highlight key sentences.** Sentences that begin paragraphs are good candidates.
- **Write a summary.** Write a short summary of the text, and note your reactions.

9-22 Avant de lire. Qu'est-ce qu'un très bon film? Numérotez les caractéristiques d'un très bon film par ordre d'importance (écrivez le numéro 1 pour la plus importante).

- ○ le scénario
- ○ le réalisateur (*director*)
- ○ la morale ou un sens profond
- ○ la musique
- ○ l'action
- ○ les prix qu'il a gagnés
- ○ les acteurs
- ○ l'originalité
- ○ les effets spéciaux
- ○ les émotions

📖 Qu'est-ce qu'un très bon film?

09-19
to
09-20

Vous allez lire deux réponses à la question: Qu'est-ce qu'un très bon film? Pour mieux comprendre les blogues, suivez les indications de **Pour bien lire: Reading actively.**

Yannick — Un bon film pour moi c'est une expérience super. Ça me donne envie de revoir le film plusieurs fois, pour ne pas manquer un détail.

Un bon film n'est pas nécessairement une super-production, avec des grands noms, la pub° à la télé et à la radio. Un bon film peut être un petit film. Mais il faut qu'il soit original et sans clichés. Il faut que chaque scène compte pour quelque chose et que toutes les scènes mènent à° la conclusion. Je n'aime pas les films trop lents, ni ceux qui sont trop longs ni trop élaborés.

Un bon film me donne envie d'inviter mes copains pour le voir en groupe. Et je vois souvent un bon film plusieurs fois.

Quand je vois un bon film en DVD, je veux le revoir au cinéma, sur un grand écran, avec un bon équipement sonore°. J'aime les sonorités, la musique, les bruits.

Marielle — Pour moi, un bon film doit être émouvant. Sans émotion, sans être humain, un film est un film. Mais quand il touche le cœur ou l'intellect, c'est là que le film plane au-dessus des autres. C'est là qu'il peut arriver au chef-d'œuvre°. Un chef-d'œuvre nous fait réfléchir, il nous touche, et il nous secoue°. On ne peut pas avoir un bon film sans ces qualités.

---

pub (publicité) *ads*; mènent à *lead to*; sonore *sound*; un chef-d'œuvre *a masterpiece*; nous secoue *shakes us up*

9-23 Un film extraordinaire. Indiquez les affirmations qui sont vraies. Corrigez celles qui sont fausses.

1. La plupart du temps, un très bon film contient des clichés.
2. La musique et les bruits ne sont pas très importants pour Yannick.
3. Selon Marielle, un bon film ne peut pas être ordinaire.
4. Un chef-d'œuvre touche aussi bien l'esprit (*mind*) que le cœur.
5. Les films ordinaires sont les films qui nous touchent et nous secouent.

9-24 **Opinion personnelle.** Maintenant que vous avez lu les deux blogs, vous connaissez l'opinion de Yannick et de Marielle. Reprenez le résumé que vous avez préparé (d'après **Pour bien lire: Reading actively** à la page 282). Qu'est-ce que vous avez à ajouter? Voulez-vous modifier le résumé?

9-25 **Comment est-ce que tu as trouvé le film?** Interviewez votre partenaire sur un film qu'il (elle) a vu récemment. Posez les questions suivantes. Prenez des notes et faites un résumé oral de ses réponses que vous allez présenter devant la classe. Echangez les rôles.

Modèle: **E1:** *Comment est–ce que tu as trouvé le film?*
E2: *J'ai beaucoup aimé. C'était un chef-d'œuvre.*

1. Quel genre de film est-ce que tu as vu?
2. Qui jouait dans le film?
3. Qu'est-ce qui t'a plu le plus?

4. Comment étaient les effets spéciaux?
5. Est-ce que c'était un film émouvant?

09-21
to 09-23

Pour bien communiquer

Pour parler de film

Les caractéristiques importantes

le film d'épouvante · le western · le film musical

le policier · le film d'amour · le film d'aventure · le film de science fiction

Noms
le casting *casting*
les costumes *costuming*
le décor *scene*
les effets spéciaux *special effects*
le jeu des acteurs *acting*
la morale *moral of a story*
le scénario *script*

Verbes
éviter les clichés *avoid clichés*
éviter les longueurs *avoid it being too long, boring*
faire réfléchir *make you think*
toucher le spectateur *touch the spectator*

Evaluation de films
C'est nul. *a bomb*
C'est un chef-d'œuvre. *a masterpiece*
C'est un film intéressant. *interesting film*
J'ai bien apprécié le jeu des acteurs et le scénario, mais il y avait des longueurs et j'ai finalement perdu mon intérêt.
Les effets spéciaux étaient superbes. J'ai bien aimé la musique avant-garde.
Il faut qu'un film touche le cœur. Un scénario intéressant n'est pas suffisant.
C'était nul. Le film n'avait pas d'intérêt; il m'a laissé froid(e).

9-26 **Le film que j'ai vu.** Vous avez vu un très bon film ce week-end à Paris. Visitez le site de *Français-Monde* et utilisez les liens et/ou les critères de recherche donnés pour accéder à des sites Web et trouver les films à l'affiche (*currently showing*) à Paris. Choisissez un titre pour en faire un rapport oral. En trois ou quatre phrases, donnez un résumé du film, une appréciation de la critique et l'avis des spectateurs.

http://www.pearsonhighered.com/
francais-monde

Contextes

Les rhythmes de la musique

09-24 to 09-25

Pour bien communiquer	Pour parler de musique

Les genres de musique

Classique
le concerto
la musique classique
l'opéra
la symphonie

Moderne
le jazz
la musique des minorités nationales
le pop-rock
le punk

le rap
le reggae
le rock
la techno

Les caractéristiques importantes

les instruments:	la basse le saxophone	la batterie (*drums*) la trompette	la guitare	le piano
les caractéristiques:	l'arrangement la production	la composition le rythme	la mélodie	les paroles

L'évaluation de la musique

Le talent du musicien (de la musicienne) est incontestable. C'est un(e) grand(e) artiste.

La composition et la production sont excellentes (bonnes, médiocres).

C'est une chanson nostalgique des années 60.

Cette musique évoque le Maroc (la Corse, la Bretagne, etc.) par ses rythmes et sa mélodie.

Le rap (le reggae, le rock) a des sources contestataires (*of protest*).

Vocabulaire supplémentaire

être une musique (légère sérieuse, classique, moderne)	*to be a kind of music (light serious classical, modern)*
évoquer la musique des années 60 (70, 80)	*to evoke music from the 60s (the 70s, 80s)*
évoquer	*to evoke*
les rythmes celtiques de la Bretagne	*the celtic rhythms of Bretagne*
favoriser le rythme	*rhythmic*
rappeler les mélodies nord-africaines	*to recall north African melodies*

---

http://www.pearsonhighered.com/francais-monde

9-27 Leur musique. Décrivez la musique suivante. Si vous voulez des exemples des genres de musique, allez sur le site de *Français–Monde* et utilisez les liens et/ou les critères de recherche donnés pour accéder à des sites Web et écouter des chansons et visionner des clips (*music videos*).

Modèle: le rap

> *Le rap est un genre moderne. Il a des sources contestataires.*
> *(MC Solaar est un musicien de rap français.)*

1. le rock
2. le pop-rock
3. la symphonie
4. la musique franco-algérienne
5. le folk moderne
6. la techno

---

http://www.pearsonhighered.com/francais-monde

9-28 Ma musique favorite. Travaillez avec un(e) partenaire pour formuler quatre questions sur votre musique favorite. Si vous avez visité le site de *Français–Monde* pour écouter des chansons et visionner des clips dans l'activité précédente, formulez des questions sur la musique que vous avez entendue.

1. le nom du groupe ou du musicien
2. le genre de musique qu'il (elle) joue
3. le(s) instrument(s) qu'ils emploient
4. pourquoi la musique est intéressante

Posez les questions entre vous et prenez des notes sur les réponses de votre partenaire. Finalement, partagez vos réponses avec tout le monde.

📖 La Fête de la Musique

09-26 Quand Jack Lang était Ministre de la Culture, il a lancé° en 1982 avec Maurice Fleuret un nouveau festival qu'ils ont nommé La Fête de la Musique. La fête a lieu le jour du solstice d'été, nuit païenne°.

    La formule du festival c'est «Faites de la musique, Fête de la Musique». On invite des musiciens amateurs aussi bien que professionnels qui représentent tous genres de musique: le rock, le jazz, le rap, la techno, la chanson et les musiques tradition-nelles, les musiques sérieuses et classiques. Et bien sûr, on invite la population toute entière à participer. Tous les concerts sont gratuits° et ils se déroulent° dans les quartiers de Paris.

    En quelques années la Fête de la Musique devient un grand succès et une des plus grandes manifestations culturelles françaises. Aujourd'hui, plus de 340 villes sur cinq continents sanctionnent la fête qui est assurée dorénavant° d'avoir une place dans les rues° du monde.

— Je suis montréalais et ma première année à Paris, j'ai fait l'expéri-ence de la Fête de la Musique. C'était vraiment super! Tout était gra-tuit! Il y avait de la musique partout à Paris. De la musique pour tous les goûts! Et tant de monde! Quelle célébration! Quelle fête! Quelle joie!

a lancé *launched*; païenne *pagan*; gratuits *free*; se déroulent *take place*; dorénavant *from now on*; rues *streets*

9-29 Les détails de la Fête. Complétez les phrases suivantes. Basez vos réponses sur l'article.

1. La Fête de la Musique a lieu chaque année…
2. Les musiciens qu'on invite sont…
3. Les genres de musique représentés sont…
4. En ce qui concerne les billets, ils sont…
5. Les représentations ont lieu…
6. Il y a plusieurs pays du monde qui…

9-30 Comparaisons. Allez sur le site de *Français-Monde* et utilisez les liens et/ou les critères de recherche donnés pour accéder à des sites Web et comparer la Fête de la Musique avec un festival américain. Quelles différences voyez-vous? Considérez: les aspects commerciaux, la variété de genres de musique et de musiciens et le lieu du festival.

http://www.pearsonhighered.com/francais-monde

Etre sur scène

Dans cette interview, Martine Lacroix, journaliste, a une interview avec Bobby Laverdure, un chanteur-compositeur qui est sur le point d'avoir du succès.

9-31 **Avant de lire.** Répondez aux questions suivantes pour décrire votre intérêt en musique.

1. Savez-vous jouer d'un instrument? (Quelles chansons aimez-vous jouer?) Chantez-vous? (Quelles chansons aimez-vous chanter?) Est-ce que vous écrivez des chansons?
2. Quels genres de musique vous intéressent? Aimez-vous le rock, le rap, le reggae?
3. Voulez-vous devenir musicien(ne)? Voulez-vous une carrière de chanteur(-euse)? Pourquoi ou pourquoi pas?

Petit à petit, je me sentais heureux avec ma guitare.

La scène, c'est euphorique

09-27 to 09-28

Martine: Voulez-vous nous dire qui vous êtes?

Bobby: Oui, bien sûr. Je m'appelle Bobby Laverdure, j'ai 23 ans et je suis mécanicien. Mais je dois dire que je suis aussi chanteur-compositeur.

Martine: Racontez-nous votre histoire.

Bobby: A l'âge de douze ans, mes parents m'ont donné une guitare. Au début je jouais un peu pour m'amuser et prétendre que j'étais rockeur. Mais petit à petit, je me sentais heureux avec ma guitare. Ce n'était plus un jouet, mais une façon de m'exprimer. J'étais mordu°. Aujourd'hui je ne veux faire rien d'autre.

Martine: Mais vous êtes mécanicien.

Bobby: Oui, c'est vrai, mais je suis un mécanicien qui écrit des chansons et donne des concerts quand il peut. Des fois je le fais gratuitement, par exemple quand il y a un festival. Des fois je suis payé. Mais j'ai un grand besoin d'être sur scène et de chanter. C'est un besoin physique.

Martine: Vous aimez la scène?

Bobby: C'est la chose la plus importante pour moi. Je me sens léger, je me sens petit et grand en même temps. Je communique avec mon audience comme avec des amis... et elle me répond. Etre sur scène c'est euphorique.

Martine: Vous cherchez le succès?

Bobby: Pour moi, l'essentiel c'est de pouvoir composer et de chanter. Je veux écrire des chansons qu'on chante dans la rue quand on est heureux. C'est ma plus grande ambition.

---

mordu *bitten*

9-32 C'est mon histoire. Complétez le paragraphe suivant sur Bobby Laverdure d'après le texte.

> Bobby Laverdure joue
> (du violon / de la guitare).
> Quand il était jeune,
> il voulait être (rockeur / mécanicien).
> Aujourd'hui, il donne des concerts
> (quand c'est possible / toujours gratuitement).
> Il pense que la scène est une façon
> de (faire de l'argent / communiquer).
> Il adore être chanteur
> et veut écrire des chansons
> (que les gens chantent quand ils sont heureux /
> qui sont très populaires).

 9-33 Ma carrière de musicien. Vous et votre ami(e) (votre partenaire) voulez être musiciens (musiciennes). Vous discutez pour prendre des décisions sur vos futures carrières.

Modèle: choix d'instrument

       E1: *De quel instrument est-ce que tu joues?*
       E2: *Je sais jouer de la guitare et…*

1. choix d'instrument
2. genre de musique
3. raison de vouloir être musicien
4. genre de représentation (festival, club, café, …)

9-34 Recherche en ligne. Allez sur le site de *Français-Monde* et utilisez les liens et/ou les critères de recherche donnés pour accéder à des sites Web et écouter des chansons et visionner des clips (*music videos*) d'Yves Jamait ou bien de Pauline Croze. Quelles chansons aimez-vous? Qu'est-ce que vous pensez de ces artistes?

http://www.pearsonhighered.com/francais-monde

Comment dire?

The present subjective of **avoir, être**, and some other irregular verbs

09-29 to 09-30 You have learned the forms of regular verbs in the present subjunctive. This section presents some irregular verbs. Read the dialogue, paying particular attention to the subjunctive forms of the verbs. Then answer the questions.

De plus près **Le rendez-vous**

Dahlila veut voir Monsieur Marcelin, un styliste. Elle parle avec la réceptionniste.

DAHLILA: Il faut que **je voie** Monsieur Marcelin tout de suite.

RÉCEPTIONNISTE: Il est essentiel que **vous ayez** un rendez-vous, mademoiselle.

DAHLILA: Je sais bien, mais c'est très important.

RÉCEPTIONNISTE: Il est possible qu'**il soit** occupé*.

DAHLILA: Voulez-vous bien vérifier. Cet entretien est important.

RÉCEPTIONNISTE: Vous avez de la chance, il est libre à présent.

DAHLILA: Heureusement!

*This usage will be explained in **Other uses of the present subjunctive**, later in this chapter.

A vous de décider

1. What are Dahlila and the receptionist talking about?
2. What are the infinitives of the verbs in bold?

1. The subjunctive of **avoir** and **être**

The verbs **avoir** and **être** have two stems in the present subjunctive.

avoir		être	
que j'**aie**	que nous **ayons**	que je **sois**	que nous **soyons**
que tu **aies**	que vous **ayez**	que tu **sois**	que vous **soyez**
qu'il/elle/on **ait**	qu'ils/elles **aient**	qu'il/elle/on **soit**	qu'ils/elles **soient**

2. Other common irregular verbs in the subjunctive

The verbs **faire, pouvoir, savoir,** and **vouloir** have a single irregular stem in the present subjunctive, to which the regular subjunctive endings (**-e, -es, -e, -ions, -iez, -ent**) are added.

faire	fass-	J'ai peur qu'il ne **fasse** mauvais demain.
pouvoir	puiss-	Je crains que nous ne **puissions** pas aller ensemble.
savoir	sach-	Il vaut mieux que nous **sachions** la vérité.
vouloir	veuill-	Il est triste que Noah ne **veuille** pas venir avec nous.

The following verbs have two different stems in the subjunctive. The first stem is used for the **je, tu, il/elle/on,** and **ils/elles** forms. The **nous** and **vous** forms share another stem.

	je, tu, il/elle/on, ils/elles	nous, vous
acheter	achèt-	achet-
aller	aill-	all-
boire	boiv-	buv-
croire	croi-	croy-
devoir	doiv-	dev-
envoyer	envoi-	envoy-
payer	pai-	pay-
prendre	prenn-	pren-
recevoir	reçoiv-	recev-
voir	voi-	voy-

Il faut que **j'achète** un billet et que **je paie** avec une carte de crédit.
*It is necessary that I (I must) buy a ticket and that I pay (I must pay) with
a credit card.*

Il faut que **vous voyiez** ce film. Il est excellent.
It is necessary that you (you should) see this film. It is excellent.

Il est nécessaire que **tu prennes** des billets à l'avance.
It is necessary that you (for you to) get the tickets in advance.

 9-35 Attention! Vous allez à un concert. Vous n'êtes jamais allé(e) au concert et
vous ne voulez pas faire de faux pas (*social error*). Vous demandez des conseils à
votre ami(e) qui a plus d'expérience que vous. Echangez les rôles.

Modèle: ne pas faire d'erreur avec les billets
        E1: *Je ne veux pas faire d'erreur. Qu'est-ce qu'il faut que je fasse?*
        E2: *Il ne faut pas que tu fasses d'erreur avec les billets.*

1. acheter les billets à l'avance
2. payer les billets tout de suite
3. être habillé(e) d'une
    façon convenable

4. aller au concert ensemble
5. être à l'heure pour le concert
6. avoir les billets avec nous

9-36 Organiser une soirée. Vous organisez
une soirée pour vos amis. Travaillez avec
un(e) partenaire pour discuter des choses
que vous devez faire pour préparer la soirée.
Inspirez-vous de la liste à droite.

Modèle: envoyer des invitations
        E1: *Qu'est-ce qu'il faut faire?*
        E2: *Il faut absolument que nous envoyions*
            des invitations.
        E2: *Très bien, je vais écrire des emails.*

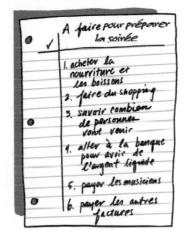

A faire pour préparer
la soirée

1. acheter la
nourriture et
les boissons
2. faire du shopping
3. savoir combien
de personnes
vont venir
4. aller à la banque
pour avoir de
l'argent liquide
5. payer les musiciens
6. payer les autres
factures

Other uses of the present subjunctive

to 09-32 The present subjunctive is also used when expressing emotion and doubt.
Read the dialogue and then answer the questions.

De plus près   **Je ne suis pas sûre**

*C'est la Fête de la Musique. Aminata et Amy parlent d'aller au concert d'Amel Bent.
Elles sont au téléphone.*

AMINATA: Allô? Amy? J'ai des billets pour la Fête de la Musique. Tu viens avec moi?
AMY: Pas possible, je suis occupée.
AMINATA: Quel dommage! Je regrette **que tu sois occupée**, j'ai deux billets
         pour un concert.
AMY: Il est peu probable **que je puisse** y aller avec toi.
AMINATA: Mais c'est un concert d'Amel Bent, ta chanteuse favorite.
AMY: Tout à coup, je suis libre!
AMINATA: Alors, tu viens? Je suis contente **que tu viennes!** Tu vas voir,
         nous allons nous amuser. C'est le concert de l'année!

A vous de décider

1. Why doesn't Amy accept
Aminata's invitation at first?

2. Why does she accept finally?

3. What kinds of expressions
precede the verbs in bold?

1. Expressing certainty and doubt

When expressing certainty, the indicative is used. When doubt is expressed, the subjunctive is used.

INDICATIF	Je suis certaine **qu'elle n'a** pas de temps.
INDICATIF	Je pense **que c'est** nécessaire.
SUBJONCTIF	Je doute **qu'elle puisse** venir.
SUBJONCTIF	Je ne pense pas **que ce soit** nécessaire.

The following expressions show either certainty (the indicative) or doubt (the subjunctive).

INDICATIVE	SUBJUNCTIVE
Je ne doute pas que…	Je doute que…
Je pense que…	Je ne pense pas que…
	Pensez-vous que… ?
Je crois que…	Je ne crois pas que…
	Croyez-vous que… ?
Je suis certain(e) que…	Je ne suis pas certain(e) que…
Je suis sûr(e) que…	Je ne suis pas sûr(e) que…
Il est certain que…	Il n'est pas certain que…
Il est vrai que…	Il n'est pas vrai que…
Il est sûr que…	Il n'est pas sûr que…
Il est évident que…	Il n'est pas évident que…
Il me semble que…	Il ne me semble pas que…

2. Expressions of emotion and the subjunctive

Use the subjunctive after an expression of emotion when the subject of the subordinate clause differs from the subject of the main clause.

HAPPINESS
Je suis content(e) que…
Je suis fier(-ère) que…
Je suis heureux(-euse) que…
Je suis ravi(e) que…

Je suis contente que…
   tu ne **sois** pas occupée.
I am happy that you are not busy.

SADNESS
Je regrette que…
Je suis déçu(e) (*disappointed*) que…
Je suis désolé(e) que…
Je suis malheureux(-euse) que…
Je suis mécontent(e) que…
Je suis triste que…

Je suis triste que **tu** ne **te sentes** pas bien.
I am sad that you are not feeling well.

FEAR
Je crains que…
J'ai peur que…

J'ai peur que **tu** ne **sois**
   pas libre.
*I am afraid that you are
   not free.*

SURPRISE
Il est choquant que…
Il est incroyable que…
Je suis choqué(e) que…
Je suis surpris(e) que…

Je suis choquée que **tu sois** occupée.
I am shocked that you are busy.

9-37 Dire le contraire. Vous n'êtes pas d'accord avec votre partenaire. Vous dites une chose et votre partenaire dit le contraire. Référez-vous à **Expressing certainty and doubt.**

Modèle: On a besoin de billets.
  E1: *Je ne suis pas sûr(e) qu'on ait besoin de billets.*
  E2: *Moi, je suis certain(e) qu'on a besoin de billets.*

1. On doit acheter des billets.
2. C'est le meilleur film de l'année.
3. Ce concert est excellent.
4. Il y a encore des places.
5. Ce musicien sait bien jouer de la guitare.

 9-38 Invitations et réactions. Votre partenaire vous invite à participer à un évènement. Vous allez accepter ou refuser son invitation. Après trois minutes, échangez les rôles.

Modèle: une soirée

Je t'invite à une soirée ce week-end.

Je suis content que tu puisses venir.

Formidable! Je ne suis pas occupée.

Evénement	Accepter	Refuser	Réaction
1. une soirée	Je suis content(e)…	Je suis désolé(e)…	Je suis… que…
2. un match de foot	Je suis ravi(e)…	Je regrette…	Je suis… que…
3. un repas avec des copains	Je suis libre. Je peux venir.	Désolé(e). Je suis occupé(e).	Je suis… que…
4. un concert de musique	Oui, bien sûr. J'accepte de venir…	Malheureusement, je ne suis pas libre…	Je suis… que…

Impersonal expressions

09-33

Impersonal expressions are used to introduce the subjunctive or an infinitive contruction. Read the dialogue, paying particular attention to the impersonal expressions. Then answer the questions.

De plus près **Je cherche des billets**

Noah rencontre Chloë. Il cherche des billets pour un concert.

Chloë: Salut, Noah. Ça va?

Noah: Salut, Chloë. Ça ne va pas très bien. J'ai un problème. J'ai promis des billets pour un concert à des amis. J'ai attendu trop longtemps et maintenant il n'y en a plus. **Il faut que** je trouve des billets.

Chloë: C'est pour quel concert?

Noah: Le concert à la fac. On joue du Vivaldi. **Il est essentiel que** j'aie des billets pour ce soir.

Chloë: Le concert à la fac? Chantal a des billets mais elle ne peut pas y aller.

Noah: Ah, formidable! Tu me sauves la vie! Je cours lui demander ses billets.

Chloë: **Il vaut mieux** acheter des places à l'avance la prochaine fois.

Noah: Tu parles°! Et **il est bon d'**avoir une amie comme toi!

---

tu parles *I know it*

A vous de décider

1. What is Noah looking for?
2. What is Chloë proposing?
3. What verb forms are used after the expressions in bold?

1. Impersonal expressions with the subjunctive

You learned in **The present subjunctive** that certain impersonal expressions require the subjunctive. These expressions include the pronoun **il,** which refers to no one in particular. Here are some common impersonal expressions.

il faut	**Il faut que** je trouve des billets pour ce concert. *I must find tickets for this concert.*
il est nécessaire	**Il est nécessaire que** nous arrivions à l'heure au concert. *It is necessary that we arrive on time for the concert.*
il est important	**Il est important que** je trouve ces billets. *It is important that I find these tickets.*
il est essentiel	**Il est essentiel que** j'obtienne des billets. *It is essential that I get (for me to get) tickets.*
il vaut mieux	**Il vaut mieux que** tu achètes des billets à l'avance. *It's better that you (for you to) buy tickets in advance.*
il est bon (mauvais)	**Il est bon que** tu aies des places pour cette pièce. *It is good that you have seats for this play.*
il est possible	**Il est possible que** nous soyons en retard. *It is possible that we will be late.*

2. Impersonal expressions with an infinitive

The same impersonal expressions that give advice to a specifc person (requiring the subjunctive) may also be used to give general advice (with an infinitive). Note that some of the impersonal expressions use **de** before the infinitive, whereas others do not.

il faut	**Il faut** trouver des billets pour ce concert. *It is necessary to find tickets for this concert.*
il est important	**Il est important de** faire les choses à l'avance. *It is important to do things in advance.*
il est essentiel	**Il est essentiel d'**avoir des billets. *It is essential to have tickets.*
il vaut mieux	**Il vaut mieux** acheter des billets à l'avance. *It is better to buy tickets in advance.*
il est bon (mauvais)	**Il est bon d'**aller ensemble au concert. *It is good to go together to the concert.*
il est nécessaire	**Il est nécessaire de** chercher partout. *It is necessary to look everywhere.*
il est possible	**Est-il possible de** trouver des places? *Is it possible to find seats?*

3. Avoiding the subjunctive

Using impersonal expressions with the infinitive (to give general advice) allows the speaker to avoid the subjunctive.

SUBJUNCTIVE	**Il faut** absolument **que tu obtiennes** des billets pour ce concert. *It is absolutely necessary that you (you absolutely must) get tickets for this concert.* (refers specifically to you)
INFINITIVE	**Il faut** absolument **obtenir** des billets pour ce concert. *It is absolutely necessary to (we should absolutely) get tickets for this concert.* (refers generally to someone)

Similarly, when speaking about themselves, people often use an infinitive construction to avoid the subjunctive. The infinitive can only be used when there is only one subject.

SUBJUNCTIVE	**Je regrette que tu sois** occupé. (There are two different subjects.)
INFINITIVE	**Je regrette d'être** occupé. (The person is speaking of himself.)

9-39 **J'ai un conseil pour toi.** Il y a un concert ce week-end, mais vous n'êtes pas sûr(e) des détails. Vous demandez des conseils à votre partenaire. Quand votre partenaire fait une phrase avec un infinitif, vous répondez avec une phrase équivalente avec un subjonctif.

Modèle: obtenir des billets pour le concert
> **E1:** *Il faut obtenir des billets pour le concert.*
> **E2:** *Ah oui, il faut que j'obtienne des billets pour le concert.*

1. chercher des billets
2. demander quand commence le concert
3. se préparer à l'avance
4. acheter les billets pour le concert

5. se dépêcher pour arriver à l'heure
6. aller au guichet (*ticket booth*) pour demander les places

 9-40 **Au concert.** Vous avez assisté à un des concerts illustrés à droite (*on the right*) et votre partenaire a assisté à l'autre. Comparez vos expériences. Considérez: Quels vêtements est-ce que vous avez portés? Est-ce que les billets étaient faciles à obtenir? Comment était le concert? Evitez le subjonctif.

Modèle: **E1:** *Les billets étaient très difficiles à obtenir pour mon concert.*
> **E2:** *Il faut toujours acheter des billets à l'avance.*
> **E1:** *Oui, et il est nécessaire de s'habiller correctement, alors j'ai porté...*

📖 Travail d'ensemble
09-34

Pour bien écrire	Rereading, reviewing, and rewriting

Whether you are reviewing your own writing or someone else's, check for:

ORGANIZATION: Does the piece have a title, an introductory sentence, clear paragraphs, a conclusion?

CONTENT: Is the piece on topic? Is there only one idea per paragraph? Are there illustrations or examples? Are the sentences meaningful?

GRAMMAR: Are the following used correctly: tenses, agreements in number and gender, word order, sentence structure?

VOCABULARY: Do the words convey the intended meaning? Is the vocabulary varied?

MECHANICS: Is there correct spelling, correct punctuation, proper captalization?

9-41 **Un film mémorable.** Qu'est-ce qui rend un film mémorable? Interviewez un(e) camarade de classe pour le savoir. Posez des questions sur les caractéristiques du film qui le rendent mémorable: est-ce le jeu des acteurs, le décor, les effets spéciaux, ou les événements du film? Demandez-lui de vous donner des exemples caractéristiques de films mémorables et de films oubliables (*forgettable*). Prenez des notes.

9-42 **Mon rapport.** Faites un rapport de votre interview. Ecrivez deux paragraphes pour décrire ce qui rend un film mémorable. Dans le premier paragraphe, donnez les caractéristiques importantes de films mémorables avec des exemples. Dans le deuxième paragraphe, donnez des exemples de films qui ne sont pas mémorables et dites pourquoi. Echangez vos paragraphes avec un(e) partenaire qui va faire des commentaires d'après les indications de **Pour bien écrire**. Finalement, révisez vos paragraphes.

A la découverte

09-35 to 09-38

📖 Petit tour d'horizon

Les pratiques culturelles des Français

Dans un récent sondage, les Français se prononcent sur la culture.

Les pratiques culturelles des Français

	15–24 ans	25–44 ans	45–64 ans	65–74 ans	Femme	Homme	Ensemble
Lecture de livres	72	59	56	49	66	50	53
Cinéma	89	61	40	21	50	51	50
Télévision	98	95	98	99	98	98	98
Radio	92	91	90	80	85	90	88
Evénement sportif	42	36	31	16	22	40	31
Musée, exposition ou monument historique	46	49	47	39	45	45	45
Théâtre ou concert	40	31	30	24	30	28	39

- 15–24 ans 25–44 ans
- 45–64 ans 65–74 ans
- Femme Homme
- Ensemble

- Les jeunes ont une vie culturelle plus intense que leurs aînés°.
- Les pratiques culturelles des hommes et des femmes sont très semblables, à part° la lecture qui reste une activité davantage féminine.

D'après les Français...

- une personne cultivée lit beaucoup et souvent (48%), suit l'actualité° (21%) et a fait de longues études universitaires (12%).
- les nouvelles technologies de l'information (79%) et la répartition des équipements et des événements sur la France entière (61%) favorisent l'accès à la culture aujourd'hui.
- le coût° de la culture (54%) limite l'accès à la culture.
- la culture est un plaisir (48%) et une nécessité (47%).
- l'école et leurs efforts personnels ont contribué largement à leur culture générale (38%).

l'actualité *the news;* coût *cost;* aînés *elders;* à part *except*

© Ministère de la culture et de la communication

9-43 Les Français et la culture. Indiquez les affirmations qui sont vraies. Corrigez celles qui sont fausses.

1. Pour une majorité de Français, une personne qui fait de nombreuses lectures est une personne cultivée.
2. Beaucoup de Français pensent qu'une personne qui a étudié à l'université est nécessairement cultivée.
3. Plus de deux-tiers des Français estiment que les technologies modernes comme Internet facilitent l'accès à la culture.
4. Plus de 50% des Français pensent que le prix des produits culturels ne limitent pas l'accès à la culture.

9-44 A chacun son goût. Complétez le texte avec ces mots ou expressions: lisent; cinéma; événements sportifs; la télévision; vie culturelle; lectures; théâtre

En général, les jeunes Français ont une **1.** _____ plus remplie que leurs aînés. Ils **2.** _____ plus, ils vont au **3.** _____ ou au **4.** _____ plus souvent. Une majorité de Français regardent régulièrement **5.** _____ Les pratiques culturelles se différencient en fonction de l'âge et du sexe de la personne: Les femmes font plus de **6.** _____ que les hommes, mais les hommes assistent à des **7.** _____ plus souvent que les femmes.

Les Français et leur télé

Les Français sont téléphages, ils passent beaucoup de temps devant la télévision.

mon estomac se noue / *I have butterflies in my stomach*

9-45 A spécifier. Complétez les phrases suivantes en vous basant sur la bande dessinée.

1. Les Français considèrent la télévision comme…
2. Les symptômes qui affectent le zappeur dans la bande dessinée sont…

9-46 Les pensées du zappeur. A votre avis, que pense le zappeur dans ce moment de panique? Indiquez l'image où ces pensées peuvent se manifester.

1. Il faut que je prenne l'habitude de me relaxer autrement qu'en regardant la télé.
2. Mon niveau d'anxiété et de stress augmentent.
3. Ça suffit, je ne peux plus resister, j'allume la télé.

9-47 Comparaisons. Téléchargez le questionnaire sur le site de *Français Monde*, sondez un(e) camarade de classe et combinez vos résultats à ceux de vos camarades. Comparez les pratiques culturelles de vos camarades de classe à celles des Francais (d'après la lecture à la page 294). Ecrivez trois phrases.

http://www.pearsonhighered.com/
francais-monde

Modèle: *Dans ma classe, _____% des gens lisent _____, contre _____% en France…*

📖 Point d'intérêt

Publicité et vêtements: Créer une illusion

Les vêtements sont une «création artistique», mais aussi un produit marketing.

9-48 **Premier survol**

- **La publicité et vous.** Quelle est votre motivation pour acheter certains vêtements et pas d'autres?
- **La bonne paire.** Associez le mot dans la colonne A avec le synonyme dans la colonne B.

	A		B
_____	**1.** reposent	(TITRE)	**a.** séduisant
_____	**2.** consommateur	(¶ 1)	**b.** techniques
_____	**3.** procédés	(¶ 1)	**c.** modèles
_____	**4.** exploite	(¶ 1)	**d.** dépendent
_____	**5.** narcissisme	(¶ 2)	**e.** client
_____	**6.** sensibles	(¶ 2)	**f.** réceptifs
_____	**7.** idéaux	(¶ 2)	**g.** élévation
_____	**8.** valorisation	(¶ 3)	**h.** utilise
_____	**9.** suggère	(¶ 4)	**i.** évoque
_____	**10.** irrésistible	(¶ 4)	**j.** surabondance
_____	**11.** saturation	(¶ 5)	**k.** origine
_____	**12.** naissance	(¶ 6)	**l.** amour de soi

- **Subjectivement vôtre.** Dans ce texte, le subjonctif s'emploie fréquemment. Soulignez tous les verbes au subjonctif et soyez prêt(e) à expliquer pourquoi.

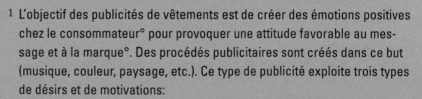

Les positionnements et les publicités reposent sur... ...des désirs psychologiques

A quel genre de femmes s'adressent les vêtements créés par Marie Le Baurec'h?

1 L'objectif des publicités de vêtements est de créer des émotions positives chez le consommateur° pour provoquer une attitude favorable au message et à la marque°. Des procédés publicitaires sont créés dans ce but (musique, couleur, paysage, etc.). Ce type de publicité exploite trois types de désirs et de motivations:

Narcissisme et identité d'un vêtement

2 Les personnes qui utilisent leurs vêtements pour se construire une identité valorisée sont sensibles aux publicités qui montrent une image séduisante° du consommateur typique. Dans la publicité, il faut que les consommateurs puissent s'identifier à une personne qui incarne leurs idéaux culturels et sociaux.

---

consommateur *consumer*; marque *brand*; séduisante *seductive*

Luxe et statut social

3 La valorisation et la distinction sociales sont également une autre motivation à l'achat du vêtement. En consommant des produits chers, l'individu veut montrer ou faire croire aux autres qu'il appartient à une catégorie sociale supérieure. Ces consommateurs sont sensibles aux symboles du luxe.

Séduction

4 Il est certain qu'une motivation séductrice sous-tend° l'utilisation du vêtement. Pour toucher les personnes avec une telle motivation, il est essentiel que la publicité montre ouvertement l'acte de séduction, le suggère, ou fasse comprendre qu'il va se passer. On retrouve ainsi dans de nombreuses publicités le mythe de la personne séductrice rendue irrésistible par le vêtement qu'elle porte.

... des modes et des valeurs sociales actuelles°

5 Les marques se multiplient et il est de plus en plus difficile de différencier une marque d'une autre. La stratégie adoptée par les fabricants de vêtements pour assurer leur succès, est alors de se positionner sur les modes et de produire un vêtement qui plaît à un large public.

... des vêtements «création artistique»

6 Certains consommateurs veulent des vêtements qui sont de véritables chefs-d'œuvre. Ils refusent d'acheter des «vêtements de masse» ou des «produits marketing». Les marques proposent donc à ces consommateurs des vêtements qui ne sont pas le résultat d'études marketing, mais d'un long processus de création artistique.

---

sous-tend *underlie*; actuelles *current*

9-49 **Essentiel à saisir**

- **Créer l'illusion.** Lisez d'abord *Les positionnements et les publicités reposent sur...* Ensuite, complétez les phrases suivantes avec les mots dans cette liste: modes; création artistique; unique; consommateur; désirs psychologiques; paysages; produit de marché; musique

1. Le vêtement est à la fois une _____ et un _____.
2. La publicité utilise la _____, les couleurs et les _____ pour influencer positivement le consommateur.
3. Les publicités reposant sur les _____ cherchent à flatter les idéaux culturels et sociaux du _____.
4. Aujourd'hui, la publicité repose de plus en plus sur les _____ du moment. Il faut plaire à une majorité de consommateurs.
5. Certaines personnes recherchent un produit _____, un vrai chef-d'œuvre.

- **Réunion marketing.** Regardez les vêtements créés par Marie Le Baurec'h dans la photo à la page 296. A votre avis quel genre de femme aime les vêtements créés par Marie Le Baurec'h? Indiquez cinq choses que cette femme recherche dans les vêtements créés par Marie Le Baurec'h. Utilisez des expressions impersonnelles plus l'infinitif.

Modèle: *Pour cette femme,* ***il est important de...***

Quoi se mettre?

Dans cette chanson, Elizabeth a du mal à trouver une tenue adaptée. Elle en essaie plusieurs ce matin.

Lisez les paroles de
Le Garde-Robe d'Elizabeth

Suggestion: Ecoutez la chanson ou regardez la vidéo

http://www.pearsonhighered.com/francais-monde

Amélie-Les-Crayons, de son vrai nom Amélie Pham-Van-Cang, chanteuse et compositeur, a commencé à chanter dans les pubs et cafés de Lyon en France. Après un beau succès au Printemps de Bourges en 2004, elle a sorti son second album *Et pourquoi les crayons?* d'où est extrait *La Garde-Robe d'Elizabeth*.

Allez sur le site de *Français-Monde* et utilisez les liens et/ou les critères de recherche donnés pour accéder aux paroles de la chanson. Imprimez les.

Amélie-Les-Crayons en concert

9-50 Premier survol

- **Dans ma garde-robe.** Trouvez dans les paroles de la chanson quels vêtements, sous-vêtements et accessoires Elizabeth a dans sa garde-robe. Soulignez et écrivez (V) pour les vêtements, (S-V) pour les sous-vêtements et (A) pour les accessoires.

- **Le résultat final.** Regardez l'heure dans la strophe 1 et dans la strophe 11. Combien de temps Elizabeth prend-elle pour s'habiller? Pourquoi?

  Et vous le matin, combien de temps prenez-vous pour vous habiller?

Quelles paroles dans la chanson décrivent cette image?

9-51 **Essentiel à saisir**

- **Le dilemme d'Elizabeth.** Sélectionnez la fin de la phrase qui convient.

1. Le dilemme d'Elizabeth est causé parce qu'elle:
   - n'a pas assez de vêtements
   - a beaucoup trop de vêtements qui ne vont pas ensemble
   - a beaucoup trop de vêtements, c'est tout.

2. Le dilemme d'Elizabeth est encore plus difficile parce que ce jour-là la météo annnonce qu'il va faire.
   - chaud
   - froid
   - ni chaud ni froid

3. Elizabeth rejette la jupe à pois et le gilet parce que:
   - la jupe est sale
   - le gilet n'est pas propre
   - la jupe et le gilet ne vont pas ensemble.

4. Elizabeth essaie trois tenues dans l'ordre suivant:
   - un pantalon et un chemisier, une jupe et un gilet, un survêtement, des baskets et un tablier
   - une jupe et un gilet, un survêtement, des baskets et un tablier, un pantalon et un chemisier
   - une jupe et un gilet, un pantalon et un chemisier, un survêtement, des baskets et un tablier.

5. Tout va mal pour Elizabeth parce qu'elle s'est levée:
   - en retard et a oublié de nettoyer et repasser ses vêtements
   - à l'heure, mais ne sait pas où sont certains vêtements et ils ne sont pas repassés
   - à l'heure, trouvent les vêtements qu'elle cherche, mais ils sont soit ni nettoyés ou ni repassés.

6. Quand elle sort de chez elle, Elizabeth porte:
   - un survêtement, des baskets et un tablier
   - un pantalon et un chemisier
   - une jupe et un gilet.

- **Laisse-moi t'aider.** Imaginez que vous êtes l'ami(e) d'Elizabeth. Donnez-lui cinq conseils pour se préparer plus vite le matin et ne pas rater son bus. Utilisez des expressions impersonnelles variées suivies de l'infinitif ou du subjonctif.

9-52 **Une marque, une collection, une image.** Allez sur le site de *Français-Monde* et utilisez le lien et/ou les critères de recherche donnés pour accéder à des sites Web et trouver les marques de vêtements populaires en France. Choisissez une marque, et apportez en classe une photo d'une tenue que vous aimez. Qui est-ce que la marque choisie cible (*target*)? Expliquez à la classe pourquoi vous aimez cette tenue.

http://www.pearsonhighered.com/francais-monde

9-53 **Kookaï, le message photographique.** Allez sur le site de *Français-Monde* et utilisez le lien et/ou les critères de recherche donnés pour accéder à des sites Web et voir cette publicité. Téléchargez le tableau, remplissez-le, puis répondez à cette question: Quel type de femme va pouvoir/vouloir porter la marque Kookaï? Ecrivez quatre phrases avec une expression impersonnelle suivie de l'infinitif ou du subjonctif.

http://www.pearsonhighered.com/francais-monde

📖 Travail d'ensemble

09-45

http://www.pearsonhighered.com/
francais-monde

9-54 **Morgan de toi, Chanel et Phare de la Baleine.** Allez sur le site de *Français-Monde* et utilisez le lien et/ou les critères de recherche donnés pour accéder au site Web de ces marques et voir ces publicités. Observez les femmes dans ces trois publicités. Quels côtés «féminins» sont exploités dans chaque publicité? Considérez ces adjectifs: mystérieux, pure, troublant, calme, sensuel, complexe, rêveur, doux. Quel message est communiqué?

Modèle: *Je pense que la publicité (nom de la marque) exploite le côté (une qualité) de la femme. Le message est «Portez (nom de la marque)» et «Accentuez votre côté (une qualité de la liste) et mettez en valeur l'aspect (une autre qualité) de votre personnalité.»*

9-55 **Faire le bilan.** Pensez aux informations et données dans **Pour commencer, Pour aller plus loin** et **A la découverte** et travaillez avec un(e) partenaire pour synthétiser ce que vous avez appris sur la mode et la culture chez les Français.

La place de la mode dans la vie des Français	
Les vêtements préférés des Français	
Les tendances de la mode féminine française	
Les marques populaires chez les jeunes	
Les stratégies publicitaires pour vendre un vêtement	
Les films et la musique que les Français aiment	
Les pratiques culturelles des Français	

Maintenant écrivez une petite présentation détaillée d'une dizaine de lignes sur les goûts des Français (mode, film, musique) et leurs pratiques culturelles.

A votre tour

Zoom sur...

to 09-49

La stratégie publicitaire

9-56 L'homme et le parfum. Certains disent que porter un parfum, c'est un peu comme porter un vêtement. Avant d'observer et d'analyser des publicités de parfums pour homme, lisez cette liste et soulignez les adjectifs qui, à votre avis, qualifient **rarement** les hommes dans les publicités de parfum.

> classique   naturel   innocent   insaisissable   élégant   frais
> sophistiqué   ambigu   paternel   sportif   provocateur   sale   féminin
> moderne   sensuel   viril   fragile   romantique   masculin
> séducteur   laid   original   exotique   aventurier   enfantin   soigné
> mystérieux   irrésistible   sentimental   petit   poilu   charismatique

9-57 Vêtements et image. Nous communiquons un message par les vêtements et le parfum que nous portons. Qu'est-ce que ces vêtements pour homme évoquent pour vous? Consultez la liste d'adjectifs de l'activité précédente et ensemble avec un(e) partenaire choisissez-en trois.

1. une chemise en coton clair ouverte sur la poitrine
2. un costume et une cravate
3. un blouson aviateur en cuir
4. un short et un T-shirt
5. un smoking (*tuxedo*)

Rapportez vos réponses à la classe pour voir si tout le monde est d'accord avec vous.

Deux hommes, deux styles, deux identités: Quelle image projette chacun de ces hommes? x

Trois publicités, trois hommes

9-58 **Un slogan évocateur.** Le nom du parfum dans une publicité, c'est comme le titre d'un tableau. Allez sur le site de *Français–Monde* et utilisez les liens et/ou les critères de recherche donnés pour accéder à des sites Web et voir les publicités: Azzaro (Chrome), Paloma Picasso (Minotaure), Guerlain (Héritage). Le slogan d'Azzaro (Chrome) est «Tant qu'il y aura des hommes». Les parfums Minotaure et Héritage n'ont pas de slogan. Sur la base de l'affiche publicitaire, quel slogan est approprié pour chacun de ces parfums?

Séduire	Ici – Toujours – Ailleurs
Pour l'homme en quête d'absolu	L'élégance est un rituel
Le voyage des sens	A vous de le rendre irrésistible!

Paloma Picasso (Minotaure), slogan: _____

Guerlain (Héritage), slogan: _____

9-59 **Chrome: Le produit.** Observez et analysez la publicité de ce parfum pour répondre aux questions qui suivent.

1. Le nom du produit: Que signifie le nom Chrome? Continuez cette liste: brillance, pureté…
2. L'environnement: Décrivez l'environnement dans cette publicité. Quelles sensations ressentez-vous en le regardant?
3. La couleur: Quelle est la couleur dominante de cette publicité? Pourquoi ce choix, à votre avis?
4. L'apparence physique: Décrivez les hommes, leur apparence physique, les vêtements qu'ils portent. Choisissez trois adjectifs dans la liste de l'Activité **9-56** pour décrire ces hommes. Quel genre d'homme peut s'identifier avec les hommes dans la publicité?
5. Le slogan: Le slogan, c'est le porte-parole du message publicitaire. Pour le parfum Chrome, c'est «Tant qu'il y aura des hommes». A votre avis, pourquoi ce slogan?

Quel parfum est pour une femme? Un homme? Comment le savez-vous? Expliquez.

📖 Intégration

Produit et consommateur ciblé?

9-60 **Mon produit.** Vous lancez un nouveau parfum, mais vous avez des décisions à prendre. Choisissez:

1. Le nom de votre parfum:
2. La couleur de votre parfum:
3. Le type de fragrance pour votre parfum (boisée, fruitée, ambrée, fraîche, musquée, vanillée, fleurie):
4. La forme du flacon (*bottle*). Dessinez.
5. La couleur de votre flacon et le type d'étiquette. Dessinez.

9-61 **Ma publicité.** Répondez aux questions et expliquez vos choix.

1. Ma population cible: Pour qui est le parfum? Femme ou homme? La tranche d'âge: 20–30 ans; 31–40 ans; 41–50 ans; 50+?
2. Mon film publicitaire: Quelle(s) couleur(s) domine(nt)?
3. Quel type de paysage choisissez-vous?
4. Quel type de vêtements les modèles portent-ils?
5. Quel genre de musique sélectionnez-vous?

Ma campagne publicitaire

9-62 **Mon slogan.** Créez un slogan mémorable pour votre parfum.

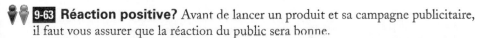 **9-63** **Réaction positive?** Avant de lancer un produit et sa campagne publicitaire, il faut vous assurer que la réaction du public sera bonne.

1. Utilisez les informations que vous avez données dans les activités précédentes pour une présentation de deux à trois minutes à un(e) partenaire. Présentez votre parfum (nom, couleur, fragrance, flacon, slogan), votre cible, et votre idée pour le spot publicitaire.
2. Demandez à votre partenaire de réagir à vos décisions. Posez ces questions et d'autres pour mieux comprendre son produit et sa campagne publicitaire, et faites des recommandations.

> Pourquoi as-tu choisi ce nom, ce flacon et cette couleur?
>
> Quel message veux-tu communiquer?
>
> Quel type d'homme/femme cherches-tu à cibler?
>
> Je te recommande de changer / de garder... parce que...
>
> Je te suggère de changer / de garder... parce que...
>
> Je pense que... est bon(ne) / n'est pas bon(ne) parce que...

9-64 **Mon spot publicitaire.** Vous êtes maintenant prêt(e) à filmer votre spot publicitaire de 30 secondes. Utilisez vos réponses aux questions dans les Activités **9-60**, **9-61** et **9-62** et incorporez les meilleures suggestions de votre partenaire dans l'Activité **9-63**. Allez sur le site de *Français-Monde* et utilisez les liens et/ou les critères de recherche donnés pour accéder à des spots publicitaires et trouver inspiration.

http://www.pearsonhighered.com/francais-monde

Vocabulaire

Pour commencer

Clothes

l'anorak (m.)	parka
les baskets (m.)	high-top sneakers
le blouson	jacket
le bonnet	wool cap
les bottes (f.)	boots
la serviette	portfolio
la casquette	baseball cap
le chapeau	hat
les chaussures (f.)	shoes
les chaussures à talon	high-heeled shoes
les chaussures de sport	sport shoes
les chaussures plates	flat shoes
la chemise	man's shirt
le chemisier	woman's shirt, blouse
le complet	man's suit
le costume	man's suit
la cravate	tie
les derbies (f.)	sport shoes
l'écharpe (f.)	scarf
l'ensemble (m.)	ensemble, outfit
l'habit (m.)	outfit
le jean	(pair of) jeans
la jupe	skirt
les lunettes (f.) de soleil	sunglasses
le manteau	coat
la mode	fashion
le pantalon	(pair of) pants
le pantalon de jogging	jogging pants
porter	to wear
le sac à main	handbag
le porte-documents	briefcase
le sweat à capuche	hoodie
le tailleur	woman's suit
la tenue décontractée	informal outfit
le t-shirt	t-shirt
les vêtements de tous les jours	everyday clothes
les vêtements pour une occasion chic	clothes for a dressy occasion

Material

en coton	cotton
en denim	denim
en laine	wool
en lin	linen
en soie	silk
en viscose	polyester
le tissu	material

Colors, Patterns

à pois	polka-dotted
à rayures	striped
beige	tan
bleu clair	light blue
bleu délavé	faded blue
bleu foncé	dark blue
ciel	sky blue
écru(e)	ecru
imprimé(e)	printed
rayé(e)	striped
rouge sombre	dark red
rouge vif	bright red
turquoise	turquoise

Size

baggy	baggy
de taille S à XXL	size S to XXL
moulant(e)	tight-fitting
pattes d'éléphant	bell-bottom
près du corps	tight
la taille	size
taille basse	low-waisted, low rise

Pour aller plus loin

Discussing film

Types of films

le film d'amour	*romance*
le film d'aventure	*adventure film*
le film d'épouvante	*horror film*
le film musical	*musical*
le film de science fiction	*science fiction*
le policier	*whodunit*
le western	*western*

Characteristics of films

Nouns

le casting	*casting*
le chef-d'œuvre	*masterpiece*
le costume	*costume*
le décor	*scene*
les effets (m.) spéciaux	*special effects*
le jeu des acteurs	*acting*
la morale	*moral*
le scénario	*script*

Verbs

éviter les clichés	*to avoid clichés*
éviter les longueurs	*to avoid boredom*
faire réfléchir	*to make people think*
toucher le spectateur	*to touch the spectator*

Reactions

C'était nul.	*It was a bomb.*
Il faut qu'un film touche le cœur.	*A film must touch the heart.*
J'ai bien apprécié...	*I appreciated . . .*
Le film n'avait pas d'intérêt.	*The film had no interest.*
Le film m'a laissé(e) froid(e).	*The film left me cold.*
Un scénario intéressant n'est pas suffisant.	*An interesting script is not enough.*

Discussing music

Types of music

le concerto	*concerto*
le genre de musique	*type of music*
le jazz	*jazz*
la musique classique	*classical music*
la musique des minorités nationales	*music from national minorities*
la musique moderne	*modern music*
l'opéra (m.)	*opera*
le pop-rock	*pop-rock*
le punk	*punk*
le rap	*rap*
le reggae	*reggae*
le rock	*rock*
la symphonie	*symphony*
la techno	*techno music*

Characteristics of music

l'arrangement (m.)	*arrangement*
la basse	*bass*
la batterie	*drums*
la composition	*composition*
la guitare	*guitar*
l'instrument (m.)	*instrument*
la mélodie	*melody*
les paroles (f.)	*lyrics*
le piano	*piano*
la production	*production*
le rythme	*rhythm*
le saxophone	*sax*
la trompette	*trumpet*

Reactions

C'est une chanson nostalgique.	*It's a nostalgic song.*
C'est un(e) grand(e) artiste.	*He (She) is a great artist.*
La musique a des sources contestataires.	*The music has its roots in protests.*
La musique évoque...	*The music brings to mind . . .*
Le talent du musicien (de la musicienne) est incontestable.	*The musician is undoubtedly talented.*

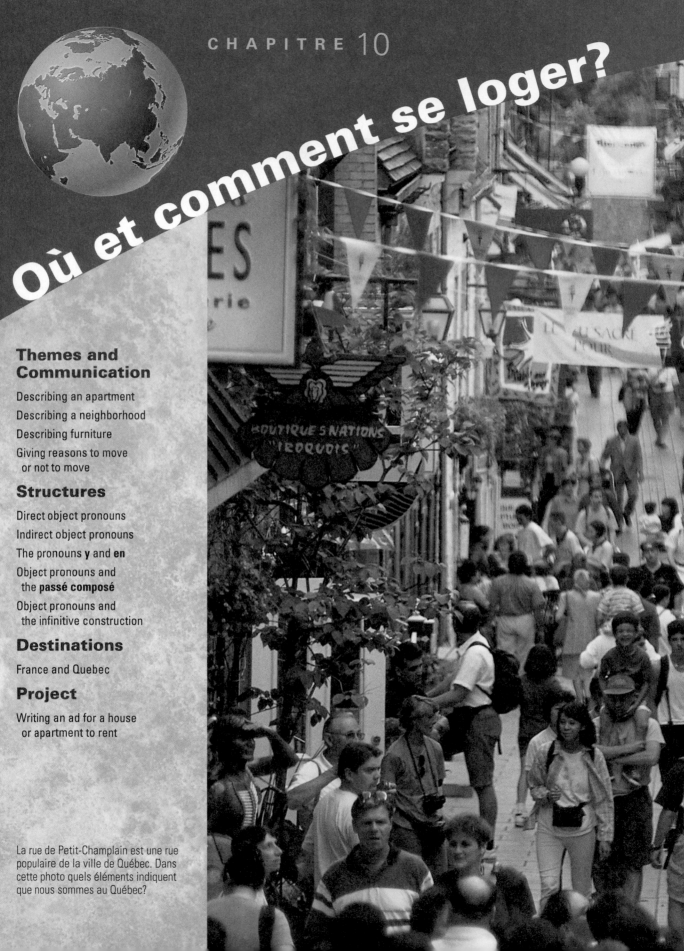

Où et comment se loger?

Themes and Communication

Describing an apartment

Describing a neighborhood

Describing furniture

Giving reasons to move
 or not to move

Structures

Direct object pronouns

Indirect object pronouns

The pronouns **y** and **en**

Object pronouns and
 the **passé composé**

Object pronouns and
 the infinitive construction

Destinations

France and Quebec

Project

Writing an ad for a house
 or apartment to rent

La rue de Petit-Champlain est une rue populaire de la ville de Québec. Dans cette photo quels éléments indiquent que nous sommes au Québec?

Pour commencer

Contextes Dans cette section, vous allez parler de logement et de meubles.

Je cherche un appartement

10-1 Avant de visionner. Quand on cherche un appartement, il faut décider de ce qui est nécessaire. Avant de visionner, décidez s'il est **probable (P)** ou **peu probable (PP)** que les phrases suivantes apparaissent dans la vidéo.

_____ **1.** Il s'agit d'un appartement qui est meublé.
_____ **2.** J'aimerais trouver un studio grand luxe.
_____ **3.** Je cherche un studio avec beaucoup de commerces à côté.
_____ **4.** Est-ce qu'il y a un sauna dans l'immeuble?
_____ **5.** J'aimerais bien visiter le studio cet après-midi.

Visionnez la vidéo   **Je cherche un appartement**

10-01 to 10-02

Sélim est à la recherche d'un appartement.

— Aujourd'hui je cherche un appartement à Paris.

— Il s'agit d'un appartement qui est meublé qui fait 32 mètres carrés.

— C'est vraiment un beau quartier, avec le canal. C'est très sympa.

10-2 A la recherche d'un studio. Indiquez les affirmations qui sont vraies. Corrigez celles qui sont fausses.

1. Sélim cherche un studio bien placé avec des commerces à côté et proche du métro.
2. Il veut habiter dans un grand appartement.
3. Il a rendez-vous avec un agent immobilier qui va l'aider à trouver le studio.
4. L'agent immobilier propose un appartement dans un vieux quartier pas très sympathique.
5. Le studio est proche du métro Colonel Fabien, qui est sur la ligne 4.

 10-3 L'agent immobilier n'est pas serviable. Pour bien comprendre la vidéo, jouez les rôles de Sélim et de l'agent immobilier dans les situations suivantes. Imaginez que l'agent immobilier n'est pas très serviable (_helpful_).

Modèle: un appartement meublé
        SÉLIM: _Je voudrais voir un appartement meublé._
L'AGENT IMMOBILIER: _Je regrette, mais nous n'avons pas d'appartement meublé disponible._

1. un studio avec cuisine
2. un appartement sympa
3. un studio proche du métro
4. un studio dans un quartier sympa

Vocabulaire supplémentaire

L'appartement...
   ...est dans une zone industrielle.
   ...est au sixième étage _(floor)_.
   ...est loin du métro.
   ...coûte 1 000 euros par mois.
Il n'y a pas...
   ...de cuisine _(kitchen)_.
   ...d'ascenseur _(elevator)_.

Pour bien communiquer — **Décrire un appartement**

L'immeuble

un studio
en pierre de taille
avec vue (panoramique)
au rez-de chaussée (*ground floor*)
l'escalier (m.) (*stairs*)

un appartement
en briques
avec vue sur la cour
au premier, deuxième, etc.*
l'ascenseur (m.) (*elevator*)

un pavillon (*house*)
en bois
avec vue sur la rue

Le plan de l'appartement

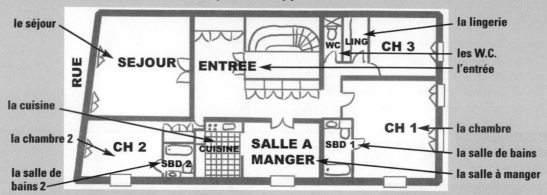

Les pièces (f.) (*rooms*)
la chambre
la cuisine
  la cuisinière (*stove*)
  le réfrigérateur (le frigo)
  l'évier (*kitchen sink*)
l'entrée
la lingerie
la salle à manger

la salle de bains
  la douche (*shower*)
  la baignoire (*bathtub*)
  le lavabo (*bathroom sink*)
le séjour
les toilettes
les W.C.

Responsabilités du locataire (*renter*)
laisser une caution (*deposit*)
louer (*to rent*) un appartement
payer les charges (*utilities*)
signer le bail (*lease*)

---

*In French, the ground floor is not counted. Numbering begins with the first floor (**le premier étage**), which is what we would name the second floor.

10-4 **Quelques détails.** Vous avez des questions à propos d'un appartement. Qu'est-ce que l'agent immobilier va répondre? Mettez ensemble les questions avec les réponses.

Questions

_____ **1.** Combien de chambres y a-t-il?

_____ **2.** Est-ce qu'il y a un ascenseur?

_____ **3.** L'immeuble est fait en quoi?

_____ **4.** Est-ce qu'il y a un frigo?

_____ **5.** Est-ce qu'il y a une vue sur la rue?

_____ **6.** Est-ce qu'il y a une baignoire?

_____ **7.** C'est au rez-de-chausée?

Réponses

a. Il y a deux chambres.

b. Non, il n'y a qu'une douche.

c. Non, c'est au premier.

d. Il est en briques.

e. Non, mais il y a une cuisinière.

f. Non, il y a une vue sur la cour.

g. Non, il y a un escalier.

Vocabulaire supplémentaire

L'électroménager

la cafetière	*coffee maker*
le congélateur	*freezer*
le four à micro-ondes	*microwave oven*
le lave-linge (la machine à laver)	*washing machine*
le sèche-linge	*dryer*

10-5 **Chez moi.** Vous avez un nouvel ami (une nouvelle amie) et vous discutez de la maison (de l'appartement) où vous habitez. Décrivez et comparez votre logement (*housing*) au logement de votre ami(e). Considérez l'immeuble, les pièces et l'électroménager (*appliances*).

Modèle: E1: *Ma maison est en bois. Dans ma maison, il y a trois chambres et deux salles de bains… Et toi, comment est ta maison (ton appartement)?*
E2: *Mon appartement est en briques. Il y a deux chambres et une salle de bains…*
E1: *Il y a… dans ma maison, mais elle n'a pas de… dans…*

Voix francophones au présent: On parle de logement

Dahlila Taieb parle de logement avec son invitée, Chloë Bartolli.

10-6 L'appartement de Chloë. A votre avis, quelles expressions vont apparaître dans l'interview?

1. Le studio que j'ai trouvé est situé dans un quartier chic. C'est un studio de luxe.
2. Il est aussi à deux pas du (*very close to the*) marché Ordener.
3. Il y a plein de commerçants dans cette rue.
4. Il est situé au dixième étage, mais il n'y a pas d'ascenseur.
5. Le loyer est de 1 550 euros.

Pour bien écouter	**Learning to restate**

If you are not sure that you have understood what someone has said, you can verify by restating what you think you heard. Try these expressions: **Vous voulez (Tu veux) dire que…, si je vous (te) comprends bien… En somme, …**

Ecoutons!	**Voix francophones au présent: On parle de logement**

— Quelle est votre situation de logement?

— J'ai un séjour très clair, une cuisine avec électroménager (*appliances*) moderne, une salle de bains avec douche et W.C.

10-7 Vérifications. Complétez les phrases suivantes selon l'interview de Chloë.

1. Chloë recherche…
2. Chloë vient de signer…
3. Elle voulait…
4. Elle a une salle de bains avec…

10-8 Si je te comprends bien. Lisez la première description de logement pendant que votre partenaire écoute. Ensuite votre partenaire présente le logement avec ses propres mots (*in his/her own words*). Echangez les rôles pour la deuxième description.

Modèle: E1: *Voici un appartement avec une chambre, un séjour et une cuisine avec électroménager moderne.*

E2: *Si je te comprends bien, tu as trouvé… L'appartement a…*

1. Nous avons trouvé un appartement en duplex: la chambre à coucher, la salle de bains et le bureau sont à l'étage, tandis que la salle à manger, la cuisine et le coin-salon sont en bas.
2. Le studio que j'ai trouvé est situé au quatrième étage avec ascenseur. Il y a une cuisine avec électroménager moderne, une salle de bains avec douche et W.C.

10-9 Recherche en ligne. Quels genres d'appartements sont disponibles à Paris? Qu'est-ce qu'on peut trouver, à quel loyer? Consultez le site de *Français-Monde* et utilisez les liens et/ou les critères de recherche donnés pour accéder à des sites d'agences immobilières. Faites une liste de trois logements, de leur description et de leur loyer.

http://www.pearsonhighered.com/francais-monde

Les arrondissements de la ville de Paris

A Paris, il y a 20 arrondissements et chacun a son trait particulier. Voici la description de 10 arrondissements.

Cet arrondissement est très divers—chic et riche à l'ouest, plus populaire à l'est.

L'avenue des Champs-Elysées est le centre de vie de cet arrondissement, avec ses boutiques, restaurants et cinémas.

Ici on trouve l'Opéra Garnier et les grands magasins comme Galeries Lafayette et Printemps.

Le Quartier Latin est comme un petit village avec la Sorbonne dans son centre. On y trouve beaucoup de bars et cafés étudiants.

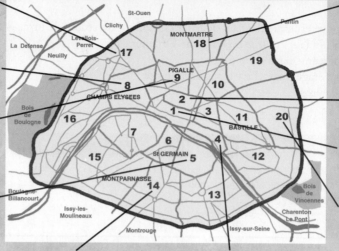

Montmartre est un petit village qui attire les touristes qui viennent voir les artistes de la Place du Tertre et la basilique du Sacré Cœur.

Le commerce est l'activité principale. C'est là où se trouve la Bourse (le «Wall Street» français).

C'est le centre géographique de Paris et un paradis pour les touristes, avec le Louvre, le Palais Royal et les Halles.

C'est un quartier populaire, à la mode et cosmopolite. Il y a un mélange de nationalités et de langues.

A la fois commercial et résidentiel, Montparnasse est connu pour ses cafés littéraires comme La Coupole.

Le Marais est un quartier vivant avec beaucoup de bars et restaurants à la mode.

 — Moi, j'habitais à Marseille avant d'habiter à Paris, mais je visitais souvent la capitale. J'aime Paris, la diversité de ses quartiers et de ses habitants. Mais Marseille me manque et j'y retourne de temps en temps.

10-10 Quelle description? Quel(s) arrondissement(s) de la ville de Paris correspond(ent) à quelle description? Ecrivez le numéro.

_____ **a.** C'est le quartier universitaire.
_____ **b.** C'est un quartier artistique et touristique.
_____ **c.** C'est un quartier chic et un quartier populaire.
_____ **d.** C'est là où se réunissent les intellectuels de Paris.
_____ **e.** C'est le quartier financier de Paris.
_____ **f.** C'est le cœur géographique de Paris.
_____ **g.** C'est un quartier où vivent des gens de différentes cultures.
_____ **h.** On y trouve des magasins élégants.

 10-11 Comparaisons. Décrivez les quartiers de votre ville à un(e) partenaire. Employez du vocabulaire de l'article. Ensuite faites un rapport de la description de votre partenaire.

10-10 to 10-11

| **Pour bien prononcer** | **Nasal vowels** |

When a French vowel (**a, e, i, o, u, y**) is followed by either **m** or **n**, it is generally pronounced as a nasal vowel. Make a clear distinction between nasal vowels and oral vowels. Compare: **mon / mot; cent / ça; vin / vie.** However, a vowel followed by **(n)ne** is pronounced as an *oral* vowel. Compare: **bon / bonne; ton / tonne; an / Anne; Jean / Jeanne; parisien / parisienne; italien / italienne.**

Pour bien communiquer

Faire une description

Faire les achats

le marché **des fruits (m.)**
des légumes (m.)

la boulangerie

une baguette

des croissants (m.)

un rôti de bœuf

la boucherie **un poulet**

la grande surface **des fleurs (f.)**

la pâtisserie **une tarte**

la charcuterie **du saucisson**

Faire une description d'un quartier

C'est un quartier résidentiel (commercial, touristique).
Il est très calme (tranquille, bruyant [*noisy*] et animé).
Il y a beaucoup de divertissements (de parcs, d'espaces verts) dans ce quartier.
Nous sommes près des transports publics (du métro, de grandes routes, de bâtiments anciens).

 10-12 Où aller? Travaillez avec un(e) partenaire pour dire où on va pour acheter les choses suivantes.

Modèle: du pain
  E1: *On va à la boulangerie pour acheter du pain.*
  E2: *Oui, mais on peut aller à la grande surface aussi.*
  E1: *C'est vrai, ou bien…*

un rôti de bœuf	des fruits et des légumes
une baguette	des fleurs
du saucisson	une tarte

 10-13 Mon quartier à moi. Interviewez un(e) partenaire pour savoir où il (elle) habite, comment est son quartier et quels commerces se trouvent à proximité. Echangez les rôles. Finalement, faites une présentation orale de la localité de votre partenaire.

Modèle: **E1:** *Est-ce que tu habites dans un quartier commercial?*
  E2: *Non, mon quartier est résidentiel. Il n'y a pas beaucoup de choses à faire.*
  E1: *Est-ce qu'il y a…?*
  Ensuite, **E1:** *Dans son quartier…*

Pour bien prononcer   The letters **am, an, em, en**

Pronounce the letter combinations **am, an, em,** and **en** like the French word **cent** (*100*). Make this sound by letting air pass through the nasal cavities. There should be no trace of the **m** or **n**.

CHLOË: Je cherche un appartem**en**t, un logem**en**t pour moi seule. Un studio peut-être.

DAHLILA: Vous voulez un **en**droit charm**an**t, je suppose. Avec une gr**an**de cuisine?

CHLOË: Dans un quartier commerç**an**t et avec une cuisine bien équipée, mais pas gr**an**de.

Direct object pronouns

📖 When answering a question, one often uses a pronoun to replace the noun in the
10-12 to 10-13 question ("Do you like this apartment?" "I like **it**."). Read the dialogue, paying
particular attention to the use of pronouns. Then answer the questions.

De plus près **Le studio**

Chloë visite un studio avec son amie Aminata. Elles parlent des atouts du studio.

AMINATA: Qu'est-ce que tu penses du studio?

CHLOË: Je **le** trouve petit. Et toi? Tu **l'**aimes?

AMINATA: Je ne **le** trouve pas trop petit, mais je **le** trouve trop cher. Et la cuisine,
comment tu **la** trouves?

CHLOË: Elle est bien. Je **l'**aime parce qu'elle est moderne.

A vous de décider

1. What is the disagreement
   between Chloë and Aminata?

2. What nouns do the pronouns
   le, l', and **la** replace?

1. Direct objects

A direct object answers the question **qui?** or **quoi?** after a verb.

Je connais **Chloë.**
Je n'aime pas **le coin-cuisine.**

2. Direct object pronouns

In Chapter 3, in the context of the verbs **connaître** and **savoir,** you learned that
you can avoid repetition by using the direct object pronouns **le (l'), la (l'),** or **les**
as substitutes for direct objects.

AMINATA: J'aime beaucoup ce studio.

CHLOË: Moi aussi, je **l'**aime beaucoup.

AMINATA: Tu aimes les chambres de cet appartement?

CHLOË: Les chambres, non, je ne **les** aime pas. Je **les** trouve trop petites!

Direct object pronouns

me	(m')	me	**nous**	us
te	(t')	you	**vous**	you
le	(l')	him, it (m.)	**les**	them
la	(l')	her, it (f.)		

3. Placement of direct object pronouns

• Direct object pronouns *precede the conjugated verb* in all simple tenses.

L'agent immobilier **nous** invite à voir la maison.

Le studio est super. Je **le** prends!

Non, je ne **le** trouve pas assez grand, cet appartement.

• In the affirmative imperative, the direct object pronoun *follows* the verb and is
attached to it with a hyphen. In the negative imperative, the pronoun *precedes*
the verb.

Prends-**le!**   Ne **le** prends pas.

10-14 Comment tu les trouves? Travaillez avec un(e) partenaire pour lui demander son opinion sur ces logements. Ensuite donnez votre opinion.

un studio moderne

une chambre d'étudiant

Modèle: la chambre d'étudiant

> **E1:** *Comment tu trouves la chambre d'étudiant?*
> **E2:** *Je la trouve trop petite et…, et toi?*
> **E1:** *Moi aussi, je la trouve trop petite, mais je la trouve aussi…*

1. la chambre d'étudiant
2. le coin-cuisine du studio
3. le lit de la chambre d'étudiant
4. le bureau du studio

10-15 Je ne suis pas d'accord. Vous discutez de votre appartement (chambre d'étudiant, studio) avec un(e) ami(e) (votre partenaire). Vous avez des opinions contraires.

Modèle: le studio

> **E1:** *Je n'aime pas beaucoup mon studio.*
> **E2:** *Tu ne l'aimes pas? Pourquoi?*
> **E1:** *Je le trouve trop petit et trop cher.*
> **E2:** *Moi, j'aime bien ma chambre d'étudiant. Je la trouve confortable.*

1. le logement
2. les transports publics
3. la cuisine
4. l'emploi de l'espace
5. les commerces du quartier
6. l'électroménager (m.)

Vocabulaire supplémentaire

ancien(ne) / moderne	*old / modern*
cher (chère) / bon marché	*expensive / cheap*
clair / sombre	*bright / dark*
confortable / inconfortable	*comfortable / uncomfortable*
démodé(e)	*out of fashion*
petit / grand	*small / big*
pratique	*practical*
près de / trop loin de	*near / too far from*
spacieux (spacieuse)	*spacious*
utile	*useful*

Indirect object pronouns

4 to 10-15 You learned that direct object pronouns are used to avoid repeating a noun that has already been mentioned. Similarly, indirect object pronouns replace nouns that function as indirect objects. Read the dialogue, paying particular attention to the way in which nouns are replaced by pronouns. Then answer the questions.

> **De plus près**   **Un studio**

Chloë discute des problèmes de déménagement avec Aminata.

> **CHLOË:** L'autre jour, Chantal **me** téléphone et **me** demande d'aller voir un studio avec elle. Je **lui** dis que je suis d'accord et plus tard nous nous rencontrons en ville.
>
> **AMINATA:** Et alors?
>
> **CHLOË:** L'agent immobilier **nous** montre le studio. Chantal **lui** dit que le studio **lui** convient° et qu'elle le prend.
>
> **AMINATA:** Super! Elle a trouvé un studio!
>
> **CHLOË:** Non! Elle était prête à signer le bail mais à la dernière minute l'agent immobilier **nous** dit que le studio est déjà loué!

A vous de décider

1. What are Chloë and Aminata discussing?
2. Does Chloë rent the studio? Why?
3. What are the references for the words in bold?

lui convient *suits her*

1. Indirect objects

- An indirect object answers the question **à qui?** after a verb. Chloë parle **à Aminata.** L'agent immobilier montre le studio **à Sélim.**
- Some verbs are followed by **à** and take an indirect object in French.

convenir à	*to suit*	Le studio **convient à** Chantal.
demander à	*to ask (someone)*	Elle **demande à** l'agent immobilier de voir le studio.
dire (quelque chose) **à**	*to say (something) to*	L'agent immobilier **dit à** Chantal de venir le voir.
donner (quelque chose) **à**	*to give (something) to*	Elle **donne** un cadeau à Aminata.
envoyer (quelque chose) **à**	*to send (something) to*	Elle **envoie** un message à ses amis.
expliquer (quelque chose) **à**	*to explain (something) to*	On **explique** les conditions du bail à Chloë.
montrer (quelque chose) **à**	*to show (something) to*	L'agent immobilier **montre** le studio **à** Sélim.
parler à	*to speak to*	L'agent immobilier **parle à** Chantal du studio.
téléphoner à	*to call*	Ensuite, elle **téléphone à** toutes ses amies.

Indirect object pronouns

me (m')	to me		**nous**	to us
te (t')	to you		**vous**	to you
lui	to him, to her, to it		**leur**	to them

montrer (quelque chose) **à**	L'agent immobilier **lui** montre le studio.	*The agent immobilier shows her the studio.*
téléphoner à	Ensuite, elle **te** téléphone.	*Then, she calls you.*

2. Indirect object pronouns

Indirect object pronouns take the place of indirect objects.

Chloë téléphone **à son amie** pour **lui** dire qu'elle a signé le bail.
L'agent immobilier dit **à Aminata** et **à Chloë** que le studio est loué.
L'agent immobilier **leur** dit que le studio est loué.

3. The placement of indirect object pronouns

- Indirect object pronouns *precede* the conjugated verb in simple tenses.

  Elle **nous** téléphone et **nous** parle du studio.

- Some sentences may include both a direct object and an indirect object.

  donner quelque chose à quelqu'un

  Tu donnes ton opinion de l'appartement à moi et à Aminata.
  Tu **nous** donnes ton opinion de l'appartement. (**ton opinion** is the direct object)

  envoyer quelque chose à quelqu'un

  Elle envoie les documents à toi et à Aminata.
  Elle **vous** envoie les documents. (**les documents** is the direct object)

  expliquer quelque chose à quelqu'un

  L'agent immobilier explique les conditions du bail à Aminata et à Chloë.
  L'agent immobilier **leur** explique les conditions du bail. (**les conditions du bail** is the direct object)

- In the affirmative imperative, the indirect object pronoun *follows* the verb. In the negative, the pronoun *precedes* the verb.

  Dis-**lui** que tu prends le studio!   Ne **lui** dis rien!

10-16 **Un cadeau.** Vous avez des ami(e)s qui viennent de signer leur bail. Travaillez avec un(e) partenaire et discutez du cadeau que vous allez lui (leur) donner.

Modèle: Noah; faire la cuisine

> **E1:** *Est-ce qu'il aime faire la cuisine?*
> **E2:** *Je crois que oui.*
> **E1:** *Alors, on lui achète une cafetière électrique.*
> **E2:** *Sinon (if not), on lui donne un roman.*

1. Aminata et sa colocataire Chantal; écouter de la musique
2. Sébastien et son amie Nadia; lire
3. Amy; voir des films
4. Pierre; préparer des tartes

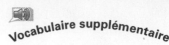

10-17 **Il faut faire des réparations.** Vous avez loué un appartement avec un(e) ami(e) mais l'appartement est en mauvais état (*bad shape*). Travaillez avec un(e) partenaire pour décrire les problèmes.

Modèle:

> **E1:** *La télé est cassée.*
> **E2:** *Il faut le dire à l'agent immobilier.*
> **E1:** *Qu'est-ce qu'il faut lui dire?*
> **E2:** *Il faut lui dire de réparer la télé.*

The pronouns **y** and **en**

to 10-17 In addition to the direct and indirect object pronouns, French has the pronouns **y** and **en.** Read the dialogue, paying particular attention to the way in which the pronouns **y** (*there, in it*) and **en** (*some, of them*) replace other words. Then answer the questions.

De plus près **La demande**

Chloë parle avec Chantal à propos d'appartements disponibles.

CHANTAL: Allons à la nouvelle résidence°. Ils ont des appartements super.

CHLOË: Allons-**y**. Je veux louer un appartement convenable!

CHANTAL: Tu peux **en** louer un petit ou un grand. La résidence a plusieurs modèles.

CHLOË: J'**en** veux un avec un loyer pas plus de 600 euros.

CHANTAL: Allons poser la question à l'agent immobilier.

A vous de décider

1. What are Chantal and Chloë trying to find?
2. Will they find what they are looking for?
3. What words do the pronouns **y** and **en** replace?

---

résidence *housing complex*

1. The pronoun **y**

In Chapter 4, in the context of geographical nouns, you learned that you can avoid repetition by replacing an expression of location with the pronoun **y.**

- It generally replaces **à (à la, à l', au, aux)** + a noun (place or thing). Note that an indirect object pronoun replaces **à** + a person.

Nous allons **à la fac?**	Oui, nous **y** allons.	Non, nous n'**y** allons pas.
Are we going to the university?	*Yes, we're going there.*	*No, we're not going there.*
Elle s'intéresse **à l'appartement?**	Oui, elle s'**y** intéresse.	Non, elle ne s'**y** intéresse pas.
Is she interested in the apartment?	*Yes, she's interested in it.*	*No, she's not interested in it.*

- **Y** may also replace other prepositions such as: **chez, sur, dans, en** + place.

Je vais **chez mon amie?**	Oui, j'**y** vais.	Non, je n'**y** vais pas.
Am I going to my friend's house?	*Yes, I am going there.*	*No, I am not going there.*
Ils sont **dans l'appartement?**	Oui, ils **y** sont.	Non, ils n'**y** sont pas.
Are they in the apartment?	*Yes, they're there.*	*No, they're not there.*

2. The pronoun **en**

In Chapter 8 in the context of the use of the partitive, you learned that you can use the pronoun **en** to substitute for a partitive article and a noun.

- It replaces an expression introduced by **de, du, de la, de l',** or **des.** Note that a disjunctive pronoun replaces **de** + a person. (See Disjunctive pronouns, page 76.)

Pierre mange **de la tarte?**	Oui, Pierre **en** mange.	Non, Pierre n'**en** mange pas.
Is Pierre eating (some) pie?	*Yes, Pierre is eating some (of it).*	*No, Pierre isn't eating any (of it).*
Chloë parle **de son studio?**	Oui, Chloë **en** parle.	Non, Chloë n'**en** parle pas.
Does Chloë talk about her studio?	*Yes, Chloë talks about it.*	*No, Chloë doesn't talk about it.*

- **En** can also replace a direct object modified by an expression of quantity or a number. Note that the expression of quantity or the number is retained.

J'achète **trois CD.**	J'**en** achète **trois.**
I am buying three CDs.	*I am buying three (of them).*
Elle loue **un appartement** en ville.	Elle **en** loue **un** en ville.
She is renting an apartment in town.	*She is renting one (of them) in town.*

3. The placement of **y** and **en**

- **Y** and **en** are generally placed before the conjugated verb.

  J'**y** vais.   Elles n'**en** parlaient pas.

- In the imperative, like direct and indirect object pronouns, **y** and **en** are placed *after* the verb and are connected to it with a hyphen.

Allons **au concert!**	Allons-**y!**	N'**y** allons pas!
Fais **du ski!**	Fais-**en!**	N'**en** fais pas!

10-18 Où est-ce que tu vas? Vous rencontrez un(e) ami(e) et vous lui demandez où il (elle) va. Il (Elle) répond et vous confirmez.

Modèle: chez Chloë / tout de suite
> **E1:** *Où est-ce que tu vas?*
> **E2:** *Je vais chez Chloë.*
> **E1:** *Tu vas chez Chloë?*
> **E2:** *Oui, j'y vais tout de suite.*

1. au marché (à la boulangerie, à la pâtisserie) / cet après-midi
2. chez mes parents (chez mon ami) / ce week-end
3. en Allemagne (en Suisse, au Sénégal) / cet été
4. au café du coin / à midi
5. dans un magasin pour acheter des vêtements / samedi

 10-19 Qu'est-ce que tu fais ici? Vous rencontrez un(e) ami(e) dans le bureau d'une agence immobilière et vous posez des questions sur ses intentions. Votre ami(e) répond et vous confirmez.

Modèle: chercher un appartement
> **E1:** *Qu'est-ce que tu fais ici?*
> **E2:** *Je cherche un appartement.*
> **E1:** *Moi aussi, j'en cherche un.*
> **E2:** *Moi, j'en cherche un pas trop loin d'ici.*

1. vouloir une chambre tranquille
2. chercher un studio pas cher
3. emprunter (*to borrow*) un stylo pour prendre des notes
4. espérer trouver un appartement avec deux chambres

📖 Travail d'ensemble
10-18

Pour bien parler	**Enunciating**

As you learn to speak French, try to imitate your instructor and native speakers as closely as possible and to speak as clearly and distinctly as you can. To articulate a new sound, try to exaggerate the sound that you hear and to speak more loudly than you normally do.

 10-20 Quel type d'appartement? Vous (le/la client[e]) cherchez un meilleur logement pour le semestre prochain. Vous parlez à l'agent immobilier (votre partenaire) du logement que vous occupez aujourd'hui et des caractéristiques de l'appartement que vous cherchez pour le semestre prochain. L'agent immobilier vous propose l'appartement illustré à droite. Dites pourquoi il ne vous convient pas. Echangez vos rôles.

Modèle:
> **CLIENT(E):** *Mon appartement est...*
> **AGENT IMMOBILIER:** *Je vous propose cet appartement.*
> **CLIENT(E):** *Il ne me convient pas du tout: Le tapis est usé,*
> *la lampe est cassée...*

10-21 Le rapport de l'agent immobilier. Vous êtes l'agent immobilier et vous rapportez à votre patron(ne) les affaires de la journée. Faites un rapport à la classe. Décrivez le logement que le client occupe maintenant, le logement qu'il recherche et expliquez pourquoi le logement proposé ne lui convient pas. Parlez distinctement et clairement.

RAPPORT: *Le client dit que l'appartement ne lui convient pas. Le tapis est usé...*

Pour aller plus loin

Contextes Dans cette section vous allez lire des textes concernant des problèmes d'habitation et de déménagement.

L'inondation

Christine Ouelette raconte les événements qui ont suivis un gros orage d'été à Montréal.

> **Pour bien lire** | **Using structural clues**
>
> Authors of French texts you read structure their writing to be enjoyable and easily understood. Often an author uses headings to emphasize his or her main ideas and most significant points. Looking at the title, main headings, and subheadings before you begin to read will help you understand a passage in French.

10-22 Avant de lire. On parle de phénomènes météorologiques: orages, vent, inondations, etc. Choisissez les éléments qui caractérisent le mieux chaque phénomène météorologique.

Phénomène météorologique

_____ **1.** un orage
_____ **2.** la chaleur d'été
_____ **3.** la pluie

Les éléments

a. du vent, de la pluie et des éclairs
b. de l'eau qui tombe du ciel
c. des températures élevées et de l'humidité

Quel orage! 📖
10-19 to 10-20

C'était un de ces jours chauds et humides comme on en a souvent à Montréal en juillet. En quête de° fraîcheur je quitte mon appartement et décide d'aller chez mon copain Charles qui travaille pas loin dans un magasin. On sort pour fumer. On parle de la chaleur. Je décide de faire un pas de danse énergétique pour inciter la pluie à venir. Trois secondes plus tard, un orage! Et quel orage! Bref, mais intense!

De l'eau partout

Je rentre vite chez moi pour me sécher°. Ma rue est une rivière. Il y a de l'eau partout dans mon appartement. J'essaie de sortir mes choses pour les mettre à l'abri°, mais l'eau monte trop vite, un pied, puis deux, puis trois.

Les égouts débordent

Je dis de l'eau, mais ce n'est pas de l'eau, ce sont les égouts qui débordent. L'eau sort de la toilette, des éviers et de la baignoire. Quelle horreur! Je me réfugie au premier étage. Je veux me laver, mais il n'y a pas d'eau, et il n'y a ni électricité ni téléphone.

Le résultat

Le lendemain, je retourne à mon appartement. Je prends avec moi quelques vêtements et objets de cuisine. Tout le reste, mes meubles, mes photos, mes livres, mes souvenirs, tout est perdu. Autant dire°, habiter au sous-sol°, plus jamais, maintenant j'habite au quatrième étage.

---

en quête de *seeking;* sécher *to dry;* à l'abri *to safety;* autant dire *needless to say;* sous-sol *basement*

10-23 Ce qui s'est passé. Choisissez les expressions qui complètent le mieux le paragraphe selon l'article.

J'ai fumé une cigarette avec mon copain et (j'ai dansé / nous sommes allés au café / nous sommes allés au cinéma). Tout à coup, il y a eu (un vent intense / un orage intense / un grand bruit). Je suis rentrée chez moi et (il n'y avait plus d'immeuble / il y avait de l'eau dans mon appartement / la police était chez moi). Le lendemain, (mon appart était toujours inondé / mon appart n'était plus inondé / l'immeuble n'était plus là). Je n'habite plus (dans un appartement / au quatrième étage / au sous-sol).

10-24 Un orage à Montréal. Lisez les phrases suivantes. Rétablissez l'ordre des évènements selon le passage.

____ **1.** Je ne vais plus jamais habiter au sous-sol.

____ **2.** J'habitais à Montréal pendant l'été. Il faisait très chaud.

____ **3.** Malheureusement il y a eu beaucoup de dommages.

____ **4.** Il y a eu une inondation dans mon appartement au sous-sol.

____ **5.** Il y a eu un orage intense.

Pour bien communiquer	Décrire les meubles

10-21 to 10-23

La chambre

- l'armoire (f.)
- le lit
- la commode
- le fauteuil

Le séjour

- les étagères (f.)
- la lampe
- le sofa
- le bureau

La salle à manger

- le buffet
- la table
- la chaise
- le tapis

Les styles de meubles
une armoire moderne
un buffet style rustique
une commode style empire (*regency style*)
un lit style déco
une table ancienne

Les types de bois (*wood*)
en acajou (*mahogany*)
en chêne (*oak*)
en merisier (*cherry*)
en noyer (*walnut*)
en tek (*teak*)

10-25 Mes meubles. Vous déménagez dans un nouvel appartement et vous devez acheter de nouveaux meubles. Expliquez à votre partenaire les meubles et le style que vous allez choisir.

Modèle: pour la chambre
> **E1:** *Tu as besoin de quels meubles pour ta chambre?*
> **E2:** *J'ai besoin d'un… d'une… et de…*
> **E1:** *Quel style de meuble est-ce que tu veux?*
> **E2:** *Je voudrais des meubles modernes.*

1. pour la chambre
2. pour le bureau
3. pour le séjour
4. pour la cuisine

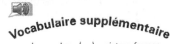

Vocabulaire supplémentaire

les cadres (m.)	*picture frames*
le canapé	*sofa*
le canapé-lit	*sofa-bed*
le meuble TV	*TV stand*
le range CD	*CD storage*
la table d'appoint	*side table*

Personnaliser sa maison

Les Québécois sont de grands amateurs de rénovation et de décoration, mais peu de gens peuvent se permettre une décoration complète de la maison avec des produits haut de gamme°. Les Québécois moyens se limitent à quelques objets de luxe ou personnalisés. Certains privilégient les achats responsables ou bien les aménagements écologiques, fabriqués avec des matériaux renouvelables et des peintures biodégradables.

> — *Nos meubles à Montréal sont plutôt traditionnels, mais nous avons récemment acheté une table d'appoint style oriental que nous aimons beaucoup.*

haut de gamme *high end*

10-26 Comparaisons. Répondez aux questions suivantes pour comparer vos habitudes de décoration et de rénovation avec celles des Québécois.

1. Quel meuble avez-vous acheté récemment? Est-ce un meuble ethnique?
2. Etes-vous amateur de rénovation? Aimez-vous les aménagements écologiques?

📖 Un déménagement à Québec

10-24 to 10-25 Un jour Claire Stéphanelli prend la décision soudaine et radicale de déménager à Québec.

10-27 Avant de lire. Pour quelles raisons est-ce qu'on s'expatrie et qu'on déménage dans un autre pays? Décidez si les raisons suivantes sont **probables (P)** ou **peu probables (PP)**.

1. _____ On veut partir découvrir (*to discover*) le monde. 2. _____ La routine devient insupportable. 3. _____ On se sent prisonnier dans sa vie. 4. _____ On veut se libérer personnellement.

Mon évasion hors de Compiègne

Je m'appelle Claire Stéphanelli. Depuis 10 ans, je vivais à Compiègne, une ville pas loin de Paris. Et depuis 10 ans je faisais le trajet de ma maison au bureau où j'étais acheteuse° pour un magasin d'habillement. Un matin je conduisais ma voiture en route pour le bureau comme d'habitude. J'ai ressenti une sensation très forte. Un dégoût m'a envahi°. J'ai décidé à ce moment de m'évader°, de m'en aller loin d'ici. Et j'ai tout quitté—ma profession, ma ville, mes amis, tout.

J'ai choisi de partir vivre à Québec. J'ai trouvé un boulot de vendeuse dans un magasin d'habillement. Je ne voulais pas tout abandonner. Je voulais garder une stabilité. Mon évasion hors de Compiègne n'était pas un saut° dans le néant°. Je voulais me redécouvrir, savoir qui je suis. Je ne voulais pas continuer une vie de prisonnière.

Mon nouveau chemin n'est pas facile. J'ai dû abandonner mes amis et cette séparation a été le changement le plus difficile pour moi. Mais ma nouvelle vie me plaît. Elle est plus simple, plus intéressante. J'ai meublé mon appartement avec des meubles et des objets disparates. Ce sont des choses que j'ai trouvées et qu'on m'a données.

Un an plus tard, me voici établie à Québec. J'ai enfin la vie que je voulais.

---

acheteuse *buyer*; m'envahit *overcame me*; m'évader *to escape*; saut *leap*; néant *void*

Vocabulaire supplémentaire

aimer la région (la routine, les habitudes)	*to like the region (routine, habits)*
chercher un nouveau poste	*to look for a new job*
garder ses amis	*to keep one's friends*
préférer s'évader	*to prefer to get away*
se sentir prisonnier(-ière) (libre)	*to feel like a prisoner (free)*
trouver de nouveaux amis (collègues)	*to find new friends (colleagues)*
vivre une vie plus significative (calme, intéressante)	*to live a more meaningful (calm, interesting) life*

10-28 Claire à Québec. Indiquez les affirmations qui sont vraies. Corrigez celles qui sont fausses.

1. Un jour Claire Stéphanelli décide de s'en aller, de déménager ailleurs (*elsewhere*).
2. Elle a choisi de déménager à Montréal.
3. Claire se sent triste tous les jours dans son nouveau pays.
4. Le déménagement a été un succès.

👥 10-29 S'évader. Est-ce que vous et votre partenaire avez des idées similaires ou différentes de Claire? Est-ce que vous voulez déménager? Donner trois raisons pour rester ou pour déménager.

Modèle: **E1:** *Est-ce que Claire voulait déménager?*
E2: *Oui, elle voulait déménager. Et toi, tu veux déménager?*
E1: *Oui, je veux découvrir (to discover) un nouveau pays. Et toi?*
E2: *Moi, je préfère rester ici parce que...*

Pour bien communiquer **Donner des raisons pour (ne pas) déménager**

Raisons pour déménager

— Je n'aime plus la région où j'habite. Je voudrais changer de ville.

Je veux améliorer mon salaire.
Je veux déménager pour ma santé.
Je veux échapper à un poste ennuyeux.
Je cherche un autre plus intéressant.
Je veux refaire ma vie et recommencer dans un autre endroit.
Je voudrais habiter dans la même région que ma famille.
Je voudrais un endroit avec un meilleur climat.

Raisons pour ne pas déménager

— Je voudrais changer de poste mais je suis né dans la région et je préfère rester sur place.

J'ai un(e) ami(e) et je veux rester ici.
J'aime la stabilité. Je ne veux rien changer dans ma vie.
Je préfère rester dans la même région car j'aime mon poste.
Je trouve la région très belle et j'ai beaucoup d'ami(e)s ici.

10-30 Ce que je voudrais faire. Avec un(e) partenaire, jouez les rôles de la jeune femme et du jeune homme ci-dessus. La jeune femme veut déménager tandis que (*whereas*) le jeune homme veut rester sur place. Donnez plusieurs raisons de déménager ou de rester sur place.

Modèle: LA JEUNE FEMME: *A la fin de mes études, je voudrais… à…*
Je ne voudrais pas rester ici parce que je n'aime pas…
LE JEUNE HOMME: *Moi, je voudrais rester ici parce que…*
J'aime aussi… et je voudrais…
LA JEUNE FEMME: *Je cherche…*
LE JEUNE HOMME: *Moi, j'aime bien…*

Vocabulaire supplémentaire

avoir peur du changement	*to fear change*
dépenser moins d'argent	*to spend less money*
être plus écologique (écolo)	*to live more «green»*
garder mon équilibre mental	*to keep my mental stability*
simplifier ma vie	*to simplify my life*
trouver de nouveaux moyens de vivre	*to find new ways to make a living*
trouver un poste plus stable	*to find a more stable job*
vivre plus frugalement	*to live more frugally*

Object pronouns and the **passé composé**

10-28 to 10-29 Using pronouns with the **passé composé** requires a bit of forethought. Read the dialogue, paying particular attention to pronoun placement and the agreement with the past participle. Then answer the questions.

De plus près **Le cambriolage**

Dans ce passage, Sébastien raconte une histoire effrayante.

Mon amie et moi nous habitions à Québec où nous faisions un stage. Un soir, nous sommes rentrés tard. La porte de l'appart était ouverte. Nous **l'avons poussée** et sommes rentrés. Un cambriolage°! Quel désastre! Nos affaires, **nous les avons trouvées** jetées partout.

Par la suite, nous avons appelé la police. Nous **leur avons parlé** pendant une heure et nous avons répondu à leurs questions. Les cambrioleurs n'ont rien trouvé d'intéressant et n'ont rien pris. Il reste quand même qu'on a fouillé° tous nos meubles et qu'**on les a vidés°** de leur contenu.

cambriolage *break-in;* fouillé *searched;* vidés *emptied*

A vous de décider

1. What happened?

2. Where are the object pronouns placed in the **passé composé**?

3. What is the relationship between the pronoun and the past participle? When is there agreement between the two?

1. **The placement of object pronouns in the passé composé**

   In the **passé composé**, object pronouns (direct, indirect, or **y** and **en)** are placed before the auxiliary verb.

Ils ont vidé le meuble.	Ils **l'**ont vidé.
Nous avons parlé à la police.	Nous **leur** avons parlé.
Sébastien a habité à Québec.	Il **y** a habité.
Vous avez trouvé un poste?	Vous **en** avez trouvé un?

2. **The agreement of object pronouns and past participles in the passé composé**

   • When a direct object precedes a verb in **the passé composé,** the past participle agrees in number and gender with the object.

Vous avez entendu le bruit?	Vous **l'**avez entendu?
On a vidé les tiroirs (m.).	On **les** a vidés.

   • There is no agreement with an indirect object, or with **y** or **en.**

Vous avez parlé à la police.	Vous **leur** avez parlé.
Nous avons habité au Canada.	Nous **y** avons habité.
Ils ont fait un rapport.	Ils **en** ont fait un.

   • When the direct object follows the verb, the past participle does not agree with the direct object.

Est-ce que tu as **fermé la porte?**	*Did you close the door?*
J'ai bien **rangé mes affaires.**	*I did put my things away.*

🎙️🎙️ **10-31 Meubles.** Vous venez de déménager. Votre partenaire vous offre des meubles et vous demande de choisir. Vous discutez votre choix.

Modèle: choisir la commode
  E1: *Tu as choisi la commode style moderne?*
  E2: *Non, je ne l'ai pas choisie.*
  E1: *Et la commode ancienne?*
  E2: *Oui, je l'ai choisie.*

1. voir le sofa rouge
2. prendre l'armoire
3. choisir le bureau rustique
4. essayer le canapé
5. trouver la table trop petite

🔊 **Vocabulaire supplémentaire**
Révisez **Pour bien communiquer: Décrire les meubles** (page 319)

🎙️🎙️ **10-32 Déménagement immédiat!** Vous avez trouvé un poste et vous devez déménager tout de suite. Votre ami(e) (votre partenaire) veut être sûr(e) que vous avez pensé à tout et vous pose des questions pour vérifier. Répondez à ses questions.

Choses à faire pour le déménagement
● 1. *trouver un travail*
2. *consulter les petites annonces*
3. *acheter des meubles*
4. *écrire une lettre au patron*
5. *téléphoner aux amis*
● 6. *chercher un appartement*

🔊 **Vocabulaire supplémentaire**
un appartement (une chambre, une maison, une résidence, un studio)
dans un bureau (une compagnie, un laboratoire, un magasin)
des meubles d'occasion *(second hand)* (anciens, modernes, rustiques)

Modèle: **E1:** *Est-ce que tu as trouvé un travail?*
  E2: *Oui, j'en ai trouvé un.*
  E1: *Qu'est-ce que tu as trouvé?*
  E2: *J'ai trouvé un poste dans une compagnie d'assurances.*

📖 Object pronouns and the infinitive construction

10-30 to
10-31 As you know, infinitive constructions are often used with certain verbs. Read the dialogue, paying particular attention to the placement of pronouns in infinitive constructions. Then answer the questions.

De plus près **Partir**

Claire parle avec son amie Isabelle de son déménagement immédiat.

CLAIRE: J'ai décidé de partir au Québec. Je veux **y** aller tout de suite.

ISABELLE: Comment? Tu viens d'accepter un nouveau poste ici! Tu ne peux pas **nous** quitter!

CLAIRE: J'ai pris rendez-vous avec mon patron et je vais **lui** parler de ma démission° demain.

ISABELLE: Fais comme tu veux, mais à mon avis, tu vas faire une erreur. Tu risques de ne pas trouver de poste.

CLAIRE: Tu as sans doute raison. Je risque de ne pas **en** trouver un. Mais je dois me sentir libre.

A vous de décider

1. What is Isabelle's reaction to Claire's decision?

2. Where are object pronouns placed in an infinitive construction?

3. Does the object pronoun affect the form of the infinitive?

démission *resignation*

- Object pronouns used with an infinitive construction directly precede the infinitive.

> Elle va **vous** donner les réponses à vos questions.
> Tu vas **m'**envoyer un email quand tu seras installée?

- Even in a negative sentence or when the verb is followed by the preposition **à** or **de,** the object pronoun precedes the infinitive.

> Il va **lui** parler de sa démission.   Il ne va pas **lui** parler de sa démission.
> Je vais **en** trouver un.   Je risque de ne pas **en** trouver un.

Vocabulaire supplémentaire

aller loin de ma ville	*to get far away from my town*
découvrir une nouvelle région	*to discover a new area*
déménager sans mes meubles	*to move without my furniture*
laisser mes meubles ici	*to leave my furniture here*
recommencer ma vie	*to start my life over*
trouver un autre emploi	*to find another job*
rencontrer des gens au travail (en ville)	*to meet people at work (in town)*

10-33 **Claire veut déménager.** Vous êtes Claire et vous discutez avec un(e) partenaire à propos de votre déménagement à Québec.

Modèle: aller déménager à Québec
> **E1:** *Je vais déménager à Québec.*
> **E2:** *Pourquoi est-ce que tu vas y déménager?*
> **E1:** *Je vais y déménager pour me sentir libre.*

1. aller abandonner mes amis
2. devoir meubler mon appartement
3. avoir envie de quitter ma profession
4. vouloir vivre à Québec
5. espérer rencontrer des gens

Vocabulaire supplémentaire

Révisez **Pour bien communiquer: Donner des raisons pour (ne pas) déménager** (page 319).

10-34 **Plans de déménagement.** Qu'est-ce que vos camarades font pour préparer leur déménagement? Interviewez trois autres étudiant(e)s. Ecrivez les prénoms des personnes à qui vous parlez et leurs réponses. Ensuite faites un rapport à la classe. Répondez avec des pronoms quand c'est logique!

Questions	Prénom 1	Prénom 2	Prénom 3
1. Où est-ce que tu veux déménager?			
2. Est-ce que tu aimes le climat ici? Pourquoi?			
3. Est-ce que tu trouves les conditions de vie bonnes ici?			
4. Est-ce que tu veux refaire ta vie? Pourquoi ou pourquoi pas?			

Travail d'ensemble

> **Pour bien écrire** **Peer editing**
>
> As you have learned, the writing process includes one or more stages of reviewing. After writing your first draft, it is very useful to enlist "another pair of eyes." Exchange your paragraph with your partner so you can edit each other's writing. Use the checklist in the **Pour bien écrire** box on page 293 to guide you.

10-35 **Une nouvelle voisine.** Une amie vous a envoyé un e-mail pour décrire son expérience à Montréal. Son français n'est pas très bon. Travaillez avec un(e) partenaire pour corriger son e-mail.

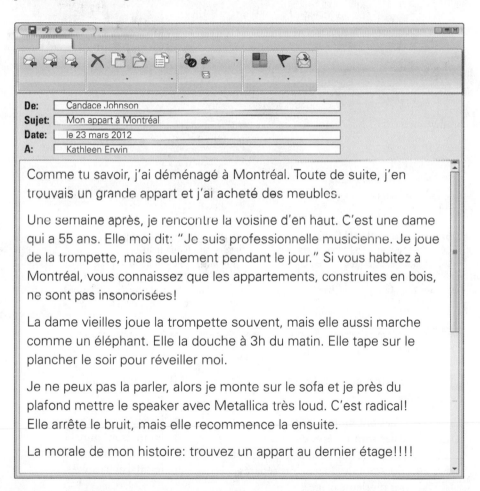

De: Candace Johnson
Sujet: Mon appart à Montréal
Date: le 23 mars 2012
A: Kathleen Erwin

Comme tu savoir, j'ai déménagé à Montréal. Toute de suite, j'en trouvais un grande appart et j'ai acheté des meubles.

Une semaine après, je rencontre la voisine d'en haut. C'est une dame qui a 55 ans. Elle moi dit: "Je suis professionnelle musicienne. Je joue de la trompette, mais seulement pendant le jour." Si vous habitez à Montréal, vous connaissez que les appartements, construites en bois, ne sont pas insonorisées!

La dame vieilles joue la trompette souvent, mais elle aussi marche comme un éléphant. Elle la douche à 3h du matin. Elle tape sur le plancher le soir pour réveiller moi.

Je ne peux pas la parler, alors je monte sur le sofa et je près du plafond mettre le speaker avec Metallica très loud. C'est radical! Elle arrête le bruit, mais elle recommence la ensuite.

La morale de mon histoire: trouvez un appart au dernier étage!!!!

10-36 **Une histoire similaire.** Un(e) ami(e) vous écrit pour vous dire qu'un(e) voisin(e) fait beaucoup de bruit. Ecrivez-lui un email pour raconter l'histoire de la voisine à Montréal (de l'Activité **10-35),** et pour proposer une réaction similaire. Ecrivez six à huit phrases. N'oubliez pas d'éviter la répétition avec des pronoms objets. Ensuite, échangez vos paragraphes avec votre partenaire avant de remettre (*before turning in*) la version finale.

A la découverte

Petit tour d'horizon

10-33 to 10-36

Les habitations montréalaises

Montréal offre un vaste choix d'habitations, mais on peut distinguer quatre styles principaux.

Carte des arrondissements de Montréal

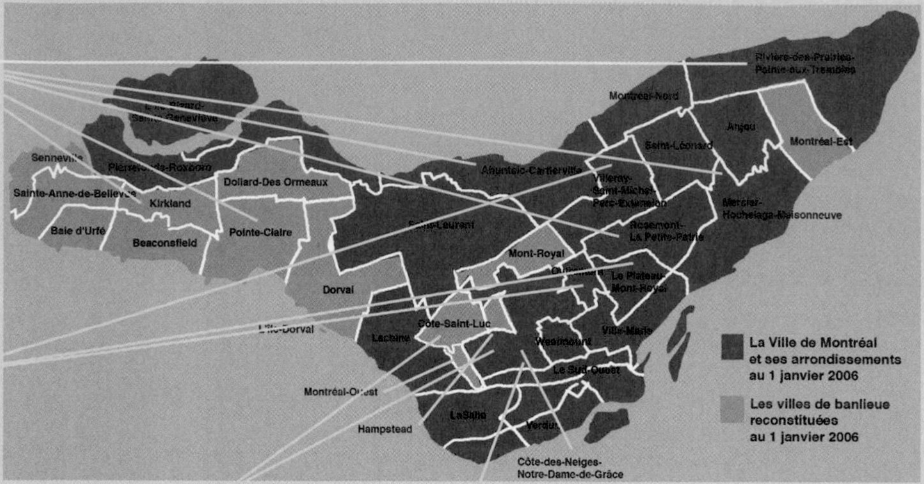

Les maisons isolées sont moins répandues à Montréal qu'en banlieue. On en trouve dans les zones périphériques (Ahunstic/Cartierville, Mercier, Rosemont) et dans les quartiers Pointe-aux-Trembles, Rivière-des-Prairies, Pointe-Claire, et Kirkland.

Les maisons en rangée sont reliées° par des murs mitoyens° Il peut s'agir d'un cottage ou d'un duplex ou triplex avec un ou deux logements par étage. On trouve beaucoup de maisons en rangée dans les quartiers à la mode et bourgeois (Outremont, le Plateau Mont-Royal) et dans les quartiers populaires (Villeray).

Les maisons d'appartements comprennent° plusieurs appartements à chaque étage avec une seule adresse et une seule entrée. On en trouve surtout en centre ville (Plateau Mont-Royal, Milton Park, le Vieux-Montréal, Côtes-des-Neiges).

Les maisons jumelées sont séparées de leurs voisines par un mur mitoyen. De chaque côté, une cour ou une allée° latérale permet d'accéder directement à l'arrière. On en trouve généralement dans des anciennes° municipalités aujourd'hui annexées à Montréal (Notre-Dame-de-Grâce, Côte-des-Neiges).

reliées *connected*; murs mitoyens *common walls*; allée *alley*; anciennes *former*; inclut *includes*; comprennent *include*

10-37 A chacune son style. Identifiez le(s) type(s) d'habitation selon les descriptions.

_____ **1.** Elles ont un mur mitoyen.	**a.** les maisons en rangée
_____ **2.** Elles sont indépendantes.	**b.** les maisons jumelées
_____ **3.** Elles ont une allée de chaque côté.	**c.** les maisons d'appartements
_____ **4.** Elles ont des logements séparés sur plusieurs étages.	**d.** les maisons isolées

10-38 Un style, un quartier. Vous êtes à la recherche d'un type de logement spécifique. Pour savoir dans quels quartiers ce type de logement est commun, vous (le/la client[e]) consultez un agent immobilier (votre partenaire).

Modèle: CLIENT(E): *Je recherche une maison en rangée de caractère historique, plein de détails architecturaux intéressants. Dans quels quartiers dois-je chercher?*

AGENT IMMOBILIER: *Il faut surtout chercher à Outremont ou sur le Plateau Mont-Royal. Vous allez y trouver…*

Montréal: Une ville à la beauté éclectique

Martine Bouliane, *La Presse* (juin 2005)

On dit souvent que Montréal est une ville laide. Pas du tout, rétorque° l'architecte Henri Cleinge, c'est justement dans son éclectisme, qu'elle trouve sa beauté.

Montréal se distingue par un «site naturel extraordinaire». L'architecture ajoute à cela. «Montréal est une très belle ville. Avec tous les projets qui s'y font, elle change, on sent qu'elle vit, que nous ne sommes pas dans un musée», observe Henri Cleinge.

M. Cleinge, architecte de 39 ans, ne croit pas que les plus belles maisons et les plus beaux quartiers de Montréal soient nécessairement à Outremont ou Westmount. S'il aime beaucoup le Vieux-Montréal, il considère d'autres secteurs, comme le Plateau, «plus intéressants». «J'aime le mélange hétéroclite. C'est pour ça que j'aime les quartiers à l'est de la montagne. On sent le côté cosmopolite dans l'architecture, les différentes époques».

Selon Henri Cleinge, la ville n'est ni américaine ni européenne, elle a un peu des deux. Un caractère unique, donnant d'ailleurs lieu à «d'architecture montréalaise», qui se distingue de celle de Vancouver ou Toronto. «On a un modernisme montréalais, on parle de simplicité. Le volume est très simple, bien pensé, c'est subtil comme expression. Beaucoup de rénovations se font et on garde des matériaux comme le béton° et l'acier°», explique ce passionné.

C'est en 2003 que Henri Cleinge visite cet ancien entrepôt° de vins, dans la partie industrielle de la Petite Italie. Après une «transformation extrême» des lieux, il a fait de l'entrepôt trois logements. L'un de ces logements est devenu son nouveau chez-soi où les pièces sont généralement à aire ouverte.

© Martine Bouliane

---

rétorque *replies*; béton *concrete*; acier *steel*; entrepôt *warehouse*

10-39 Montréal, une belle ville? Indiquez les affirmations qui sont vraies. Corrigez celles qui sont fausses.

1. Le vieux Montréal est le quartier préféré de Cleinge.
2. Cleinge aime les quartiers à l'est de la Montagne pour ses styles architecturaux.
3. Cleinge pense que Montréal est plus américaine qu'européenne.
4. Cleinge a transformé un hangar en un immeuble minimaliste.
5. Les pièces dans le logement de Cleinge sont généralement fermées.

10-40 Comparaisons. Dans votre ville d'origine, quels types d'habitations est-ce qu'on trouve? Est-ce qu'il y a des types d'habitations communs avec Montréal? Qu'est-ce qui peut expliquer la présence de types communs (historiquement, géographiquement, démographiquement)?

Les goûts immobiliers des Québécois

Un sondage conduit en 2007 sur les préférences québécoises de logement révèle les tendances actuelles.

10-41 **Premier survol**

- **Votre idée de la maison idéale.** Indiquez votre nombre idéal de pièces dans une maison. Faites une liste de ces pièces.
- **Une question de terminologie.** A votre avis, quel est l'équivalent en anglais des termes suivants utilisés dans l'interview?

> salle d'eau complète la chambre des maîtres
> salle familiale cinéma maison

La maison idéale selon les Québécois
(15 avril 2007)

Un récent sondage révèle que la maison idéale selon les Québécois est située en banlieue, et que les personnes qui magazinent° pour une maison recherchent soit un cottage (28%) ou une maison unifamiliale (27%), de style moderne (35%), ou victorien (31%) avec trois niveaux° y compris le sous-sol°. La majorité des Québécois préfèrent une maison déja construite, seulement 8% s'en font construire une.

Cette maison idéale doit compter sept pièces, dont trois chambres à coucher minimum. Les nouveaux couples envisagent d'avoir au moins deux enfants. De ce fait, la nécessité d'avoir une chambre à coucher pour chacun des enfants va sans dire°. Idéalement, les Québécois veulent deux salles de bains, avec au moins une salle de bains complète. Les avis sont partagés sur la nécessité d'avoir une salle de bains attenante° à la chambre des maîtres, mais 87% d'entre eux souhaitent avoir la douche séparée de la baignoire pour des raisons d'accessibilité et d'aménagement°. Près de la moitié des Québécois préfère une salle familiale séparée de la

une maison victorienne

---

magazinent *shop;* niveaux *levels;* sous-sol *basement;* va sans dire *goes without saying;* attenante *adjoining;* aménagement *layout*

salle de séjour. La salle familiale est une importation américaine qui est rentrée récemment dans les mœurs des Québécois. Généralement, c'est dans la salle familiale qu'on a le cinéma maison, la salle de séjour est réservée pour les invités. Une majorité des Québécois (59%) préfèrent toutefois une salle à manger à aire ouverte sur la cuisine. Une aire ouverte salle à manger—cuisine donne l'impression d'avoir plus d'espace et facilite la convivialité puisque la personne qui cuisine peut jaser° avec les autres personnes dans la maison. Plus des deux-tiers des Québécois (77%) sont intéressés par un foyer°; ils sont 57% à le vouloir dans la salle de séjour et 43% dans la salle familiale. Les Québécois recherchent une maison avec un garage qui a un espace de rangement°, de la place pour garer une (40%) ou deux voitures (54%) et un accès direct au sous-sol.

---

jaser *to talk, to chat;* foyer *fireplace (in Québécois French);* rangement *storage*

10-42 **Essentiel à saisir**

- **Les Québécois et leur maison idéale.** Encerclez la lettre de la réponse qui convient.

1. Les Québécois veulent une maison (en ville / en périphérie).

2. Le type de maison préféré par les Québécois est (un cottage à l'architecture contemporaine / une maison unifamiliale de style victorien).

3. Une majorité de Québécois veulent (une maison d'un étage avec un sous-sol / une maison de deux étages sans sous-sol).

4. Plus de la moitié des Québécois veut une maison avec un garage qui accommode (une voiture / deux voitures).

- **L'intérieur rêvé.** Pour compléter les phrases, sélectionnez le mot qui convient dans la liste suivante:

> pièces   baignoire   séjour   aire salle à manger-cuisine
> chambres à coucher   salle familiale   douche   salles de bains   foyer

Dans l'ensemble, les Québécois veulent une grande maison, sept **1.** _____ sont la norme. Les Québécois recherchent une maison avec trois **2.** _____ Ils veulent deux **3.** _____ idéalement, avec **4.** _____ et **5.** _____ séparées. Ils désirent une **6.** _____ car c'est plus facile d'avoir une conversation avec la famille quand on cuisine. La tendance est à avoir la salle familiale séparée du **7.** _____ Dans la **8.** _____ on regarde la télé en famille alors que dans le séjour on reçoit les invités. Une majorité de Québécois veulent un **9.** _____ dans la salle de séjour.

Appartement miniature

Dans la chanson *Notre Petit Appartement* du groupe Chanson Plus Bifluorée, on retrouve un couple et leur vie dans un minuscule logement.

Lisez les paroles de *Notre Petit Appartement*.

Suggestion: Ecoutez la chanson ou regardez la vidéo.

http://www.pearsonhighered.com/francais-monde

Chanson Plus Bifluorée est un groupe musical composé aujourd'hui de trois membres. Ils modifient les paroles de chansons qui existent, et ils composent aussi des chansons qui parodient des genres musicaux. Leur but, l'humour. La chanson *Notre Petit Appartement* est issue de l'album *Peinture à Carreaux*.

Allez sur le site de Français-Monde et utilisez les liens et/ou les critères de recherche donnés pour accéder aux paroles de la chanson. Imprimez les.

Chanson Plus Bifluorée
en concert

10-43 **Premier survol**

- **Un appartement bien aménagé.** Faites une liste de meubles que vous estimez être indispensables dans un appartement.

- **Les installations et les appareils électriques.** Faites une liste des installations et appareils électriques que vous estimez être indispensables dans un appartement. Référez-vous à **Pour bien communiquer: Décrire un appartement** (page 308).

Notre Petit Appartement

1 Enfin on a trouvé l'appartement rêvé°
Il est vraiment charmant quelle joie pour des amants°
C'est un vrai nid d'amour° donnant sur une cour
On peut dire que l'on a un joli p'tit chez-soi°

2 Pour y tenir à deux°, il faut sortir un' chaise
Pour y tenir à trois, faut démonter° l'armoire
Mais l'armoire démontée, on n'est pas plus à l'aise
Car pour la mettre dehors faut virer° la baignoire

3 Pour virer la baignoire, il faut sortir la table
Mais pour sortir la table faut tirer la télé
Pour tirer la télé, il est inévitable
D'accomplir l'ascension du placard à balais°

4 Une fois sur le placard, faut décrocher l'horloge°
Pour décrocher l'horloge faut saisir l'escabeau°
Pour saisir l'escabeau, vu le coin où il loge
Faut pousser le fauteuil et ouvrir le frigo

5 Pour ouvrir le frigo qui est inaccessible
Il faut d'abord grimper sur le compteur à gaz°
Puis se laisser glisser, en douceur si possible
Sur l' coin d'la cheminée sans faire tomber les vases

6 Une fois sur la cheminée, pour gagner la terre ferme
Faut bondir comme un singe° dans le porte-manteaux°
Puis ramper sous l'bahut° dont la porte se ferme
C'est ce qui vous permet d'approcher le lavabo

7 Après le lavabo, faut passer le lit cage°
S'il est plié on l'ouvre, on y gagne en hauteur
Par contre s'il est ouvert, le plier° c'est plus sage
On n'peut plus l'enjamber° mais on gagne en largeur

8 Le lit-cage investi, défoncer° la penderie
Traverser le buffet et couper au plus court
On a des chances alors d'atteindre la sortie
Et puis sur le palier° de crier: «Au secours!»°

appartement rêvé *dream apartment;* amants *lovers;* nid d'amour *love nest;* p'tit chez-soi *home;* pour y tenir à deux *to fit two people;* démonter *to take apart;* virer *to take out;* placard à balais *broom closet;* horloge *clock;* escabeau *step ladder;* compteur à gaz *gas meter;* comme un singe *like a monkey,* porte-manteaux *coat rack;* bahut *sideboard;* lit cage *folding metal cot;* plier *to fold;* enjamber *to straddle;* défoncer *to smash down;* palier *landing;* au secours *help*

9 Oui mais si les voisins° sitôt se précipitent
Il faut les rejeter°, les chasser° de l'endroit
De notre appartement on connaît les limites
Ici y'en a pour deux mais y'en a pas pour trois

10 Pour y tenir à deux, il faut sortir un' chaise
Pour virer la baignoire, il faut sortir la table
Un' fois sur le placard, faut décrocher l'horloge
Pour ouvrir le frigo qui est inaccessible

11 Pour y tenir à deux, faut vider° la baignoire
Tout au fond du placard, puis ouvrir le frigo
Une fois sur la cheminée après le lavabo
Traverser le buffet crier au secours

Pour gagner en hauteur pour ne pas perdre en largeur
Faut démonter l'armoire en douceur si possible
Pour saisir l'escabeau on a des chances alors
Oui notre appartement c'est un vrai nid d'amour
Un joli p'tit chez-soi un joli p'tit chez-soi
Pour y tenir à trois sous le porte-manteau
Sans le bahut on y gagne en longueur
On a des chances alors de couper au plus court
Une fois sur le palier pour décrocher l'horloge
A condition d'éteindre le compteur à gaz
De brûler le fauteuil de vendre la télé
Qu'il est charmant charmant notre p'tit appartement
Qu'il est charmant charmant notre p'tit appartement

"Notre petit appartement" by Pierre Louki (1920–2006) France–DR. Used by permission.

---

voisins *neighbors;* rejeter *to push out;* chasser *to chase out;* vider *to empty*

10-44 Essentiel à saisir

- **Un joli p'tit chez-soi.** Encerclez la lettre de l'option appropriée pour compléter les phrases.

1. Dans l'appartement, _____ y être sans rien bouger.

a. une personne peut

b. deux personnes peuvent

c. trois personnes peuvent

2. L'appartement donne sur _____.

a. une rue tranquille

b. un autre immeuble

c. une cour intérieure

3. Pour que deux personnes tiennent dans l'appartement, il faut retirer _____.

a. une armoire

b. une chaise

c. une armoire et une chaise

4. Pour que trois personnes tiennent dans l'appartement, il faut retirer _____.

a. une chaise

b. une chaise et une armoire

c. une chaise, une armoire, une baignoire et une table

5. Au final, il est impossible d'y être plus _____.

a. d'une personne

b. de deux personnes

c. de trois personnes

- **Un nid d'amour.** Pourquoi les auteurs de la chanson choisissent-ils l'expression «nid d'amour» pour parler de cet appartement?

Le dilemme de Marc

Marc sera à Montréal pendant deux mois pour un stage et il a besoin de trouver un logement. Voilà le message qu'il a posté sur un blogue et la réponse qu'il a reçue.

10-45 **Premier survol**

- **Les priorités de Marc.** Parcourez rapidement le message de Marc. Pour son logement à Montréal, Marc veut: _____ être près de l'aéroport; _____ être près de son entreprise à Ville St-Laurent: _____ être près des transports publics; _____ avoir un grand studio; _____ habiter un quartier résidentiel et calme.
- **Quel dilemme?** Écrivez une phrase pour expliquer le dilemme de Marc.

Forum d'entraide

Où se loger à Montréal? Salut tout le monde! Je vais faire un stage de trois mois dans une compagnie située à Ville St-Laurent. Pendant mon stage, je voudrais bien pouvoir découvrir Montréal. Bon, idéalement, je veux trouver un appart dans un quartier sympa (le Vieux-Montréal?), vivant, près des transports publics et pas trop loin d'où je vais travailler... (ouais, je sais, j'ai pas mal de critères!) Est-ce qu'une colocation est une bonne solution à Montréal? Je peux payer un loyer d'environ $1200 CAD/mois. Merci d'avance à ceux qui pourront m'aider! Marc

Re: **Où se loger à Montréal?** Salut! Si tu veux être près des services, des restos, des bars, évite le Vieux-Montréal. C'est un quartier hyper-touristique, et pas très adapté aux résidents (pas de dépanneurs° et peu de commodités). En plus, c'est un quartier super cher et loin de ton travail... Villeray, c'est une très bonne option. Quartier résidentiel, mais avec pas mal de restos, bars et commodités et accès à plusieurs stations de métro. Les quartiers adjacents, comme Petite-Patrie, sont aussi à considérer. Si tu veux être où ça bouge et être «au cœur» de Montréal, il y a le Plateau Mont-Royal. Mais les loyers sont généralement chers et les appartements vacants sont rares. Proche du Plateau, il y a le Mile-End, un quartier branché° et cher aussi. Pour ce qui est de la colocation, ça se fait beaucoup ici, mais c'est rare que quelqu'un se cherche un/une colocataire pour trois mois seulement...

Si tu as des questions ou besoin d'aide, n'hésite pas! Salut! Patrick

---

dépanneur *grocery store* (*in Québécois French*); branché *hip*

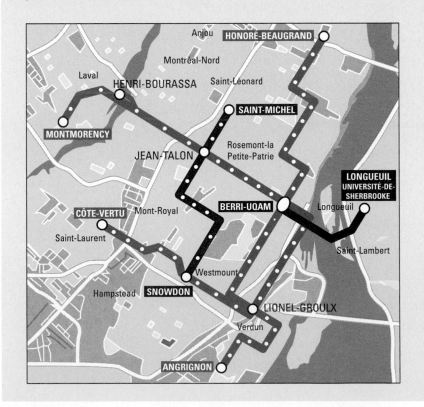

10-46 **Essentiel à saisir**

- **Avantages et désavantages.** D'après Patrick, quels sont les avantages et désavantages des quartiers suivants? le Vieux-Montréal, Villeray, le Plateau Mont-Royal, le Mile-End

- **Décision, décision.** Sur la base des renseignements donnés par Patrick, quel quartier Marc va-t-il choisir? Pourquoi?

10-47 **A l'aide de Marc.** Choisissez un des quartiers que Patrick conseille à Marc. Ensuite, aidez Marc à trouver un appartement dans le quartier que vous avez choisi pour lui. Allez sur le site de *Français-Monde* et utilisez les liens et/ou les critères de recherche donnés pour consulter des petites annonces dans des journaux québécois. Sélectionnez une possibilité.

http://www.pearsonhighered.com/francais-monde

10-48 **A notre avis.** Vous et un(e) partenaire avez chacun(e) trouvé un appartement possible pour Marc. Choisissez la meilleure option et répondez-lui sur le forum pour lui faire part de cette possibilité.

Re: Où se loger à Montréal? Bonjour Marc, Mon ami(e) et moi avons consulté les petites annonces dans

(*nom du journal consulté*) _____

et nous pensons que la petite annonce suivante va t'intéresser: (*titre de l'annonce et date*). _____

Cette annonce est pour (*type de logement*) _____

situé à (*quartier de Montréal*) _____

Il a (*liste des aménités principales*) _____

_____

_____

_____

_____

_____

Le loyer est de (*montant par mois*) _____ C'est dans le budget que tu

as spécifié. La station (*nom de la station de métro*) _____ est

très proche et il y a _____ arrêts jusqu'à ton travail

Salut et bonne chance.

---

http://www.pearsonhighered.com/
français-monde

👥👥 **10-49** **Un logement idéal.** Vous allez faire un stage à Montréal. Vous passez par une agence immobilière pour trouver un appartement. Vous (le/la client[e]) expliquez à votre agent immobilier (votre partenaire) ce que vous recherchez: nom du quartier à Montréal, type d'habitation, aménités et loyer maximum que vous pouvez payer. Votre agent immobilier consulte les annonces placées dans son agence et vous propose un logement. Finalement, vous indiquez si vous le prenez ou pas.

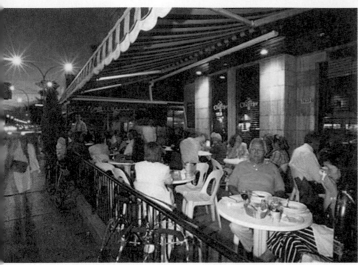

Le Plateau Mont-Royal, un quartier animé à Montréal

Modèle:

CLIENT(E):
Bonjour, je m'appelle…
Pendant un stage à Montréal, j'aimerais habiter
dans le quartier…
J'aimerais louer un(e)… avec les aménités suivantes:…
Le loyer ne peut pas s'élever à plus de… par mois.

AGENT IMMOBILIER:
(Consulte les annonces et répond) Et bien, écoutez,
j'ai trouvé le logement idéal, laissez-moi vous le décrire…

CLIENT(E):
J'ai décidé de…

👥👥 **10-50** **Faire le bilan.** Pensez aux informations et données dans **Pour commencer, Pour aller plus loin** et **A la découverte** et travaillez avec un(e) partenaire pour synthétiser ce que vous avez appris sur l'habitat au Québec.

Les différents quartiers de Paris et Montréal et leurs caractéristiques	
Les types de maisons à Montréal et dans ses environs	
Leurs caractéristiques principales	
La maison idéale des Québécois	

Maintenant, écrivez une petite présentation détaillée d'une dizaine de lignes sur les quartiers des villes de Paris et Montréal, leurs quartiers/arrondissements, les types de maisons qu'on peut trouver à Montréal et la maison idéale selon les Québécois.

A votre tour

Exposition

Louer sa maison ou son appartement pendant qu'on est parti en vacances est une formule de plus en plus populaire. Vous pensez, «pourquoi pas moi?» Vous décidez d'écrire une annonce pour l'appartement/la maison que vous voulez louer à des vacanciers. Vous décrivez en détail le quartier, le logement et les amenités offertes. Pour vous aider à faire ce travail, vous allez compléter une série d'activités dans votre manuel et votre cahier d'exercices qui comprennent…

- examiner le contenu de différentes annonces de location
- considérer le langage descriptif de ces annonces
- comparer les populations cibles et ce qu'elles recherchent

📖 Zoom sur…

4 to 10-47

Un programme de location immobilière

10-51 **Louer sa maison.** Quel genre d'information est-ce qu'on peut trouver sur les sites Internet qui se spécialisent dans les locations de maison à des vacanciers? Donnez trois renseignements que vous voulez absolument trouver.

10-52 **Les éléments incontournables.** Une annonce utilise généralement beaucoup d'adjectifs pour décrire de façon attrayante un appartement ou une maison. Dans l'annonce ci-dessous les adjectifs sont rares.

1. Essayez d'inclure logiquement les adjectifs de cette liste dans l'annonce: (De multiples possibilités existent: attention à l'accord de l'adjectif.)

> grand   agréable et spacieux   sécurisé
> équipé   lumineux   beau   vaste

Appartement situé sur la rue Duluth à quelques mètres du Parc Lafontaine, au troisième étage d'un duplex. Cet appartement comprend une cuisine, une salle de bains avec bain et douche, des toilettes séparées, un salon–salle à manger et deux chambres. La chambre donne sur la cour intérieure. Elle est dotée d'un lit double et d'un placard pour ranger. La petite chambre, sur rue, est équipée d'un divan-lit double. L'appartement est équipé: lave-linge, lave-vaisselle, four, frigo, plaques de cuisson, pour ce qui est de la cuisine. Dans le salon, un système de son et une télévision sont disponibles.

 2. Avec un(e) partenaire, comparez les textes que vous avez produits. S'il y a des différences, justifiez votre choix à votre partenaire.

http://www.pearsonhighered.com/
francais-monde

Offres de location

10-53 **Attributs et emplacement.** Allez sur le site *Français–Monde* pour télécharger les deux offres de location, parcourez-les rapidement, et remplissez le tableau ci-dessous en fonction des informations données.

APPARTEMENT – VIEUX PORT – QUÉBEC

INFORMATIONS ET RÉSERVATION

Non-disponible à ces dates
Du 02-01-2010 au 30-01-2010; Du 01-08-2010 au 31-08-2010; Du 01-09-2010 au 30-09-2010

De 1 425,00 à 1 525,00/mois ($ CAN)

Pour toutes les photos, cliquez ici

Très bel appartement, récemment rénové, 3ème étage, donnant sur la rue St-Paul, très connue pour ses antiquaires et ses excellents restaurants. L'appartement de décoration moderne comprend une cuisine à aire ouverte sur le grand salon/salle à manger, une chambre avec lit queen, une salle de bains (bain/douche) attenante, une petite pièce bureau. Foyer fonctionnel dans le grand salon/salle à manger. TV (câble) et Internet.

Surface:	91m²
Nombre de personnes:	4
Nombre de lits doubles:	1
Nombre de lits simples:	0
Nombre de salles de bains:	1

◆ Non-fumeur ◆ Micro-ondes
◆ Laveuse ◆ Terrasse
◆ Sécheuse ◆ Stationnement

MAISON – MONTRÉAL BANLIEUE – QUÉBEC
INFORMATIONS ET RÉSERVATION

Non-disponible à ces dates
Du 01-06-2010 au 31-08-2010
Du 01-09-2010 au 15-09-2010

2 525,00/mois ($ CAN)

Pour toutes les photos, cliquez ici

Grande maison unifamiliale sur 2 niveaux avec grand jardin, située à Rivières des Prairies (30 minutes en voiture du centre-ville de Montréal) dans un quartier calme proche de toutes les commodités: magasins, services, etc. Accès autoroute, aéroport P. E. Trudeau. À votre disposition, une grande cuisine à aire ouverte entièrement équipée, une salle de séjour/salle à manger, 4 chambres, une salle de jeu. TV, Internet, barbecue, garage. Idéal pour une famille.

Surface:	185m²
Nombre de personnes:	6
Nombre de lits doubles:	2
Nombre de lits simples:	2
Nombre de salles de bains:	2
Divan lit:	1

● Non-fumeur ● Micro-ondes
● Téléphone ● Climatisation
● Laveuse ● Jardin
● Sécheuse ● Terrasse
● Lave-vaisselle° ● Stationnement

	Appartement	Maison
Caractéristiques:		
Cuisine équipée		
Chambres multiples		
Coin-bureau		
Cheminée		
Terrasse/Patio		
Parking		
Accès Internet		
Accès cable		
Climatisation		
Emplacement:		
Centre-ville		
Banlieue		
A proximité de:		
Restaurants		
Magasins		
Parcs		
Aéroports		

10-54 **A louer.** Lisez les deux offres de l'Agence LocaVacances que vous avez téléchargées. Indiquez les affirmations qui sont vraies. Corrigez celles qui sont fausses.

1. L'appartement est situé dans un quartier calme.
2. L'appartement et la maison sont très clairs à l'intérieur.
3. On peut garer sa voiture facilement dans ces deux locations.
4. L'appartement et la maison sont climatisés.
5. Il y a beaucoup d'espaces verts à proximité de la maison.
6. La maison a deux étages.

📖 Intégration

10-48 to 10-49

A la recherche de la location idéale

10-55 Demande de location. Les personnes dans ces photos cherchent un logement d'été au Québec. Ils ont contacté LocaVacances, votre agence, pour les aider à trouver le logement idéal.

ESTELLE: Je veux être dans un quartier animé.

LES DUHAMEL: Nous voulons de l'espace.

JEAN-CHARLES: J'ai besoin de calme pour écrire.

1. **Décidez:** Parmi les deux logements proposés par votre agence immobilière (appartement à Québec; maison en banlieue de Montréal), lequel est-ce que vous allez recommander à chacune de ces personnes?
2. **Prenez des notes:** Quels aspects du logement sélectionné vont les intéresser?

🍦 **10-56 Ça vous intéresse?** Vous (l'agent de LocaVacances) appelez le(la) locataire potentiel(le) (Estelle, un membre de la famille Duhamel, ou Jean-Charles) pour proposer un logement.

Modèle:

L'AGENT IMMOBILIER: *Bonjour, j'ai trouvé parmi les annonces de LocaVacances le logement idéal pour vous. Il est...*

LE(LA) LOCATAIRE POTENTIEL(LE): *J'ai quelques questions supplémentaires. Est-ce que...?*

Mon quartier, mon annonce

10-57 Mon quartier. Prenez des notes sur le quartier (situation, type [commercial, résidentiel]), où vous habitez maintenant et ses attraits touristiques et ensuite décrivez-le. Utilisez comme modèle les annonces de LocaVacances que vous avez téléchargées.

10-58 Logement à louer. Faites une description détaillée et vivante d'une dizaine de lignes de l'intérieur et de l'extérieur du logement que vous offrez en location. Considérez: Quelle population est-ce que vous voulez attirer? Quels détails vont l'intéresser Inspirez-vous des modèles de LocaVacances que vous avez téléchargés.

10-59 Mon annonce. Vous allez mettre en page votre annonce, en vous inspirant des modèles de LocaVacances. A inclure dans votre annonce: le prix de la location par mois, le numéro de téléphone (pour faire la réservation), quatre images (une extérieure, trois intérieures), la description (Activité **10-58**) et un tableau des aménités et commodités offertes. Présentez votre annonce à la classe et trouvez preneur (*taker*).

Vocabulaire

Pour commencer

Describing an apartment

Types of buildings

l'appartement (m.)	apartment
l'immeuble (m.)	building
un pavillon	house
un studio	studio

Characteristics of buildings

l'ascenseur (m.)	elevator
au premier étage	on the second floor
au rez-de-chaussée	on the ground floor
avec vue (panoramique)	with a (panoramic) view
avec vue sur la cour	with a view of the courtyard
avec vue sur la rue	with a view of the street
en bois	made of wood
en briques	made of brick
en pierre de taille	made of cut stone
l'escalier (m.)	stairs
près du métro	near the subway

Renter's responsibilities

laisser une caution	to leave a deposit
le (la) locataire	renter
louer un appartement	to rent an apartment
payer les charges	to pay for the utilities
signer le bail	to sign the lease

Interior space

la baignoire	bathtub
la chambre	bedroom
la cuisine	kitchen
la cuisinière	stove
la douche	shower
l'entrée (f.)	entry
l'évier (m.)	kitchen sink
le lavabo	bathroom sink
la lingerie	laundry room
la pièce	room
le plan	layout
le réfrigérateur (le frigo)	refrigerator
la salle à manger	dining room
la salle de bains	bathroom
le séjour	living room
les toilettes (f.)	toilet
les W.C.	bathroom, toilet

Describing an apartment (*continued*)

Describing a neighborhood

près des transports publics	near public transport
de grandes routes	major roads
de bâtiments anciens	old buildings
la boucherie	butcher shop
la boulangerie	bakery
la charcuterie	deli
le croissant	crescent roll
le divertissement	entertainment
les espaces (m.) verts	green spaces
la grande surface	supermarket
le marché	market
la pâtisserie	pastry shop
le quartier	neighborhood
animé	active
bruyant	noisy
le rôti de bœuf	roast beef
le saucisson	sausage
la tarte	pie

Verbs that take indirect objects

convenir à	to suit
demander à	to ask (someone)
dire (quelque chose) à	to say (something) to
donner (quelque chose) à	to give (something) to
envoyer (quelque chose) à	to send (something) to
expliquer (quelque chose) à	to explain (something) to
montrer (quelque chose) à	to show (something) to
parler à	to speak to
téléphoner à	to call

Pour aller plus loin 🔊

Describing furniture

Types of furniture

l'armoire (f.)	armoire
le buffet	sideboard
le bureau	desk
la chaise	chair
la commode	chest of drawers
les étagères (f.)	shelves
le fauteuil	upholstered armchair
la lampe	lamp
le lit	bed
les meubles (m.)	furniture
le sofa	sofa
le tapis	rug

Characteristics of furniture

en acajou	made of mahogany
en bois	made of wood
en chêne	made of oak
en merisier	made of cherry
en noyer	made of walnut
en tek	made of teak
style déco	art deco style
style empire	regency style
style rustique	rustic style

Giving reasons not to move

aimer la stabilité	to like stability
aimer son poste	to like one's job
avoir beaucoup d'ami(e)s ici	to have many friends here
avoir un(e) ami(e)	to have a boyfriend (girlfriend)
être né(e) dans la région	to have been born in the area
ne rien changer dans sa vie	not to change anything in one's life
préférer rester sur place (dans la même région)	to prefer to stay put (in the same region)
trouver la région belle	to find the region beautiful
vouloir rester	to want to stay

Giving reasons to move

déménager pour...	to move for/in order . . .
améliorer son salaire	to improve one's salary
changer de poste	to change jobs
changer de ville	to change cities
chercher un meilleur poste	to look for a better job
échapper à un poste ennuyeux	to avoid a boring job
habiter dans la même région que sa famille	to live in the same region as one's family
un meilleur climat	a better climate
recommencer dans un autre endroit	to start over in a new place
refaire sa vie	to start life over
la santé	health

Comment se soigner et maintenir la forme

Themes and Communication

Discussing ailments and illnesses

Expressing opinions about medical remedies

Discussing eating well and exercising

Structures

The conditional of regular verbs

The conditional of irregular verbs

If-then clauses (likely situations)

If-then clauses (unlikely situations)

Destination

France and the Francophone world

Project

Writing a children's story and creating a recording of it

Quand vous avez un rhume, prenez-vous parfois des médicaments naturels? Des remèdes homéopathiques?

Pour commencer

Contextes Dans cette section vous allez parler de maladies et de remèdes.

A la pharmacie

11-01 to 11-02

11-1 **Avant de visionner.** De quoi est-ce que Clémence parle au pharmacien? Regardez la liste suivante et décidez s'il est **probable (P)** ou **peu probable (PP)** qu'ils disent les choses suivantes.

1. ____ Ça fait quelques jours que je suis malade. **2.** ____ Vous avez de la fièvre (*fever*)? **3.** ____ J'ai besoin de papier et d'un stylo. **4.** ____ Vous avez d'autres choses, mal à la gorge (*throat*) ou le nez qui coule (*a runny nose*)? **5.** ____ Je voudrais un café avec un croissant.

Visionnez la vidéo | **A la pharmacie**

Clémence est malade. Elle a besoin de médicaments et elle va demander des conseils au pharmacien.

— Je suis un peu malade et alors je vais demander conseil à la pharmacie.

— J'ai la gorge qui s'est serrée. J'ai mal, je tousse et ça m'irrite.

— Je vais vous donner des médicaments pour calmer vos douleurs, votre fièvre.

11-2 **Clémence est malade.** Indiquez les affirmations qui sont vraies. Corrigez celles qui sont fausses.

1. Clémence a besoin de médicaments pour sa fièvre.
2. Le pharmacien pense qu'elle a une maladie grave.
3. Clémence a des frissons (*chills*) et elle dort beaucoup.
4. Le pharmacien n'a pas de médicaments pour elle.
5. Le pharmacien lui demande d'aller voir un médecin si la maladie ne s'améliore pas.

11-3 **Jouons les rôles.** Clémence est malade et demande des conseils au pharmacien. Il lui pose des questions pour l'aider. Travaillez avec un(e) partenaire et jouez les rôles de Clémence et du pharmacien (de la pharmacienne).

Modèle: E1: *J'ai de la fièvre.*
E2: *Vous avez mal à la gorge?*
E1: *Oui, j'ai très mal.*
E2: *Ça fait penser un peu à la grippe.*

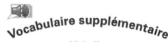

Vocabulaire supplémentaire

Maladies

avoir de la fièvre	*to have a fever*
avoir des courbatures dans le dos	*to have a backache*
avoir des frissons	*to have chills*
avoir mal à la gorge	*to have a sore throat*
avoir mal à la tête	*to have a headache*
avoir mal au ventre	*to have a stomachache*
éternuer	*to sneeze*
tousser	*to cough*

Remèdes

prendre des pastilles pour la gorge	*to take cough drops*
prendre un remède contre l'indigestion	*to take a remedy for indigestion*
prendre une aspirine	*to take an aspirin*

Pour bien communiquer — **Les parties du corps, les maladies et les remèdes**

Les parties du corps

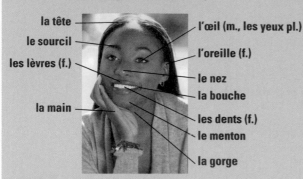

la tête
le sourcil
les lèvres (f.)
la main
l'œil (m., les yeux pl.)
l'oreille (f.)
le nez
la bouche
les dents (f.)
le menton
la gorge

l'épaule (f.)
le dos
le coude
le bras
le poignet
la cheville
la poitrine
le ventre
la jambe
le genou
le pied

Les maladies

J'ai de la toux (*a cough*), la grippe (*the flu*), un rhume (*a cold*),
  une allergie, le nez qui coule (*a runny nose*).
J'ai des frissons (*chills*) et des douleurs (*aches, pain*).
J'ai mal au cœur (*I am nauseous*), j'ai mal au foie (*I have indigestion*).
J'ai mal aux dents.
Je tousse, j'éternue, je vomis.

Les remèdes

Si vous êtes malade, il faut vous soigner (*to take care of yourself*).
Si vous avez le nez qui coule, mettez des gouttes (f.) pour le nez.
Si vous avez mal à la tête, prenez des cachets d'aspirine ou un
  remède homéopathique.
Si vous avez une infection, prenez des antibiotiques (m.).
Si vous avez un rhume ou une grippe, prenez des cachets (m.) d'aspirine
  (des aspirines (f.)), un sirop et des gouttes (f.) pour le nez.
Si vous avez mal au ventre, prenez un remède contre l'indigestion,
  un antiacide ou une tisane (*herbal tea*).
Si vous toussez, prenez un sirop.
Si vous vous sentez mal et si vous avez de la fièvre, prenez des
  cachets d'aspirine (des aspirines) et prenez du repos (*rest*).

11-4 **Remèdes douteux.** Votre ami(e) est mal renseigné(e) sur les remèdes contre les maladies. Corrigez ses fautes.

1. Si tu as une grippe, prends un antiacide.
2. Quand on a mal au ventre, il faut mettre des gouttes pour le nez.
3. Si on tousse, on prend des cachets d'aspirine.
4. Quand on a mal à la tête, il faut prendre des antibiotiques.
5. Tu as une indigestion? Prends du sirop.

 11-5 **Des conseils.** Votre ami(e) est malade. Il (elle) a des douleurs et vous demande des conseils. Conseillez-lui des remèdes pour se soigner.

Modèle: **E1:** *J'ai mal à la tête.*
  E2: *Alors il faut prendre des cachets d'aspirine et du repos.*
  E1: *Je suis allergique à l'aspirine.*
  E2: *Prends une tisane alors.*

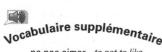
Vocabulaire supplémentaire

ne pas aimer	*to not to like*
détester	*to hate*
être allergique à	*to be allergic to*
ne pas supporter	*to not tolerate*

1. J'ai mal au ventre.
2. J'ai de la fièvre.
3. J'ai le nez qui coule.
4. J'ai une infection.
5. Je tousse.

Voix francophones au présent: Médecine douce ou médecine générale?

Dahlila et Pierre discutent de l'homéopathie et de l'allopathie avec plusieurs personnes.

11-6 **Avant d'écouter.** Quand vous vous sentez mal, quels remèdes prenez-vous? Est-ce que vous prenez des remèdes homéopathiques (tisanes, acupuncture) ou est-ce que vous employez l'allopathie (aspirine, antibiotiques) dans les cas suivants?

1. Je ne suis pas malade, mais j'ai besoin de quelque chose.
2. J'ai une fièvre assez haute.
3. Je tousse un peu, mais je crois que ce n'est pas grave.
4. J'ai des problèmes hormonaux.

Pour bien écouter	Focusing on time references and verb tenses

As you listen to French, listen for time references and verb tenses to understand the time. You can then also determine if the speaker is making factual statements (the indicative), suppositions (the subjunctive), or hypotheses (the conditional, which you will learn in this chapter). In the following excerpt, what tenses are the interviewees using and what does this imply about what they are saying?

11-06
to 11-08

Ecoutons! **Voix francophones au présent: Médecine douce ou médecine générale?**

— J'utilise aussi les médicaments classiques.

— Je cherche le médicament correspondant dans un livre.

— Si j'avais quelque chose de sérieux, je consulterais un médecin.

11-7 **Mon opinion.** Lisez les phrases suivantes et décidez si elles décrivent l'opinion d'Annick (**A**), de Chloë (**C**), de Noah (**N**) ou de Tinh (**T**).

_____ **1.** Je ne crois pas à l'homéopathie.
_____ **2.** Je me sers surtout de l'homéopathie pour les problèmes hormonaux.
_____ **3.** J'essaie de privilégier l'homéopathie.
_____ **4.** J'utilise aussi les médicaments classiques pour les problèmes de santé plus sérieux.
_____ **5.** Il est évident que l'homéopathie ne peut pas remplacer la médecine générale.

11-8 **Sont-ils ambivalents?** Est-ce que les personnages suivants sont **pour (P)** ou **contre (C)** l'homéopathie, ou bien sont-ils **ambivalents (A)**? Donnez des détails de leur interview avec Pierre et Dahlila.

1. _____ Annick **2.** _____ Chloë **3.** _____ Noah **4.** _____ Tinh

Modèle: Annick

Annick croit que... Elle ne pense pas que... Elle a dit que...

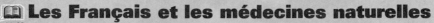

📖 Les Français et les médecines naturelles

11-09

Les médecines naturelles deviennent de plus en plus populaires en France. D'après un récent sondage, plus d'un Français sur trois utilise les médecines naturelles. Les femmes utilisent les médecines naturelles plus que les hommes, les moins de 35 ans plus que leurs aînés, les catégories socio-professionnelles élevées plus que les employés, les retraités ou les ouvriers.

L'homéopathie et l'ostéopathie sont les spécialités les plus utilisées, suivies de près par la phytothérapie, l'acupuncture et la thalassothérapie. Parmi les autres disciplines mentionnées figurent° la chiropratique, la kinésithérapie, le magnétisme, la mésothérapie, le shiatsu ou encore l'aromathérapie.

Les Français utilisent les médecines naturelles avant tout parce qu'ils veulent prendre moins de médicaments mais également parce qu'ils les estiment efficaces°. Efficaces en matière de prévention, pour traiter les maladies bénignes comme le rhume et la grippe ou celles liées au° stress comme le mal de dos et les insomnies, mais aussi, en accompagnement des traitements de maladies plus sérieuses comme les cancers, la maladie de Parkinson et d'Alzheimer.

Ma femme et moi nous employons des remèdes naturels pour guérir les malaises de la vie quotidienne. La médecine homéopathique est efficace, rapide et n'a pas les effets secondaires de la médecine allopathique. Nous reconnaissons quand même que l'homéopathie a ses limites.

figurent *include;* efficaces *effective;* celles liées au *those tied to*

11-9 **Questions et réponses.** Répondez aux questions suivantes d'après l'article sur la médecine naturelle.

1. Qui emploie la médecine naturelle le plus, les hommes ou les femmes?
2. Quelles sont les spécialités les plus utilisées?
3. Pourquoi est-ce que les Français emploient les médecines naturelles?
4. Contre quelles maladies est-ce qu'on emploie les médecines naturelles?
5. Est-ce qu'on emploie les médecines naturelles contre des maladies sérieuses?

11-10 **Comparaisons.** Est-ce que vous employez des médecines naturelles? Contre quelles maladies? Est-ce que les médecines naturelles sont efficaces? Si oui, contre toutes ou certaines maladies?

http://www.pearsonhighered.com/
français-monde

11-11 **Recherche en ligne.** Qu'est-ce que c'est que la médecine douce (l'homéopathie)? Quelles maladies est-ce qu'on guérit avec l'homéopathie? Allez sur le site de *Français-Monde* et utilisez les liens et/ou les critères de recherche donnés pour accéder à des sites sur la santé et les médecines naturelles. Faites une liste de trois symptômes et leurs remèdes homéopathiques.

11-12 to 11-13

| Pour bien prononcer | The combinations **in/im; on/om; um** |

Recall that nasal sounds should be completely nasal with no trace of the sound **m** or **n,** and that the sound is made by letting air pass through the nasal cavities. The letter combinations **in** and **im** (or **ym**) are pronounced with the same vowel sound as **vingt.** Similarly, **on** and **om** are pronounced like **onze.** The letter combinations **un** and **um** are pronounced the same as **in** and **im** in modern French. Contrast: **vent, vin, vont; tant, tint, ton; cent, saint, son; banc, bain, bon.**

NOAH: Je crois que j'ai une **in**fecti**on** à la gorge.

SÉBASTIEN: Est-ce que tu as c**on**sulté le médec**in**? Il faut lui décrire tes s**ym**ptômes.

NOAH: Je vais prendre **un** b**on** remède à base de romar**in** (*rosemary*).

SÉBASTIEN: Mais n**on**! Tu as beso**in** d'**un** médicament sérieux. Cette **in**fecti**on** est grave!

Pour bien communiquer

Opinions sur les remèdes médicaux

Pour la médecine homéopathique

A mon avis, la médecine homéopathique permet de soigner les malaises
de la vie quotidienne aussi vite que des médicaments classiques.
J'essaie de privilégier la médecine homéopathique.
Je suis pour la médecine homéopathique (la médecine douce,
la médecine naturelle)

Justifications

Elle est utile pour les problèmes hormonaux.
Je l'utilise au quotidien.
On dit qu'elle est efficace et sans effets secondaires.

POUR

L'homéopathie a des effets
positifs contre les maladies.

Contre la médecine homéopathique

Au contraire, je suis contre la médecine homéopathique.
Je ne crois pas à l'homéopathie.
Je préfère avoir recours à la médecine allopathique.
L'homéopathie ne peut pas remplacer la médecine générale.

Justifications

D'une part (*on the one hand*), la médecine allopathique a suivi des tests
cliniques comparatifs rigoureux.
D'autre part (*on the other hand*), il y a l'effet placebo.

CONTRE

L'efficacité de l'homéopathie reste
à prouver scientifiquement.

Pour et contre la médecine homéopathique

J'utilise aussi les médicaments classiques pour les problèmes de santé
plus sérieux.
Il faut dire que si j'avais quelque chose de sérieux, je consulterais (*would
consult*) un médecin.
Si j'étais très malade, j'aurais recours à (*I would resort to*) la médecine
allopathique.

POUR ET CONTRE

L'homéopathie a ses
limites.

11-12 Quelle est leur opinion? Décrivez l'opinion des personnes interviewées
dans **Voix francophones au présent: Médecine douce ou médecine générale**
(voir l'Activité **11-8**). Est-ce qu'elles sont pour ou contre la médecine
homéopathique? Pourquoi?

Modèle: Annick

> *Annick est pour la médecine homéopathique. Elle croit que l'homéopathie est
> efficace et sans effets secondaires. L'homéopathie est utile contre les maladies
> quotidiennes.*

1. Noah   **3.** Tinh
2. Chloë   **4.** Pierre

11-13 L'opinion des autres. Interviewez trois partenaires pour connaître leurs
opinions sur la médecine homéopathique. Ensuite faites un rapport des résultats.

Modèle: **E1:** *Qu'est-ce que tu penses de la médecine homéopathique?*
       E2: *Je suis pour l'utilisation de la médecine homéopathique.*
       E1: *Pourquoi?*
       E2: *Parce que je crois que...*
     Rapport: *Voici les opinions de mes partenaires:...*

1. Qu'est-ce que tu penses de la médecine homéopathique?
2. A ton avis, quels sont les bénéfices de ce genre de médecine?
3. A ton avis, quels en sont les dangers?

The conditional of regular verbs

11-14 to 11-16 The conditional is used to discuss future projects and to express hypotheses and conditions. Read the dialogue, paying particular attention to the verb endings. Then answer the questions.

A vous de décider

1. Is Dr. Arditi happy with his career choice?

2. What about his career does he like?

3. How would you describe the stems of the verbs in bold? And the endings?

De plus près   **Etre médecin**

Pierre pose des questions au docteur Marcel Arditi.

PIERRE: J'**aimerais** vous poser quelques questions. Pourquoi avez-vous choisi d'être médecin?

MARCEL ARDITI: Parce que c'est une carrière qui me permet d'aider mon prochain°.

PIERRE: Est-ce que vous me **conseilleriez** de choisir cette profession?

MARCEL ARDITI: Oui, si vous aimez le contact avec les malades.

PIERRE: **Aimeriez**-vous faire autre chose?

MARCEL ARDITI: Je ne sais pas. Je sais que j'**aimerais** avoir plus de temps libre.

mon prochain *people*

1. The formation of the conditional

- To form the conditional of a regular verb, start with the infinitive (minus the final **e,** if there is one) and add the endings of the imperfect:

  –ais, –ais, –ait, –ions, –iez, –aient.

- When pronouncing the forms of the conditional, be sure to pronounce the infinitive stem and the imperfect endings clearly.

aimer		
J'**aimerais**	J'**aimerais** voyager.	*I would like to travel.*
Tu **aimerais**	Tu **aimerais** être médecin?	*Would you like to be a doctor?*
Il/Elle/On **aimerait**	Il **aimerait** avoir du temps libre.	*He would like to have some free time.*
Nous **aimerions**	Nous **aimerions** nous sentir mieux.	*We would like to feel better.*
Vous **aimeriez**	**Aimeriez**-vous faire autre chose?	*Would you like to do something else?*
Ils/Elles **aimeraient**	Elles **aimeraient** être médecins.	*They would like to be doctors.*

finir		
	Je **finirais** ce projet avec un peu de chance.	Nous **finirions** en deuxième place.
	Tu **finirais** probablement tes études.	Vous **finiriez** le traitement?
	Il/Elle/On **finirait** par réussir.	Ils/Elles **finiraient** par réussir.

attendre		
	J'**attendrais** longtemps si nécessaire	Nous **attendrions** longtemps pour le voir.
	Tu **attendrais** une heure pour le voir?	Vous **attendriez** le médecin?
	Il/Elle/On **attendrait** longtemps.	Ils/Elles **attendraient** encore.

2. Uses of the conditional

The conditional is used in the following circumstances:

- To make polite requests or statements, usually with the verbs **pouvoir***, **vouloir***, **aimer**

Pourriez-vous venir me voir?	*Could you come see me?*
Voudriez-vous attendre un moment?	*Would you like to wait a moment?*
Aimeriez-vous voyager beaucoup?	*Would you like to travel a lot?*

- To make a conjecture

Je **finirais** probablement mes études à temps.   *I would probably finish my studies on time.*

- To talk about future actions with reference to the past

Quand j'étais jeune, je disais que je **deviendrais** médecin.   *When I was young, I said that I would become a doctor.*

---

*You will learn about irregular verbs in the conditional in the next section.

 11-14 Qu'est-ce que tu ferais? Vous croyez que vous êtes malade. Vous ne savez pas quoi faire. Interviewez un(e) partenaire pour savoir ce qu'il (elle) ferait (*would do*) dans les situations suivantes. Echangez les rôles.

Modèle: prendre pour une toux
   E1: *Qu'est-ce que tu prendrais pour une toux?*
   E2: *Je prendrais un sirop.*

1. prendre pour un rhume
2. choisir un médicament homéopathique
3. utiliser des médecines naturelles
4. demander des conseils à la pharmacie
5. consulter un médecin pour une maladie plus grave

 11-15 Je voudrais… Travaillez avec un(e) partenaire pour imaginer que vous êtes les personnes dans les photos. Que feriez-vous (*what would you do*)? Votre partenaire va poser des questions pour avoir des détails.

Modèle: **E1:** *Qu'est-ce que tu ferais (would you do)?*
   E2: *Je voyagerais à Tahiti.*
   E1: *Pourquoi?*
   E2: *Parce que j'aimerais visiter des îles tropicales…*

Vocabulaire supplémentaire

aider des gens	*to help people*
chanter sur scène	*to sing on a stage*
écrire des chansons	*to write songs*
guérir des malades	*to heal the sick*
travailler dans un hôpital	*to work in a hospital*
visiter des îles tropicales	*to visit tropical islands*
voyager en bateau	*to travel by boat*

The conditional of irregular verbs

11-17 to 11-18 Some verbs in the conditional have irregular stems. These stems are identical to the irregular stems you learned for the future tense. Read the dialogue, paying particular attention to the verb stems. Then answer the questions.

A vous de décider

1. What kind of answer is Noah looking for?

2. What kind of answer does Sébastien give?

3. What are the infinitives of the verbs in bold? Do you notice any irregularities in their stems?

| De plus près | **Refaire sa vie** |

Noah discute avec Sébastien.

NOAH: Si tu pouvais refaire ta vie, qu'est-ce que tu **ferais?**

SÉBASTIEN: Je **serais** sûrement pompier° ou astronaute.

NOAH: Sois sérieux! J'**aimerais** une réponse réaliste.

SÉBASTIEN: Puisque je ne **pourrais** jamais refaire ma vie, mes réponses ne peuvent être que fantaisistes, pas réalistes!

pompier *firefighter*

1. Stem-changing verbs

The rules for stem-changing verbs in the future also apply in the conditional.

• For the verbs like **acheter** and **lever,** change **e** to **è:**

    acheter **achèter-**   lever **lèver-**

    Est-ce que tu **achèterais** des médicaments?

• For verbs with **l** or **t** in the stem like **appeler** and **jeter,** change **l** to **ll** and **t** to **tt:**

    appeler **appeller-**   jeter **jetter-**

    Je ne **jetterais** jamais un emballage (*wrapper*) dans la rue.

• For verbs with **y** in the stem like **payer** and **essayer,** change **y** to **i:**

    payer **paier-**   essayer **essaier-**

    Paieriez-vous avec un chèque?

2. Irregular verbs

A verb with an irregular stem in the future has the same irregular stem in the conditional. The most common irregular verbs are listed below.

Verb	Stem	Verb	Stem
aller	**ir-**	pouvoir	**pourr-**
avoir	**aur-**	savoir	**saur-**
devoir	**devr-**	venir	**viendr-**
être	**ser-**	voir	**verr-**
faire	**fer-**	vouloir	**voudr-**
falloir	**faudr-**		

Il disait qu'il **serait** riche aujourd'hui.   *He used to say that he would be rich today.*
A ta place, **j'irais** chez le médecin.   *If I were you, I'd see a doctor.*
Il **faudrait** prendre les médicaments.   *You ought to take the medicine.*
Feriez-vous autre chose?   *Would you do something else?*
Pourriez-vous me donner de l'aspirine?   *Could you give me some aspirin?*

11-16 **Quand je me sentirai mieux.** Vous êtes malade et vous ne pouvez pas sortir. Vous imaginez ce que vous allez faire quand vous ne serez plus malade. Décrivez trois projets (*plans*).

Modèle: faire du sport régulièrement
Moi, je ferais du sport, du jogging par exemple, ou bien je jouerais au tennis. J'aimerais faire de l'exercice. Je voudrais aussi...

Vocabulaire supplémentaire
aller en vacances
être conscient(e) de ma santé
(de la nutrition)
faire un long voyage
faire des recherches médicales
faire du sport

11-17 **Pour changer ta vie.** Imaginez que votre partenaire est malade. Que ferait-il (elle) pour changer son mode de vie après la maladie? Formulez des questions et posez-les à un(e) partenaire. Ecrivez la réponse. Ensuite, tout le monde fera un résumé des réponses.

	Pour changer ta vie...	Réponse
1.	éviter quel fast-food	
2.	faire quel sport plus souvent	
3.	faire un voyage dans quel pays	
4.	vouloir manger quelle nourriture bio	
5.	aller travailler dans quel établissement	

📖 Travail d'ensemble

11-19

Pour bien parler	**Presenting an argument**

When presenting an argument, it is useful to consider both sides. You can make your own argument stronger by showing the weakness of the opposing position. Refer to **Pour bien communiquer: Opinions sur les remèdes médicaux** (pages 341, 342, and 345) for some expressions to help you present the two sides of an argument.

11-18 **En cas de maladie.** Vous avez une maladie (imaginaire). Qu'est-ce que vous feriez dans ce cas? D'abord, décrivez les symptômes de votre maladie. Ensuite, dites quelle médecine vous prendriez (homéopathique ou allopathique). Votre partenaire n'est pas d'accord. Il (elle) ferait le contraire. Echangez vos points de vue. Justifiez votre position. N'oubliez pas de considérer les différents points de vue. Echangez les rôles.

Modèle: **E1:** *J'ai... A mon avis, je devrais... Mes amis disent qu'il faut... mais je pense que...*
E2: *Mais non, au contraire, tu... On dit que... Je préfère avoir recours à...*

Pour aller plus loin

Contextes

Nourrissez-vous autrement

Dans cette section vous allez considérer la santé, les nourritures saines et le sport.

11-19 Avant de lire. Pouvez-vous employer ces termes sur la nourriture bio (*organic*) dans des phrases? Sinon, cherchez-les dans un dictionnaire.

1. les résidus de pesticides
2. les colorants chimiques
3. les animaux bien traités
4. la qualité nutritionnelle
5. riche en vitamines et en antioxydants

📖 Pourquoi manger bio?

11-20

La nourriture bio devient plus populaire, mais c'est quoi exactement, la nourriture bio?

Qui est-ce qui aime manger bio?

Certains mangent bio pour le goût°. Pour d'autres, le bio, c'est la recherche d'une alimentation saine° et contrôlée, sans OGM° et sans résidus de pesticides. Il y a encore ceux pour qui le bio c'est savoir que les poules ou les cochons sont bien traités. Et pour beaucoup, c'est tout cela à la fois!

Les règles° du bio à la ferme

Les trois règles de l'agriculture biologique: pas de pesticides ni d'herbicides chimiques, pas de fertilisants de synthèse et pas de semences° issues d'OGM.

Les trois règles de l'élevage biologique: pas d'antibiotiques ni d'hormones de croissance°, pas de farines animales° dans la diète alimentaire, pas de surpopulation animale dans des bâtiments fermés.

Les trois règles de la transformation biologique: pas de colorants chimiques ni d'arômes artificiels, pas de conservateurs, pas d'irradiation pour la conservation.

Le bio et la santé

Une étude récente a montré que les produits bio ne contenaient pas de résidus chimiques. Par ailleurs, des spécialistes de la nutrition ont montré que les produits bio avaient une qualité nutritionnelle supérieure de 30% par rapport aux produits issus de l'agriculture conventionnelle.

le goût *taste;* saine *healthy;* OGM = organisme génétiquement modifié *genetically altered organism;* règles *rules;* semences *seeds;* croissance *growth;* farines animales *meat and bone meal-based animal feed*

Vocabulaire supplémentaire

avoir meilleur goût

avoir un prix plus élevé

avoir une différence minime, sans importance

avoir une qualité nutritionnelle supérieure

chercher une alimentation saine (*healthy*)

éliminer les résidus de pesticides

être plus riche en vitamines, en minéraux

être trop cher (chère)

11-20 Test de connaissances. Complétez les phrases pour vérifier vos connaissances.

1. Certains pensent que la nourriture bio…
2. A la ferme, quand on est agriculteur bio, on ne peut pas employer…
3. Quand on fait de l'élevage bio, on donne aux animaux…
4. Les produits bio n'ont pas de…

11-21 Qu'est-ce que tu en penses? Avec un(e) partenaire, considérez le goût, le côté humanitaire, la santé et la nutrition des produits biologiques.

Modèle: E1: *Moi, je crois que les produits biologiques…*
E2: *Il faut aussi considérer…*
E1: *D'accord, mais il faut dire aussi que…*

Bien vivre et bien manger

Le guide alimentaire français

11-21

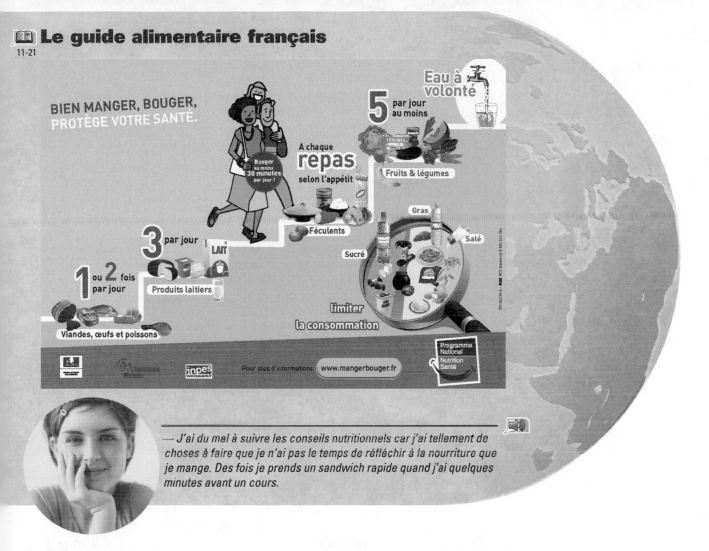

— J'ai du mal à suivre les conseils nutritionnels car j'ai tellement de choses à faire que je n'ai pas le temps de réfléchir à la nourriture que je mange. Des fois je prends un sandwich rapide quand j'ai quelques minutes avant un cours.

11-22 **Le guide alimentaire francais.** Lisez attentivement les conseils donnés dans cette affiche et répondez aux questions suivantes.

1. Qu'est-ce qu'il faut manger cinq fois par jour? Le moins possible?
2. Qu'est-ce qu'il faut boire en grand quantité? En petite quantité?
3. Quels aliments sont en bas de l'escalier? En haut de l'escalier?

11-23 **Comparaisons.** Allez sur le site de *Français-Monde* pour trouver des liens pour les guides alimentaires de la Belgique, du Canada, de la Suisse et du continent africain. Comparez ces guides alimentaires entre eux. Ensuite, comparez les guides alimentaires francophones avec celui des Etats-Unis.

http://www.pearsonhighered.com/francais-monde

1. Quelles différences remarquez-vous entre les guides alimentaires francophones?
2. Quelles différences remarquez-vous entre les guides alimentaires francophones et des Etats-Unis?
3. Comment expliquez-vous ces différences? A votre avis, est-ce que d'autres considérations que des considérations alimentaires influencent le contenu des guides alimentaires?

Pour bien communiquer · **Manger bien et faire de l'exercice**

La nourriture
boire beaucoup d'eau
éviter le fast-food
manger une nourriture saine et équilibrée
réduire la consommation d'alcool

Les habitudes quotidiennes
alterner les activités sportives
cesser de fumer
choisir un sport qu'on aime
dormir bien
faire de l'exercice régulièrement

Bénéfices
améliorer la santé mentale (*to improve one's mental health*)
conditionner les muscles
contribuer au bien-être (*well-being*) et à la qualité de vie
être en bonne santé
maintenir la masse osseuse (*maintain bone mass*)
prévenir les maladies cardiovasculaires, l'obésité, certains cancers
promouvoir (*promote*) le bon fonctionnement du cerveau (*brain*)
réduire la mortalité

Vocabulaire supplémentaire

Descriptions
bon(ne) pour la santé physique et morale
cher (chère)
dangereux(-euse) pour les personnes âgées
efficace contre les problèmes hormonaux
efficace pour les maux quotidiens
efficace pour la santé mentale
riche en vitamines et en antioxydants
utile pour certaines maladies

Verbes
avoir meilleur goût
conditionner les muscles
contenir moins de graisse
contribuer au bien-être et à la qualité de vie
prévenir certains cancers, l'obésité
se méfier (*be wary*) des médicaments

11-24 Ce que je pense. Vous venez de rencontrer un(e) nouvel(le) ami(e) (votre partenaire) et vous vous demandez si vous êtes compatibles. Malheureusement sur chacun des sujets suivants vous et votre partenaire avez des opinions contraires.

Modèle: **E1:** *Je pense que… mais je crois que… parce que…*
E2: *Et moi, je pense que… je ne suis pas d'accord…*

1. la médecine allopathique
2. les sports
3. manger bio
4. la nourriture saine et équilibrée

11-25 Les différents points de vue. Vous voulez connaître l'opinion de votre partenaire sur la nutrition et les sports. Posez-lui les questions suivantes. Pour chaque question exprimez votre opinion sans oublier les différents points de vue.

Modèle: **E1:** *Quelle est ton opinion sur la nourriture bio?*
E2: *Je crois qu'il faut procéder avec prudence. D'une part, c'est une nourriture saine, d'autre part, elle est plus chère.*

1. Quelle est ton opinion sur la nourriture bio?
2. Quel est le rôle du sport dans la vie quotidienne?
3. Est-ce qu'il faut éviter le fast-food?
4. Qu'est-ce qu'il faut faire pour être en bonne santé?

Les bénéfices du sport

Les bénéfices du sport pour la santé sont multiples. Ce passage décrit les bienfaits du sport, et donne aussi des conseils sur le choix d'activités sportives.

11-26 **Avant de lire.** Quels sont les bénéfices du sport pour la santé? Est-ce qu'il y a des dangers aussi?

📖 Le sport, c'est bon pour la santé

11-24

Le sport, c'est bon pour la santé! Combien de fois avons-nous entendu cette phrase? Nous avons tous en tête ce principe, mais malheureusement peu d'entre nous le mettent régulièrement en pratique.

D'après de récentes études, on apprend que l'activité physique régulière contribue à réduire la mortalité, à prévenir l'apparition de maladies cardiovasculaires, de l'obésité et de certains cancers, à conditionner les muscles, à promouvoir le bon fonctionnement du cerveau°, à maintenir la masse osseuse°... On apprend que le sport est aussi un facteur d'équilibre de la santé mentale, qu'il aide à prévenir ou améliorer une dépression et qu'il contribue au bien-être et à la qualité de vie.

Les bénéfices du sport pour garder la forme sont multiples. Mais attention, la pratique d'un sport ne doit pas être une contrainte car vous risquez d'abandonner au bout de quelques semaines. Il faut que vous ayez du plaisir en pratiquant le sport de votre choix, il est donc important que vous essayiez et testiez plusieurs activités avant de vous engager. Considérez la possibilité d'alterner plusieurs activités sportives par semaine. Vous aimez être en groupe, alors jouez au foot, au basket-ball, au handball, au volleyball ou faites de l'aérobic. Vous aimez être seul(e), alors faites du vélo, de la marche, du jogging ou de la natation.

Rappelez-vous, faites de l'exercice régulièrement, dormez bien, buvez beaucoup d'eau pendant et après l'exercice et mangez une alimentation saine et équilibrée.

cerveau *brain;* masse osseuse *bone mass*

Quels sont les bénéfices du sport?

11-27 **Les bienfaits du sport.** Complétez les phrases suivantes selon l'article.

1. L'activité physique régulière contribue à...
2. Le sport est aussi un facteur d'équilibre de la santé mentale; il aide à...
3. Si vous aimez être en groupe, vous pourriez pratiquer...
4. Si vous aimez être seul(e), il serait logique de...

11-28 **Mes conseils.** Vous n'êtes pas malade, mais vous n'allez pas bien. Vous allez voir un conseiller (une conseillère) (votre partenaire) pour avoir des conseils.

Modèle: ne pas être en forme

    E1: *Je ne suis pas en forme.*
    E2: *Est-ce que vous mangez bien?*
    E1: *Je mange surtout du fast-food.*
    E2: *Ah! Alors, il faut faire du sport régulièrement et manger mieux.*
    E1: *Et j'ai un autre problème...*

1. ne pas être en forme
2. être malheureux(-euse)
3. être faible
4. dormir mal

If-then clauses (likely situations)

11-25 to 11-26

When making hypotheses, one often uses sentences with *if* and *then*. Read the paragraph, paying particular attention to the use of tenses in the **si** (*if*) clause and in the main (*then*) clause. Then answer the questions.

De plus près   **Au fast-food**

Chloë rencontre Amy au fast-food.

CHLOË: Quelque chose ne va pas.

AMY: Tu dors bien? Tu fais du sport? Tu manges bien?

CHLOË: Non, je suis trop occupée. Je mange du fast-food.

AMY: **Si tu manges** toujours du fast-food, **tu risques** une déficience de vitamines. Et **si tu continues** comme ça, **tu auras** une vraie maladie.

CHLOË: Qu'est-ce que tu me conseilles?

AMY: Dors bien, fais de l'exercice et mange bien. **Si tu suis** mes conseils, **tu vas te sentir** mieux.

CHLOË: Merci, Docteur Amy!

A vous de décider

1. What is Chloë suffering from?
2. What advice does Amy give her?
3. What verb tense is used in the *if* clause? What tenses are possible in the main clause?

Sequence of tenses with the present

When making hypotheses, the conjunction **si** is often used. When making conjectures about something likely to happen, use the present tense in the **si** clause and the present, future, immediate future, or imperative in the main clause.

Note that the two clauses can appear in either order.

Si + present → present

> **Si tu manges** toujours du fast-food, **tu risques** de prendre du poids.
>
> *If you always eat fast food, you risk gaining weight.*

Si + present → future

> **On ira** ensemble chez le pharmacien **si tu veux.**
>
> *We'll go together to the pharmacist if you like.*

Si + present → immediate future

> **Si elle suit** ses conseils, **elle va se sentir** mieux.
>
> *If she follows his advice, she is going to feel better.*

Si + present → imperative

> **Si tu as** le nez qui coule, **mets** des gouttes pour le nez.
>
> *If you have a runny nose, use nose drops.*

Des conseils. Vous êtes la mère ou le père de votre partenaire. Vous lui donnez de multiples conseils sur les maladies et la nutrition. Votre enfant vous pose des questions et vous lui donnez des conseils. Echangez les rôles.

Modèle: avoir mal à la tête
    E1: *Si j'ai mal à la tête, qu'est-ce que je dois faire?*
    E2: *Si tu as mal à la tête, prends deux aspirines.*
    E1: *Et si j'ai encore mal, qu'est-ce que je dois faire?*
    E1: *Et si tu continues à avoir mal à la tête, tu iras te coucher.*

1. faire rarement du sport
2. avoir le nez qui coule
3. avoir une toux
4. dormir mal

Vocabulaire supplémentaire

aller voir le médecin	*to go see the doctor*
avoir une déficience de vitamines	*to have a vitamin deficiency*
devenir obèse	*to become obese*
mettre des gouttes pour le nez	*to use nose drops*
prendre des cachets d'aspirine	*to take aspirin tablets*
prendre du repos	*to rest*
prendre du sirop	*to take cough syrup*

 Ça ne va pas. Ces étudiants ne se sentent pas bien ou bien ont de mauvaises habitudes. Travaillez avec un(e) partenaire pour leur suggérer des remèdes ou des habitudes plus saines.

Modèle: **E1:** *Quel est le problème, à ton avis?*
    E2: *Elle a…*
    E1: *Si elle a… , elle doit…*
    E2: *Oui, et elle pourrait aussi…*

1.

2.

3.

4.

📖 If-then clauses (unlikely situations)

11-27 to 11-28

When using an if-then clause to express an unlikely event, you use a particular sequence of tenses. Read the paragraph, paying particular attention to the verbs. Then answer the questions.

De plus près   **Ma santé**

Sébastien rencontre Noah dans un café.

SÉBASTIEN: Salut, Noah. Ça va?

NOAH: Je ne me sens pas très bien. Je me fais du souci pour ma santé.

SÉBASTIEN: **Si j'étais toi, je ferais** attention à mon alimentation et je ferais plus d'exercice.

NOAH: Comme quoi, par exemple?

SÉBASTIEN: Il faut cesser de fumer, ne pas trop boire et faire du sport.

NOAH: **Si je voulais être malheureux, je ferais** sans doute ce que tu dis.

A vous de décider

1. What is Noah beginning to worry about?

2. What is Sébastien's advice?

3. What verb tense is used in the *if* clause? And in the main clause?

When making conjectures about something that is unlikely to occur, or that is contrary to fact, use the imperfect tense in the **si** clause and the conditional in the main clause. Note that the two clauses can appear in either order.

Si + imperfect → conditional

Je ferais attention mon alimentation et ferais plus d'exercice **si j'étais** toi.

I would pay attention to what I eat and would exercise more if I were you.

Si vous aviez de la toux, **je** vous **conseillerais** de prendre des pastilles pour la gorge.

If you had a cough, I would advise you to take cough drops.

11-31 Les conseils de ma grand-mère. Vous allez chez votre grand-mère pour des conseils. Qu'est-ce qu'elle vous dit? Complétez les phrases suivantes.

Modèle: Si tu faisais du sport...
        Si tu faisais du sport, tu te sentirais mieux.

1. Si tu te couchais plus tôt...

2. Si tu mangeais bio...

3. Si tu voulais être vraiment heureux(-euse)...

4. Si tu avais une maladie sérieuse...

11-32 Dans ce cas... Posez des questions hypothétiques à votre partenaire.

Modèle: avoir une maladie sérieuse

E1: *Si tu avais une maladie sérieuse, qu'est-ce que tu ferais?*

E2: *Moi, si j'avais une maladie sérieuse, je prendrais des médecines douces.*

E1: *Et moi, je consulterais le meilleur médecin.*

1.

gagner le gros lot

2.

avoir des dons télépathiques

Vocabulaire supplémentaire

acheter une nouvelle maison (voiture)
aider les pauvres
donner de l'argent à mes amis
et à mes parents
rendre visite à mes amis
trouver des remèdes aux maladies
trouver des solutions de problèmes
scientifiques
voyager partout dans le monde

3.

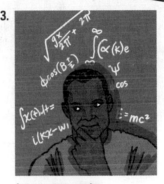

être une grosse tête

Travail d'ensemble
11-29

> **Pour bien écrire** | **Polishing your writing**
>
> You have learned how to reread, review, and rewrite, and to have your writing peer edited. The final way to improve your writing is to polish it. Start with a French spell-checker. Then consider the general appearance. Do you have a title? Even margins? The same fonts throughout? Consistent spacing? Numbered pages?

 11-33 Notre opinion. Avant d'écrire un éditorial pour le journal local au sujet des médecines douces, vous devez avoir la même opinion que le (la) journaliste avec qui vous allez écrire l'article (votre partenaire).

1. Donnez votre opinion. Si vous n'êtes pas d'accord, donnez le pour et le contre.

 2. Expliquez à deux autres étudiants votre position, et comment vous êtes arrivé(e)s à cette opinion.

11-34 Notre éditorial. Ensuite écrivez l'éditorial ensemble. Ecrivez cinq phrases. Avant d'imprimer l'article, vérifiez les derniers détails.

A la découverte

11-30 to 11-33

📖 Petit tour d'horizon

Le monde et la francophonie: Etat de santé

De nouvelles maladies infectieuses émergent; d'autres oubliées réémergent:
Plus de 30 nouvelles maladies infectieuses ont récemment été identifiées dans le monde, depuis le SIDA jusqu'au SRAS° (Syndrome res-piratoire aigu sévère). Les grandes épidémies du passé (choléra, dengue, tuberculose, etc.) sont de retour et frappent° des régions où on croyait ces maladies définitivement éradiquées.

Les épidémies dans le monde, un bilan inégal: Dans les pays de l'Ouest, les maladies infectieuses seraient la cause de seulement 1% des décès°, contre 43% dans les pays en développement. Cinq maladies infectieuses (infections respiratoires, SIDA, maladies diar-rhéiques, tuberculose et paludisme°) sont responsables de 80% des morts dans le monde. Certaines de ces maladies menacent l'économie de pays entiers.

Les animaux, sources de contamination:
D'après l'OMS°, plus des deux tiers des infec-tions apparues dans les années 90 ont été souvent transmises à l'homme par les ani-maux. Les infections peuvent aussi se trans-mettre par l'alimentation.

La part de responsabilité des êtres humains: L'évolution des modes de vie, les nouvelles technologies, les nouveaux modes de transport, l'alimentation moderne, l'urbani-sation et la consommation excessive de médicaments dans les pays riches qui rendent les microbes de plus en plus résistants peu-vent accentuer la propagation des microbes à la surface du globe et favoriser parfois l'émer-gence de maladies.

© Cité des Sciences et de l'Industrie

SRAS *SARS;* frappent *hit;* décès *deaths;* (OMS = Organisme Mondial de la Santé) *WHO*

11-35 **Bilan de santé.** Indiquez les affirmations qui sont vraies. Corrigez celles qui sont fausses.

1. Une trentaine de nouvelles maladies infectieuses sont apparues récemment.
2. Le choléra, la tuberculose, la dengue ont émergé depuis peu de temps.
3. Les animaux sont rarement une source d'infection.
4. Vingt-cinq pourcent des décès mondiaux peuvent être attribués aux maladies infectieuses.
5. Les progrès technologiques peuvent faciliter l'apparition de maladies.

11-36 **Causes et effets.** Pour chaque cause trouvez le résultat.

_____ 1. La forte consommation de médicaments mène à…

_____ 2. Les transports modernes facilitent…

_____ 3. La construction de barrages favorise…

_____ 4. La déforestation massive expose…

_____ 5. La décimation des populations jeunes par les maladies menace…

a. la survie économique des pays.

b. la propagation des microbes.

c. la résistance accrue aux microbes.

d. la multiplication des moustiques.

e. l'homme à de nouvelles maladies.

Le SIDA: Les tendances aujourd'hui

Si le pourcentage de personnes nouvellement infectées par le VIH (Virus de l'immunodéficience humaine) semble stagner, le nombre de personnes vivant avec le VIH continue d'augmenter et le SIDA reste l'une des causes principales de décès dans le monde.

les traitements antirétroviraux

Les Décès par le SIDA: Depuis 2005, le nombre de décès par le SIDA continue de diminuer (3,1 millions en 2005; 2,9 millions en 2006 et 2,1 millions en 2007) grâce à un meilleur accès aux traitements antirétroviraux sur l'ensemble de la planète. Il faut cependant noter qu'on est loin d'un accès universel dans de nombreux pays d'Afrique, d'Asie et d'Amérique latine.

Un nombre croissant de malades: 33,2 millions de personnes infectées par le VIH, 2,5 millions de nouveaux cas, 2,1 millions de morts: ce sont les chiffres de l'année 2007 publiés par l'ONUSIDA° en 2008. L'Afrique subsaharienne, qui recense seulement 10% de la population mondiale, comptabilise environ 67% des cas de VIH dans le monde et le SIDA y est la première cause de décès. Dans le même temps, l'épidémie gagne des régions et des pays qui, jusqu'à récemment, n'étaient pas ou pratiquement pas affectés par le VIH—notamment l'Indonésie et le Viêt-Nam en Asie. En Europe, c'est en France et au Royaume Uni que l'épidémie demeure la plus importante et elle concerne principalement les hommes (66%).

Des efforts à intensifier: La lutte contre le SIDA dans le monde est aujourd'hui dans une phase nouvelle. L'engagement politique s'est intensifié, la mobilisation communautaire est plus dynamique, les programmes de traitement sont passés à la vitesse supérieure et les efforts de prévention se sont élargis. Malgré tous ces progrès, les financements, bien qu'en hausse, restent trop faibles pour combattre le SIDA dans les pays en développement.

© ONUSIDA *UNAIDS*

11-37 **Pour référence.** Encerclez la bonne réponse.

1. L'Afrique subsaharienne a le (plus petit / plus grand) nombre de séropositifs au monde.
2. Aujourd'hui, il y a (moins de / plus de) nouveaux cas de SIDA que de personnes qui meurent du SIDA.
3. La différence entre le taux des décès causés par le SIDA dans les pays riches et les pays pauvres s'explique par l'(inégalité / égalité) d'accès aux trithérapies.
4. Les financements nécessaires pour lutter contre le SIDA dans les pays en voie de développement sont (inadéquats / adéquats).

11-38 **Comparaisons.** Comparez l'évolution du SIDA dans les pays de l'Ouest et les pays en voie de développement. Comment expliquez-vous les différences?

Une vie remarquable

Jeanne Gapiya-Niyonzima est sur la ligne de front de la lutte contre le SIDA dans son pays, le Burundi.

11-39 **Premier survol**

- **Sous-titres.** A votre avis, de quels sujets l'auteur va-t-elle parler? Indiquez oui (O), peut-être (PE) ou non (N): _____ l'impact du SIDA sur les familles; _____ les médicaments antirétroviraux; _____ les moyens d'éviter la contamination; _____ les effets du SIDA sur les économies; _____ les mesures prises par le Burundi.

- **Une question de temps.** Quels temps verbaux s'emploient dans le premier et troisième paragraphes? Expliquez le choix de ces temps.

Hommage à une figure emblématique de la lutte contre le SIDA au Burundi

— Françoise Nduwimana, l'Université du Québec en Outaouais 2006

1 Séropositive depuis 21 ans, Jeanne Gapiya-Niyonzima a aussi perdu son premier mari, un fils, sa sœur et son frère, tous emportés° par le SIDA. De cette expérience terrifiante est née une résilience formidable qui l'a poussée à affronter° le SIDA plutôt que de le subir°.

2 En 1995, à une époque où le SIDA était encore un sujet tabou au Burundi, où les malades du SIDA, particulièrement les femmes, étaient assimilés à la honte°, Jeanne était la première personne à déclarer publiquement sa séropositivité. Elle a créé l'Association nationale de soutien aux séropositifs et aux malades du SIDA (ANSS), dont le rôle a été déterminant dans la défense des droits des personnes vivant avec le VIH.

3 En 1999, grâce au partenariat avec l'ONG française Sidaction, Jeanne ouvre le Centre Turiho qui assure les traitements antirétroviraux d'environ 1.700 patients sur 5.000 au Burundi.

Jeanne Gapiya-Niyonzima

---

emportés *taken away;* affronter *to fight;* le subir *to put up with it;* honte *shame*

Les orphelins° du SIDA, une tragédie nationale

4 Le Burundi est classé au 16e rang des pays d'Afrique subsaharienne les plus sévèrement affectés par le SIDA. Cette triste réalité en cache d'autres, car les conséquences du SIDA dépassent de loin° le cadre médical ou clinique; elles concernent aussi la manière dont la pandémie affecte socialement et économiquement les différentes catégories de la population. De ce point de vue, la situation des orphelins du SIDA est une véritable tragédie nationale.

5 En 2001, ONUSIDA dénombrait 231.000 orphelins du SIDA au Burundi, des orphelins dont un nombre considérable vit avec le VIH, des orphelins-mineurs forcés aussi de remplir le rôle de chefs de famille. Une génération, le Burundi de demain, est ainsi sacrifiée. En 2004, Jeanne a décidé de consacrer ses énergies à la défense des orphelins du SIDA. Elle a mis en place Paris SIDA Sud, un projet de prise en charge globale des orphelins qui ont perdu leurs parents à cause du SIDA. Actuellement, le projet répond aux besoins essentiels de 300 orphelins.

La prise en charge des orphelins, un véritable exploit

6 Dans un pays pauvre comme le Burundi, prendre en charge 300 orphelins du SIDA est un véritable exploit. Cependant, cela ne devrait pas faire oublier que dans cette course contre la montre°, des milliers d'autres enfants sont sans secours° ni assistance.

© Françoise Nduwimana

---

orphelins *orphans;* dépassent de loin *go well beyond;* course contre la montre *race against the clock;* sans secours *without help*

11-40 **Essentiel à saisir**

• **Une femme exceptionnelle.** Complétez le résumé avec les mots suivants:

> orphelins   se battre   séropositivité   l'impact   SIDA
> le Centre Turiho   quatre   la première

Jeanne connaît **1.** _____ désastreux du SIDA; **2.** _____ membres de sa famille en sont morts. Cette expérience n'a pas amené Jeanne à se résigner mais plutôt à **3.** _____ En 1995, elle était **4.** _____ femme burundaise à révéler publiquement sa **5.** _____. Ensuite, elle a créé l'ANSS, puis en 1999, elle a ouvert **6.** _____ qui traite les malades du **7.** _____ et en 2004, elle a lancé le projet Paris SIDA Sud qui prend en charge les besoins d'environ 300 **8.** _____

• **L'idée clef.** Dans quel paragraphe de l'article ces idées sont-elles exprimées?

1. Paragraphe _____ Appel à aider les orphelins
2. Paragraphe _____ Les orphelins, des victimes du SIDA aussi
3. Paragraphe _____ L'origine de l'engagement de Jeanne
4. Paragraphe _____ La mission principale du Centre Turiho
5. Paragraphe _____ L'aide donnée aux orphelins
6. Paragraphe _____ La révélation de sa séropositivité à tout le monde

Histoire pour enfants

Il existe de nombreuses histoires pour aider les enfants à affronter la mort de leurs parents malades du SIDA et les changements dans leur vie qui en résultent. *Maman Guépard et ses quatre petits* met en scène des animaux, mais les enfants sont capables de reconnaître leur situation dans l'histoire.

11-41 Premier survol

- **En contexte.** D'après vous, que veulent dire les mots suivants? Utilisez le contexte pour vous aider: plaine (¶ 1), s'inquiéter (¶ 1), prendre soin (¶ 2 et 5), se consoler (¶ 3)

- **Sur la piste du conditionnel.** Trouvez dans le texte les deux verbes au conditionnel. Pourquoi ces deux phrases sont-elles au conditionnel? Référez-vous à **The conditional of regular verbs** (page 346).

Maman Guépard et ses quatre petits

une famille de guépards

1 Maman Guépard et ses quatre petits, Miko, Mimi, Coco et Charlie, vivaient dans la plaine. Elle chassait° pour nourrir ses petits et le soir, elle chantait. Un jour, Maman Guépard est tombée malade. Elle était triste et elle s'inquiétait: qui s'occuperait de ses petits si elle ne se rétablissait pas°? Les jeunes guépards jouaient avec leurs amis, mais parfois ils s'inquiétaient de leur maman.

2 Maman Guépard était tellement malade qu'elle ne pouvait plus chanter. Quelquefois, Mimi Guépard n'allait pas à l'école. Elle restait à la maison pour prendre soin de sa maman. Un jour, Maman Guépard est morte. Coco et Charlie sont allés vivre chez Grand-mère Guépard. Miko et Mimi Guépard sont allées vivre chez Tantine.

3 Tantine avait trois enfants et n'avait pas beaucoup d'argent. Il n'y avait pas toujours à manger pour tout le monde. Parfois, Miko avait mal au ventre tellement elle avait faim. Tous les enfants s'amusaient ensemble mais quelquefois Coco et Charlie manquaient à Mimi. Quand Mimi se sentait triste, elle trouvait un coin tranquille et elle chantait les chansons que sa maman chantait pour se consoler.

---

chassait *hunted;* ne se rétablissait pas *did not recover*

4 Il y avait des travaux à faire avant et après l'école. Certains jours, Mimi et Miko étaient très fatiguées et Tantine a décidé de demander de l'aide à son amie Lulu. Grâce à l'aide de Lulu, ils ont tous eu la vie plus facile.

5 Les deux autres bébés guépards, Coco et Charlie, sont allés vivre chez leur grand-mère après la mort de leur maman. Grand-mère Guépard était très âgée et elle ne pouvait pas prendre soin des petits comme leur maman l'avait fait. Grand-mère avait besoin d'aide. Coco n'allait donc pas à l'école et restait à la maison pour aider Grand-mère. Coco s'ennuyait des amis qu'elle avait à l'école et elle n'aimait pas travailler toute la journée.

6 Un jour, Charlie est revenu de l'école en pleurant. «Qu'est-ce qui ne va pas Charlie?» a demandé Grand-mère. Charlie a expliqué que les autres enfants le taquinaient° et le frappaient. Il se sentait différent des autres. Il ne voulait plus retourner à l'école. Grand-mère a dit qu'elle parlerait à son professeur. Elle a préparé un bon repas pour Coco et Charlie. Ils se sont endormis le ventre plein en rêvant au lendemain.

taquinaient *teased*

11-42 **Essentiel à saisir**

- **Maladie, mort et déplacement.** Encerclez la bonne réponse.
1. A la mort de Maman Guépard, les quatre frères et sœurs (restent ensemble / sont séparés).
2. Les orphelins ont (toujours / parfois) assez à manger.
3. Parmi les quatre orphelins, un (va / ne va pas) à l'école après la mort de leur mère.
4. Charlie est (accepté / ostracisé) à l'école.

- **Le SIDA et ses effets.** Trouvez dans le texte les phrases qui évoquent les problèmes suivants:
1. l'aide apportée par la communauté aux orphelins
2. les orphelins abandonnant leurs études parce qu'il y a du travail à faire à la maison
3. le manque de ressources dans le nouveau foyer
4. la stigmatisation des orphelins du SIDA
5. la séparation des frères et sœurs à la mort des parents

- **Titres et contenu.** Attribuez les titres suivants aux paragraphes numérotés dans l'histoire.
1. Paragraphe: _____ La mort de Maman Guépard et la séparation de la famille
2. Paragraphes: _____ La vie de Coco et Charlie chez Grand-mère
3. Paragraphe: _____ Maman Guépard ne va pas bien
4. Paragraphes: _____ Mimi et Miko s'installent chez Tantine

Contre toute adversité

Dans la chanson *Sa raison d'être*, Pascal Obispo parle d'une personne qui, comme Jeanne Gapiya-Niyonzima, est dévouée aux malades du SIDA.

Lisez les paroles de *Sa raison d'être*.
Suggestion: Ecoutez ou regardez le clip vidéo.

http://www.pearsonhighered.com/
francais-monde

Pascal Obispo est un auteur, compositeur et interprète français très populaire. Il utilise sa popularité pour des causes humanitaires et tout particulièrement la lutte contre le SIDA. En avril 2009, il a pris le pseudonyme de *Captain Samourai Flower*. La chanson *Sa raison d'être* est extraite de l'album *StudioFan–Live Fan*.

Allez sur le site de *Français-Monde* et utilisez les liens et/ou les critères de recherche donnés pour accéder aux paroles de la chanson. Imprimez les.

Pascal Obispo en concert

11-43 Premier survol

- **La bonne paire.** Cherchez dans la colonne de droite l'équivalent des mots, verbes ou expressions indiqués dans la colonne de gauche. Aidez-vous du contexte.

A–Mots/Verbes/Expressions	B–Synonymes
_____ **1.** baisser les bras (strophe (*stanza*) 1)	**a.** ne rien dire
_____ **2.** tendre son cœur (strophe 1)	**b.** sans importance
_____ **3.** dérisoires (strophe 1)	**c.** continuation de l'existence
_____ **4.** baisser les paupières (strophe 2)	**d.** fermer les yeux
_____ **5.** se taire (strophe 2)	**e.** abandonner
_____ **6.** rancune (strophe 3)	**f.** ressentiment
_____ **7.** survie (strophe 3)	**g.** offrir son aide

- **Elle, c'est qui?** Lisez rapidement les deux premières strophes de la chanson et faites des hypothèses: Qui est «elle»? Quelle semble être sa raison d'être?

11-44 **Essentiel à saisir**

- **Les thèmes.** Indiquez quelles strophes adressent les deux thèmes suivants: la solidarité; l'espoir. Comment avez-vous décidé?

- **Son combat.** Comment est-ce que les autres réagissent au combat quotidien de cette femme? Qu'est-ce qu'ils disent? Qu'est-ce qu'ils pensent? Citez le texte.

- **Une goutte dans la mer?** A votre avis, quel message Pascal Obispo veut-il communiquer dans les trois premiers vers du refrain?

11-45 **Profil santé.** Allez sur le site de *Français-Monde* pour trouver le lien du Réseau SIDA Afrique 2000. Choisissez un pays d'Afrique, consultez sa fiche ONUSIDA et remplissez le tableau.

http://www.pearsonhighered.com/francais-monde

Pays choisi:		
Espérance de vie	Homme:	Femme:
Nombre de personnes séropositives	Homme:	Femme:
Nombre d'orphelins du SIDA		

Comment expliquez-vous les différences homme / femme?

11-46 **Lutte contre le SIDA.** Sélectionnez une association de lutte contre le SIDA dans le pays africain que vous avez choisi dans l'Activité **11-45**. Remplissez le tableau.

Date de création de l'association	
Président(e) de l'association	
Ville(s) où cette association est basée	
Nombre de personnes prises en soin par l'association	
Activité(s) ciblée(s) par l'association	

Travail d'ensemble

11-40

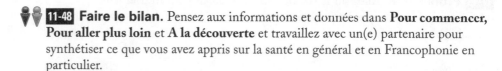

11-47 **Données à comparer.** Travaillez en groupe de trois. Discutez ensemble des données (*data*) démographiques et des données VIH/SIDA des trois pays respectifs que vous avez sélectionés dans l'Activité **11–45**.

1. Notez les similarités et différences (**en/au** + pays, **il y a plus de / autant de / moins de... qu'en/au** + pays). Comment les expliquez-vous? (pauvreté, niveau d'éducation, statut des femmes, autres)
2. Identifiez les activités ciblées par les associations que vous avez choisies.

11-48 **Faire le bilan.** Pensez aux informations et données dans **Pour commencer, Pour aller plus loin** et **A la découverte** et travaillez avec un(e) partenaire pour synthétiser ce que vous avez appris sur la santé en général et en Francophonie en particulier.

L'opinion des Français sur les médecines naturelles	
Les avantages/désavantages de manger bio	
Les maladies infectieuses qui ont émergé ou réémergé récemment en Francophonie et leur impact sur les sociétés et économies	
Les principales sources de contagion	
Les solutions pour empêcher la propagation des maladies infectieuses	

Maintenant, écrivez une présentation détaillée d'une vingtaine de lignes sur le bilan de santé (les moyens de se soigner, de garder la forme, les maladies les plus répandues, etc.) de la Francophonie en particulier.

A votre tour

Exposition

Le pouvoir d'histoires comme *Maman Guépard et ses quatre petits* est fort. Vous avez décidé d'écrire en français un livre illustré pour enfants et d'enregistrer le texte pour faire comprendre à un enfant un problème qu'il confronte. Pour vous aider à faire ce travail, vous allez compléter une série d'activités dans votre manuel et votre cahier d'exercices qui comprennent...

- examiner le rôle des images dans une histoire pour enfants
- lire une autre histoire pour enfants et identifier les thèmes
- penser à un problème qui vous intéresse et développer une idée précise
- planifier votre livre pour enfants

📖 Zoom sur...

to 11-44

Histoire illustrée

11-49 **Séquence imagée.** Avant de lire l'histoire, examinez les illustrations suivantes et essayez de les remettre dans l'ordre le plus logique.

#_____   #_____   #_____

#_____   #_____   #_____

#_____

11-50 **Une image, un titre.** Donnez un titre à chaque illustration de l'Activité **11-49** dans la séquence que vous proposez.

Ali et John

11-51 **Le choix d'un titre.** Le titre de l'histoire que vous allez lire est *Un ami remarquable pour Ali.* A votre avis, quelle(s) qualité(s) cet ami doit-il posséder pour être remarquable?

Un ami remarquable pour Ali

1 Il était une fois un petit garçon nommé Ali qui vivait dans un village avec sa mère et son père. Il passait ses journées à aider son père aux champs°. La nuit, après le souper, il s'asseyait avec sa famille devant leur porte d'entrée pour discuter.

2 Sa maison était petite mais confortable. A la porte d'à côté vivaient un homme et une femme. L'homme parlait souvent au père d'Ali. Les voisins avaient eux aussi un fils. Il était déjà grand et travaillait en ville.

3 Un jour, Ali a remarqué une voiture devant la maison du voisin. Un jeune homme habillé en complet veston° a ouvert la porte et en est sorti. Il a ouvert le coffre de la voiture et en a sorti trois grosses valises et des sacs. Puis il est entré dans la maison.

4 Au souper, le petit garçon a entendu son père parler du fils du voisin revenu au village. Il n'allait pas bien et devait se reposer. Plus tard ce soir-là, Ali a remarqué un homme assis à la porte d'à côté. Ali s'est dit que cet homme devait être le fils du voisin. Il lisait quelque chose. Ali était curieux. Il ne savait ni lire ni écrire. Son école à lui était le champ. Le jeune homme s'est tourné vers Ali. Il a fait signe de la main et a souri. Ali a fait la même chose.

5 Plusieurs jours ont passé. Un jour, Ali a décidé de se présenter.

«Bonjour» a-t-il dit, «mon nom est Ali. J'habite à côté.»

«Heureux de te rencontrer, Ali. Mon nom est John.» John avait l'air fatigué.

«Tu es sûrement le fils de M. Tukah.»

9 «Oui, c'est ça.

«Mon père dit que vous vivez en ville.»

«Oui, je reviens pour une visite. Je ne me sens pas bien ces jours-ci.»

12 «Qu'est-ce qui ne va pas?» a demandé Ali.

«Difficile à dire. Je me sens fatigué et faible. Parfois mon corps me fait mal.»

«Vous avez besoin d'un bon repos.»

15 «Oui, c'est vrai, Ali.»

«Qu'est-ce que vous lisez?»

«C'est l'histoire de deux frères.»

18 «Je ne sais pas lire» a avoué Ali. «Je ne vais pas à l'école. Je travaille dans les champs pour aider mon père. J'aimerais savoir lire un jour.»

«Veux-tu que je te raconte un bout de l'histoire?»

20 «J'aimerais beaucoup» a répondu Ali. (A suivre...*)

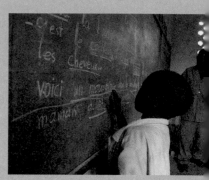

Ali veut apprendre à lire et écrire.

© Farm Radio International / Radios Rurales Internationales

---

champs *fields;* veston *coat*   *The story is continued in the Student Activity Manual.

11-52 **Si j'ai bien compris...** Indiquez les affirmations qui sont vraies. Corrigez celles qui sont fausses.

1. Après l'école, Ali va aider son père dans les champs.
2. A la fin de la journée, la famille regarde la télé.
3. Le fils des voisins est venu en vacances au village.
4. John dit à Ali qu'il a le SIDA.
5. Apprendre à lire n'intéresse pas Ali.

11-53 **Thèmes.** Parmi les thèmes proposés ci-dessous, quels sont les deux thèmes abordés dans cet extrait de l'histoire? Ecrivez le numéro de chaque thème à côté du (des) paragraphe(s) où il apparaît. Ensuite, avec un(e) camarade de classe, comparez vos réponses et justifiez-les.

1. L'accès à l'information
2. La vie rurale
3. L'hygiène
4. La prévention contre le SIDA
5. La pauvreté
6. Les attitudes à l'égard des malades du SIDA

7. La nutrition
8. Le rôle des femmes en Afrique
9. L'éducation
10. La solitude des malades du SIDA
11. L'amitié
12. L'impact du SIDA sur la population active

📖 Intégration

to 11-46

Je m'implique

11-54 **Deux histoires.** Dans le diagramme de Venn ci-dessous, écrivez les lettres des sujets que les deux histoires ont ou n'ont pas en commun:

(a) réduction de l'espérance de vie

(b) réduction de la qualité de vie

(c) décimation de la population active

(d) réduction des études

(e) perte de l'enfance

(f) ostracisme des malades et de leur famille

(g) modification du rôle des générations

(h) travail des enfants

Maman Guépard et ses quatre petits

Un ami remarquable pour Ali

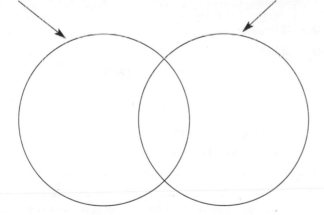

 11-55 **Impressions d'ensemble.** Formulez avec un(e) camarade de classe des questions sur les aspects suivants de l'histoire Un ami remarquable pour Ali: le message communiqué par cette histoire; l'audience ciblée par cette histoire; les aspects que vous aimez dans cette histoire; les aspects que vous voudriez changer dans l'histoire, etc. Demandez à votre partenaire ses impressions sur l'histoire. Finalement, synthétisez les opinions que vous avez en commun et les opinions que vous ne partagez pas.

Mon histoire

11-56 **Cible.** Indiquez ci-dessous le problème que vous voulez aborder et la/les raison(s) de votre choix.

1. Le problème le plus important pour moi dans (encerclez):
   ❏ ma communauté   ❏ mon pays   ❏ le monde
2. Le problème choisi (encerclez):
   ❏ maladie (VIH/SIDA)   ❏ autre maladie: _____
   ❏ environnement   ❏ santé et nutrition
   ❏ autre problème _____
3. La/les raison(s) de mon choix:
   _____
   _____
   _____

11-57 **Aspects et raisons.** Indiquez quel(s) aspect(s) du problème identifié vous allez cibler.

1. Le(s) aspect(s) sélectionné(s): _____
   _____

2. La/les raison(s) de mon choix: _____
   _____

11-58 **Détails à considérer.** Réfléchissez au problème identifié et prenez des notes.

1. Personnes affectées directement et indirectement par le problème que vous avez choisi:

   Catégories: ❏ femmes   ❏ hommes   ❏ enfants
   Ages: ❏ bébés   ❏ jeunes enfants   ❏ adolescents
       ❏ adultes   ❏ personnes âgées
   Lieux de vie: ❏ campagne   ❏ ville   ❏ mer
       ❏ autre

2. Cause profonde du problème (encerclez):
   ❏ la pauvreté   ❏ le manque éducation   ❏ le chômage
   ❏ l'absence d'eau potable   ❏ le manque d'accès aux médicaments
   ❏ autre _____

3. Impact du problème sur les autres membres de votre communauté, sur votre pays ou sur le monde: _____
   _____
   _____

11-59 **Solutions envisagées.** Identifiez trois façons essentielles de résoudre le problème identifié.

_____
_____
_____
_____

11-60 Auteur en herbe. Vous allez planifier et écrire votre histoire pour enfants.

1. Pour planifier, remplissez la grille ci-dessous.

Les éléments importants de mon histoire	Notes
Le titre	
L'endroit de l'histoire	
Les personnages	
Le problème	
Le déroulement de l'histoire • événement 1 • événement 2 • événement 3 • événement 4 • événement 5	
L'événement final/la résolution	

2. Rédigez votre histoire. Utilisez vos notes et respectez les critères suivants: un titre, 10 pages de texte. Pour chaque page, une illustration (dessin, clipart, découpage ou photo) suivie d'un paragraphe de 3 à 4 phrases.

 11-61 Vers la publication. Complétez les étapes suivantes pour préparer la publication de votre histoire.

1. Echangez votre histoire avec un(e) camarade de classe. Commentez sur la structure de l'histoire, les illustrations et l'intérêt de vos histoires.

2. Intégrez les commentaires, relisez **Pour bien écrire: Polishing your writing** (p. 357) et complétez la mise en page de votre histoire.

3. Créez un podcast de votre histoire en intégrant des voix différentes pour chaque personnage.

Vocabulaire

Pour commencer

Parts of the body

la bouche	mouth
le bras	arm
la cheville	ankle
le corps	body
le coude	elbow
le dos	back
l'épaule (f.)	shoulder
le genou	knee
la gorge	throat
la jambe	leg
les lèvres (f.)	lips
le menton	chin
le nez	nose
l'œil (m.) les yeux (pl.)	eye(s)
l'oreille (f.)	ear
le pied	foot
le poignet	wrist
la poitrine	chest
le sourcil	eyebrow
la tête	head
le ventre	belly

Ailments

avoir de la fièvre	to have a fever
avoir de la toux	to have a cough
avoir des douleurs	to have pain, aches
avoir des frissons	to have chills
avoir la grippe (aviaire, porcine)	to have the (avian, swine) flu
avoir le nez qui coule	to have a runny nose
avoir une infection	to have an infection
avoir mal (à...)	to have pain (in . . .)
avoir mal au cœur	to be nauseous
avoir mal au foie	to have indigestion
avoir mal au ventre	to have a stomachache
avoir mal aux dents	to have a toothache
avoir une allergie	to have an allergy
avoir une maladie	to be ill
avoir un rhume	to have a cold
éternuer	to sneeze
se sentir	to feel
tousser	to cough
vomir	to vomit

Remedies

l'antiacide (m.)	antacid
l'antibiotique (m.)	antibiotic
l'aspirine (f.)	aspirin
le cachet (d'aspirine)	(aspirin) tablet
les gouttes (f.) pour le nez	nose drops
le remède contre l'indigestion	remedy for indigestion
le remède homéopathique	homeopathic remedy
le repos	rest
le sirop	(cough) syrup
soigner	to treat
se soigner	to take care of oneself
la tisane	herbal tea

Types of medicine

l'homéopathie (f.)	homeopathy
la médecine allopathique	allopathic (traditional) medicine
la médecine douce	soft (homeopathic) medicine
la médecine générale	general medicine
la médecine naturelle	natural medicine

Other symptoms and other remedies

consulter un médecin	to consult a doctor
l'effet (m.) positif	positive effect
l'effet (m.) secondaire	secondary effect
l'effet (m.) placebo	placebo effect
l'efficacité (f.)	effectiveness
le malaise	discomfort
les médicaments classiques	classical drugs
les problèmes hormonaux	hormonal problems
le test comparatif	comparison study

Pour aller plus loin 🔊

Expressing opinions

Expressing an opinion for

A mon avis...	*In my opinion . . .*
Je suis pour...	*I am for . . .*
J'essaie de privilégier...	*I try to favor . . .*
J'ai recours à...	*I would resort to . . .*

Expressing an opinion against

Au contraire...	*On the contrary . . .*
Je suis contre...	*I am against . . .*
Je ne crois pas à...	*I don't believe in . . .*
Je préfère avoir recours à...	*I would rather resort to . . .*

Considering other points of view

A mon avis...	*in my opinion . . .*
Au contraire...	*on the contrary . . .*
D'une part...	*on the one hand . . .*
D'autre part...	*on the other hand . . .*
Il faut dire que...	*I should say that . . .*
On dit que...	*People say that . . .*

Healthy living

Diet

boire beaucoup d'eau	*to drink a lot of water*
éviter le fast-food	*to avoid fast food*
manger une nourriture saine et équilibrée	*to eat a healthy, balanced diet*
réduire la consommation d'alcool	*to reduce alcohol consumption*

Daily habits

alterner les activités sportives	*to alternate sport activities*
cesser de fumer	*to stop smoking*
choisir un sport qu'on aime	*to choose a sport that one likes*
dormir bien	*to sleep well*
faire de l'exercice	*to exercise*

Benefits

améliorer la santé mentale	*to improve one's mental health*
le bénéfice	*benefit*
conditionner les muscles	*to tone muscles*
contribuer au bien-être et à la qualité de vie	*to contribute to well-being and quality of life*
être en bonne santé	*to be in good health*
maintenir la masse osseuse	*to maintain bone mass*
prévenir	*to prevent*
les maladies cardiovasculaires	*cardiovascular diseases*
l'obésité	*obesity*
certains cancers	*certain cancers*
promouvoir le bon fonctionnement du cerveau	*to promote good brain function*
réduire la mortalité	*to reduce mortality*

Penser vert

Themes and Communication

Discussing consumption and recycling

Discussing ecological activitites

Discussing the advantages and disadvantages of *wwoofing*

Structures

Review of tenses: Expressing the present and the future

Review of tenses: Expressing the past

Review of the subjunctive

Review of the conditional

Destinations

France and the Francophone world

Project

Preparing a presentation on reducing one's environmental impact

Qu'est-ce que vous faites pour être écologique? Est-ce que vous recyclez les bouteilles en verre?

Pour commencer

Contextes Dans cette section vous allez parler de consommation et de recyclage. Vous allez apprendre ce qu'il faut faire pour être écologique.

C'est du gâchis

12-1 **Avant de visionner.** Alexis n'est pas écologique et Sélim lui donne des leçons de consommation et de recyclage. Lisez la liste suivante et décidez s'il est **probable (P)** ou **peu probable (PP)** qu'ils discutent de ces sujets.

_____ **1.** Mais ne laisse pas couler (*run*) l'eau!
_____ **2.** Utilise une serviette (*towel*), pas des choses jetables.
_____ **3.** Les climatiseurs (*air conditioners*) sont très économiques.
_____ **4.** Mais tu as oublié la lumière.

Visionnez la vidéo **C'est du gâchis**

to 12-02

Sélim rend visite à Alexis et remarque qu'il n'est pas écologique.

— Ne laisse pas couler l'eau, c'est du gâchis. — Qu'est-ce que tu mets là-dedans? — Mais t'as oublié la lumière... et la radio!

12-2 **Alexis, écolo ou pas?** Indiquez les affirmations qui sont vraies. Corrigez celles qui sont fausses.

1. Alexis laisse couler l'eau.
2. Alexis emploie du Sopalin (*paper towel*) pour s'essuyer (*to wipe*) les mains.
3. Alexis sépare le verre et le papier dans des poubelles différentes.
4. Alexis éteint (*turns off*) toujours la lumière et la radio avant de sortir.
5. Sélim est très conscient du gaspillage (*waste*) et du recyclage.

12-3 **Jouons les rôles.** Vous avez un(e) camarade qui n'est pas conscient(e) du recyclage et du gaspillage. Vous lui dites ce qu'il faut faire. Travaillez avec un(e) partenaire et jouez les rôles de Sélim et d'Alexis.

Modèle: l'eau
  E1: *Ne laisse pas couler l'eau, c'est du gâchis.*
  E2: *Mais non, ce n'est pas grave.*
  E1: *Si, il ne faut pas gaspiller l'eau. C'est une ressource importante.*

1. l'eau
2. les bouteilles en verre
3. le Sopalin (*paper towel*)
4. la lumière et la radio

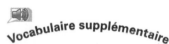

Vocabulaire supplémentaire

Actions

éteindre les lampes et la radio	*to turn off lights and the radio*
ne pas laisser couler l'eau	*not to let water run*
ne pas utiliser des choses jetables	*not to use disposable things*
séparer les bouteilles en verre et le papier	*to separate glass bottles and paper*

Raisons

l'eau est une ressource importante	*water is an important resource*
le Sopalin est très cher	*paper towels are very expensive*
il faut être conscient(e) de sa consommation	*one should be aware of one's consumption*
il faut recycler	*one must recycle*
il ne faut pas gaspiller	*one shouldn't waste*

| **Pour bien communiquer** | **La consommation et le recyclage** |

éteindre la télé

utiliser une serviette

réparer le robinet

remployer les sacs en plastique

acheter des fruits frais locaux

recycler les bouteilles en verre

Pour être écologique (écolo) il faut...

arrêter	le climatiseur (*air conditioner*), l'eau qui coule
employer	des produits biodégradables, biologiques (bio), des nettoyants verts
	des produits recyclés, des produits en papier (en plastique) recyclé
	trois poubelles (*garbage bins*)
éteindre	les lampes, l'ordinateur portable
éviter	les emballages non-recyclables
fermer	le robinet
installer	des lampes fluorescentes compactes (des fluocompactes)
mettre	les déchets dans des poubelles (*trash cans*) différentes
réparer	les fuites d'eau (*water leaks*)
recycler	les déchets: le carton, le verre, le plastique, les journaux
remployer	les sacs en papier

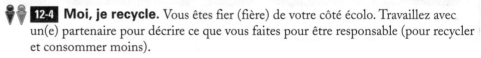

12-4 **Moi, je recycle.** Vous êtes fier (fière) de votre côté écolo. Travaillez avec un(e) partenaire pour décrire ce que vous faites pour être responsable (pour recycler et consommer moins).

Modèle: le plastique, le verre

> **E1:** *Qu'est-ce que tu fais pour être écolo?*
> **E2**: *Moi je recycle les bouteilles en plastique.*
> **E1:** *Et les bouteilles en verre?*
> **E2:** *Je recycle les bouteilles en verre aussi.*

1. les journaux, les cartons
2. les lampes, la télévision
3. les produits biodégradables, les nettoyants verts
4. les fuites d'eau, les fluocompactes
5. les produits recyclés, le verre

12-5 **Des conseils.** Vous êtes dans l'appartement de votre ami(e) et vous notez des problèmes. Donnez-lui des conseils. Echangez les rôles après la troisième situation.

Modèle: les lampes allumées

> **E1:** *Tu as laissé tes lampes allumées.*
> **E2:** *Et alors?*
> **E1:** *Il faudrait éteindre les lampes.*

1. le climatiseur en marche
2. le robinet couler
3. jeter le sac en plastique

4. les produits non-biodégradables
5. les lampes incandescentes
6. les déchets dans une seule poubelle

376 *trois-cent-soixante-seize* Chapitre 12 • Penser vert

 **Voix francophones au présent: Consommer peu et manger bien**

12-05 to 12-07 Pierre discute de la consommation d'énergie et de la nourriture naturelle avec Amy et Noah.

12-6 **Avant d'écouter.** Quand vous entendez «consommer peu et manger bien», à quoi pensez-vous? Choisissez les réponses les plus cohérentes au concept pour compléter la phrase: Je pense à…

1. la consommation de la voiture.

2. éteindre les lampes.

3. la consommation de vins et d'alcools.

4. manger naturel et local.

5. un dîner gastronomique dans un grand restaurant.

Pour bien écouter **Improving the listening context**

When you are listening to recorded materials, increase your comprehension by using headphones and opting for high-quality equipment to maximize the sound quality. If you are able to slow down the rate of speech electronically without changing the pitch of the recording, select that feature.

Ecoutons! **Voix francophones au présent: Consommer peu et manger bien**

— Que veut dire pour vous, «consommer et recycler»?

— Je pense à la consommation d'énergie.

— Pour moi consommer veut dire manger bien, c'est-à-dire manger naturel et local.

12-7 **Leur opinion.** Lisez les phrases suivantes et décidez si elles expriment l'opinion de Noah **(N)**, d'Amy **(A)** ou des deux **(2)**.

_____ **1.** J'utilise le métro et *Vélib'*.

_____ **2.** La chose qui consomme le plus c'est la voiture.

_____ **3.** Consommer veut dire manger bien.

_____ **4.** Consommer veut dire éteindre les lumières et recycler les déchets.

_____ **5.** Je fais attention à la nourriture, mais ce n'est pas toujours possible.

 12-8 **Qu'est-ce qu'ils disent?** Demandez à un(e) partenaire quelles sont les opinions d'Amy et de Noah d'après leur interview avec Pierre.

Modèle: les transports quotidiens

> **E1:** *Qu'est-ce que Noah dit au sujet des transports quotidiens?*
> **E2:** *Noah croit que… Il dit que…*
> **E1:** *Et qu'est-ce qu'Amy dit à ce sujet?*
> **E2:** *Elle dit que…*

1. le recyclage

2. consommer l'essence (*gas*) et l'électricité

3. manger d'une façon responsable

12-9 **Recherche en ligne.** Qu'est-ce que c'est qu'un produit bio? Quelles catégories de produits sont disponibles? Consultez le site de *Français-Monde* et utilisez les liens et/ou les critères de recherche donnés pour accéder à des sites Web et répondre aux questions et faire une liste de trois produits bio.

 http://www.pearsonhighered.com/ francais-monde

📖 *Vélib'*, les Parisiens redécouvrent les joies du vélo!

12-08

Le 15 juillet 2007, la mairie de Paris a lancé *Vélib'* (de vélo et liberté), le plus grand système de location en libre-service de vélos au monde. Avec plus de 20.000 vélos et 1.500 stations disponibles 24h/24 et 7j/7 et distantes de 300 mètres environ, *Vélib'* est une nouvelle forme de transport public écologique.

Pour utiliser *Vélib'* il suffit de prendre un abonnement° *Vélib'* un an ou courte durée si vous souhaitez utiliser *Vélib'* de façon occasionnelle ou si vous êtes juste de passage dans la capitale. Le nombre de trajets est illimité pendant la durée de l'abonnement, et les 30 premières minutes sont gratuites. Prenez un vélo dans une station, déposez-le dans une autre, c'est aussi simple que ça.

Le succès de *Vélib'* fait des émules° dans le monde. Un système similaire, mais beaucoup plus modeste en taille et plus cher d'abonnement, est maintenant en place à Montréal (*Bixi*) et à Washington, D.C. (*SmartBike DC*). San Francisco, Chicago, Portland et New York sont en train de considérer son adoption.

🔊 —————————————————————

— J'ai ma carte de métro et mon abonnement à Vélib'. Pour moi les deux sont indispensables. Quand il fait beau, c'est très agréable de prendre un vélo. Une randonnée à Paris en Vélib', c'est pas cher, c'est écolo, c'est moderne et c'est amusant!

————————————————————————

abonnement *membership;* émules *followers*

12-10 **C'est quoi, *Vélib'*?** Complétez les phrases avec l'expression correcte d'après l'article.

1. *Vélib'* est un service de: vente et d'achat de vélos / location de vélos / réparation de vélos.
2. Pour utiliser *Vélib'*, il faut: avoir une bicyclette / s'abonner au service / être français(e).
3. On peut acheter un abonnement pour *Vélib'*: d'un an / de 7 ans / illimité.
4. Les trajets sont: limités à un par jour / illimités pendant l'abonnement / limités à 30 kilomètres.
5. Il y a des services comme *Vélib'*: en Amérique du Nord / en Afrique / à Tokyo.

12-11 **Comparaisons.** Comment est-ce que vous vous déplacez au quotidien? Quels moyens de transport écologiques (le tram, le métro, le train) existent chez vous? Est-ce que vous utilisez une voiture (une mobylette, une motocyclette, une bicyclette, des patins, une planche à roulettes)?

12-09 to 12-10

Pour bien communiquer	**Activités écolo**	
 Tu devrais faire attention à la consommation d'essence.	**Il faut absolument + INFINITIF** recycler les déchets	→ Il faut absolument recycler les déchets.
	Tu devrais + INFINITIF acheter des fruits frais locaux	→ Tu devrais acheter des fruits frais locaux.
	Rappelle-toi (rappelez-vous) **de + INFINITIF** remployer les sacs en plastique	→ Rappelle-toi de remployer les sacs en plastique.
	Il faut que tu (vous) **+ SUBJONCTIF fasses** (fassiez) attention à la consommation d'essence (*gas*)/(d'électricité)	→ Il faut que tu fasses attention à la consommation d'essence (*gas*).
	Il faudrait que tu (vous) **+ SUBJONCTIF sois** (soyez) plus économe	→ Il faut que tu sois plus économe.

12-12 Il faudrait… Vous rentrez dans l'appartement d'un(e) ami(e) (voir l'illustration dans **Pour bien communiquer: La consommation et le recyclage,** p. 372) et vous observez plusieurs gestes pas écologiques du tout. Expliquez les gestes pas écologiques et dites ce qu'il faut faire.

Modèle: les fruits emballés sous plastique
> *Les plastiques, ça n'est pas biodégradable, il faudrait acheter des fruits…*
> *Il faudrait acheter des fruits frais non-emballés.*

1. les fruits emballés sous plastique
2. les bouteilles en verre dans la poubelle
3. les sacs en plastique
4. les lampes et la radio
5. les déchets

12-13 L'avis d'un expert. Vous êtes un expert du recyclage et de la vie écologique. On vous a invité(e) à l'université pour donner votre avis en ce qui concerne le recyclage et la consommation. Vous interrogez trois étudiants pour connaître leurs habitudes. Faites un rapport oral de vos recherches et faites des recommandations.

Modèle: recycler les bouteilles en verre et les cartons?
> **E1:** *Est-ce que vous recyclez les bouteilles en verre et les cartons?*
> **E2:** *Oui, je recycle les bouteilles en verre et les cartons.*
> **ou:** *Non…*
> **Recommandations:** *Il faudrait recycler les bouteilles en verre et les cartons.*
> *Rappelez-vous de…*

Questions	Prénom 1: _____	Prénom 2: _____	Prénom 3: _____
1. recycler les bouteilles en verre et les cartons?			
2. installer des fluocompactes?			
3. acheter des produits locaux? des produits verts?			
4. aller à la fac en vélo? en voiture? à pied?			
5. utiliser les transports publics?			

Pour bien prononcer   **The letters oi**

12-11

The pronunciation of the letters **oi** in French is similar to that of the letters "wa" in the English word "wallet." Practice with the following dialogue between Amy and Noah.

AMY: Tu cr**oi**s vraiment que ta v**oi**ture est économe en carburant?

NOAH: Oui, ma v**oi**ture consomme peu. Je ne v**oi**s pas comment réduire plus ma consommation de carburant.

AMY: Mais tu n'as pas besoin de v**oi**ture à Paris. M**oi**, mon ch**oi**x, c'est le métro.

NOAH: Je suis d'accord, mais parf**oi**s la v**oi**ture est indispensable, même à Paris.

AMY: Je ne v**oi**s pas comment.

Review of tenses: Expressing the present and the future

📖 This is the first part of a general review of the tense system in French.
12-12 to Read the paragraph, paying particular attention to the verb tenses.
12-13 Then answer the questions.

De plus près   **Le monde change**

Sébastien et Noah discutent des changements dans le monde.

SÉBASTIEN: A mon avis, le monde **est** malade. Il y **a** la pollution,
le réchauffement climatique, les nouvelles maladies,
les espèces animales en danger...

NOAH: Ne t'en fais pas°. Les choses **vont s'améliorer,** il ne **faut** pas
tout voir en noir.

SÉBASTIEN: Moi, je **crois** qu'à l'avenir, le monde **fera** face à de gros problèmes.
J'en **ai** peur.

NOAH: Sois optimiste! Nous **survivrons** les années qui **viennent:**
l'homme **s'adapte** à tout.

---

ne t'en fais pas *don't worry*

A vous de décider

1. What are they discussing?
2. Do the verbs in bold express the present tense or the future?
3. Identify the infinitives of the conjugated verbs in bold.

---

1. To express the present

• To express the present, use the *present tense.* From the standpoint of the speaker, the present represents real actions or situations, not doubts or conjectures. Note that the French present tense can also express the *progressive* present.

| **Présent** | Tu **oublies** les incertitudes. | *You forget (do forget, are forgetting) the uncertainties.* |

• The present tense may also be used as an immediate future.

| **Présent** | Je **descends** la poubelle tout de suite. | *I am taking the garbage downstairs right away.* |

2. To express the future

• The *immediate future* (**aller** + infinitive) and the *future tense* are both used to describe future time.

| **Futur immédiat** | Les choses **vont s'améliorer.** | *Things are going to get better.* |
| **Futur** | Nous **survivrons** les années qui viennent. | *We will survive the coming years.* |

• Some expressions usually cue the future tense. Note that in English, the present tense would be used after these expressions.

après que	*after*
aussitôt que	*as soon as*
dès que	*as soon as*
une fois que	*once*
quand	*when*

Dès que (quand, aussitôt que) les choses **iront** mieux, nous **ferons** un voyage.
As soon as (when) things are better, we will go on a trip.

12-14 **Julien a compris.** Vous êtes invité(e) chez Julien (un ami de Noah). Vous remarquez cinq gestes pas écologiques pendant votre visite. Travaillez avec un(e) partenaire (qui joue le rôle de Julien) et décrivez ses gestes pas écologiques. Votre partenaire vous donne une excuse et promet de ne plus le faire.

Modèle: E1: *Eh, Julien, ton robinet coule, il faut le réparer!*
E2: *Ah, j'ai oublié. Mais je vais le réparer (réparerai) (bientôt).*

12-15 **A présent et à l'avenir.** Quels sont vos projets pour l'avenir? Est-ce que vous serez plus écologique ou moins? Travaillez avec un(e) partenaire pour dire ce que vous faites à présent pour préserver la planète et ce que vous allez faire à l'avenir.

Modèle: prendre les transports publics
E1: *A présent j'utilise un vélo, mais à l'avenir, j'achèterai*
(je vais acheter) une voiture. Et toi?
E2: *J'utilise l'autobus et je vais toujours utiliser l'autobus.*
Je crois que c'est plus écologique.

1. prendre les transports publics
2. manger bien (mal, trop)
3. employer des produits verts (bio, locaux)
4. recycler les déchets (le verre, le carton, les journaux)

Review of tenses: Expressing the past

12-14 to 12-15 This is a general review of past tenses in French. Read the paragraph, paying particular attention to the verb tenses. Then answer the questions.

> **De plus près**   **Dans le passé**
>
> *Noah continue sa discussion avec Sébastien.*
>
> **SÉBASTIEN:** Je crois que la pollution **est devenue** plus importante ces dernières années. Autrefois, la terre et les océans **n'étaient pas** aussi chauds, et le climat **n'était pas** aussi extrême.
>
> **NOAH:** C'est vrai, mais les choses **étaient**-elles mieux du temps de nos parents et grands-parents?
>
> **SÉBASTIEN:** J'en **ai** récemment **parlé** avec mon grand-père, et il m'**a assuré** que les problèmes climatiques au Canada **étaient** sérieux aujourd'hui. Dans le nord du Québec, il **a vu** beaucoup de choses changer.
>
> **NOAH:** Aux Antilles aussi, nous avons des problèmes. Les ouragans **sont devenus** fréquents et violents. Mais, le monde **a pris** conscience du problème et on **a commencé** à y travailler, ou du moins je l'espère.

A vous de décider

1. What is Sébastien's point of view? And Noah's?
2. What are the infinitives of the verbs in bold?
3. When is the **passé composé** used? And the **imparfait?**

1. The **passé composé**

The **passé composé** is used to express past events that happened only once and actions that advance the plot or storyline.

> J'en **ai** récemment **parlé** avec mon grand-père.

2. The **imparfait**

The **imparfait** is used to describe conditions, scenes, and circumstances in the past; appearances, characters, emotions in a past event; or habitual, repeated, or ongoing actions in the past.

> Les choses **étaient** mieux. (condition in the past)
> La biodiversité **était** incroyable. (description of appearance)
> Autrefois, Lucas ne **recyclait** pas les déchets. (habitual action)

3. Expressions that cue the **imparfait**

Certain expressions cue the **imparfait** because they imply repetition or habitual actions. These include: **chaque jour (soir, matin, année), d'habitude, fréquemment, souvent, toujours, tous les jours (soirs, matins, ans).**

> Chaque matin, je **descendais** la poubelle.

12-16 **Ma vie.** Employez les images comme guide pour faire un résumé de votre vie. Votre partenaire va vous poser des questions pour avoir des détails.

Modèle: **E1:** *Je suis né(e) à Chicago. J'ai un frère.*
E2: *Est-ce que tu avais un animal domestique?*
E1: *Oui, j'avais un chien. Il s'appelait Fido. Ensuite…*

Vocabulaire supplémentaire

aller au parc (à l'école, à l'université, au concert, au cinéma)

apprendre à lire (à écrire)

apprendre l'histoire (les maths, les sciences)

se bronzer à la plage

faire du sport (de la randonnée, de la musculation [*weightlifting*])

jouer avec ses amis, au basketball (au football)

suivre des cours à la fac

voyager pendant les vacances

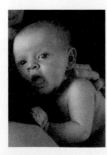  

12-17 L'éducation d'un écolo. Michel Lagardère est devenu écolo à un jeune âge. Pendant que tout le monde jouait au parc, il apprenait à être écolo. Que faisait-il quand il était jeune? Que fait-il aujourd'hui? Travaillez avec plusieurs partenaires pour imaginer et raconter la vie de Michel.

Modèle: amusements

> **E1:** *Quand Michel était jeune, il allait au parc avec sa mère presque tous les jours. Pendant que les autres jouaient, il observait les plantes et les insectes.*
>
> **E2:** *Il construisait toujours des maisons écolos et recyclait les matériaux de construction.*
>
> **E3:** *Aujourd'hui, Michel travaille dans une grande compagnie verte pour construire des maisons qui consomment peu.*

1. éducation
2. voyages
3. consommation et recyclage
4. amis et amies

Vocabulaire supplémentaire

Consultez le vocabulaire supplémentaire pour l'Activité **12-16**.

consommer moins d'eau, (d'essence, d'électricité)

contacter des organisations écologiques

écouter (faire) des conférences sur l'écologie

faire du camping, (du jardinage [*gardening*])

recycler les bouteilles (le verre, le carton, les journaux)

rencontrer d'autres écolos

suivre des cours de biologie (science, nutrition)

Travail d'ensemble

12-16

Pour bien parler | **Participating in a group presentation**

As a language student you are often asked to do group presentations. All participants should share the work and present equal amounts of information, so you should begin to prepare by determining the content you need to cover and then sketching out each person's role for writing and presenting. After the members have completed writing their own section, the group should rehearse the presentation in order to create natural transitions. Each person should refer to the previous and next presenter, so the audience understands the relationship among the parts.

 12-18 Une fable moderne. Travaillez en groupe de trois pour inventer une fable sur le recyclage et la consommation. Prenez des notes pendant votre conversation.

1. Imaginez un endroit où les habitants ne recyclent pas leurs déchets. Quelle est l'histoire de cette région? Quelles sont les conséquences de l'inaction des habitants?
2. Un homme ou une femme leur apprend à être écolo, à recycler et à économiser. Qui est-ce? Qu'est-ce qu'il (elle) propose?

 12-19 La division du travail. Divisez le travail pour que chacun(e) ait une partie égale de la présentation orale. Un participant raconte l'histoire de la région, un autre décrit les conséquences de l'inaction, et le troisième parle des démarches qu'ils ont prises pour être écolo. Chaque participant écrit sa partie de la présentation selon vos notes.

 12-20 La répétition. Travaillez en groupe pour mettre ensemble votre présentation et pour travailler sur les transitions. Répétez (*rehearse*) la fable avant de la présenter en classe. Employez un logiciel comme PowerPoint pour illustrer la fable.

Pour aller plus loin

Contextes Dans cette section vous allez considérer l'emploi des plantes OGM (organismes génétiquement modifiés) et les nourritures bio.

Les OGM: bénéfice ou risque?

12-21 **Avant de lire.** Qu'est-ce que vous savez des organismes génétiquement modifiés (OGM)? Indiquez si les arguments suivants sont **pour (P)** ou **contre (C)**.

_____ 1. Avec les OGM le coût de la production de la nourriture va baisser.
_____ 2. La population mondiale pourra se nourrir avec l'aide des OGM.
_____ 3. L'impact des OGM sur l'environnement reste inconnu.
_____ 4. Les OGM risquent de causer une pollution génétique irréversible.

C'est quoi, un OGM?

12-17 to 12-18

Est-ce que les OGM peuvent nourrir la population mondiale ou bien menacer° le bien-être de la planète?

Un débat social

Grâce aux nouvelles techniques de biologie moléculaire, il est possible aujourd'hui de créer des organismes vivants qui ont des caractères nouveaux empruntés à d'autres organismes. Pourtant les OGM sont le sujet d'un profond débat social.

Les OGM et la faim dans le monde

Les promoteurs des OGM affirment que les nouvelles variétés résistantes aux maladies sont le seul moyen de nourrir une population mondiale croissante. Les opposants aux OGM, en revanche, montrent que la sécurité alimentaire de la planète ne dépend pas d'une «technologie miracle». Pour eux, la faim dans le monde n'est pas le résultat d'un manque de nourriture mais d'une redistribution inégale des richesses. Ils disent que les OGM, produits par les pays riches, pourraient accroître° la dépendance alimentaire des pays pauvres et la faim dans le monde.

Les OGM dans l'environnement

L'impact à long terme des OGM sur l'environnement et la santé reste largement inconnu. Malgré cela, les OGM ont été introduits dans les écosystèmes de six pays en particulier (Etats-Unis, Argentine, Canada, Brésil, Chine et Paraguay). La dissémination de gènes modifiés pourrait contaminer les cultures conventionnelles et ainsi produire un nouveau type de pollution génétique. Les OGM pourraient mettre fin à la biodiversité des cultures.

---

menacer _to threaten;_ **accroître** _to increase_

12-22 **Les bénéfices et risques des OGM.** Choisissez la bonne réponse selon l'article.

1. Grâce aux nouvelles techniques de biologie moléculaire on peut: faire des expériences sur la personnalité / fabriquer des OGM / résister aux maladies.
2. Quand on transfère des gènes d'une espèce à une autre, cela permet: de produire des organismes vivants avec des caractères nouveaux / de créer des insecticides / d'augmenter la sécurité alimentaire.
3. L'industrie des biotechnologies affirme que les plantes génétiquement modifiées sont: avantageuses pour les compagnies / beaucoup plus savoureuses / la seule façon de nourrir la population.
4. Les contaminations des cultures biologiques et conventionnelles produisent un nouveau type de pollution génétique qui: augmentera le risque / permettra la fabrication de nouvelles espèces / permettra le développement de nos sociétés.

12-23 Pas dans mon assiette. Complétez les phrases selon la perspective de l'affiche.

1. Les progrès de la biologie moléculaire…
2. Quand on transfère des gènes d'une espèce à l'autre, on…
3. Quand on introduit les OGM dans l'environnement…
4. Les contaminations des cultures biologiques et conventionnelles…

Les jardins communautaires en France

Les jardins communautaires, aussi appelés jardins partagés, encouragent le respect de l'environnement et créent des réseaux sociaux.

Les jardins partagés en France

12-19 La pratique des jardins partagés, née à New York au début des années 1970 sous le nom de *community gardens,* fleurit à travers la France depuis la fin des années 1990. Le premier jardin partagé en France a été créé à Lille en 1997. A Paris, il en existe aujourd'hui presque cinquante.

Les jardins partagés sont gérés° en commun par un groupe d'habitants. Différentes motivations peuvent mener à la création d'un jardin partagé. Faire perdurer° une tradition agricole de génération en génération et promouvoir° le respect de l'environnement est une de ces motivations. En général, les jardiniers des jardins partagés sélectionnent des fleurs et légumes adaptés à la région et évitent l'utilisation d'engrais° chimiques et de pesticides de synthèse°. Le compostage et la récupération de l'eau de pluie y sont très souvent pratiqués. Une autre motivation est de recréer les réseaux sociaux et de faciliter la rencontre de gens de tout âge, de toute condition, de toute classe sociale et de toute ethnie, et de promouvoir la discussion de sujets qui sont rarement traités dans les médias, comme la biodiversité et le droit au travail ou au logement.

— Mon mari et moi, nous participons à un jardin partagé. Nous évitons les engrais et les insecticides de synthèse et nous pratiquons le compostage et la récupération de l'eau. C'est une façon de travailler en plein air, de manger mieux et de rencontrer des gens qui pensent comme nous.

gérés *managed,* perdurer *to continue;* promouvoir *to promote;* engrais *fertilizers;* de synthèse *synthetic*

12-24 Un jardin partagé à Paris. Répondez aux questions en utilisant les renseignements donnés dans l'article.

1. Quelle est l'histoire des jardins partagés?
2. Quelles sont les motivations pour créer des jardins partagés?
3. Quel genre de plantes est-ce qu'on a sélectionné pour le jardin de la photo?
4. Quel est le rôle social de ces jardins? Que fait l'homme dans la photo?
5. Où est le jardin de la photo?

12-25 Comparaisons. Est-ce qu'il y a des jardins partagés dans votre localité? Si non, qui pourrait prendre l'initiative d'établir un jardin partagé? Si oui, est-ce que vous y participeriez? Pourquoi ou pourquoi pas?

Faire du *wwoofing*

Si vous n'avez pas peur d'un peu de travail manuel et vous voulez apprendre la culture biologique, essayez le *wwoofing!*

12-26 **Avant de lire.** Dans le *wwoofing*, le *wwoofer* participe aux travaux de la ferme avec son hôte et en échange, son hôte lui donne le gîte et le couvert (*room and board*). Si vous faites du *wwoofing* qu'est-ce que vous allez faire? Choisissez les activités **probables (P)** ou **peu probables (PP)**.

_____ **1.** prendre soin des animaux

_____ **2.** faire du fromage

_____ **3.** défricher (*clear*) des champs

_____ **4.** vous faire bronzer à la plage

_____ **5.** faire du farniente (*do nothing*)

_____ **6.** traire des vaches (*milk cows*)

Eco-voyage avec le *wwoofing*

12-20

Le *wwoofing* propose un échange de travail et de connaissances. Le *wwoofer* apprend la culture biologique, une langue et les coutumes du pays.

Depuis bientôt deux ans, Anne et son mari accueillent régulièrement dans leur ancienne ferme des jeunes de nationalités différentes qui veulent apprendre la culture biologique, l'écologie ou tout simplement le français dans le contexte d'une ferme éco-biologique.

Le service contre le gîte et le couvert

Le *wwoofing* signifie *World wide opportunities in organic farming*, soit « Opportunités internationales dans des fermes biologiques ». Le *wwoofer* travaille à la ferme et participe à la vie quotidienne. En échange, il obtient gratuitement le gîte et le couvert.

Un apprentissage écologique

Le *wwoofer* doit s'adapter au travail de la ferme. Les activités dépendent de la ferme et de la personnalité du *wwoofer*. Il y a le soin des animaux: traire° les vaches° ou les chèvres°, donner à manger aux poules ou aux canards. Il y a le travail dans les champs: défricher°, désherber°. Il y a le travail dans la maison: préparer les repas, faire le fromage ou la confiture, préparer les produits pour la vente...

Avant de s'engager à un séjour à la ferme, il est essentiel de bien préparer l'aventure. D'abord, il faut prendre contact. Le fermier doit demander s'il y a des situations particulières, des exigences ou des contraintes au travail. Le *wwoofer*, par contre, doit connaître les règles de la ferme. Chez Anne, par exemple, on ne fume pas, on ne boit pas d'alcool et on ne mange pas de viande.

Où est cette femme dans la photo? Que fait-elle?

traire *to milk;* vaches *cows;* chèvres *goats;* défricher *to clear;* désherber *to weed*

12-27 **Participer au *wwoofing*.** Choisissez l'expression qui complète le mieux les phrases.

1. Christine et son mari accueillent des jeunes qui veulent apprendre: la culture biologique / le français / les deux.
2. Le participant au *wwoofing*: travaille à la ferme / paie pour le couvert / paie pour le gîte.
3. Le matin le *wwoofer*: va à la plage / aide à préparer le repas de midi / fait du farniente.
4. A la ferme on peut: travailler dans un bureau / travailler à l'extérieur / faire du shopping.
5. Pour préparer son séjour, il faut: se mettre en contact par email / s'informer des règles de la ferme / les deux.

 12-28 **Vous voulez faire du *wwoofing*?** Vous êtes directeur(trice) d'une association *Wwoof* et vous êtes contacté(e) par une personne (votre partenaire) qui aimerait prendre part à ce type d'expérience. Posez des questions pour savoir s'il (si elle) devrait en faire. Donnez votre recommandation à la fin.

Modèle: travailler dans une ferme
  E1: *Est-ce que vous avez déjà travaillé dans une ferme?*
  E2: *Non, mais ça m'intrigue. ou Oui, et je voudrais recommencer.*
  E1: *Est-ce que vous vous intéressez à des projets éco-biologiques?*
 Après, **E1:** *Alors vous devriez envisager*
    (vous ne devriez pas envisager) le wwoofing.

1. travailler dans une ferme
2. s'intéresser à des projets éco-biologiques
3. espérer participer à des activités artistiques
4. vouloir dépenser peu d'argent

12-21 to 12-22

Pour bien communiquer	Les avantages et les désavantages du *wwoofing*

Le *wwoofing*

Avantages	Désavantages
On peut...	Mais...
apprendre le respect de la nature	les conditions de vie sont rudimentaires
apprendre une langue	ce n'est pas le tout confort
avoir des expériences hors de l'ordinaire	il faut travailler
avoir le contact avec la nature	il n'y a pas d'activités sportives ni d'amusements
créer des liens d'amitié	il n'y a pas de musées, théâtres, cinémas à proximité
vivre la vie du fermier (de la fermière)	il n'y a pas de repos ni de détente
voyager avec un petit budget	le travail peut être désagréable

12-29 **Persuadez votre partenaire.** Vous êtes convaincu(e) que le *wwoofing* est une façon intéressante de voyager et d'apprendre, mais votre partenaire n'en est pas sûr(e). Essayez de le (la) persuader.

Modèle: **E1:** *Tu devrais faire du wwoofing. On travaille dans une ferme.*
    C'est très intéressant.
  E2: *Oui, mais le travail peut être désagréable...*

12-30 **Plans de séjour.** Vous êtes d'accord pour faire du *wwoofing*. Vous planifiez votre séjour dans une ferme. Discutez de vos intentions avec votre partenaire (votre participation aux travaux de la ferme, les choses que vous voulez apprendre).

Modèle: **E1:** *Je voudrais apprendre le français en France.*
  E2: *Moi aussi. Et je voudrais vivre la vie du fermier. Je voudrais...*

Comment dire?

Review of the subjective

📖 In French, it is possible to distinguish expressions taken as fact (the indicative) from those that are less certain (the subjunctive). Read the dialogue, paying particular attention to the expressions in bold, and answer the questions that follow.

12-23 to 12-24

De plus près **La ferme laitière**

Sébastien et Noah parlent d'une occasion de s'évader.

SÉBASTIEN: **Il faut absolument que je prenne** quelques jours de vacances.

NOAH: Tu es débordé? Moi aussi. **Je crois que je vais éclater°. Il est certain que je dois** m'évader.

SÉBASTIEN: Tu veux faire du *wwoofing* en Normandie? Je connais des fermiers près de Bayeux. **Je ne pense pas qu'ils soient** au complet!

NOAH: C'est quel genre de ferme?

SÉBASTIEN: Ils sont en Normandie. C'est une ferme laitière, c'est évident! **Je suis étonné que tu me poses** la question!

NOAH: Traire les vaches, nettoyer les étables°, laver l'équipement... **Je ne crois pas que ce soit** mon genre°.

SÉBASTIEN: Mais si! Le travail n'est pas trop dur et les fermiers sont très sympa. **Je suis sûr que ça va te plaire.**

éclater *to burst;* étables *stables;* mon genre *my style*

A vous de décider

1. What does Sébastien propose?

2. What are the disadvantages, according to Noah?

3. Look at the sentences in bold. When is the subjunctive used? And the indicative?

1. Mood

A speaker's attitude is expressed in the mood of the verb he or she selects.

• To express certainty, use the indicative.

> **Il est certain que je dois** m'évader.

• To express perceived needs, feelings, or opinions, use the subjunctive.

> **Je ne crois pas que ce soit** mon genre.

2. Use of the subjunctive

Certain expressions reflect a speaker's perceptions rather than actual fact. These expressions are normally followed by the subjunctive.

Necessity:	**Il faut que je prenne** quelques jours de vacances.
Wish, desire:	**Je voudrais que tu considères** le *wwoofing*.
Doubt:	**Je ne pense pas qu'ils soient** au complet.
Irritation:	**Je suis étonné que tu poses** la question!
Possibility:	**Il est possible que nous puissions** y aller.
Regret:	**Je regrette que ma proposition ne t'intéresse pas.**
Surprise:	**Il est incroyable que tu ne connaisses pas cette ferme.**
Sadness:	**Je suis triste que tu ne voies pas** les avantages.
Happiness:	**Je suis heureux que nous soyons** d'accord.

12-31 **Ça m'étonne.** Vous croyez bien connaître votre ami(e) (votre partenaire), mais il (elle) a toujours des surprises pour vous. Réagissez à ses déclarations.

Modèle: ne pas connaître le *wwoofing*
   E1: *Je ne connais pas le wwoofing.*
   E2: *Je suis étonné(e) que tu ne connaisses pas le wwoofing.*
   E1: *Pourquoi?*
   E2: *Je croyais que tu étais branché(e) sur les choses écologiques.*

1. ne pas connaître le *wwoofing*
2. ne pas vouloir travailler
3. aimer le confort et le luxe
4. avoir besoin d'activités sportives
5. ne pas voir les avantages du *wwoofing*
6. ne pas aimer la vie du fermier

 12-02 **Qu'en pensez-vous?** Vous faites un reportage sur les opinions des jeunes pour la radio locale. Aujourd'hui vous interviewez des étudiants sur leurs opinions du *wwoofing*. Posez les questions suivantes à deux personnes, et faites un rapport à l'oral.

Modèle: **E1:** *Qu'est-ce que vous pensez du wwoofing?*
   E2: *Je suis heureux(-euse) que...*
   E1: *Et vous?*
   E2: *Il est tout à fait surprenant que...*
   À la fin: *Les participants interviewés ont des opinions très variées.*
      Pour un jeune homme... Un autre pense que...

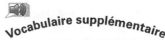
Vocabulaire supplémentaire

C'est dommage que...
Il est bizarre que...
Il est incroyable que...
Il est surprenant que...
Je crains (*am afraid*) que...
Je regrette que...
Je suis désolé(e) que...
Je suis étonné(e) que...
Je suis heureux(-euse) que...
Je suis surpris(e) que...
Je suis triste que...

Etes-vous surpris(e) que les jeunes aiment le *wwoofing*?

Que pensez-vous de travailler pendant les vacances?

Est-ce que le gîte et le couvert sont suffisants comme rémunération?

Est-ce que le *wwoofing* représente des vacances intéressantes?

Quelle est votre opinion concernant les conditions du séjour?

Review of the conditional

12-25 to 12-27

The conditional is used when a fact is only true if a condition is met. Read the paragraph, paying particular attention to the verbs. Then answer the questions.

De plus près | **Une opinion forte**

Sébastien et Noah donnent leur opinion en ce qui concerne les OGM.

NOAH: Je doute que les écologistes aient raison d'avoir peur des OGM.

SÉBASTIEN: Moi je suis convaincu qu'ils ont raison.

NOAH: Ah oui. Pour une fois, nous ne sommes pas d'accord.

SÉBASTIEN: Dis-moi, si tu **avais** vraiment de fortes convictions sur le sujet, qu'est-ce que tu **ferais?**

NOAH: Je ne sais pas… j'**écrirais** une lettre à l'éditeur de mon journal local…

SÉBASTIEN: Ouais, c'est ça. Tu **écrirais** une lettre à l'éditeur de ton journal local. Et tu crois que ça **ferait** quelque chose?

A vous de décider

1. What difference of opinion exists between Sébastien and Noah?

2. What would Noah do if he had a strong opinion?

3. Can you identify the verb tenses in bold?

To express a hypothesis (a statement that would be true if another were true), use the following sequences of tenses:

Si clause	Main clause
si + présent	**présent, futur, futur immédiat, impératif**
si + imparfait	**conditionnel**

Si tu as une opinion à exprimer, **tu écris** une lettre.
Si tu avais une opinion forte, qu'est-ce que tu **ferais?**

12-33 **Mon travail.** Ségolène Lipsky, une amie de Chloë Bartolli, décrit son nouveau poste à un journal local. Elle hésite sur les verbes. Quel verbe est-ce qu'elle doit choisir?

A présent, je (travaille / travaillerai) pour une compagnie qui s'occupe de problèmes de l'environnement. Nous nous (occupions / occupons) de problèmes variés: de la propreté de l'eau aux armes chimiques. Moi, j'ai plusieurs rôles. Par exemple, l'année dernière (j'ai voyagé / je voyageais) en Malaisie à la suite d'un désastre écologique. Il y (aurait / avait) beaucoup à faire pour assurer une bonne qualité de vie pour les habitants.

(J'adore / j'ai adoré) mon poste. Si je (voudrai / voulais) gagner plus d'argent, je (trouve / trouverais) sans doute un autre boulot. Mais je ne (voulais / voudrais) pas travailler dans un bureau sans intérêt. Je (sois / serais) très malheureuse si je (n'étais pas / ne serais pas) engagée à résoudre les problèmes du monde.

12-34 **Si j'avais les moyens...** Que feriez-vous si vous aviez les moyens (*the means*)? Discutez avec un(e) partenaire. Ensuite, travaillez avec une autre paire pour comparer vos réponses.

Vocabulaire supplémentaire

Modèle: le temps

> **E1:** *Moi, si j'avais le temps, je suivrais un programme d'études à l'étranger parce que j'aimerais apprendre une autre langue. Et toi?*
> **E2:** *Moi,... parce que...*

acheter une nouvelle voiture
(une moto)
aider les malades (les pauvres)
avoir un jardin potager
consommer moins de nourriture
(d'énergie)
devenir écolo
employer les transports publics
étudier à l'étranger
faire un long voyage (du *wwoofing*)
mettre de l'argent à la banque
payer toutes mes dettes
recycler les déchets (le verre, le carton)
travailler dans un orphelinat
(un hôpital)
trouver de nouveaux (nouvelles) ami(e)s

le temps

de l'argent

les connaissances

de la patience

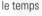 # Travail d'ensemble
12-28

Pour bien écrire **Writing a formal letter**

In order to write a formal letter (to the editor of a newspaper, for example), you need to know a few conventions.

- Date the letter: Chicago, le 10 août 2010
- Include a salutation: Cher Monsieur (Chère Madame),
- Use **vous** in the body.
- Use inversion for questions.
- Include a formal closing: **Veuillez agréer, cher Monsieur (chère Madame), l'expression de mes sentiments les meilleurs.**
- Sign the letter.

 12-35 **L'éditorial sur les OGM.** Vous avez lu un éditorial intitulé «Les OGM: solution de la faim dans le monde». Vous et votre partenaire n'êtes pas d'accord avec les idées exprimées. Vous voulez écrire une réponse pour exprimer votre opinion contraire. Travaillez ensemble pour organiser votre réponse et pour préciser votre argument. Consultez **C'est quoi, un OGM?** (page 380) pour revoir des exemples. Prenez des notes.

12-36 **Ma lettre à l'éditeur.** Vous écrivez la lettre à l'éditeur. Attention, votre lettre est formelle. Les éditeurs n'aiment pas les longues lettres. Soyez concis(e) et limitez-vous à 5–7 phrases. Démontrez vos connaissances du sujet et vos talents de débatteur.

A la découverte

12-29 to
12-32

📖 Petit tour d'horizon

Initiatives pour protéger la planète

Suisse: Voiture électrique. SAM est un véhicule électrique qui n'existe encore que comme prototype. Quatre-vingt véhicules ont été produits pour des essais dans deux villes suisses. Sa vitesse de pointe est donnée pour 85 km/h.

Belgique: Parc éolien° en mer du Nord. Le premier parc éolien belge en mer est maintenant opérationnel. Soixante éoliennes fourniront 1% des besoins énergétiques de la Belgique. Quatre autres parcs seront construits dans les années à venir.

France: Des moines° écolo en Savoie. A l'abbaye de Tamié en Savoie, les moines cisterciens ont trouvé un moyen économique pour chauffer leur eau: ils récupèrent° le gaz du petit-lait° des fromages qu'ils fabriquent.

Viêt-Nam: Recyclage du papier. A l'école de Phu Binh au Viêt-Nam, les enfants construisent leurs jouets en carton.

Québec: Des maisons vertes à Montréal. De plus en plus de maisons et appartements sont construits ou rénovés° selon des principes écologiques: bois, fenêtres et portes sont recyclés dans les rénovations; un jardin est souvent ajouté sur le toit; et des panneaux solaires alimentent les résidences en électricité.

Madagascar: Des baobabs, château d'eau°. A Madagascar, pendant la saison des pluies, l'eau est récupérée et déposée dans le tronc creux° des plus grands baobabs et sert de réserve d'eau pour la communauté.

---

parc éolien *wind farm;* **moulins à vent** *windmills;* **moines** *monks;* **récupèrent** *recover;*
petit-lait *whey;* **rénovés** *renovated;* **château d'eau** *reservoir;* **creux** *hollow*

12-37 **Agir écolo.** Indiquez les affirmations qui sont vraies. Corrigez celles qui sont fausses.

1. Les moines cisterciens utilisent le méthane pour chauffer leur eau.
2. Les maisons vertes à Montréal utilisent l'énergie éolienne pour leur éclairage.
3. SAM utilise une technologie hybride.
4. Le nouveau parc éolien belge fournit 99% de l'électricité du pays.

12-38 **Recyclage tous azimuts.** Sur la base de l'information procurée dans le texte, indiquez qui recycle quoi et dans quel but.

	Recyclent quoi?	Dans quel but?
1. Des moines français		
2. Des élèves vietnamiens		
3. Des architectes québécois		
4. Des villageois malgaches		

PALMARÈS: les pays et les villes où il fait bon vivre...

141 pays examinés de près

Où fait-il bon vivre sur la terre? C'est en Finlande—et plus généralement dans les pays scandinaves—que l'on peut trouver le meilleur compromis entre préservation de l'environnement et qualité de vie. Au bas de la liste, les pays qui ont à la fois des conditions de vie difficiles et un environnement dégradé, principalement des pays africains.

Pour établir ce classement, deux indicateurs, avec les paramètres suivants, ont été utilisés:

- IDD (Indicateur du Développement Durable): la qualité de l'eau ou de l'air
- IDH (Indicateur du Développement Humain): l'espérance de vie, le niveau d'études, le revenu national par habitant, le travail des enfants, le nombre de docteurs par habitant.

Aucun pays n'est exemplaire

En effet, la Finlande et les pays du nord de l'Europe arrivent en tête° grâce à la très bonne qualité de leur air, de leur eau ou la présence d'énormes forêts. Mais ces pays ont une empreinte écologique° importante et une consommation énergétique beaucoup trop élevée. A l'inverse, les pays subsahariens présentent une efficacité énergétique plutôt bonne. Mais ces pays ont de nombreux problèmes sociaux et environnementaux.

Paris: 4ème ville la plus verte au monde?

Ici encore, les villes scandinaves arrivent en tête. Plus étonnant, Paris arrive en quatrième position. Paris doit sa place à la qualité de ses services et à la relative bonne qualité de son air et à ses espaces verts.

© Cité des Sciences et de l'Industrie

Il fait bon vivre à...

1. Stockholm	43. Denver
2. Oslo	(...)
3. Munich	46. Houston
4. Paris	(...)
(...)	55. San Diego
15. New York	(...)
(...)	57. Los Angeles
22. Washington, D.C.	(...)
23. Chicago	60. Phoenix
(...)	(...)
26. San Francisco	69. Canton
(...)	70. Bombay
36. Atlanta	71. Shanghai
(...)	72. Pékin

---

arrivent en tête *are first;* **empreinte écologique** *ecological footprint*

12-39 En bref. Complétez le résumé sur la base des informations données dans le texte.

Grâce à leurs efforts de préservation de l' **1.** _____ et à leurs bonnes **2.** _____ de nombreux pays scandinaves arrivent en tête du palmarès. Cependant, ces pays ne sont pas parfaits, leur **3.** _____ et leur **4.** _____ sont encore trop élevées. En revanche, de nombreux pays africains qui sont en fin de classement à cause de leurs nombreux **5.** _____ ont une bonne **6.** _____ Bien que la France arrive en 16ème position au palmarès, Paris arrive en 4ème position des villes les plus **7.** _____

12-40 Comparaisons. Choisissez une ville américaine dans PALMARÈS: les pays et les villes où il fait bon vivre... Quels critères considérés pour ce classement peuvent expliquer la place occupée par votre ville dans PALMARÈS? Avez-vous trouvé plus de positifs ou de négatifs?

La protection de l'environnement au Québec

Dans ce sondage, les Québécois indiquent comment ils contribuent à la protection de l'environnement dans leur vie quotidienne.

12-41 Premier survol

- **Sous-titres.** A votre avis, à quelle(s) question(s) dans le sondage ci-dessous ces sous-titres correspondent-ils?

  ———— **1.** L'efficacité des transports publics, clef pour remplacer la voiture.
  ———— **2.** Le bac vert déborde… dans la poubelle.
  ———— **3.** Protéger l'environnement, pas facile en dehors de chez soi.

- **Termes à déterminer.** Utilisez le contexte pour déterminer ce que les mots ou expressions suivantes veulent dire en anglais: 1. déplacements (Question 1); 2. encombrant (Question 3); 3. covoiturage (Question 4)

Les Québécois et l'environnement

Question 1: En général, avez-vous l'impression que vous en faites assez pour protéger l'environnement dans vos gestes quotidiens…?

Base: tous (n=1005)	**%**
… à la maison	81%
… dans vos déplacements et transports	63%
… au travail	65%

Question 2: Dans votre foyer°, diriez-vous que vous recyclez…?

Base: tous (n=1005)	**%**
… TOUS vos déchets recyclables	45%
… LA PLUPART de vos déchets recyclables	45%
… UNE PETITE PARTIE de vos déchets recyclables	7%
… Vous ne recyclez pas du tout	3%

Question 3: Qu'est-ce qui vous empêche de recycler TOUS vos déchets recyclables?

Base: les personnes qui ne recyclent pas TOUS leurs déchets recyclables (n=540)	**%**
Difficile de savoir quels produits sont recyclables et lesquels ne le sont pas	44%
N'aime pas rincer / trier les déchets	24%
Les bacs sont trop petits	23%
N'y pense pas	17%
Trop compliqué	15%
Trop encombrant / n'ai pas d'endroit pour ranger le bac	13%
Trop long	9%
Cela fait trop de saleté dans la maison	4%
Aucune de ces raisons	16%

---

foyer *household*

Question 4: Quel moyen de transport utilisez-vous pour vous rendre au travail, à l'école ou à votre occupation principale?

Base: tous (n=1005)	%
Voiture personnelle	56%
Covoiturage	4%
Transport en commun°	15%
Transport actif (marche, vélo, etc.)	7%
Je ne travaille pas et n'étudie pas	18%

Question 5: Quel moyen de transport utilisez-vous pour vous rendre au travail, à l'école ou à votre occupation principale?

Base: les personnes qui n'utilisent pas le transport en commun (n=581)	%
Pas de service dans mon coin	37%
Trop long, prend trop de temps	26%
Fréquence du service, horaire insatisfaisant	25%
Pas de trajet pour votre destination	19%
N'aime pas prendre le transport en commun	13%
Coût du service de transport en commun	5%
Aucune de ces raisons	15%

© LégerMarketing, 2008

transport en commun *public transportation*

12-42 Essentiel à saisir

- **L'opinion des sondés.** Choisissez la bonne réponse.
1. Pour les Québécois, il est plus difficile de recycler (à la maison / au travail).
2. La majorité des Québécois recylent (tous leurs rejets recyclables / une partie de leurs rejets recyclables).
3. Pour les Québécois recycler n'est pas toujours facile parce que (les bacs ne sont pas assez grands / les recyclables et les non-recyclables sont difficiles à indentifier).
4. Le moyen de transport préféré des Québécois, c'est (les transports publics / les transports personnels).
5. Le degré d'utilisation des transports publics parmi les Québécois est principalement influencé par (le prix / l'accès et la fréquence).

- **Mesures à prendre.** En vous basant sur les raisons données dans le sondage, faites des recommandations au gouvernement du Québec pour encourager le recyclage et l'utilisation des transports publics au Québec.

> il est essentiel que...   il est important que...   il est indispensable que...
> il est nécessaire que...   il faut que...

Pour inciter les Québécois à recycler tous les déchets recyclables, il... et...
Pour encourager les Québécois à utiliser plus souvent les tranports publics, il... et...

Une écolo et sa vie au quotidien

Dans cet article, Hélène Binet décrit sa vie d'«écolo-citoyenne».

12-43 **Premier survol**

- **A votre avis.** Quels mots associez-vous à l'expression «écolo-citoyenne»? Choisissez dans la liste suivante:

  ❏ acheter des repas surgelés   ❏ prendre des bains plutôt que des douches

  ❏ préférer les vêtements en   ❏ utiliser beaucoup la climatisation
  fibres chimiques   et le chauffage

  ❏ consommer des produits bios   ❏ acheter des vêtements d'occasion

- **Le sens des mots.** Choisissez la bonne définition des expressions ci-dessous de la liste à droite.

  _____ **1.** d'occasion   **a.** Qui n'est pas inhibée
  _____ **2.** pas ayatollah   **b.** Qui n'est pas neuf
  _____ **3.** décomplexée   **c.** Qui n'est pas stricte

Journal d'une écolo-citoyenne
—Philippe Brochen, 2009

Hélène Binet, 37 ans, vit à Paris (Xe) avec son compagnon et leurs trois enfants. Pas ayatollah, plutôt écolo joyeuse et décomplexée, elle décrit sa vie au quotidien.

«Quand on commence à se poser des questions sur comment on vit, c'est sans fin. Et il y a toujours des incohérences.» reconnaît-elle. «Il faut bien se dire le consommateur parfait n'existe pas. En matière d'écologie, chacun commence là où il peut commencer. C'est toujours ça de gagné. Il ne faut pas être dogmatique ou puriste. On avance pas à pas.»

Le lever

«Chez nous, le matin, on se caille°! On coupe le chauffage le soir et on le remet le matin. Résultat, quand on se lève, il fait 15 degrés. Pas question de sortir du lit en petite tenue°: le pull est obligatoire!»

Le petit déjeuner

«Chez nous, thé et café sont bios et équitables. Tout comme le lait, le chocolat, le sucre... On se fait notre jus de fruit pressé. Pour les épluchures°, on a un composteur d'appartement [...] Bon, il faut avouer que c'est moche° et que ça prend beaucoup de place. [...] Le compost obtenu nous permet de changer la terre de nos plantes.»

La toilette

«On prend une douche responsable, c'est-à-dire trois minutes maxi, et on utilise des savons, du gel douche et du shampoing bios.»

---

on se caille (fam.) *we are cold;* en petite tenue *in your underwear;* épluchures *vegetable peels;* moche (fam.) *ugly*

L'habillage

«C'est compliqué de s'habiller complètement écolo, car c'est vachement° cher. Même si de plus en plus de marques font des vêtements en coton bio et en chanvre°. [...] S'habiller écolo, c'est aussi customiser des fringues°, aller aux puces° ou chez Emmaüs° pour acheter d'occasion et donner une longue vie aux vêtements.»

L'entretien des vêtements

«Il existe des machines à laver sans eau. Ou alors il y a de la lessive bio pour les machines traditionnelles. [...] On essaie aussi de réduire le temps de lavage. On peut aussi utiliser des noix de lavage°, ce sont des petites coques qui viennent d'Inde. Mais il faut réserver cela pour le linge qui n'est pas sale, pas pour les fringues des enfants. [...].»

Les repas

«On s'est abonné à un panier de légumes hebdo°. Les produits de Jardin de Cocagne sont cultivés près de Blois par des personnes en insertion°. [...]»

«Chez nous, on ne mange pas de plats préparés. Mais c'est presque plus culturel qu'idéologique. Cela ne me vient même pas à l'idée. On ne mange pas non plus beaucoup de viande. Pour le reste, tous les produits de base sont bio: lait, farine, sucre... Mais on ne peut pas manger que bio, on n'a pas le budget.»

© liberation.fr

vachement (fam.) *very*, chanvre *hemp*, fringues (fam.) *clothes*; aux puces *to the flea market*; Emmaüs *volunteer-based association that provides help to the poor*; noix de lavage *soap nuts*; hebdo (fam.) *weekly*; personnes en insertion *people being integrated back into society*

12-44 Essentiel à saisir

- **La vie quotidienne d'Hélène.** Choisissez la bonne réponse.
1. La maison d'Hélène (est chauffée / n'est pas chauffée) pendant la nuit.
2. La famille d'Hélène prend des douches (courtes / longues).
3. Hélène (recycle / jette) les déchets végétaux.
4. Hélène et sa famille ne portent que des vêtements (neufs / d'occasion).
5. Chaque (semaine / mois) Hélène reçoit à domicile un panier de légumes biologiques.
6. Hélène et sa famille mangent (souvent / toujours) bio.

- **Elle veut dire quoi par ça?** Qu'est-ce qu'Hélène implique quand elle dit les choses suivantes? Aidez-vous du contexte et choisissez parmi les propositions suivantes.
1. En matière d'écologie, chacun commence là où il peut commencer.
   a. On doit être écolo à part entière, être écolo pour certaines choses et pas d'autres, ça ne sert à rien.
   b. Etre écolo pour certaines choses et pas d'autres, ce n'est pas un problème, chaque geste compte.
2. Mais, c'est presque plus culturel qu'idéologique.
   a. Ça n'a rien à voir avec l'écologie, c'est juste que ce n'est pas dans nos habitudes familiales.
   b. C'est lié à nos idéaux écologiques, on veut contrôler la qualité des produits qu'on mange.

La terre en détresse

Dans la chanson *La terre meurt*, Charles Aznavour se lamente des dangers environnementaux et de l'inaction de l'homme.

Charles Aznavour, né Shahnourh Varinag Aznavourian, est auteur, compositeur, interprète et acteur français d'origine arménienne. Il a joué dans plus de 60 films, a composé plus de 1.000 chansons, chante dans cinq langues et a vendu plus de 100 millions de disques dans le monde. Il est un des chanteurs français les plus connus à l'étranger. La chanson *La terre meurt* est extraite de l'album *Colore ma vie*.

Allez sur le site de *Français-Monde* et utilisez les liens et/ou les critères de recherche donnés pour accéder aux paroles. Imprimez-les.

Charles Aznavour en concert

Lisez les paroles de *La terre meurt*.
Suggestion: Ecoutez la chanson ou regardez le clip vidéo.

http://www.pearsonhighered.com/francais-monde

12-45 Premier survol

- **La pollution.** Parcourez rapidement le texte de la chanson et identifiez les paroles où les différents types de pollution sont évoqués: la pollution atmosphérique, la pollution de l'eau, la pollution du sol (*ground*).
- **Les pollueurs.** Parcourez rapidement le texte de la chanson et identifiez les paroles où les différents types de pollueurs sont évoqués: les centrales nucléaires, le pétrole, la fertilisation des champs de culture.

12-46 Essentiel à saisir

- **Les conséquences de la pollution.** Faites une liste des conséquences des différents types de pollution évoqués dans la chanson.
- **Les solutions possibles.** Proposez des mesures que l'homme pourrait prendre pour mettre fin à ces dangers écologiques. Utilisez les expressions suivantes: il faut que…, il est nécessaire que…, il est essentiel que…, il est important que…, il est indispensable que…, etc.
- **Phrases à définir.** A quoi le chanteur fait-il référence dans ces paroles?

Vocabulaire supplémentaire

l'agriculture intensive	*intensive farming*
les CFC	*chlorofluorocarbons*
la déforestation	*deforestation*
les OGM	*genetically modified organisms*
les pesticides	*pesticides*
le recyclage	*recycling*
les sources d'énergie naturelles	*natural energy sources*

_____ **1.** Les Tchernobyl en ribambelles.

_____ **2.** Le pétrole est le maître mot / Il mène à tout / Même à la guerre

_____ **3.** Quand il trafique les récoltes / Il hypothèque son futur.

_____ **4.** Privé de la couche d'ozone / Gardien de l'environnement?

a. les OGM
b. la dégradation de la stratosphère
c. les accidents nucléaires
d. la guerre avec l'Iraq

12-47 **Chanson écolo.** Allez sur le site de *Français–Monde* et utilisez les liens et/ou les critères de recherche donnés pour accéder à une sélection de chansons sur le thème de l'écologie. Choisissez une chanson et imprimez les paroles.

http://www.pearsonhighered.com/francais-monde

1. Relevez les thèmes écologiques dans cette chanson.
2. Quels thèmes cette chanson et celle de Charles Aznavour ont-elles en commun?

12-48 **Les mots pour le dire.** Quels mots, expressions et verbes sont reliés à l'environnment et ce qui le menace? Faites une liste pour la chanson que vous avez choisie dans l'Activité **12-47** et *La terre meurt* de Charles Aznavour.

 ## Travail d'ensemble
12-39

12-49 **Notes à comparer.** Trouvez un(e) partenaire qui a choisi une chanson différente de la vôtre dans l'Activité **12-47**.

> **Modèle:** *Le chanteur/la chanteuse dit qu'il faut que les hommes... qu'il est nécessaire que nous... J'apprécie le langage qui évoque... par exemple...*

1. Lisez les paroles de vos chansons respectives.
2. Quels thèmes écologiques sont communs et différents aux deux chansons? Créez un diagramme de Venn et notez-y l'information.
3. Dans chaque chanson, quelles sont, à votre avis, les trois descriptions les plus intéressantes?
4. Quelles solutions les deux chansons proposent-elles? Rapportez à la classe les solutions proposées dans la chanson sélectionnée par votre partenaire.

12-50 **Faire le bilan.** Pensez aux informations et données dans **Pour commencer, Pour aller plus loin** et **A la découverte,** et travaillez avec un(e) partenaire pour synthétiser ce que vous avez appris sur les problèmes écologiques et les mesures prises en France et dans le monde francophone pour sauver la planète.

Problèmes écologiques aujourd'hui dans le monde francophone	
Mesures à prendre pour limiter/ éliminer la pollution du sol (*ground*)**, la pollution de l'air, la pollution de l'eau**	
Mesures à prendre pour économiser l'énergie, l'eau, le papier	

Maintenant, écrivez une présentation détaillée d'une vingtaine de lignes sur les problèmes écologiques qui affectent la planète et les écogestes pris en France et en Francophonie pour aider à les résoudre.

A votre tour

📖 Zoom sur...

12-40 to 12-43

Gestes écolos au jour le jour

12-51 **Citoyens écolos en francophonie.** Faites une liste de dix écogestes que vous avez déjà examinés dans le Chapitre 12.

12-52 **Votre famille et les gestes écologiques.** Dans la liste que vous venez de créer, soulignez les écogestes que les membres de votre famille font régulièrement et indiquez dans quel but. A votre avis, votre famille est-elle écologique ou pas?

Douze trucs et astuces pour devenir une famille verte

Etre écolo en famille est possible, et souvent facile. Dans son livre *Devenir une famille verte*, Vivianne Moreau donne des conseils pour contribuer à la préservation de la planète. En voici douze.

12-53 **Termes à définir.** Parcourez l'article rapidement et déterminez le sens des mots suivants:

1. douze **trucs** pour devenir une famille verte (titre)
2. les **pistes cyclables** (#3)
3. ne pas **préchauffer** le four (#5)
4. la consommation de **carburant** (#12)

1. **S'abonner à la bibliothèque de son quartier plutôt que d'acheter des livres neufs:** Fréquenter la bibliothèque permet d'économiser de l'argent et du papier.

2. **Acheter des vêtements usagés°:** Les enfants doivent souvent changer de vêtements. Les friperies° offrent des habits de qualité à bas prix.

3. **Explorer les parcs, les chemins et les pistes cyclables près de chez vous:** Ce sont des activités familiales gratuites et écolos.

4. **Eviter les portions individuelles dans les sacs à lunch:** Achetez de gros Tupperware et transférez ce dont vous avez besoin dans de plus petits°.

5. **Ne pas préchauffer le four:** Seuls les pains et les gâteaux doivent être mis dans un four préchauffé.

6. **Manger moins de viande de bœuf:** Un kilo de bœuf génère autant de gaz à effet de serre° que si l'on conduit une voiture pendant trois heures.

7. **Mettre une bouteille d'eau au réfrigérateur:** C'est la meilleure façon d'avoir de l'eau fraîche en tout temps plutôt que de faire couler l'eau du robinet.

8. **Eviter l'utilisation de savons antibactériens:** Ils emploient des composants chimiques qui sont parfois mauvais pour l'environnement, dont le Triclosan, un pesticide.

9. **Choisir du papier hygiénique et des mouchoirs faits de papier recyclé:** Plusieurs marques de papier hygiénique dépendent de la coupe d'arbres.

10. **Eliminer les factures° papier:** Payer vos factures par Internet et recevoir votre salaire directement dans votre compte bancaire vous permet d'économiser du papier.

11. **Mettre une étiquette «Pas de circulaires°» sur votre boîte aux lettres:** Cela vous évitera de recevoir des quantités astronomiques de publicités qui ne vous intéressent pas.

12. **Ralentir sur la route:** Passer d'une vitesse de 100 km/h à 120 km/h fait augmenter d'environ 20% la consommation de carburant.

© Moreau, Vivianne, *Devenir une famille verte*, Les Editeurs Réunis, 2008

---

usagés *used;* **friperies** *second-hand clothing stores;* **ce dont vous avez besoin dans de plus petits** *what you need in smaller containers;* **effet de serre** *greenhouse effect;* **factures** *bills;* **circulaires** *junk mail*

12-54 **Thèmes et recommandations.** Classez les douze idées proposées dans l'article sous le thème qui convient. Il est possible qu'un thème ne soit pas utilisé.

1. Tri (*sorting*) et recyclage des déchets
2. Protection de la qualité de l'air
3. Economies d'eau
4. Respect de la faune et de la flore
5. Gestes en faveur du développement durable
6. Economies d'énergie

12-55 **Pour chaque problème écologique, un geste.** Identifiez la (les) solution(s) proposée(s) dans l'article aux problèmes décrits ci-dessous.

Problèmes

1. On détruit trop de forêts pour faire du papier.
2. On gaspille trop d'énergie.
3. On génère trop d'emballages non-recyclables.
4. On utilise trop d'eau.
5. On pollue trop l'atmosphère.

Solutions

Il est urgent qu'on...
Il est essentiel qu'on...
Il est nécessaire qu'on...
Il faut qu'on...
Il est important qu'on...

 12-56 **Autres solutions à considérer.** Avec un(e) partenaire, discutez: Quelles autres solutions aux problèmes écologiques sont possibles? Consultez l'Activité 12-55 pour vous inspirer. Proposez deux solutions supplémentaires.

Intégration

Mon impact sur l'environnement

http://www.pearsonhighered.com/
francais-monde

 **12-57** **Je me teste.** Tout d'abord, allez sur le site de *Français–Monde*. Imprimez et prenez la première partie du test, puis calculez votre score avec le tableau ci-dessous. Ensuite comparez votre score avec celui de votre camarade.

Résultats

Quelle est ta pression sur la Terre? Rends-toi à la rubrique correspondant à ton score:

- **1 à 9 points: bravo, ton comportement est durable!!!**
  Ton impact et tes émissions de gaz à effet de serre sont très raisonnables. Tu es déjà un acteur du développement durable, félicitations! Continue sur cette lancée°, et gagne encore quelques points en faisant la seconde partie du test.

- **10 à 18 points: tu peux mieux faire!**
  Ton impact et tes émissions de gaz à effet de serre se situent juste en dessous de la moyenne. Cependant, c'est déjà trop pour la planète. Connais-tu tous les bons gestes? Vérifie-le en faisant la seconde partie du test.

- **19 à 27 points: résultat préoccupant…**
  Ton impact sur la Terre est vraiment préoccupant. Ne continue pas ainsi, pense aux générations futures! Fais la seconde partie du test, tu as tant d'opportunités de prendre de bonnes décisions…

- **28 à 34 points: vite, il faut changer!**
  Avec un résultat pareil, c'est sûr, tu n'avais pas conscience d'avoir un impact si important sur ton environnement! Il est grand temps d'agir, fais la seconde partie du test pour savoir comment faire de vrais progrès!

- **35 points et plus:**
  Si tu en es là, modifie vite tes modes de transport et fais la seconde partie du test.

© Adapted from *Le Petit Livre Vert pour la Terre* (avril 2008)—Fondation Nicolas Hulot pour la Nature et l'Homme - ADEME

---

lancée *trend*

Etes-vous de bons écolo-citoyens? Rapportez vos résultats à la classe et prenez des notes sur les résultats rapportés par vos camarades.

 12-58 **Mes engagements.** Faites la seconde partie du test et calculez votre nouveau score. Ensuite avec votre partenaire comparez vos scores et ce qu'ils veulent dire. Qui est plus écolo? Pourquoi? Quels efforts pouvez-vous encore faire? Rapportez vos résultats à la classe et prenez des notes sur les résultats rapportés par vos camarades.

Ecogestes au quotidien

12-59 **Thèmes écolos.** Sur la base de la vidéo que vous avez vue, des textes que vous avez lus et des discussions que vous avez eues dans le Chapitre 12, remplissez le tableau ci-dessous.

Thème	Deux écogestes par thème	Degré de difficulté de faire ce geste: facile, faisable (*doable*), moins facile
1. Tri (*sorting*) et recyclage des déchets	a. b.	a. b.
2. Protection de la qualité de l'air	a. b.	a. b.
3. Economies d'eau	a. b.	a. b.
4. Respect de la faune et de la flore	a. b.	a. b.
5. Gestes en faveur du développement durable	a. b.	a. b.
6. Economies d'énergie	a. b.	a. b.

12-60 **Ma présentation.** Vous êtes conscient(e) que vous n'êtes pas toujours un(e) bon(ne) écolo-citoyen(ne). Vous avez beaucoup réfléchi à ce que vous pouvez faire pour aider la planète.

Vous allez préparer une présentation de dix diapositives illustrées que vous présenterez à la classe.

1. Indiquez cinq actions quotidiennes, une par diapositive.

Modèle: *Je vais à l'université en voiture...*

2. Précisez les menaces que chaque action représente pour l'environnement.

Modèle: *... et je contribue à la pollution atmosphérique.*

3. Sur chacune des cinq dernières diapositives de votre présentation, vous présenterez un écogeste que vous pouvez faire pour aider la planète (chaque affirmation commence par: **Pour** (+ raison), **je** (+ action [au présent]).

Modèle: *Pour limiter la pollution atmosphérique, je vais à l'université à vélo.*

— J'ai beaucoup de lampes dans mon appartement... et je consomme beaucoup d'électricité.

— Pour économiser de l'électricité, je choisis les ampoules compactes fluorescentes.

12-61 **J'embellis ma présentation.** Embellissez vos diapositives avec des photos ou dessins. Faites votre présentation à la classe. Qui partage les mêmes idées? Qui a des solutions innovatrices?

Vocabulaire

Pour commencer

Consumption

acheter...	to buy...
des fruits (m.) frais locaux	fresh, local fruits
du papier (du plastique) recyclé	paper (plastic) recycled
arrêter...	to stop...
le climatiseur	the air conditioner
l'eau qui coule	the water that's running
la consommation	consumption
éteindre les lampes (f.)	to turn off the lights
être écologique (écolo)	to be ecological
éviter les emballages non-recyclables	to avoid non-recyclable packaging
fermer le robinet	to turn off the faucet
installer des lampes (f.) fluorescentes compactes (des fluocompactes)	to install compact fluorescent bulbs
réparer...	to repair...
le robinet	the faucet
les fuites (f.) d'eau	water leaks
utiliser...	to use...
des produits (m.) biodégradables	biodegradable products
des produits biologiques (bio)	organic products
des nettoyants (m.) verts	green cleaners
des produits (m.) recyclés	recycled products
trois poubelles (f.)	three trash barrels
une serviette	a towel

Recycling

mettre les déchets dans des poubelles différentes	to put the trash in different trashcans
le recyclage	recycling
recycler	to recycle
les bouteilles en verre	glass bottles
le carton	cardboard
les déchets (m.)	trash
les journaux (m.)	newspapers
le plastique	plastic
le verre	glass
remployer...	to reuse...
les sacs (m.) en plastique	plastic bags
les sacs (m.) en papier	paper bags

Ecological activities

consommer moins d'électricité (f.)	to use less electricity
consommer moins d'essence (f.)	to use less gas
être économe	to be thrifty
faire attention (à)	to be careful (with)
se rappeler de (+ infinitif)	to remember to

Pour aller plus loin

Ecology and recycling

les jardins (m.) partagés	community gardens
les OGM (m.)	genetically modified organisms
Vélib'	*Vélib'* (a bicycle rental system)
le *wwoofing*	World Wide Opportunities on Organic Farms

Advantages and disadvantages of *wwoofing*

Advantages

apprendre le respect de la nature	to learn respect for nature
apprendre une langue	to learn a language
avoir le contact avec la nature	to be in contact with nature
avoir des expériences hors de l'ordinaire	to have unusual experiences
créer des liens d'amitié	to form friendships
vivre la vie du fermier (de la fermière)	to live the life of a farmer
voyager avec un petit budget	to travel on a small budget

Disadvantages

les conditions de vie sont rudimentaires	living conditions are harsh
il faut travailler	you have to work
il n'y a pas d'activités sportives ni d'amusements	there are no sports or fun activities
il n'y a pas de musées, théâtres, cinémas à proximité	there are no museums, theaters, movie houses nearby
il n'y a pas de repos ni de détente	there is neither rest nor relaxation
ce n'est pas le tout confort	it isn't the most comfortable.
le travail peut être désagréable	the work may be unpleasant

Appendice 1

L'alphabet phonétique international

a	à, la		b	le bureau
e	écoutez		k	le cahier, qui, kilo
ɛ	elle		ʃ	la chaise
i	il, le stylo		d	dans
o	le stylo, bientôt, le tableau		f	la femme
ɔ	la gomme		g	le garçon
u	nous		ɲ	espagnol
y	du		ʒ	le jour, gentil
ø	deux		l	la, village
œ	leur, la sœur		m	madame
ɑ	l'enfant		n	neuf
ɛ̃	le cousin		ŋ	le camping
ɔ̃	bonjour		p	le père
œ̃	un*		r	la règle
j	la nièce, la fille, le crayon		s	salut, cinq, français, la brosse
ɥ	lui		t	la tante
w	moi, jouer, le week-end		v	voici
			z	zéro, la cousine

*The letter combinations un and um are pronounced the same as in and im in modern French.

Grammatical Expansion

The verb ouvrir

The verb **ouvrir** (*to open*) is irregular. Note the following forms in the present tense.

J'**ouvre** un compte bancaire.

Tu **ouvres** ton livre pour travailler.

Il/Elle/On **ouvre** un lien sur Internet.

Nous **ouvrons** un nouveau chapitre de notre vie.

Vous **ouvrez** le programme et vous l'utilisez.

Ils/Elles **ouvrent** le courrier chaque matin.

- In the passé **composé,** the verb uses the auxiliary **avoir.** The past participle is **ouvert.**

Hier Amy **a ouvert** un compte sur Facebook.
Yesterday, Amy opened a Facebook account.

- In the **imparfait**, the forms are regular.

Tous les matins j'**ouvrais** mon blog pour y écrire mes impressions du voyage.
Every morning I used to open my blog to write my impressions of my trip (in it).

- In the future and conditional, the endings are added to the infinitive.

Noah **ouvrira** le logiciel et commencera à travailler dans quelques minutes.
Noah will open the software and will begin to work in a few minutes.

Le programme d'Erasmus **ouvrirait** la porte d'un emploi intéressant.
The Erasmus program would open the door to an interesting position.

- In the imperative, the forms are:

Ouvre la fenêtre. Il fait chaud! *Open the winter. It's hot.*
Ouvrons nos livres. *Let's open our books.*
Ouvrez la porte, s'il vous plaît. *Open the door, please.*

- In the subjunctive, the forms are regular.

Pour avoir un bon emploi, il faut que tu **ouvres** un compte sur un réseau professionnel.
To get a good job, you should open an account on a professional network.

Habitudes. Complétez les phrases suivantes avec une forme du verbe **ouvrir.** Employez le temps du verbe convenable selon le sens de la phrase.

1. Quand je suis en vacances, je ne travaille pas. Je n' _____ même pas mes livres.
2. Il fait très chaud. _____ la fenêtre, s'il vous plaît, Monsieur!
3. Quand tu finiras tes études, un nouveau chapitre de ta vie s' _____.
4. Pendant son séjour au Sénégal, il _____ son blog chaque matin pour y inscrire ses impressions.
5. Aussitôt que Sébastien et Amy sont arrivés à Paris, ils _____ un compte bancaire.
6. Pour imprimer un document, il faut d'abord que tu sélectionnes le fichier et ensuite que tu l' _____.

The verb **vivre**

Habiter means to live in, to inhabit, or to reside in. It expresses **where** one lives. **Vivre** means to live or to exist. It expresses **how** one lives. **Vivre** may be used as a synonym of habiter. The verb **vivre** is irregular. Note the following forms in the present tense.

Je vis confortablement.
Tu **vis** simplement.
Il/Elle/On vit indépendamment de nos parents.

Nous **vivons** et nous apprenons.
Vous **vivez** votre vie.
Ils/Elles vivent pour l'art.

- In the **passé composé,** the verb uses the auxilliary **avoir.** The past participle is **vécu.**

  Sébastien **a vécu** la plupart de sa vie à Montréal.
  Sébastien lived most of his life in Montréal.

- In the **imparfait,** the forms are regular.

  L'année dernière je **vivais** avec ma sœur pour économiser de l'argent.
  Last year I lived with my sister to save money.

- In the future and conditional, the endings are added to the infinitive.

  Sébastien **vivra** au Canada après son expérience en France.
  Sébastien will live in Canada after his experience in France.

  C'est en France qu'on **vivrait** le mieux.
  It's in France that one would live the best.

- In the imperative, the forms are:

  Vis ta vie.
  Vivons pour aujourd'hui.
  Vivez pour demain.

  Live your life.
  Let's live for the day.
  Live for tomorrow.

- In the subjunctive, the forms are regular.

  Pour être en bonne santé, il faut que vous **viviez** une vie saine et que vous fassiez de l'exercice.
  To be in good health, you ought to live a healthy life and you ought to exercise.

Comment vivre. Complétez les phrases suivantes avec une forme du verbe **vivre.** Employez le temps du verbe convenable selon le sens de la phrase.

1. Pour être écologique, ces jours-ci je _____ simplement.
2. La planète est en danger; il faut que nous _____ différemment.
3. Quand Aminata _____ à Dakar, elle conduisait une 2CV.
4. Sébastien _____ à Montréal, à Paris et à Toronto.
5. Si Alexis était plus riche, il _____ mieux.
6. L'année prochaine, Amy _____ à Baton Rouge.

The **passé simple**

The **passé simple**, a formal, written tense, may be replaced with the **passé composé** in conversational situations. It is presented here for recognition when encountered in reading French.

The **passé simple** is formed by removing the infinitive endings and substituting the **passé simple** endings.

chanter → chant	finir → fin	attendre → attend
Je chant**ai**	Je fin**is**	J'attend**is**
Tu chant**as**	Tu fin**is**	Tu attend**is**
Il/Elle/On chant**a**	Il/Elle/On fin**it**	Il/Elle/On attend**it**
Nous chant**âmes**	Nous fin**îmes**	Nous attend**îmes**
Vous chant**âtes**	Vous fin**îtes**	Vous attend**îtes**
Ils/Elles chant**èrent**	Ils/Elles fin**irent**	Ils/Elles attend**irent**

The following are a few common irregular verbs in the **passé simple** along with their irregular stems. Add the endings **-s, -s, -t, -mes, -tes, -rent.**

avoir	**eu-**	Sébastien **eut** la chance de travailler en Europe.
être	**fu-**	Ce **fut** une expérience formidable.
faire	**fi-**	Après ses études, Amy **fit** un long voyage.
venir	**vin-**	Les étudiants ERASMUS **vinrent** étudier en France.
voir	**vi-**	Elle **vit** que la situation était injuste.

Les Plantes OGM. Lisez le paragraphe suivant. Est-ce que les verbes en caractères gras sont au passé simple (PS) ou dans un autre temps (AT)?

L'application du génie génétique aux plantes cultivées **est** sans doute la plus radicale transformation de l'alimentation depuis les premiers jours de l'agriculture, il y **a** plus de dix mille ans. Le premier OGM **a été commercialisé** aux Etats-Unis en 1994. La tomate "Flavr Savr," mise au point par la société Calgene, **fut** un échec (*failure*) et **fut** éventuellement retirée du marché, mais d'autres plantes **eurent** un meilleur accueil et, entre 1996 et 1999, on **planta** un nombre significatif d'OGM, principalement aux Etats-Unis, en Argentine et au Canada. Le débat **continue.**

1. _____ est
2. _____ il y a
3. _____ a été commercialisé
4. _____ fut
5. _____ fut
6. _____ eurent
7. _____ planta
8. _____ continue

Double Object Pronouns

It sometimes makes sense to use two object pronouns in the same clause in order to avoid repeating more than one idea, person, or thing. In conversation, two object pronouns are not often used and more than two object pronouns are almost never used. When one needs to make two replacements, two patterns emerge, one pattern that uses third person object pronouns and the other that uses object pronouns referring to other persons.

With third-person object

(ne)	le, l' la, l' les	lui leur	y en	*verb*	(pas)

- Note that **y** and **en** are not typically used together except with the expression **il y a.**

  Il y a deux chambres dans cet appartement.   Il **y en** a deux.
  There are two bedrooms in this apartment.   *There are two of them.*

- Present and other simple tenses:

  Noah parle **à son patron de son idée.**   Noah **lui en** parle.   Noah ne **lui en** parle pas.

  Noah speaks to his boss about his idea.   *Noah speaks to him about it.*   *Noah doesn't speak to him about it.*

- Passé composé:

  Il a donné **le DVD à Amy.**   Il **le lui** a donné.   Il ne **le lui** a pas donné.
  He gave Amy the DVD.   *He gave it to her.*   *He did not give it to her.*

With object pronouns referring to other people

(ne)	me, m' te, t' nous vous	le, l' la, l' les	y en	*verb*	(pas)

- Present and other simple tenses:

  Il **te** dit **la vérité.**   Il **te la** dit.   Il ne **te la** dit pas.
  He tells (to) you the truth.   *He tells it to you.*   *He doesn't tell it to you.*

- Passé composé:

  Tu **m'**as donné **ton opinion.**   Tu **me l'**as donnée.   Tu ne **me l'**as pas donnée.
  You gave me your opinion.   *You gave it to me.*   *You did not give it to me.*

  In the **passé composé,** when a direct object pronoun precedes the verb, an agreement is made with the past participle.

- Also note that:
  - **Le, la,** and **les** are often paired with **lui** and **leur.**
  - **Me, te, se, nous,** and **vous** are often paired with **le, la,** and **les.**
  - **Y** and **en** always follow the other pronouns.
  - In conversation, two object pronouns are not often used and more than two object pronouns are almost never used.

Parlons de notre studio. Répondez aux questions suivantes et substituez un ou deux pronoms à la place des expressions en caractères gras. Faites attention à l'ordre des pronoms.

Modèle: Tu as parlé **de appartement à l'agent?**
Oui, je lui en ai parlé.
ou Non, je ne lui en ai pas parlé.

1. Vous avez parlé **du studio à Sébastien?**
2. Tu as donné **ton opinion à Noah?**
3. Il t'a téléphoné **au bureau?**
4. Il n'a pas donné **son opinion à Amy?**
5. Tu as offert **un meuble à Sébastien?**
6. L'agent montre **le studio à Amy?**

Verbes réguliers

VERBE INFINITIF	PRÉSENT DE L'INDICATIF	PRÉSENT DU SUBJONCTIF	IMPARFAIT	PASSÉ COMPOSÉ	FUTUR	CONDITIONNEL	IMPÉRATIF
verbes -er							
regarder *to look at*	je regarde tu regardes il regarde nous regardons vous regardez ils regardent	que je regarde que tu regardes qu'il regarde que nous regardions que vous regardiez qu'ils regardent	je regardais tu regardais il regardait nous regardions vous regardiez ils regardaient	j'ai regardé tu as regardé il a regardé nous avons regardé vous avez regardé ils ont regardé	je regarderai tu regarderas il regardera nous regarderons vous regarderez ils regarderont	je regarderais tu regarderais il regarderait nous regarderions vous regarderiez ils regarderaient	regarde regardons regardez
verbes -ir							
dormir *to sleep*	je dors tu dors il dort nous dormons vous dormez ils dorment	que je dorme que tu dormes qu'il dorme que nous dormions que vous dormiez qu'ils dorment	je dormais tu dormais il dormait nous dormions vous dormiez ils dormaient	j'ai dormi tu as dormi il a dormi nous avons dormi vous avez dormi ils ont dormi	je dormirai tu dormiras il dormira nous dormirons vous dormirez ils dormiront	je dormirais tu dormirais il dormirait nous dormirions vous dormiriez ils dormiraient	dors dormons dormez
verbes -ir/-iss							
choisir *to choose*	je choisis tu choisis il choisit nous choisissons vous choisissez ils choisissent	que je choisisse que tu choisisses qu'il choisisse que nous choisissions que vous choisissiez qu'ils choisissent	je choisissais tu choisissais il choisissait nous choisissions vous choisissiez ils choisissaient	j'ai choisi tu as choisi il a choisi nous avons choisi vous avez choisi ils ont choisi	je choisirai tu choisiras il choisira nous choisirons vous choisirez ils choisiront	je choisirais tu choisirais il choisirait nous choisirions vous choisiriez ils choisiraient	choisis choisissons choisissez
verbes -re							
attendre *to wait for*	j'attends tu attends il attend nous attendons vous attendez ils attendent	que j'attende que tu attendes qu'il attende que nous attendions que vous attendiez qu'ils attendent	j'attendais tu attendais il attendait nous attendions vous attendiez ils attendaient	j'ai attendu tu as attendu il a attendu nous avons attendu vous avez attendu ils ont attendu	j'attendrai tu attendras il attendra nous attendrons vous attendrez ils attendront	j'attendrais tu attendrais il attendrait nous attendrions vous attendriez ils attendraient	attends attendons attendez
verbes pronominaux							
se laver *to wash oneself*	je me lave tu te laves il se lave/on se lave nous nous lavons vous vous lavez ils se lavent	que je me lave que tu te laves qu'il se lave/qu'on se lave que nous nous lavions que vous vous laviez qu'ils se lavent	je me lavais tu te lavais il se lavait nous nous lavions vous vous laviez ils se lavaient	je me suis lavé/e* tu t'es lavé/e il s'est lavé/elle s'est lavée nous nous sommes lavé/e/s vous vous êtes lavé/e/s ils/elles se sont lavés/lavées	je me laverai tu te laveras il se lavera nous nous laverons vous vous laverez ils se laveront	je me laverais tu te laverais il se laverait nous nous laverions vous vous laveriez ils se laveraient	lave-toi lavons-nous lavez-vous

Comme **dormir**: *s'endormir, mentir, partir, ressentir, servir, sortir.* *Comme* **choisir**: *désobéir (à), finir, grandir, grossir, maigrir, obéir (à), pâlir, punir, réfléchir (à), réussir (à), rougir.*
Comme **attendre**: *descendre, se détendre, (s')entendre, perdre, rendre (à), rendre visite (à), répondre (à), vendre.*

*Although agreement of the past participle is shown with reflexive verbs like *se laver*, recall that when a noun follows the verb, no past participle agreement is made. For example, *Elle s'est lavé les cheveux.*

Verbes irréguliers en -er

VERBE INFINITIF	PRÉSENT DE L'INDICATIF	PRÉSENT DU SUBJONCTIF	IMPARFAIT	PASSÉ COMPOSÉ	FUTUR	CONDITIONNEL	IMPÉRATIF
verbes -er							
acheter *to buy*	j'ach**è**te tu ach**è**tes il ach**è**te nous achetons vous achetez ils ach**è**tent	que j'ach**è**te que tu ach**è**tes qu'il ach**è**te que nous achetions que vous achetiez qu'ils ach**è**tent	j'achetais	j'ai acheté	j'ach**è**terai	j'ach**è**terais	ach**è**te achetons achetez
appeler *to call*	j'appe**ll**e tu appe**ll**es il appe**ll**e nous appelons vous appelez ils appe**ll**ent	que j'appe**ll**e que tu appe**ll**es qu'il appe**ll**e que nous appelions que vous appeliez qu'ils appe**ll**ent	j'appelais	j'ai appelé	j'appe**ll**erai	j'appe**ll**erais	appe**ll**e appelons appelez
commencer *to call*	je commence tu commences il commence nous commen**ç**ons vous commencez ils commencent	que je commence que tu commences qu'il commence que nous commencions que vous commenciez qu'ils commencent	je commen**ç**ais nous commencions	j'ai commencé	je commencerai	je commencerais	commence commen**ç**ons commencez
s'essuyer *to wipe, to dry oneself*	je m'essu**i**e tu t'essu**i**es il s'essu**i**e nous nous essuyons vous vous essuyez ils s'essu**i**ent	que je m'essu**i**e que tu t'essu**i**es qu'il s'essu**i**e que nous nous essuyions que vous vous essuyiez qu'ils s'essu**i**ent	je m'essuyais	je me suis essuyé/e*	je m'essu**i**erai	je m'essu**i**erais	essu**i**e-toi essuyons-nous essuyez-vous
manger *to eat*	je mange tu manges il mange nous mang**e**ons vous mangez ils mangent	que je mange que tu manges qu'il mange que nous mangions que vous mangiez qu'ils mangent	je mang**e**ais nous mangions	j'ai mangé	je mangerai	je mangerais	mange mang**e**ons mangez
préférer *to prefer*	je préf**è**re tu préf**è**res il préf**è**re nous préférons vous préférez ils préf**è**rent	que je préf**è**re que tu préf**è**res qu'il préf**è**re que nous préférions que vous préfériez qu'ils préf**è**rent	je préférais	j'ai préféré	je préf**é**rerai**	je préf**é**rerais	préf**è**re préf**è**rons préf**é**rez

Comme **acheter**: *amener, geler, (se) lever, (se) promener. Comme* **appeler**: *(s')appeler, épeler, jeter, (se) rappeler. Comme* **commencer**: *recommencer. Comme* **s'essuyer**: *(s')ennuyer, essayer, essuyer, nettoyer, payer. Comme* **manger**: *(s')arranger, exiger, loger, nager, partager, protéger, ranger, voyager. Comme* **préférer**: *compléter, espérer, s'inquiéter, posséder, protéger, répéter, suggérer.*

Although agreement of the past participle is shown with reflexive verbs like s'essuyer, *recall that when a noun follows the verb, no past participle agreement is made. For example,* Elle s'est essuyé les cheveux.

D'autres verbes irréguliers

VERBE INFINITIF	PRÉSENT DE L'INDICATIF		PRÉSENT DU SUBJONCTIF		IMPARFAIT	PASSÉ COMPOSÉ	FUTUR	CONDITIONNEL	IMPÉRATIF
aller to go	je vais tu vas il va	nous allons vous allez ils vont	que j'aille que tu ailles qu'il aille	que nous allions que vous alliez qu'ils aillent	j'allais	je suis allé/e	j'irai	j'irais	va allons allez
avoir to have	j'ai tu as il a	nous avons vous avez ils ont	que j'aie que tu aies qu'il ait	que nous ayons que vous ayez qu'ils aient	j'avais	j'ai eu	j'aurai	j'aurais	aie ayons ayez
boire to drink	je bois tu bois il boit	nous buvons vous buvez ils boivent	que je boive que tu boives qu'il boive	que nous buvions que vous buviez qu'ils boivent	je buvais	j'ai bu	je boirai	je boirais	bois buvons buvez
connaître to know, be acquainted with	je connais tu connais il connaît	nous connaissons vous connaissez ils connaissent	que je connaisse que tu connaisses qu'il connaisse	que nous connaissions que vous connaissiez qu'ils connaissent	je connaissais	j'ai connu	je connaîtrai	je connaîtrais	
courir to run	je cours tu cours il court	nous courons vous courez ils courent	que je coure que tu coures qu'il coure	que nous courions que vous couriez qu'ils courent	je courais	j'ai couru	je courrai	je courrais	cours courons courez
croire to believe	je crois tu crois il croit	nous croyons vous croyez ils croient	que je croie que tu croies qu'il croie	que nous croyions que vous croyiez qu'ils croient	je croyais	j'ai cru	je croirai	je croirais	crois croyons croyez
devoir must, to have to/to owe	je dois tu dois il doit	nous devons vous devez ils doivent	que je doive que tu doives qu'il doive	que nous devions que vous deviez qu'ils doivent	je devais	j'ai dû (due, dus, dues)	je devrai	je devrais	
dire to say	je dis tu dis il dit	nous disons vous dites ils disent	que je dise que tu dises qu'il dise	que nous disions que vous disiez qu'ils disent	je disais	j'ai dit	je dirai	je dirais	dis disons dites
se distraire to amuse oneself	je me distrais tu te distrais il se distrait	nous nous distrayons vous vous distrayez ils se distraient	que je me distraie que tu te distraies qu'il se distraie	que nous nous distrayions que vous vous distrayiez qu'ils se distraient	je me distrayais	je me suis distrait/e	je me distrairai	je me distrairais	distrais-toi distrayons-nous distrayez-vous
écrire to write	j'écris tu écris il écrit	nous écrivons vous écrivez ils écrivent	que j'écrive que tu écrives qu'il écrive	que nous écrivions que vous écriviez qu'ils écrivent	j'écrivais	j'ai écrit	j'écrirai	j'écrirais	écris écrivons écrivez
envoyer to send	j'envoie tu envoies il envoie	nous envoyons vous envoyez ils envoient	que j'envoie que tu envoies qu'il envoie	que nous envoyions que vous envoyiez qu'ils envoient	j'envoyais	j'ai envoyé	j'enverrai	j'enverrais	envoie envoyons envoyez

*Comme **devoir:** recevoir (passé composé: j'ai reçu).*   *Comme **écrire:** décrire.*

VERBE INFINITIF	PRÉSENT DE L'INDICATIF	PRÉSENT DU SUBJONCTIF	IMPARFAIT	PASSÉ COMPOSÉ	FUTUR	CONDITIONNEL	IMPÉRATIF
être *to be*	je suis tu es il est nous sommes vous êtes ils sont	que je sois que tu sois qu'il soit que nous soyons que vous soyez qu'ils soient	j'étais	j'ai été	je serai	je serais	sois soyons soyez
faire *to do, make*	je fais tu fais il fait nous faisons vous faites ils font	que je fasse que tu fasses qu'il fasse que nous fassions que vous fassiez qu'ils fassent	je faisais	j'ai fait	je ferai	je ferais	fais faisons faites
falloir *to be necessary*	il faut	qu'il faille	il fallait	il a fallu	il faudra	il faudrait	
s'instruire *to educate*	je m'instruis tu t'instruis il s'instruit nous nous instruisons vous vous instruisez ils s'instruisent	que je m'instruise que tu t'instruises qu'il s'instruise que nous nous instruisions que vous vous instruisiez qu'ils s'instruisent	je m'instruisais	je me suis instruit/e	je m'instruirai	je m'instruirais	instruis-toi instruisons-nous instruisez-vous
lire *to read*	je lis tu lis il lit nous lisons vous lisez ils lisent	que je lise que tu lises qu'il lise que nous lisions que vous lisiez qu'ils lisent	je lisais	j'ai lu	je lirai	je lirais	lis lisons lisez
mettre *to put, put on*	je mets tu mets il met nous mettons vous mettez ils mettent	que je mette que tu mettes qu'il mette que nous mettions que vous mettiez qu'ils mettent	je mettais	j'ai mis	je mettrai	je mettrais	mets mettons mettez
mourir *to die*	je meurs tu meurs il meurt nous mourons vous mourez ils meurent	que je meure que tu meures qu'il meure que nous mourions que vous mouriez qu'ils meurent	je mourais	je suis mort/e	je mourrai	je mourrais	meurs mourons mourez
naître *to be born*	je nais tu nais il naît nous naissons vous naissez ils naissent	que je naisse que tu naisses qu'il naisse que nous naissions que vous naissiez qu'ils naissent	je naissais	je suis né/e	je naîtrai	je naîtrais	nais naissons naissez
ouvrir *to open*	j'ouvre tu ouvres il ouvre nous ouvrons vous ouvrez ils ouvrent	que j'ouvre que tu ouvres qu'il ouvre que nous ouvrions que vous ouvriez qu'ils ouvrent	j'ouvrais	j'ai ouvert	j'ouvrirai	j'ouvrirais	ouvre ouvrons ouvrez
peindre *to paint*	je peins tu peins il peint nous peignons vous peignez ils peignent	que je peigne que tu peignes qu'il peigne que nous peignions que vous peigniez qu'ils peignent	je peignais	j'ai peint	je peindrai	je peindrais	peins peignons peignez
pleuvoir *to rain*	il pleut	qu'il pleuve	il pleuvait	il a plu	il pleuvra	il pleuvrait	
pouvoir *can, to be able to*	je peux tu peux il peut nous pouvons vous pouvez ils peuvent	que je puisse que tu puisses qu'il puisse que nous puissions que vous puissiez qu'ils puissent	je pouvais	j'ai pu	je pourrai	je pourrais	
prendre *to take*	je prends tu prends il prend nous prenons vous prenez ils prennent	que je prenne que tu prennes qu'il prenne que nous prenions que vous preniez qu'ils prennent	je prenais	j'ai pris	je prendrai	je prendrais	prends prenons prenez

VERBE INFINITIF	PRÉSENT DE L'INDICATIF		PRÉSENT DU SUBJONCTIF		IMPARFAIT	PASSÉ COMPOSÉ	FUTUR	CONDITIONNEL	IMPÉRATIF
réduire to reduce	je réduis tu réduis il réduit	nous réduisons vous réduisez ils réduisent	que je réduise que tu réduises qu'il réduise	que nous réduisions que vous réduisiez qu'ils réduisent	je réduisais	j'ai réduit	je réduirai	je réduirais	réduis réduisons réduisez
savoir to know	je sais tu sais il sait	nous savons vous savez ils savent	que je sache que tu saches qu'il sache	que nous sachions que vous sachiez qu'ils sachent	je savais	j'ai su	je saurai	je saurais	sache sachons sachez
suivre to follow	je suis tu suis il suit	nous suivons vous suivez ils suivent	que je suive que tu suives qu'il suive	que nous suivions que vous suiviez qu'ils suivent	je suivais	j'ai suivi	je suivrai	je suivrais	suis suivons suivez
valoir to be worth	il vaut		qu'il vaille		il valait	il a valu	il vaudra	il vaudrait	
venir to come	je viens tu viens il vient	nous venons vous venez ils viennent	que je vienne que tu viennes qu'il vienne	que nous venions que vous veniez qu'ils viennent	je venais	je suis venu/e	je viendrai	je viendrais	viens venons venez
vivre to live	je vis tu vis il vit	nous vivons vous vivez ils vivent	que je vive que tu vives qu'il vive	que nous vivions que vous viviez qu'ils vivent	je vivais	j'ai vécu	je vivrai	je vivrais	vis vivons vivez
voir to see	je vois tu vois il voit	nous voyons vous voyez ils voient	que je voie que tu voies qu'il voie	que nous voyions que vous voyiez qu'ils voient	je voyais	j'ai vu	je verrai	je verrais	vois voyez voyons
vouloir to want	je veux tu veux il veut	nous voulons vous voulez ils veulent	que je veuille que tu veuilles qu'il veuille	que nous voulions que vous vouliez qu'ils veuillent	je voulais	j'ai voulu	je voudrai	je voudrais	veuille veuillez

Comme **réduire:** *construire, produire. Comme* **venir:** *devenir, maintenir, obtenir, retenir, revenir, soutenir, (se) souvenir, tenir. Comme* **voir:** *revoir.*

Appendice 3   *quatre-cent-dix-sept*   **417**

Appendice 4

Lexique Français-Anglais

Each entry includes the chapter where the vocabulary item was introduced followed by a reference to the section in which it appears: PC (**Pour commencer**) and PAPL (**Pour aller plus loin**).

A

à to, at, in
  à bientôt see you soon 1-PC
  à plus tard see you later 1-PC
  à pois polka-dotted 9-PC
  à proximité nearby 12-PAPL
  à quelle heure at what time 4-PC
  à rayures striped 9-PC
  à tout à l'heure see you later 1-PC
  à... heures at . . . o'clock 4-PAPL
acajou *m.* mahogany 10-PAPL
accent *m.* accent 1-PC
accès *m.* access 3-PAPL
acheter to buy 12-PC
actif (active) active 3-PC
s'adapter à to adapt to 5-PAPL
administrateur(-trice) manager 5-PC
adorer to adore 2-PC
affaires *f.pl.* business
  faire des affaires to do business 4-PAPL
  homme/femme d'affaires businessman/
    businesswoman 5-PC
afficher to display 3-PAPL
Afrique *f.* Africa 4-PAPL
âgé(e) old 2-PAPL
agir to act 5-PC
aider to help 3-PC
aigu(ë) acute 1-PC
ail *m.* garlic 8-PC
aimer (bien) to like 2-PC
alcool *m.* alcohol 11-PAPL
Algérie *f.* Algeria 4-PAPL
Allemagne *f.* Germany 4-PAPL
allemand(e) German 2-PAPL
aller to go 1-PC, 4-PC, 6-PC
allergie *f.* allergy 11-PC
aller simple *m.* one-way ticket 6-PC
  aller/retour *m.* round-trip 6-PC
  billet aller-retour round-trip ticket 6-PC
allez bye 1-PC
alterner to alternate 11-PAPL
ambitieux(-euse) ambitious 3-PC
améliorer to improve 6-PAPL, 10-PAPL,
  11-PAPL
américain(e) American 2-PAPL
Amérique du Nord *f.* North America
  4-PAPL
ami(e) friend 2-PC
amical(e) friendly 2-PAPL
s'amuser to have fun 4-PC, 7-PAPL
an *m.* year
  tous les ans every year 7-PC
ancien(ne) old, former 3-PC, 10-PC

anglais(e) English 2-PAPL
anglais *m.* English (language) 1-PC
animation *f.* activity 8-PAPL
animé(e) active 10-PC
année *f.* year 1-PAPL, 7-PC
anorak *m.* parka 9-PC
antiacide *m.* antacid 11-PC
antibiotique *m.* antibiotic 11-PC
Antilles (françaises) *f.pl.* (French) Caribbean
  Islands 8-PAPL
août August 1-PAPL
apéritif *m.* drink 8-PC
appartement *m.* apartment 10-PC
s'appeler to be named 1-PAPL, 4-PC
apporter to bring 8-PC
apprécier to appreciate 9-PAPL
apprendre to learn 5-PC, 6-PAPL, 12-PAPL
après-midi *m.* afternoon
après que after 8-PAPL
  de l'après-midi in the afternoon 4-PAPL
architecte architect 5-PC
architecture *f.* architecture 5-PC
Argentine *f.* Argentina 4-PAPL
armoire *f.* armoire 10-PAPL
s'arrêter to stop 4-PC
  arrêter le climatiseur to stop the air
    conditioner 12-PC
arriver to arrive 6-PC
art *m.* art 5-PC
artiste artist
  un(e) grand(e) artiste a great artist
    5-PC, 9-PAPL
ascenseur *m.* elevator 10-PC
Asie *f.* Asia 4-PAPL
aspirine *f.* aspirin 11-PC
s'asseoir to sit down 1-PC
  asseyez-vous sit down 1-PC
assez (de) enough 5-PC, 8-PC, 9-PAPL
assurer to insure 6-PC
atout *m.* asset 6-PC
attendre to wait for 6-PC
attentivement attentively 5-PC
aubergine *f.* eggplant 8-PC
audiovisuel *m.* audiovisual material 3-PC
augmenter to enhance 6-PAPL
au revoir good-bye 1-PC
aussitôt que as soon as 8-PAPL
auto *f.* car 7-PC
autobus *m.* bus 3-PC
autocar *m.* bus (intercity) 7-PC
autodiscipline *f.* self-discipline 5-PAPL
  automne *m.* fall
en automne in the fall 1-PAPL, 4-PAPL

autonomie *f.* autonomy 5-PAPL
autre other 8-PAPL
autrefois in the past 7-PC
avec with 1-PC
avion *m.* airplane
  billets d'avion airplane tickets 6-PC,
    7-PC
avis *m.* opinion
  à mon avis in my opinion 11-PC
avocat(e) lawyer 5-PC
avoir to have
  avoir... ans to be . . . years old 1-PAPL,
    2-PAPL
  avoir besoin de (d') to need 2-PAPL
  avoir congé to be off (on vacation)
    2-PAPL
  avoir de la chance to be lucky 2-PAPL
  avoir du stress to be under pressure, stress
    2-PAPL
  avoir envie de (d') to feel like 2-PAPL
  avoir faim to be hungry 2-PAPL
  avoir mal aux dents to have a toothache
    11-PC
  avoir peur de (d') to be afraid of 2-PAPL
  avoir soif to be thirsty 2-PAPL
  avoir sommeil to be sleepy 4-PC
avril April 1-PAPL

B

baggy baggy 9-PC
baguette *f.* baguette (bread) 8-PC
se baigner to take a bath 4-PC
baignoire *f.* bathtub 10-PC
bail *m.* lease 10-PC
ballet *m.* ballet 2-PC
banlieue *f.* suburbs
  banlieue lointaine far suburbs 7-PC
  banlieue parisienne Parisian suburbs 7-PC
bas(se) low 7-PAPL
basket *m.* basketball 2-PC
baskets *m.pl.* high-top sneakers 9-PC
basse *f.* bass 9-PAPL
bateau *m.* boat 7-PC
bâtiment *m.* building 10-PC
batobus *m.* boat taxi 7-PC
batterie *f.* drums 9-PAPL
beau (bel) (belle) beautiful, handsome
  beaux-arts *m.pl.* fine arts 5-PC
  il fait beau it's nice out 3-PC, 4-PAPL
beaucoup (de) much, a lot (of) 5-PC,
  8-PC, 11-PAPL
beige tan 9-PC
Belgique *f.* Belgium 4-PAPL

bénéfice *m.* benefit 11-PAPL
besoin *m.* need
    avoir besoin de to need 8-PC
beurre *m.* butter 8-PC
bien fine, well 1-PC, 2-PC
    tu vas bien? are you ok? 1-PC
bien-être *m.* well-being 11-PAPL
bientôt soon 1-PC
Big Tasty *m.* type of hamburger 8-PC
billet *m.* ticket
    billet aller/retour round-trip ticket 6-PC
    billets d'avion airplane tickets 6-PC
biologie *f.* biology 5-PC
biologique (bio) organic 12-PC
biologiste biologist 5-PC
blanc(he) white 3-PC
bleu(e) blue 2-PAPL
    bleu ciel sky blue 9-PC
blouson *m.* jacket 9-PC
boire to drink 8-PC, 11-PAPL
bois *m.* wood 10-PC
boisson *f.* beverage, drink 8-PC
bon(ne) good 1-PC, 3-PC
    bonne journée have a good day 1-PC
bonjour hello, good day 1-PC
bonnet *m.* wool cap 9-PC
bottes *f.pl.* boots 9-PC
bouche *f.* mouth 11-PC
boucherie *f.* butcher shop 10-PC
boulangerie *f.* bakery 10-PC
boulot *m.* work 3-PC
bourse *f.* scholarship
    faire une demande de bourse to apply for a scholarship 6-PC
bouteille *f.* bottle 8-PC, 12-PC
bras *m.* arm 11-PC
Brésil *m.* Brazil 4-PAPL
brie *m.* Brie cheese 8-PC
brique *f.* (en briques) brick 10-PC
brocoli(s) *m.* broccoli 2-PC
bronzer to tan 7-PC
se brosser (les dents, les cheveux) to brush (one's teeth, hair) 4-PC
bruyant(e) noisy 10-PC
buffet *m.* sideboard 10-PAPL
bureau *m.* desk, office 3-PC, 10-PAPL
bus (autobus) *m.* bus 7-PC

C

c cédille (ç) c cedilla 1-PC
cachet (d'aspirine) *m.* (aspirin) tablet 11-PC
café *m.* café; coffee 2-PC
Cameroun *m.* Cameroun 4-PAPL
campagne *f.* country 7-PC
Canada *m.* Canada 4-PAPL
capacité *f.* ability 5-PAPL
car because 7-PAPL
carafe *f.* carafe 8-PC
cardiovasculaire cardiovascular 11-PAPL
cartes *f.pl.* cards
    jouer aux cartes to play cards 7-PC
carton *m.* cardboard 12-PC

casquette *f.* baseball cap 9-PC
casting *m.* casting 9-PC
caution *f.* deposit 10-PC
Ça va? How are you doing? 1-PC
    Ça va bien. I am well (doing well) 1-PC
    Ça va mal. I am not well (doing well) 1-PC
célibataire single 1-PAPL
cerveau *m.* brain 11-PAPL
cesser (de) to stop 11-PAPL
chaise *f.* chair 3-PC, 10-PAPL
chaleur *f.* heating 8-PAPL
chambre *f.* bedroom 3-PC, 8-PAPL, 10-PC
chanson *f.* song 3-PC, 9-PAPL
chanter to sing 2-PC
chapeau *m.* hat 9-PC
chaque every 7-PC
charcuterie *f.* deli 10-PC
charges *f.pl.* utilities 10-PC
chaud hot
    il fait chaud it's hot 4-PAPL
chaussure *f.* shoe 9-PC
    chaussures à talons high-heeled shoes 9-PC
    chaussures de sport sport shoes 9-PC
    chaussures plates flat shoes 9-PC
chef-d'œuvre *m.* masterpiece 9-PAPL
chemise *f.* man's shirt 9-PC
chemisier *m.* woman's shirt, blouse 9-PC
chêne *m.* oak 10-PAPL
cheville *f.* ankle 11-PC
chimie *f.* chemistry 5-PC
chimiste chemist 5-PC
Chine *f.* China 4-PAPL
choisir to choose 5-PC, 11-PAPL
cinéma *m.* movies 2-PC, 12-PAPL
circonflexe (ê) circumflex 1-PC
circuler to get around 3-PC
clair(e) light 9-PC
classique classical 2-PC
clavier *m.* keyboard 3-PAPL
clef USB *f.* flashdrive 3-PAPL
climat *m.* climate 10-PAPL
climatisation *f.* air conditioning 8-PAPL
climatiseur *m.* air conditioner 12-PC
cliquer sur to click on 3-PAPL
coca *m.* cola 2-PC
cœur *m.* heart 9-PAPL
    avoir mal au cœur to be nauseous 11-PC
se coiffer to do one's hair 4-PC
Colombie *f.* Colombia 4-PAPL
combien de (d') how many, how much 1-PAPL, 4-PC
comme ci, comme ça so, so 1-PC
commencer à (+ l'infinitif) to begin to (+ infinitive) 4-PAPL
comment how 1-PC, 4-PC
    Comment? Excuse me? (What did you say?) 1-PC
    Comment allez-vous? How are you? 1-PC
    Comment dit-on...? How do you say...? 1-PC

Comment tu vas? How are you? 1-PC
Comment vous appelez-vous (t'appelles-tu)? What is your name? 1-PC
commode *f.* chest of drawers 10-PAPL
communiquer to communicate 3-PC, 5-PAPL
complet (complète) complete 3-PC
complet *m.* man's suit 9-PC
composition *f.* composition 9-PAPL
comprendre to understand, to include 5-PC
    je (ne) comprends (pas) I don't understand 1-PC
conditionner to tone 11-PAPL
conférence *f.* conference, presentation 5-PAPL
confus(e) confused 7-PAPL
connaissance *f.* acquaintance 2-PC
connaître to know 2-PC, 3-PC
se connecter à to connect to 3-PAPL
consommation *f.* consumption 11-PAPL, 12-PC
consommer to use 12-PC
constamment constantly 5-PC
consulter to consult 11-PC
content(e) content, happy 2-PAPL
contraire *m.* contrary
    au contraire on the contrary 11-PC
contre against
    être contre to be against 11-PC
contribuer à to contribute to 11-PAPL
convenable convenient 7-PC
convenir à to suit 10-PC
copain (copine) pal 2-PC
corps *m.* body 11-PC
corvée *f.* chore
    faire des corvées to do chores 4-PAPL
costume *m.* man's suit, costume 9-PC, 9-PAPL
Côte-d'Ivoire *f.* Ivory Coast 4-PAPL
coton *m.* cotton 9-PC
se coucher to go to bed 4-PC
coude *m.* elbow 11-PC
cour *f.* courtyard 10-PC
courgette *f.* zucchini 8-PC
courriel *m.* email 3-PAPL
cours *m.* course
    prendre/suivre des cours en to take courses in 5-PC
cousin(e) cousin 2-PAPL
couvert overcast
    le ciel est couvert the sky is overcast 4-PAPL
cravate *f.* tie 9-PC
crayon *m.* pencil 1-PC
créer to create, form 12-PAPL
croire (à) to believe (in) 11-PC
croissant *m.* crescent roll 10-PC
cuisine *f.* kitchen 10-PC
cuisiner to cook 2-PC
cuisinière *f.* stove 10-PC

D

Danemark *m.* Denmark 4-PAPL
danser to dance 2-PC
d'autre part on the other hand 11-PC
de... à... heures from . . . to . . . o'clock 4-PAPL
se débrouiller to manage 4-PC
décembre December 1-PAPL
déchets *m.* trash 12-PC
décor *m.* scene 9-PAPL
découvrir to discover 6-PC
défectueux(-euse) defective 8-PAPL
délavé(e) faded 9-PC
demande *f.* application
    faire sa (une) demande to apply 6-PC
demander to ask (for), to request 6-PC
    demander à to ask (someone) 10-PC
    se demander to wonder 7-PAPL
déménager to move 10-PAPL
demi *m.* a half 2-PAPL
    (demi-) douzaine *f.* (half) dozen 8-PC
    et demie thirty (minutes) 4-PAPL
dent *f.* tooth
    avoir mal aux dents to have a toothache 11-PC
se dépêcher to hurry up 4-PC
se déplacer (en ville, entre les grands centres urbains) to move around (town, the big urban centers) 7-PC
depuis for (period of time), since (past time) 7-PC
derbies *f.pl.* sport shoes 9-PC
désagréable unpleasant 12-PAPL
descendre to go down 6-PC
dès que as soon as 8-PAPL
dessert *m.* dessert 8-PC
détente *f.* relaxation 12-PAPL
détester to dislike, hate 2-PC
deuxième second 2-PAPL
devenir to become 5-PC, 6-PC, 7-PAPL
devoir must, to have, to owe 5-PC
devoirs *m.pl.* homework
    faire des devoirs to do homework 4-PAPL
d'habitude usually 7-PC
dimanche Sunday 1-PAPL
dîner to eat dinner 2-PC
diplômé (e) diploma, academic degree
    (être diplômé(e) en) to have a degree in 5-PC
diplôme *m.* degree
    avoir un diplôme en to have a degree in 5-PC
    préparer un diplôme en to do a degree in 5-PC
dire (quelque chose) à to say (something) to 1-PC, 6-PAPL, 10-PC
discuter to discuss 1-PC, 7-PC
disponible available 8-PAPL
disque dur *m.* hard drive 3-PAPL
dit (see **dire** to say) 1-PC
divertissement *m.* entertainment 10-PC
divorcé(e) divorced 2-PAPL

domaine (académique) *m.* (academic) area 5-PC
donc therefore 7-PAPL
donner (quelque chose) à to give (something) to 8-PC, 10-PC
dormir (bien) to sleep (well) 7-PAPL, 11-PAPL
dos *m.* back 11-PC
d'où êtes-vous (venez-vous)? where are you (do you come) from? 1-PAPL
douche *f.* shower 10-PC
se doucher to shower 4-PC
douleur *f.* (avoir des douleurs) pain (to have pain, aches) 11-PC
droit *m.* law 5-PC
d'une part on the one hand 11-PC
durer to last 5-PC

E

eau *f.* water
    eau qui coule running water 11-PAPL, 12-PC
écharpe *f.* scarf 9-PC
écologique (écolo) ecological 12-PC
économe thrifty 12-PC
économie *f.* economics, saving
    faire des économies to save money 5-PC, 4-PAPL
économiste economist 5-PC
écoute *f.* listening 5-PAPL
écouter to listen 3-PC
écran *m.* screen 3-PAPL
écrire to write
    écrire un paragraphe de motivation to write a paragraph of interest 1-PC, 6-PC, 6-PAPL
écrivez (see **écrire** to write) 1-PC
écru(e) ecru 9-PC
effet (*m.*) **placebo** placebo effect 11-PC
effet (*m.*) **positif/secondaire** positive/secondary effect 11-PC
effets spéciaux *m.* special effects 9-PAPL
efficacité *f.* effectiveness 11-PC
électricité *f.* electricity 12-PC
elle she; her 3-PC
elles they, them (f. pl.) 3-PC
email *m.* email 3-PAPL
emballage *m.* packaging 12-PC
emmagasiner to store 3-PAPL
emploi du temps *m.* schedule 5-PAPL
employé(e) employee 8-PC
employer to use 3-PC, 3-PAPL, 12-PC
enchanté(e) (par) delighted (by) 2-PC, 7-PAPL
encore again 1-PC
    encore une fois once more, again 1-PC
endroit *m.* place 10-PAPL
s'énerver to get annoyed 4-PC
enfant *m.* child 2-PAPL
en plein air outdoors 3-PC
enseignement *m.* teaching 3-PC, 5-PC
enseigner to teach 3-PC
ensemble *m.* ensemble, outfit 9-PC

entendre to hear 6-PC
s'entraîner to train, to exercise 4-PC
entrée *f.* starter course, entry 8-PC, 10-PC
entrer to enter, to go in 6-PC
entretien *m.* interview 5-PAPL
    faire un entretien to conduct an interview 5-PAPL
envoyer (quelque chose) à to send (something) to 3-PC, 10-PC
épaté(e) (par) amazed (by) 7-PAPL
épaule *f.* shoulder 11-PC
équilibré(e) balanced 11-PAPL
équilibrer to balance 5-PAPL
équipe *f.* team
    travail en équipe teamwork 5-PAPL
escaliers *m.pl.* stairs 10-PC
espaces verts *m.pl.* green spaces 10-PC
Espagne *f.* Spain 4-PAPL
espagnol(e) Spanish 2-PAPL
essayer (de) to try (to) 11-PC
essence *f.* gas 12-PC
et and 1-PC, 7-PAPL
    et demie thirty (minutes) 4-PAPL
étage *m.* floor
    au premier étage on the second floor 10-PC
étagère *f.* shelf 3-PC, 10-PAPL
Etats-Unis *m.pl.* United States 4-PAPL
été *m.* summer
    en été in the summer 1-PAPL, 4-PAPL
éteindre to turn off 12-PC
éternuer to sneeze 11-PC
s'étirer to stretch 4-PC
étranger *m.* abroad
    habiter à l'étranger to live abroad 6-PAPL
être to be
    être de to be from 1-PAPL, 3-PAPL
    être en ligne to be online 1-PAPL, 3-PAPL
    être en ligne to be online;
    être stressé to be stressed (out) 2-PAPL
études *f.pl.* studies
    études commerciales commercial studies 5-PC, 4-PAPL
    études d'ingénieur engineering studies 5-PC, 4-PAPL
    études professionnelles professional studies 5-PC, 4-PAPL
    faire des études en to study 5-PC, 4-PAPL
    vouloir poursuivre des études en to want to pursue studies in 5-PC, 4-PAPL
étudier to study
    étudier à to study at 2-PC, 5-PC
Europe *f.* Europe 4-PAPL
eux them (m. pl) 3-PC
évier *m.* kitchen sink 10-PC
éviter to avoid
    éviter les longueurs to avoid boredom 9-PAPL, 11-PAPL, 12-PC
évoquer to bring to mind 9-PAPL

exigences d'immunisation *f.* immunization requirements 6-PC

expliquer (quelque chose) à to explain (something) to 10-PC

F

se fâcher to become angry 4-PC

faire to do; to make
faire attention (à) to be careful (with) 12-PC, 11-PAPL, 3-PAPL
faire de l'exercice to exercise 12-PC, 11-PAPL, 3-PAPL
faire des calculs to calculate 12-PC, 11-PAPL, 3-PAPL

falloir (il faut) to have to 12-PAPL

familial(e) *f.* family
relations familiales family relations 2-PAPL

fast-food *m.* fast-food restaurant 8-PC

faute *f.* mistake
faire des fautes to make mistakes 4-PAPL

fauteuil (de bureau) *m.* upholstered (office) armchair 3-PC, 10-PAPL

femme *f.* wife, woman 2-PAPL

fermer to close; to turn off 1-PC, 12-PC

fermier (fermière) farmer 12-PAPL

feuille *f.* sheet 1-PC
feuille de papier sheet of paper 1-PC

février February 1-PAPL

fichier *m.* file 3-PAPL

fièvre *f.* fever
avoir de la fièvre to have a fever 11-PC

fille *f.* daughter, girl 2-PAPL

film *m.* movie
film d'amour romance 9-PAPL
film d'aventures adventure film 9-PAPL
film d'épouvante horror movie 9-PAPL
film de science fiction science fiction film 9-PAPL
film musical musical 9-PAPL

fils *m.* son 2-PAPL

financement *m.* funding
assurer le financement to set up funding 6-PC

finir to finish 5-PC

fleur *f.* flower 4-PAPL

foie *m.* liver
avoir mal au foie to have indigestion 11-PC

fois *f.* time 1-PC
encore une fois once more, again 1-PC
une fois que once 8-PAPL

foncé(e) dark 9-PC

fonctionnement *m.* function 11-PAPL

foot *m.* soccer 2-PC

formation *f.* training
avoir une formation en to have training in 5-PC

formulaire *m.* form 6-PC

frais (fraîche) *adj.* fresh, cool
il fait frais it's cool 4-PAPL, 12-PC

frais *m.pl.* fees
frais de logement housing fees 6-PC
frais de scolarité tuition 6-PC
frais de voyage travel costs 6-PC

français *m.* French (language) 1-PC

français(e) French 2-PAPL, 3-PC

France *f.* France 4-PAPL

fréquemment frequently 7-PC

frère *m.* brother 2-PAPL

frisson *m.* chills
avoir des frissons to have chills 11-PC

frites *f.pl.* fries 2-PC

froid *m.* cold
il fait froid it's cold 4-PAPL

fromage *m.* cheese 8-PC

se frotter les yeux to rub one's eyes 4-PC

fuite *f.* leak
fuite d'eau water leak 12-PC

fumer to smoke 11-PAPL

G

gâcher to spoil
gâché(e) spoiled 7-PAPL, 8-PAPL

garçon *m.* boy 2-PAPL

genou *m.* knee 11-PC

genre *m.* type
genre de musique type of music 9-PAPL

gens *m.pl.* people 3-PC

gentil(le) kind 3-PC

gestion *f.* management 5-PC

glace *f.* ice; ice-cream
il y a de la glace it's icy 2-PC, 4-PAPL

golf *m.* golf 2-PC

gorge *f.* throat 11-PC

goût *m.* taste
avoir le goût de to like 5-PAPL

gouttes *f. pl.* **pour le nez** nose drops 11-PC

gramme *m.* gram 8-PC

grand(e) tall, big
grande route *f.pl.* major road 10-PC
grande surface supermarket 2-PAPL, 3-PC, 10-PC

Grande-Bretagne *f.* Great Britain 4-PAPL

grand-mère *f.* grandmother 2-PAPL

grand-père *m.* grandfather 2-PAPL

grands-parents grandparents 2-PAPL

grave grave, serious 1-PC

graveur CD/DVD *m.* CD/DVD burner 3-PAPL

Grèce *f.* Greece 4-PAPL

grippe *f.* flu
avoir la grippe aviaire to have the avian flu 11-PC
avoir la grippe porcine to have the swine flu 11-PC

gris(e) gray
il fait gris it's gray 2-PAPL, 4-PAPL
il y a des jours gris gray days 2-PAPL, 4-PAPL

gros(se) fat, big 3-PC

groupe *m.* group 1-PC

guitare *f.* guitar 9-PAPL

H

s'habiller to get dressed 4-PC

habit *m.* outfit 9-PC

habiter (à) to live (in) 1-PAPL, 2-PC, 10-PAPL

habitude, d' usually 4-PC

s'habituer (à) to become used to 4-PC

haut(e) high 7-PAPL

heureux(-euse) happy 2-PC

hip-hop *m.* hip-hop 2-PC

histoire *f.* history 5-PC

historien(ne) historian 5-PC

hiver *m.* winter
en hiver in the winter 1-PAPL, 4-PAPL

homéopathie *f.* homeopathy 11-PC

homme/femme d'affaires businessman/businesswoman 5-PC

honnête honest 2-PAPL

hôpital *m.* (*pl.* **hôpitaux**) hospital(s) 3-PC

hors de l'ordinaire unusual 12-PAPL

I

icône *f.* icon 3-PAPL

îles Marquises *f.pl.* Marquesas Islands 8-PAPL

il y a there is/are; (period of time) ago 4-PAPL, 7-PC

image *f.* image 3-PAPL

immeuble *m.* building 10-PC

immunisation *f.* immunization 6-PC

s'impatienter to be impatient 4-PC

imprimante *f.* printer 3-PC, 3-PAPL

imprimer to print
imprimé(e) printed 3-PAPL, 9-PC

inacceptable unacceptable 8-PAPL

inconfortable uncomfortable 8-PAPL

Inde *f.* India 4-PAPL

infecte repugnant 7-PAPL

informaticien(ne) computer scientist 5-PC

informatique *f.* computer engineering 5-PC

ingénieur *m.* engineer
études d'ingénieur engineering studies 5-PC

ingénieurie *f.* engineering 5-PC

installer to install 12-PC

instituteur(-trice) elementary school teacher 5-PC

instrument *m.* instrument 9-PAPL

intellectuel(le) intellectual 3-PC

intelligent(e) intelligent 2-PAPL

intention *f.* intent
avoir l'intention d'étudier to intend to study 5-PC

intéressant(e) interesting 6-PAPL
faire quelque chose d'intéressant to do something interesting 6-PAPL

s'intéresser à to be interested in 4-PC

intérêt *m.* interest 9-PAPL

Internet Internet 3-PC

interview *f.* interview
faire une interview (un entretien) to conduct an interview 5-PAPL

iPod *m.* iPod 3-PC
Irlande *f.* Ireland 4-PAPL
Italie *f.* Italy 4-PAPL

J

jambe *f.* leg 11-PC
jambon *m.* ham 8-PC
janvier January 1-PAPL
Japon *m.* Japan 4-PAPL
jardin (*m.*) **partagé** community garden
    12-PAPL
jaune yellow 2-PAPL
jazz *m.* jazz 2-PC, 9-PAPL
je I 1-PC
jean *m.* (pair of) jeans 9-PC
jeu des acteurs *m.* acting 9-PAPL
jeudi Thursday 1-PAPL
jeune young 2-PAPL, 3-PC
joli(e) pretty 3-PC
jouer to play 2-PC
jour *m.* day
    tous les jours every day 1-PAPL, 7-PC
journal *m.* newspaper 12-PC
journée *f.* day 1-PC
juillet July 1-PAPL
juin June 1-PAPL
jupe *f.* skirt 9-PC

K

kilo *m.* kilo 8-PC

L

laboratoire *m.* lab 3-PC
lac *m.* lake 4-PAPL
laine *f.* wool 9-PC
laisser to leave
    tout laissait à désirer it all left something
        to be desired 7-PAPL, 9-PAPL
laitue *f.* lettuce 8-PC
lampe *f.* lamp, light 10-PAPL, 12-PC
langue *f.* language 3-PC, 5-PC, 12-PAPL
lavabo *m.* bathroom sink 10-PC
se laver (la figure, les mains) to wash
    (face, hands) 4-PC
lecteur CD/DVD (MP3) *m.* CD/DVD
    (MP3) player 3-PC
lentement slowly 5-PC
lettres *f.pl.* letters 5-PC
se lever to get up 4-PC
lèvres *f.pl.* lips 11-PC
librairie *f.* bookstore 3-PC
lien *m.* link
    lien d'amitié friendship 3-PAPL, 12-PAPL
lin *m.* linen 9-PC
lingerie *f.* laundry room 10-PC
linguiste linguist 5-PC
lire to read 6-PAPL
lit *m.* bed
    canapé-lit sofabed 3-PC, 10-PAPL
literie *f.* bedding 8-PAPL
litre *m.* liter
    un (demi-) litre de a (half) liter of 8-PC
littérature *f.* literature 5-PC

livre *f.* pound 8-PC
livre *m.* book 1-PC, 3-PC
locataire renter 10-PC
logement *m.* (frais de logement) housing
    (housing fees) 6-PC
logiciel *m.* software 3-PAPL
long(ue) long 3-PC
louer to rent 10-PC
lui him 3-PC
lundi Monday 1-PAPL
lunettes *f.* glasses
    lunettes de soleil sunglasses 9-PC

M

madame madam 1-PC, mrs. 2-PC
mademoiselle miss 1-PC, 2-PC
magasin *m.* store 3-PC
mai May 1-PAPL
mail *m.* email 3-PC
maintenir to maintain 11-PAPL
mais but 7-PAPL
mal badly, not well 1-PC, 2-PC
    ça va mal I am not well 1-PC
    pas mal not bad(ly) 1-PC
mal pain
    avoir mal (à...) to have (a) pain (in . . .)
        11-PC
    avoir mal au cœur to be nauseous 11-PC
    avoir mal au foie to have indigestion
        11-PC
    avoir mal au ventre to have a stomach ache
        11-PC
    avoir mal aux dents to have a toothache
        11-PC
maladie *f.* disease
    avoir une maladie to be ill 11-PAPL
malaise *m.* discomfort 11-PC
malheureusement unfortunately 1-PC
manger to eat 2-PC
manteau *m.* coat 9-PC
se maquiller to put make up on 4-PC
marché *m.* market 10-PC
mardi Tuesday 1-PAPL
mari *m.* husband 2-PAPL
marié(e) married 1-PAPL
marketing *m.* marketing 5-PC
Maroc *m.* Morocco 4-PAPL
marron brown 2-PAPL
mars March 1-PAPL
match *m.* match
    faire un match de... to play a . . . match
        4-PAPL
mathématicien(ne) mathematician 5-PC
mathématiques (les maths) *f.pl.* mathematics
    3-PC, 5-PC
matin *m.* morning
    du matin in the morning 4-PAPL,
        4-PC, 7-PC
    le matin (in) the morning 4-PAPL,
        4-PC, 7-PC
    tous les matins every morning 4-PAPL,
        4-PC, 7-PC
mauvais(e) bad 3-PC

méchant(e) mean 2-PAPL
médecin *m.* doctor 5-PC
médecine *f.* medicine
    médecine allopathique allopathic
        (traditional) medicine 5-PC, 11-PC
    médecine douce soft (homeopathic)
        medicine 5-PC, 11-PC
    médecine générale general medicine
        5-PC, 11-PC
    médecine naturelle natural medicine
        5-PC, 11-PC
médical(e) medical 3-PC
médicament *m.* drug
    médicaments classiques classical drugs
        11-PC
meilleur(e) better 10-PAPL
mèl *m.* email 3-PAPL
mélodie *f.* melody 9-PAPL
même same 10-PAPL
ménage *m.* housework
    faire le ménage to do housework 4-PAPL
menton *m.* chin 11-PC
merci thank you 1-PC
mercredi Wednesday 1-PAPL
mère *f.* mother 2-PAPL
merisier *m.* cherry 10-PAPL
merveilleux(-euse) wonderful 8-PAPL
message SMS *m.* text message
métro *m.* subway 3-PC, 7-PC, 10-PC
mettre to put 12-PC
meubles *m.pl.* furniture 10-PAPL
mexicain(e) Mexican 2-PAPL
Mexique *m.* Mexico 4-PAPL
midi *m.* noon 4-PAPL
mille a thousand 3-PAPL
milliard *m.* a billion 3-PAPL
million *m.* a million 3-PAPL
minuit midnight 4-PAPL
mode *f.* fashion 9-PC
moi me 3-PC
moins minus
    moins le quart quarter to 4-PAPL
mois *m.* month 1-PAPL
moitié *f.* half 2-PAPL
monde *m.* world
    tout le monde everyone 1-PC
monsieur sir 1-PC, mr. 2-PC
montagne *f.* mountain 4-PAPL, 7-PC
monter to climb 6-PC
montrer (quelque chose) à to show
    (something) to 10-PC
morale *f.* moral 9-PAPL
mortalité *f.* mortality 11-PAPL
mot *m.* word 1-PC
motiver to motivate 5-PAPL
moto (motocyclette) *f.* motorcycle 7-PC
moulant(e) tight-fitting 9-PC
mourir to die 6-PC
musée *m.* museum 12-PAPL
musicien(ne) musician 5-PC, 9-PAPL
musique *f.* music
    musique classique classical music 2-PC,
        5-PC, 9-PAPL

N

naître to be born 6-PC
natal(e) where born 1-PAPL
natation *f.* swimming
  faire de la natation to swim 4-PAPL
navet *m.* a bomb 9-PAPL
navigateur *m.* Internet browser 3-PAPL
ne (n')
  ne (n')... jamais never 2-PC
  ne (n')... personne nobody, no one 2-PC
  ne (n')... plus no longer 2-PC
  ne (n')... rien nothing 2-PC
  ne (n')... ni... ni neither . . . nor . . . 2-PC
né(e) born 10-PAPL
négocier to negotiate 5-PAPL
neige *f.* snow 4-PAPL
neiger to snow
  il neige it's snowing 4-PAPL
nettoyant *m.* **(vert)** (green) cleaner 12-PC
nez *m.* nose
  avoir le nez qui coule to have a runny nose
  11-PC
Niger *m.* Niger 4-PAPL
noir(e) black 2-PAPL
noisette hazel 2-PAPL
nom *m.* name 1-PC
non no 1-PC
nostalgique nostalgic 9-PAPL
nourriture *f.* food 2-PC
nous us 3-PC
nouveau (nouvel) (nouvelle) new 3-PC
novembre November 1-PAPL
noyer *m.* walnut 10-PAPL
nuage *m.* cloud
  il y a des nuages it's cloudy 4-PAPL
nuageux cloudy
  il y a des jours nuageux cloudy days
  4-PAPL

O

obésité *f.* obesity 11-PAPL
observation *f.* observation 5-PAPL
s'occuper de to take care of 4-PC
octobre October 1-PAPL
œil *m.* (*pl.* **yeux**) eye(s) 11-PC
OGM *m.* genetically modified organisms
  12-PAPL
oncle *m.* uncle 2-PAPL
opéra *m.* opera 2-PC, 9-PAPL
orage *m.* storm 4-PAPL
orange orange 2-PAPL
ordinateur *m.* computer 1-PC
  ordinateur (ordi) *m.* **(portable)** (portable)
  computer 3-PC
oreille *f.* ear 11-PC
organisation *f.* organization 5-PAPL
os *m.* bone
  masse osseuse bone mass 11-PAPL
ou or 7-PAPL
où where 1-PAPL 4-PC
oui yes 1-PC
ouvrez (see **ouvrir** to open)
ouvrir to open 1-PC

P

pantalon *m.* (pair of) pants
  pantalon de jogging jogging pants 9-PC
papier *m.* paper 1-PC, 12-PC
parler to speak
  parler à to speak to 3-PC, 10-PC
paroles *f.pl.* lyrics 9-PAPL
partenaire partner 1-PC
participer à to participate in 5-PAPL
partir to leave 6-PC, 7-PAPL
pas not 1-PC
  pas mal not bad 1-PC
passeport *m.* passport 6-PC
pâté *m.* paté 8-PC
patiemment patiently 5-PAPL
patient(e) patient 2-PAPL
pâtisserie *f.* pastry shop 10-PC
patte d'éléphant bell-bottom 9-PC
pavillon *m.* house 10-PC
payer to pay 10-PC
Pays-Bas *m.pl.* Netherlands 4-PAPL
se peigner to comb one's hair 4-PC
pendant for (past event) 7-PC
perdre to lose 6-PC
père *m.* father 2-PAPL
personnel(le) personal 5-PAPL
petit(e) small, short 2-PAPL, 3-PC
peu little
  un peu de a little 5-PC, 8-PC
pharmacie *f.* pharmacy 5-PC
pharmacien(ne) pharmacist 5-PC
philosophe philosopher 5-PC
philosophie *f.* philosophy 5-PC
physicien(ne) physicist 5-PC
physique *f.* physics 5-PC
piano *m.* piano 9-PAPL
pichet *m.* pitcher 8-PC
pièce *f.* room 10-PC
pied *m.* foot
  à pied on foot 7-PC, 11-PC
pierre de taille *f.* cut stone 10-PC
pirogue *f.* canoe 7-PC
pizza *f.* pizza 2-PC
plage *f.* beach 7-PC
plan *m.* layout 10-PC
plastique *m.* plastic 12-PC
plat *m.* course, dish
  plat principal main course 8-PC
pleuvoir to rain
  il pleut it's raining 4-PAPL
pluie *f.* rain 4-PAPL
plus more 1-PC
plusieurs several, many 3-PAPL, 8-PC
poignet *m.* wrist 11-PC
poisson *m.* fish 8-PC
poitrine *f.* chest 11-PC
poivron *m.* pepper 8-PC
policier *m.* whodunit 9-PAPL
Polynésie (française) (French) Polynesia
  8-PAPL
pop-rock *m.* pop-rock 9-PAPL
portable *m.* cell phone 3-PC
porte-documents *m.* portfolio 9-PC

porter to wear 9-PC
Portugal *m.* Portugal 4-PAPL
poste *m.* job
  chercher un meilleur poste to look for a
  better job 3-PC, 10-PAPL
  éviter un poste ennuyeux to avoid a boring
  job 3-PC, 10-PAPL
poster *m.* poster 3-PC
poubelle *f.* garbage bin 12-PC
poulet *m.* chicken 8-PC
pour for
  être pour to be for 11-PC
  pour (avec) qui for (with) whom 4-PC
pour-cent per cent 2-PAPL
pourcentage *m.* percentage 2-PAPL
pourquoi why 4-PC
poursuivre to pursue
  vouloir poursuivre des études en to want
  to pursue studies in 5-PC
pouvoir to be able 3-PC
pratiquer to practice 6-PAPL
préférer to prefer 2-PC
premier (première) first 2-PAPL, 3-PC
prendre to take; to have (food) 1-PC
  prendre des cours en to take courses in
  5-PC
préparatifs *m.* preparations 6-PC
se préparer to get ready 4-PC
près de near
  près du corps tight 9-PC, 10-PC
présenter to introduce 2-PC
presque almost 5-PC
prévenir to prevent 11-PAPL
prévoir to foresee 7-PAPL
printemps *m.* spring
  au printemps in the spring 1-PAPL,
  4-PAPL
privilégier to favor 11-PC
problèmes hormonaux *m.pl.* hormonal
  problems 11-PC
se procurer to get 6-PC
production *f.* production 9-PAPL
produit *m.* product 12-PC
produits biodégradables biodegradable
  products 12-PC
professeur (prof) *m.* high school (or college)
  teacher 5-PC
profession *f.* profession 5-PC
professionnel(le) professional
  études professionnelles professional
  studies 5-PC
programme *m.* program 5-PC
promenade *f.* walk
  faire une promenade to take a walk, to take
  a ride 4-PAPL
promouvoir promote 11-PAPL
psychologie *f.* psychology 5-PC
psychologue psychologist 5-PC
punk *m.* punk 9-PAPL

Q

qualité *f.* quality 5-PAPL, 11-PAPL
quand when 4-PC, 8-PAPL

quart *m.* quarter

   et quart quarter after 2-PAPL, 4-PAPL

   moins le quart quarter to 2-PAPL, 4-PAPL

quartier *m.* neighborhood 10-PC

quatre four 1-PC

que (qu') what 4-PC

   que veut dire...? what does... mean? 1-PC

quelques some, several 3-PAPL, 8-PC

qui who 4-PC

R

rap *m.* rap 9-PAPL

se rappeler de (+ infinitif) to remember to 12-PC

rarement rarely 2-PC

se raser to shave 4-PC

ravi(e) delighted 2-PC

rayé(e) striped 9-PC

réagir to react 5-PC

recherche *f.* research 3-PC

recommencer to start over 10-PAPL

recours *m.* resort

   avoir recours à to resort to 11-PC

recycler to recycle

   recyclé(e) recycled 12-PC

réduire to reduce 11-PAPL

refaire sa vie to start life over 10-PAPL

réfléchir to think

   faire réfléchir to make people think 5-PC, 9-PAPL

   réfléchir à to think about 5-PC, 9-PAPL

réfrigérateur (le frigo) *m.* refrigerator 10-PC

regarder to watch 2-PC

reggae *m.* reggae 9-PAPL

regretter to regret, be sorry about... 8-PAPL

relation *f.* relation

   relations familiales family relations 2-PAPL

remède *m.* **contre l'indigestion** remedy for indigestion 11-PC

remède homéopathique *m.* homeopathic remedy 11-PC

remplir to fill out 6-PC

remployer to reuse 12-PC

rencontrer to meet 6-PAPL, 7-PAPL

rendez-vous *m.* date, meeting

   avoir un rendez-vous to have a date, meeting 4-PAPL

rendre to give back, to return (something) 6-PC

   rendre visite à to visit (someone) 6-PC

renouveler to renew 6-PC

rentrer to come back 6-PC

rentrer (de) to come home (to return from) 4-PC

réparer to repair 12-PC

repas *m.* meal 8-PAPL

répéter to repeat 1-PC

répondre to answer 6-PC

repos *m.* rest 11-PC, 12-PAPL

se reposer to rest 4-PC

réseau *m.* network

   réseau d'accès (à haut débit) (broadband) network 3-PC, 3-PAPL

réseau social social network 3-PC, 3-PAPL

résidence universitaire *f.* student housing 6-PC

résister à to resist, avoid 5-PAPL

rester to stay

   rester sur place (dans la même région) to stay put (in the same region) 6-PC, 7-PC, 10-PAPL

retourner to return 6-PC

réussir to succeed, to be successful

   réussir à (un examen) to pass (a test)) 5-PAPL

se réveiller to wake up 4-PC

revenir to see again 7-PAPL

revoir to see again 7-PAPL

rez-de-chaussée *m.* ground floor 10-PC

rhume *m.* cold 11-PC

rien nothing 7-PAPL

robinet *m.* faucet 12-PC

rock *m.* rock 9-PAPL

roman *m.* novel 7-PC

rose pink 2-PAPL

rôti de bœuf *m.* roast beef 10-PC

rouge red 2-PAPL

route *f.* road 4-PAPL, 10-PC

rudimentaire harsh 12-PAPL

rue *f.* street 10-PC

Russie *f.* Russia 4-PAPL

rythme *m.* rhythm 9-PAPL

S

sac *m.* bag

   sac à main handbag 9-PC, 12-PC

sacoche *f.* briefcase 9-PC

sain(e) healthy 11-PAPL

sais (see **savoir** to know)

   je (ne) sais (pas) I (don't) know 1-PC

salade (verte) *f.* (green) salad 8-PC

salaire *m.* salary 10-PAPL

salle *f.* room

   salle à manger dining room 10-PC

   salle de bains bathroom 10-PC

salut hi, hello 1-PC, 2-PC

samedi Saturday 1-PAPL

santé *f.* health

   être en bonne santé to be in good health 10-PAPL, 11-PAPL

saucisson *m.* French sausage 8-PC, 10-PC

sauvegarder to save 3-PAPL

savoir to know (how) 3-PC

   je (ne) sais (pas) I (don't) know 1-PC

saxophone *m.* sax 9-PAPL

scénario *m.* script 9-PAPL

sciences *f.pl.* sciences

   sciences humaines et sociales life and social sciences 5-PC

   sciences politiques (les sciences po) political science 5-PC

séjour *m.* living room; stay

   faire un séjour en club to stay at a vacation club 7-PC, 10-PC, 12-PAPL

   faire un séjour en village de vacances to stay at a vacation village) 7-PC, 10-PC, 12-PAPL

séjour à l'étranger *m.* study/travel/stay abroad 6-PC

sélectionner to select 3-PAPL

semaine *f.* week 1-PAPL

Sénégal *m.* Senegal 4-PAPL

sénégalais(e) Senegalese 2-PAPL

sens *m.* sense

   avoir le sens de to be good at 5-PAPL

se sentir to feel 11-PC

septembre September 1-PAPL

sérieusement seriously 5-PC

serveur(-euse) waiter (waitress) 8-PC

serviette *f.* towel 12-PC

servir to serve 8-PC

signer to sign 10-PC

s'il vous plaît please 1-PC

sirop *m.* syrup 11-PC

ski *m.* skiing 2-PC

sociologie *f.* sociology 5-PC

sociologue sociologist 5-PC

sœur *f.* sister 2-PAPL

sofa *m.* sofa 10-PAPL

soie *f.* silk 9-PC

soigner to treat 11-PC

   se soigner to be treated 11-PC

soir *m.* evening

   du soir in the evening 4-PAPL, 7-PC

   tous les soirs every evening 4-PAPL, 7-PC

soleil *m.* sun

   il y a du soleil it's sunny 4-PAPL

solitude *f.* solitude 5-PAPL

sombre dark 9-PC

sortir to go out 6-PC, 7-PAPL

source *f.* source, root 9-PAPL

sourcil *m.* eyebrow 11-PC

souris *f.* mouse 3-PAPL

souvent often 2-PC, 7-PC

spécialisation (académique) *f.* (academic) major 5-PC

se spécialiser en to major in 5-PC

spectacle *m.* show 2-PC

spectateur, spectatrice spectator 9-PAPL

sport *m.* sports

   faire du sport to play sports 4-PAPL, 8-PAPL

   sports de mer water sports 4-PAPL, 8-PAPL

stabilité *f.* stability 10-PAPL

stage *m.* internship

   faire un stage to do an internship 5-PC

studio *m.* studio 3-PC, 10-PC

style *m.* style

   style déco art deco style 10-PAPL

   style empire regency style 10-PAPL

   style rustique rustic style 10-PAPL

stylo *m.* pen 1-PC

Suède *f.* Sweden 4-PAPL

suédois(e) Swedish 2-PAPL

suisse Swiss 2-PAPL

Suisse *f.* Switzerland 4-PAPL

suivre to follow, take

   suivre des cours en to take courses in 5-PC

sur on 1-PC
surfer to surf 3-PC
sweat à capuche *m.* hoodie 9-PC
sympathique nice 6-PAPL
symphonie *f.* symphony 9-PAPL

T

t-shirt *m.* t-shirt 9-PC
table *f.* table 3-PC
tableau *m.* board 1-PC
tableur *m.* spreadsheet 3-PAPL
taille *f.* size 9-PC
    taille basse low-waisted, low rise 9-PC
    de taille S à XXL size S to XXL 9-PC
tailleur *m.* woman's suit 9-PC
tante *f.* aunt 2-PAPL
taper to type 3-PAPL
tapis *m.* rug 10-PAPL
tard late 1-PC
tarte *f.* pie 10-PC
tasse *f.* cup 8-PC
taxi *m.* taxi 7-PC
techno *f.* techno music 9-PAPL
tek *m.* teak 10-PAPL
télécharger to download 3-PAPL
téléphoner à to call 10-PC
télévision (télé) *f.* television 3-PC
tenir to hold, to keep 7-PAPL
    tenir à to insist on 7-PAPL
tennis *m.* tennis
    faire du tennis to play tennis 2-PC, 4-PAPL
tenue décontractée *f.* informal outfit 9-PC
test comparatif *m.* comparison study 11-PC
tête *f.* head 11-PC
texto (message SMS) *m.* text message (SMS message) 3-PC
TGV (Train à Grande Vitesse) *m.* bullet train 7-PC
théâtre *m.* theater 2-PC, 12-PAPL
thon *m.* tuna 8-PC
tiers *m.* a third 2-PAPL
timide shy 2-PAPL
tisane *f.* herbal tea 11-PC
tissu *m.* material 9-PC
toi you 3-PC
toilettes *f.pl.* toilet 10-PC
tolérant(e) tolerant 2-PAPL
tomate *f.* tomato 8-PC
tomber to fall 6-PC
toucher to touch 9-PAPL
toujours always 4-PC, 7-PC
tourisme *m.* tourism
    faire du tourisme to travel as a tourist 6-PAPL
tous *adj.* all
tousser to cough 11-PC

tout(e)(es) *adj.* all
    tout le monde everyone 1-PC
toux *f.* cough
    avoir de la toux to have a cough 11-PC
train *m.* train 7-PC
traitement de texte *m.* word processor 3-PAPL
tranche *f.* slice 8-PC
transports (interurbains, publics, urbains) *m.pl.* (intercity, public, city) transit 7-PC, 10-PC
travail *m.* work
    travail bien fait work well done 5-PAPL
    travail en équipe teamwork) 5-PAPL
travailler to work 1-PC, 2-PC, 3-PC
tréma (") diaresis (two dots indicating a vowel is pronounced separately from the vowel before it **(Noël)**) 1-PC
très very 1-PC, 5-PC
trompette *f.* trumpet 9-PAPL
trop too (much) 5-PC
trouver to find 6-PC, 10-PAPL
tu you 1-PC
Tunisie *f.* Tunisia 4-PAPL
turquoise turquoise 9-PC

U

utiliser to use 12-PC

V

vacances *f.pl.* vacation 7-PC
varié(e) various 5-PAPL
vas (see **aller** to go)
    Comment vas-tu? How are you doing? 1-PC
Vélib' Vélib' (a bicycle rental system) 12-PAPL
vélo *m.* bike
    faire une randonnée à vélo to take a bike ride 7-PC
vendre to sell 6-PC
vendredi Friday 1-PAPL
venir to come
    venir de+ infinitive to have just 1-PAPL, 6-PC, 7-PAPL
    venir de + place to come from 1-PAPL, 6-PC, 7-PAPL
vent *m.* wind
    il y a du vent it's windy 4-PAPL
ventre *m.* stomach
    avoir mal au ventre to have a stomach ache 11-PC
verglas *m.* black ice
    il y a du verglas there's black ice 4-PAPL
verre *m.* glass 8-PC, 12-PC

vert(e) green 2-PAPL
vêtement *m.* piece of clothing
    vêtements de tous les jours everyday clothes 9-PC
    vêtements pour une occasion chic clothes for a dressy occasion) 9-PC
veut (see **vouloir** to want) 1-PC
    Que veut dire...? What does . . . mean? 1-PC
viande *f.* meat 8-PC
vie *f.* life
    conditions de vie living conditions 12-PAPL
    refaire sa vie to start life over 10-PAPL
Viêt-Nam *m.* Vietnam 4-PAPL
vieux (vieil) (vieille) old 3-PC
vif (vive) bright 9-PC
vignoble *m.* vineyard 6-PAPL
ville *f.* town (city) 1-PAPL, 10-PAPL
    ville natale f. town (city) of one's birth 1-PAPL
visa *m.* visa 6-PC
viscose *m.* polyester 9-PC
visite *f.* visit
    rendre visite à to visit (someone) 6-PC
vite fast 5-PC
vivre to live 12-PAPL
voir to see; to understand 7-PAPL
voiture *f.* car 3-PC, 7-PC
vomir to vomit 11-PC
vouloir to want 3-PC
    vouloir dire to mean 1-PC, 3-PC
    Que veut dire...? What does . . . mean?
votre your 1-PC
vous you 3-PC
voyage *m.* travel, trip
    faire un voyage to take a trip 4-PAPL, 6-PC
voyager to travel
    voyager avec un petit budget to travel on a small budget 2-PC, 6-PAPL, 7-PC, 12-PAPL
    voyager en famille to travel as a family) 2-PC, 6-PAPL, 7-PC, 12-PAPL
vraiment really 5-PC
vue *f.* view 8-PAPL

W

W.C. *m.* bathroom, toilet 10-PC
western *m.* western 9-PAPL
whisky *m.* whisky 8-PC
wwoofing *m.* World Wide Opportunities on Organic Farms 12-PAPL

Appendice 5

Lexique Anglais-Français

Each entry includes the chapter where the vocabulary item was introduced followed by a reference to the section in which it appears: PC **(Pour commencer)** and PAPL **(Pour aller plus loin)**.

A

ability capacité *f.* 5-PAPL
able: to be pouvoir 3-PC
abroad à l'étranger
    to live abroad habiter à l'étranger 6-PAPL
accent accent *m.* 1-PC
    acute accent accent aiguë 1-PC
    cedilla cédille 1-PC
    circumflex circonflexe 1-PC
    diaresis tréma 1-PC
    grave accent accent grave 1-PC
access accès *m.* 3-PAPL
acquaintance connaissance *f.* 2-PC
to act agir 5-PC
acting jeu des acteurs *m.* 9-PAPL
active actif (active) 3-PC, animé(e) 10-PC
activity animation *f.* 8-PAPL
acute (accent) aigu (ë) 1-PC
to adapt to s'adapter à 5-PAPL
to adore adorer 2-PC
afraid: to be afraid (of) avoir peur (de/d') 2-PAPL
Africa Afrique *f.* 4-PAPL
after après que 8-PAPL
afternoon après-midi *m.*
    in the afternoon de l'après-midi 4-PAPL
again encore 1-PC
against contre
    to be against être contre 11-PC
air conditioner climatiseur *m.* 12-PC
air conditioning climatisation *f.* 8-PAPL
airplane avion *m.* 6-PC
    airplane tickets billets d'avion 7-PC
alcohol alcool *m.* 11-PAPL
Algeria Algérie *f.* 4-PAPL
allergy allergie *f.* 11-PC
almost presque 5-PC
to alternate alterner 11-PAPL
always toujours 4-PC, 7-PC
amazed (by) épaté(e) (par) 7-PAPL
ambitious ambitieux (ambitieuse) 3-PC
American américain(e) 2-PAPL
and et 7-PAPL
ankle cheville *f.* 11-PC
to answer répondre 6-PC
antacid antiacide *m.* 11-PC
antibiotic antibiotique *m.* 11-PC
apartment appartement *m.* 10-PC
application demande *f.*
    to apply faire sa (une) demande 6-PC
to appreciate apprécier 9-PAPL
to arrive arriver 6-PC
April avril 1-PAPL

area (academic) domaine (académique) *m.* 5-PC
architect architecte 5-PC
architecture architecture *f.* 5-PC
Argentina Argentine *f.* 4-PAPL
arm bras *m.* 11-PC
armchair fauteuil *m.* 3-PC
    office armchair fauteuil de bureau 10-PAPL
armoire armoire *f.* 10-PAPL
art art *m.* 5-PC
artist artiste 5-PC
as soon as aussitôt que, dès que 8-PAPL
Asia Asie *f.* 4-PAPL
to ask for demander 6-PC
    to ask (someone) demander à 10-PC
aspirin aspirine *f.*
    aspirin tablet cachet d'aspirine *m.* 11-PC
asset atout *m.* 6-PC
at what time à quelle heure 4-PC
at . . . o'clock à… heures 4-PAPL
attentively attentivement 5-PC
to avoid éviter 9-PAPL
    to avoid boredom éviter les longueurs 11-PAPL, 12-PC
audiovisual audiovisuel *m.* 3-PC
August août 1-PAPL
aunt tante *f.* 2-PAPL
autonomy autonomie *f.* 5-PAPL
available disponible 8-PAPL
to avoid stress résister au stress 5-PAPL

B

back dos *m.* 11-PC
bad mauvais(e) 3-PC
    not bad pas mal 1-PC
badly, not well mal 1-PC, 2-PC
bag sac *m.* 9-PC
    handbag sac à main 12-PC
baggy baggy 9-PC
baguette (bread) baguette *f.* 8-PC
bakery boulangerie *f.* 10-PC
    to balance équilibrer 5-PAPL
    balanced équilibré(e) 11-PAPL
ballet ballet *m.* 2-PC
baseball cap casquette *f.* 9-PC
basketball basket *m.* 2-PC
bass (instrument) basse *f.* 9-PAPL
bathroom (toilet) W.C. *m.* 10-PC
bathtub baignoire *f.* 10-PC
to be être
    to be from être de 1-PAPL
    to be under pressure, stress avoir du stress 2-PAPL

to be . . . years old avoir… ans 1-PAPL, 2-PAPL
beach plage *f.* 7-PC
beautiful beau (bel) (belle) 3-PC
    it's beautiful out il fait beau 4-PAPL
because car 7-PAPL
to become devenir 5-PC, 6-PC, 7-PAPL
    to become angry se fâcher 4-PC
    to become used to s'habituer (à) 4-PC
bed lit *m.* 3-PC
    sofabed canapé-lit *m.* 10-PAPL
bedding literie *f.* 8-PAPL
bedroom chambre *f.* 3-PC, 8-PAPL, 10-PC
to begin to (+ infinitive) commencer à (+ infinitif) 4-PAPL
Belgium Belgique *f.* 4-PAPL
to believe (in) croire (à) 11-PC
bell-bottom pattes d'éléphant 9-PC
benefit bénéfice *m.* 11-PAPL
better meilleur(e) 10-PAPL
beverage boisson *f.* 8-PC
bike vélo *m.*
    to take a bike ride faire une randonnée à vélo 7-PC
big grand(e) 2-PAPL; gros(se) 3-PC
billion milliard *m.* 3-PAPL
biodegradable products des produits (*m.*) biodégradables 12-PC
biologist biologiste 5-PC
biology biologie *f.* 5-PC
black noir(e) 2-PAPL
black ice verglas *m.* 4-PAPL
blouse chemisier *m.* 9-PC
blue bleu(e) 2-PAPL
board tableau *m.* 1-PC
boat bateau *m.* 7-PC
    boat taxi batobus *m.* 7-PC
body corps *m.* 11-PC
bomb (bad film) navet *m.* 9-PAPL
bone os *m.*
    bone mass masse osseuse 11-PAPL
book livre *m.* 1-PC, 3-PC
bookstore librairie *f.* 3-PC
boots bottes *f.pl.* 9-PC
born né(e) 10-PAPL
    to be born naître 6-PC
bottle bouteille *f.* 8-PC, 12-PC
boy garçon *m.* 2-PAPL
brain cerveau *m.* 11-PAPL
Brazil Brésil *m.* 4-PAPL
brick brique *f.*
    made of bricks en briques 10-PC
Brie cheese brie *m.* 8-PC
briefcase sacoche *f.* 9-PC

bright vif (vive) 9-PC
to bring apporter 8-PC
    to bring to mind évoquer 9-PAPL
broccoli brocolis *m.* 2-PC
brother frère *m.* 2-PAPL
brown marron 2-PAPL
browser navigateur web *m.* 3-PAPL
to brush one's teeth se brosser les dents
    4-PC **to brush one's hair** se brosser les
    cheveux 4-PC
building bâtiment *m.* immeuble *m.* 10-PC
    old buildings des bâtiments anciens *m.pl.*
    10-PC
bullet train TGV (Train à Grande Vitesse) *m.*
    7-PC
bus autobus *m.* 3-PC, bus *m.* 7-PC
    bus (intercity) autocar *m.* 7-PC
business affaires *f.pl.*
    businessman/businesswoman homme/
    femme d'affaires 5-PC
    to do business faire des affaires 4-PAPL
but mais 7-PAPL
butcher shop boucherie *f.* 10-PC
butter beurre *m.* 8-PC
to buy acheter 12-PC
bye allez 1PC

C

to call téléphoner à 10-PC
Cameroun Cameroun *m.* 4-PAPL
Canada Canada *m.* 4-PAPL
canoe pirogue *f.* 7-PC
car voiture *f.* 3-PC, auto *f.* 7-PC
carafe carafe *f.* 8-PC
cardboard carton *m.* 12-PC
cardiovascular cardiovasculaire 11-PAPL
cards cartes *f.pl.*
    to play cards jouer aux cartes 7-PC
Caribbean Islands Antilles *f.pl.* 8-PAPL
casting casting *m.* 9-PAPL
CD/DVD (MP3) player lecteur CD/DVD
    (MP3) *m.* 3-PC
CD/DVD burner graveur CD/DVD *m.*
    3-PAPL
cedilla cédille (ç) 1-PC
cell phone portable *m.* 3-PC
chair chaise *f.* 3-PC, 10-PAPL
cheese fromage *m.* 8-PC
chemist chimiste 5-PC
chemistry chimie *f.* 5-PC
cherry cerisier *m.* 10-PAPL
chest poitrine *f.* 11-PC
chest of drawers commode *f.* 10-PAPL
chicken poulet *m.* 8-PC
child enfant *m.* 2-PAPL
chills frisson *m.*
    to have chills avoir des frissons 11-PC
chin menton *m.* 11-PC
China Chine *f.* 4-PAPL
chore corvée *f.*
    to do chores faire des corvées 4-PAPL
to choose choisir 5-PC, 11-PAPL
circumflex circonflexe (ê) 1-PC

city ville *f.* 1-PAPL, 10-PAPL
    native city ville natale *f.* 1-PC
classical classique 2-PC
cleaner nettoyant *m.* 12-PC
to click on cliquer sur 3-PAPL
climate climat *m.* 10-PAPL
to climb monter 6-PC
to close fermer 1-PC, 12-PC
clothing (item) vêtement *m.*
    everyday clothes vêtements de tous les
    jours 9-PC
    clothes for a dressy occasion vêtements
    pour une occasion chic 9-PC
cloud nuage *m.*
    cloudy nuageux
    cloudy days il y a des jours nuageux
    4-PAPL
    it's cloudy il y a des nuages 4-PAPL
coat manteau *m.* 9-PC
coffee café *m.* 2-PC
cola coca *m.* 2-PC
cold rhume *m.* 11-PC
cold froid(e)
    it's cold il fait froid 4-PAPL
Colombia Colombie *f.* 4-PAPL
to comb one's hair se peigner 4-PC
to come venir
    to come from venir de (+ place) 1-PAPL,
    6-PC, 7-PAPL
    to come back rentrer 6-PC
    to come home (from) rentrer (de) 4-PC
to communicate communiquer 3-PC,
    5-PAPL
comparison study test comparatif *m.* 11-PC
complete complet (complète) 3-PC
composition composition *f.* 9-PAPL
computer ordinateur (ordi) *m.*
    computer engineering informatique
    f. 5-PC
    computer scientist informaticien(ne)
    5-PC
    portable computer (ordinateur) portable
    m. 1-PC, 3-PC
conference conférence *f.* 5-PAPL
confused confus(e) 7-PAPL
to connect to se connecter à 3-PAPL
constantly constamment 5-PC
to consult consulter 11-PC
consumption consommation *f.* 11-PAPL,
    12-PC
content (happy) content(e) 2-PAPL
contrary contraire *m.*
    on the contrary au contraire 11-PC
to contribute to contribuer à 11-PAPL
to cook cuisiner 2-PC
convenient convenable 7-PC
cool (temperature) frais (fraîche)
    it's cool (weather) il fait frais 4-PAPL,
    12-PC
cotton coton *m.* 9-PC
cough toux *f.*
    to cough tousser 11-PC
    to have a cough avoir de la toux 11-PC

country campagne *f.* 7-PC
course cours *m.*
    to take courses in prendre/suivre des
    cours en 5-PC
course (dish) plat *m.*
    main course plat principal 8-PC
courtyard cour *f.* 10-PC
cousin cousin(e) 2-PAPL
to create créer 12-PAPL
crescent roll croissant *m.* 10-PC
cup tasse *f.* 8-PC

D

to dance danser 2-PC
dark foncé(e), sombre 9-PC
date: to have a date, meeting avoir un
    rendez-vous 4-PAPL
daughter, girl fille *f.* 2-PAPL
day jour *m.*, journée *f.* 1-PC
    every day tous les jours 1-PAPL, 7-PC
December décembre 1-PAPL
defective défectueux (-euse) 8-PAPL
degree diplôme *m.*
    to have a degree in avoir un diplôme en
    5-PC
    to do a degree in préparer un diplôme en
    5-PC
deli charcuterie *f.* 10-PC
delighted ravi(e) 2-PC
    delighted (by) enchanté (par) 2-PC,
    7-PAPL
Denmark Danemark *m.* 4-PAPL
deposit caution *f.* 10-PC
desk bureau *m.* 3-PC, 10-PAPL
dessert dessert *m.* 8-PC
diaresis tréma (ë) 1-PC
to die mourir 6-PC
discomfort malaise *m.* 11-PC
to discover découvrir 6-PC
to discuss discuter 1-PC, 7-PAPL
disease maladie *f.* 11-PC
to dislike détester 2-PC
to display afficher 3-PAPL
divorced divorcé(e) 2-PAPL
to do/make faire 3-PAPL
    to do one's hair se coiffer 4-PC
    how are you doing? ça va? 1-PC
    I'm doing well/badly ça va bien/mal
    1-PC
doctor médecin *m.* 5-PC
to download télécharger 3-PAPL
dozen douzaine *f.* 8-PC
drink apéritif *m.* 8-PC
    to drink boire 8-PC, 11-PAPL
drug (classical drugs) médicament *m.*
    (médicaments classiques) 11-PC
drums batterie *f.* 9-PAPL

E

ear oreille *f.* 11-PC
to eat manger 2-PC
    to eat dinner dîner 2-PC
ecological écologique (écolo) 12-PC

economist économiste 5-PC
ecru écru(e) 9-PC
effectiveness efficacité *f.* 11-PC
eggplant aubergine *f.* 8-PC
elbow coude *m.* 11-PC
electricity électricité *f.* 12-PC
elementary school teacher instituteur (-trice) 5-PC
elevator ascenseur *m.* 10-PC
e-mail courriel (email, e-mail, mail, mèl) *m.* 3-PAPL
employee employé(e) 8-PC
engineer ingénieur *m.*
　　engineering ingénierie *f.* 5-PC
　　engineering studies études d'ingénieur 5-PC
English anglais(e) 2-PAPL
English (language) anglais *m.* 1-PC
to enhance augmenter 6-PAPL
enough assez (de) 5-PC, 8-PC, 9-PAPL
ensemble, outfit ensemble *m.* 9-PC
to enter entrer 6-PC
entertainment divertissement *m.* 10-PC
Europe Europe *f.* 4-PAPL
evening soir *m.*
　　in the evening du soir
　　every evening tous les soirs 4-PAPL, 7-PC
every chaque 7-PC
everyone tout le monde 1-PC
excuse me? comment? 1-PC
to explain (something) to expliquer (quelque chose) à 10-PC
eye(s) œil *m.* (yeux *pl.*) 11-PC
eyebrow sourcil *m.* 11-PC

F

faded délavé(e) 9-PC
fall automne *m.*
　　in the fall en automne 1-PAPL, 4-PAPL
to fall tomber 6-PC
family famille *f.*
　　family (*adj.*) familial 2-PAPL
farmer fermier (fermière) 12-PAPL
fashion mode *f.* 9-PC
fast vite 5-PC
fast-food restaurant fast-food *m.* 8-PC
fat, big gros(se) 3-PC
father père *m.* 2-PAPL
faucet robinet *m.* 12-PC
to favor privilégier 11-PC
February février 1-PAPL
to feel se sentir 11-PC
　　to feel like avoir envie de (d') 2-PAPL
fees frais *m.pl.*
　　tuition fees frais de scolarité 6-PC
　　travel costs frais de voyage 6-PC
fever fièvre *f.*
　　to have a fever avoir de la fièvre 11-PC
file fichier *m.* 3-PAPL
to fill out remplir 6-PC
to find trouver 6-PC, 10-PAPL

fine *adv.* bien 1-PC, 2-PC
fine arts beaux-arts *m.pl.* 5-PC
to finish finir 5-PC
first premier (première) 2-PAPL, 3-PC
fish poisson *m.* 8-PC
flashdrive clef USB *f.* 3-PAPL
floor étage *m.*
　　on the second floor au premier étage 10-PC
flower fleur *f.* 4-PAPL
flu grippe *f.*
　　to have the (avian, swine) flu avoir la grippe (aviaire, porcine) 11-PC
to follow suivre 5-PC
food nourriture *f.* 2-PC
foot pied *m.*
　　on foot à pied 7-PC, 11-PC
for pour 4-PC, 11-PC
　　for (during) pendant 7-PC
　　for (a length of time) depuis 7-PC
to foresee prévoir 7-PAPL
form formulaire *m.* 6-PC
France France *f.* 4-PAPL
French français(e) 2-PAPL, 3-PC
French (language) français *m.* 1-PC
frequently fréquemment 7-PC
fresh frais
Friday vendredi 1-PAPL
friend ami *m.* 2-PC
friendly amical(e) 2-PAPL
fries frites *f.pl.* 2-PC
from ... to ... o'clock de... à... heures 4-PAPL
function fonctionnement *m.* 11-PAPL
funding financement *m.*
　　to set up funding assurer le financement 6-PC
furniture meubles *m.pl.* 10-PAPL

G

garbage bin poubelle *f.* 12-PC
garden (community) jardin *m.* (partagé) 12-PAPL
garlic ail *m.* 8-PC
gas essence *f.* 12-PC
genetically modified organisms (GMO) organismes génétiquement modifiés (OGM) *m.* 12-PAPL
German allemand(e) 2-PAPL
Germany Allemagne *f.* 4-PAPL
to get se procurer 6-PC
　　to get annoyed s'énerver 4-PC
　　to get around circuler 3-PC
　　to get dressed s'habiller 4-PC
　　to get ready se préparer 4-PC
　　to get up se lever 4-PC
to give (something) to donner (quelque chose) à 8-PC, 10-PC
to give back, to return (something) rendre 6-PC
glass verre *m.* 8-PC, 12-PC
glasses lunettes *f.*
　　sunglasses lunettes de soleil 9-PC
to go aller 1-PC, 4-PC, 6-PC

　　to go down descendre 6-PC
　　to go out sortir 6-PC, 7-PAPL
　　to go to bed se coucher 4-PC
golf golf 2-PC
good bon(ne) 1-PC, 3-PC
good-bye au revoir 1-PC
good day! bonjour! 1-PC
　　have a good day! bonne journée! 1-PC
gram gramme *m.* 8-PC
grandfather grand-père *m.* 2-PAPL
grandmother grand-mère *f.* 2-PAPL
grandparents grands-parents 2-PAPL
grave grave (è) 1-PC
gray gris
　　it's gray il fait gris 2-PAPL, 4-PAPL
Great Britain Grande-Bretagne *f.* 4-PAPL
Greece Grèce *f.* 4-PAPL
green vert(e) 2-PAPL
　　green spaces espaces verts *m.pl.* 10-PC
ground floor rez-de-chaussée 10-PC
group groupe *m.* 1-PC
guitar guitare *f.* 9-PAPL

H

hair cheveux 4-PC
　　to do one's hair se coiffer 4-PC
half moitié *f.*, demi *m.* 2-PAPL
ham jambon *m.* 8-PC
hamburger big Tasty *m.* 8-PC
handsome beau (bel) (belle) 3-PC
happy content(e) 2-PAPL; heureux (heureuse) 2-PC
hard drive disque dur *m.* 3-PAPL
harsh rudimentaire 12-PAPL
hat chapeau *m.* 9-PC
hate détester 2 PC
to have a degree in diplômé (être diplômé(e) en) 5-PC
to have fun s'amuser 4-PC, 7-PAPL
to have to falloir (il faut) 12-PAPL
hazel noisette 2-PAPL
head tête *f.* 11-PC
health santé *f.*
　　to be in good health être en bonne santé 10-PAPL, 11-PAPL
healthy sain(e) 11-PAPL
to hear entendre 6-PC
heart cœur *m.* 9-PAPL
heating chaleur *f.* 8-PAPL
hello bonjour 1-PC
to help aider 3-PC
her elle 3-PC
herbal tea tisane *f.* 11-PC
hi salut 1-PC, 2-PC
high haut(e) 7-PAPL
high school (college) teacher professeur *m.* (prof) 5-PC
high-top sneakers baskets *m.pl.* 9-PC
him lui 3-PC
hip-hop hip-hop *m.* 2-PC
historian historien(ne) 5-PC
history histoire *f.* 5-PC
to hold tenir 7-PAPL

homeopathic remedy remède homéopathique *m.* 11-PC

homeopathy homéopathie *f.* 11-PC

homework devoirs *m.pl.*
    to do homework faire des devoirs 4-PAPL

honest honnête 2-PAPL

hoodie sweat à capuche *m.* 9-PC

hormonal problems problèmes hormonaux *m.pl.* 11-PC

hospital(s) hôpital *m.* (*pl.* hôpitaux) 3-PC

hot chaud(e)
    it's hot il fait chaud 4-PAPL

house maison *f.* pavillon *m.* 10-PC

housework ménage *m.*
    to do housework faire le ménage 4-PAPL

housing logement *m.*
    housing fees frais de logement 6-PC

how comment 1-PC, 4-PC
    how are you? comment allez-vous?, comment vas-tu? 1-PC
    how are you doing? ça va? 1-PC
    how do you say …? comment dit-on… ? 1-PC
    how many, how much combien de (d') 1-PAPL, 4-PC

hungry: to be hungry avoir faim 2-PAPL

to hurry up se dépêcher 4-PC

husband mari *m.* 2-PAPL

I

ice, ice cream glace *f.*
    it's icy il y a de la glace 2-PC, 4-PAPL

icon icône *f.* 3-PAPL

image image *f.* 3-PAPL

immunization immunisation *f.* 6-PC
    immunization requirements exigences *f.pl.* d'immunisation *f.* 6-PC

impatient: to be impatient s'impatienter 4-PC

to improve améliorer 6-PAPL, 10-PAPL, 11-PAPL

to include comprendre 1-PC, 5-PC

India Inde *f.* 4-PAPL

indigestion (to have) avoir mal au foie 11-PC

informal outfit tenue *f.* décontractée 9-PC

to insist on tenir à 7-PAPL

to install installer 12-PC

instrument instrument *m.* 9-PAPL

to insure assurer 6-PC

interested: to be interested in s'intéresser à 4-PC

intellectual intellectuel(le) 3-PC

intelligent intelligent(e) 2-PAPL

intent intention *f.*
    to intend to study avoir l'intention d'étudier 5-PC

interest intérêt *m.* 9-PAPL

interesting intéressant 6-PAPL
    to do something interesting faire quelque chose d'intéressant 6-PAPL

Internet Internet 3-PC

internship stage *m.*
    to do an internship faire un stage 5-PC

interview interview *f.*
    to conduct an interview faire une interview (un entretien) 5-PAPL

to introduce présenter 2-PC

iPod iPod *m.* 3-PC

Ireland Irlande *f.* 4-PAPL

Italy Italie *f.* 4-PAPL

Ivory Coast Côte-d'Ivoire *f.* 4-PAPL

J

jacket blouson *m.* 9-PC

January janvier 1-PAPL

Japan Japon *m.* 4-PAPL

jazz jazz *m.* 2-PC, 9-PAPL

jeans (a pair of) jean *m.* 9-PC

job poste *m.* 3-PC, 10-PAPL

July juillet 1-PAPL

June juin 1-PAPL

K

to keep tenir 7-PAPL

keyboard clavier *m.* 3-PAPL

kilo kilo *m.* 8-PC

kind gentil(le) 3-PC

kitchen cuisine *f.* 10-PC

kitchen sink évier *m.* 10-PC

knee genou *m.* 11-PC

to know connaître 2-PC, 3-PC
    I (don't) know je (ne) sais (pas) 1-PC
    to know (how) savoir 3-PC

L

lab laboratoire *m.* 3-PC

lake lac *m.* 4-PAPL

lamp lampe *f.* 10-PAPL, 12-PC

language langue *f.* 3-PC, 5-PC, 12-PAPL

to last durer 5-PC

late tard 1-PC

laundry room lingerie *f.* 10-PC

law droit *m.* 5-PC

lawyer avocat(e) 5-PC

layout plan *m.* 10-PC

leak fuite *f.*
    water leak fuite d'eau 12-PC

to learn apprendre 5-PC, 6-PAPL, 12-PAPL

lease bail *m.* 10-PC

to leave partir 6-PC, 7-PAPL; laisser 7-PAPL, 9-PAPL

leg jambe *f.* 11-PC

letters lettres *f.pl.* 5-PC

lettuce laitue *f.* 8-PC

life vie *f.*
    to start life over refaire sa vie 10-PAPL

light clair(e) 9-PC

to like aimer (bien) 2-PC

linen lin *m.* 9-PC

linguist linguiste 5-PC

link lien *m.* 3-PAPL, 12-PAPL

lips lèvres *f.pl.* 11-PC

to listen écouter 3-PC

listening écoute *f.* 5-PAPL

liter litre *m.*
    a (half) liter of un (demi-) litre de 8-PC

literature littérature *f.* 5-PC

little peu
    a little un peu de 5-PC, 8-PC

to live vivre 12-PAPL
    to live (in) habiter (à) 1-PAPL, 2-PC, 10-PAPL

liver foie *m.* 11-PC

living conditions conditions de vie 12-PAPL

living room séjour *m.* 7-PC, 10-PC, 12-PAPL

long long(ue) 3-PC

to lose perdre 6-PC

low bas(se) 7-PAPL
    low-rise (pants) taille basse 9-PC
    low-waisted, low-rise taille basse 9-PC

lucky: to be lucky avoir de la chance 2-PAPL

lyrics paroles *f.pl.* 9-PAPL

M

madam madame 1-PC, 2-PC

mahogany acajou *m.* 10-PAPL

to maintain maintenir 11-PAPL

major (academic) spécialisation *f.* (académique) 5-PC
    to major in se spécialiser en 5-PC
    major (important) grand(e) 10-PC

to manage se débrouiller 4-PC

management gestion *f.* 5-PC

manager administrateur(-trice) 5-PC

many plusieurs 3-PAPL, 8-PC

March mars 1-PAPL

market marché *m.* 10-PC

marketing marketing *m.* 5-PC

Marquesas Islands îles Marquises *f.pl.* 8-PAPL

married marié(e) 1-PAPL

masterpiece chef-d'œuvre *m.* 9-PAPL

match match *m.*
    to play a … match faire un match de… 4-PAPL

material tissu *m.* 9-PC

mathematician mathématicien(ne) 5-PC

mathematics mathématiques (les maths) *f.pl.* 3-PC, 5-PC

May mai 1-PAPL

me moi 3-PC

meal repas *m.* 8-PAPL

mean méchant(e) 2-PAPL

meat viande *f.* 8-PC

to meet rencontrer 6-PAPL, 7-PAPL

medical médical(e) 3-PC

medicine médecine *f.*
    allopathic (traditional) medicine médecine allopathiques 5-PC, 11-PC
    soft (homeopathic medicine) médecine douce 5-PC, 11-PC
    general medicine médecine général 5-PC, 11-PC
    natural medicine médecine naturelle 5-PC, 11-PC

melody mélodie *f.* 9-PAPL

Mexican mexicain(e) 2-PAPL
Mexico Mexique *m.* 4-PAPL
million million *m.* 3-PAPL
midnight minuit 4-PAPL
minus moins 4-PAPL
miss mademoiselle 1-PC, 2-PC
mistake faute *f.*
   to make mistakes faire des fautes 4-PAPL
mister (mr.) monsieur 2-PC
Monday lundi 1-PAPL
month mois *m.* 1-PAPL
moral morale *f.* 9-PAPL
more plus 1-PC
morning matin *m.*
   in the morning du matin, le matin
   every morning tous les matins 4-PAPL,
     4-PC, 7-PC
Morocco Maroc *m.* 4-PAPL
mortality mortalité *f.* 11-PAPL
mother mère *f.* 2-PAPL
to motivate motiver 5-PAPL
motorcycle moto (motocyclette) *f.* 7-PC
mountain montagne *f.* 4-PAPL, 7-PC
mouse souris *f.* 3-PAPL
mouth bouche *f.* 11-PC
to move déménager 10-PAPL
   to move (around) se déplacer 7-PC
movie film *m.*
   romance movie film d'amour 9-PAPL
   adventure movie film d'aventures
     9-PAPL
   horror movie film d'épouvante 9-PAPL
   science fiction movie film de science
     fiction 9-PAPL
   musical film musical 9-PAPL
   movies cinéma *m.* 2-PC, 12-PAPL
much, a lot (of) beaucoup (de) 5-PC,
   8-PC, 11-PAPL
museum musée *m.* 12-PAPL
music (classical) musique *f.* (classique)
   2-PC, 5-PC, 9-PAPL
musician musicien(ne) 5-PC, 9-PAPL
must, to have to, to owe devoir 5-PC

N

name nom *m.* 1-PC
named: to be named s'appeler 1-PAPL,
   4-PC
nauseous, to be avoir mal au cœur 11-PC
near près (de) 9-PC, 10-PC
nearby à proximité 12-PAPL
need besoin *m.* 8-PC
   to need avoir besoin de (d') 2-PAPL
to negotiate négocier 5-PAPL
neighborhood quartier *m.* 10-PC
neither . . . nor ne... ni... ni... 2-PC
Netherlands Pays-Bas *m.pl.* 4-PAPL
network réseau *m.*
   social network réseau social
   broadband network réseau d'accès (à haut
     débit) 3-PC, 3-PAPL
never ne (n')... jamais 2-PC
new nouveau (nouvel) (nouvelle) 3-PC

newspaper journal *m.* 12-PC
nice sympathique 6-PAPL
Niger Niger *m.* 4-PAPL
nobody, no one ne (n')... personne 2-PC
noisy bruyant(e) 10-PC
no longer ne (n')... plus 2-PC
noon midi 4-PAPL
North America Amérique du Nord *f.* 4-PAPL
nose nez *m.*
   to have a runny nose avoir le nez qui coule
     11-PC
nose drops gouttes (*f.pl*) pour le nez 11-PC
nostalgic nostalgique 9-PAPL
nothing ne (n')... rien 2-PC; rien 7-PAPL
novel roman *m.* 7-PC
November novembre 1-PAPL

O

oak chêne *m.* 10-PAPL
obesity obésité *f.* 11-PAPL
observation observation *f.* 5-PAPL
October octobre 1-PAPL to be off (on
   vacation) avoir congé 2-PAPL
off: to be off (on vacation) avoir congé
   2-PAPL
office bureau *m.* 3-PAPL
often souvent 2-PC, 7-PC
ok: are you ok? tu vas bien? 1-PC
old âgé(e) 2-PAPL; vieux (vieil) (vieille)
   3-PC
   old, former ancien(ne) 3-PC
   old buildings des bâtiments anciens 10-PC
on sur 1-PC
   on the one hand d'une part 11-PC
   on the other hand d'autre part 11-PC
once une fois (que) 8-PAPL
   once more encore une fois 1-PC
one-way ticket aller simple *m.* 6-PC
online (to be) (être) en ligne 3-PAPL
to open ouvrir 1-PC
opera opéra *m.* 2-PC, 9-PAPL
opinion avis *m.*
   in my opinion à mon avis 11-PC
or ou 7-PAPL
orange orange 2-PAPL
organic biologique (bio) 12-PC
organization organisation *f.* 5-PAPL
other autre 8-PAPL
outdoors en plein air 3-PC
outfit habit *m.* 9-PC
overcast couvert
   the sky is overcast le ciel est couvert
     4-PAPL

P

packaging emballage *m.* 12-PC
pain douleur *f.* mal
   to have pain, aches avoir des douleurs
   to have pain (in . . .) avoir mal (à...)
     11-PC
pal copain (copine) 2-PC
pants (a pair of) pantalon *m.*
   jogging pants pantalon de jogging 9-PC

paper papier *m.* 1-PC, 12-PC
parka anorak *m.* 9-PC
to participate in participer à 5-PAPL
partner partenaire 1-PC
passport passeport *m.* 6-PC
past: in the past autrefois 7-PC
pastry shop pâtisserie 10-PC
paté pâté *m.* 8-PC
patient patient(e) 2-PAPL
patiently patiemment 5-PC
to pay payer 10-PC
pen stylo *m.* 1-PC
pencil crayon *m.* 1-PC
people gens *m.pl.* 3-PC
pepper poivron *m.* 8-PC
per cent pour-cent 2-PAPL
percentage pourcentage *m.* 2-PAPL
personal personnel 5-PAPL
pharmacist pharmacien(ne) 5-PC
pharmacy pharmacie *f.* 5-PC
philosopher philosophe 5-PC
philosophy philosophie *f.* 5-PC
physicist physicien(ne) 5-PC
physics physique *f.* 5-PC
piano piano *m.* 9-PAPL
pie tarte *f.* 10-PC
pink rose 2-PAPL
pitcher pichet *m.* 8-PC
pizza pizza *f.* 2-PC
place endroit *m.* 10-PAPL
placebo effect effet (*m.*) placebo 11-PC
plastic plastique *m.* 12-PC
to play jouer 2-PC
please s'il vous plaît 1-PC
polka-dotted à pois 9-PC
polyester viscose *m.* 9-PC
Polynesia Polynésie *f.* 8-PAPL
pop-rock pop-rock *m.* 9-PAPL
portfolio cartable *m.* 9-PC
Portugal Portugal *m.* 4-PAPL
positive effect effet (*m.*) positif 11-PC
poster poster *m.* 3-PC
pound livre *f.* 8-PC
to practice pratiquer 6-PAPL
to prefer préférer 2-PC
preparations préparatifs *m.* 6-PC
pressure: to be under pressure avoir du stress
   2-PAPL
pretty joli(e) 3-PC
to prevent prévenir 11-PAPL
to print (printed) imprimer (imprimé(e))
   3-PAPL, 9-PC
printer imprimante *f.* 3-PC, 3-PAPL
product produit *m.* 12-PC
production production *f.* 9-PAPL
profession profession *f.* 5-PC
professional professionnel(le)
   professional studies études professionnelles
     5-PC
program programme *m.* 5-PC
to promote promouvoir 11-PAPL
psychologist psychologue 5-PC
psychology psychologie *f.* 5-PC

punk punk *m.* 9-PAPL
to pursue poursuivre 5-PC
to put mettre 12-PC
    to put make up on se maquiller 4-PC

Q

quality qualité *f.* 5-PAPL, 11-PAPL
quarter (quarter after; quarter to) quart *m.*
    (et quart; moins le quart) 2-PAPL,
    4-PAPL

R

rain pluie *f.* 4-PAPL
    to rain pleuvoir
    it's raining il pleut 4-PAPL
rap rap *m.* 9-PAPL
rarely rarement 2-PC
to react réagir 5-PC
to read lire 6-PAPL
really vraiment 5-PC
to recycle (recycled) recycler (recyclé) 12-PC
red rouge 2-PAPL
to reduce réduire 11-PAPL
refrigerator réfrigérateur (le frigo) *m.* 10-PC
reggae reggae *m.* 9-PAPL
to regret, be sorry about ... regretter 8-PAPL
relation relation *f.*
    family relations relations familiales *f.*
    2-PAPL
relaxation détente *f.* 12-PAPL
remedy for indigestion remède (*m.*) contre
    l'indigestion 11-PC
to remember to se rappeler de (+ infinitif)
    12-PC
to renew renouveler 6-PC
to rent louer 10-PC
renter locataire 10-PC
to repair réparer 12-PC
to repeat répéter 1-PC
repugnant infecte 7-PAPL
research recherche *f.* 3-PC
resort recours *m.*
    to resort to avoir recours à 11-PC
rest repos *m.* 11-PC, 12-PAPL
to rest se reposer 4-PC
to return retourner 6-PC
to reuse remployer 12-PC
rhythm rythme *m.* 9-PAPL
road route *f.* 4-PAPL, 10-PC
    major roads de grands routes 10-PC
roast beef rôti de bœuf *m.* 10-PC
rock rock *m.* 9-PAPL
room pièce *f.* 10-PC; salle *f.*
    bathroom salle de bains 10-PC
    bedroom chambre f. 3-PC, 8-PAPL,
    10-PC
    dining room salle à manger
round-trip aller/retour *m.*
    round-trip ticket billet aller-retour
    6-PC
to rub one's eyes se frotter les yeux 4-PC
rug tapis *m.* 10-PAPL
Russia Russie *f.* 4-PAPL

S

salad salade *f.* 8-PC
salary salaire *m.* 10-PAPL
same même 10-PAPL
Saturday samedi 1-PAPL
sausage saucisson *m.* 8-PC, 10-PC
to save sauvegarder 3-PAPL
savings économies *f.pl.*
    to save money faire des économies 5-PC,
    4-PAPL
to say (something) to dire (quelque chose) à
    1-PC, 6-PAPL, 10-PC
sax saxophone *m.* 9-PAPL
scarf écharpe *f.* 9-PC
scene décor *m.* 9-PAPL
schedule emploi du temps *m.* 5-PAPL
scholarship bourse *f.*
    to apply for a scholarship faire une
    demande de bourse 6-PC
sciences sciences *f.pl.*
    life and social sciences sciences humaines
    et sociales
    political science sciences politiques
    (sciences po) 5-PC
screen écran *m.* 3-PAPL
script scénario *m.* 9-PAPL
second deuxième 2-PAPL
secondary effect effet (*m.*) secondaire
    11-PC
to see voir 7-PAPL
    to see again revenir, revoir 7-PAPL
    see you later à tout à l'heure, à plus tard
    1-PC
    see you soon à bientôt 1-PC
to select sélectionner 3-PAPL
self-discipline autodiscipline *f.* 5-PAPL
to sell vendre 6-PC
to send (something) to envoyer (quelque
    chose) à 3-PC, 10-PC
Senegal Sénégal *m.* 4-PAPL
Senegalese sénégalais(e) 2-PAPL
sense sens *m.* 5-PAPL
September septembre 1-PAPL
seriously sérieusement 5-PC
to serve servir 8-PC
several plusieurs 3-PAPL, 8-PC; quelques
    3-PAPL, 8-PC
to shave se raser 4-PC
sheet (paper) feuille *f.* 1-PC
shelf étagère *f.* 3-PC, 10-PAPL
shirt (man's) chemise *f.* 9-PC
    shirt (woman's) chemisier *m.* 9-PC
shoe chaussure *f.* 9-PC
    flat shoes chaussures plates
    high-heeled shoes chaussures à talons
    sport shoes chaussures de sport
short petit(e) 2-PAPL, 3
shoulder épaule *f.* 11-PC
show spectacle *m.* 2-PC
to show (something) to montrer (quelque
    chose) à 10-PC
shower douche *f.* 10-PC
    to shower se doucher 4-PC

shy timide 2-PAPL
sideboard buffet *m.* 10-PAPL
to sign signer 10-PC
silk soie *f.* 9-PC
since (past time) depuis 7-PC
to sing chanter 2-PC
single célibataire 1-PAPL
sink (bathroom sink) lavabo *m.* 10-PC;
    (kitchen sink) évier *m.* 10-PC
sir monsieur 1-PC, 2-PC
sister sœur *f.* 2-PAPL
sit down asseyez-vous 1-PC
size taille *f.* 9-PC
    size S to XXL de taille S à XXL 9-PC
skiing ski *m.* 2-PC
skirt jupe *f.* 9-PC
sky blue bleu ciel 9-PC
to sleep (well) dormir (bien) 7-PAPL, 11-PAPL
sleepy: to be sleepy avoir sommeil 4-PC
slice part *f.* 8-PC
slowly lentement 5-PC
small petit(e) 2-PAPL, 3-PC
to smoke fumer 11-PAPL
snow neige *f.* 4-PAPL
so, so comme ci, comme ça 1-PC
soccer foot *m.* 2-PC
sociologist sociologue 5-PC
sociology sociologie *f.* 5-PC
sofa sofa *m.* 10-PAPL
software logiciel *m.* 3-PAPL
solitude solitude *f.* 5-PAPL
some quelques 3-PAPL, 8-PC
to sneeze éternuer 11-PC
to snow neiger
    it's snowing il neige 4-PAPL
son fils *m.* 2-PAPL
song chanson *f.* 3-PC, 9-PAPL
soon bientôt 1-PC
source (root) source *f.* 9-PAPL
Spain Espagne *f.* 4-PAPL
Spanish espagnol(e) 2-PAPL
to speak (to) parler (à) 3-PC, 10-PC
special effects effets spéciaux *m.* 9-PAPL
spectator spectateur, spectatrice 9-PAPL
to spoil gâcher 7-PAPL, 8-PAPL
    spoiled gâché(e) 7-PAPL, 8-PAPL
sports sport *m.*
    to play sports faire du sport
    water sports sports de mer 4-PAPL,
    8-PAPL
    sport shoes derbies *f.pl.* 9-PC
spreadsheet tableur *m.* 3-PAPL
spring printemps *m.*
    in the spring au printemps 1-PAPL,
    4-PAPL
stability stabilité *f.* 10-PAPL
stairs escaliers *m.pl.* 10-PC
starter course, entrée *f.* 8-PC, 10-PC
to start over recommencer 10-PAPL
    to start life over refaire sa vie 10-PAPL
to stay rester
    to stay put rester sur place 6-PC, 7-PC,
    10-PAPL

stay abroad séjour à l'étranger *m.* 6-PC
stomach ventre *m.*
    to have a stomach ache avoir mal au ventre 11-PC
stone (cut) pierre de taille 10-PC
to stop arrêter 12-PC; s'arrêter 4-PC; cesser (de) 11-PAPL
store magasin *m.* 3-PC
    to store emmagasiner 3-PAPL
storm orage *m.* 4-PAPL
stove cuisinière *f.* 10-PC
street rue *f.* 10-PC
to stretch s'étirer 4-PC
striped à rayures 9-PC; rayé(e) 9-PC
student housing résidence *f.* universitaire 6-PC
studies études *f.pl.*
    commercial studies études commerciales
    engineering studies études d'ingénieur
    professional studies études professionnelles 5-PC, 4-PAPL
studio studio *m.* 3-PC, 10-PC
to study étudier, faire des études (en) 2-PC, 5-PC
style style *m.*
    art deco style style déco 10-PAPL
    regency style style empire 10-PAPL
    rustic style style rustique 10-PAPL
suburbs banlieue *f.* 7-PC
    far suburbs banlieue lointaine 7-PC
    Parisian suburbs banlieue parisienne
    to the suburbs en banlieue 7-PC
subway métro *m.* 3-PC, 7-PC, 10-PC
to succeed, to be successful réussir 5-PC
suit (man's) complet *m.*, costume *m.* 9-PC, 9-PAPL
suit (woman's) tailleur *m.* 9-PC
to suit convenir à 10-PC
summer été *m.*
    in the summer en été 1-PAPL, 4-PAPL
sun soleil *m.*
    it's sunny il y a du soleil 4-PAPL
Sunday dimanche 1-PAPL
supermarket grande surface *f.* 2-PAPL, 3-PC, 10-PC
to surf surfer 3-PC
Sweden Suède *f.* 4-PAPL
Swedish suédois(e) 2-PAPL
to swim nager, faire de la natation 4-PAPL
Swiss suisse 2-PAPL
Switzerland Suisse *f.* 4-PAPL
symphony symphonie *f.* 9-PAPL
syrup sirop *m.* 11-PC

T

table table *f.* 3-PC
to take prendre 1-PC
    to take a bath se baigner 4-PC
    to take care of onself se soigner 11-PC
    to take care of s'occuper de 4-PC
    to take care of oneself se soinger 11-PC
    to take a ride/walk faire une promenade 4-PAPL

tall grand(e) 2-PAPL, 3-PC
tan beige 9-PC
to tan bronzer 7-PC
taste goût *m.* 5-PAPL
taxi taxi *m.* 7-PC
to teach enseigner 3-PC
teaching enseignement *m.* 3-PC, 5-PC
teak tek *m.* 10-PAPL
team équipe *f.*
    teamwork travail en équipe 5-PAPL
techno music techno *f.* 9-PAPL
television télévision (télé) *f.* 3-PC
tennis tennis *m.*
    to play tennis faire du tennis 2-PC, 4-PAPL
text message texto *m.*
    SMS message message SMS 3-PC
thank you merci 1-PC
theater théâtre *m.* 2-PC, 12-PAPL
them (*f.pl.*) elles 3-PC; (*m.pl.*) eux 3-PC
therefore donc 7-PAPL
there is/are (period of time) il y a 4-PAPL, 4-PAPL
to think (about) réfléchir (à)
    to make people think faire réfléchir 5-PC, 9-PAPL
third troisième, tiers *m.* 2-PAPL
thirsty: to be thirsty avoir soif 2-PAPL
thirty (minutes) et demie 4-PAPL
thousand mille 3-PAPL
thrifty économe 12-PC
throat gorge *f.* 11-PC
Thursday jeudi 1-PAPL
ticket billet *m.*
    round-trip ticket billet aller/retour
    airplane tickets billets d'avion 6-PC
tie cravate *f.* 9-PC
tight-fitting moulant(e) 9-PC
time fois *f.* 1-PC
toilet toilettes *f.pl.* 10-PC; W.C. *m.* 10-PC
tolerant tolérant(e) 2-PAPL
tomato tomate *f.* 8-PC
to tone conditionner 11-PAPL
too (much) trop 5-PC
tooth dent *f.*
    to have a toothache avoir mal aux dents 11-PC
to touch toucher 9-PAPL
tourism tourisme *m.* 6-PAPL
towel serviette *f.* 12-PC
town (city) ville *f.* 1-PAPL, 10-PAPL
    town of one's birth ville natale *f.* 1-PAPL
train train *m.* 7-PC
    to train (exercise) s'entraîner 4-PC
training formation *f.*
    to have training in avoir une formation en 5-PC
transportation transports *m.pl.*
    city transportation transports urbains
    intercity transportation transports interurbains

public transportation transports publics 7-PC, 10-PC
trash déchets *m.* 12-PC
to travel voyager 2-PC, 6-PAPL, 7-PC, 12-PAPL
    to travel as a tourist faire du tourisme 6-PAPL
to treat (medical treatment) soigner 11-PC
trip voyage *m.*
    to take a trip faire un voyage 4-PAPL, 6-PC
to try (to) essayer (de) 11-PC
trumpet trompette *f.* 9-PAPL
t-shirt t-shirt *m.* 9-PC
Tuesday mardi 1-PAPL
tuition frais *m.pl.* de scolarité 6-PC
tuna thon *m.* 8-PC
Tunisia Tunisie *f.* 4-PAPL
to turn off éteindre, fermer 12-PC
turquoise turquoise 9-PC
type (of music) genre *m.* (de musique) 9-PAPL
to type taper 3-PAPL

U

unacceptable inacceptable 8-PAPL
uncle oncle *m.* 2-PAPL
uncomfortable inconfortable 8-PAPL
to understand comprendre 5-PC; voir 7-PAPL
    I (don't) understand je (ne) comprends (pas) 1-PC
unfortunately malheureusement 1-PC
United States Etats-Unis *m.pl.* 4-PAPL
unpleasant désagréable 12-PAPL
unusual hors de l'ordinaire 12-PAPL
us nous 3-PC
to use consommer 12-PC; employer 3-PC, 3-PAPL, 12-PC; utiliser 12-PC
usually d'habitude 7-PC
utilities charges *f.pl.* 10-PC

V

vacation vacances *f.pl.* 7-PC
various varié(e) 5-PAPL
Vélib' (a bicycle rental system) *Vélib'* 12-PAPL
very très 1-PC, 5-PC
Vietnam Viêt-Nam *m.* 4-PAPL
view vue *f.* 8-PAPL
vineyard vignoble *m.* 6-PAPL
visa visa *m.* 6-PC
visit visite *f.* 6-PC
    to visit visiter; rendre visite à 6-PC
to vomit vomir 11-PC

W

waiter (waitress) serveur (serveuse) 8-PC
to wait for attendre 6-PC
to wake up se réveiller 4-PC
walk promenade *f.*
    to take a walk faire une promenade 4-PAPL
walnut noyer *m.* 10-PAPL

to want vouloir 1-PC, 3-PC
to wash (face, hands) se laver (la figure, les mains) 4-PC
to watch regarder 2-PC
water (running water) eau *f.* (eau qui coule) 11-PAPL, 12-PC
to wear porter 9-PC
Wednesday mercredi 1-PAPL
week semaine *f.* 1-PAPL
  well bien 1-PC
    I am not well ça va mal 1-PC
well-being bien-être *m.* 11-PAPL
western western *m.* 9-PAPL
what que (qu') 4-PC
  what does . . . mean? que veut dire... ? 1-PC
  what is your name? comment vous appelez-vous (t'appelles-tu)? 1-PAPL
when quand 4-PC, 8-PAPL
where où 1-PAPL, 4-PC
  where are you (do you come) from? d'où venez-vous (êtes-vous)? 1-PAPL

whisky whisky *m.* 8-PC
white blanc(he) 3-PC
who qui 4-PC
whodunit policier *m.* 9-PAPL
why pourquoi 4-PC
wife femme *f.* 2-PAPL
wind vent *m.*
  it's windy il y a du vent 4-PAPL
winter hiver *m.*
  in the winter en hiver 1-PAPL, 4-PAPL
with avec 1-PC
woman femme *f.* 2-PAPL
to wonder se demander 7-PAPL
wonderful merveilleux 8-PAPL
wood bois *m.* 10-PC
wool laine *f.* 9-PC
  wool cap bonnet *m.* 9-PC
word mot *m.* 1-PC
  word processor traitement de texte *m.* 3-PAPL
work boulot *m.* 3-PC; travail *m.*

to work travailler 1-PC, 2-PC, 3-PC
  teamwork travail en équipe 5-PAPL
world monde *m.* 1-PC
World Wide Opportunities on Organic Farms *wwoofing m.* 12-PAPL
wrist poignet *m.* 11-PC
to write écrire
  to write a paragraph of interest écrire un paragraphe de motivation 1-PC, 6-PC, 6-PAPL

Y

year année *f.* 1-PAPL, 7-PC; an *m.*
  every year tous les ans 7-PC
yellow jaune 2-PAPL
you toi 3-PC; vous 3-PC
young jeune 2-PAPL, 3-PC

Z

zucchini courgette *f.* 8-PC

Credits

TEXT CREDITS

Chapter 1
p. 24: © Institut Français de Rabat

Chapter 2
p. 54: © INSEE, statistiques de l'état civil et ministère de la Justice - SDSED, fichiers détails Pacs.
p. 55: Attitudes et comportements des pères de famille à l'égard de leurs enfants. Sondage Ifop - Smoby - Le 13 décembre 2004, © IFOP (Echantillon de 415 pères d'enfants(s), représentatif des pères d'enfants âgés de moins de 18 ans.) La représentativité de l'échantillon a été assurée par la méthode des quotas (âge, profession de l'interviewé) après stratification par région. Les interviews ont eu lieu par questionnaire auto-administré «on line». Le 23 septembre 2004.
p. 56: © Ipsos. Ipsos a réalisé cette enquête par téléphone, en février 2000, auprès d'un échantillon de 403 parents d'enfants âgés de 7 à 17 ans, représentatif de la population française, suivant la méthode des quotas: sexe, âge, profession du chef de famille, catégorie d'agglomération et région. Ce sondage a été effectué pour UNAF-Top Famille.
p. 60: Luis, lycéen de Meaux, texte recueilli par Bernard Defrance, professeur de philosophie, in Boyer, R et Coridian, C (eds) (1994), *Un horizon chargé: Jeunesses d'en France, Revue Panoramiques* n° 16, publisher Arléa – Corlet

Chapter 3
p. 88: © Ipsos. Ipsos a réalisé cette enquête en 2003 auprès d'un échantillon représentatif national de 3070 Français âgés de 15 à 30 ans sélectionnés selon la méthode des quotas, interrogés à l'aide d'un questionnaire auto-administré comprenant plus de 200 questions sur les valeurs, la consommation de produits et des services, la situation familiale et personnelle, les médias, la publicité, les marques appréciées et utilisées... Cette étude a été effectuée dans le cadre de l'observatoire des 15-30 ans, suivie par Ipsos Observer.
p. 89: © MC Productions/LOL/MDR/HUM
p. 90: © Antoine Chazal (Rédaction de Newzy.fr)
p. 95: "Your Social Network" diagram adapted and translated in to French and used courtesy of Philipp Lenssen.
p. 96: © UNICEF (http://www.unicef.org/).

Chapter 4
p. 122: Les Français et les 35 heures. Sondage Ifop pour *Le Figaro Magazine* - le 19 mai 2008, © IFOP. Echantillon de 1211 personnes, représentatif de la population française âgée de 18 ans et plus. Afin de disposer d'une base de répondants suffisante pour mener à bien l'analyse auprès des salariés, un sur-échantillon de 211 salariés a été interrogé. Au total, 766 salariés ont été interrogés. La représentativité de l'échantillon a été assurée par la méthode des quotas (sexe, âge, profession de la personne interrogée) après stratification par région et catégorie d'agglomération. Les interviews ont eu lieu par questionnaire auto-administré en ligne (CAWI – Computer Assisted Web Interviewing) du 16 au 18 mai 2008)
p. 123 (top): © INSEE http://www.insee.fr/fr/default.asp.
p. 123 (bottom): © Expedia-Harris Interactive.
p. 129: © UNAT

Chapter 5
p. 156: © Ministère de l'Enseignement Supérieur, de la Recherche Scientifique et de la Technologie – Tunisie.
p. 157: © Université Libre de Tunis.
p. 158: © Université Libre de Tunis.
p. 160: © Université Libre de Tunis.
p. 163: © Accord Paris - www.french-paris.com.
p. 165: © Accord Paris - www.french-paris.com.

Chapter 6
p. 182: © Johannes Schlapfer, Ecole cantonale, Trogen Secretariat
p. 191 (left, top and bottom): © Hugues Henry/Frites.be.
p. 191 (right, top): © Le Courrier.ch
p. 191 (right, bottom): © Le Temps.ch
p. 198: Reproduced with permission of the Canadian Bureau for International Education from www.destineducation.ca.

Chapter 7
p. 225: La Femme Bleue - Maguy Vautier, © Editions Alternatives, 1998.
p. 227: "Tourisme et Développement Solidaire" (www.tourisme-dev-solidaires.org).
p. 228: Voyages équitables, Association Croq'Nature, 9 rue du Maréchal Foch 65200 Bagnères de Bigorre - France - téléphone: 00 33 (0)5 62 97 01 00 - fax: 00 33 (0)5 62 97 95 83. croqnature@wanadoo.fr.

Chapter 8
p. 241: © Frédéric Dupuy, Auberge La Demoiselle, http://auberge-lademoiselle.com/Auberge.do.
p. 266: © Babette de Rozières, La Table de Babette.

Chapter 9
p. 294 © Ministère de la culture et de la communication
p. 295: Les Zappeurs 1: Complétement Accros © Dupuis, 1994 by Ernst.

Chapter 10

p. 327: © Martine Bouliane.
p. 330: "Notre petit appartement" by Pierre Louki (1920–2006) France – DR. Used by permission.

Chapter 11

p. 358: © Cité des Sciences et de l'Industrie.
p. 359 © ONUSIDA UNAIDS
p. 360: © Françoise Nduwimana.
p. 362: © Farm Radio International/Radios Rurales Internationales, 1404 Scott Street, Ottawa, ON, Canada K1Y 4M8.
p. 368: © Farm Radio International/Radios Rurales Internationales, 1404 Scott Street, Ottawa, ON, Canada K1Y 4M8.

Chapter 12

p. 393: © Cité des Sciences et de l'Industrie.
p. 394: © LégerMarketing, 2008.
p. 396: Article du mardi 31 mars 2009: "Journal d'une écolo-citoyenne," de Philippe BROCHEN paru sur le site liberation.fr.
p. 401: Moreau, Vivianne. *Devenir une famille verte*, Les Editeurs Réunis, 2008.
p. 402: Adapted from *Le Petit Livre Vert pour la Terre* (avril 2008) – Fondation Nicolas Hulot pour la Nature et l'Homme – ADEME.

PHOTO CREDITS

All video images produced for Prentice Hall by A/T Media Services, Inc.

Chapter 1

p. 2: © Walter Bibikow/DanitaDelimont.com;
p. 4 (left): Andrew Yates Productions/Getty Images Inc.— Image Bank; (right): Greg Meadors/Stock Boston; p. 5 (left): Photos.com; (middle): Photos.com; (right): Photos.com/Thinkstock; p. 6: Photos.com;
p. 7: Photos.com; p. 12 (left to right): Photos.com/Thinkstock, Photos.com/Thinkstock, Photos.com/Thinkstock, Photos.com/Thinkstock, Photos.com; p. 13 (top): Photos.com/Thinkstock; (bottom): Photos.com; p. 14 (top, center): Photos.com; (middle, left to right): Photos.com/Thinkstock, Photos.com/Thinkstock, Photos.com/Thinkstock, Photos.com/Thinkstock; (bottom, left to right): Photos.com, Photos.com, Photos.com, Photos.com; p. 16 (left): Photos.com/Thinkstock; (right): Photos.com/Thinkstock; p. 17 (left to right): Photos.com/Thinkstock, Photos.com, Photos.com/Thinkstock, Photos.com; p. 19: Photos.com/Thinkstock; p. 21 (top, center): Interfoto/Alamy Images; (bottom, left to right): © Francis Apesteguy/Sardine Photos; Marqueton/AP Wide World Photos, Peter Jordan/Getty Images, Inc – Liaison, Andy Eames/AP Wide World Photos; p. 22: Directphoto.org/Alamy Images; p. 23 (clockwise): AbleStock.com/Thinkstock, Photos.com, Photos.com, Photos.com, Katrina Brown/Shutterstock, Photos.com, Photos.com/Thinkstock, Photos.com/Thinkstock, Photos.com, Photos.com/Thinkstock, Photos.com, Photos.com, Photos.com/Thinkstock; p. 24 (left to right): Photos.com, Photos.com, Photos.com, Photos.com; p. 29: AbleStock.com/Thinkstock.

Chapter 2

p. 32: Fever Images/Jupiter Images/Getty Images; p. 35 (left to right): Photos.com/Thinkstock, Photos.com/Thinkstock, Photos.com, Photos.com, Photos.com/Thinkstock, Photos.com, Photos.com/Thinkstock, Photos.com; p. 36 (left): David R. Frazier/Photo Researchers, Inc.; (right): Owen Franken/Stock Boston; p. 37: Photos.com/Thinkstock; p. 38: Directphoto.org/Alamy; p. 43 (left to right): Thinkstock, Thinkstock, Thinkstock, Thinkstock; p. 49: Tony Kwan/Alamy Images, p. 53 (left to right): Photos.com, Photos.com/Thinkstock, Photos.com/Thinkstock, Photos.com, Photos.com/Thinkstock, Photos.com; p. 54: Stephen Simpson/Getty Images, Inc. – Taxi; p. 56: Jupiter Images – Stockxpert; p. 58 (top): Pearson Education/PH College; (bottom): Eric Gaillard/Reuters Limited; p. 59 (top, left to right): Dreamstime LLC - Royalty Free, Jabmm/Dreamstime LLC - Royalty Free, Gavin Blue/Alamy Images; (bottom): Jupiter Images – Stockxpert; p. 61: Jupiter Images – Stockxpert.

Chapter 3

p. 66: www.photos.com/Jupiter Images; p. 69 (left): Photos.com/Thinkstock; (right): Photos.com/Thinkstock; p. 70: Photos.com/Thinkstock; p. 71 (left to right): Jupiterimages/Getty Images – Thinkstock, Thinkstock, Thinkstock, Thinkstock; p. 75: Thinkstock; p. 76 (top, left): Photos.com; (top, right): Katrina Brown/Shutterstock; (bottom, left): AbleStock.com/Thinkstock; (bottom, right): Photos.com; p. 78: Thinkstock; p. 79: Thinkstock; p. 80: Owen Franken/Stock Boston; p. 90: Ted Goff; p. 92: Bertrand Langlois/Getty Images, Inc. AFP; p. 96: Jean-Michel Clajot/Rep/Photolibrary/Peter Arnold, Inc.; p. 97: Fotolia, LLC - Royalty Free

Chapter 4

p. 100: James McConnachie (c) Rough Guides; p. 103 (left): Photos.com/Thinkstock; (middle): Photos.com; (right): Photos.com/Thinkstock; p. 104 (top): Photos.com/Thinkstock; (bottom): Alamy/Images Etc Ltd/Tony Craddock; p. 105: RT Images/Alamy; p. 113: Alamy Images; p. 124: Philippe Checinski/Citizenside; p. 125 (left, top and bottom): Pearson Education/PH College; (right, top): John Miller/Robert Harding World Imagery; (right, bottom): Philippe Giraud © Dorling Kindersley; p. 127: Thinkstock; p. 128: Pixnat/Dreamstime LLC - Royalty Free; p. 130: Peter Bowater/Photo Researchers, Inc.

Chapter 5

p. 134: Annette Brieger/Goldpitt/Pearson Education/PH College; p. 137 (left): Photos.com/Thinkstock; (right): Photos.com/Thinkstock; p. 138 (left): Penny Tweedie/Getty Images Inc.—Stone Allstock; (right): Katrina Brown/Shutterstock; p. 141 (left to right): Thinkstock/Getty Images/Hemera Technologies, Thinkstock, Thinkstock, Thinkstock; p. 143 (left): Thinkstock; (middle): Jupiter Images – Stockxpert; (right): Jupiter Images – Stockxpert; p. 145 (left): Photos.com; (right): Photos.com/Thinkstock; p. 146: Mark Richards/PhotoEdit Inc.; p. 147: Photos.com/Thinkstock; p. 148: Thinkstock; p. 149: Photos.com; p. 153: Auremar/Shutterstock; p. 159: Ulrike Welsch/PhotoEdit Inc.; p. 160: Robert Fried/Alamy Images; p. 162: Francois Pfeiffer/Accord

Chapter 6

p. 168: Jupiter Images – Stockxpert; p. 171 (left): Photos.com/Thinkstock; (right): Photos.com; p. 172 (top): Shutterstock; (bottom): Photos.com; p. 173: Alamy/Eye Ubiquitous/Paul Seheult; p. 179: Dreamstime LLC - Royalty Free; p. 180: Massimiliano Pieraccini/Shutterstock; p. 181 (top): Thinkstock; (bottom): Photos.com; p. 183 (top): Directphoto.org/Alamy; (left): Jupiter Images—Stockxpert; (right): Rubberball/Alamy; p. 185 (top, left): Dreamstime LLC - Royalty Free; (top, right): Dreamstime LLC - Royalty Free; (bottom, left): Dreamstime LLC - Royalty Free; (bottom, center): Dreamstime LLC - Royalty Free; (bottom, right): Dreamstime LLC - Royalty Free; p. 189 (clockwise): Dreamstime LLC - Royalty Free, Dreamstime LLC - Royalty Free, Dreamstime LLC - Royalty Free, Dreamstime LLC - Royalty Free, Dreamstime LLC - Royalty Free; p. 191 (top, left): Tina Ruisinger/ROSAS; (top, left): TSR/MENTHA Frank; (bottom, left): © Eric Robert/VIP Production/Corbis All Rights Reserved; (bottom, right): Image Works/J Bauer/SZ Photo; p. 192: Copyright Caroline Perin; p. 193: Alamy Images; p. 194 (left): Thinkstock; (right): Andresr/Shutterstock; p. 195: Thinkstock; p. 197: Courtesy of Cabinet de la Ministre Marie-Dominique Simonet; p. 198: Shutterstock

Chapter 7

p. 202: Johann Scheibner/Das Fotoarchiv/Photolibrary/Peter Arnold, Inc.; p. 204 (top, left): Shutterstock; (top, left center): John Heseltine © Dorling Kindersley; (top, right center): Shutterstock; (top, right): Jojobob/Dreamstime LLC - Royalty Free; (bottom, left): Thinkstock; (bottom, left center): Stefan Ataman/Shutterstock; (bottom, right center): Marek Slusarczyk/Shutterstock; (bottom, right): Kirsz Marcin/Shutterstock; p. 205 (left): Photos.com; (left, center): Photos.com/Thinkstock; (right, center): Photos.com/Thinkstock; (right): Photos.com; p. 206 (top): Robin Smith/Photolibrary.com; (bottom): AbleStock.com/Thinkstock; p. 207 (left): Christian Wheatley/Shutterstock; (left, center): Wolfgang Amri/Shutterstock; (center): © Stuartkey/Dreamstime.com; (right, center): Thinkstock; (right): Dmitry Naumov/Shutterstock; p. 212: dubassy/Shutterstock; p. 214: Marck Augustin; p. 215 (top): © Béatrice Dupuy; (bottom): Photos.com/Thinkstock; p. 217 (top): Thinkstock; (center): Thinkstock; (bottom): Thinkstock; p. 219: Aliaksandrakazlou/Dreamstime LLC - Royalty Free; p. 221 (top): Photos.com; (center): Thinkstock; (bottom): Thinkstock; p. 224 (top, left): Michele Molinari/DanitaDelimont.com; (top, right): Angela Fisher/Robert Estall Photo Agency; (bottom, left): SGM/Stock Connection; (bottom, right): George Holton/Photo Researchers, Inc.; p. 225: Alamy/Imagebroker; p. 228 (left): Ron Giling/Lineair/Photolibrary/Peter Arnold, Inc.; (right): SGM/Stock Connection; p. 231: Charles O. Cecil/Alamy Images; p. 232: © Angus Beare

Chapter 8

p. 236: © Walter Bibikow/DanitaDelimont.com; p. 238 (left, top left): Thinkstock; (left, top right): Thinkstock; (left, center left): Thinkstock; (left, center right): Thinkstock; (left, bottom left): Thinkstock; (left, bottom right): Psnoonan/Dreamstime LLC - Royalty Free; (right, top left): © Viktorfischer/Dreamstime.com; (right, top right): © Monika Adamczyk/Dreamstime.com; (right, center left): Winterling/Dreamstime LLC - Royalty Free; (right, center center): Thinkstock; (right, center right): © Monkey Business Images/Dreamstime.com; (right, bottom left): © Karin Lau/Dreamstime.com; (right, bottom right): Joegough/Dreamstime LLC - Royalty Free; p. 239 (left): Photos.com/Thinkstock; (center): Photos.com; (right): Katrina Brown/Shutterstock; p. 240 (top): © Béatrice Dupuy; (bottom): Photos.com; p. 243: Travelshots/Alamy; p. 244: Thomas Cockrem/Alamy Images; p. 247: V.C.L./Getty Images, Inc. – Taxi; p. 248 (left): Thinkstock; (right): Matt Houser/Shutterstock; p. 249 (top): John Heseltine © Dorling Kindersley; (bottom): Photos.com/Thinkstock; p. 257: © Jessica Anglen/Dreamstime.com;

p. 258 (top): Wikipedia, The Free Encyclopedia; (bottom): Corbiss- NY; p. 260: Bruno Morandi/Alamy Images; p. 262: Jeff Greenberg/Alamy Images; p. 263: Roger Mapp/Rough Guides Dorling Kindersley; p. 264: Eric Nathan/Alamy Images; p. 266: © Stepane Cardinale/People Avenue/Corbiss All Rights Reserved.

Chapter 9

p. 270: Shutterstock.; p. 273 (left): Photos.com; (left, center): Photos.com; (right, center): Photos.com/Thinkstock; (right): Photos.com; p. 274 (left): Photos.com; (right): Photos.com/Thinkstock; p. 275 (left): Thinkstock; (left, center): Jupiterimages/Getty Images – Thinkstock; (right, center): Jupiterimages/Getty Images – Thinkstock; (right): Thinkstock; p. 277 (left): Thinkstock; (left, center): Jupiterimages/Getty Images – Thinkstock; (right, center): Jupiterimages/Getty Images – Thinkstock; (right): Thinkstock; p. 278 (left): Thinkstock; (center): Jupiterimages/Getty Images – Thinkstock; (right): Thinkstock; p. 282 (left): Thinkstock; (right): Photos.com; p. 283 (top, left): oorka, oviii/Shutterstock; (top, center): Violetavio/Dreamstime LLC - Royalty Free; (top, right): oviii/Shutterstock; (bottom, left): SFerdon/Shutterstock; (bottom, left center): © Liquidphoto/Dreamstime.com; (bottom, right center): © Oksanita/Dreamstime.com; (bottom, right): Chris Harvey/Shutterstock; p. 285 (top): Michel Bouvet/Adcep-Fete de la Musique; (bottom): Photos.com/Thinkstock; p. 286: Thinkstock; p. 293 (top): Drimi/Dreamstime LLC - Royalty Free; (bottom): © Nicholas Sutcliffe/Dreamstime.com; p. 296: Patrick Forget/Alamy Images; p. 298 (top): Sipaphotos/Newscom .com; (bottom): Thinkstock; p. 301 (left): Radius Images/Alamy Images Royalty Free; (right): Thinkstock; p. 302 (left): Kulish Viktoriia/Shutterstock; (right): Shutterstock.

Chapter 10

p. 306: Alan Keohane © Dorling Kindersley; p. 309 (left): Photos.com/Thinkstock; (right): Photos.com/Thinkstock; p. 310: Photos.com/Thinkstock; p. 311 (top, left): © Béatrice Dupuy; (top, center): © Karoline Cullen/Dreamstime.com; (top, right): © Béatrice Dupuy; (bottom, left): © Karla/Dreamstime.com; (bottom, center): © Carolecastelli/Dreamstime.com; (bottom, right): © Andrea Presazzi/Dreamstime.com; p. 313 (left): Jake Fitzjones © Dorling Kindersley; (right): Bill Aron/PhotoEdit Inc.; p. 319: Photos.com/Thinkstock; p. 321 (top): © Martin Novak/Dreamstime.com; (bottom): © Eric Cote/Dreamstime.com; p. 328: Denis Chabot/Centre collégial de développement de matériel didactique (CCDMD); p. 330: Pierre-Jean Grouille/Pierre-jean Grouille; p. 334: Denis Chabot/Centre colegial de développement de matériel didactique (CCDMD); p. 336 (top, left): Thinkstock; (top, right):

Thinkstock; (bottom, left): Photos.com; (bottom, right): Photos.com; p. 337 (left): Thinkstock; (center): Thinkstock; (right): Thinkstock

Chapter 11

p. 340: © Béatrice Dupuy; p. 342 (top): © Olga Bogatyrenko/Dreamstime.com; (bottom): © Andres Rodriguez/Dreamstime.com; p. 343 (left): Photos.com; (center): Photos.com/Thinkstock; (right): Photos.com; p. 344: Photos.com; p. 345 (top): © Julien Jakubovski/Dreamstime.com; (center): © Suprijono Suharjoto/Dreamstime.com; (bottom): © Jeffrey Banke/Dreamstime.com; p. 347 (left): © Martin Maun/Dreamstime.com; (center): © Hongqi Zhang/Dreamstime.com; (right): Kathy Wynn/Dreamstime.com; p. 349: Orange Line/Dreamstime LLC - Royalty Free; p. 350: Gerry Walden/Alamy Images; p. 351 (top): Aloys Robellaz/Présidence du Conseil d'Etat; (bottom): Photos.com/Thinkstock; p. 353: Thinkstock; p. 355 (left): © Gabriel Blaj/Dreamstime.com; (right, top): © Aleksandar Todorovic/Dreamstime.com; (right, center): © Wingedsmile/Dreamstime.com; (right, bottom): © Suzanne Tucker/Dreamstime.com; p. 358: Daniel Laine/Corbis- NY; p. 359: Photocreo Michal Bednarek/Shutterstock; p. 360: Jeanne Gapiya Niyonzima; p. 362: Anup Shah/Nature Picture Library; p. 364: Getty Images, Inc.; p. 368: Eddie Gerald/Alamy Images; p. 369 (left): Anup Shah/Nature Picture Library; (right): Eddie Gerald/Alamy Images

Chapter 12

p. 374: Norbert Eisele-Hein/Alamy Images; p. 377 (left): Photos.com; (center): Photos.com; (right): Photos.com; p. 378 (left, top): © Béatrice Dupuy; (left, bottom): © Béatrice Dupuy; (right): Photos.com; (bottom, left): © Thorsten/Dreamstime.com; p. 382 (left): © Kathy Wynn/Dreamstime.com; (left, center): © Christian Harberts/Dreamstime.com; (right, center): © Diego Cervo/Dreamstime.com; (right): Dorotabulb/Dreamstime LLC - Royalty Free; p. 385: (top) © Gautier Stephane/Sagaphoto.com/Alamy; p. 385 (middle): Photos.com; (bottom): Directphoto.org/Alamy; p. 386: TNT Magazine/Alamy Images; p. 389: © Nikolai Sorokin/Dreamstime.com; p. 391 (left): Brett Atkins/Dreamstime LLC - Royalty Free; (left, center): © Constantin Opris/Dreamstime.com; (right, center): © Andrzej Tokarski/Dreamstime.com; (right): © Magomed Magomedagaev/Dreamstime.com; p. 392 (left): Marc Frehner Cree; (right): Daisy Gilardini/DanitaDelimont.com; p. 396: Hélène Binet; p. 398: Archives du 7eme Art/Alamy Images; p. 400: Les Editeurs Réunis; p. 403 (top): Jupiterimages/Getty Images – Thinkstock; (bottom): R. Gino Santa Maria/Shutterstock

Index